JN438005

빅뱅과 에덴

김기덕 대서사시집

시인의 경전이자 紙上의 타임캡슐

빅뱅과 에덴

김기덕 대서사시집

문학공원

자 서

하는 일이 내 뜻대로 되지 않아서 괴로웠는데 시간이 지나고 보니 다 사랑이었네 배울 수 없어서 겸손할 수 있었고 가질 수 없어서 기도할 수 있었고 실패해서 간절히 매달릴 수 있었고 맘껏 누릴 수 없어서 꿈꿀 수 있었네 세상에서 잘 사는 것이 나의 소원이었지만 하늘나라에서 잘 사는 것이 당신의 뜻이라서 눈물 흘리며 원망하는 나를 달래어 생명의 길로 이끄셨네 내 생각대로 사는 하루하루는 죽음의 계단을 내려가지만 당신의 뜻으로 사는 하루하루는 천국의 계단을 오르는 길 볼 수 없게 하신 이도 당신이요 들을 수 없게 하신 이도 당신이요 말할 수 없게 하신 이도 우리를 살리시기 위한 당신인 것을 원하는 것이 내 뜻대로 되지 않아서 날마다 슬펐는데 또 한 해가 지나고 보니 천국은 가까이 있고 모든 것은 다 잘된 일이었네

김 기 덕 배상

서문

김 순 진(시인 · 문학평론가)

김기덕 시인의 이 시집을 읽은 사람에게 무슨 보충의 말이 더 필요할까? 그 어떤 설명으로도, 그 어떤 인용과 증명으로도 원작을 능가할 수 없다. 하나님께 불경스러울까봐 주저하다가 감히 '또 하나의 經典'이란 말을 입에 올린다.

너무나 아름다워, 너무나 거룩해, 하나님께서 빚으신 삼라만상을 닮았기에 그렇게 표현할 뿐, 더 이상 형용할 길이 없다. T.S 엘리어트의 『황무지』 이후 紙上 최대의 말잔치가 시작된다. 김동환의 『국경의 밤』 과 문덕수의 『우체부』 에 맥을 잇는 쾌거라 할 수 있다. 이제 우리나라에도 공자의 『詩經』 , 아리스토텔레스의 『詩論』 에 견줄 책이 생겼다.

이에 나는 이 대서사시집을 '시인의 경전이자 紙上의 타임캡슐'로 명명하며 『빅뱅과 에덴』 의 탄생을 알린다. 이는 하나님께 순종함이요 그 분 뜻대로 살고자함의 발현이다.

차례

제 I 장 카오스 - 러브체인

제Ⅱ장 팽창 - 우리의 에덴은 어디일까

제Ⅲ장 빅뱅 – 나도 하나의 통이었어

제Ⅳ장 구원 – 가장 빛나는 별

제 I 장

카오스
– 러브체인

하나의 식물도 온몸으로 사랑을 표현하며 푸르건만 인간은 사랑한다는 말 한마디 표현하지 못하고 죽어가지 사랑과 사랑이 사슬을 이뤄 꽃을 피우면 아름다운 러브체인의 세상이 되지 기둥에 매달린 푸른 잎들이 세상을 향해 팔을 벌리고 깊은 숨을 들이쉬네 삭막한 벽을 장식하며 바람에 흔들리네

하늘문

1

하늘문을 환하게 열어젖힌 보름달 빛이 쏟아지네 손을 모은 이파리들, 나뭇가지는 고개를 숙였네 밤마다 하늘문이 열리건만 내게는 너무 멀리 있어 바람도 무릎 꿇고 분홍빛 코스모스를 피워 올리네 경건히 촛불 밝힌 국화가 타는 밤, 묵상에 잠긴 풀잎들도 이슬에 젖었네

2

시계소리가 벽에서 울리고 내 몸에서도 울리네 살아있음의 초침소리 가위질하며 조각조각 시간을 자르네 하루가 모래알처럼 부서져서 초침소리로 떨어지네 잘려나간 시간들은 다시 돌아오지 않고 남은 시간이 몽당연필처럼 짧아지네 가위질소리에 잘라지는 내 안의 델라웨어 몽당연필로 그릴 수 있는 그림은 한정되어 있어 백지 한 장에 채워지는 하루가 또 한 페이지를 넘기네 페이지가 늘어갈수록 몽당연필은 짧아지고 가위질소리는 빨라지네 세월을 갉아먹는 벌레소리가 내 몸을 울리네 두근거리는 초침소리, 아직 나의 시계는 멈추지 않았지 몇 시 몇 분 몇 초에 가위는 나의 줄을 자를 것인가 못 박혀 벽에 매달린 순간 가위질소리가 뻐꾸기 둥지의 울음을 자르네

3

드라이진이나 버블위스키 같은 사랑에 취해 있을 때 우린 올드패션드나 핑크레이디가 되었지 앙고스투라 비스터에 각설탕의 밀어를 섞고 슬라이스 한 오렌지 웃음 한 장 꽂아주거나 마라스키노 체리라도 띄어주면 행복한 올드패션드가 되었지 아니면 드라이진 한 잔에 그레나딘 시럽을 섞고 엷은 꿈의 흰자를 넣어 저으면 인생을 연기하는 귀부인의 핑크레이디가 되지 노을이 물들거나 오렌지 빛이 되는 당신과의

만남은 샴페인 잔처럼 투명하고 맑은 세상이야 유리막대를 휘저으며 하나가 되어도 그리움은 물결을 이뤄 둥둥 떠다녔지 섞인다는 것이 이렇게 아름다운 줄 왜 몰랐을까 같은 이름으로 한세상을 살아간다는 것이 향기로운 것임을 벌레가 꼬일 정도로 달콤한 준버그도 만들 수 있는 물 아닌 물의 만남으로 우린 누군가를 취하게 할 수 있지 유리잔의 세상을 끌어안고 바라보기만 해도 행복에 취하는 삶 칵테일의 사랑은 홀짝 마셔버리는 것이 아니라 보석처럼 영롱한 꿈을 한 모금씩 음미하는 것이지

4

하트의 잎들이 사슬을 이룬 러브체인을 벽에 매달았어 바구니에서 넘쳐 흘러내린 하트들이 햇빛을 받아 싱싱하지 열린 창문으로 불어온 미풍에 하트들이 몸을 흔들고 있어 하나의 식물도 온몸으로 사랑을 표현하며 푸르건만 사람들은 사랑한다는 말 한마디 표현하지 못하고 죽어가지 사랑과 사랑이 사슬을 이뤄 꽃을 피우면 아름다운 러브체인 세상인데 기둥에 매달린 푸른 잎들이 세상을 향해 팔을 벌리고 깊은 숨을 내쉬네 삭막한 벽 하나를 장식하며 바람에 흔들린다 해도 사랑의 눈빛으로 러브체인이 빛나네

5

빛과 어둠이 시소를 타는 놀이터에서 나는 땅으로 기울고 아이는 하늘로 기우네 모래알 같은 언어의 지층을 뛰며 타이어의 탄력에 별이 되고 달이 되다가도 산의 무게에 아이는 철재 손잡이에 매달려 지구 끝에서 대롱거리네 기울어진 평균대 위에 발이 흔들리고 창이 가려진 하늘엔 천칭자리가 보이지 않았어 팔이 부러진 병신 인형들이 춤추는 세상에 엉덩이를 들이민 마을이 기우뚱 기울고 사람들은 길에 매달려 거미줄 같은 집으로 종종걸음치네 철봉 위에 무중력 아이가 삐걱거리는 관절소리를 들으며 철

탑으로 성장하지 시간의 파도타기에 낙엽이 되어가는 나, 방향이 바뀐 바람에 꽃잎들이 떨어지네 일어섰던 풀들이 일제히 쓰러지네 서로의 무게를 양보하며 오르락내리락 사다리를 타는 계절의 메트로놈 소리에 해와 달이 널뛰기 하는 골목 3옥타브 C쯤의 가을이 내 어깨 위로 ♭되네

6

태양의 잔광이 수평선을 물들였어 섬들이 마지막 빛을 마시며 그림처럼 떠있고 갈매기는 분주한 가위질로 노을을 자르네 어둠이 물들기 전 세상이 이토록 아름다울 수 있는 것은 잔광 때문이야 해당화가 이리도 붉을 수 있는 것은 잔광을 사랑할 수 있기 때문이야 할머니는 아버지의 잔광을 쓰다듬으며 날마다 사진을 꺼내보셨어 낡은 돋보기와 손때 절은 책에 빛이 어른거리네 어머니 쓰시던 성경책과 묵주 그리고 유작으로 남기신 몇 점의 꽃그림으로 나도 늘 어머니의 노을을 가슴에 묻었어 잔광이 남아있는 동안은 밤이 오지 않았어 사라지는 것들은 잔광을 남기지만 잔광을 간직하며 살아가는 이들에게선 부치고 싶은 편지들이 떨어지네 노을 묻은 섬들이 서녘을 바라보며 고개 숙이네 산화한 빛들이 세상을 물들이며 사라지는 저녁, 당신의 잔광이 내 핏속을 흐르네

7

비바람 속에서 단 한 번 허공에 번쩍 불꽃 이는 우레의 눈빛에 벼락 맞은 대추나무 목숨을 다 내주어도 아깝지 않은 수천만 볼트의 전율 속에 눈멀고 귀먹었던 옛정들은 남김없이 불태워 버렸네 하늘 향해 부끄러웠던 애욕의 열매들은 다시 맺지 않을 거야 가시 박힌 응어릴 지우고 톱질한 뼈 마디마디 혼을 각인하여 운명으로 다가온 당신, 그 이름 가슴 깊이 아로새기네

8

천동설과 지동설 사이에서 천지 차이를 느끼네 백지 한 장 마주한 사이 구멍을 뚫으면 새로운 세상이 보이지 내 눈이 아무도 볼 수 없는 얇은 막을 볼 수 있으면 창호지에 구멍을 내듯 안을 들여다볼 수 있을 텐데 나는 지금 바람을 보지 못하네 20,000Hz 이상의 소리를 듣지 못하고 표피 안에 감추어진 당신의 마음을 알지 못해 깜박 잠들었다가 깨어나면 새로운 아침을 맞듯 삶과 죽음 사이의 얇은 막을 통과하면 천지 차이를 느낄 텐데… 그 막을 통과하는 것은 개구리가 연잎에서 연잎으로 뛰어넘는 일일 수도 있고 눈꺼풀 닫혔다 열리는 찰라일 수도 있어 천동설과 지동설 사이 수천 년이 걸렸지만 한순간의 변화가 새로운 문을 열었어 수만 년이 걸린다 해도 의식을 뒤집으면 한순간인데 천동설에서 지동설로 바뀌듯 삶은 내가 사는지 내가 살게 되는지의 사이를 뛰어넘는 일이야

9

페인트 통이 엎질러지자 색깔들이 일어서네 낡은 아파트 단지에 걸린 무지개가 얼룩진 벽들을 색칠하네 페인트 벗겨진 건물과 회색빛 우중충한 날들과 곰팡이 핀 길들에게 컬러풀한 색깔을 돌려주네 페인트 붓을 든 사람들, 흘러내려 번지는 색들이 세상을 붓질해 장미꽃이 피어나고 물방울 영롱한 잎을 피워 회색빛 담벼락을 지우네 화선지에 뚝뚝 떨어진 물감처럼 복음이 사방으로 퍼져나가네 페인트 통이 엎질러진 자리마다 새로운 꽃들이 피어나고 있네

10

땅에 뿌리박은 내 육중한 꿈들을 찍어 계곡에 쓰러뜨렸네 바람으로 맺은 인연들은 낙엽으로 흩어지고 멋대로 휘어진 가지들 토막 나서 불에 던져졌네 껍질뿐인 삶 속으로 흐르던 진액과 독성들이 토닥토닥 불티를 날리며 연기로 사라진 불구덩이 속에서 뼈를

추스르듯 다시 찾는 참 목숨 푸지직푸지직 꺼두었다가 한순간 불붙이면 언제든 목숨 살라 사랑할 수 있는 혼불로 남았어

11

매듭을 보면 풀 수 없는 인연들이 보이지 돌아가신 지 수 년이 되었어도 내 기억의 매듭을 꼭 붙들고 있는 어머니는 장식의 한 가운데 쯤에서 굳게 손가락 걸고 있어 사랑하는 아내와 아이들, 어떤 인연으로 우리는 묶여진 걸까 풀려진 줄로 알았던 첫사랑의 매듭도 알고 보니 구석진 자리에 남아있어 줄을 옭아맬 때 느껴지는 압박은 사랑일까 미움일까 하지만 잘못 엮어진 매듭은 하나도 없다는 걸 알았어 단지 새로운 형태를 만들어갈 뿐 악연이라서 풀려고만 하면 통일된 문양을 만들어갈 수 없지 하루의 반은 어둠의 반이야 빛이듯 엮어지는 매듭도 벽에 걸리면 반은 어둠을 품고 살아가야 해 나는 당신이 내 아내여서 좋아 나는 네가 내 아들이어서 좋아 팔짱을 걸면 그게 다 행복의 매듭이야

12

세상에 먼지 아닌 것이 없지 중금속이 들어있는 미세먼지에서부터 우주 속의 지구별도 하나의 먼지야 사물들은 미세입자인 먼지의 결합으로 이루어지며 인간도 먼지의 구성물이야 태양에서 쏟아져 하루를 밝히는 햇빛도 먼지에 불과해 먼지를 먹고 마시며 살아가는 먼지의 세상에서 누구를 먼지만도 못하다고 탓하겠어 돈이 많은 것도 먼지를 많이 모은 것이야 머리가 좋은 것도 먼지들의 화학작용이 활발한 것에 불과한 거야 좋은 먼지 해로운 먼지를 구별하는 것도 나의 척도에 따른 거야 먼지를 받아들이면 세상과 하나가 되는 것이지 먼지를 받아들이지 못하면 고립되는 거야

13

어릴 적 마당에 모깃불 피우고

짚으로 짠 멍석에 누워 별을 보다보면 금세 잠이 들었지 은하수가 흐르는 하늘에 별들은 꿈속으로 쏟아지고 나는 성경이야기의 주인공이 되어 하늘을 날았지 천사들이 내려와 노래하는 꽃밭에서 나비같이 춤을 추다가 네피림의 용사를 만나 씨름도 했지 멍석에 머리를 대고 누우면 나는 천상의 뜨락을 거닐었지 셀 수 없는 별의 영감과 반딧불이들의 무수한 꿈으로 촘촘히 짜인 추억은 멍석처럼 내 기억의 마당에 펼쳐져 있었지 무수한 십자가의 결합으로 짠 멍석에 누우면 나는 별이 가득 피어난 꿈길을 걸었지

14

숲에 나무들의 무덤이 쌓이고 있어 수액은 촛농처럼 녹아 땅에 스미고 가지들은 삭아 삶의 역정에 굽은 허리로 멍든 하늘을 올려다보지 칡덩굴 휘감고 올라 목조이며 뒤틀리어 살아도 푸른 꿈 손짓하던 잎새들, 바람에 실려 나락 속에 묻혔어 풀벌레의 장송곡이 울리고 있어 햇볕이 차단된 숲속의 카타콤 밀알이 썩어지듯 자양분으로 내리는 고사목의 용액이 흰 실뿌리를 타고 오르며 구도의 뼈를 깎는 골짜기 삭아내린 뼈들이 풍장에 시린 무릎을 낙엽 속에 묻으며 천년 부활을 기다리네

15

파도가 썰물로 빠져나가면 모래밭에 성을 쌓았지 한 움큼씩 모래를 퍼 올리며 물방울을 떨어뜨려 눈물장식을 했지 성 안엔 아기 게도 넣고 조개도 들여놓았지 작은 물길도 내고 고둥이 살 만한 바위도 들여 놓았어 우리들이 함께 살 수 있는 기간은 파도가 밀려오기 전까지야 파도가 밀려와 성을 무너뜨리기 전에 우린 사랑을 완성해야 해 성의 꼭대기에 풀잎 깃발을 꽂았지 시간 속에 허물어지는 성, 병든 몸을 일으켜 세우며 무너지는 성벽에 모래를 채웠지 소꿉동무와 나는 성의 왕자와 왕비가 되어 꿈을 쌓

았어 파도가 밀려오기 전까지 죽음이 밀려오기 전까지 우린 아름다운 모래성으로 살아야 해 파도가 밀려와 성을 쓸어버리고 거대한 파도에 삼켜져 우리 사랑 흔적조차 남지 않았다 해도 어느 여름 날 바닷가에서 우리의 왕국은 번영했었노라고 말할 거야

16

노래는 목으로 부르는 것이 아니야 노래는 가슴으로 부르는 것도 아니야 십 수 년 바람소리 물소리를 뼈에 채우다가 천둥에 부러져 울던 곡소리를 칼날로 다듬어 탁성을 도린 목관악기가 되어 부르는 노래가 뼈에 사무치네 시원의 계곡에서 울리던 외침은 고음이 되고 구름 속으로 전해지던 소리는 저음이 되어 뼈의 구멍마다 간절한 곡이 되어 울리네 하늘과 땅이 만난 절규가 목관악기의 뼈를 빌어 세상에 전해 목관악기의 연주가 묵시의 말씀이 되네

17

숲이 나뭇잎을 털어내지 해독을 위해 토해내는 붉고 노란 빛깔들, 최소한의 식단을 위해 꽃은 피우지 않기로 했어 원 푸드에 길들여진 포도알을 씹었어 미더덕처럼 터지는 배반의 껍질들, 풍선으로 부풀려진 세포마다 침을 꽂고 비파나무 같은 효소를 심었지 지방흡입용 호스를 타고 빠져나가는 바람에 내장들이 쪼그라들고 있어 산화되지 못한 불꽃들이 물이 되어 흐르네 위절제술은 이제 뿌리부터 행해질 거야 식욕억제제를 먹으며 한겨울을 버텨야 해 목구멍에 손가락을 넣고 구토하는 나뭇잎들의 얼굴이 붉었어 꼬마 인형들이 오른팔을 분질러 뽑았어 이삿짐을 싼 방은 곧 얼음동굴이 될 거야 겨울왕국에 눈이 쌓이고 일만 년쯤 빙하기가 찾아오고 있다 해도 상대성이론의 시간은 하루나 이틀로 충분해 말라깽이 모델이 활보하던 쇼룸에 불이 꺼지고 성형외과의 문은 굳게 닫혀있어 요요현상의

함박눈들을 쏟아낸 하늘이 구름을 집어삼키고 있어 거식증에 걸려 빈혈로 쓰러진 하얀 풀잎들 좀 봐 굶어죽은 혼백들이 나풀거려 골다공증이 찾아온 내 골반뼈를 인수분해하며 빈 마음의 방정식을 풀고 있어 부질없는 공식들을 궤맞추며 복잡한 선들을 지우고 단순화된 도형을 세우지 세모 네모 동그라미의 압축파일들을 천국으로 보내고 싶어 참선하고 고해성사하던 나무들이 뼈만 남아 도장을 새기는 길거리에서 바다가 고무줄놀이를 해 해안선을 따라 복식호흡을 하는 아스팔트 위의 섬들 구석기의 식탁을 차리면 원시인으로 돌아갈 수 있을까 겨울은 허리띠를 조이고 밥을 굶었어 실반지처럼 가늘어진 허리, 비틀거리며 초승달이 검은 스테이지를 밟았어

18

고둥은 죽어서야 소리를 내지 온몸이 혀인 고둥은 물속에서 혀를 놀리지만 아무리 혀를 놀려도 소리가 되지 않았어 뼛속으로 사무친 울림은 나선의 회오리가 되었어 천상의 울림은 혀가 없어진 뒤에야 가능하다는 걸 알았어 한평생 하지 못한 말들이 죽어서야 뼈로 말해 다 버린 뒤에야 청명한 공명이 하늘에 울리네 살을 채우기 위해 했던 무수한 몸짓은 바람과 나누는 나뭇가지들의 수화만도 못한 흔들림이었어 크게 몸을 흔들며 목청을 돋우어야 소리가 될 줄 알았던 삶이 백골이 된 뒤에야 외칠 수 있다는 걸 알았어 빈 뼈들이 회오리를 일으키며 소리 내는 날, 세상은 나팔소리로 가득할 거야

19

달항아리에서 물이 넘치네 공룡의 화석 같은 어둠의 뼈를 녹이며 빛의 웅덩이를 만들고 있어 눈과 귀와 코와 입술이 떨어져나간 달의 얼굴에서 백설탕이 쏟아지네 골탄의 검은 발바닥, 감각은 사라지고 물의 언어들만 밝히고 있어 굽이굽이 책장을 넘겨 강으

로 흘러온 푸른 경전 속의 활자들이 천 길 물줄기로 추락하다가 영겁의 불로 활활 송전탑을 가로질러와 철골에 혼불을 밝혔지 수백만 볼트 물의 혼령들이 유방을 열고 밤새 쓰레기와 도둑고양이와 부서진 자전거를 적시었다 해도 젖지 않는 유리창 안의 풍경들… 병아리를 품은 날개의 온도로 떨어지는 깃털들이 는개같이 내려 골목 가득 물안개를 피워도 좋아 아무리 비워도 샘솟는 달항아리의 물이 밤새도록 길 위에 넘치네

20

생의 반쪽들이 갈고리에 걸려 물구나무를 섰지 0을 가리키는 기울기의 눈금엔 잘려진 시간의 핏물이 고여 있었어 칼을 맞고 일어서는 냉동의 살들, 해체되는 의미 속엔 뼈도 눈물도 없었지 세월의 등살에 새겨진 물결무늬마다 하루가 풍랑이고 폭풍이었던 여정이 끝났지 푸른 도장을 받기 위해 문자와 글자들의 건초더미를 되씹던 언어의 사체에서 한 근의 채끝살을 바르기 위해 살아서 고뇌 중인데 죽은 자의 칼이 산자의 살을 바르네 광란의 바람이 이는 ㄱㄴㄷㄹ 소리가 환전된 금고를 열면 목 쉰 쇠방울 소리가 울렸지 벌판에서 울부짖던 메아리들만 뼛속을 맴돌았어 난도질 할수록 부드러운 칼의 속삭임, 현란한 혀의 놀림에 상처는 깊었지 무덤 속 벌레들의 섬뜩한 미소 같은 하늘을 품고 되새김질해온 말씀들이 일어나 칼춤을 추고 있어 헝겊처럼 얇게 썰어지며 리듬을 타네 해의 시즙이 묻어나는 언덕 위로 밤새 뚝뚝 떨어진 달의 꽃무늬들… 이글거리는 불꽃 속으로 눈송이들이 몸을 던지네

카피의 공식

21

필통 속에 들어가 본 적 있니 누구는 막 낙서를 하고 누구는 정신없이 지워야 하는 불공평한 곳에서 함께 살지 달그락거리며 요란한 무리들은 따로 있지 나중에 심이 부러졌다느니 속이 멍들었다느니 하면서 속을 썩이지 그런 무리에겐 칼이 필요해 때 묻고 변색된 부분을 깎고 무뎌진 심을 예리하게 다듬어주면 선명하고 바른 일기를 또박또박 쓰곤 했지 자가 늘 수치를 제며 직선을 그었지만 침 묻혀 쓰는 글씨는 서툴게 삐뚤어졌지 필통 안이 비좁았던 분도기와 컴퍼스는 직선을 싫어해서 원을 그리거나 엇갈린 각도를 재곤 했지 한 통 안에서 서로 잘났다고 통학 길에 부딪히기도 했지만 그래도 항상 제 몫을 잊지 않았지 필통을 쓰지 않은 지가 40년이 지났는데 나는 지금도 필통 속에 들어가 있지 지우개가 되었다가도 어떤 때는 멍든 연필이 되어 제 살을 깎곤 하지 걸을 때마다 덜그럭거리며 서로를 밀쳐내도 비좁은 통 속에서 우리 함께 갈 수 있어 늘 든든해

22

그동안 나는 카피하며 살았어 자연을 복사하여 그림을 그리고 글을 썼어 내 것은 내 삶에도 작품에도 없었지 신의 언어를 모사하며 성인들의 말을 인용했어 나의 생각 나의 색깔을 잃어버린 채 원형을 본뜨며 살았어 또 하나의 창조자로 창조된 것을 알지 못했어 보이는 것만 보았고 들리는 것만 들었지 우리 안의 양처럼 영역을 벗어나는 것을 금기하고 불경이라 선포했어 모사하고 복사하며 나 아닌 나로 살았지 가짜인 나로 치장하며 진품을 닮은 모조를 꿈꿨지 카피는 아무리 카피해도 진품이 될 수 없다는 사실을 안후에 유일무이의 나를 꿈꾸었지 진품은 하나도 같은 것

이 없어서 나만의 진품으로 살기로 했어 학문에 차별을 만들고 종교에 차이를 만들고 외면에서 내면으로 확장했어 그 후로 바람이 보였고 떠다니는 냄새들을 만지며 구름을 오려 창문에 매달았어 나를 거쳐 간 물은 물이 아니었고 불은 불이 아니었어 성자와 다를 때 나는 그와 동등할 수 있었어 신과 다를 때 나는 생령이었어 물은 강과 섞이는 순간 물이 아니야 함부로 자연을 카피하며 살았어 신을 모방하며 살았어 나를 버리고 나를 찾았지만 그 어디에도 나는 없었지

23

해가 나뭇가지에 찢겨 온 세상이 피를 뿌린 아침, 죽음처럼 마취제가 스며들면 솜털 뽀송뽀송한 새순의 뿔이 잘리네 영약靈藥의 약초 따먹으며 하늘 맑은 눈망울로 영봉靈峰의 구름을 뛰던 꽃사슴, 긴 목을 떨군 순교자가 피를 흘리네 먹이를 찾은 하이에나처럼 둘러선 사람들에 섞여 받아든 피의 잔, 거친 숨을 몰아쉬던 체온과 함께 전해지는 피비린내에 울컥 치밀어 오르며… 아! 골고다, 병든 세상을 위해 물과 피 쏟으신 당신이 오늘 우리에게 일곱 눈 가득한 일곱 뿔을 내놓으시네 골수로 가득 찬 이 뿔을 달여 먹으면 영생하리 상실의 아픔을 딛고 일어선 영록靈鹿은 약속의 녹용 하나 내 손에 들려준 뒤 다시 산으로 떠나고 산마루 사슴의 목쉰 울음소리만 핏물 든 가슴에 메아리치네

24

봄마다 도지는 우울증을 앓았어 황달 든 하늘, 얼굴을 가린 유령들이 떠다니는 도시엔 뼈만 남은 나무가 링거를 맞았어 지상으로 통하는 문들이 닫히고 길마저 끊겨 방향을 잃고 나면 회한의 모래폭풍이 일었어 "어젯밤 태양은 시들었지 지각이 호두껍데기처럼 깨지며 하늘을 가린 화산재 세상은 암실 속에 갇히고 지상은 굶주림으로 이빨들만 번뜩였지 빙하

기가 찾아오고 공룡들이 얼음 상자 속에 박제되듯 고비사막 내몽고의 모래바람 속에 화석이 되었지" 폐부엔 중금속이 쌓이고 뼈마디마디 새겨 넣은 처방전이 한 겹씩 바람에 뜯겨지며 짙어진 병색, 사막의 잠식으로 연락 두절되어 수면제가루가 내리는 모래 속에서 의식을 잃기 전 태양을 삼켜야 해 빨간 알약들 식도를 타고 흘러 병든 계곡을 비춰야 해 몽롱한 의식을 깨우면 열꽃들이 뼛속으로 피고 있어

25

카센터에서 흐릿한 눈을 갈아 끼우고 거리를 달리지 펑크 난 꿈을 때우고 고속도로를 질주하지 고지혈의 엔진오일을 갈고 뜨거운 심장으로 언덕을 오르지 연식은 1962년 식, 오래 달렸어도 부품엔 아직 이상이 없지 깜빡이가 작동되지 않거나 와이퍼가 움직이지 않는 잔 고장 쯤이야 강한 동력으로 속도를 냈지 코를 골다가도 액셀러레이터를 밟으면 깨어나 길을 누볐지 앞 범퍼 뒤 범퍼는 녹슬고 옆구리엔 스쳐간 상처들이 남았어도 뼈대와 장기들은 아직 쓸만해 해체되지 않는 자존심도 버리고 단 하나의 비밀도 간직하지 않은 채 살아온 무사고 기름 대신 말씀을 먹고 흔들리지 않는 중심으로 질주하는 죽음의 도로 카센터가 있으니 언제든 갈아 끼울 수 있는 내 팔과 다리 맘만 먹으면 인공지능으로 업그레이드할 수 있는 당신의 집에서 난 언제든 몸을 맡길 수 있지

26

바람은 차이에서 불지 기압의 차이 온도의 차이를 메우기 위한 이동에서 발생해 바람이 불면 서로 간에 차이가 있음을 알아야 해 고부간에 부는 찬바람 사랑하는 남녀 간에 부는 훈풍도 서로 맞춰주고 닮아가다 보면 차이가 없어져서 더 이상 바람이 불지 않았어 사랑해서 결혼한 부부도 시간이 지나면 무덤덤해져서 폭풍도 잠잠해지네

27

등불이 없던 시절 반딧불이 잡아 사이다병에 가득 담고 시골 밤길을 걸었지 하늘엔 별들이 반짝이고 은하수가 흐르는데 사이다병에서도 별이 뜨고 은하수 푸른 불빛이 흘렀지 은하수엔 사이다 같은 강물이 흐를 거야 지나는 별들이 달콤하게 목을 축이는 봄 소풍엔 구름들이 보름달 빵을 부스럭거리며 베어 먹었지 은하계는 신이 먹고 남긴 사이다 병인지 몰라 푸르스름한 빛이 유리병처럼 맑은 밤하늘의 별들이 하나둘 사라지고 내 사이다 병의 반딧불이도 다 꺼지고 나면 세상에도 어둠이 찾아왔지 나이가 들어서도 걷고 싶은 은하수 꿈길

28

푸른 스웨터 차림의 하늘에 금단추 같은 태양이 빛나고 팽팽히 당겨진 전선에선 새들도 폴카 풍의 음악을 뜯었어 계절이 공존하는 창가에선 뽀얀 입김을 뿜으며 생활의 주름을 펴는 다리미, 뽀송뽀송 부풀은 스웨터를 꺼내며 표백제보다 희게 웃는 여인은 수녀처럼 곱지 세정洗淨의 가루약을 먹고 거품을 문 채 신음하는 몸부림은 누구를 위한 희생이기에 성자의 고난인양 눈물겨운가 꽃내음 상큼한 빨래 향이 무지개 비눗방울로 솟아오르면 둥실 떠오른 햇솜구름이 여우비로 씻어주는 풀잎마을 반짝이는 햇살이 자전거 바퀴를 굴리며 하얀 와이셔츠를 싣고 가는 골목은 그늘이 잘리어 눈이 부셨어

29

뒷골목 전파사, 한 노인이 끊겨진 회로를 땜질하며 고장 난 중고품들을 수리해 방안 가득 티브이와 카세트 전축을 쌓아놓고 대형 돋보기로 들여다보며 폐쇄되거나 끊긴 혈관을 찾았어 형광등 불빛 아래 산발한 전선들이 헝클어진 삶을 붙들고 있어 혈관과 혈관을 이으며 십자가 하나씩 새겨 넣었어 뜨거운 인두에 실납이 녹으며 피어나는 생명의 연기는

매캐하거나 시야를 흐리게 했지 만 복잡한 기관들은 펄떡이며 피 돌기를 시작했어 램프 불빛 깜박 이며 찾아오는 전파사의 메시지 는 영상이 되거나 음향이 되었어 재생의 시간 속에서 다시 만나는 정든 손길들, 전원을 넣고 스위치 를 켜며 반가운 소통을 나누지 새로운 삶을 찾은 중고품들은 머 리카락 한 올의 소중함을 알고 있어 하늘의 전파를 받기 위해선 내 몸의 완전한 통로가 필요하지 하늘 향해 안테나를 펴고 수신기 를 연결하여 주파수를 맞추어야 해 하늘에서 쏟아지는 별들의 노 래는 스피커를 켜지 않고서는 들 을 수 없지 꿈을 잇는 무지개 전 파사, 끊겨진 마음의 상처에는 십 자가의 납땜이 필요했어 완성된 회로에 전류가 흐르고 전파들이 접속될 때 우리는 들을 수 없는 소리를 들었어 감각의 수신기를 통해 느낄 수 있는 영원한 세계 를 위해 나의 뇌 한구석을 불의 인두로 땜질했어 견고히 눌어붙 은 별들이 반짝였어

30

칡은 엎드려 바닥이나 기다가 나무를 보면 심사가 뒤틀려 목을 옥죄며 돌돌 말고 오르다가 우거 진 숲을 뒤덮어 풀포기도 자라지 못하게 하는 줄만 알았는데 가을 에 말라버린 줄기와 잎들을 걷어 내고 삽질하여 뿌리를 캐니 알 밴 칡이 다리통만 해 흐르는 냇 물에 씻어서 물기를 뺀 후 썰어 옥상에 말리네 조상들의 배고픔 을 잊게 해준 구황식물이며 자양 강장제로 쓰인 칡, 피를 맑게 하 기도 하지 겉보기엔 비굴하고 비 비 꼬인 것 같은 심보가 알고 보 니 속이 꽉 찬 뿌리였어 알 밴 뿌리를 씹어보면 갈증을 씻어주 는 그의 속마음을 알 수 있지 칡 밭은 풀도 나무도 자라지 못하여 덩굴뿐이지만 땅을 파보면 내면 은 친근한 이웃임을 알 수 있어 바람이 불고 눈보라칠 때 마시는 칡차가 겨울을 잊게 해

31

황금물결 펼쳐진 보리밭이 생

맥주잔 속에 들어와 출렁거렸어 흰 포말로 이는 바람결에 춤추는 물결, 작열하는 태양도 보리밭처럼 불타오르네 종달새의 푸른 꿈이 영글고 밀짚모자 아가씨 가슴이 부풀던 보리밭, 하늘과 맞닿아 있어 하늘로 이어진 황금 비단길로 황금마차라도 달려올 것 같은 보리밭, 금세 내 손에서 바다로 출렁거렸어 쨍하고 부딪는 햇빛에 이가 시린 파도들이 몸속으로 쏟아지네 내 몸은 출렁이는 바다가 되고 태풍이 이는 보리밭이 되고 노을이 물드는 벌판이 되었어

32

세상이 투명해지네 며칠 전 차에 단 블랙박스가 또 하나의 감시자가 되었어 내 차가 서 있는 곳은 언제나 투명한 세상을 비춰줄 거야 그 속에 사는 우리는 자의와 상관없이 노출된 어항 속의 물고기이고 뚜껑 없는 상자 속의 애벌레들이야 무수한 카메라들이 우리의 삶을 지켜보고 있어 그것은 또 하나의 신의 눈빛이며 꺼지지 않는 별이야 하늘에서 반짝이는 별들은 어쩌면 신이 설치한 블랙박스일지도 모르네 밤새도록 반짝이며 세상을 찍어왔지 어디를 가든 따라오며 반짝이던 눈빛이 인간들의 욕심으로 가려지면서 이 땅엔 새로운 별들이 반짝이기 시작했어 믿음이 사라지고 태어난 감시의 별들이 길거리마다 주차장마다 피어나고 있어 꽃들에게 물어봐 그들도 서로 감시하기 위해 피어나는지 자고나면 거리마다 천장마다 CCTV 블랙박스의 꽃들이 피어나고 있어 신은 어젯밤의 나를 다 알고 있어

33

커피의 분말엔 코피가 묻어있어 흑인 소녀의 뼛가루 같은 열매를 얻기 위해 늘 멍이 들던 하늘에 2달러짜리 태양이 시들면 쓰디쓴 밤이 찾아왔지 매를 맞으며 지옥불에 볶아져서 태어난 악마의 빛깔, 숯을 갈아 분쇄한 검은 뼛가루에 뜨거운 물을 부어 영혼을 거르네 창가엔 밤의 앙금

만 남고 한 스푼의 천사와 한 스푼의 악마와 두 스푼의 사랑으로 믹스된 내 몸에도 에스프레소의 피가 흐르네 한 개비 고독과 절망이 타다 남은 타르와 니코틴처럼 몸에 스미는 마성의 수액… 초콜릿이라도 믹스할까 검은 네 속셈에 크림을 부어봐 하트가 그려지는지 아무리 백설탕을 넣어도 지워지지 않는 유혹의 빛깔이 독해질 땐 휘핑크림이라도 넣어야지 하늘에 담긴 어둠을 바람의 스푼이 휘젓고 가면 별들이 각설탕처럼 녹았어 달의 입술에서 생크림 빛이 흘러내려도 여전히 캄캄한 창밖 흑인 영가 소리를 내며 나뭇잎들은 떨고 까마귀의 검은 눈동자가 물결의 파문으로 흔들리네 어둠을 마실수록 환해지는 불면의 밤 흑인 소녀의 영혼을 마신 혀끝으로 향기로운 악마의 잔상이 노을처럼 감기네

34

옥상 위에 지렁이들이 물음표를 그리네 승천하던 용들이 떨어져 지렁이가 된 건 아닐까 간밤의 천둥 번개가 수상했어 하늘엔 비룡이 살고 바다엔 해룡이 살고 성경엔 리워야단이 산다는데 땅에는 토룡이 살지 여의주 같은 이슬을 물고 어둠 속에서 흙을 삼켜 빛을 토해내지 기꺼이 제 몸을 두더지나 뱀에게 내어주고 어혈을 풀어주면서 토막이 나서까지 생명을 낚는 낚싯밥이 돼 밟히고 있다 해도 꿈틀 돌아누우며 온몸으로 참아내는 묵언수행의 민초들, 신의 용상에 올라 예수로 부활하고 석가로 환생해 흰 스티로폼 상자에 흙을 채워 하늘빛으로 상추와 깻잎을 가꾸신 어머니 품 같은 옥상에서 승천도 마다하고 콘크리트 바닥에 엎드려 목숨 다해 전하는 상징의 기호들 동그라미를 그리네 알파와 오메가를 그리네 세상과 하늘과 내가 하나 되는 한일一자를 쓰네

인생은 로또

35

바람 속에서 춤추던 4g의 고무공들이 빛을 뚫고 세상에 나온 0.1초의 순간 운명은 결정되었어 비너스의 몸에서 나온 70억분의 일의 확률로 나는 아프리카 오지가 아닌 가난과 굶주림의 전장이 아닌 대한민국, 언제까지나 살고 싶은 과천에 살지 당첨번호는 62 10 2 8 권천성 수천성 귀천성 예천성의 별들이 반짝이고 날마다 다이아몬드 태양이 떠오르네 상금으로 받은 재산과 아이들, 최고의 행운은 그녀의 과녁을 맞힌 화살이었어 황금 달과 지폐다발을 세는 바람, 평생 쓰고도 남을 물과 공기 속에서 나는 또 다른 화살을 쏘았어 서울역 근처 와이티엔 빌딩 앞 명당에서 로또를 사고 버스와 지하철을 갈아타며 녹번동 은평구청 사거리 편의점 바이더웨이에서 즉석 행운을 긁었어 시간의 통 속엔 64괘의 공들이 돌아가고 384의 효들이 춤추고 있어 지금 내가 뽑은 공은 33번째 천산돈天山遯, 세상을 피해 잠시 몸을 숨겨야 해 백 번째 여자에게서 태어난 우레가 온동네 떠나갈 듯 울어대는 밤, 벼락 맞을 확률에 돈을 걸고 돼지나 불타는 집이나 물난리 꿈을 꾸진 않았어도 회차와 당첨금에 차이가 있을 뿐 우린 이미 꽃이 된 구름을 따고 눈물이 된 강을 마시고 백지 같은 땅을 구겼다 폈다 하며 날마다 복권福權을 누리네 비너스의 문이 열리는 하루하루 긴장의 연속, 빗방울 하나에도 환성과 탄식이 교차해

36

찜질방의 벌레집 같은 공간에 몸을 밀어 넣었어 온탕 냉탕을 오가며 사우나에서 땀을 뺐지 날아갈 것 같은 가벼움으로 나비를 꿈꿨지 방과 하늘이 통하는 구멍에서 육체의 한계를 꿈꿨어 거북의 등껍질을 벗은 사람들은 잠을

자거나 게임을 하고 오락을 했어 낯선 얼굴들이 둘러앉아 계란이나 아이스크림을 먹고 티브이를 보며 잠을 청했어 코를 골아도 깨우지 않고 통로 복판에 큰대大자로 누워있어도 아무도 말하지 않았어 똑같은 유니폼을 입으면 다 똑같은 족속이지 24시간 불 꺼지지 않는 동굴 속의 공간, 따뜻하고 습한 기운에 세균들도 달라붙어 잠을 청해 시간을 갉아먹다 찾은 인간도 한통속이 되어 벌거벗고 목욕하고 시원한 음료나 간식을 먹으며 꿈틀 돌아누웠어 세상에 피난처 하나쯤 있다는 건 정말 좋은 거야 제 맘대로 뒹굴며 시간 때울 수 있는 벌레들의 자유, 한 잠 자고나면 찜질한 몸에선 날개가 돋고 나방들은 새로운 세상을 찾아 떠날 테지 나방과 나비의 차이는 차원에 있었지 육체를 벗어나려는 나비 한 마리 언젠간 내 품을 찢고 날아가겠지 등이 가려운 사람들이 서로의 등짝을 밀어주다가 봄날의 방바닥에 등 붙이고 누워 날개를 기다리는 시간, 고치 속은 참 따뜻하지

37

하늘을 오린 가위들이 황사로 날아왔지 조각난 모래바람은 찢어진 헝겊 조각처럼 펄럭였이 가위질할 수 없는 밤과 아침 사이로 빠져든 도시는 사막에 잠기고 낙타로 깨어난 차들은 느릿느릿 사구를 넘었어 죽은 태양을 파묻은 땅에선 검은 연기가 피어올라 비릿한 악취를 풍겼지 스펀지 같은 폐에 꽂힌 바늘들은 찢긴 상처를 꿰매지 못해 수풀로 짠 바람을 밀어 넣어도 숨을 쉴 수가 없었지 북북 찢어버리고 싶은 하루의 책장을 오리면 태양처럼 떠오를 꽃과 아이들, 이슬방울 영롱한 아침과 가위를 부서뜨릴 바윗덩어리 가위! 바위! 보! 간밤에 내 몸을 짓눌렀던 검은 가위는 어디부터 오려내고 싶었을까 담배연기 가득한 폐, 이미지를 상실한 뇌, 황사로 뿌연 내 가슴 속 하늘도 오려내고 싶었겠지만 난

공포감으로 상영 중인 꿈의 필름을 소리 내어 잘랐어 비단 폭처럼 찢어진 어둠 속에서 보았던 잠든 여인의 눈부신 속살, 창가에서 그믐달이 코를 골고 있었어 새벽은 동녘부터 야금야금 오려져 능선을 만들어갔지 오늘밤 머리맡엔 어머니가 쓰시던 가위 하나 놓고 자야겠어

38

1년에 한 번씩 머리 깎는 할아버지 사시던 초가집 잿빛으로 센 머리 다듬고 빗어 올리면 말쑥하게 새 단장한 지붕이 되지 문은 기울고 아귀가 맞지 않는 창문은 삐거덕 뼈마디 저리고 쑤신 몸이어도 눈비를 가려주는 가족들의 지붕이 되었지 겨우내 볏짚을 엮어 이엉을 만들고 새끼를 꼬아 새봄을 준비했지 굼벵이 노래기 쥐며느리 함께 살던 지붕을 허물면 가족을 지키기 위해 삭은 할아버지 어깨를 볼 수 있었어 여름내 푸른 덩굴을 늘여 분칠한 듯 화사한 박꽃을 피우고 보름달만한 박을 키웠지 썩은 젖니를 뽑아 까마귀밥으로 던져주고 할아버지 하늘나라 가시는 길 입으라고 흰 두루마리 던져 올렸어 처마 밑에 제비가 짓고 한 가족이 되어주던 집 서양바람에 덥수룩한 머리털 다 밀어버리고 슬레이트 양철로 지붕을 덮은 후 빗소리 바람소리에 밤마다 잠 못 들고 나뭇가지 양철 긁는 소리에 선잠을 깨었지 바가지 엎어놓은 듯 초가지붕들 옹기종기 모여 살던 마을, 곱게 머리 단장한 할아버지 얼굴 한 번 봤으면 황토벽한 대청마루에서 낮잠을 잘 수도 있을 텐데

39

거리엔 섞이지 못한 피들이 둥둥 떠다녔어 기름들은 스크럼을 짰고 띠를 형성하며 질주한 길거리마다 붉은 꽃들이 피어났지 풀뿌리들의 혁명, 하늘을 복사한 양동이 위로 안개 골목을 비추며 거울 속을 떠다니는 고뇌들 도로마다 넘쳐나는 물감들로 메커니

즘의 반항아들은 봄을 잠식하며 시내로 흘러들었어 세상을 휘젓는 바람과 함께 격동하는 젊음의 무늬들은 피로 엉기어갔지 아침을 기다리며 샘물같이 살아온 이 파리들도 물 아닌 삶을 밀어냈어 검은 영혼들이 서로 부둥켜안고 밀려다니는 바다, 흰옷의 달빛이 머릴 풀고 혼을 건지네 붉고 푸른 영혼들이 차마 떠나지 못해 끈적이며 매달리네 시즙을 짜 수의에 한을 그리네 백지 위로 나타난 넋의 기하학적 무늬, 응결된 정신의 문양은 물결로 요동치고 있었어 살아있어 처절한 혼을 태워 한 겹 한 겹 벗겨진 물의 껍질들이 꿈틀꿈틀 생살을 파고들며 새기는 문신, 울컥 치밀어 오른 각혈이 무지개로 흘러내리네

40

쇠꼬챙이에 꽂혀 닭들이 돌아가고 있어 불꽃의 혀가 알몸을 핥아도 울지 못하는 닭들, 껍질이 벗겨지게 익는 냄새가 해질녘 내장을 뒤집었어 비스듬히 놓인 빙판길 철재 의자에 앉아 조는 사내의 볼에도 닭살이 돋아있어 전생엔 공작 못지않던 깃털이 있었나 봐 선인장 가시 같은 모공을 세우고 나의 하루도 불꽃춤으로 정신없이 돌았어 홰를 치며 세상을 향해 목청껏 울어보지도 못한 닭들이 닭똥 같은 눈물을 온몸으로 흘릴 때 불꽃도 신음소리를 내지 물과 피를 쏟던 닭들이 은박지에 싸여 차례로 떠나는 골목길, 수의에 싸여 한 사내도 떠나면 살아온 내력이 해체되겠지 버려진 뼈다귀마다 파리 떼가 들끓듯 소문이 무성해

41

창밖에 비가 내리면 나는 LP판 레코드를 틀지 먼지 앉은 뚜껑을 열고 잊힌 얼굴 같은 판을 얹으면 좋아하던 음악들이 바늘을 타고 떨리는 손길로 전해지지 어둑한 방의 격자무늬 하늘엔 눈물방울 별들만 가득해 핵융합이 끝난 별들은 급격한 중력현상으로 블랙홀이 되고 LP판의 검은 음악 속으

로 빨려드는 나의 우울증… 쳇바퀴 도는 구멍 속을 빠져나올 순 없을까 목을 조이는 거미줄을 벗어나기 위해 나는 밤마다 바다를 헤엄쳤지 아우토반을 달려도 여전히 제자리인 집과 얼굴들, 벽에 걸린 음화들이 잠깐 느슨한 감각에 탄력을 주었지만 이내 절망의 구멍에 빠졌지 천억 개의 은하계 중 지구별이 속한 은하계엔 천억 개의 별들이 반짝이고 수백만 개의 블랙홀은 빛을 삼키며 남자들을 빨아들였지 촉수를 흔드는 검은 실루엣의 Event Horizon 거리를 활보하는 블랙홀들은 가슴에 늙은 느티나무 옹이 하나씩 퀭하니 뚫려있었지 초신성 중력으로 다가온 블랙 아이라인의 그대 눈동자는 언제쯤 비를 멈출 수 있을까 나이테로 흐르는 삶의 궤적이 다하기까지 지글지글 흐르는 빗소리 LP레코드판이 비를 다 삼키고 나면 우린 상처를 잊고 다시 태양으로 뜰 거야 그대 안의 블랙홀 속으로 빨려든 빛들은 태양을 잉태하고 하늘엔 어머니의 양수가 은하수로 흐르는 밤인데

42

'나랏말쌋미 듕귁에 달아' 한글을 창제하신 세종대왕의 피를 받아 한국은행 일월오봉도에서 태어났지 차원이 다른 홀로그램의 족보를 새기고 등과 가슴에 용 문신으로 가문의 인장을 찍었어 뼛속에 쓴 일만만의 설법, 진짜로 살아야 한다는 말씀에 천상열차분야지도를 가슴에 품고 보현산 천문대 혼천의에서 우주를 꿈꿨지 비스듬히 기운 각도에도 언뜻 비치는 성골의 요판잠상은 평범한 신분이 아닌 듯했어 신출귀몰한 바람소리를 내며 한국은행 출신의 빳빳한 칼라들은 은빛 어깨띠를 두르고 세상에 첫발을 내디뎠어 한동안 두툼한 엉덩이를 씰룩거리다가 블랙박스에서 몇몇 구름 속을 오간 후, 할머니 전대에 떨어진 뒤에야 알았어 도가니탕 한 그릇 값도 안 되는 동그라미들의 무게감을 노래방 아줌마의 젖가슴에 꽂혀 마이크를 잡다가

도박판에 던져진 누런 배춧잎들과 함께 고리를 뜯다가 창녀의 손에 침 발라 비벼지며 닳고 닳은 얼굴들을 보았어 손가락 한 번 튕기는 순간 황홀하게 만났던 육체들이 구겨진 채로 몸을 뒤집었어 너덜너덜 뭉개진 몸에서 구린내가 나 지하도에서 떨고 있던 여인에게 국밥 한 그릇 말아주지 못했네 희끗희끗한 머리칼, 주름투성이의 얼굴이 UFO를 닮은 자선냄비 안에서 종소리를 들었어 산동네 양은냄비를 끓이는 할머니를 위해 마지막 연탄을 사랑해야지 몸을 내어주고 얻는 최후의 어둠 덜컹, 철문이 열리네

43

당신이 실컷 울고 났을 때 새벽이 오고 있어 어둠과 절망으로 풀잎마다 이슬이 맺히고 마지막 별마저 사라진 후에야 먼동이 트네 일정한 시간이 지나면 찾아오는 새벽은 새벽이 아니야 어둠을 경험한 자에게만 새벽은 오고 있어 새벽은 새로운 선물의 빛이며 죽음 앞에서 볼 수 있는 무지개야 그래서 평생 단 한 번도 새벽을 맞이하지 못하고 죽어간 하루살이도 있어 새벽은 모두에게 주어지지 않고 아침을 사랑한 이에게 주어지는 축복이야 사랑하는 사람을 만난 이는 이미 새벽을 맞이한 사람이며 꿈이 가득한 사람은 이미 아침이 시작된 사람이야 새벽은 생각만 해도 가슴이 벅차올라 눈물이 되는 시간이야

44

돌풍에 금이 간 여자는 도마 위에 페파로니 양파 토마토 올리브치즈를 얹고 날마다 오븐에 태양을 구웠어 고구마피자 포테이토피자 치즈불고기피자를 구울수록 피자들은 유리처럼 조각이 났지 아이들은 초승달 하나씩 꾸역꾸역 목구멍으로 넘기며 보름달을 꿈꿨지 곰팡이 핀 지하실에 해가 뜨고 민들레가 지천으로 피자 아이들은 방 하나씩 차지했지만 여자는 소스냄새를 풍기며 거실 소파에 피클처럼 쓰러져 쪽잠

을 잤어 아버지 생각이 나면 아이들은 조각난 그림 속의 숫자를 맞추며 치즈의 나른함 속에 녹아든 피망이나 버섯을 스케치북에 그렸어 고무줄처럼 늘어난 얼굴이 몇 가닥의 기억을 붙들고 끈적끈적 매달렸어 볼우물이 수줍던 아이들은 개나리가 피어나자 반쪽을 찾아 집을 떠났고 여자는 그림처럼 남아 미완의 퍼즐을 맞췄지 보름달이 부풀고 수반에 꽃들이 차오르면 외출을 꿈꿀 거야 들판 가득 돌아온 계절과 빗방울 커지는 동그라미들, 구수한 냄새를 풍기며 오븐 속의 피자가 익어갔지

45

나의 첫사랑은 유치원 때였어 한 여자 아이가 좋았어 그냥 가슴이 두근거렸고 함께 있기만 해도 좋았어 그녀의 얼굴을 자세히 쳐다볼 수 없었기 때문에 다 예뻤고 뭐든지 최고로 아름다웠지 공부를 잘해서 부러웠고 우리 집보다 잘 살아서 기가 죽었지 세상에서 제일 멋진 여자로 중학교 3학년 때까지 숭배의 대상이었어 중학교를 졸업하고 그녀를 볼 수 없었기 때문에 자연히 잊게 되었어 또 다른 여자를 사랑하고 결혼을 했어 나이 50이 다 되어서 초등학교 동창회가 있다는 연락을 받았어 잊었던 그녀를 생각하며 죽기 전에 꼭 한 번 보고 싶었던 소원을 풀 수 있을 것 같아서 마음이 설레었지 서울의 어디쯤인가에서 동창들이 한자리에 모였어 어렴풋이 옛 모습들이 남아 있었지만 오랜 세월 속에 많이 달라져 있었어 약 35년 만에 그녀를 보았어 내가 상상했던 모습이 아니었어 얼굴엔 주름이 생겼고 눈은 작았으며 배는 튀어나와 있었어 세상에서 가장 아름답다고 생각했던 나의 꿈은 깨어졌네 서로 다른 세계를 살아와선지 생각도 많이 달랐어 그녀를 만나기 위해 매주 교회를 갔고 기도했고 발표도 했던 시절이 있었는데 내 어린 시절은 어머니가 해준 것보다 그녀가 해준 것이 더 많았는

지도 모르네 지금 나의 모습을 만든 것의 팔 할은 그녀의 영향 때문인지도 모르네 그녀가 참 고맙게 느껴졌네 지금의 모습이 좀 부족하면 어떠랴 그녀는 언제나 나에게 최고의 아름다운 사람이야

내 마음의 풍경

46

호숫가의 사람들은 폴라로이드 처럼 풍경을 한 장씩 복사해가지 망막에서 인화되는 물의 필름 속엔 흐느낌의 주파수가 흐르네 단풍잎들은 수면 위에 피 묻은 발자국을 찍고 백발의 시인은 돋보기 너머로 내둘러 쓴 자서전을 읽었어 빛바랜 일기장들의 나들이, 오늘이 복사되는 호수엔 둥근 거울이 떠있고 머리 푼 낮달이 나르시시즘에 빠져있어 달을 닮은 사내아이 하나 쯤 거뜬히 낳아줄 것 같던 그녀에게서 덜덜거리는 기계음이 들려오고 있어 빛의 칼에 잘린 얼굴이 흐름을 멈춘 미소 끝에 말려 올라가지 못해 반쯤 새겨진 이름들은 백지 같은 밤을 까맣게 지새워야 하리라 짝퉁들이 여류화가의 캔버스 위에서 옷을 벗었어 발목이 빠지는 껍질들의 숲, 물의 렌즈를 연 호숫가에서 나무들은 바람을 낳고 수면은 파랗게 멍든 허물을 벗었어

47

뼈를 녹여 온 살肉을 불사르며 우주를 날아와 쿵, 지구의 가슴에 박힌 불덩이처럼 이글거리는 사랑의 불화살로 그대 가슴에 명중되어 활활 타오를 수 있다면, 눈코 녹아내리고 온몸 산화하여 한 조각 심장만 남아도 좋겠네

48

설렁탕에서 소의 입김을 맡았어 불 속에서 남기지 못한 말들이 거친 숨결로 전해졌네 죽기 위해 살았어 비대한 몸을 유산으로 남기기 위해 덩치를 키우며 풀을 뜯었어 죽어서 물이 된 넋이 뚝배기에 엉기네 뜨겁게 입천장을 적시며 몸속으로 흘러들고 있어 나도 소처럼 살다 가는 거지 후세에 뼈로 말해줄 골수가 내 안엔 없지 펄펄 끓는 가마솥의 뼈들이 눈물을 흘리네 귀로

전해져야 할 진국의 언어들을 목구멍으로 넘겨보지만 가슴에 남겨진 철분은 없지 빈 통을 흐르는 물처럼 내 몸을 빠져나간 설렁탕 한 그릇, 벽에 걸어둔 뼈에서 흐른 진국의 말씀을 나는 늘 까맣게 잊고 살았어 내 안에 골수로 채워야 할 십자가를 벽 장식물로 걸어두고 살았어 뼈를 썰고 쪼개어 생수를 붓고 솥에 삶았어 커다란 눈에 그렁그렁한 눈물로 소의 혓바닥이 내 얼굴을 핥았어

49

간밤에 내린 비로 때를 벗은 잎사귀들 반짝이는 아침이면 은실로 수정 구슬을 꿰듯 눈물 어린 한 말씀 한 말씀 가슴에 맺혀 노을빛 영롱한 진주로 살리라 해도 태양이 뜨고 바람이 불면 끈적이는 본능과 탐심의 줄을 늘이며 가지마다 그물을 매달았어

50

한 덩어리의 쇠로 태어났지 살아남기 위해 무뎌졌고 깨지지 않기 위해 강퍅해졌네 나 하나 무쇠로 살면 그뿐, 남을 의식하지 않았어 하지만 나와 부딪히는 이들은 모두 상처받았고 깨어졌네 점점 혼자가 되어갔고 녹슬며 고철넝어리로 변해갔지 하잘것없는 호미 하나도 유용하게 쓰이기 위해 깨끗이 닦여 벽에 걸려있는데 나는 힘만 자랑할 뿐 대장간 구석에 처박혀있었어 나만을 위해 살아오던 삶에서 이제는 누군가를 위해 나의 삶을 바꾸어야 해 낮아지기로 했어 그리고 인내심으로 기다렸지 풀무불이 유난히도 뜨겁던 어느 날이었어 나는 대장장이의 손에 잡혔고 불속에 들어갔지 몸에 붙어있던 녹들이 태워지고 벌겋게 불 달은 알몸이 되었어 집게에 잡히고 모루 위에 올라 망치를 맞았어 처음엔 꿈쩍도 안 했지만 불속을 오가며 송두리째 다 맡겼지 나의 것은 없었고 대장장이의 뜻만 있었어 엄청난 뭇매를 맞고 물속에 담겨지며 담금질을 했어 입술에 숯을

지지며 불을 뼛속까지 간직했어 한 번 휘두르면 머리카락 한 올도 쪼갤 만큼 예리하게 벼려지고 싶었지 번쩍이는 칼날을 칼집에 담으며 바라보기만 해도 위엄이 있는 하지만 모든 날을 죽이라 하시지 무디고 바른 직선으로 살라하시지 아 어느 날 나는 발견했어 종탑의 가장 높은 곳에 세워주신 고독의 의미를…

51

황토색의 포클레인이 커다란 집게발을 들어 올려 내려치자 사방에 먼지가 흩어지네 태풍과 눈비를 가려주었던 벽과 지붕이 산산조각이 나며 파편들이 떨어지네 웅웅 몸을 떨며 쉴 새 없이 내려치는 손바닥에 행복을 꿈꾸던 방과 거실이 허물어지고 유리창이 뜯겨 나갔지 사랑을 나누던 보금자리는 골조만 남은 채 힘줄가닥 같은 철근과 전깃줄이 비어져 나와 늘어졌네 햇빛 속에 반짝이던 청기와는 와르르 무너져 깨지고 곰팡이만 피어있는 벽, 꿈들을 그려 넣으며 30와트 백열전구로 세상을 밝히던 사람들은 어디로 갔을까 먼지 같은 삶을 쓸어내고 평지를 만들기 위해 남김없이 허물었어 기억들을 지우네 멋진 집을 위해 성형을 하고 날마다 화장을 하며 때 묻은 세월의 주름과 점을 지우지만 집은 무너지기 위해 살아가지 멋지게 워킹하며 몸매를 자랑하던 모델도 목에 힘을 주며 높은 빌딩이던 정치인도 한순간 철거되는 것을 보았어 새로운 세상을 위해 낡은 집들은 철거되고 새로운 모델들이 들어서네 도시계획에 묶여 오래도록 낡아가는 몸들은 문화재가 되기도 하지만 결국은 모두 사라지네 철거되지 않는 집은 없지 철거 속에서 꿈꾸는 부활, 육체가 허물어지는 것은 새로운 건축을 위한 청사진 때문이야

52

꽃게 껍질처럼 굳어진 땅속으로 가늘게 심장만 뛰는 겨울 냉동된 꽃게의 몸에선 비린내가 풍

기네 꽃이 피지 않는 꽃게가 꽃이 된 어시장에서 붉은 장을 꽃피운 껍질을 벗고 있어 얼굴에 철판 깔고 살아온 사람들도 껍질을 벗으면 붉은 장이 꽃처럼 가득하겠지 나는 아직 덜 성숙하여 물렁물렁한 게로 살았으니 속에 알이 배고 장이 가득 찰 리 없지 상처만 받으며 살아온 내 안의 내장들은 언제 꽃이 되려는지 몰라 단단한 껍질이 필요했어 스펙의 껍질 가문의 껍질 돈의 껍질을 몇 겹으로 둘러쳐서 어떤 이빨도 내 몸을 뚫고 들어오지 못하게 해야 해 나는 소화되지 않는 모래들을 주워 먹으며 바위처럼 단단한 껍질을 꿈꿨지 껍질 속에서 썩어가는 내장들이 냄새를 풍기며 방귀를 뀌어댔어 주변의 물살을 휘휘 저어대며 꽃 같은 해초들을 삼켰지만 비린내가 목구멍으로 올라왔지 아무리 먹어도 꽃은 꽃이 되지 않는다는 사실을 알았어 진흙을 먹은 연처럼 나도 갯벌을 먹어야 했어 갯벌을 먹기 위해서 먼저 무릎 꿇는 법을 깨달아야했어 꺾이지 않는 나의 유리 무릎, 꽃게의 껍질처럼 굳어진 겨울 어시장에서 나는 결국 꽃게를 사지 못했어 물컹물컹한 몸속에 비린내만 가득 담아왔지

53

상상력은 실제로 경험하지 않은 현상이나 사물에 대하여 마음속으로 그려보는 힘이야 상상력의 시작은 하나의 점과 같아 점에서 시작된 상상력은 사방으로 뻗어가는 꽃잎처럼 확장돼 하나의 일이나 사건, 생각의 단초는 점이지만 그것으로 인한 상상력의 반경이 크면 클수록 커다란 꽃을 그릴 수 있어 상상력이 있는 곳은 꽃밭이야 상상력이 풍부할수록 세계는 넉넉해지고 넓어지네 과거적인 것에 대한 재생적 상상이 아닌 새로운 것에 대한 생산적 상상이 있을 때 그 상상의 세계는 살아있고 활기를 띠게 돼 정신의 꽃밭을 가꾸기 위해서는 상상력을 키워야 해 영원한

세계에 못을 박으며 열정의 피로 물들일 때 폭발하는 사고의 팽창 우주의 빅뱅을 만날 수 있어 정신의 꽃밭에 뿌려진 씨앗들이 뿌리내리고 개화할 수 있게 나는 밤마다 어둠 속에 꽃씨를 뿌리네

54

물감처럼 어둠이 흘러내린 밤 그의 머리가 땅에 닿는 순간 광풍이 불고 영들이 몰려오고 있어 도깨비 달걀귀신 몽달귀신 터귀신 저승사자 콧구멍을 드나들며 굿판을 열었어 들이키는 꽹과리 소리와 내뿜는 징소리를 밀고 당기며 행차를 나가지 산 넘고 물 건너 세링게티의 숲, 영역을 지키기 위한 사자의 포효가 울리네 가족을 지키기 위해 갈기를 휘날리며 누의 목을 물었고 들소의 숨통을 끊었어 콸콸 목구멍을 새어나와 초원을 흐르는 강물소리… 아래층 여자는 밤새 세탁기를 돌린다고 쫓아올라오고 아무리 빨아도 희어지지 않는 빨랫감들이 목구멍 속에서 물소리와 섞여 돌아갔지 빙글빙글 몸을 돌린 회전의자에서 의사는 늘어진 목젖을 자르자고 해 악어 같은 목구멍에 매달린 종, 한때는 학교종소리였고 바람결에 풍경소리였어 여자는 베개를 의심하지만 고혈압 동맥경화가 지속되면서 뼛속에 바람이 불지 온난화가 진행될수록 엘니뇨와 라니냐는 지역적 태풍과 홍수를 몰고 왔고 몸에선 허리케인과 토네이도가 짖아졌네 밤마다 바람에 날아간 여자는 거실 소파에 나뒹굴었고 아이들은 제각각 언덕으로 몸을 숨겼지 송두리째 휘감아 오르는 용오름, 그는 밤마다 승천하는 걸까 지각변동하는 밤의 풍차돌리기가 일순 멈춘 무호흡의 폭풍전야, 침묵의 쓰나미가 몰려오고 있어

55

거울 같은 연못이 하늘을 만나네 연꽃 접시들은 물결에 몸을 싣고 구름으로 떠다니고 있어 번개 같은 스침에도 천둥같이 울리는 인연, 부딪는 접시들의 소용돌

이가 태초의 침묵을 깨뜨리며 우주로 공명해 별의 목소리들은 빛이 되고 꽃이 되어 서로를 부르네 은하수 꿈길을 가는 동그라미들, 법당 처마 끝에서 풍경이 울고 있네 종탑 꼭대기 종소리가 비눗방울로 하늘을 덮었네 빈 마음으로 만나는 접시들의 청아한 음성, 웅 웅 뼛속을 울리네 시간의 물길을 돌고 돌아 티 없이 만나는 접시의 얼굴 눈빛만 마주쳐도 "땡"하고 가슴에 사무치네

56

원시인들은 나무 뼈대에 나무 껍질이나 동물 가죽을 얹어 천막을 만들었지 야생동물을 찾아다니거나 가축을 키우기 위해 지어야 했던 천막 목축민들은 기둥을 세우고 염소 털로 짠 천을 덮개로 덮어 임시야영을 했어 탐험가나 등산가들은 텐트를 등에 지고 다니며 풍뎅이 날개처럼 펴곤 했어 햇빛과 바람 홍수와 눈사태 그리고 야생동물들의 공격으로부터 자신을 지키기 위해 필요했던 천막 방수성과 강도가 높은 덮개일수록 안전했고 고정하는 못을 단단히 박을수록 강풍에도 흔들림이 없었지 잠시 잠깐 이 세상에 살다 가야 하는 나도 실은 천막이야 뼈대를 세우고 가죽을 덮어 그 안에 당신을 모시기 위한 천막에 시트를 깔고 말씀의 불을 피웠어 천막의 정신은 늘 떠날 준비를 해야 한다는 것이야 나는 뼈대와 덮개를 걷고 언제든 떠나기 위해 살지 천막이 콘크리트로 바뀌는 순간 천막은 떠날 수 없지 잠깐 평지 위에 꿈을 펼치고 환기 틈으로 별을 보고 천막에 누워 살다가 계절이 바뀌면 떠나야 해 내 몸의 천막도 뼈는 뼈대로 거죽은 거죽대로 거두어 새로운 땅으로 떠날 거야

57

다리뼈가 살을 뚫고 나온 피흘림 뒤에 유리는 나와 동족임을 알았지 속도계가 멈춘 철의 심장, 조각난 유리 칼날이 젖은 내 바짓가랑이 속에도 꽂혀있었어 손

을 놓칠까봐 이를 앙다문 웃음들… 폭포로 무너지던 유리알처럼 강물은 내 봄속을 흘렀지 조각난 물체들의 몸엔 왜 날카로운 이빨들이 살아있을까 발길에 채이면 물방울마저 조각조각 눈물이 되는 돌아선 등에 모로선 유리조각이 만져지네 거울 같은 수면 위에 누워 별 총총히 뜬 너의 창문이고 싶었던 내 안의 투명한 뼈들, 풀잎이 돋아난 파란 유리창 너머, 가는 빗줄기에도 실금이 가지

58

오래된 라디오처럼 어머니의 기억은 ON/OFF를 반복했어 때론 지글거리듯 알 수 없는 말을 되뇌었고 끊겨진 기억을 잇기 위해 눈을 깜빡거리기도 했어 한 치의 오차도 없이 시곗바늘로 돌아가던 어머니의 일상이 늘어진 테이프처럼 뚝뚝 끊겼지 물을 틀고 가스를 틀고 배관으로 오물들이 새어나와도 밸브를 잠글 줄 몰랐어 몇 개월 사이 어머니의 머릿속에서는 무슨 일이 생긴 걸까 좁아진 혈관에 끊긴 회로가 접촉불량을 만들어 생각의 통로를 막고 있었어 속 시원히 흐르지 않는 것이 건망증이고 우울증이란 걸 단락된 회로를 연결하며 알았어 혈관개선제를 먹고 항우울제 주사를 맞으며 기억의 끈을 이어보지만 희미해진 숲에서 언어들은 길을 잃었지 소리를 지르고 악담을 하며 불면증에 시달리는 것은 내면의 소통을 잃어버린 때문이었어 낡은 라디오의 뚜껑을 열고 접속점을 찾아 납땜을 해 전두엽의 깊은 자리, 판단력이 흐려지던 혈관에 각인된 기억을 투여해 원활한 흐름을 위해 길을 만들고 있어 사방팔방으로 통할 수 있는 접속점을 찾아 뜨거운 인두를 대보았어

투우시대

59

투우사가 눈앞에서 빨간 망토를 흔들고 있어 흔들릴 때마다 혼미하게 마음을 끄는 욕망의 망토엔 거부할 수 없는 유혹이 있었어 몇 걸음만 다가서면 잡힐 것 같은 붉은 꿈들이 춤추고 있어 황소는 자신의 욕망을 이루기 위해서 투우사를 봤어야 했어 투우사는 보이지 않고 신기루 같은 망토만 흔들리네 질주하며 들이받는 망토의 실상은 허무의 공간이었어 아무리 날카롭게 들이받아도 날렵하게 피하며 등에다 창을 꽂았어 망토밖에 보지 못하는 황소의 눈은 서서히 죽음으로 몰아넣는 투우사의 손을 보지 못했지 불도저처럼 달려들수록 등에 꽂히는 창이 많아지네 군중들은 창이 꽂힐 때마다 함성을 지르고 비틀거리는 모습에 신이 나서 박수를 치네 핏빛으로 물드는 온몸에 죽음의 망토가 덮이고 쓰러져 서서히 눈을 감는 황소의 최후 끝내 망토로 몸을 가린 투우사는 자신의 얼굴을 보여주지 않았어 절망과 허무의 이름을 가진 투우사는 또 다른 황소를 찾아 떠나고 텅 빈 투우장엔 죽은 황소만이 무겁게 놓여있어

60

소녀의 팔은 접혀있었어 흰 블라우스에 밴 붉은 꽃물로 온통 꽃밭인 화단엔 깃발처럼 스커트 자락이 펄럭였어 바람의 손에서 놓인 구름은 비가 되었고 꽃들은 시들기 시작했지 줄기를 놓친 지상의 나뭇잎들은 절벽으로 떨어졌고 할딱이는 심장들은 비에 젖어 상처가 아물어갔지 연서처럼 안개가 피어오르며 가지마다 그리운 나라의 엽서가 매달릴 때면 초록 글씨들은 꽃이 되고 열매가 되었어 노을을 접어 날리는 언덕위로 빨간 우체통 안의 석류 알 같은 얼굴들이 흩날렸어 밀랍으로 붙인 하루하루가 이카로스 날

개처럼 떨어졌네 몸을 흔드는 꽃잎들 하강기류에 휘말린 엔진들은 정지하고 강철 심장의 새들마저 둥지로 비상하지 못한 채 깃털로 흩어졌네 탯줄을 자른 눈송이들은 땅에 닿자마자 불꽃 눈물로 태어났지

61

손금에 잔금이 많을수록 복잡한 사람이라고 했어 끊어졌다 이어지며 복잡한 선을 그리고 있는 손금들 때문에 삶도 금이 간 걸까 목에서부터 실금이 뻗어가지 눈가에 가득한 주름들은 팽팽했던 나의 한구석이 무너져가고 있는 표시야 금이 가기 시작한 성벽, 친구 사이에선 늘 찬바람이 스며들었고 쾅쾅 닫힌 창가엔 며칠씩 성에가 끼곤 했어 선을 그으며 베란다에 매달린 얼음을 녹이는 건 늘 태양의 몫이었지만 접시에 금 하나 가면 집안에도 잔금이 늘었지 금은 늘 메워야 한다는 걸 알지만 한번 간 금은 쉽게 메워지지 않았어 잔금을 치르지 못해 계약은 깨어지고 잔금을 남기지 않기 위해 까치발로 걸어도 살얼음판은 쩍쩍 금이 갔지 금을 긋는 소리로 뼛속에 금이 갔지 비명을 남기며 쪼개지는 소리들, 아프지만 와르르 무너지지 않기 위해 상처마다 붕대를 감았어 날마다 화장을 하며 실금을 메우고 있어

62

젖은 그림들이 판화처럼 찍혔어 네거티브 필름으로 현상되는 암실의 풍경, 검은 동공이 하늘을 열고 X-ray 눈으로 뼛속까지 어둠을 찍었어 구름의 눈, 바람의 셔터, 물의 렌즈들 보지 않는 것은 신의 눈뿐이야 잎사귀들 엿듣는 밤을 헤드라이트 불빛이 순간 복사해 번개처럼 스쳤지 사라지는 허상들 가드레일을 넘어 뜨겁게 키스한 차들처럼 내겐 사랑할수록 파편들로 가득해지네 중앙선을 넘나드는 철제심장으로 횡단보도를 관통하며 깜박깜박 영상을 찍는 신호등을 무시하고 살

았어 천수보살 관음상의 풀과 나무들, 순간도 놓치지 않는 별들의 기록은 누구에게로 흘러갈까 유성의 속달 메신저가 사라지네 하늘의 이름으로 이웃들을 손가락질하다가 도시의 무덤에 누워 내시경을 하고 MRI를 한 후 내겐 영혼이 없음을 들켜버렸지 뉴런을 타고 가는 도파민의 검은 웃음을 흘리며 항히스타민제를 먹은 벌레들이 머릿속을 찍어댔어 어젯밤에 뱉은 나의 말들이 뛰어다니며 검은 발자국을 남긴 마룻바닥, 피사체 속의 어린아이가 웃었어 눈부신 거울은 렌즈에 잡히지 않는데 벽에 못 하나 나를 꼬나보고 있어

63

못다 이룬 꿈을 위해 로봇을 부르네 지구를 지켜온 로봇 태권브이 마징가제트 미래용사 볼트론 눈감으면 태양 저편에서 들려오는 멜로디, 이젠 그만 일어나라 내게 외치네 그때마다 움츠러든 몸엔 무쇠팔 무쇠주먹이 생기고 캉타우의 철퇴가 들려지곤 했어 남자가 눈물을 흘릴 수 없는 세상에서 나의 삶을 로봇들이 대신해왔지 절대 뒤돌아보지 말고 앞만 보고 가라고 천둥 속에서 번개 속에서 저들은 용기를 주었지만 늘 주저하며 머뭇거리던 나는 피닉스킹이나 제트건담의 노랫소리를 듣고서야 분노를 삼키며 날개를 폈지 강철얼굴에 맞서 우뢰뫼에서 킹 라이온으로 메칸더브이로 변신합체하며 맞서 왔지 밀리면 죽을 수밖에 없어 무적의 파워레인저가 되어야 했고 초강력 칼과 로켓을 장착해야 했어 누구는 하이퍼 다간이 되었고 누구는 에반게리온이 되었고 누구는 영혼을 판 라젠카가 되었어 미래 도시 지구를 지켜온 로봇들, 땅을 뚫고 바다를 건너 하늘을 날았던 용사들은 가정과 사회와 국가를 지키기 위해 부르면 어디서든 발진했어 포탄이 떨어지고 건물이 쓰러지던 도시, 어둠에 맞서 싸우던 나도 한 시대의 트랜스포머였어 우주 행성을 점령하

려는 메카트론을 물리쳐 평화를 지켜온 지구의 용사들, 그때 그 로봇들은 늙고 병들었는지 이젠 보이지 않았어 영이도 데일리도 더 이상 불러주지 않는 영웅들은 잊힌 캐릭터와 먼지 뒤집어쓴 장난감이 되어 어느 진열대에서 호명을 기다리는 걸까 눈물이 날 땐 로봇을 불러봐 그대의 못다 이룬 꿈을 위해 철문이 열리고 무쇠팔 무쇠다리 로켓엔진을 타고 창공을 날아오를 거야

64

나무가 베어져도 둥치는 남았어 그래서 나무는 자신의 기록을 둥치에 새기네 뿌리에 새기면 묻혀버리고 잎에 새기면 날아가고 가지에 새기면 부러지기 때문이야 수백 년 살아온 자신의 내력을 노래로 담아 LP판처럼 한 해 한 해 원으로 새기네 둥치를 자르면 한평생 살아온 나무의 노래가 들리네 바람 속에서 돌아가는 LP판의 떨림이 느껴지네 가지를 흔들며 무수한 잎을 열어 녹음한 몸통의 울림, 톱날에 베어져 쿵 하고 쓰러진 뒤에야 알았어 봄 여름 가을 겨울 사계의 합창에 예리한 감성의 촉이 얹어져 돌아가지 후드득 잎을 적시는 소나기 소리, 바람의 장단을 맞추던 잔가지들의 두드림, 장엄한 폭설의 침묵을 깨는 고통의 부러짐 소리, 둥치는 가만히 있어도 해가 돌고 달이 돌고 별들이 돌아 그루터기의 생명을 노래해

65

남자가 여자를 빨아들였어 흰 종아리부터 불꽃이 일며 머리카락 같은 연기가 피어올랐어 혼미하게 타다만 이파리들이 누렇게 얼룩지며 머릿속에 달라붙었어 너 없인 못살아, 필터 같은 입술을 부비며 걸었던 손가락 사이에서 백색가루들이 흩어졌어 솟구치는 검은 타르의 배반은 갑 속의 누구를 선택해도 마찬가지지 치아를 부딪치며 혀를 핥아도 다 태워지지 않는 건 늘 자신이었을까 빨아들인 독사과 향의 혼, 아무리

삼켜도 삼켜지지 않는 바람을 토해내며 소유할 수 없는 구름으로 보내지 남은 것은 니코틴의 채취와 거친 호흡의 파동뿐이야 물에 젖은 우울의 습도에 다시 태울 수 없는 육체들이 사라져가지 안개와 눈물, 남자를 흡입한 여자의 입술 사이에서 안개꽃들이 흔들리네 붉은 립스틱의 도취, 검은 손톱에 파인 배꼽에서 불꽃으로 피가 흐르네 수축되었던 뱃속으로 막소주 같은 기억들이 차오르며 손과 발이 떨어져 나가지 몽상의 도넛들이 허공으로 피어오르네 다 주고 싶어도 섞일 수 없는 뜨거운 폭풍들이 휑하니 빠져나간 저녁 몽롱이 피어오르는 순간의 미학으로 또 하나의 석양이 저무네 구둣발에 비벼지는 불꽃 심장 침을 뱉고 돌아서는 빙석의 뒷모습은 언제나 절벽이었어 두려움으로 담배를 꺼내지 두려움으로 불을 붙였어 매번 시작하는 마지막 사랑은 늘 첫사랑으로 끝났지 날마다 최후의 담배를 쥐며 파르르 떠는 손 다시 원점에 서 있어

66

서까래가 기둥 밖으로 빠져나와 지붕을 이룬 처마엔 굴뚝새가 살고 참새들이 조잘대며 들락거렸네 창문을 가려 일조량을 조절하며 들이치는 눈비를 막아주었네 거미들이 반짝이는 줄을 늘이고 나방을 포획하는 처마 밑에선 밤새 낙숫물소리 끈질기게 구멍을 뚫었지 나는 불 꺼진 창가에 서서 아침을 기다리고 지렁이도 밤새 사랑을 노래하며 별을 꿈꿨지 자욱한 안개에 싸여 빗소리 들으며 함께 날을 새는 일은 행복했어 처마의 품 안에서 새들은 잠들고 굳게 닫힌 창문들도 새근새근 문풍지 소리를 내며 잠들었지 초가지붕의 볏짚을 타고 내리는 물방울들도 밤새 속삭였어 처마가 가려준 우기가 지나고 나면 창가엔 태양이 뜨겠지 처마 끝에 몸을 숨기고 바람소리를 듣다보면 문득 외롭지 않다는 생각이 들었어 빗물에 젖지 않게 가려주

던 어머니의 품은 늘 내게 처마를 드리웠어 처마 밑에 서 있으면 어머니의 속삭임이 들리네 처마에는 젖지 않는 어머니의 날개가 있었네

67

변죽만 두드리며 살아왔지 울림통의 한복판에서 신명나게 장단을 맞춰 궁채 한 번 놀리지 못한 채 세요고의 가는 허리 조이며 뼈를 깎아 살아온 몸, 탕개에 걸린 목숨 줄만 팽팽히 당겨져 붉고 흰 조임줄에 묶여있었지 낮과 밤의 채편과 북편을 덩 · 덕 · 쿵 · 더러러 두드렸지 명고수를 만나야 해 '덩'하고 가슴을 울리고 '덕 · 쿵' 뼈마디를 울리며 '더러러' 말초신경까지 뻗어가도록 오른손 말가죽은 높은음을 내고 왼손 소가죽은 낮은음을 내어 오동나무 붉은 가슴을 울려줄 운명을 만나야 해 해와 달의 궁채를 들고 온 이가 피 묻은 장고를 울리네 털썩 주저앉아 자지러질 것 같은 울림의 만남, 하늘과 땅과 사람 사이에 가막쇠를 걸고 있는 조임줄을 당기며 하늘의 북소리를 울리네 말씀을 씌운 방망이가 '쿵' 쪼개진 우렛소리를 내네 '더러러' 동서남북을 울리는 장고소리에 발을 맞춰 비스듬히 어깨에다 장고를 둘러매고 덩실덩실 춤추며 흥청흥청 놀다가도 이웃들 부추겨 추임새 넣어주고 빠른 장단 휘몰아쳐 신명나게 도약하며 초로인생 흥을 돋워 장엄하게 끝맺으세 덩 · 덕 · 쿵 · 더러러 덩 · 덕 · 쿵 · 덩덕쿵 좌뇌와 우뇌를 울리는 혼의 소리, 하늘을 두드리네

68

편두통이 머리에 못질을 해 망치를 든 귀신을 쫓기 위해선 연기처럼 빠져나갈 틈이 필요했어 머리에 구멍을 뚫고 아무리 울어도 통증은 눈물에 녹지 않았어 벌레를 잡기 위해 쪼아대는 딱따구리 약을 먹으며 플라시보 효과를 꿈꿨지 몽환의 잠속에서 꽃의 원초적 뿌리를 캐보았지만 경련

의 시작과 끝은 알 수 없었지 우울과 불안의 늪에서 물풀 같은 말초신경들이 손을 흔들었지 물결무늬의 고통이 썰물과 밀물로 오가는 골짜기는 깨달음이 클수록 깊어졌네 살아있음의 은유, 몸이 주는 메시지를 나는 받지 못하고 있었어 라오콘의 형상에서 울부짖음이 흘러나왔지 십자가에 못 박힌 예수의 얼굴에서 읽을 수 없었던 통각신호기의 적색등이 깜박였어 눈을 감아야 해 귀를 막고 통증이 없는 낙원을 찾아야 해 소리를 잃어버린 나환자들이 촛농처럼 녹아내린 손을 흔들고 있어 에테르 기체를 마신 사람들이 표백된 얼굴로 무덤에 누워있어 꼬챙이로 혀에 구멍을 뚫고 피부를 낚싯바늘로 꿰며 통각의 소리를 들었어 고통이 무거울수록 위로를 얻는 뼈의 외침을 들었어 가장 고통스러울 때 영혼은 몸을 벗어나 자신을 들여다보고 있었어 두드리고 담금질하는 연금술사의 망치소리 머리에 못 박는 소리가 천국 문을 두드리네

69

불뱀이닷! 광야에서 불타던 뱀이 종아리에서 꿈틀거리네 물벼룩에 감염되어 내장에서 자라던 메디나의 뱀들이 수포를 일으키며 발뒤꿈치를 물어뜯었어 물속에 알을 낳기 위한 저들의 뜻을 위해 불에 덴 이빨자국을 물에 담그라하는 메디나충의 명령을 거역할 수 없지 물에서 짝짓기하기 위해 유인한 곤충들을 자살시키는 연가시의 지상명령은 계속돼 위장에 암거하던 헬리코박터들이 그녀의 입술에 입을 맞추라고 해 요충들이 항문을 긁던 손으로 이웃을 위해 떡을 떼라고 해 노란 끈 같은 촌충이 알밴 몸을 끊어내며 입맛을 돋우고 있어 내가 먹고 싶은 것은 내 안에 존재들의 입덧 때문 실은 내가 하고 싶은 것은 아무것도 없었지 항아리 모양의 편충들이 빈 그릇을 채우라 해 주걱을 닮은 디스토마가 밥을 푸라 해 살을 뚫고 다니던 스파르가눔이 환청을 들려주며 밤마다 꿈꾸게 해 간흡충 폐흡충

선모충들의 비위를 맞추며 나는 식단표를 고르네 바이러스 세균들의 눈치를 살피며 외출을 준비해 그녀와 공생관계가 깨지면서 내 의식에 뿌리박은 애증의 빨판들 머릿니나 빈대처럼 집요하게 잔의 뼈를 갉아먹었어 내 몸의 주인이 된 에이리언이 장기 어딘가에서 나를 조종하는지도 몰라 가끔씩 전해지는 외계의 텔레파시

70

가죽 힘줄 창자 뼈를 고아 아교를 만들고 있어 내 몸의 주성분은 젤라틴, 강한 접착력으로 관심을 모으고 하나가 되고 싶어 온몸을 녹여 진액이 된 그리움으로 만나는 이마다 하나로 만들고 있어 당신은 뼈와 살을 녹여 끊어진 악기의 줄을 이어본 적이 있는가 전율하며 온몸으로 울어도 끊어지지 않을 사랑의 줄을 이어본 적이 있는가 가죽과 힘줄과 창자와 뼈가 녹는 사랑을 해본 적이 있는가 자신이 녹아야 아교풀처럼 분리되지 않는 사랑을 얻을 수 있어 나를 녹여 상대를 위해 물처럼 스밀 수 있는 관계는 견고해 사랑은 영원히 분리되지 않는 아교로 너와 나를 결속해

71

유기물과 무기물의 화학기호들로 결합된 여인이 다리를 꼬고 앉아 H_2O를 마시며 CO_2의 언어를 내뿜었어 시냅스가 전달한 한 남자의 페르몬 물질로 첫눈에 반해버린 신경세포들의 발작적 흥분이 죽어도 좋을 환각을 몰고 왔지 뼈의 칼슘과 심장의 얼음 조각들까지도 다 녹일 수 있는 순수 가용성의 용매가 되고 싶어 초고온으로 발생한 마이크로파가 플라즈마를 일으키는 자기장 속에서 한평생 서로를 밝히는 오로라가 되기로 했지 외로움의 전자를 버리며 금속으로 만나든 그리움의 전자를 얻으며 비금속으로 만나든 금속과 비금속의 이온결합을 만들며 행복이란 화합물로

분해되지 않는 결합을 꿈꿨지 혹
서가 오고 한파가 지나면서 서로
다른 비등점과 빙점을 확인해온
충돌의 시간 위에 세워진 유리벽
은 용서할 수 없을 만큼 높았어
유기물을 분해하고 흡수하여 가
스를 방출하는 일상의 기계적인
실습에서 흥미로울 것도 새로울
것도 없는 의무감으로 서로의 용
액을 섞으며 무관심의 밀도를 재
고 있어 더 이상 흥분 호르몬이
발생하지 않는 비환유의 뇌 속으
로 연결된 소통의 회로들은 막다
른 골목처럼 좁아져 갔지 보기만
해도 가슴 떨렸던 반응들이 멈추
고 몽환의 기체들이 날아간 비이
커 속엔 유리조각 같은 불순물들
만 남아서 상처를 입혔어 헤모글
로빈의 산소 운반을 막았던 일산
화탄소의 중독으로 굳어진 아버
지의 몸처럼 검은 구멍에서 뿜어
진 독설로 흡열반응 발열반응이
멈춘 무의식의 몸이 식어가지

그림그리기

72

은색 트럼펫 꽃이 피었어 당신의 입술 향기 가득한 트럼펫소리가 울릴 것 같아 맑고 청아한 승리와 환희의 곡조가 퍼지네 한 다발 꽃송이가 들려주는 사랑의 기쁨, 백합화는 신부의 드레스를 입고 내 품에 안겨있어 은빛 꽃에 흐르는 성스러운 아우라의 빛 향기는 말씀이 되어 떨어지고 신의 가성을 노래하는 높은음의 신성이 하늘에 메아리치네

73

아버지는 나를 위해 틀을 만드셨어 남들 보기에 좋아 보이는 틀은 숨통을 조였어 다리를 접고 팔을 오므려야 겨우 들어갈 수 있는 틀이 나를 기형적으로 만들어갔지 너도 물처럼 살아야지 벽돌공장의 진흙처럼 반듯하게 자라야지 "하지만 아버지 제겐 저만의 모양이 있어요 둥글지도 각지지도 않은 상상할 수 없는 도형이 있어요" "아들아 그걸 꿈이라고 생각하며 복잡한 도형을 만들지만 결국은 거대한 프랙털에 갇히는 거란다" 단순한 원을 그리고 세모 네모를 그리자 남들처럼 아버지는 날마다 틀을 만들고 나는 날마다 틀을 부숴어 틀 안에서 자란 형제들은 사각형이 되고 삼각형이 되어 인기 있게 팔려갔지만 나는 아버지의 열매가 되는 것을 거부했어 가출하고 바람이 되어 들판을 헤매다가 길가에 변종의 씨앗을 뿌렸어 상상의 가지를 뻗고 무수한 꿈의 이파리를 흔들며 영원을 향한 프랙털을 그렸어 지상으로 도형 하나 그려갈 때마다 내면으로 깊어가던 뿌리들 나는 구름을 걸치고 호수를 들여다보며 사색에 잠겨 빗변을 걸었지 내가 완전한 바람인 줄로 알았어 하지만 나는 바람에 흔들리는 이파리였어 겨울이 되면 옷을 벗어야하는 나목이었어 또 다른 틀에 갇혀 "아들아 둥글게 자

라거라" 꽃을 피우면서 꽃 아닌 틀을 만들었지 아버지보다 더 견고한 틀, 이런 지독한 아버지 같으니라고… 나는 틀을 깨뜨렸어 네모 세모의 아이들이 기어 나왔지

74

네펜테스가 창가에 매달려 웃음을 흘리네 주렁주렁 옆구리에 호리병을 매달고 독주를 담아 바람결에 뚜껑을 열어놓았어 살해를 꿈꾸는 천연덕스러운 이파리들, 달콤함에 빠진 벌레들은 포충낭에 갇혀 허우적거리네 감각을 마비시키며 내뿜는 소화액의 향취, 결핍을 채우기 위해 야금거리네 세상은 거미줄 같은 포식자의 전파가 흐르고 네펜테스의 유행이 흐르네 인육을 먹으며 외치는 거짓말들의 푸른 생기 주머니마다 넘치는 향기에 끌려 발을 헛딛는 순간, 통 속으로 굴러 떨어지네 뼈와 살이 녹는 밤, 사랑이라는 환각제가 잠시 삶의 고통을 잊게 했네

75

얇은 종이에 그림을 그리고 벽에 붙였어 그림의 윤곽을 따라 바늘로 구멍을 뚫었지 구멍마다 숯가루를 뿌려 벽에 밑그림을 그렸어 나도 완성된 그림을 위한 밑그림으로 살았어 인생의 벽에 내 정열의 물감을 흠뻑 적신 붓으로 맘껏 꿈을 그려보지 못했어 정해진 운명의 밑그림에 점을 찍으며 주어진 삶을 모사했어 암울한 구멍마다 절망을 새겨 넣으며 음영의 그림을 새기네 때로는 아이들의 거울상이 되기 위해 한 치의 오차도 없이 논리의 구멍을 뚫었지 구멍을 뚫을수록 구멍들은 상처가 되었어 상처가 많을수록 웅장한 그림이라고 사람들은 박수를 쳤지 하지만 아무리 웅장해도 밑그림은 작품이 되지 않았어 삶은 진정한 작품을 위한 구멍 뚫기에 불과했어 뻉뻉 뚫린 구멍에 숯가루처럼 죽음이 도포되고 나면 실루엣으로 남는 밑그림 인생은 미완이고 삶은 상처였어 형형색색 세상을 그린 이가

다가와 내 밑그림에 색을 입히기 시작했어 컬러풀한 내 영혼

76

메타세쿼이아 길을 걸으면 천국문을 통과하는 것 같아 기둥이 세워진 녹색의 문은 하늘까지 이어지고 신비로운 빛들은 가지 사이로 금가루를 뿌리네 메타세쿼이아 잎이 떨어진 길은 융단을 깔은 듯 포근해 복잡하고 시끄러운 통로에 서서 뒤돌아보면 아쉬움뿐, 떨어진 열매들은 바스러지고 흩어진 잎들은 빛을 잃은 깃털로 쌓여있지 메타세쿼이아 곧게 뻗은 나무는 하늘만 보고 사는데 나는 땅의 미로에 갇혀 하늘 한 번 보지 못하고 살았어 굽은 내 등이 한없이 초라해 보이는 메타세쿼이아 길, 이 길을 다 걸으면 못다 한 꿈을 채워줄 에덴에 도달할 수 있을까 메타세쿼이아 향기를 맡으며 맘껏 푸름이 담긴 문을 열면 활짝 어깨를 편 메타세쿼이아가 손잡아주네

77

배가 부른 대리석에 팔뚝만한 쇠사슬이 감겨 녹물을 흘리네 밀물로 왔다 썰물로 빠져나간 배들 잡지 못한 선착장에서 비바람 휘몰아치던 격정의 밤을 잉태하고 끝과 끝이 만나 다시 돌아오는 수평선을 바라보았어 쇠사슬로 동여매도 물처럼 빠져나가 매어 둘 수 있는 것은 바람의 흔적과 끈적거리며 매달리는 비린내뿐이라는 걸 알고 있어 부침하는 물살과 배반의 폭풍에 밀려온 난파선의 이야기를 뼈에 묻으며 아무렇지 않은 듯 구름도 보내고 갈매기도 보내고 배말뚝으로 남아 파도치며 멍들어가는 바다를 닮아가지

78

하늘을 모시고 사는 우물에 밤새 꽃가루별들이 쏟아져 내리고 있었어 은하수 남실남실 뜨면 물항아리 넘치게 여 날라 세상 반짝이며 우려진 은별들, 가슴 환하게 쏟아 붓고 물동이 넉넉함으로

빛을 나누며 살게 하신 어머니, 꿀같이 달던 물맛에 하늘 다 껴안고도 남을 당신 품이 그리워 꿈을 빨아 널던 샘터에서 물병 가득 별을 채웠습니다

79

버려진 이들이 태평양 한가운데서 만났지 죽을 고비를 넘기며 흘러 다니다 바다에서 만나 섬이 되었어 밟히고 차이며 품었던 독기를 숨겨 쓰레기의 영토를 세웠지 상처투성이로 뚜껑이 열린 영혼들이 바다를 정복했어 바다는 쓰레기의 식민지가 되고 쓰레기들에게만 바다의 시민권이 주어졌네 물고기들은 페트병의 살을 먹으며 군대로 키워졌고 자살특공대원들은 뼈에서 살까지 플라스틱으로 세뇌되었어 스티로폼의 명령에 물고기들은 수천 킬로를 헤엄쳐서 자살테러를 했어 살을 나눠 먹은 배신자들의 뱃속엔 비닐의 독가루가 퍼지고 사지가 뒤틀리는 죽음이 찾아왔지 일회용 비닐봉지 하나 버려질 때마다 쓰레기 나라의 인구는 늘어났지 햇빛에 미세분말로 개체분열하며 불멸의 종족으로 무한번식 했어 게릴라전을 준비해온 바다왕국엔 동원령이 내려지고 밥상머리에서 바다와 안개전투가 시작되었어 누가 적인지 아군인지 알 수 없는 물고기들로 평화는 깨져있었어 하얀 소금으로 위장한 병사들도 맛을 내며 식탁을 점령해갔지

80

바가지에 담긴 노을 한 잔을 마시자 금세 내 볼에도 노을이 떠올랐어 달콤하고 상쾌한 노을은 파전이나 부추전과 곁들일 때 더 맛이 나 짜르르 계곡을 흐르다가 니나노 가락이 되는 아버지의 노을은 나의 저무는 창문에서 피가 되어 흐르곤 했어 가정의 십자가를 지신 어머니는 골고다 산상을 굽은 허리로 오르고 나는 그 십자가에 못을 치곤했어 못이 깊어질수록 붉어지던 노을이 항아리에 담겨 세월 지나 발효된 뒤에야 어느 골목집 방석에 앉아

눈물로 마셨지 용수에서 걸러지던 찌꺼기들이 내 목구멍에 남아 목이 메었지 그리움의 살점을 꿀꺽 삼키며 마시는 노을 속엔 어머니의 체온이 남아 있었어 시리도록 차가웠지만 마시고 나면 온몸이 뜨거워지던 평생 반쪽으로 살아온 표주박 속의 눈물이 하늘을 적시었어 젖어야 붉어지는 노을 나의 노을은 늘 막걸리 한 잔에서 태어났지

81

새벽이슬 털고 베어낸 모시풀, 대칼로 잎을 쳐내고 시린 돌샘물에 담갔다가 시름을 꺾으며 훌훌 벗긴 껍질 다듬어 그늘에 매달았네 한 꼭지 태모시 끄덩이 감아쥐고 헝클어진 삶의 아픔을 씹어 갈가리 모시를 째면 아들의 유품 앞에 무릎 꿇고 통곡하던 할머니의 백발 같은 모시 올이네 뽕잎 갉아먹은 누에 은실을 뽑아내듯 백옥 같은 허벅지에 침 발라 비비며 시집살이 청상의 설움을 풀어 꾸리꾸리 감으시더니 바디의 구멍마다 꿰어낸 날실, 왕겨잿불 위에 늘여 모진 목숨 풀질하시다 뒤돌아 매운 눈물 훔치시던 어머니, 날실 감은 도투마리 베틀에 올려 허리에 부티 차고 앉아 베틀신 당기며 놓으며 열리는 북길 따라 밤새도록 베를 짜시네 삐거덕 척 삐거덕 척척 꿈을 직조하며 잠이 드는 베틀 위 하늘 직녀 내려와 베를 짜네 새벽이슬 구르는 동녘의 별 밭을 밟으며 새벽장 가는 직녀의 환한 뒷모습 모시옷엔 상처를 핥아주던 어머니의 마르지 않는 침이 올마다 베어 흐르네

82

대추 한 알의 주름진 얼굴 속에는 인고의 세월이 담겨있어 젊은 날의 삶은 떫기만 하더라만 태풍을 견디고 천둥 번개의 깨우침을 새기며 햇살 한 줌으로 나무 끝에 뭉쳐진 성숙의 빛엔 피가 배어있어 대추 한 알이 익기 위해서 하늘은 얼마나 푸르러야 했던가 혼자서 이룬 삶은 하나도

없지 뿌리가 되어준 창세기 출애굽기 레위기 붓다와 공자와 예수와 질레드 그리고 어머니 실뿌리들은 잘라내도 나의 뿌리는 셀 수가 없지 햇빛과 바람과 비와 천둥 번개 하늘의 별들과 땅의 눈물을 먹고 자란 대추 한 알엔 신의 말씀이 압축되어 있어 대추를 끓이면 풀려나는 압축파일 노을을 마시고 바람을 마시고 구름을 마시고 달콤한 은하수를 마셨어 세상이 응축된 한 알의 대추엔 천상의 메아리들이 압축되어 있어 대추 한 알을 이어폰처럼 귀에 꽂아봐 들리지 않던 천둥소리가 들려올 거야 대추 한 알을 입에 물어봐 스쳐 지나간 바람의 맛이 느껴질 거야 천상의 울림이 담긴 빨간 입술 가슴이 무뎌진 사람은 들을 수 없지 붉고 연한 살 속에 돌처럼 굳은 심지를 갖고 한 세월을 견뎌온 대추를 끓이며 돌 같은 믿음의 뼈를 만지네

83

자벌레가 나뭇가지 위에서 나무를 재고 있어 제 몸의 길이를 기준으로 세상을 재고 있어 한여름 땀을 흘리며 몸을 늘였다 줄였다 하면서 평생을 다해도 알 수 없는 크기를 죽기 전에 다 잴 수 있을 거라고 사력을 다하고 있어 나도 어릴 때는 세상을 내 맘대로 다 잴 수 있을 거라 생각했는데 어른이 되어 세상을 알고 나니 평생 작은 숲 하나 벗어날 수 없음을 깨달았어 몸을 굽혀 숲을 재고 손바닥으로 바닷물을 푸고 발바닥으로 산을 허물며 날개를 생각지 못했어 내 몸의 자로 세상을 재면서 고치 속으로 들어가기를 두려워하는 애벌레는 날개를 달 수 없지 어둠을 받아들이지 못하는 이는 아침을 맞을 수 없지 고치 속에서 부활을 받아들이지 못하는 자벌레들이 아침부터 저녁까지 온몸으로 나무를 재고 있어

84

비 오는 날이면 짜장면을 시켰어 배달의 어려움은 생각지도 않고 비에 젖은 날들을 불러들였어 오토바이소리와 흠뻑 젖은 우비가 랩이 씌워진 하얀 그릇들을 던져놓고 나갔어 비에 젖은 음식은 젊은 날 한때 나의 주식이었어 공장의 컨베이어벨트는 쉴 새 없이 돌아갔어 그 위에서 정신없이 돌아가던 하루의 일과에 어김없이 배달되던 짜장면, 일 년 내내 점심 메뉴로 계약된 짜장면은 가장 빨리 먹을 수 있는 식사였어 단 한 번의 만남에도 식상한 짜장면과의 동거는 참혹했어 비가 새는 천장을 바라보며 면발 가닥을 세기도 하고 젓가락을 들어 올려 길이를 재기도 했어 짜장면을 가장 늦게 먹는 방법을 연구하기도 하고 질리지 않게 삼키는 방법도 터득했어 한 젓가락에 짜장면의 레시피를 다 알았고 평소와 다른 식재료의 비율은 물론 불의 세기와 시간도 혀끝에서 감지되었어 하나의 대상을 속속들이 아는 것은 불행이란 걸 깨달았어 너무 오랜 동안의 입맞춤은 양파 한 조각에서도 구린내가 났기에 짜장면을 먹으며 불어터진 면발의 젖은 인생을 버무렸지 뼈만 남아서 부러질 것 같아도 내 반쪽을 나눌 수 있을 때 서로 섞일 수 있다는 것도 알았어 비만 오면 생각나는 짜장면은 뼛속까지 중독되었나봐 하얀 사리 위에 얹어진 검은 짜장, 흑백의 대립과 똬리 튼 독선과 늘어진 면발의 독선들은 아픈 뼈로 버무려야 한다는 것을 알았어 비 오는 날 비에 젖은 음식을 먹으면 내장까지 버무려지네

85

바다로 향해 가는 불빛들이 검은 강물을 내려다보았어 뼈만 남은 어깨엔 눈과 비와 바람을 채색한 누더기뿐 바람의 난간에 선 맨발들은 실금 하나 사이로 생존과 파멸이 결정되었어 뜬구름을 접어서 종이비행기로 날려준 바람 줄을 나는 왜 놓지 못하는 걸

까 절벽에 매달려 힘줄이 불거진 나무의 발은 평생 수직의 길을 걸어왔지 담쟁이 더듬거리던 길로 나의 발도 미끄러지지 않기 위해 못 박으며 직각의 모서리를 걸었어 날개 접은 종이비행기들의 풍문이 떠다니며 벼랑 끝으로 낙엽들을 몰아갔지 달은 지프라이터에 갇혀 초승달로 사그라지고 담배 불빛 깜박이던 옥상에 올라 마지막 어둠을 태우던 눈빛들 절벽에 매달려서야 창틀의 위대함을 알았어 평생에 한 번이라도 유리창을 껴안고 절벽에 매달려 본 적이 있는가 내 마음 하나도 붙들지 못했던 옹벽 바위를 껴안고 살아온 뿌리들이 뽑혀 내 척추로 이식되던 밤에 신경마다 흐르고 있는 이빨들의 강을 보았어 무너질 수 없다고 이를 앙다문 뼈들이 빌딩처럼 일어선 절벽에 아슬아슬 매달린 절규

86

입을 벌린 가위를 손에 들고 추어탕 집에서 김치를 자르네 날카로운 가위에 잘린 김치들이 먹음직스럽게 접시 위에 놓여졌어 먹기 좋을 만큼 적당히 잘린 김치를 입에 넣으며 가위 눌렸던 간밤의 꿈을 생각해 나의 꿈들은 두려움으로 조각났고 짓누르는 섬은 무게로 숨을 쉴 수 없었지 발버둥치며 고함을 질러도 밖으로 새어나오지 않는 검은 침묵, 가위! 바위! 보! 아카시아 잎을 따며 계단을 오르던 꿈들이 잘려 나가고 오려진 백지 뒤로 무서운 밤의 배경이 감춰진 추어탕 집 벽에 걸린 액자 속의 십자가가 날을 세워 내 가슴을 오리네 붉은 즙을 떨어뜨리며 잘려진 배춧잎처럼 어두웠던 날들이 피 흘리며 조각조각 잘려나가고 붉은 속살, 잘 익은 내 몸이 드디어 가위날을 기쁘게 받아들였어 적당히 잘려 먹음직스러운 내 입술과 귀의 제목들이 가지런히 식탁 위에 놓여있어

87

회칠한 무덤에 통랑을 종횡으

로 뚫어 계단을 만들고 층을 만
들었지 썩어가던 묘실들은 방이
되고 통로가 되었어 생각의 시신
들은 벽감을 설치하여 밀봉으로
가두었어 묘실의 벽마다 벽화를
그리고 조각을 새기네 악취로 충
만했던 무덤의 문이 열리고 박해
를 피해 모인 카타콤엔 찬송가가
울렸지 유적이 되기 위해서가 아
닌 현실도피의 생각들은 지하 동
굴을 팠어 셀 수 없는 죽음을 묻
은 곳마다 공간이 열리고 방이
만들어졌네 오랜 시간 박해를 피
해 파온 무덤의 어둠이 사라지자
순례자들이 몰려왔지 절망적 사
고의 공간이 빛과 소통으로 카타
콤이 되었어 눈물과 찬송과 기도
가 수천 년 매장되었어도 썩지
않고 고스란히 남아있었어 내 생
각의 공동묘지에 길을 파고 통로
를 뚫었지 무덤과 무덤들이 연결
되고 마을이 되었어

십자가 공법

88

종합 집수리 전문 철물점엔 없는 것이 없지 나사의 다양성, 무수한 전구들을 만나며 나는 한 가지에 꽂혀 살았음을 알았어 기계에 의해 깎이는 나사 하나도 다 차이가 있지 낳고 죽는 회전의 반복 속에서 우리는 차이를 느끼네 셀 수 없이 많은 부품과 공구들은 새로운 삶을 기다리네 어딘가에서 필요한 존재로 살아가기 위해 꿈꾸는 이들, 어떤 이는 못을 박고 어떤 이는 나사를 조이고 어떤 이는 빛을 밝히면서 제 몫을 다하기 위해 기다리네 철물점 한 귀퉁이에서 누군가를 꽁꽁 묶어 매기 위해 기다리는 철사들의 세월은 비록 녹슨다 해도 행복해 자르기 위해 기다리는 톱은 날카로운 이빨을 감추고 웃었어 저마다의 꿈에 젖어 기다리는 철물점엔 온기가 흐르네 기다림이 있어 새로운 만남이 이루어지는 곳, 사라지는 공구들은 다시 태어나는 거야

89

집에 들어오지 않는 아내를 대신해 김치찌개를 끓이며 간을 보다가 나와 아내 사이의 간을 느끼네 사람들 사이를 오가며 간덩이가 붓도록 술로 살아온 연말, 아내와 장모와 아이들이 십자가라고 생각했어 무거운 짐을 지고 백 층짜리 빌딩을 오르려고만 했어 십자가는 지는 것이 아니라 세우는 거야 묘지에 세우고 종탑에 세우고 가정에 세우고 내 마음에 세워야 해 십자가를 만들기 위해서는 가로와 세로의 연결에 간이 없어야 해 연결부에 사이가 생긴다면 분리되어 십자가가 형성되지 못할 거야 찌개의 간을 보다가 새삼 간의 중요성을 깨달았어 십자가를 세우기 전에 먼저 십자가가 되는 방법을 알아야 해 나의 가장 소중한 중심으로 연결된 마음과 마음 먼저 나의 십자

가를 견고케 한 후 이젠 십자가를 메지 말고 세우려 해

90

통하는 모든 곳엔 바람이 드나들고 있어 창문을 열면 건물의 안과 밖이 통하고 구멍을 뚫으면 벽과 벽이 통해 통하는 것은 바람이야 물과 물이 통하고 전도체에 온도가 전해지며 마음과 마음이 통하는 것은 다 비람이야 바람이 있는 사람은 통하지 않는 것이 없지 벽과 통하고 돌과 통하고 풀과 나무를 통해 들어오는 것도 바람이고 나가는 것도 바람이야 바람이 강할수록 간절해지는 통함, 간절한 바람은 산을 뚫고 바다를 뚫고 심장을 꿰뚫었어 통하기 위해 살아가고 통함으로 행복해

91

아담과 이브가 바람뿐인 카페에 앉아 에스프레소를 마시네 퇴색된 열두 개의 생명나무 불꽃이 일 년 열두 달 검은 장미로 피어났지 생크림을 핥는 뱀의 혓바닥 위로 노을이 지고 꽃잎이 떨어지네 선악을 알기 전의 남녀는 누드였어 서로를 알고 난 후부터 아무리 가려도 가려지지 않는 몸에서 붉은 가시들이 솟아났지 녹색의 초원이 놓인 탁자 위로 에스프레소가 쏟아지자 황무지가 펼쳐지네 사막을 오가던 말들이 선인장이 되어 모래 속에 뿌리박고 피보다 진한 꽃을 피우고 있어 아담과 이브가 살던 동산엔 열두 개의 태양과 열두 개의 달이 뜨고 보라색 옷을 입은 천사가 양팔저울에 해와 달의 열매를 달았어 구름이 치마끈을 풀고 능선에 앉아 엉덩이를 흔들면 산은 잔이 되고 잔엔 옥수로 가득했던 눈물, 다시 누드로 돌아갈 수 없는 아담과 이브가 라이브 카페의 난간에 앉아 치사량의 사랑을 마셨어 검은 입술이 머그잔을 타고 흘러내리네 카펫 위엔 엉겅퀴가 자라고 독버섯이 피어나고 있어 구둣발에 짓밟힌 오아시스가 뱀처럼 몸을 말며 발뒤꿈치를 무네

92

바람이 지나는 가을 녘에서 갈대들이 반백의 머리칼을 휘날리며 허무를 노래해 가냘픈 뼈마디마다 물이 마르고 푸르던 잎들 빛바랜 한세월의 텅 빈 가슴을 울려 서걱였어 의지할 곳 없어 흔들리는 인생, 가장 깊은 곳에 못 박지 못한 사람들이 벌판에서 서성거렸어 단단하고 굳건한 바위는 어떤 바람에도 흔들리지 않았어 온몸에 존재하는 무수한 못 자국들

93

출근지문인식기에 손가락을 대자 기계가 나를 읽었어 죽어서도 나의 존재를 확인할 수 있는 상징마크가 내 몸에 숨겨져 있었어 길거리에서 객사하거나 전쟁터에서 이름 없이 죽거나 영영 기억을 잃었을 때 나를 확인하기 위해 누가 내 몸에 표식을 새겨놓았을까 궁금했어 손가락 끝의 살갗 무늬, 방금 한 나의 행동들도 도어록과 유리창, 주전자와 커피잔, 내 손이 닿는 데마다 흔적을 남겼지 태어나면서부터 가지고온 나만의 물결무늬는 어느 바닷가 모래밭에서 새긴 파도의 흔적일까 아니면 감자 심고 고구마 캐던 어느 밭고랑의 무늬일까 손가락 끝마다 새겨진 등고선은 내가 살면서 넘어야 할 험한 산이기도 했어 내 몸에 보물지도처럼 새겨진 지문을 찍으며 권리를 행사하고 출근을 확인해 아무도 나라는 것을 확인해주지 않는 아침, 지문인식기만이 진짜 나임을 확인해주네 너, 아직 잘 살아있었구나

94

어머니 잔소리는 가슴이 터질 듯 펌프질을 해댔어 귀가 따갑게 자란 그늘엔 무성한 이파리들이 쌓이고 푹푹 찌는 열기로 썩어갔지 '썩어야 거름이 되느니라' 고개를 쳐들 때마다 매서운 회초리가 쏟아졌네 회초리를 맞으며 잔뼈가 굵은 뒤 어머니 말만 듣고 잔소리꾼 아내와 결혼했어 매일 올린 밥상엔 고봉밥의 잔소리가

넘쳤고 나는 당연한 식문화로 받아들이며 뼛속까지 잔소리의 양분으로 채웠어 잔소리가 없으면 불안해지는 하루, 고무공처럼 통통 튀겨주는 잔소리가 없으면 숨이 막혔어 용수철 같은 고함이 튀어나올 것 같았어 부글부글 끓이다가 압력밥솥처럼 끌어안는 잔소리는 풍선불기야 풍선불기에 도사가 된 아내는 가슴이 터지도록 팽팽히 불어넣지만 결코 터뜨리는 일이 없지 풍선이 터져 몇 번의 가출을 겪은 후 아내는 적당한 압력을 감으로도 훤히 알게 되었어 고속도로를 달리기 위해선 타이어 바람을 단단히 채워야 해 잔소리의 위력은 엔진의 힘을 효율적으로 활용하는 데 있었어 아 몇 번인가 아버지의 큰소리가 지금도 상처로 남아있지 내 무릎을 꺾었던 몽둥이들의 기억, 하지만 어머니와 아내는 겉으로 상처 나지 않게 때리는 법을 알고 있어 속으로 피멍이 들어서 입술을 깨물게 하는 비법을 알고 있어 언덕을 오르고 산을 넘어온 것이 펌프질의 힘이야 펑크 나지 않게 내 안의 튜브를 채워준 바람들 펑크 나고 싶어도 절대 펑크 날 수 없는 풍선 하나, 천장에 매달려 살지

95

은빛 갈매기가 하늘을 날 때 푸른 하늘에 가득 수놓아지는 무늬들 날개를 편 갈매기는 날개를 편 자들만 볼 수 있어 파란 하늘과 바다가 하나 될 때 그어지는 직선처럼 은빛 날개는 성스럽지 먹이를 줍기 위해 땅으로 내려온 갈매기에서 찾아볼 수 없었던 모습은 하늘로 날아오르고서야 빛날 수 있었어 푸른 하늘에 빛나는 은빛 광채 비행기가 구름 위로 날아올라 가는 순간 그 안의 모든 사람들은 구름의 일부야 버스를 타고 교차로를 지나는 순간 그 안의 모두는 십자가의 일부야

96

생각은 액체지 자연스럽게 떠

올라 흘러가지 생각이 많으면 강물처럼 깊어지고 생각이 없으면 밑바닥이 드러나 그리워 누군가를 오래도록 생각하면 그의 얼굴에서 사랑이 흘러내리네 흘러내린 액체가 주변을 적시고 따뜻하게 마음을 적시었어 생각하라 저 하늘의 별들을 눈물같이 흘러내린 빛줄기가 어두운 저녁을 적시었어 강물로 흘러간 생각들이 출렁출렁 넘치는 바다에서 예술성이 넘치는 물고기들이 살지 세밀한 감성의 언어들이 튀어 오르는 새우 떼에서부터 집채만 한 고래들이 춤추는 대양의 사고 속엔 또 하나의 우주가 펼쳐져 있어 아름다운 생각들은 끈적끈적하고 달콤해 사랑하는 사람을 생각하면 꿀물이 스며들고 있어 슬픔 속에 침잠하여 생각이 깊어진 사람은 익사할 수도 있어 행복의 생각으로 파도치며 절벽에 부딪혀도 기쁨이 넘치는 포말로 웃으리라 생각의 액체가 세상을 적시면서 사람들은 꿈에 빠졌네

97

코스모스 피어있는 철길에 하모니카소리 아다지오 완행열차로 지나고 바람은 들숨과 날숨으로 곡조를 만들고 있어 차창으로 스치는 플라타너스 얼굴 내뿜는 한 숨조차 단조의 연주가 되는 하모니카의 입맞춤은 악보 없는 레일위의 선율로 흐르고 하고픈 말 다 하지 못해 도·미·솔·도 듣고 싶었던 말들이 귀를 열면 레·파·라·시·레 풀잎들도 말없이 하모니카 떨림으로 노래해 철길은 영원히 만날 수 없는 평행선이지 하늘엔 뭉게구름 피어나고 기적소리가 산허리를 돌아 끊겨진 철길은 구름 따라 떠가고 하모니카 구멍 속 눈물 담긴 화병에선 해마다 코스모스 젖은 꽃잎들이 피어나고 있어

98

감자를 캐서 반으로 쪼개 음각의 십자가를 판 후 잉크를 묻혀 백지에 찍었어 감자가 한순간에 십자가가 되었어 나는 감자만도

못해 십자가가 되려고 날마다 기도하고 마음을 비웠지만 아직까지 한 일자 하나 긋지 못했어 어항 속의 공기방울처럼 떠오르는 잡념들… 감자와 같이 과감히 나 자신을 쪼개어 십자가를 새길 수 없는 것은 겉과 속이 다르기 때문이야 단칼에 쩍 쪼개져 속을 보여줄 수 있는 진실함 없인 십자가를 새길 수 없지 아무리 잉크를 묻혀 백지 위에 찍어도 나의 말들은 뱀이 돼 불뱀인 나의 말들이 꿈틀대며 사람들의 뒤꿈치를 물고 귀를 물고 혀를 물었어 감자처럼 갈아지거나 삶아지지 못하는 나의 뱀들이 독을 품고 아무리 씹어도 씹히지 않고 이빨 사이에 끼어있어

99

가을이면 신문을 읽었어 단풍든 신문 속엔 한 해의 족적이 고스란히 담겨있어 오동잎엔 오동의 사연이 단풍나무 잎엔 단풍의 사연이 살아온 날들을 되돌아보게 해 한 장 한 장 노을이 물든 신문을 넘기며 아쉬움과 보람을 느끼네 신문 속에 담긴 소식들은 차곡차곡 쌓여 지층을 이루고 발효되며 썩어갈 거야 새로운 양분이 되어 삶의 밑거름이 될 거야 아름다운 사연들을 담고 떨어진 신문을 펼치면 까막눈이어도 가슴 한곳에 노을이 물들고 있어 소통의 숲을 이루던 뿌리들은 땅속 깊이 한 뼘씩 더 뿌리 뻗어 신간을 준비하겠지 가을이면 뜨겁게 살아온 사연들이 바스락거리네

100

배를 띄우는 사람은 강물의 깊이를 알아야 해 진리도 너무 깊이 들어가면 질식하여 죽게 되지 성경을 많이 알고 있다 하여 천국에 가는 것도 아니며 모른다 하여 지옥에 가는 것도 아니니 많이 알수록 의심의 뿌리도 깊어지지 강물의 깊이를 알기 위해 강물 속에 들어가는 것이 중요한 것이 아니라 강물을 두려워하고 배를 띄워 건너는 것이 중요해 진리엔 생수가 흐르지만 깊이를

좇다보면 빠져 죽을 수도 있지 지혜로운 이는 진리에 연연하지 않고 진리들이 최고인양 좌우명으로 삼지 않아 진리는 그냥 흘러가는 강물일 뿐이라서 강물에 잠시 몸 담그고 마음을 씻어야 해

101

하나가 무한이 되고 무한이 하나가 되는 사유의 바다를 끌어들여 맹물은 버렸어 욕망은 파도를 타고 흔들리던 바람, 미움도 사랑도 침잠시켰지 가마솥에 엿 고듯 태양 볕에 졸아드는 묵은 생각들 서슬 퍼런 사금파리에 눈물 말라 맺히는 고매高邁한 결정結晶 오욕五慾도 사심邪心도 증발시켜 소금꽃을 피웠어

102

철봉에 매달려 턱을 올리고 시간을 재고 있어 1초가 천 날 같아 숨이 턱에 차올라 대롱거리네 나뭇가지에 매달린 마지막 잎새 하나, 미세한 바람에도 흔들리며 안간힘을 쓰네 하루의 가지에서 우린 날마다 매달려 살지 절박한 손끝에 힘을 주며 얼마나 버틸지 모를 가지 끝에서 숨을 멈추고 있어 나뭇잎도 잎맥을 향한 부름켜의 문을 닫고 눈을 감았어 가지 끝에 매달린 잎이 제 스스로 잎이 크다고 자랑한들 색깔이 곱고 화려하다고 말한들 얼마 아니면 다 떨어지고 말걸 눈감고 아득한 절벽에 매달려 구름을 꿈꿔

103

우리가 모이고 활동하며 놀던 마당 어릴 적 구슬치기를 하고 제기차기를 하던 마당을 나이가 들어서도 나는 가끔씩 꺼내 놀곤 하였어 마당이 없는 아이는 방에 틀어박혀 티브이를 보거나 게임을 하였어 마당을 잃어버렸던 아이들은 하늘도 잃어버렸고 별마저 잃어버렸지 마당 없이 자란 아이들이 어른이 되자 마당 없는 집들을 짓고 마당 없이 아이들을 키우기 시작했어 마당 없이 자란 아이들은 놀 곳을 찾지 못했고

노는 방법을 배우지 못했어 퇴근 후에도 여전히 방에 틀어박혀 게임을 하거나 티브이에 집착했어 놀아보지 못한 아이는 공부도 일도 전쟁같이 했기 때문에 늘 상처가 생기거나 피를 흘렸지 마당을 잃어버린 아이의 공간은 늘 전쟁터였어 마당가에 피어난 맨드라미 봉숭아 나팔꽃들을 잊은 채 나도 중년을 맞이하였어 늘그막에 나는 어느 미당에서 놀고 있을까 손톱마다 봉숭아 꽃물을 들이고 나팔꽃을 따 꿈을 불던 마당에 멍석 깔고 누워 오순도순 식구들 함께 놀던 은하수 흐르는 마당에서 반딧불처럼 놀다 가고 싶어

104

소와 함께했던 시절이 풀빛으로 물들어 있어 학교에서 돌아오면 책 한 권 들고 풀을 먹이러 들로 나갔지 하루 종일 말뚝에 매여 있던 소도 나를 보면 기뻐서 꼬리를 흔들었지 소말뚝을 뽑고 소를 몰아 바닷가 방조제 둑으로 갔지 넓은 둑엔 연한 풀들이 많아서 소를 먹이기에 좋았어 줄을 매지 않고 아무데나 풀어놓으면 소는 알아서 맘껏 풀을 뜯었어 나는 풀밭에 누워 아무 걱정 없이 하늘을 보았어 구름들은 하늘에다 토끼와 새 양 같은 그림들을 그려놓았고 노을은 하루의 끝자락에 불을 질렀지 나는 까닭 모를 눈물을 흘리며 바이런과 릴게 워즈워드의 시를 읽었어 가까이 다가와 부딪는 파도소리가 내 귓전에서 잔잔한 음악이 되었어 어둑어둑해서야 소를 몰고 집으로 돌아오는 길엔 콧노래가 흘러나왔지 들에서 일하시느라 어머니는 늦게서야 집에 들어오셨어 외양간에 소를 넣고 등허리를 쓰다듬어주자 소도 좋아서 내 머리를 핥았어 어두운 방에 들어가는 것이 싫어서 소와 함께 있다 보면 두려움도 사라졌지 하나둘 별들이 켜지고 나의 이야기를 듣는지 소는 고개를 끄덕이며 하루를 되새김질했어 그리운 소의 선한 눈망울이 내 가슴에 별

빛으로 남았어 밤하늘을 수놓던 별의 눈빛으로 나와 함께 해온 소의 굵은 목청이 들리는 것 같아

105

손에 한 송이 연꽃을 들고 아잔타 석굴에 기대어 앉은 파드마파니 보살 머리엔 자비의 왕관을 쓰고 목엔 깨달음의 목걸이를 했어 침묵에 잠긴 입술은 천년의 고요를 머금고 햇살 가득한 혜안으로 무념무상의 석불이 되어 빛과 어둠이 공존하는 속계를 보지 해를 닮은 얼굴에 초승달 눈썹을 한 여인이 자애로운 눈으로 세상을 내려다봐 꽃 같은 생각들로 꽃 머리핀을 꽂고 나비머리 장식을 하였지 머리를 비추는 만월의 아우라, 젊음은 검은 머리를 빗어 넘기고 한 방울 사념도 섞이지 않은 순금 목걸이를 걸었어 여인의 완전한 행함은 손목에 금빛 환의 팔찌가 되었지 왼손에는 성스러운 여의보주를 들고 오른손은 세상이치를 깨달은 수인을 했어 보기만 해도 복이 넘치는 행복의 여신 물방울별 무늬와 다이아몬드 문양이 담긴 봉황의 깃털 치마를 입고 하늘로 오르는 구름을 밟고 섰지

106

갯벌엔 파도에 쓸려간 눈물자국이 남아있어 나무무늬처럼 새겨진 갯벌의 상처엔 파도의 채찍이 보이지 몸을 휘감고 살을 뜯어낸 채찍에 피가 묻어난 몸으로 십자가를 짊어진 예수의 몸에도 파도의 흔적들이 흐르고 있었을까 온몸으로 채찍을 다 받아낸 갯벌에 길이 열리고 무수한 생명들이 살기 시작했어 짜디짠 눈물로 키운 조개와 고둥과 게들이 갯벌을 기어 다녔지 그 몸의 살을 먹으며 피를 마시며 세상을 정화시키는 생명들이 아름다웠어 파도가 세상을 뒤덮었어 나는 한 마리 게만도 못하게 살아왔지 모래를 씹으며 눈물로 세상을 정화시켜온 조개만도 못했어 갯벌의 상처에 고인 눈물이 짜네

107

기름 먹인 등사원지를 줄판에 놓고 철필로 글을 썼어 인쇄기 위에 놓고 롤러를 밀면 눌러 쓴 글씨에 잉크가 배며 다량의 인쇄물이 완성되었어 내가 어릴 적에 사용했던 인쇄의 방법은 일일이 써야 하고 등사를 해야 했지만 개성이 있어서 좋았어 철필로 새긴 필체가 달랐고 등사의 기술이 필요했어 인쇄가 많은 관공시나 학교에서는 전문기술자를 쓰기도 했어 철필로 눌러서 글씨를 쓰지 않으면 인쇄가 흐렸고 글씨들이 불분명했어 철필을 잘 쓰는 기술자들은 도장을 새기거나 섬세한 조각을 하기도 했어 철필로 새긴 글씨는 변하지 않고 오래 갔지 아픔이 없이는 새길 수 없는 철필로 쓴 나의 시 철필로 지워지지 않을 사랑을 쓰네 피가 묻어나는 못 끝으로 뼈에 새기네 아플수록 깊고 선명한 사랑의 징표 한 자 한 자 눌러 쓴 고백이 뼈마디마디 선명하네

108

못 박혀도 하늘 향해 웃으리라 뿌리를 잃고 팔다리 잘려도 병들지 않는 꿈을 엮을 수 있다면 미소 가득 머금고 수반에 꽂혀 행복하게 죽으리라 찢기는 아픔도 거부하지 않고 정갈히 몸을 비워 목숨 다해 홍염紅焰을 살라 꼿꼿이 대궁을 세우고 하늘 높이 청향淸香을 피우리라

구우일모九牛一毛

109

거미가 몸에서 실을 뽑아 집을 지었어 나뭇가지 사이에 긴 줄을 사방으로 늘이고 원을 그리며 꿈을 엮었어 사방으로 뻗은 줄은 기둥이 되고 빛이 되어 방사형으로 퍼지네 방사형의 확장은 상징이며 사고의 혁명이고 우주가 시작된 빅뱅이야 그 사이를 돌면서 매듭을 엮으면 원이 되고 집이 되고 세계가 되고 하늘이 돼 햇빛에 비친 은사銀絲의 거미줄엔 무한으로 뻗어간 우주가 보이고 끈적이며 끌어당기는 블랙홀이 보이지 말하지 말라 먹이를 잡기 위해 친 단순한 덫에 불과하다고, 거미줄 속에 담긴 은하계 끈끈한 마력과 흡입력으로 빈 껍질을 만드는 죽음의 근원이 담겨있어 원을 그린 거미줄을 타고 별들이 돌고 있어 해와 달과 별들의 순환 속에 엮어진 시간의 거미줄엔 허무의 껍데기들이 바람에 나부끼고 있어

110

거북이가 물속을 헤엄쳐가지 무거운 방패를 등에 지고 가는 그의 앞에는 두려움이 없지 강철 같은 보호막에 둘러싸여 외부의 어떠한 위험도 견뎌낼 수 있는 위엄과 여유를 갖춘 그의 몸에선 광채가 나 천년의 삶을 기다리는 바다의 거북은 오랜 기다림에 익숙해 있고 흐르는 파도의 거센에도 흔들리지 않았어 고독과 적막의 짐을 지고 섬처럼 머물다가 노을이 타는 석양녘에서 태양을 품고 잠들곤 했어 밤새 하늘의 별들은 반짝이고 땅의 불빛들은 피를 흘리고 바다의 등대는 졸린 눈을 깜빡였지만 천년의 꿈을 품은 거북은 방탄복을 입고 총알들이 떨어지는 수면 위를 헤엄쳐가지 바위의 두께로 단단해지며 침몰하지 않는 배가 돼

111

나는 몸에 난 털 하나만도 못하다고 생각해 누군가를 위해 살아본 적이 없지 체온을 보호하고 피부의 마찰을 방지하며 땀의 양을 조절하기 위해 털들은 자랐지만 나는 나만을 위해 먹고 마시며 살았어 나무는 자신만을 위해 그늘을 만들지 않았고 바위는 자신만을 위해 단단한 암벽을 세우지 않았어 바람은 자신을 위해 회오리치지 않았고 산은 스스로를 위해 높아지지 않았어 내가 태어난 건 이유가 있을 거라고 콩을 심고 닭을 키웠지만 결국 다 나를 위한 일이었어 남에게 미소 짓는 일도 남을 도와주는 일도 남을 위해 땀 흘렸던 일도 결국은 나를 위해 한 일들임을 자연은 자신을 위해 살았을지라도 남을 위한 삶이 되고 인간은 남을 위해 살았을지라도 결국은 자신을 위한 삶이었어

112

거울을 보면 나의 모습이 비치고 눈과 귀와 코와 입 나의 웃음과 실의도 보이지 내가 거울을 보는 이유는 나를 만나기 위해서야 가만히 나라는 녀석을 들여다보고 있으면 불쌍하기도 하고 안쓰럽기도 하지만 머리카락을 밀어버린 반짝이는 머리, 검은 뿔테 안경 속의 깊은 눈, 작지만 오뚝한 코, 두툼한 토인적 입술, 삶의 좌우명을 나타내기 위한 네 개의 귀걸이 등이 나만의 의지적 삶을 보여주기도 해 나는 거울을 통해서만 나를 들여다보았어 어느 날 햇빛 속에서 거울이 내 몸속으로 들어왔지 그 거울 속엔 활짝 웃는 나의 모습이 비춰져 있었어 누군가와 하나 되는 것은 서로의 거울 속에서 나를 보는 거야

113

아이가 쏜 총에서 비누 거품이 쏟아져 나오고 있어 무지개가 담긴 비누 거품들은 하늘을 떠다니다가 땅에 떨어져 깨어지네 아이의 조잘거림과 콧노래가 둥둥 떠다니고 있어 나의 지나온 날들도

비누 거품으로 떠다니다 깨어지고 이제는 무지갯빛 추억만 남았어 봄소풍의 선글라스와 백사장의 발자국들, 노을의 눈물과 낙엽의 비가들이 석양의 공원길을 떠다니다가 풍선처럼 터지네 가벼워진 나의 몸도 떠오르네 태양이 슬펐고 하늘의 가슴이 시렸지 인생의 밤이 찾아온 뒤에야 알았어 내 꿈의 비누 거품들이 터질 때 눈부시게 빛났음을 어둠 속에서 폭죽이 순간을 비추고 있어 터져버렸던 나의 꿈들은 세상을 비추는 폭죽이었어 터졌기에 더욱 아름다운 무지개들이 내 가슴을 밝히네 어느새 해가 진 하늘에도 폭죽이 터지네 놀이공원에 밤이 찾아오고 있어

114

나귀에 망자를 싣고 천장으로 떠나는 길은 라마승과 천장사뿐이었어 가족도 없이 떠나는 길은 외롭고 멀었지 하늘이 맞닿은 천장터에 망자를 누이고 라마승이 주문을 외우고 있어 망자를 인도하는 독수리를 부르기 위해 향불을 피우고 종을 울리네 뼈피리를 불며 덧없는 한 생의 바람을 보내지 이생에 미련이 남은 자에겐 독수리가 오지 않는 법 인연을 끊고 환생을 꿈꿀 때만 독수리들은 날아오고 있어 아낌없이 제 몸을 보시하고 돌아가는 자를 위해 까맣게 허공을 덮는 하늘의 독수리들 눈을 쪼고 코를 쪼고 입술을 찢으면서 한 세상 살아온 욕망을 뜯어먹었어 감각은 사라지고 백골만 남아서 빈 마음이 되면 훨훨 저승까지 가리라 독수리의 인도 따라서 껍데기를 벗고 날아오른 망자의 혼은 어디에서 다시 환생할까 천장지의 방울소리 잦아들고 타던 향불도 꺼지네 가끔씩 하늘이 열리고 망자가 떠나는 천장터, 뼈를 씻는 비가 내리네

115

헝클어진 삶을 빗질해주는 미용실 하나 갖고 싶어 하루를 거울에 비춰보며 벽에는 할리우드 배

우 대신 긴 머리 예수사진을 걸어두고 늘 차분하게 살다가도 때론 무스나 스프레이 같은 것으로 맘껏 자존심도 살려보고 싶어 우중충한 날엔 빨강 파랑 노랑 색색의 물감을 들이며 물결무늬나 라면 모양으로, 아니면 생머리의 순수로 매일매일 변화를 연출하면서 말끔히 다듬어져 찰랑찰랑한 머릿결로 건강한 삶을 비누칠해 감겨주는 예쁜 미용실 하나 갖고 싶어

116

겨울나무가 눈 속에 서 있어 한여름엔 나무들의 십자가를 보지 못했어 푸른 잎들로 가려졌던 십자가들을 겨울이 되어서야 발견하는 까닭은 나무의 내면에 가까워졌기 때문일 거야 나무의 단면을 잘라서 더 깊은 내면을 들여다보면 둥근 세상을 만들고 있어 무수한 원들이 그리움을 만들고 포옹하며 하트를 만들어가지 집착과 편견의 모서리를 도려내고 둥근 아름다움을 새기네 이웃을 껴안고 세상을 껴안는 팔의 넓이를 해가 갈수록 넓혀가지 올해보다 큰 가슴의 넓이로 세상을 껴안는 미래의 나이테 잎에 가려진 나무들이 바람에 떠들썩하게 입을 열어 말할 때 그 목소리를 듣는 자들은 보이지 않았어 십자가의 소리는 겨울 눈보라에 창문을 긁어대는 소리일 수도 있고 폭설을 짊어지고 부러지는 잔가지 소리일 수도 있어 빈 열매를 매달고 찬바람에 쌩쌩 우는 칼날의 소리일 수도 있어 귀 기울여야 들을 수 있는 말씀들이 초록빛 세상을 만들고 있어 머리에서 발끝까지 산소 같은 생기가 채워지네

117

내 혀를 뽑아 붓으로 쓴다면 무슨 말을 쓸까 사랑은 천해졌고 자비는 상술이 되었고 인의예지신은 낡은 관습이 되었지 만약 내 혀를 뽑아 붓으로 쓴다면 억만 마디 말보다 단 하나의 십자가를 그으리라 하늘과 땅이 만나

는 천둥소리로

118

생각이 없어지고 기억이 사라지면서 심판은 시작되지 뼈와 살이 녹고 태워지며 기체는 기체끼리 액체는 액체끼리 나뉘었어 독한 것은 독약처럼 위험한 것은 연탄가스처럼 어울리고 순수한 것들은 물처럼 향기처럼 하나가 되었어 미립자로 분해된 생물들도 랩톤이든 타우온이든 또 하나의 별이 되었어 썩은 식물들은 흙이 되고 흙은 먼지가 되고 먼지는 보이지 않는 별이 되어 날아갔지 은하계의 별들만이 별이 아니라 햇빛도 별이고 달빛도 별이야 초신성으로 죽고 블랙홀로 태어나며 귀신들과 함께 윤회를 거듭하다가 최후엔 보이지 않는 영계의 천사들도 날개의 깃털 하나 남김 없이 분해되어서 물은 아래로 불은 위로 나뉘어 혼돈하고 공허하며 깊음은 흑암 위에 있고 하나님의 영만 운행하시지

119

턱걸이 인생이었어 턱걸이로 공부했고 턱걸이로 입사했고 턱걸이로 결혼했어 아직도 철봉에 매달려 안간힘을 쓰며 턱걸이를 해 턱걸이 한 번에 온몸의 힘이 빠지네 아무리 용을 써도 철봉에 턱이 닿지 않았어 매달려 사는 것만도 힘에 부치네 이젠 얼마 안 있으면 철봉에서도 내려와야 해 매달릴 때가 행복했어 입시에 매달리고 성공에 매달리고 등단에 매달리고 사랑에 매달리다가 턱걸이를 하면 가슴 뿌듯한 행복이 있었어 근육이 쇠하고 뼈들이 굳어지면서 의지도 사라져가지 팔 벌려 수평의 세상 위로 턱 한 번 내미는 것이 이리 힘들까 수평 아래에 매달려 아등바등 살아온 하류인생, 철봉에 매달려 턱걸이를 안 해도 머리가 솟아 있는 사람은 거인이거나 원칙 위에 올라선 자야 그들은 절대로 턱걸이의 기쁨을 모르네 잠깐이지만 목을 쑥 빼고 새로운 차원의 경계선을 넘을 때 희열을 느끼네 턱

걸이 한 번 할 때마다 존재감을 느끼네

120

자동차에도 신분과 귀천이 있지 태어나면서부터 정해진 삶은 죽는 순간까지 변하지 않았어 시간이 지나면 다 폐차장으로 실려 가지만 명품의 이름으로 어깨에 힘을 주네 노인들이 존경받던 시절이 있었지만 이세는 시대에 뒤떨어진 구형이 되었어 젊을수록 주가가 높은 시대 주름이나 상처 하나 없이 반들반들한 신차들이 거들먹거리는 거리에서 구형의 중고차들은 명함도 내밀지 못해 수십만 킬로를 숨 가쁘게 달려온 경력도 소용없지 이력서가 빽빽할수록 세상은 콧방귀를 뀌지 길에서 만나면 다 피해가던 외제차도 늙으니 다 소용없지 물질의 세계는 시간 속에 녹슬어 감으로 산화되지만 영혼의 세계는 시간 속에 간절함으로 새롭게 응집돼 어떤 차를 탔느냐보다 누가 탔느냐가 더 의미 있어야할 미래, 무엇을 먹느냐가 중요해졌네 기름을 먹은 자 매연을 내뿜고 전기를 먹은 자 열을 내뿜고 수소를 먹은 자 산소를 내뿜을 테지만 영원한 것은 하나도 없지

121

털끝 하나 스침에도 정전기가 생기고 스파크가 일던 몸은 플라스틱이 되었어 사랑이 전해지지 않는 부도체의 고무손은 몇 만 볼트의 전기에도 꿈쩍하지 않았어 유리 눈알에 비친 영상들은 무관심 속을 투과하여 아무런 감정도 남기지 않는 쇼윈도, 다이아몬드 아가씨들이 차갑게 반짝거렸어 언제부터 나의 몸에도 전기가 흐르지 않은 걸까 윙크의 스파크, 고압의 입맞춤이 통하지 않는 몸은 차단기가 내려져 있어 한때 머릿속에 반짝이는 전구들이 켜지고 필라멘트마다 텔레파시가 넘치며 스파크를 일으켰지 길거리에 전봇대를 세우고 그리움의 줄을 늘이던 시절엔 집집마다 환한 불빛의 전기가 들어왔어

플러스와 마이너스의 잘못된 결합으로 쇼크나 폭발이 일기도 했지만 늘 스위치가 켜진 집안엔 환한 웃음이 넘쳐흘렀지 차가운 거리를 지나며 불 꺼진 창을 보았던 거야 이젠 결선의 단락을 점검하며 만남의 섭속부에 풀린 나사를 조여야 해 터미널마다 단단히 결선을 이으며 우주로 향하는 꿈의 가닥들을 연결해야 해 예감의 신경망을 펼치고 하늘의 벼락같은 전기를 기다리네 뇌 회로에 불이 들어오고 관절마다 새로운 모터들이 돌기 시작하면 내 몸에도 뜨거운 사랑이 흐를 거야 부도체의 유방들은 차갑게 식어 있어

122

주톳빛 광중壙中에 관을 내리네 상·중·하의 흰 끈을 잡은 여섯 친구들이 땅 아래 몸을 뉘었어 차디찬 땅, 마포에 싸인 몸은 말이 없지 저승에서도 사용하라고 평소에 쓰던 명기를 주변에 묻고 광壙에 흙을 채우고 있어 첫 삽을 뜬 상주의 흙이 주검 위에 떨어지네 자식들의 곡哭이 후드득 흔들리면서 천천히 한 사람이 땅속으로 잠겨가지 잘생긴 얼굴 웃음 많던 이름이 말없이 지워지네 한 생의 흔적이 사라지는 순간, 살殺을 피해 등 돌린 사람들은 뒤돌아보지 말라 해 사라지면서 쏘는 마지막 화살에 명중되는 자는 죽음을 피할 수 없고 떠나는 자는 마지막 화살을 쏘네 가장 강렬하고 치명적인 상처를 남기고 가지 마지막 살에 급소를 맞은 자는 따라서 죽음을 맞거나 평생 흉터처럼 기억을 안고 살아갈 거야 아무에게도 추억을 남기지 않고 가는 사람은 살아있어도 이미 죽어있었어 화살을 피하고 싶어 난 왜 어머니의 마지막 화살을 피하지 못했을까 즉사의 명중은 피했지만 평생 아물지 않는 상처를 입었어 나는 또 하관下棺의 순간 누구의 가슴을 맞출 것인가 사라지는 자는 말이 없는데 마지막 쏜 화살은 누군가의 가슴에 박혀있어

123

스크럼을 짜며 벽을 만들었지 럭비공은 어디로 튈지 모르는 운명이었어 가랑이 사이로 건네받은 공을 누군가 내게 던졌네 적의 가장 취약한 위치로 전력질주했어 행운을 잡은 내게 집채만 한 파도들이 몰려왔지 볼이 땅에 떨어지는 순간 행운은 두 번 다시 돌아오지 않을 거야 죽음을 각오하고 상대편 골라인을 넘어 엔드 존에 터치다운했어 그리고 덤으로 트라이 포 포인트가 주어졌네 헐뜯고 물어뜯는 것은 행운 때문이었어 럭비공을 잡은 이는 외로움으로 전력질주를 해야 해 한눈을 파는 순간 누가 다리를 걸지 어깨를 밀칠지 알 수 없지 태클이 들어오고 누군가 내게 험담을 하면 내게서 럭비공을 보았기 때문이야 한적한곳으로 달렸어 지그재그 예상할 수 없는 방향을 만들며 뛰었어 장벽에 막혀 더 이상 갈 수 없을 때는 신에게 맡겼지 승리를 위한 패스 고독은 내 인생 최대의 행운이었어

124

추리에 의해 전제로부터 유도되는 명제가 결론이야 간접추리의 전형인 삼단논법에 있어서 본다면 “모든 인간은 죽었다 소크라테스는 인간이야 그러므로 소크라테스는 죽었다”라고 할 때 “소크라테스는 죽었다”가 결론이야 이 경우 두 개의 전제가 모두 합당한 추리일 경우 결론은 진실이 돼 함축관계에 있이서 힘축기호 바로 뒤에 오는 명제를 결론으로 보지 즉 p⊃qp이면 q)라는 함축관계에 있어서 q가 결론이고 p⊃〔q⊃(r⊃s)〕에서는 q⊃(r⊃s)와 r⊃s와 s가 각기 결론이야 우리 삶에서의 결론은 죽음이 아니야 죽음은 0으로 돌아가는 것이며 0은 십자가를 만남으로 탄생하며 0으로부터 삶의 좌표는 시작돼 시작이 끝이고 끝이 곧 시작인 우리 삶은 결론이 없다고 해 그래서 불교에서는 영겁의 윤회를 말하고 있어 하지만 물질적인 것과 영적인 것이 만나 생명이 탄생하고 십자가가 되어 0의 삶을

시작하지만 결론은 늘 1이 돼 죽음으로부터 십자가의 가로막대가 사라지고 영적인 세로막대만 남아서 1이 돼 그래서 우리 삶의 결론은 1이며 1은 세로막대이고 세로막대는 신령함이며 초월적인 거야 하지만 삶과 죽음은 0과 1의 관계이기 때문에 삶에서의 결론은 1이지만 죽음에서의 결론은 0이 돼 생명나무인 카발라에서 케텔로 시작하여 10개의 세피로트가 있는데 마지막 단계가 물질세계인 말쿠트야 학자들은 말쿠트의 단계를 가장 차원이 낮은 단계로 보고 케텔의 세계로만 나아갈 것을 강조해 하지만 그 반대로도 볼 수 있어 케텔 호크마 비나 헤세드 게브라 티페레트 네자흐 호드 예서드 등의 아홉 단계는 다 비물질적인 것이지만 열번째 단계의 말쿠트는 물질단계야 곧 가장 늦게 나타난 말쿠트는 열 개의 세피로트 중 꽃과 같은 거야 가장 발달되고 화려하며 핵심적인 삶이 어쩌면 물질단계의 삶인지도 모르네 그러므로 이런 물질적 단계에 와 있는 삶의 소중함을 깨닫고 함부로 생명을 버리는 어리석음을 범하지 말아야 해 말쿠트를 제외한 아홉 단계의 영적인 삶을 추구하기 위해 말쿠트의 삶을 향유하지 못하고 케텔을 지향하며 사는 사람들이 얼마나 많은가 육체적 삶을 버리고 영적 삶에만 매달리는 사람들은 자신이 가장 소중한 보물을 손에 쥐고 있으면서도 그 보물의 소중함을 모르고 사는 것과 같아 그래서 늘 감사하는 삶이 필요하지 한쪽 방향에서만 바라보면 죽음이 결론일 수 있지만 또 다른 쪽 방향에서 바라보았다면 지금 사는 삶이 새로운 결론일 수도 있어

고양이 발자국

125

밤새 수도가 새고 있어 헛바퀴만 도는 꼭지, 파이프를 타고 흘러온 눈물샘이 되어 솟구치네 물방울들은 지류를 따라 계곡을 흘러가고 숲에서 낙엽이 지네 통증처럼 이는 바람, 부어오른 십이지장의 벽, 천공의 증상에도 물소리는 들리지 않았어 소장을 거쳐 대장의 배관을 타고 빠져나간 그림자들은 검은 바다를 떠다녔어 오물과 섞여 부글거리는 물거품들 압력을 견디지 못한 입에서 폭언이 쏟아지네 걸을 때마다 흘리는 흐린 기억들을 바지에 지리며 작은 폭우에도 절벽이 무너지네 구멍 뚫린 방화벽에서 지폐가 쏟아지네 기름은 어둠 속으로 실려 가지 썩은 나무 구멍을 두드리는 딱따구리들의 보이스피싱, 가지들이 부러지고 자동배출 콕이 고장 난 압력솥은 밥이 되지 않았어 익기 위해 부글부글 끓이는 속앓이 밀봉이 필요했어 입을 다물고 괄약근을 조여 아랫배를 끌어당기네 약을 먹고 눈물을 삼키며 밥을 채워 넣는 내 안의 방수 팔등신의 미녀들이 활보하는 거리로 나는 고무공처럼 튀어 오르네

126

심상을 쪼개 보낸 하트들, 볼에 찍은 입술자국, 달콤한 고백의 막대사탕들, 하늘에다 박아놓은 맹세의 보석별들, 나비 가득 내려앉은 꽃바구니, 베어내고 베어내도 움트는 꽃잎으로 천 년 동안 이슬을 품고 당신 품에 안겨 젖꽃판 불꽃 노을을 물들일 거야

127

건물 위에서 남자가 알몸으로 물에 뛰어들었어 목숨을 건 다이빙을 위해 매일 차원이 다른 사다리를 올랐지 산의 경지에 오른 뒤엔 뛰어드는 일이 절벽임을 알았지 뛰어드는 순간 일렁이던 온

몸의 충격 숨을 멈춘 진공 속에서 목숨 걸고 부상해야 했어 무조건 뛰어들면 자살이지 꽃잎도 바람을 그냥 안아주지 않았어 나무의 씨앗도 매달리기 위해 알몸으로 뛰어내렸어 물에 떨어진 빗물이 살기 위해 허우적거렸지 잔잔한 수면에 떨어진 파문 첨벙 눈부시게 맨몸으로 뛰어든 햇살 하나로 실루엣의 여자는 해를 잉태했어

128

링거 줄을 매단 고로쇠나무가 수액을 주입해 황사가 일고 모래바람이 부는 내 몸에 내리는 단비는 하늘을 씻어내지 간밤 내내 나는 고열과 두통으로 잠을 못 이루었지 체온계의 눈금을 짚으며 봄도 움츠렸던 몸을 털고 일어나 나무마다 푸른 눈을 뜨고 씻긴 창밖을 내다보겠지 강물이 열리면 뼛속까지 출렁출렁 별들이 밀려올 거야 나뭇잎들도 후후 입김을 불어 하늘의 창문을 닦았어 닦을수록 많아진 별들이 아침을 몰고 와 풀어놓는 샘물… 어둠은 사라지고 황사가 걷힌 내 몸에 태양이 떠올랐어

129

노 저어 가는 조각달은 유빙이 흐르는 은하수를 건너 서천西天으로 가지 빨리 가려고도 하지 않고 흐르는 물살에 몸을 맡긴 채 소리 없이 흘러가지 비가 오고 태풍이 몰아쳐도 사라졌다가 다시 부상하여 항해하는 억겁의 바다 초승달 하나 흔들림 없이 가지

130

뚜껑을 따자 거품이 일며 기포들이 피어올랐어 병 주둥이에 입술을 대고 영혼까지 들이켰지 짜릿한 입맞춤으로 갈증을 풀었어 톡 쏘는 맛을 위해 밀봉된 마개들, 코카콜라나 환타 스프라이트 스파클과 펩시와 같은 상표들이 지목되길 기다리면서 신선한 외모를 선보였어 언제든 따라줄 수 있는 최소한의 교양과 기대에 어

긋나지 않는 쾌락이 준비되어 있었어 딸깍 문을 열고 쿨하게 내어주는 첫사랑이자 마지막 사랑은 달콤했어 단 한 번의 짧은 사랑을 위해 기꺼이 운명을 내던지는 청량음료의 시대…

131

고사리나물을 먹으며 고개 숙인 어린 고사리들을 생각해 아기 손처럼 오그린 고사리 순은 여린 꿈들을 움켜쥐고 자랐어 순수한 손마디를 분지르며 사람들은 아무 감정도 없었지 자신의 배를 채우기 위해 말리고 삶아 상에 올렸지 질근질근 씹히면서도 고사리는 욕망을 없애라고 해 합장과 고개 숙임과 염주와 목탁소리 손 모아 기도하던 어린 소녀의 눈물이 보였어

132

세상의 서쪽 끝 헤스페리데스의 정원엔 암브로시아의 샘물이 솟고 가이아의 황금사과를 님페들이 지키고 있었지 헤라 여신이 내린 저주의 마지막 과업을 마치기 위해 인간으로 떠난 헤라클레스는 황금사과를 가져와야 해 석양의 노을이 물드는 샘가에서 저무는 하루를 노래하는 밤의 요정들의 눈을 피하여 어깨에 지구를 메고 있는 아틀라스의 모략을 벗어나서 세상 어둠의 용을 물리치고 밤이 감추는 태양을 훔쳐야 해 헤라클레스의 칼에 목이 잘린 용은 전둥으로 울부짖고 아틀라스의 산자락엔 붉은 햇살이 번지네 라돈의 피 묻은 사과는 죽음을 극복한 자만의 아침 전쟁의 아들을 물리치고 바다의 험한 파도를 정복한 후 불을 다스릴 줄 아는 자만이 알 수 있는 비밀의 정원에서 황금사과는 자라고 사랑을 찾은 나의 심장도 황홀하게 불타오르지 내 안의 헤라클레스는 황금사과를 품고 날마다 태양으로 떠오르고 사과를 잃은 저녁별들의 딸들은 석양에 그늘을 드리운 나무가 되어 바람에 슬피 우네

133

무쇠상자 안의 슈뢰딩거 고양이는 관찰을 통해서만 살아있어 원자가 방사능을 방출하는 순간 망치가 독가스 용기를 깨뜨리도록 고안된 상자 속에서 죽느냐 사느냐는 오십 대 오십이야 어느 시점에서 고양이가 죽는지에 대해선 아무도 알 수 없지 고양이는 발견을 통해서 죽었어 고양이의 죽음은 내부에서 결정되는 것이 아니라 외부에서 들여다볼 때 결정돼 관찰자가 상자를 들여다볼 때 고양이가 죽어있으면 그는 고양이를 죽인 거야 핵이 붕괴하는 순간 분기점이 생기고 삶의 세계와 죽음의 세계가 분리되어 평행 우주를 만들고 있어 관찰되지 않는 나와 관찰되는 당신과의 사이엔 물과 기름의 길이 있어 당신은 나의 의식 속에 살고 나는 당신의 무의식 속에 살지 관찰되지 않는 태양은 영원하지 나의 죽음이 발견되지 않는 한 나는 죽지 않았어 사랑은 확인되지 않기에 영원해 볼 수 없기 때문에 바람과 공기는 존재해 귀신과 영혼과 망령과 풍문들이 떠나지 않는 세계는 아무도 들여다볼 수 없기 때문에 살아있어 무쇠상자 안의 고양이를 관찰하지 않았다면 고양이는 영원히 살지 관찰하지 않았기 때문에 아무도 고양이를 죽이지 않았어

134

공상은 어떤 사물이나 사건의 이미지를 머릿속에 그리는 것을 말해 현실적이지 못하거나 실현될 가망성이 없는 것을 막연히 그려보는 것이 특징이지만 현실이 아니라는 것을 의식하고 있다는 점에서 꿈이나 망상과는 다르지 공상에는 여러 가지의 형식이 존재해 첫째는 이름을 떨치고 공적을 세운다는 욕망, 둘째는 연애나 결혼, 성욕에 대한 욕망, 셋째는 자기 부모가 진짜가 아니라는 것 등이야 공상은 욕망과 뿌리를 같이 해 공상은 현실에서 오는 불안감이나 긴장을 덜어주는 데도 도움을 주네 상습적으로 공상

에 빠지거나 공상과 현실을 구분하지 못하면 병적이라고 보기도 해 하지만 이 세상은 공상을 통해 발전해왔지 현실적으로 이루어질 수 없다고 보았던 과거의 일들이 오늘날에는 현실로 나타나고 있어 상상은 생산적이고 공상은 비생산적으로 보는 시각도 있지만 공상의 발전으로 인해 현실적으로 한 걸음 진일보한 것이 상상이라고 할 수 있어 상상의 밑바닥은 공상이며 공상의 뿌리에서 자란 새순이 곧 상상이라고 할 수 있어 상상력이 작품을 만들고 미래의 과학을 만들고 있어 공상 속에는 상상의 씨앗이 자라나서 현실을 만들고 현실의 씨앗이 미래를 만들고 있어 공상은 무의미한 것이 아니며 소득 없는 헛수고가 아니야 말이 안 되는 공상은 생각할 수 없는 세계와 일들과 원리와 차원들을 현실화해

135
새벽마다 음식물 쓰레기를 비우고 있어 집집마다 대문밖에 내놓은 음식물 통을 보면 어제 일을 알 수 있어 지독한 냄새가 풍기고 오물이 튀어도 즐거운 하루야 음악을 틀고 콧노래를 부르며 신나게 아침을 시작해 파리가 끓고 악취가 풍기는 마을은 안 돼 청결한 세상을 만들기 위해 쓰레기통을 뒤집어 털며 밥풀 하나까지 비웠어 식탁에 있을 때는 다 먹음직스러운 음식이었겠지 하지만 남은 음식들은 역겹게 속을 뒤집었어 버려진 음식들과 시간이 지나 맛과 향이 사라진 음식들은 쓰레기통에 담기는 순간 썩어가지 부패된 세상에 발만 들여놔도 함께 썩어가는 이치를 알 것 같아 썩어가는 쓰레기통 속의 세상과 맛있게 차려지는 식탁의 세상은 극명하게 다른데 나는 지금 어느 곳에 발을 들여놓고 있을까 골목에 음식물 쓰레기는 실려 나가고 집집마다 식탁 위엔 새로운 음식들이 차려지는데 트로트의 신나는 음악에 한 사내가 통을 밀며 콧노래를 부르네

136

갈대와 바람의 이별은 또 다른 분리지 갈대는 한동안 흐느낄 테고 바람은 벌판을 휘달릴 테지 그것이 겨울의 시작이야 겨울은 태양 때문이 아니라 이별 때문이야 분리되는 곳엔 겨울이 찾아오고 눈보라가 몰아치네 눈물은 어둠 속에 고드름을 매달고 창문들을 꽝꽝 잠가버렸지 바람은 갈대를 떠나려나봐 푸른 잎과 붉은 꽃들이 내 가슴에 가득한데 상념에 젖은 바람이 서성거렸어

137

항공 열차 버스노선의 맨 끝 지점인 터미널은 도선의 접속용 단자를 말하기도 하고 컴퓨터의 데이터나 프로그램을 전송하거나 출력을 받기 위한 최종 단말기의 장치이기도 해 입력을 전송하고 출력을 받을 수 있는 접속부인 터미널은 세상과 하늘의 접속점이야 접속은 늘 맨 끝부분에서 원활한데 누전이나 감전이 없는 만남을 위해 한 치의 오차도 없이 짝을 이뤘지 남과 여의 견고한 사랑을 만드는 접속점, 보내고 받아들이는 관계의 첨점에서 꽃이 피고 있어 예민하고 민첩한 감각이 살아 숨 쉬는 입술, 서로를 받아들이고 느끼는 마음에서 영원으로 열려있는 창이야 만남이 있는 터미널에서 차를 기다리고 비행기를 기다리네 설레는 마음으로 표를 만지작거리네

138

18Cm의 십자가 처마 밑에 집을 짓고 알을 낳았어 작년에 지은 집을 고쳐서 다시 쓰고 있는 제비는 아침마다 전깃줄에 앉아 노래를 불렀어 곤충을 잡기 위해 급강하하거나 급선회하면서 하늘을 맘대로 재단하지만 둥지의 재료를 얻기 위해서만 땅에 내려앉았어 따뜻한 세상을 위해 봄이면 찾아오는 희망의 전도사… 삼짇날부터 중양절까지 내 집엔 십자가가 떠나지 않았어

139

관념은 사람의 마음속에 나타나는 표상 상념 개념 또는 의식 내용을 가리키는 말이래 원래는 불교용어로 진리 또는 불타를 관찰사념한다는 뜻을 가지고 있어 일반적으로 감각적 혹은 공상적 표상에서 이성적 지적 표상에 이르는 넓은 뜻의 표상 일반, 혹은 어느 것 하나를 가리키는 것으로 사용돼 하나의 사물은 그 안에 관념을 포함하고 있어 시에서 관념을 빼고 이미지만 사용하려는 의도가 있었지만 완전히 사물에서 관념을 제거하진 못했어 우리 몸은 살아있으면 생각을 갖고 있으며 생각을 갖지 않았다 하여도 보이는 각도에 따라서 존재의 의미를 갖게 되는데 이것은 본인에 의해서 결정되는 것이 아니라 보는 사람에 의해서 결정되기도 해 스님이 아무리 마음을 비우고 무념무상으로 면벽참선을 해도 보는 사람이 심리적 갈등을 느낀다면 그 안엔 부정적 관념이 존재하는 거야 모든 사물은 관념을 가지고 있으며 그 관념은 무한한 변화를 갖고 있어 호수는 아무 말도 하지 않지만 넓음과 맑음과 푸름과 잔잔함과 깊음과 무서움 등의 관념성을 가지고 있지 이런 호수도 다중적 관념성을 가지고 있는데 하물며 사람은 얼마나 많은 다중성의 관념을 내포하고 있을까 한마디로 인간을 규명하려 해서는 안 되는 거야 인간은 모름지기 이래야 한다는 개념성을 가져서는 안 돼 선과 악이라는 것도 인간이 가지고 있는 관념성의 일부일 뿐이야 선만을 발견하려하는 것도 어리석은 것이며 악을 미워하고 제거하려는 것도 어리석은 짓이야 인간 안에 내포된 다중적 관념성의 전체를 보고 인간을 이해하고 받아들여야 해

140

초승달 송편을 만들고 있어 쌀가루 반죽을 떼고 보름달을 뭉개고 팥고물로 분화구를 메웠지 우주의 검은 솥이 닫히면 달들이 쪄지네 하늘엔 솔잎향이 흐르고

달들이 고개 내민 바구니 속의 어둠 초승달 몇이나 먹어야 하늘이 밝아지나 어머니 눈에서 물방울이 떨어지네 대보름달은 일그러짐 하나 없이 동그란데 어머니 만드신 달은 늘 한쪽이 찌그러져 있었어 아버지는 유성이 되어 어느 별을 찾아가고 있을까 명절 때마다 할머니는 가슴속의 은장도를 꺼냈고 나는 구부러진 포크로 달을 찍었어 터진 달에선 내장이 쏟아져 나와 방바닥에 흩어졌네 찢어진 달의 껍질들은 접시에서 누더기가 되었어 나의 까다로운 믿음 때문에 하늘은 자주 흐렸어 구름 없는 달을 먹을 수 있는 날은 손가락을 꼽을 만큼이었어 그믐달을 먹고 손가락을 헤면 까만 손톱에선 초승달이 자라났지

141

모래 속에 박힌 해골 하나 입 벌리고 웃었어 눈동자가 사라진 퀭한 구멍으로 나를 바라보았어 구멍 속엔 블랙홀이 담겨있고 보이지 않는 세상으로 나를 빨아들였어 그가 보았던 천만의 풍경과 찬란했던 빛깔들은 어둠이 되었어 오뚝하던 콧대마저 사라진 구멍 속으로 사막의 모래바람이 드나들고 있어 몸의 감각을 다 지우고 나면 남는 해골은 풍화작용하며 모래가 되어가지 태양빛 입술과 볼의 노을을 지우고 하얗게 탈색돼가지 모래 속에서 반쯤 머리 들고 바라보는 세상에 미련이 남았는지 해골이 징상한 이빨로 웃었어 사는 게 다 풍화작용이지 감각 속에 울고 웃다가 무감각에 빠져드는 사막, 모래가 되다 만 해골 하나 사막에 누워 말이 없지 모래가 모래가 되고 모래가 다시 모래가 되어 미립자가 되고 나면 나는 누구와 만나 새로운 생명체가 될까 분해와 결합의 반복을 이루며 살아가는 나와 해골은 하나의 시간 속에 있어 사막 속에 누운 해골과 사막을 걷는 해골이 마주보고 웃었어 거꾸로 선 내 몸에서 모래들이 쏟아지네 시간의 반복으로 내가 모래 속에

눕고 해골이 사막을 걸었어

142

피카소의 천재성을 발견한 아버지가 비둘기 다리를 그리는 한 가지만을 연습시켰대 피카소는 비둘기 다리만 그리며 지겨운 일 년여의 시간을 보냈대 그는 비둘기 다리를 수십 가지로 그릴 수 있게 되었대 보고 또 봄으로 남들이 보지 못하는 것까지 볼 수 있게 된 거지 관찰의 훈련을 관조라고 해 배우가 무아상태에서 연기를 하면 관객들도 한순간 극중 배우가 되어 배우의 희로애락을 동시에 느끼지 세상이라는 무대 위에서 맡은 배역에 최선을 다하고 있는 자신을 봐 관조를 하기 위해서는 자신을 비춰볼 수 있는 거울이 필요하지 거울 속엔 면벽하는 스님이 있고 고기 잡는 어부가 있고 농사짓는 농부가 있고 평생 한 가지만을 만들어 온 장인이 살아있어 맑은 눈으로 세상의 모든 원리를 꿰뚫을 수 있는 관조의 힘은 보이지 않는 것까지 비추어볼 수 있는 마음의 거울에서 나오는 거래

143

지상에서 올려다보는 구름은 흐린 날씨를 예고하는 어둡고 답답한 것이었으나 비행기 위에서 내려다보는 구름은 새털처럼 부드럽고 포근한 것이었어 햇빛 찬란한 하늘 아래 파도처럼 일렁이는 눈부신 구름 떵과 하늘 사이의 장막을 열고 닫으며 영원성과 유한성 사이의 커튼 역할을 해 구름이 없는 하늘을 삼백육십오일 내내 볼 수 있으면 하늘에 대한 경외심이 클 수 있을까 보고 싶을 때 볼 수 없는 하늘은 하늘에 대한 욕망을 크게 했어 천둥 번개가 치며 비가 내리는 구름이 있어서 무서움을 알고 경외심으로 하늘을 섬길 수 있었어 구름은 빛에 의해 흰 구름이 될 수도 있고 검은 구름이 될 수도 있어 구름의 층이 두터워서 빛을 가리면 검은 구름이 되고, 빛의 반사각이나 측면으로 받으면 흰 구름

이 돼 비행기에서 내려다본 구름은 먹구름이 아니야 구름은 두려운 존재도 아니며 우울하고 슬픈 존재도 아니야 햇빛 속에서 목화 꽃송이 같은 것이며 파도의 포말과 같은 거야 사람들은 구름이 외치는 천둥의 포효를 신의 진노로 생각했고 구름이 휘두르는 번개를 심판의 칼로 보았어 하지만 구름은 영롱한 물방울일 뿐이야 무수한 수증기들의 집합, 물방울 커튼일 뿐이야 하늘과 땅 사이에 쳐진 커튼을 바람이 열고 닫았어 그 커튼을 사이에 두고 우리는 하늘을 바라보았어 커튼의 열리고 닫힘에 의해 하늘에 대한 꿈을 키우고 하늘에 대한 두려움을 배우고 있어

달이 되는 법

144

별은 하늘에 난 구멍이야 까만 전지에 뚫린 미세한 구멍들… 구멍으로부터 하늘의 빛이 땅으로 쏟아지네 별을 보는 순간 하늘 뒤의 실체를 보네 구멍에 담긴 영롱한 빛을 마시네 저녁을 먹고 마당에 나와 멍석에 누워 하늘을 바라보던 때가 있었네 보석을 깔아놓은 듯 반짝이는 하늘의 별들만 바라봐도 눈물짓던 때가 있었네 별을 바라보기만 해도 신부가 되고 신자가 되던 때가 있었네 별이 녹은 샘물을 마시며 삶을 살던 때가 있었네 하지만 이젠 별을 보기가 어려워졌네 별을 바라보며 꿈과 희망을 채우던 시대도 지났지 마음속에서 별 하나씩 지워지며 어둠은 깊어졌고 희망은 사라져갔지 하늘을 잃어버린 사람들이 방황해 별을 잃어버린 사람들이 등대를 찾지 못해 진실을 바라볼 수 없는 사람들이 구름에 덮여있네 하늘에다 구멍을 뚫어야 해 마음에 성호를 긋고 가슴에 십자가를 그으며 하늘 한가운데에 구멍을 뚫어야 해 찬란*한 빛이 별이 되어 쏟아지도록 크고 환한 구멍을 뚫어야 해 면도날같이 예리한 지각, 송곳처럼 날카로운 정신이 검은 도화지를 오리네

145

카페나 호주머니, 낡은 가방 속 그 어디에도 황제는 있어 황홀을 든 태양의 눈동자가 물결 위를 지날 때마다 갈대들은 허리를 꺾었네 갑옷 속에 감추어진 불안의 발톱이 물결을 할퀴며 건져 올린 안개의 거리는 마차소리뿐 한 치 앞도 보이지 않았어 고사목의 뿔을 매단 절벽, 죽음의 부리만이 서로를 쪼아댔어 피로 번진 노을이 암투의 커튼을 드리운 하늘가 숨겨진 욕망이 치솟는 곳은 어디든 마천루야 달의 보주를 차지하기 위해 밤마다 강물 위로 별들

은 폭죽처럼 쏟아졌지 물결을 거스르지 못한 왕관이 녹슨 세월을 흘러 정박하는 곳 아무것도 믿을 수 없었던 독수리는 늘 땅으로 추락했어 날을 세운 바위들만 송곳처럼 삐져나온 안개 속 철탑의 도시엔 뿔 달린 머리들이 문마다 내걸렸지 아기의 울음이 헤롯의 칼과 방패를 삼킨 후 스카이라운지나 전광판, 갤러리 그 어디에도 황제는 없지

146

물방울이 돌 위에 못을 박았어 온몸으로 박는 물방울은 산산조각이 나고 돌 위엔 못자국만 남았어 지루하고도 긴 반복으로 동그라미를 새기네 나는 나의 몸에 못 박기 위해 삼백예순날 망치를 두드려왔지 하나가 되기 위한 작업은 자신이 부서지는 삶이야 물방울이 부서지면서까지 돌에 못 박는 이유는 육체는 사라져도 그 정신은 하나가 되기 위함이야 육체의 흔적은 물방울처럼 유리조각처럼 투명하게 반짝이다가 깨어지는 거야 그 깨어지는 소리 속에서 조금씩 박히는 못자국, 외침의 노래 속에서 자신은 깨어지고 못자국은 조금씩 깊어지네 못자국에 고인 눈망울, 돌과 물방울이 하나가 되었어

147

발바닥에 못이 박혔어 갈 수 없는 길을 가면서 춤을 추었지 플로어에 찍히는 핏자국 못이 뼈를 울리며 경쾌한 소리를 냈어 박자를 맞추며 망치질을 했어 흔들리는 다리들이 풀잎처럼 울었어 바람이 불고 치맛자락이 펄럭였어 모자들은 들썩이며 펄펄 끓는 몸의 뚜껑을 열었다 닫았어 발을 땅에 짚지 못하고 뒤꿈치로 껑충거리네 속력이 빨라지면서 바닥에 피가 튀었지 발자국들은 아팠어도 발자국소리는 신나는 음악이 되었어 가슴을 울리는 노크였어

148

하얀 속살 뽀드득 씻은 알몸의

여리던 가슴이 예리한 칼끝에 쪼개져 짜디짠 소금물 통에 쑤셔 박혔어 적당히 간이 배어 세상맛이 들고 뻣뻣하던 줄기는 부들부들 연해졌지 고춧가루 푼 비린 젓갈에 묻혀 숨 막히는 항아리 속 부글부글 끓어도 함께 끌어안고 사근사근 익어갔어 한 겹 한 겹 쓰린 살을 부비며 새콤달콤 살다가 군내 나기 전에 빈 항아리만 남기고 가는 거야 김치가 사시사철 밥상 위에 올라 삶의 입맛을 돋우고 있어

149

집집마다 꿈을 배달해 15톤 탑차 가득 실린 상품들이 주인을 기다리네 매장 사이트에 로그인하고 맘에 드는 상품을 사기 위해 만남을 클릭하며 장바구니 가득 호기심을 담았을 그리운 꿈들 박스 포장 위에 새겨진 이름과 주소를 품고 덜컹이는 화물칸에 실려 흔들리며 가지 차가 멈추는 곳마다 하나둘씩 그리운 이의 품에 안기거나 현관 앞에 놓여 주인을 기다리는 상품들… 행복한 만남을 상상하는 시간은 어둠 속에 놓여있어도 두렵지 않았네 홀로 있는 시간들이 외롭지 않았네 길거리에 하나둘 불이 켜지고 고단한 퇴근길에 만나는 얼굴들이 반갑지 포장테이프가 벗겨지고 박스의 문이 열리며 환한 웃음들이 쏟아지네 오늘 하루도 집집마다 배달된 꿈들은 무사한 걸까 차의 뒷문을 열면 가슴 뿌듯해 작은 박스 하나라도 남으면 잠들 수 없는 집주소들이 허공에 둥둥 떠다녔어 애절한 기다림에 마음 졸였을 골목을 비집고 다니며 전해준 가슴 뿌듯한 이야기들, 이 시대의 복음이야

150

밀밭에서 푸른 정신으로 자라 황금률을 이루다가 알곡으로 거두어진 밀알들, 분쇄기에서 껍질을 벗고 눈보다 희게 태어났지 밀가루가 정수와 반죽되어 실처럼 뽑아진 국수, 한 그릇의 국수를 먹으며 끝없이 펼쳐진 밀밭의

황금률을 얻었어 뼈와 살에 일렁이는 밀밭을 채우고 있어

151

국화는 푸른 꽃받침으로 묶인 한 다발의 십자가야 흰 십자가 노란 십자가 분홍 십자가, 십자가들이 꽃받침으로 묶인 꽃밭에 서면 고개가 절로 숙여지네 십자가의 삶은 꽃처럼 아름다운 것을 꽃처럼 눈부신 것을 십자가를 손에 모으며 살기 위해 국화의 뿌리는 어두운 땅을 얼마나 움켜쥐어야 했을까 검은 흙 속에서 눈부신 빛깔을 길어 올리기 위해 국화의 삶은 얼마나 눈물겨워야 했을까 십자가를 모으는 국화의 삶이 향기로워 서릿발 속에서도 지지 않고 하늘을 물들이는 물결, 내 생의 뜰에서 꿈으로 일렁였어

152

사람의 딸 중 가장 고결한 여자가 검은 가운을 입고 높은 보좌에 앉아 하늘의 아들을 안고 있어 세상은 흑암의 어둠에 잠겼는데 빛으로 오신 예수, 붉은 강보에 싸여 여자의 품에 안긴 신의 아들이 불꽃같은 눈으로 세상을 바라보지 보좌 주변엔 여섯 천사가 무릎 꿇고 경외의 눈으로 흠모하며 수종 드는 성모자 앞 눈먼 군중들이 스쳐지나가고 있어

153

탑돌 하나 얹고 소원 하나 빌고 탑돌 두 개 얹고 소원 두 개 빌고 탑은 그렇게 완성되었어 기초를 놓고 단을 만들어 계단을 올렸지 흔들림 없는 기둥을 세우고 중심을 쌓았어 공중의 난간을 받잡고 허리를 숙여 들보를 가로질렀지 까치발로 서서 처마를 짚고 올라서서 구름 노니는 지붕을 덮었어 하늘을 찌르는 꽃장식 길고 간절하게 허공으로 사라졌네 탑돌 하나 얹고 기도하고 탑돌 두 개 얹고 사랑하고

154

절대 탈선하지 말아야 하고 내

리면 안 되는 줄 알았어 열차의 관습적 속력은 줄지 않았어 의심도 검증도 하지 않고 조상 대대로 열차에 올라탔지 문밖에 보이는 것만 보았어 안내만 믿고 졸면서 행선지들을 지나쳐 왔지 하나둘 하차하여 제 갈 길로 간 이들은 지금 어디에 있을까 구전으로 기록된 말씀에 단 한 점 오류가 없다고 믿으면서 정해진 길로만 달리는 열차의 노선을 의심해 보지 않았어 달리다보면 종점이 나오겠지 가다보면 목적지에 도착하겠지 하며 열차는 지금 지옥으로 달려가고 있어 직선으로 달려가고 있는 생각의 열차를 멈추게 해야 해 과감히 탈선하여 새로운 길로 달려야 해 기차 안은 축제의 도가니야 춤추고 노래하며 광란의 몸부림이 일었어 기관사는 돈에 매수되고 차장은 술에 취해 허무의 늪으로 달리네 질주하는 무리들은 앞만 볼 수 있어 공멸의 길, 절벽으로 치닫는 막차를 벗어나야 해

155

어린아이가 굴렁쇠를 굴리며 운동장 안으로 들어왔지 세계의 눈들이 굴렁쇠 안으로 모아졌네 어린아이가 세계를 굴리며 푸른 잔디밭을 뛰어가지 굴렁쇠가 5대양 6대주의 동그라미로 나뉘고 한데 어우러져 손에 손을 잡고 고리를 만들고 있어 고리들은 가시관으로 엮어져 삼백예순날 만방의 땅에서 속죄의 피를 흘리네 피 흘림은 세계를 하나로 만들고 용서와 화합의 장을 열어가지 굴렁쇠의 빛이 영원의 세계로 뻗어가지 한 아이 안에서 세계의 씨앗이 피어나고 있어 굴렁쇠 안에서 눈들이 회전하고 순환해 굴렁쇠 안에서 프로펠러 같은 사계가 돌아가지 삶과 죽음의 윤회와 부활이 돌아가지

156

가면을 쓴 모습이 무섭네 악령이나 외적의 침입이 없어도 분장을 하고 가면을 쓰네 악귀나 요괴의 얼굴을 하고도 해학의 탈을

쓰고 웃음 지었어 차라리 광대나 초라니가 되면 웃음을 선사할 수도 있을 텐데 미소만 가면에 그렸어 얼굴은 마분지나 신문지를 찢어 만든 종이찰흙이나 바가지보다 두꺼워 오동나무나 오리나무의 목가면보다 딱딱해 표정이 없는 가면엔 어둠이 감추어져 있어 그려진 얼굴과 그릴 수 없는 얼굴 사이에 드리워진 허울 양반이 되기도 하고 백정이 되기도 하는 카멜레온의 가면은 또 다른 의태인데 나뭇잎 가면을 쓰고 새를 기다리네 토끼의 가면을 쓰고 호랑이를 기다리네

157

미역에는 귀가 달려있어 생일이면 국으로 끓여먹던 미역, 피를 맑게 해주고 암 예방에 좋은 바다 채소라 인기야 식이섬유가 풍부해 변비 예방과 다이어트에 좋다는 미역귀, 미역줄기에 치마의 레이스처럼 귀가 달린 것은 아마도 바다의 깊은 침묵 속에서 미세하게 들리는 섬들의 신호를 듣기 위해서인지 모르네 고독으로 물결쳐온 풍랑의 음성을 듣기 위해서인지도 모르네 아니 햇살이 내려 물에 녹은 하늘의 음성을 짜디짠 세상 물속에서도 잘 헹구어 듣기 위해서인지 모르네 물살에 귀를 담그고 살랑살랑 흔들어 듣는 바다의 영성 파도의 자장가로 자란 미역귀를 먹으면 잠 못 드는 나의 귀가 새벽처럼 밝아지네

158

한계를 넘어선 물이 백색 수증기로 피어오르네 활발한 입자운동의 물방울들은 통제 불능의 상태가 돼 한순간 폭발할지도 모를 욕구들이 튀어나오고 있어 벌겋게 달아오른 용기의 뚜껑이 들썩거렸어 가슴이 폭발하고 머리가 터질 것 같은 우리들의 임계점은 몇 도인가 쉽게 끓다가 금방 식어버리는 양은냄비는 라면을 끓일 뿐 증기기관차는 스팀으로 가고 증기보일러는 빌딩을 데우고 다리미는 증기를 뿜으며 와이셔

츠를 다리네 내면의 결핍과 외부적 자극의 불을 지피고 있어 잠들지 못하도록 끓어오르는 욕구는 강할수록 에너지가 넘쳐서 몸을 데우고 뜨거운 피를 공급하며 가동하는 몸 안의 발전소 석탄이나 가스 대신 쓰이는 스트레스나 콤플렉스 그리고 분노와 굳은 결심의 연료들은 나를 데우는 데만 쓰여야 해 거대한 폭탄처럼 압축 용기 속의 수증기들은 날개를 달고 미립자들은 얼어붙은 세상의 불을 꿈꾸지

159

귀를 열면 천국의 소리가 들리네 바람의 소리 물의 소리를 따라 섞여오는 천국의 소리는 아무나 그 내용을 파악할 수가 없지 소리는 귓바퀴를 따라 외이도를 거쳐 고막을 울리네 미세한 떨림은 청신경을 통해 뇌로 전해져 소리의 내용이 파악돼 사람들은 천국의 소리를 꿈이나 계시를 통해 듣고자 하나 물소리나 바람소리에 섞여 전해지네 천국의 소리를 얻기 위해서는 꿈을 꾸거나 사람의 설교나 강의를 듣기보다는 자연의 소리를 들어야 해 산속에 홀로 앉아서 귀 기울이면 들리지 않던 소리들이 들리네 나뭇잎소리에 섞여 들리는 천국의 소리를 듣는 순간 그에게는 새로운 귀가 생기네 내 안의 소리가 들리네 어둠 속에서 귀를 열면 들리는 어둠의 소리들, 양지에 앉아 눈을 감으면 햇빛들이 부딪혀 구르는 소리가 들리네 귀 있는 자만이 천국의 소리를 들을 수 있어

160

귀뚜라미 소리가 계절을 끌어당기고 있음을 알지 못했어 바람소리가 새로운 세상을 만들고 있음을 알지 못했어 미세한 소리 뒤에 감추어진 어마어마한 사건들, 휴대폰소리 뒤에 감추어진 죽음과 파도소리에 감추어진 재앙을 왜 알지 못한 걸까 귀로 듣는 소리에 익숙해진 하루 중 귀 아닌 마음으로 듣는 시간은 몇 분

도 되지 않았어 귀로 듣는 소리는 소리보다 앞서간 마하의 비행기를 알지 못해 깨달음만이 소리를 듣고 이미 앞서간 비행기의 실체를 알고 있어 귀뚜라미소리를 듣고 가을을 보고 억새소리를 듣고 겨울을 보고 바람소리를 듣고 우주의 순환을 깨달았어

161

흑갈색의 절망을 품고 지하 수백 미터 아래 어머니는 잠들어 있었어 자식들을 키우기 위해 안으로만 꼭꼭 다져넣은 울화의 응집물이 바위가 되었어 세월의 지표가 덮이고 가까워질 수 없었던 세대의 암벽에 갱도를 뚫고 불의 말씀을 캐냈지 삶의 융기와 침강을 겪으며 불의 암석이 된 어머니 사랑을 캐려 했어 암반으로 굳어진 탄층의 깊이는 헤아릴 수 없는데 착암기 소리만이 울리는 어둠 속의 지하 갱도에서 어머니를 만나 숯이 된 뼈가 까맣게 부서지네 숨을 쉴 수 없는 어둠이 폐 가득 뼛가루를 쏟아부었어 머리부터 발끝까지 숯이 된 사람이 그리움의 구멍을 뚫었어 어머니에게서 받은 한 덩어리 심장의 불꽃을 태우기 위해 사랑에 목말랐던 가연성의 암석이 재가 되기까지 불꽃을 전해야 해

162

바람의 템포를 읽었어 슬로우 슬로우 엔 퀵 퀵, 템포를 읽지 못한 우산이 날아가고 비닐하우스가 찢어지네 펄럭일 때 펄럭이고 멈출 때 멈췄어야 했어 템포를 맞추지 못한 곳엔 상처가 남았어 남편의 발을 맞추지 못한 아내가 미끄러지네 아이의 주파수를 맞추지 못한 할머니가 잔소리를 해 제 몸의 박자를 잃은 사람들이 헐떡거렸어 세상은 박자와의 싸움이야 사분의 삼 박자인지 아님 사분의 사 박자인지 분명하지 않은 심장소리를 들으며 살아있음을 확인해 산의 소리를 듣고 하늘의 소리를 들으며 맞추는 발자국소리, 템포는 살아있어 슬로우 엔 슬로우, 서두를 게 없지 박자

에 몸을 맡기면 흥이고 춤인데 박자를 벗어나면 헛된 몸짓이고 몸부림이야 탱고의 물결을 만나면 탱고를 디스코의 바람을 만나면 디스코를 춤엔 이유가 있어 장구하게 흐르는 강물의 박자를 쓸까 뇌성의 크레센도를 그릴까 밀려가고 밀려오는 바다의 메트로놈을 연주하자 무너지고 깎인 절벽의 지층들이 만져지네 눈 감으면 영원으로부터 다가오는 파동들, 암굴 속의 물방울소리에 별들이 흐르는 천상의 가락을 놓치곤 했어 엇박자의 무너진 템포를 잃고 나면 쏟아진 파편들은 상처를 남겼지 살기 위해 템포를 읽었어 어둠 속에 뿌리 하나 내딛기 위해 박자를 맞추고 있어 잎을 연 나무들이 하나둘 진동하고 꽃을 피워 열매로 영근 바람의 템포들, 박자를 찾은 시간의 악장은 달콤한 파동이야

163

인간들은 문자를 포함한 상징과 도상과 지표로써 자기의 생각을 표현하고 다른 사람의 생각을 읽으며 서로의 의사를 소통해 자기의 생각을 표현하거나 다른 사람의 생각을 읽어내는 행위를 의미작용이라 하고 의미작용과 기호를 통해 서로 메시지를 주고받는 행위를 커뮤니케이션이라고 하며 이 둘을 합하여 기호작용이라 해 소쉬르의 기호는 기표와 기의 그리고 기호자체로 구성돼 사랑하는 사람에게 보석을 선물했다면 보석은 사랑하는 마음을 표현한 기표이고 내가 사랑한 마음은 기의가 돼 하지만 하나의 기표는 하나의 기의로서 존재하지 않고 다양한 의미를 가지기 때문에 전하고자한 기의와 받아들이는 기의가 같을 수 없지 여기에서 상호 커뮤니케이션의 작용이 원활할 수도 있고 아닐 수도 있어 십자가는 신이 인간에게 준 기표야 그 십자가를 바라봄으로 기의를 얻을 수 있고 그 기의가 신과 같을 때 원활한 커뮤니케이션이 가능한 거야 사람들이 너도나도 십자가의 기표를 귀에

걸고 목에 걸고 옷마다 그려 입고 다니지만 정작 신이 준 기의를 깨닫지는 못하고 있어 신이 기의를 주지 않고 기표를 준 것은 깨달을 자만 깨닫게 하기 위함이야 그런데 인간은 어리석게도 기표를 보는 눈을 뜨려하지 않고 기의만을 구해 세상의 모든 자연은 신께서 우리에게 준 기표야 하나의 사물 속에서 신의 기의를 발견해야 해 십자가를 통해 세상을 바라보고 십자가 안에서 모든 사물의 기의를 깨달을 때 신과의 진정한 커뮤니케이션이 이루어지는 거야

164

음식을 비운 접시처럼 달은 어둠을 비우고서야 보름달이 되었어 무소유의 달 대웅전 불당의 부처 얼굴이 달처럼 환했던 것도 어둠을 비웠기 때문이야 속이 빈 시간의 굴렁쇠가 오늘도 태양의 길을 따라 굴러가지 음과 양의 물줄기가 합쳐지며 동맥과 정맥의 피돌기를 시작해 0이 더해진 숫자와 사물은 백지 위에 그리움이 되었어 0을 뺀 숫자와 사물은 욕심을 오려낸 허공이 되었어 0을 곱한 숫자와 사물은 나무속에 천년의 나이테를 채워도 0이 되는 하나일 뿐 0을 나눈 숫자와 사물은 물결이 번시며 사라져가는 파문이었어 마음을 비웠다고 못 박은 0 하나 잘난 척 나설수록 십의 배수로 가치가 떨어졌네 01, 001, 0001, 마음을 비우고 못을 뺀 0 하나 뒤에서 따를수록 십의 배수로 가치가 상승했어 10, 100, 1000, 0의 얼굴을 닮은 무중력의 비행체가 새처럼 내 품으로 날아들었지 0과 0 사이의 무한 공간 속에 존재하는 모든 사물들은 0을 그리며 사라져가지 웜홀과 블랙홀을 지나서 미래의 공간 속으로 달려가는 영靈 0과 0이 손을 잡았어 무한대(∞)의 세상이 손끝에서 만나

165

묘비석마다 새겨진 십자가를 보면 나그네 인생이 느껴지네 한평

생 십자가를 지고 살아온 삶의 훈장인 십자가를 새기고 말없이 땅속에 누워있네 저 십자가 훈장을 달기 위해 그는 눈물로 삶의 석벽을 걸어왔는지 모르네 나그네의 머무름은 잠깐이지만 그의 흔적은 돌 속에서 영원을 꿈꾸네

166

강 건너 세상으로 실어다주는 나룻배가 있어 이승과 저승 사이에 가로놓인 강물엔 은하수가 흐르고 달이 떠있어 구름의 물살을 헤치며 둥실 떠가는 배… 교회 종탑에 세워진 붉은 십자가 핏빛 십자가 아래서 누드의 조각달이 허리 굽혀 기도해 나룻배를 타지 않고선 건널 수 없는 세상은 죽음처럼 깊지

167

바닥에 타일을 붙였을 뿐인데 밑그림이 생기고 새로운 세상이 열리네 그냥 주어진 삶을 살았는데 예술이 되고 치열한 작품이 돼 억지로 꾸미지 않았고 일부러 목적을 삼지 않았는데 성공했어 현실에 순응하며 하루하루 못 박으며 살았더니 집이 되었어 억지로 사랑하지도 않았고 이치에 어긋나는 억측을 하지도 않았어 그냥 감사하며 다 받아들이니 모든 게 길이고 깨달음이고 기쁨이었어 하루도 쉬지 않고 글을 쓰니 책이 되었고 역사가 되었어 날마다 벽돌 한 장을 쌓다보니 성이 되었고 만날 때마다 겸손의 못 하나 박다보니 일국의 대통령이 되었어 타일 한 장 붙임으로 세상이 밝아오고 벽돌 하나 쌓음으로 천국이 다가오고 있어

사막의 표목

168

푸른 기억들이 모아지면 청포도가 되지 하얀 접시 위에 알알이 눈물 맺힌 청포도는 보기만 해도 그리운 군침이 돌지 추억의 캡슐을 톡톡 터뜨리면 꿀물이 흘러 머릿속이 파래지지 투명한 접시는 깨끗하게 살아온 날들이야 달콤함을 가득 담고 알알이 맺힌 이야기들이지 누가 입술을 열어 삼키려나 한 번 맛보면 잊을 수 없는 청포도 송이송이는 어느 구름의 가지에서 땄을까 청포도알 하나가 여는 연록의 세상이야 송골송골 하늘가에 열렸다가 내 가슴에 터져 푸른 물이 들지

169

아침마다 담장 가에 피어나는 나팔소리를 들었어 새벽부터 연주하던 나팔들은 한낮이 되면 입을 오므리고 깊은 침묵에 들어가지 스스로 설 수 없는 몸을 지지대에 의지하고 회오리를 비비꼬아 남자색 홍색 백색의 꽃을 피웠어 꽃잎마다 담긴 별과 진주 새벽을 깨우는 나팔꽃 속엔 사모의 음성이 가득해 입을 오므리고 침묵에 들기 전 아침 일찍 일어나 나팔소리를 들었어 파란 하늘가에서 깨끗한 마음으로 들을 수 있는 낮은 주파수의 트럼펫소리 남자색의 맑고 청아한 소리 홍색의 따뜻하고 부드러운 소리 백색의 순수하고 깨끗한 소리가 영롱히 맺힌 이슬방울을 굴리며 아침을 물들였어

170

날씨가 추워 추어탕 집에 갔지 배추김치 깍두기와 함께 뚝배기에 부글부글 끓는 추어탕이 나왔지 젓가락으로 저어보니 추어는 없고 시래기만 가득 담겨있었어 나는 못생겨서 추남인데 얼마나 못생겼으면 추어일까 입에 한 수저 떠 넣으니 맛이 일품이야 추어는 없는데 추어의 맛은 살아있

어 육수에 녹아있는 추어와 시래기 속에 숨어서 헤엄치는 추어는 맛만 남기고 흔적이 없지 나도 몰래 나의 말도 행동도 추어 같아야 한다고 고개를 끄덕였어 자신을 내세우지 않고 은근히 내는 이 깊은 맛 몸이 가루가 되어서도 힘을 줄 수 있는 추어의 깊은 뜻을 먹었어 뜨겁게 뚝배기 가득 담긴 추어의 삶은 진하고 담백하지 가을물고기여서인가 못생겨서인가 논에 흙탕물 일으키며 살았다 해도 추운 날 속을 덮여주는 추어의 꿈은 절대로 춥지 않은 세상이야

171

가지런히 접힌 수건들이 수납장에 쌓여있어 각을 이룬 얼굴들은 단정해보였어 뽀송뽀송 말라있는 가슴으로 젖은 몸을 감싸거나 눈물을 닦아줄 때 수건들이 먼저 슬픔에 젖었어 때가 묻거나 구겨지면서도 상대의 젖은 얼굴을 닦아주네 상큼한 비누 향과 보드라운 감촉을 전해주지만 자신은 눈물을 마다하지 않았어 슬픔을 마다하지 않았어 세탁기에 자신을 빨아 널고 햇빛에 재생되면서 낡아가는 자신을 돌보지 않았어 수납장에 가지런히 남아서 땀에 젖은 얼굴을 기다리네 땀과 눈물을 다 받아주면서 자신은 돌보지 않는 부드러운 손길 수건 한 장 몸에 두르고 수치를 잊었어 수건에 얼굴을 부비며 젖은 나를 돌아보았시 누군가를 위해 가지런히 접혀져서 향기롭게 기다리고 싶어 얼굴을 맞대고 향기로운 볼을 부비고 싶어

172

고분에서 금장식 귀걸이와 칼과 도기들이 출토되었어 천년이 넘도록 열리지 않았던 문, 동굴 속에서 잠자던 주인은 사라지고 유물들만 깨어났지 살아서 가장 아끼던 죽어서도 살이 썩고 뼈가 녹기까지 간직했던 부장품들만 햇볕 아래 몸을 말리고 있어

173

뼈와 살을 두드리네 맞아야 사는 타악기의 소리를 듣는 것은 잔인한 일이야 살을 두드리는 둔탁한 소리와 뼈를 맞는 날카로운 소리가 어우러져 화음을 이루지 고통의 비명이 듣는 이들의 뼈에 사무치네 묘한 희열과 대리만족의 쾌감을 불러오는 두드림의 소리가 어깨를 들썩이게 해 이 갈리는 소리와 심장 떨어지는 소리, 피멍이 드는 소리와 전신으로 떠는 울림들이 박자를 맞추고 있어 맞아도 함께 맞고 죽어도 함께 죽어야 다시 살지 날카로운 소리 부드러운 소리와 어우러져 멋지게 한 소절을 살지 지휘자의 손놀림에 따라 늑신 두드려 맞다가 피날레를 장식해 운명을 원망하지 않으며 스틱이 떨어질 때마다 비명 하나씩 피어나고 있어 온몸에 피멍이 들어서야 맑아지는 내 영혼, 달그락달그락 뼈들이 박자를 맞추며 자유를 얻었어

174

나뭇가지에 떨어진 눈송이가 불의 입맞춤으로 녹았어 발등에 입맞추는 막달라 마리아, 뜨거운 눈물이 흐르네 몸은 사라지고 흔적만 남은 못자국을 적시며 나무는 밤새 흐느꼈어

175

어딜 가도 킬러들이 존재해 고층아파트에서 길거리에서 식당에서 산에서 바다에서 날마다 킬러를 만나지 피하면 피할수록 근거리를 유지하며 달라붙었어 항상 그들의 총구는 나를 겨냥하지만 나는 아직 살아있어 몇몇의 친구들은 암이라는 총알을 맞고 치료중이지만 둘 셋은 급소를 맞고 즉사했어 킬러가 무서워 방에 틀어박혀 살아도 킬러의 사정권에 들지 않는 곳은 없지 쌍안경을 들고 주변을 살피다가 표적을 확인하면 삼각대를 세우고 죽음을 장전해 빗나간 상처들은 오래도록 고통을 남기네 킬러를 피할 수 있는 방법을 찾아 사람들은

몸을 숨기지만 망원렌즈의 감시망을 벗어날 수는 없지 피하려 하면 할수록 킬러는 더 가까운 곳에 매복해있어 킬러를 피할 수 있는 길은 킬러와 친해지는 수밖에 없지 그리고 킬러를 두려워하지 않는 거야 밥상머리에서 꼬나보는 킬러들을 잘 소화시켜야 해 길거리의 폭주를 노리는 킬러를 저속으로 피해야 해 가장 두려운 킬러는 내 안에 있는 절망이야 스스로를 쏠 수 있는 내 안의 킬러들과 날마다 화해의 조약을 맺어야해

176

낙타가 사막을 걸었어 태양빛이 채찍을 들어 등을 후려치네 한 시대의 바람이 스쳐간 모래언덕에 새겨지는 상처, 선인장의 가시관들은 노을에 물들어 있어 터벅터벅 사막을 건너는 낙타의 어깨에도 물집이 잡혔어 길 잃은 모래바람 속 눈 뜰 수 없는 길을 예감으로 걸었어 목이 잠기고 피눈물조차 흐르지 않는 땅을 찾아 떠난 오아시스 긴 그림자로 세워진 교수대, 한 사람이 사막 한가운데 표목으로 서 있어

177

시간이 지나면 가지마다 피었던 꽃들이 목을 꺾었어 저마다의 환한 피를 물들이다가 끝내 엘리엘리라마사박다니, 세상에서 가장 찬란했던 꽃, 한 번 피어난 향기는 아직도 온 세상을 적시고 있는데 나는 아직 꽃을 피우지 못했어 태양을 만나고 바람을 안고 땅의 정기를 얻었는데 불임인 나의 몸은 아직 봉오리를 만들지 못했어 지천으로 피는 게 꽃인데 내 몸은 아직 뿌리내리지 못했어 못 박지 못한 뿌리들이 허공에 드러나 허옇게 말라죽고 있어

178

난은 향기로워 난을 보노라면 몸자세가 달라지네 고고한 풍미를 느낄 수 있는 난을 보고 있어 꽃대궁에서 청초한 꽃의 피 흘림을 봐 난은 누구를 위해 십자가

를 지나 풍진 세상에서 마음을 밝혀주는 꽃의 피 흘림은 그리스도의 얼굴처럼 평화로워 누군가를 위해 피 흘림은 향기로운 꽃으로 피어나는 순간이니 이웃을 향해 가슴을 열고 향기를 피워볼 일이야 창가에 피어 한 줌 햇살에도 감사하며 공간을 밝히는 향기로운 피 흘림, 작은 성자의 모습이 눈물겹네

179

장난감나라에서 바비인형을 뽑는 것이 꿈이었어 금발에 푸른 눈 잘록한 허리에 긴 다리를 가진 바비인형만 있으면 행복할 거라 생각했지 복 많은 친구는 태어나면서부터 상속받은 선물세트로 잘난 척을 하기도 했지만 난 인형 하나 살 돈 없는 농부의 아들이었지 대부분 친구에게 빌려 놀았지만 부서뜨렸다고 얼굴을 쥐어뜯겨 울기도 했지 먹어도 배부르지 않는 과일을 먹으며 기분을 달래고 마셔도 취하지 않는 술을 마시며 슬퍼도 했지 장난감 바구니에 가득 채워진 아파트와 자동차들을 보며 세상에 내 장난감은 왜 없는지 한탄했지 어느 날 뽑기상자에서 바비인형을 만난 후 나는 그녀를 위해 살기로 했어 매일 머리를 빗겨주며 옷을 갈아입히고 함께 놀 장난감을 사기 시작했어 아파트와 자동차 소꿉놀이 도구와 화장품 예쁜 옷을 사기 위해 날마다 땀 흘리며 일했지 그녀가 기뻐하는 일이라면 뭐든지 할 수 있었어 장난감은 늘어가고 식상함에 버려진 장난감들로 방은 발 디딜 틈이 없었지 한평생 장난감을 사기 위해 살았지만 삶의 동기를 부여한 바비인형이 있어서 내 삶은 후회스럽지 않아 어차피 죽을 땐 다 두고 가야 할 장난감인 걸, 바비인형 그 어여쁜 여인만 바라보고 살아온 세월, 참 행복했었지 장난감나라의 마지막 주사위가 던져지고 집으로 돌아갈 시간이 오면 토이박스엔 추억만이 쌓이고 빈 손으로 장난감 나라를 떠나야 해

180

하루 종일 일하고 누운 아내의 가냘픈 등에 천사의 날개를 그려 주고 싶었지 눈보다 흰 깃털들이 피어올라 저 창공을 날아오를 수 있으면 감옥 같은 새장은 잊을 수 있을 텐데, 눈부시게 아름답던 날개에 반해 아내와 결혼했어 살면서 하나둘 깃털이 빠지기 시작하더니 이제 아내의 날개는 사라졌지 깃털이 있던 자리마다 남은 것은 멍뿐인데 피 묻은 파스를 붙이니 아내의 등이 벌겋게 부풀어 오르네 이 봄밤의 상처가 아물고 나면 아내에게 흰 목련 같은 날개가 돋아났으면

181

살다보면 낭떠러지를 만나 절박한 현실에서 만난 절벽은 죽음을 몰고 오고 있어 20층 아파트에서 떨어진 할아버지는 고독과 병마의 절벽에서 밤새 서성였을 거야 꽃 피우지 못한 소녀가 화단에 떨어져서야 꽃 피운 이유는 낭떠러지에다 뿌리를 내리지 못했기 때문이야 절벽과 절벽 사이를 건너기 위해서는 다리가 필요하지 희망만이 건널 수 있는 다리, 아무리 높고 험한 절벽일지라도 희망이 있는 자는 다리를 건널 수 있어 희망에는 지치지 않는 날개가 있고 꺼지지 않는 엔진이 있어 희망의 동력이 살아있는 자는 아무리 높고 어두운 곳에 있어도 추락하지 않아

182

낮달이 산등성이에 내려지네 밤새 세상을 향해 피 흘린 몸이 창백하고 희미해 보여 구부러진 못처럼 뽑혀 땅으로 내려오고 있어 하늘에 걸린 몇 점의 구름 옷자락들이 바람에 펄럭거렸어 누드에 남은 못자국과 창 자국은 한때 불을 뿜던 분화구였어 뜨거운 꽃들이 피었다가 져버린 계절은 반짝이지 않았어 눈감고 숨을 거둔 낮달이 빛의 무덤 속으로 사라져가는 아침 구부러진 못을 뽑고 그믐달이 다시 보름달로 뜰 것을 나무들은 확신했어

183

물이 흐르는 냇가에선 엔진소리가 들리네 울컥 눈물로 가동되는 물의 모터, 눈물 마르지 않는 나무엔 물기둥들이 수직으로 오르네 수십 층의 벽을 타고 오르는 물의 동력으로 콘크리트 건물은 살아있어 직립하는 내 몸의 벽을 타고 오르는 바퀴들의 힘으로 나의 하루도 굴러가지 몸에 시동을 거는 눈물의 힘, 들이켠 한 잔의 물이 온몸에 바퀴를 굴리네 계절의 바퀴 태양의 바퀴 죽음과 부활의 바퀴를 굴리며 물이 흐르네 파도들이 쓸려간 갯벌 위에 남겨진 타이어 자국들, 기하학의 무늬 속엔 생명들이 가득해 엔진이 꺼진 바퀴들은 계곡에서 미끄러져 폭포로 추락했어 동력이 멈춘 물들의 하향곡선 바퀴가 정지한 호수엔 시간의 기어들이 녹슬어 갔지 태풍이 몰려오고 있어 파도가 몸을 말며 굴러오고 있어 눈물의 엔진을 달고 지상에서 영원까지 무지개가 굴러가지 대지의 자궁에서 바퀴를 굴리며 나오는 꽃들, 저것 좀 봐 만조로 차오른 달이 외발 자전거를 밟으며 하늘을 건너고 있어

184

얇게 저민 통나무 조각으로 지붕을 이은 너와집에서 너와 살았어 너와집에 흐르는 굴참나무 소나무의 추억을 봇돌들이 누르고 있었어 너와 함께했던 너와는 맑은 날 수축하여 통풍이 잘 되었고 비 오는 날은 습기를 빨아들여 슬픔이 새는 것을 막아주었어 건조한 겨울 너와의 틈새로 빠져나간 우리의 온기 고미반자를 만들어보았지만 소용없었지 강물의 무늬가 새겨진 널빤지를 지붕에 깔아 빗물을 흐르게 하자 너와집엔 세월의 흐름조차 물결무늬가 되었어 삶의 무늬도 물결과 같은 거라서 만나서 함께 흐르는 길이고 어우러져 품는 깊이이고 흐를수록 노래가 되는 즐거움이었어 하늘에 널빤지를 깔고 누우면 나무의 물결 따라 은하수가 흐르고 구름이 흐르네 너와 함께하는 집

에서 세월의 물결을 거슬러 굴참 나무 속으로 들어가면 빗줄기마다 쾅쾅 못 박힌 사랑을 만나

185

파도의 너울이 배를 삼켰어 개구리의 혀처럼 너울은 배를 돌돌 말아서 심해의 목구멍으로 넘겼지 배는 가라앉았고 어부는 바닷속에서 시신조차 찾을 수 없었지 너울 뒤에서 반짝이던 그녀의 눈동자가 한순간 내 마음을 삼켜버린 후 나의 조각배도 격랑 속에 휘말렸어 싣고 있던 그물과 삶의 도구들도 모두 잃어버렸지 거부할 수 없는 너울의 힘이 내 몸을 휘감았고 나의 미래는 표류했어 하지만 너울에 휩쓸려 들어간 그녀의 바다엔 아무도 얻을 수 없었던 진주와 산호 등 보석들로 가득했어 나의 너울에 휩쓸린 아이들도 나의 섬에서 해초를 땄지 태양의 너울에 푸른 식물들이 몸을 흔들고 달의 너울 속에서 바닷물이 손을 흔들고 있어

186

헨델의 '메시아'는 천재적 작곡가를 통해 세상에 보내준 신의 축복이야 오페라 작곡가로 영국에서 큰 성공을 거두었으나 오페라단 운영에 있어서 출연진들의 천문학적 출연료를 감당하지 못하고 결국 파산해 빚더미에 오르게 되었어 설상가상으로 뇌일혈까지 와서 반신불수가 되었어 곤경에 빠진 헨델에게 더블린으로부터 자선음악회의 제안이 들어왔지 다행히 온천에서 요양을 한 후 기적적으로 몸을 회복한 헨델은 곧바로 자택에서 새 오라토리오 『메시아』의 작곡에 들어갔지 제1부는 6일 만에 제2부는 9일 3부는 3일 만에 완성했고 관현악 편곡은 2일 만에 끝냈어 신의 영감으로 완벽한 악보로 탄생한 『메시아』는 거의 2시간에 달하는 대작이었어 당시에 이 대작을 듣기 위해 많은 사람들이 연주회장을 찾았고 앞다투어 언론들이 극찬을 아끼지 않았어 1부 예언과 탄생 2부 수난과 속죄,

3부 부활과 영생으로 구성되었고 가사는 신약의 복음서와 고린도서 요한계시록 구약의 시편과 그 밖의 예언서 등을 바탕으로 하고 있는 '메시아'는 하이든의 천지창조와 멘델스존의 엘리야와 함께 세계 3대 오라토리오로 손꼽히고 있어 헨델을 통해 음악으로 표현된 영감은 위대한 그리스도의 삶을 조명하고 감동으로 승화시켰어

발화점

187

노을이 물들고 있어 세상을 위해 접은 천 마리 학이 하늘로 날아오르고 구름의 둥지마다 깨어나는 알들, 사람들은 스펀지처럼 꿈에 젖었어 학의 날개들이 간절히 접은 무지개를 퍼덕였어 천 마리 학의 몸에 새겨진 글자마다 깨어나는 빛 하늘엔 피로 쓴 편지들이 둥둥 떠다니고 동봉한 봉투의 꽃씨들은 창가에서 연모의 꽃을 피웠어

188

세상은 노인들로 가득하지 과거의 노인들은 젊은이들로부터 존경받으며 삶의 금언을 전하기도 했지만 오늘날의 노인들은 사회에서 밀려난 퇴물이 되었어 컴퓨터가 없던 시절의 노인들은 경험의 축적이었고 지식의 보고였어 그래서 젊은이들은 노인을 찾아가 지혜를 구했고 지식을 배웠지 하지만 컴퓨터의 기능이 하루가 멀다하게 업그레이드되는 오늘날에는 지혜와 지식을 찾기 위해 노인을 찾을 이유가 없지 노인의 지혜와 지식은 낡은 추억이 되었고 현실에 적용할 수 없는 구시대의 유물이 되었어 노인들은 사회나 가정에서 쓸모없는 존재로 전락했어 미래의 노인들은 기계문명의 변화를 쫓아가지 못해 세대 간의 큰 괴리를 느낄 거야 이러한 시대에서 노인의 존재가치를 찾고 얼마 남지 않은 노후를 아름답게 살기 위해서는 신성으로 돌아가야 해 외모가 중시되는 시대에 노인은 자랑할 것이 없지 스팩이 존중되는 시대에 노인은 내세울 것이 없지 하루가 멀다하고 새로운 문화가 탄생하는 시대에 그 새로움을 따라갈 수가 없지 늙고 병들고 고독하고 인정받지 못하는 노인의 시대에 노인은 영성으로 깨어나야 해 현실적 차원을 벗어나 정신적 차원으로 나아가야 해 노인은 가만히 앉아있

어도 존경스러워야 하고 말하지 않고도 많은 말을 해야 하고 눈을 감고 있어도 천지사방으로 마음이 열려있어야 해 나이를 먹어 갈수록 세상을 비추는 별이 되어야 해 노인은 속된 것을 보지 말아야 하고 비판이나 험담에 귀 기울이지 말아야 해 아무 말이나 함부로 하지 말아야 하고 손발을 부지런히 움직여 얼마 남지 않은 시간을 봉사하고 헌신하며 사랑을 실천해야 해 못 박히고 피 흘리고 창 자국들이 가득한 인생역정의 노인이야말로 빛나는 별이야

189

나는 아를 생레미 정신병원 창가에서 보았어 뱀처럼 뒤엉킨 사이프러스의 검은 영혼이 하늘로 오르는 것을 엉덩이를 내놓고 누워 잠든 산 아래 마을은 침묵에 잠기고 몇 개의 창이 등불을 밝혀 둔 채 요셉 꿈을 꾸지 높아 보였던 마을 한가운데 교회 첨탑은 상징의 피뢰침이었어 하늘에 열두지파의 별들 피어나 꽃씨를 뿌렸지 새들도 잠든 시간 귀 베어진 자만이 들을 수 있는 극야의 노래를 불렀어 욱신거리는 귓속으론 강물이 흐르고 굽이치는 은하수의 물결 속에선 별빛 터지는 소리 울리지 불면의 눈빛으로 가난과 우울의 집들을 비추며 쏟아져 내릴 것 같은 은하수의 소용돌이를 그리고 있어 파도치며 일렁이는 빛의 붓질이 온 마을을 해일로 덮치고 나면 공동묘지의 측백나무들도 먼 길을 떠 날거야 빛이 임하는 곳엔 쇠창살이 부서지고, 담벼락이 무너져서 나도 열두지파 요셉처럼 달을 품은 별이 될 거야 하얀 붕대로 돌돌 말린 하늘의 별빛이 귓가에 쏟아지고 있어

190

당신의 발화점은 몇 도일까 공기 또는 일상에서 가열할 때 발화하거나 폭발을 일으키는 최저온도 사소한 마찰에 뚜껑이 열리

며 폭발하는 사람들이 늘어가지 발화된 물체는 주변을 태우고 폭발하여 사람들을 살상해 어제도 발화점에 오른 한 사람이 총기를 난사하고 대로변에서 칼을 휘둘렀어 발화점에 오른 사람들은 물불을 가리지 않고 순식간에 폭발해 발화점은 점점 낮아지고 사소한 마찰과 우연한 스침에도 불티처럼 반응해 우린 먼지처럼 살기에 말 한마디에도 징전기가 일고 스파크가 일지 건조한 일상에서 벗어나기 위해 젖은 수건이 필요했어 눈물 흘리고 눈물을 닦아주기 위해 불에 물을 뿌리고 젖은 품으로 안아줄 때 사막의 선인장에서 영롱한 이슬을 보았어 나의 발화점은 몇 도인가 도가니 속에서도 불붙지 않고 밀폐된 용기 속에서도 폭발하지 않고 나를 지킬 수 있는 온도는 몇 도인가 도시의 거리엔 오가는 빨간 성냥골들로 가득 차있어

191

새를 쫓던 허수아비 허공을 향해 빈손만 들고 서 있어 논바닥에 찍힌 발자국마다 고인 차가운 눈물, 새들조차 찾아오지 않는 황량한 들녘을 노을이 물들였어 인생의 황혼녘에서 자식들 떠나보낸 빈방에 홀로 남아 겨울을 맞았어 차가운 바람에 베어진 그루터기마다 허무를 채우며 썩음의 미학을 배우고 있어 아무도 찾아오지 않는 빈방에 내리는 눈발 쩍쩍 갈라지는 빙판으로 남아 해 맑은 자식들 돌아오는 봄을 기다리네

192

풀잎들이 춤추며 농무를 해 음과 양의 장단을 맞추며 하늘과 땅 사이에서 바람을 일으키고 있어 흥겨운 어깨춤에 고개를 내저으며 돌고 도는 일월성신, 세상의 지축이 흔들려도 모로 돌기를 해 하늘 꽹과리소리에 징징 징소리 뼛속을 울리네 가슴을 울리는 북소리 장고소리 몸으로 드리는 기도, 하늘과 땅이 어우러져 화답을 해 소리와 몸짓과 혼으로 드리는

농무로 뼈와 살을 태우고 있어 혼불을 태우고 있어 번개같이 도는 상모가 하늘을 오리면 까만 아이들의 눈동자가 쏟아지네 마을을 밝히는 불빛 팔 벌린 별들이 돌고 도는 마당엔 은하수로 가득하네 담 너머 옥수수들 긴 이파리를 흔들며 수염을 쓸어내리네

193

바람은 나무들의 연인이야 바람이 불면 나무들이 몸을 흔들고 격렬한 몸짓의 춤을 추고 있어 나무는 태어나면서부터 바람의 박자를 익히지 머리를 산발하고 팔을 흔들면서 바람을 맞아 나무는 넋을 잃은 무희가 돼 바람에 반해버린 나무들의 꿈은 바람을 닮은 아이를 잉태하는 거야 자유를 물려주고 싶은 뿌리들의 본능이야 밤새 잔가지 부러지는 바람과의 춤사위를 봐 태풍이 불고 천둥이 치는 정사에 몇몇은 뿌리가 뽑혔어도 초심을 잃지 않는 이들은 흔들림이 없었지 꽃은 지고 하룻밤의 여운을 남긴 채 바람은 떠나갔어 아침 햇살에 머릴 빗고 생채기의 눈물을 닦으며 다시 돌아올 바람을 기다리네 오랜 방랑의 품에 안겨줄 열매를 위해 상처마다 잎을 피웠어 바람이 그리워 피어난 귀들이 발자국소리를 기다리네 바람의 교향곡이 울리고 영감에 취한 나무들이 열매를 위해 옷을 벗는 숲을 봐 단풍이 물들고 뿌리들은 한 뼘씩 깊어져서 바람의 무늬를 새기네

194

붉은 노을이 끈적이는 하늘을 양각으로 덧칠했어 머리를 풀고 일어선 검은 바다 사선을 그린 다리의 난간에 기대어 피 흘리는 석양을 보았지 지각을 뚫고 솟구치는 불안한 예감으로 밀려오는 파도의 몸부림에 넋 나간 바람의 유령은 상반신을 너풀거렸어 튀어나온 눈알이 허공에 박힌 채 노려보던 핏발 나는 미라가 되어 두 귀를 틀어막고 고함을 질렀지 어둠의 동굴로 흘러들던 광인의

뒷모습 같은 초조한 시간의 붓질로 휘몰아친 폭풍 속에서 죽음의 그림자와 마주쳤어 산산조각 난 공포의 파문 소스라치는 천둥으로 절벽에 던져진 황혼의 절규 화폭을 적시던 심장은 수평선 너머로 기울고 입술은 밤의 붓질로 지워져갔지

195

밤이 찾아오고 조명가게에 불이 들어오면 또 다른 은하계가 열리네 빛을 얻고 살아 숨 쉬는 기구들 모여 새로운 세상의 별을 꿈꾸네 한세상을 비추기 위한 생명들이 다양한 빛깔과 모양으로 태어나지 길거리에 세워지고 천장에 매달리고 벽에 걸리고 바닥에 매몰되어서도 생명이 다하는 순간까지 빛을 발하지 자신의 빛깔과 온기를 품고 세상을 사랑하면서 주변을 위해 살아가는 이는 눈부시게 아름답지 안개등이 샹들리에를 시기하지 않고 형광등이 백열등을 질투하지 않으며 자신보다 남을 드러내기 위해 살아가는 등불들이 빛나네 광원으로부터 받은 빛을 반사 굴절 투과시키면서 세상을 향해 빛을 발하는 눈부신 얼굴들, 투광기는 건물의 벽이나 공항 경기장 분수를 비추고 정원등은 정원을 비추고 가로등은 길을 비추고 특수효과를 위한 무대등은 눈과 구름 불길을 만들며 무대를 비추고 있어 아무리 작은 소형전구라 해도 그들의 삶은 빛나네 태양이 뜨기 전까지 자신들의 역할에 충실하며 세상에 꿈과 희망을 나누지 겸허히 어둠을 물리치며 주어진 공간을 지키다가 태양빛을 품고 서야 잠들고 있어 빛의 주인이 돌아오는 날 세상의 어둠은 사라지고 불빛들은 휴식을 얻으리라

196

놋쇠 같은 정을 녹이며 불가마 사랑을 나누었어도 끝내 하나일 수 없는 운명에 적막산중 하늘 끝닿은 구름 속에 올라 부질없는 세상사 천길 발아래 굽어보며 싸늘히 식어진 빈 가슴만 절절히

울리고 있어

197

사랑은 피안과 차안의 다리야 은하수 흐르는 하늘을 건너기 위해 땅에서의 삶은 날개를 꿈꾸는 일상이야 이승과 저승 사이에 놓인 강을 건너기 위한 상상들은 구름이 되었고 기도들은 바람이 되었어 굳건한 믿음들이 기둥을 세우고 말씀의 상판을 놓아 교각을 이어갔지만 새 하늘은 보이지 않았어 첨단을 향해 뻗어갈수록 높아지는 성벽들이 길을 막았어 사람과 사람 사이에 놓인 다리는 무너졌고 문제와 문제 사이에 놓인 다리들은 꼬여만 가지 다리가 있어도 건널 수 없는 다리 힘줄 같은 물결들이 파도치며 흐르네 길을 잃어버린 다리는 후들거렸고 다리를 잃어버린 길은 옴짝달싹 못하고 서 있어 끊긴 길마다 필요한 것은 다리가 아니라 사랑이야 동서남북의 만남 봄여름가을겨울의 만남 세상과 하늘의 만남은 더 이상 다리가 필요 없는 하나 된 삶이야 다리는 서로 존중되는 개체의 인정 속에서 소통을 위해 건설되지만 사랑은 개체가 없는 하나 됨을 통해서 이루어지네 건너가고 건너옴을 위한 다리를 세우지 말고 사방에서 밀려오는 물결처럼 서로를 받아들이고 흡수할 수 있는 방향 없는 다방향의 다리, 사랑을 놓아야 해 외로운 사람들은 다리가 없는 섬이야 섬은 길을 잃어버린 어둠이야 어둠은 빛으로만 건널 수 있는 강이라서 깊네

198

보름달만한 단전을 열고 세상을 들여 마시자 썰물이 일고 내뿜자 밀물이 일었어 숨을 쉴 때마다 오그라들었다 팽창하는 생각들, 바람이 불고 사계가 순환해 내 몸의 중심에 열리는 문에서 세상의 순환은 시작되었어 내가 없으면 세상도 없고 천국도 없고 내가 없으면 나도 없지 잘려나간 생명나무의 그루터기가 된 배꼽에서 끊겨진 인연을 기다리네 내

몸 중심의 생명나무 열매가 열리자 닫혔던 에덴의 문이 열리며 내 몸엔 단전의 문이 열렸어 내 몸의 구멍을 통하는 블랙홀의 빛들이 7차원의 천국을 빨아들였어 생명나무에 달린 열 개의 열매들이 빛을 발했어 영원한 생명의 모성인 어머니로부터 나와 탯줄을 끊는 순간 시작되었던 죽음 영생의 길을 열기 위해서는 끊긴 탯줄의 비밀을 풀어야 해 7개의 차크라 속에 남은 영생의 빛을 밝히기 위해 단전에 힘을 모으고 불씨를 살리네 내 몸에 구멍이 뚫리고 문들이 열리는 날 내 안엔 빛이 가득하고 영원한 생명나무의 길로 나아갈 거야 내 몸에 못자국이 필요하고 생명나무로 나아가는 구멍이 필요하지 그 구멍은 단전이며 일곱 개의 차크라이며 탯줄의 복원이야 진리 하나가 바늘이 되어 몸에 구멍을 뚫었어

199

보고 싶은 것만 보고 느끼고 싶은 것만 꿈꿨어 정보들이 넘쳐나는 숲속에서 구멍들을 확대하며 상처를 들췄지 유독 썩은 옹이나 못나고 비틀어진 허점들을 클로즈업하면 그 안에 사는 개미나 벌레들까지 볼 수 있었어 잎이나 치마로 가려진 흉터를 끌어당겨 들여다보면 비밀스런 이야기들이 담겨있었어 나도 모르게 맞추는 렌즈의 포커스 숨기고 싶은 가지들을 클로즈업하면 대상보다 번서 내가 고무줄처럼 늘어났지 비율이 커진다는 재미에 자주 불순한 렌즈를 돌렸지 상대의 잘생긴 코나 늘씬한 몸매를 클로즈업하면 나는 한없이 작아졌네 화려한 집이나 비싼 외제차를 조명하자 줌아웃 된 나의 존재는 보이지도 않았어 거목의 그늘에서 땅에 달라붙은 껌딱지가 되었지 날마다 무엇을 비추느냐에 따라 나는 줌업 되거나 줌아웃 돼 어떤 비바람에도 미동하지 않는 바위라 했는데 한순간 벌레가 되기도 했어 클로즈업에 따라 나는 고무줄이 되었어 줌인과 줌아웃의 반복에 따라 살기도 하고 죽

기도 했어 피사체에 따른 감정의 등락 나는 한곳만 조명하며 포커스를 맞추기로 했어

200

부싯돌 속에서 태어난 씨앗들이 반짝거리네 마른 쑥잎에서 연기로 성장해 바람결에 불씨를 뿌리네 석유나 나무나 양초 위에서 춤추는 붉은 혓바닥들, 순식간에 집을 삼키고도 쉴 새 없이 날아다니던 불새들은 담배와 폭죽과 수류탄 속에 잠들어 있네 단 한 번 불꽃이 되고 싶은 봉오리들이 재가 될 예감의 껍질 속에 몸을 숨겨왔지 태양을 먹고 살아온 잎들은 불을 토하려 물을 뽑아 올리네 단 한마디 기도로 피어나기 위해 침묵해온 향불, 흐릴수록 세상에 진동하는 번개이기 위해 태풍의 고요와 심해의 어둠이 감싸고 있는 심장이 꿈틀거리네 가시덤불에서 타오르던 야훼의 불꽃이 몸속에서 타오르네 불이 된 흙이 도자기처럼 간직하고 싶은 불의 기억, 감출 수 없는 뜨거움으로 연인들은 성화처럼 타오르네 악을 용서하며 꿈을 재생하는 연금술사의 손 풀무불로 지나는 계절엔 천년의 줄기와 가지들이 폭발하고 아기의 입술에선 태초의 울음이 터지네

201

얼어붙은 광장에 크리스마스트리가 불을 밝히고 있어 밤새 눈동자들 깜빡이며 잠들지 못해 이웃을 향한 관심으로 하나둘 불빛을 나누지 추워도 춥지 않은 나무들에게 함박눈이 옷을 입혀주네 생채기 바람이 불어도 포근한 손길은 선을 늘여 가로수마다 불을 밝히고 있어 크리스마스를 축복하는 은하수 같은 별무리들 도시를 에워싸네 축제의 밤, 차들은 클랙슨을 하늘 높이 울리네 세상에 가장 큰 사랑으로 온 별 나는 꼬마전구만도 못하게 상록수 이파리에 매달려 콩닥콩닥 불을 깜빡였어 몇몇 슬픈 이들의 등불이 꺼져가고 차갑게 식어서 얼음이 되었지 내 정수리 코드에 새 하

늘의 불꽃이 연결되고 내 안에서 감전된 필라멘트 영혼이 밤새 눈부시게 반짝였어 아침에 태양이 뜨면 밤의 행사는 끝날 거야 절망은 끝이 나고 태양의 품에서 광명한 아침을 볼 거야 그때까지 밤을 사랑하며 목숨을 밝히리라 거대한 크리스마스트리 아래 빛나는 불빛들, 손에 손을 잡고 밤새도록 축제를 열었어

202

거대한 타워크레인이 아파트를 세우지 철근을 들어 올리고 벽돌을 실어 나르면서 고층건물을 일으키고 있어 고공의 철탑 위에서 한 사내가 바람을 운전해 좌우로 방향을 조절하면서 평지 위에 고층의 꿈을 세우지 흔들리면서도 중심의 평형추를 조절하며 런웨이를 조정해 호이스트 로프를 당겼다 늘였다 하면서 호이스팅 블록 갈고리에 꿰어 자재들을 실어 나르네 카운터웨이트를 지지대에 확실히 고정하지 않은 타워크레인이 지난 밤 바람에 쓰러져 지나는 차와 행인을 덮쳤지 타워마스트의 기둥이 아무리 높고 견고해도 균형추의 토대가 허술한 믿음은 언제 지상을 덮칠지 모르네 한순간 토대가 부실한 사랑은 재앙이 되어 넘어질지 몰라 균건한 균형추 위에 서서 어떤 무게도 감당할 수 있는 평형추를 가슴에 매달고 흔들림 없이 살아가는 거인 공사장 한복판에 세워진 거대한 십자가가 꿈을 긴설해 낙원의 땅을 일으켜 세우지 사랑이 일으켜 세울 수 있는 꿈의 높이는 다르지만 내 안의 고공 타워크레인 하늘이 닿을 빌딩을 꿈꾸고 있네

203

크레파스들은 상자 속에서 자신의 색깔을 자랑했어 내가 제일 인기 있다고 꽃 피는 봄이 되자 빨강색과 노란색의 아랫도리가 사라졌네 다리가 갈려나간 크레파스들은 인기 있는 것을 원망했어 여름이 되자 파란색과 녹색이 반토막 났지 허리가 잘려나간 크레파스들은 숨을 헐떡였어 가을이

되자 주황과 갈색 크레파스들이 자투리로 남았어 몸을 잃고 머리만 남아 상자 속에 던져졌네 겨울이 되자 흰색 크레파스가 제일 먼저 상자 속에서 사라졌지 낮이 지나고 밤이 지나면서 한 해가 다 가고 나니 인기 없는 회색 크레파스만 남아서 한숨을 쉬었어 나도 저들처럼 인기가 좋았으면 하고 간절히 원하며 기도했으나 아무도 찾지 않았고 혼자만 상자 속에 남겨졌네 모두는 세상을 그리느라 자신이 사라지는 줄도 몰랐어 세상 즐거움에 빠진 색깔들은 세상의 일부가 되어 돌아오지 않았어 세상에서 배척당했던 회색 크레파스는 혼자 남아 아주 천천히 아침을 그렸어 하루가 새롭게 눈뜨고 색깔들이 다시 살아나기 시작했어

204

공룡의 알이 발견되었어 약 2억5천만 년에서 6천5백만 년 전 이 땅의 주인이었던 거대 생명체의 흔적들, 저들은 왜 사라졌을까 한때 왕성했던 파충류 후손들의 시대 커다란 몸집으로 이 땅을 영원히 지배할 것 같았던 공룡들은 보이지 않았어 하늘에서 떨어진 불이 땅을 사르고 사방은 깨어져 지진과 화산폭발로 천지는 진동했어 한순간 하늘은 닫히고 지상의 모든 생명체가 사라진 중생대, 저들의 영화는 깨어진 알 속에 웅크린 화석으로 남았어 몇 억만 년 뒤에 사각의 알들 속에서 미처 깨어나지 못한 채 발견된 화석들 폼페이의 얼굴이 보이지 가장 두려운 일은 하늘이 닫히는 거야

205

불꽃 속에서 꺼낸 심장에 혼을 담아 두드리고 담금질해 욕망을 태우던 한 덩어리 쇠가 집게에 잡혀 받아들인 망치, 맞을 때마다 불꽃이 일고 잡티들이 튀겨나갔지 열정이 식기 전에 벼려야 할 숨겨둔 뼈 하나쯤은 누구나 있지 양극과 음극을 오가야 얻을 수 있는 무극의 세계 바람 속의 꽃

잎을 쪼갤 수 있는 검이 되기 위해선 한 올의 머리털도 느낄 수 있는 날을 세워야 했어 맞을수록 날카로워진 감각이 얼음처럼 냉각되어 하늘을 비추고 있어 제아무리 강한 악의 고리라도 끊어낼 검 한 자루가 내 안에서 완성되었어 칼집에 숨겨둔 혀가 단 한 마디의 결단으로 천둥 번개를 치기 위해 바위에 꽂혀 부르르 몸을 떨고 있네

206

한 개비의 목숨을 태우는 담배연기가 허공에 뿜어지네 흩어지는 백색의 혼백, 손가락 사이에서 재가 되어 떨어지네 불꽃으로 살아온 한 생애가 숨 막히게 머물다간 자리엔 검은 타르와 니코틴이 묻어나 해골 같은 형상을 그리며 피어오른 죽음의 향기가 쿨룩거리며 주변을 물들이며 옷에 스며들고 있어 나는 이웃들에게 해를 끼치며 살지 않았다 해도 살아있음으로 이미 나의 독성은 주변 사람들의 가슴을 적시고 입술을 적시고 꽃잎을 적셨지 나의 혼불이 맹렬히 타오를수록 강해지는 맹독성의 호흡이 질식시키는 푸른 꿈들 세상은 자욱한 안개로 덮여가지 빛들이 시들고 미세먼지의 태풍이 몰려오고 있어 담배 한 개비의 철수와 담배 한 개비의 순이, 불꽃을 살라온 육체들이 그래도 자신을 걸러내며 살았다고 정강이뼈 같은 필터를 내던지네 쓰레기통 속에 남겨진 깁은 뼈들이 한때 불꽃이었음을 말해보지만 거들떠보는 자는 없지 부질없이 자신을 태우는 이는 자신과 이웃을 병들게 하지만 희생으로 불을 지피는 이는 생명의 밥을 짓게 해

207

파랗게 피어난 풀을 밟고 거닐다 보면 가슴 한쪽에 풀물이 배지 스펀지에 스며든 물감처럼 번져오는 풍경, 풍덩 빠져드는 그리움 속엔 무수히 많은 뿌리들의 추억이 숨어있어 푸른 꿈을 그리기 위해 뿌리들은 어둠 속에서

얼마나 많은 빛을 길어 올렸을까
푸른 별들이 흘린 핏자국으로 세
상은 온통 푸른데 빛을 길어 올
린 뿌리의 아픔은 알지 못하네
풀잎을 밟으면 밟을수록 못에 찔
린 듯 발바닥에 피가 배지 정결
케 하는 피가 세상을 다 적시고
무르익어 풍성한 과실이 열리면
저희가 생명나무의 열매를 먹을
거야 사랑 없이는 맞이할 수 없
는 봄 여름 가을 겨울, 푸른 피의
적심 없이는 결실을 맺을 수 없
지 답청을 하며 기도가 적힌 풀
잎 한 장 책갈피 속에 꽂아두네
푸른 물이 드는 책장마다 벌판이
열리고 바다가 열리고 하늘이 열
려서 푸른 사랑이 넘치는 세상
봄이 문을 열고 하늘에서 내려오
고 있어

콤플렉스

208

목 잘린 해바라기 대궁이 가을 밭에 덩그러니 서 있네 몸만 남고 머리는 왜 사라졌는가 검게 익어간 알맹이들이 숨죽였던 벌판엔 계절을 재촉하는 비가 내리는네 태양을 사모했넌 그리움 알알이 시커멓게 타들어간 얼굴은 어느 십자가에 효수되어 흔들리고 있을까 쟁반 위에 얹어졌던 요한의 머릿속에서 익어간 씨앗들이 봄이면 들판마다 뿌려졌지 검게 익어간 사랑을 얻기 위해 줄기들은 꽃을 피우기 시작했지 세상을 버려야 얻을 수 있다는 씨앗들, 속이 타들어갈수록 선명해지는 태양, 목이 잘려 대궁만 남았다 해도 씨앗들은 새롭게 태어날 거야 태양전지판처럼 빛을 흡수할수록 충전되던 얼굴들이 환히 떠오르네 바람결에 불러보던 해바라기의 이름들, 지금은 어느 하늘 아래 피고 있을까 순교한 얼굴들이 벽에 매달려 있어

209

속삭이던 목소리를 높여 크레센도 나이가 들수록 목소리를 높여 크레센도 자꾸만 굳어지는 행동도 크레센도 문밖을 나서는 숨소리도 크레센도 문을 두드리는 손길도 크레센도 박자가 느려지지 않게 몸의 리듬도 느려지지 않게 생각의 템포도 빠르게 빠르게 저 높은 곳을 향하여 어깨춤을 추면서 크레센도 크레센도 다가가네 사랑을 향하여 내 발걸음도 크레센도 크레센도

210

도가니에서 쇳물이 끓었어 검게 탄 흑연의 가슴 속에서 세상을 다 녹이고도 남을 불꽃이 이글거리네 도가니 속에서 불순물들은 태워지고 순수한 열기만 남았어 도가니는 붉게 녹아 새롭게 탄생하는 쇠의 어머니야 그녀의 자궁 속에서 정제된 기운들이 새

로운 금형에 부어져 화산에서 태어난 불꽃들이 불새가 되어 하늘로 날아갔지 나도 어머니의 뱃속에서 열 달 동안 불이 되어 끓다가 세상에 나와 불새가 되었어 식지 않는 도가니의 열기를 간직한 채 이젠 불멸의 쑻이 되려 해 새로운 생명이 태어나는 곳은 도가니가 아닌 곳이 없지 구름의 도가니에선 비가 쏟아지고 나무의 도가니에선 열매들이 떨어지고 호수의 도가니에선 물고기들이 튀어 오르네 생명의 도가니마다 녹아나는 사랑의 쇳물이 흐르네 나의 도가니에서도 날카로운 쇳조각들이 녹고 있어 날카로운 이빨들이 다 녹고 나면 날고 싶은 새의 금형마다 뜨거운 쇳물이 채워지겠지 커다란 날개가 완성되고 나는 활주로를 박차고 날아오를 거야

211

노끈에 아가미가 꿰어 매달린 황태덕장엔 칼바람이 불지 얼어붙은 눈 속에 알몸을 드러내고 난도질하는 바람을 온몸으로 받았어 바다를 뛰어넘어 세상을 건넌 지느러미들은 옆구리에 말라붙어 다시는 헤엄칠 수 없지 놀라움에 쩍 벌린 입 멍하니 바라보는 눈동자가 겨울하늘을 닮았어 서우내 눈 속에서 눈을 부릅뜬 회색빛 눈동자는 무엇을 보았을까 눈부시도록 내린 흰 눈을 보며 차라리 눈 감고 싶었을까 차갑게 냉동된 살들이 햇살에 풀어지며 연해질 때 봄은 오리라 말목에 매달려 세상을 바라다보는 황태는 제 몸을 나누어 사랑을 실천할 거야 뼈와 살을 바르고 조각조각 찢겨 살맛나는 세상을 만들어갈 거야 파도를 건너뛰며 대양을 오가던 시절은 제 몸을 살찌우기 위한 삶이었지만 육지에 올라 덕장에 매달려 고통을 당하는 삶은 공생애의 삶이야 황태의 조각난 살을 고추장에 찍어 먹으며 목구멍을 채우기 위해 살아온 한 잔의 씁쓸한 기억을 마시네 불을 간직한 이름들이 취기로 오르네

212

감추고 싶은 부분은 철저히 숨겨야하지 콤플렉스가 빛날 때까지 빛나는 콤플렉스는 보석이 돼 콤플렉스는 날카로운 금속이고 차가운 돌덩어리야 가슴속에 남아서 상처가 되고 짐이 돼 콤플렉스가 있는 사람은 고통 속에 살아가지만 왕관을 새길 수 있는 황금을 받은 자야 몸에 박힌 금속을 빼내려고만 했어 몸부림치면 칠수록 깊이 박혀서 죽음을 몰고 오는 줄도 모르고 살기 위해서 콤플렉스를 사랑해야지 몸에 박힌 모래를 안고 눈물과 피와 땀으로 진주를 만들어야지 몸에 박힌 금속을 다듬고 세공해서 만든 별들, 몸에 박힌 돌을 갈고 다듬어서 만든 옥저가 하늘에 떠 있어 콤플렉스가 없는 사람은 빛나는 내일을 조각할 수 없어서 내 몸 안에 가장 큰 콤플렉스를 찾아 떠나네 바위가 크면 클수록 할 일은 많고 대작을 남길 수 있지 콤플렉스로 만든 별이 하늘에 가득하네

213

콤마 하나 찍으면 의미가 달라지네 정신없던 시간도 콤마를 찍으면 쉬어가고 이어지는 문장도 콤마를 찍으면 잠시 생각을 멈추고 있어 살면서 콤마 하나 찍기가 쉽지 않네 물 흐르는 강을 막고 섬을 만드는 것도 아닌데 못 박는 것이 쉽지 않네 나열된 어구를 짝지어 구별하기도 하고 열거된 순서를 나타내기도 하고 연결관계를 분명히 할 때 같은 말의 되풀이를 피하기 위해 부름이나 대답을 위해 앞말에 대한 '곧' '다시 말해' 등과 같거나 조사 없이 쓰인 제시어나 주제어의 뒤, 어구의 반복, 도치된 어구들 사이, 특별한 효과를 위한 끊어 읽기, 더듬는 말, 수의 자릿점 등을 위해 복잡한 관계가 형성돼 콤마 하나로 쉴 수 없는 위치에 놓였어 못 하나 박음으로 우린 복잡한 관계를 뛰어넘어 사랑의 관계로 발전하지 문장의 어디에 콤마를 놓아야 자연스런 의미가 형성될까 우린 서로 언제쯤 못을 박

아야 자연스런 관계가 형성될까 점 하나 찍는 일이 평생을 좌우해

214

패총에서 고대인들의 생활상이 발견되었어 먹고 버린 조개껍질과 쓰레기들 틈엔 그들이 살아온 현실이 감춰져 있었어 남기고 싶어 남긴 것이 아닌 석기와 질그릇들, 지나간 곳엔 발자국이 남듯 흔적을 남겼지 돌도끼 하나에서 다양한 생물과 비명소리, 핏자국과 포획의 기쁨을 읽었어 빗살무늬 토기에서 씻고 담았던 곡식과 함께 나누었던 음식들을 읽었어 패총은 무의식에 대한 발견이야 나와 이웃들의 삶의 현장이기도 한 패총 후대에 패총을 연구하며 나의 삶을 평가할 때가 올 거야 패총은 지상의 무덤이지만 정신의 무덤이기도 해

215

도토리묵 한 접시가 밥상에 올라 향기를 전하고 있네 묵이 되기 위해 도토리들은 얼마나 많은 아픔을 참아 왔을까 햇빛과 바람 흙의 양분을 채운 도토리가 땅에 떨어져 몇은 다람쥐의 양식이 되었고 몇은 흙 속에 묻혀 뿌리를 내렸지 햇살 고운 산비탈에서 선택된 토실토실한 도토리들은 마당에 누워 몸을 말리며 마음을 비웠네 푸른 잎을 팔랑거리며 별을 꿈꾸던 추억을 말렸네 껍질은 깨어지고 돌 같은 뼈만 남은 알맹이들 울창한 숲의 정신을 뽑아내기 위해 가루가 되어 물에 우려지고 체에 걸러졌네 미세한 분말로 분해되었다가 살이 썩고 뼈가 우려져 흔적도 없이 사라졌다가 불 속에 다시 태어나고 싶어 처음 아담을 만들었던 흙처럼 고운 가루를 솥에 붓고 물을 맞춰 불을 켜네 졸아드는 불 속에 오롯이 엉기는 정신, 말랑말랑 접시에 담긴 푸른 참나무의 정신, 양념장에 골수를 찍어먹었네

216

하루를 오려 붙였어 일어나자

마자 신문을 오리고 급하게 아침 밥상을 찢어 붙이고 출근도장을 찍으며 도화지를 채워가지 어떤 이는 유명인사의 얼굴을 오리고 산과 바다를 가위질해 나의 하루에서 가장 중요한 건 태양이지 구름을 양념으로 장식하기도 해 즐거운 악보를 그려 넣고 춤추는 나무와 새들의 날갯짓도 붙여 넣으면 멋질 텐데 가끔씩 불청객 황사들이 끼어들고 비에 젖어 하루를 망치기도 해 밝고 환한 색 종이만 쪼개어 이어붙이고 싶어도 하루의 콜라주엔 늘 어둠이 차지하지 흑백의 하루는 밋밋하고 식상해서 컬러풀한 일상이 쾌감을 주기도 해 나는 선명하고 단순한 작품을 원했지만 전시하기엔 부끄러운 시간들이라서 머리 아프게 복잡한 일상을 오려 붙인 콜라주의 시간들을 원망하며 단순한 하루를 꿈꾸는 것은 게으름이란 걸 방구석에 처박혀서 하루 종일 빈둥대며 회색물감을 칠한 후에 알았어 조각조각 시간을 찢어 붙이던 내 하루의 콜라주가 얼마나 아름다웠는지를

217

만 원짜리 지폐 한 장, 돌고 도는 세상 속에서 부자도 만나고 가난한 사람도 만나면서 울고 웃었을 거야 가난한 사람은 만 원짜리를 소중히 간직했을 테지만 부자는 하찮게 여겼을 거야 만날 때는 기뻤겠지만 헤어질 땐 아쉬움 속에서 손을 흔들었을 거야 한 장의 종이가 낙서되거나 구겨져 휴지통에 버려지지 않고 돈으로 인쇄되어 소중한 삶이 시작되었어 인형을 사고 싶었던 아이의 소원을 이루어 주었고 배고픈 노숙자의 점심을 해결해주고 길 잃은 사람을 차 태워주기도 했어 나도 만 원짜리 돈처럼 평생 만나는 사람들에게 작으나마 행복을 주고 싶어 1억 원짜리 수표는 아니어도 돌봐야할 사람들은 있으니 만 원짜리 지폐 한 장이어도 좋아 술상 위에 던져주는 지폐, 여자의 젖가슴에 꽂아주는 지폐, 놀음판을 뒹구는 지폐, 먹고

죽을 농약병을 사는 지폐가 아니라면 시들지 않는 푸른 잎 한 장으로 나의 삶은 충분해 한국은행에서 태어나 천상열차분야의 우주를 품고 뿌리 깊은 나무가 되어 살라고 세종대왕님 웃으시네 바르게 살라고 몸에 돌출은화와 숨은 그림과 숨은 막대에 미세문자를 새겨 앞뒤 판 맞추시고 홀로그램과 요판잠상을 넣어 색변환 잉크로 찍어 구별하셨네 왕자처럼 태어났어도 세상 구석구석을 돌며 기쁨과 위로를 주는 순례자가 되리라 비록 만 원짜리의 기쁨이 크지 않다고 해도 소중한 이웃들을 찾아 국밥 한 그릇 사주면서 차가운 눈물을 훔쳐 주리라 만 원짜리 사랑의 소중한 삶,

218

레미콘 차가 통을 돌리네 멈추면 굳어질 거라고 쉼 없이 시멘트와 모래 자갈을 섞었어 함께 섞여서 돌아가지 않으면 돌덩이가 될 테지 마음도 강퍅해지려고 하면 쉼 없이 자신을 돌아보며 생각을 돌이켜야 해 정체되면 아집이 생기고 아집 속에 갇히면 콘크리트처럼 굳어져서 쓸모없는 존재가 되지 날마다 돌이키고 돌이키는 이의 한마디 말은 쏟아져 집이 되고 길이 되고 다리가 돼 세상의 통 안에서 함께 사는 우리도 서로 어울리며 돌아갈 때 꿈꾸는 세상을 건설할 수 있을 거야 정체되는 순간 돌이킬 수 없게 굳어진 콘크리트의 몰골이 보이지 돌리고 돌리며 아무 데나 쏟지 말아야 해 무심코 쏟아낸 말 한마디가 풀을 죽이고 꽃을 죽이며 세상을 절벽으로 만들어 가지 사랑의 공법을 만드는 감성으로 철근을 엮어 서로의 믿음을 세운 거푸집에 잘 반죽된 꿈을 가득 채울 때 지상엔 천국이 세워지네

219

작은 돌쩌귀가 큰 문을 업고 수십 년을 살았어 매일 아침과 저녁을 여닫으면서 꿈과 행복을 모셔 들였어 동창에 가득 햇살이

비치면 문을 열고 새소리 바람소리 방안으로 불러와 아침 숲을 즐기는 것도 돌쩌귀의 도움이란 걸 알았어 여닫이문이 있는 곳엔 언제나 돌쩌귀가 문을 받치고 때에 맞게 삐거덕 문을 열고 닫았어 암놈과 수놈의 돌쩌귀가 함께 맞물려 돌아가는 문은 음양이 맞물려 돌아가는 밤과 낮처럼 열렸다 닫혔다 해 내 마음이 열리고 사랑하는 사람의 마음이 열리기 위해서는 돌쩌귀가 있어야 해 작은 믿음의 돌쩌귀가 바위 같은 마음을 여는 열쇠야

220

신체의 각 부분과 우주의 각 구성 부분 사이에 1대 1의 대응 관계가 존재하는 것을 인정하는 견해에 따르면 우주는 대우주이며 거기에 대응하는 인간은 소우주라고 해 인간 속에는 우주의 모든 요소가 있다고 하는 생각에서 출발하여 인간의 본성으로부터 우주의 본성을 인식할 수 있다는 사상이 생겨났어 인간과 우주를 대비시키는 파악은 고대에도 존재하지만 르네상스의 자연철학에 이르러 새로운 의의를 지니며 나타났지 신의 초월적인 지배 사상이 점차 후퇴하고 신은 인간의 감성을 열어젖히는 지상적 세계의 다양함과 아름다움 속에 현현함을 의미했어 세계는 동질적이어서 신과 연관되지 않는 것이 없지 세계는 신의 신체이자 신의 전개라고 해 각각의 사물은 그 위치에 있어서 우주를 반영하며 인간도 하나의 세계를 비추는 거울 즉 소우주야 마찬가지로 하늘을 비추는 것은 십자가야 에덴동산엔 중앙에서 시작된 네 개의 강이 흘러 십자가의 형태를 이루고 있어 대십자가는 하늘나라이고 소십자가는 그리스도이고 우리의 몸이야 에덴동산 중앙에 있던 생명나무의 상징을 우리 몸에서도 볼 수 있어 상실된 생명나무, 어머니의 뱃속에 있을 때 우린 낙원에 있었고 근심걱정이 없는 순수한 무죄의 상태였어 하지만 탯줄이 끊기고 생명나무를 잃

고 난 후로 신과의 단절, 에덴의 상실이 생겼지 우리 몸의 정중앙에 있는 생명나무와 선악을 알게 하는 나무의 상징적 존재는 배꼽과 생식기야 선악과를 먹고 죄를 앎으로 말미암아 애 낳는 고통도 생기게 되었고 후세를 위해 땀 흘려 일해야 하는 남자의 삶도 시작되었어 이러한 고통이 시작된 것은 생산함으로 생긴 것이며 생산은 남녀의 사랑을 통해서 이루어질 수밖에 없지 남녀의 사랑은 서로 선악과를 나눠먹는 과정이고 그 과정을 통하여 사랑의 기쁨을 깨달은 아담과 하와는 서로의 사랑에 집착하게 됨으로 인해 하나님을 멀리하게 되었어 한동안 눈에 띄지 않는 아담과 하와를 동산 구석 우거진 수풀 속에서 찾은 신은 그 이유를 알게 되었고 진노하게 되었어 하지만 사랑은 인간에게 신 없이도 살 수 있는 능력을 주었고 남과 여의 결속을 만들어 죽기까지 사랑할 수 있는 계기를 만들었지 신과는 멀어졌지만 아담과 하와의 관계는 더욱 깊어질 수밖에 없었지 우리 몸은 우주의 축소판이지만 또한 에덴동산의 축소판이기도 하며 십자가의 다른 분신이기도 하지 내 자신이 십자가이며 내 자신이 에덴이고 우주야 우주를 알기 이전에 내 몸을 들여다봐야 하고 하늘나라를 알기 전에 내 몸을 알아야 해 내 몸 안에 그토록 찾고자 했던 생명나무의 비밀이 담겨있어

221

안개는 터널을 만들어주었어 보름달은 터널 가득 네온불빛을 채웠지 키 큰 코스모스가 벽을 만들고 늦가을 바람을 막았어 차가 오지 않는 시골의 비포장도로는 안개 속에 끊겨있었어 그녀는 콧노래를 불렀고 나는 손을 잡았어 코스모스 꽃길에서 우린 꽃으로 피어 열매를 생각했어 이르게 핀 꽃들은 씨앗을 품기 위해 꽃잎을 떨어뜨렸지 바닥에 떨어진 꽃잎들은 식지 않은 사랑으로 할딱이고 있었어 세상은 진공관처럼 조

용했어 발걸음은 무중력을 걸으며 자꾸만 허공으로 솟구쳤지 꽃잎을 따서 프로펠러를 만들자 코스모스 꽃들이 하늘로 날아올랐어 나비처럼 날아오른 프로펠러들, 머리 위로 떨어져 연분홍 별들로 피어났지 코스모스 행성에서 날을 지새웠지 둘만이 사는 별나라는 사랑하기에 좋았어 아침이 오고 안개가 걷히자 우린 어느새 지구별에 도착해있었어 신작로엔 새벽차가 지나고 뿌연 먼지가 일었지

222

돌팔매는 손에만 들린 것이 아니라 입에도 물려있고 머릿속에도 가득 채워져 있어 내 안에 담긴 돌팔매는 남을 향해 던질 것이 아니라 바로 나 자신을 위하여 던져야 해 내 삶의 정체된 수면을 깨워 새로운 물결로 일렁이게 해야 해 남을 죽이기 위해 던진 돌팔매는 칼날이 달린 표창처럼 심장을 파고들지만 자신을 위해 던진 돌팔매는 십자가가 되어 자신을 구원해 내 머릿속에 담긴 돌팔매들이 날을 세우지 칼날처럼 독기를 품고 상대의 이마를 겨누고 있어 돌덩이의 무게로 내 머릿속이 기우뚱 기우네 미움과 배반의 돌덩이 하나 내 입에서 나와 상대를 향해 날아가는 순간 돌팔매에선 피의 싹이 돋아나기 시작해 나는 돌팔매를 던지기 위해 간음한 여인들을 찾아왔지 예수의 말을 듣고 내 손에 들린 돌팔매를 보았어 시퍼렇게 날이 선 돌팔매를 놓고 부끄러워 등 돌린 후에야 십자가를 보았어 손안에서 반짝이는 작은 십자가가 팔딱팔딱 숨 쉬고 있었어

223

사람들이 동굴을 파고 있어 파면 팔수록 갇히는 동굴이지 어둠과 숨 막힘과 눅눅함 속에서 태양과 멀어져 가지 반짝이는 금맥을 찾아가다 보면 태양을 만날 것 같은 착각에 빠지네 나는 공부에 몰입하여 지식의 동굴을 파왔지만 얻은 건 금붙이 몇 조각

뿐이야 소중하게 생각했던 지식들도 이젠 공부할 필요가 없는 낡은 것이 되었어 신을 만나기 위해 날마다 성경을 파고 시간의 삽질을 해도 자기 동굴에 갇힐 뿐 신을 만날 수 없었지 자신이 캔 금붙이 몇 개에 기뻐할 것이 아니라 광명한 태양을 만나기 위해 이젠 돌이켜야 할 때야 모든 연장들을 버리고 금덩어리도 내던지고 마음을 비워야 해 동굴 속엔 석탄보다 진한 어둠이 고여 있어

십자가

224

코드정치 코드인사 자신에 맞는 코드를 찾기 위해 줄 끊기가 빈번하지 코드는 같은 것으로 생각하기 쉽지만 실은 플러스와 마이너스로 구성되어 있지 플러스인 나만을 고집해서도 안 되며 마이너스인 상대를 무시해서도 안 돼 상대가 마이너스일 때 내가 플러스가 될 수 있어야 하고 상대가 플러스일 때 내가 마이너스가 될 수 있어야 해 때로는 멀티-탭이 되기도 해야 하고 코드레스의 초월적 마인드가 필요하기도 해 가장 중요한 것은 코드의 내면으로 흐르고 서로의 마음을 연결시켜주는 소통이야 코드만 맞으면 상생하는 줄로 알지만 공멸할 수도 있어 죽음의 코드에 많은 코드를 연결시켰다 해도 아무런 의미가 없지 살아있는 당신의 코드에 나를 살며시 연결해보았지 불이 들어오고 노래가 흐르고 발전기가 돌아가지

225

십팔계十八界의 홀을 정복하기 위해 108구멍에 염주를 굴리네 버디와 보기를 오가다 파로 끝나는 게 중생의 라운드야 스코어는 나이 같은 숫자에 불과했어 임펙트한 퍼팅보다는 비워야 할 루틴이 많았던 시간들이야 롱 드라이브 아이언 샷으로 꿈의 깃발에 어프로치해 보지만 페어웨이보다는 러프와 벙커에 빠지는 일이 많았어 죽음의 연못에 잠겨버린 순간들조차 또 다른 세상의 여정임을 알려주며 숲과 나무와 구름의 갤러리들이 손을 흔들고 있어 바람을 읽고 잔디의 굴곡을 재며 웃음으로 도반이 돼주었던 캐디 리봇을 남기고 떠난 인연들을 일일이 손으로 덮어주며 이 세상 다녀간 그린 위에서 나의 흔적을 지우네 잔기침마저 태풍이 되는 숲속의 나비효과에도 핸디캡을 극복하고 흔들림 없이 스윙을 해야

해 깨달음의 이글을 날리며 홀인원했던 무아경의 돈오돈수 물과 불을 다스리는 가부좌를 틀고 우주를 굴리네

226

삶은 흐르는 강물에 떠가는 꽃잎 같은 거야 넘실거리는 물살을 거스르지 않고 물의 흐름에 몸을 맡긴 채 주변의 아름다운 경관을 즐기면서 오래도록 고고한 꽃잎으로 남고자 하는 거야

227

폭설이 내려 길이 끊겼지 예고 없이 찾아온 폭설은 마을을 어둠 속으로 고립시켰어 몇 개 남지 않은 장작이 아궁이에서 불꽃을 피우고 있어 바닥을 드러낸 쌀독이 입을 벌리고 있어 눈이 내리기 시작한 지 보름, 온 땅은 겨울로 덮이고 뜨거웠던 이름들은 보이지 않았어 폭설은 내 머릿속에도 내리네 추억마저 하얗게 잊혀가지 어머니도 크고 작은 폭설에 주저앉다가 어느 날 눈의 나라로 떠나셨지 소리 없이 내리는 하늘의 천사들 샤갈의 마을에도 겨울이 찾아오고 거리마다 발자국이 지워지네

228

음각과 양각이 교차하면서 판화가 완성돼 조각칼의 상처 속에서 완성되는 그림은 아무리 화려해도 아프네 내면에 채워진 바닥을 긁어낼 때 왜 뼈를 깎는 아픔이 없으랴 잉크를 묻혀 찍어내는 판화는 삶의 반복을 만들지만 아팠기 때문에 아름답지 나의 삶도 뼈를 깎는 아픔으로 그려졌네 살을 도려내는 고난 속에서 물결을 새기고 바람을 새겨 살아있음의 문양을 만들었지 기쁨과 슬픔이 교차하며 음양의 융기와 침강을 새기네 죽음으로 완성된 그림이 검은 잉크에 찍혀 나올 때 흑백으로 비친 영욕을 읽을 수 있으리라 밑그림을 그리고 조각칼로 도려내며 그려온 내 인생의 판화는 어떤 그림일까 꽃을 그리고 별을 새기고 싶지만 내 안의 풍

경은 어두운 도시의 뒷골목이야 외로운 밤거리를 나 홀로 걸어왔지 배경이 되어주는 빗줄기 하나도 다 칼의 흔적이야 피 흘리며 걸어온 판화 속의 세상, 밑바닥을 긁어낼수록 선명해지는 판화 하나 뼈에 새기네

229

오리털 같은 눈발이 날리고 나무마다 스키파카 뒤집어쓴 골목길 눈의 나라 손수레가 싣고 온 드럼통에 아버지는 장작불을 지폈지 양철 서랍에 모여 앉은 올망졸망한 고구마들, 노릇노릇 익으라고 꿈을 사르면 꽁꽁 얼어붙은 길가엔 웃음꽃이 피었어 어린 꼬마들 오순도순 크는 재미에 숯깜둥이 되는 줄도 모르고 아버지는 하늘가에 밤늦도록 실연기를 피웠어 언 가슴 녹이는 군고구마 냄새, 알불로 사른 아버지의 체온이 군고구마 속에서 모락모락 피어올랐어

230

폭풍의 진원지는 내 안에 있었어 기단의 충돌은 소용돌이를 만들며 집과 아이들을 날려버렸지 온대와 냉대의 시각차는 충돌의 삶을 예고해왔지 폭풍이 휩쓸고 간 자리에는 깨진 유리조각들이 즐비했어 차를 날리고 전신주를 뽑으며 무너뜨린 자리엔 늘 회한이 남았어

231

170센티미터의 아빠와 105센티미터의 딸이 손잡고 화랑을 걸었어 현의 길이 1:2의 8도 화음, 2:3의 5도 화음, 3:4의 4도 화음이 섞이며 라파미, 미파라의 선율이 흐르네 다섯 개의 꼭짓점과 다섯 개의 면을 가진 피라미드가 별을 가리켰어 살바도르 달리의 최후의 만찬장엔 고개 숙인 제자들이 영의 양식을 먹고 있었어 여신 아테나 파르테노스를 숭배한 파르테논 신전, 레오나르도 다빈치가 풀처럼 기둥에 기대어 5분의2 바퀴마다 난 잎들을 세며

얼마나 햇빛이 필요하냐고 물었지 파보나치의 수처럼 커지는 내가 무서워 내 안에서 앵무조개 같은 소용돌이가 일었네 태풍이 되든가 나선은하가 되든가 같은 비율에 갇히는 게 싫어 몸의 중심인 배꼽에 컴퍼스를 대고 영향력의 한계를 그려보았어 손끝과 발끝에서 만난 원이 알파와 오메가를 그렸어 머리에서 발끝까지의 길이를 수직으로 긋고 뻗은 양팔의 길이를 가로로 그으니 정사각형의 땅이 생겼지 다빈치의 아름다운 드로잉 속에서 비트루비우스적 인간인 내가 최초의 인체 골격으로 서 있었어 몬드리안의 그림 속에서 사람들은 카드놀이를 하고 티브이를 보고 담뱃갑을 매만졌네 창문 안에 가득했던 책들은 액자가 되어 벽에 걸리고 십자가에서 피를 흘렸지 스트라디바리우스의 비밀을 간직한 피아노에서 피타고라스 원리인 직각삼각형의 파랑이 일었어 점점 커지는 소프라노의 하이 톤 수학자인 신은 놀라운 비율의 분할을 숨겼고 나는 바로 선 펜타그램과 거꾸로 선 펜타그램 사이에서 방황했어 누가 동그라미와 세모와 네모 사이에서 프렉탈을 그리나 시간의 원근법은 늘 하나의 꼭짓점에서 시작되었어

232

십자가는 못박음이야 수직과 수평의 못박음 속에서 하늘과 땅의 만남과 육체와 영혼의 만남이 이루어지네 파도와 물고기와 섬과 배와 어부들이 하나로 모아져 하늘과 맞닿아 이룬 정점, 무수한 점들로 이루어진 수평선엔 십자가로 가득하네 이륙을 꿈꾸는 비행장과 무한히 달리고픈 아웃토반, 손에 손을 잡고 뻗어간 도시의 빌딩, 십자가엔 산맥과 푸른 숲이 펼쳐져 있어 수평은 수직의 신성함을 만나고 나서야 깨어나 태양빛에 대지는 깨어나고 빗방울에 뿌리들은 눈떠올랐어 수직의 영감으로 살아있는 나의 하루는 아지랑이가 피어오르네 수직과 수평의 못박음으로 세상은 살

아있지

233

컨테이너 박스에 창문을 내고 바닥에 코일을 깔았어 싱크대를 설치하고 티브이와 컴퓨터를 놓았어 집을 잃어버린 사람들을 위해 만든 임시거처엔 상처 입은 영혼들이 부둥켜안고 울었지 다 잃어버려서 하나로 모아졌네 함께 밥 먹고 함께 농성하면서 평생 처음 가족의 끈끈함을 꿈꿨어 아침이면 서로 다른 시간에 맞춰 출근하느라 얼굴 볼 새도 없었지 저녁이면 제 각각의 방을 차지하고 고치속의 잠을 잤어 무늬만 가족인 주민등록상의 이름들은 넓은 집에 살아서 외로웠네 가진 것이 많아서 홀로였어 어느 날 쏟아진 폭우가 집을 쓸어버린 후 서로의 벽도 허물어지고 외로움도 씻겨갔지 컨테이너 작은 방에 다섯 식구 함께 모여 밥을 먹고 잠을 자고 티브이를 보았어 하나의 채널로 통일된 후엔 같은 이야기 같은 생각으로 머리를 모았어 서로의 단점이 보였고 서로의 어려움이 피부에 느껴졌네 한 방에서 한 이불 덮고 비로소 한 무리가 되었어 커다란 집을 잃었지만 하나의 가족을 찾았어 고독과 외로움 대신 소통을 얻었지 컨테이너 박스 안에서 천금을 주고도 살 수 없는 사랑을 얻었다네

234

달이 커지며 가슴도 부풀었어 늑대가 울고 광기가 차오르는 밤 스톤렌지의 돌들은 그녀의 월경 주기를 계산하고 있었어 아담의 갈비뼈로부터 분리가 있은 후 남자의 가슴엔 태평양이 생겼지 조석간만의 애증이 출렁이며 눈물 바다를 남겨주었지만 왜 여자는 남자 주변에서 공전해야 하는지는 설명되지 않았어 그녀와 나 사이의 공간도 진공은 아니야 주변의 매개물인 미소행성체들과의 만남 속에 이루어진 브레이킹 오부킹 지구를 차지하기 위해 달은 주변의 바람들을 다 삼켰을까 아니 달은 지구의 관심으로 융합

팽창하며 태어난 거야 태양계의 행성들처럼 주변을 배회하며 한 마디의 말이나 표정까지 몸에 돌로 다져 넣었던 거야 어느 날 내 허블망원경에 포착된 여드름투성이 얼굴 내 안에 뜨기까지 충돌했던 파편들로 뭉쳐진 애증의 달이 서로 부딪칠 때마다 홍수가 일고 태양이 떴다구 아니 아니 달은 지구를 위해 설계된 신의 못질일 뿐 일식과 월식의 관계를 만들며 서로 입 맞추고 그늘이 되는 필요충분관계야 늘 한 면만 보여주는 그녀의 뒷모습이 나는 그립네 어느 곳도 중력의 차이는 없다고 봐 나를 향해서만 무게중심이 쏠려있어 어둠 속에서 다시 태어나는 달 나는 단 한 번도 그녀에게 태양을 보여주지 못했어 쿵 떨어진 로켓에 맞은 달의 가슴에서 종소리가 울리네

235

사마귀가 손을 모으면 기도하는 모습 같아서 기도하는 벌레라고도 해 하지만 손을 펴는 순간 잔인한 곤충이 돼 한 손은 상대의 몸통에다 박고 다른 손으로 머리를 누르며 목을 물어뜯었어 겁이 없는 사마귀는 사람이나 고양이를 만나도 공격자세를 취해 뒤에서 몰래 암컷을 껴안는 수컷들 교미는 다섯 시간 이상 지속되기도 하지만 그들의 생명은 오래 가지 않았어 교미하는 동안에 수컷의 목을 잘라먹기도 하고 교미가 끝나면 수컷을 잡아먹고 새끼들에게 영양을 제공하기도 해 기도하는 모습 속에 감춰진 잔인한 모습을 요즘은 뉴스에서도 자주 봐 성자의 모습을 한 사마귀의 가족적 살생이 일상에서도 자행돼 징그럽게 손을 모으고 있는 기도벌레들 말이야 재단 위에서 먹잇감을 노려보고 있어

236

돌연변이의 원인은 두 가지로 나눌 수 있지 자연발생적으로 유전물질의 복제과정에서 우연히 발생하는 경우와 방사선이나 화학물질에 의한 외부적 요인이 있지

돌연변이 연구는 19세기 말 네덜란드의 식물 유전학자 더프리스가 달맞이꽃에서 발견한 유전적인 별종에 붙인 돌연변이라는 단어에서 처음 사용되었지 미국의 모건은 파리에서 흰 눈의 돌연변이를 발견하였고 멀러는 초파리에 X선을 쬐여 인위적으로 돌연변이를 일으키는데 성공하기도 하였지 인류는 돌연변이의 역사를 가지고 있는지 몰라 특별한 사람들에 의하여 혁명적인 발전을 이루었고 진화하였으니 인류사의 돌연변이가 바로 석가며 공자며 소크라테스이며 예수지 그들을 돌연변이로 만들어준 X선과 같은 것은 신의 빛이고 지혜였어 돌연변이들로부터 시작된 새로운 종의 발전은 보다 진보된 사회를` 만들어갔고 정신적 혁명을 이룰 수 있었지 뉴턴이나 아인슈타인과 같은 과학적 존재들이나 레오나르도다빈치 피카소 같은 예술적 존재들과 같은 돌연변이적 인물들에 의해 세상은 창조되고 발전해왔지 이제 또 다른 돌연변이가 일어날 때가 되었어 지구의 종말에서 인류의 구원을 이룰 새로운 돌연변이를 기다리지

237

타임캡슐을 묻었어 캡슐 속에 나의 지식과 경험을 쏟아부었지 캡슐에 들어갈 자료를 모으고 완성하는 데만 평생이 걸렸네 부식에 견딜 수 있도록 강철이나 크롬 은의 특수합금은 아니어도 세월에 변형되지 않는 믿음을 넣었지 질소 대신 참신한 영성과 깨달음을 각종 일용품과 금속 화학섬유 공업재료 곡물 사전 회화 신문 등의 다양한 내용들과 함께 넣었네 국어사전의 이미지와 철학사전의 목차와 꿈 사전의 이미지를 A5 국판 210×148mm 국전지 세로결 32절 문고본으로 양장에 담고 1,500m 나의 검은 침묵 속에 묻었네 입구엔 나의 이름을 쓰고 개봉 예정일은 3018년이라고 썼어 페이지를 열 때마다 나의 소장품들은 지나온 시대를 말해줄 거야 썩지 않는 법과 대신

피 흘리는 법, 못과 나무와 창과 가시면류관의 부장품들이 쏟아지면 이해할 수 없는 시대를 읽을 거야 영원한 세계와 나눈 서신들을 보고 과거를 동경하며 미래를 점칠 거야 살아있는 나의 피붙이와 손때 절은 목록들을 밀봉해 셀 수 없는 생명들을 묻었어 타임캡슐이 열리는 날 무덤이 열리고 나는 부활할 거야

238

모닥불 피우고 둘러앉아 노래를 불렀어 불꽃의 입술들은 장작을 태우며 노래로 타올랐어 붉은 혓바닥들은 허공을 핥으며 검은 연기를 피웠어 지그재그 놓인 장작들이 몸을 부비며 바람을 견디고 재가 되기 전에 전해줄 사랑의 빛으로 주변을 밝혔지 둘러앉은 사람들은 아껴두었던 이야기들을 장작으로 던졌고 바람구멍을 내며 고개를 끄덕였어 불티를 날리며 이야기들은 토닥토닥 밤새 피어올랐어 살아가고 있는 동안 불타는 장작들, 불티를 날리며 재가 되는 순간의 전성기를 누렸지 내가 뜨거워지고서야 남도 태울 수 있는 모닥불 노래를 보태며 이야기를 더하며 불꽃의 공간을 채우는 여름밤이야 나 혼자 타는 밤은 슬퍼서 쉬 꺼지고 사위어질 뿐인데 함께 타며 삷어가는 밤은 장엄하네

239

동녘은 태양이 뜨는 집이야 기다림이 있고 서광이 있고 창문이 있지 동녘을 보면서 보름달을 기다리는 날은 흥겨운 잔칫날이었어 오곡밥을 먹고 불붙은 깡통을 돌리며 달집을 태웠지 동녘을 향해 길을 떠나던 하루 하늘엔 언제나 무지개가 걸리고 노란 손수건이 걸리고 별들이 총총 걸렸지 해를 입고 오는 아침을 기다리는 사람들은 꽃이 되어 동녘을 바라보았어 어둠을 몰아내고 빛으로 오는 태양을 기다리며 풀잎들도 고개 숙였어

240

어릴 적 어머니 물동이는 하늘을 품고 살았어 넉넉한 품 안에 맑은 샘물을 담았다가 식구들을 먹이셨지 한 바가지 물이면 더위에 찌든 삶을 속 시원히 씻어주었어 새벽에 별이 뜬 물 남실남실 여 나른 물동이엔 어머니 웃음이 비치고 한가로이 구름들이 떠다녔어 낮엔 해가 우려지고 밤에 별이 우려진 물은 마시기만 해도 기도가 흘러나왔지 속을 비쳐보면 훤히 들여다보이던 어린 날의 거울은 투명했어 안아보면 사랑이 담뿍 담긴 한아름의 배, 어머니 물동이는 늘 생명을 잉태하고 있었어

241

양피지에 기록된 히브리 문서 피를 흘리며 남긴 두루마리엔 상징이 가득하고 가시 같은 글씨들이 영혼에 못을 박았어 어느 속죄양의 몸 위에 하늘의 부호를 새겼는가 광야의 외치는 소리 들리고 온몸으로 받아쓴 양의 울음소리 수천 년 잠에서 깨어나 뇌성을 울리네

242

썩어야 두엄이 될 수 있어 나무들이 자라 열매 맺기 위해 두엄이 되어야 했어 풀이나 볏짚이 배설물과 섞여 오랜 동안 동거했어 뻣뻣하던 줄기의 욕망을 끊고 지독한 냄새 속에서 속을 태우며 숨 막히는 공간, 열기를 내뿜던 독기들이 빠지고 거름이 되기까지 얼마나 많은 눈물을 흘려야 했던가 숨 막히던 순간을 고난이라 했어 함께 썩어가던 시간을 생지옥이라 했어 녹아내리는 육체를 죽음이라 했어 하나의 경계를 벗어나지 않기 위해 몸부림치며 붙들어야 했던 현실의 벽은 무지였어 억지로 무너졌네 무너지고 나자 새로운 세계가 보였어 썩고서야 얻을 수 있었던 삶을 두엄이 되고서야 오를 수 있었던 나무를 알았어 열매되기가 이토록 어려운 것을…

243

둘이 함께 벨 수 있는 긴 두통베개, 신혼 초에 머리를 맞대고 잠을 자면 사랑도 깊어졌네 그리움을 맞대고 잠이 들면 꿈속에서도 만날 수 있었어 아무나하고 두통베개를 벨 수는 없지 일생을 약속한 사람만이 벨 수 있는 두통베개엔 둘만의 땀과 눈물과 웃음이 배어있어 그러나 시간이 지나고 나면 두통베개는 사라지고 각자의 베개로 돌아가지 사랑을 맹세하고 꿈꾸던 두통베개의 꿈은 갈라지고 각자의 베개를 베고 자기세계에 몰입하게 돼 베개는 또 하나의 머리통이야 그 베개를 베고 얼마나 많은 생각을 밤새 하는가 두통베개에서 할 수 없었던 배반의 생각들이 각자의 베개에서는 무수히도 스쳐갔지 두통베개로 돌아가는 결합이 꿈과 행복이 가득한 영감을 나누지

동일성 추구

244
마로니에 잎이 지는 교정에서 철학을 논하고 인생을 논했어 나무벤치엔 가을꽃들이 쉬어가고 화단에서는 풀벌레가 시간을 부여잡고 울었지 졸업을 해도 갈 곳이 없는 학생들은 무리지어 구름이 되었어 누구를 위한 시험인지 의미 없는 해답들만 시험지에 빼곡히 적어놓고 단풍이 되었어 별을 잃어버린 하늘엔 내일이 보이지 않았어 낡은 벽돌담에 못을 박는 담쟁이들만 높은 벽을 넘어가고 있었어 땀 흘리던 지난여름 열매하나 남기지 못한 껍질들이 시들어 가지 종교적 양분이나 철학의 밑거름으로도 살릴 수 없는 나무들에게 겨울은 찾아오고 나목으로 시절을 견뎌야 해 봄을 기약하며 손 흔드는 잎들의 창백한 웃음만이 교정을 쓸고 다녔지

245
둥지에 알 세 개가 다정하게 들어있네 어미의 날개깃이 품었던 알들은 눈과 코가 없어도 행복한 표정이야 따뜻한 온기를 나누며 도란도란 속삭이는 알들은 누가 형이고 동생일까 아무런 차별도 없이 알들로 살아가는 세상은 둥지야 둥지를 만들기 위해 살아가는 사람들이 팔을 벌리고 아이들을 품었어 찌그러진 눈도 코도 없고 크고 작은 손과 발도 없는 평등한 알들의 세계지 하지만 알들이 깨어나는 순간 둥지는 처절한 현장으로 변하지 먹이를 먹기 위해 입을 크게 벌려야 하고 소리를 질러야 해 원형적 삶이 다양체의 삶으로 바뀌면서 욕망은 커져왔지 날개를 자르고 발톱을 잘라내고 원형적 삶으로 돌아가야 우리는 둥지를 얻을 수 있어 모두가 평등한 알로 돌아가야 해 잘나거나 못나거나 모두가 행복한 알들 말이야

246

먼지별에 가득 찬 먼지들이 서로 껴안고 몰려다니고 있어 바람의 미세 혼령들 한통속으로 몸을 드나들며 구름을 일으키네 성층권으로 치솟는 분노의 화산재 변심한 애인의 모래바람 꽃 입술에서 나온 꽃가루들이 거울 같은 세상을 지우네 불을 피우고 물을 뒤집어쓰며 풀풀 먼지만 피우다가 연기로 사라지는 미세먼지들, 벽을 통과해 내 몸속에 둥지 틀고 기침을 해 어젯밤 꿈으로 분해된 초미세먼지의 빙의, 아 무서워 현실의 악몽들은 중금속으로 살던 입자들이 알레르기를 일으키며 나를 깨우고 있어 분해결합하며 공간 이동한 에어로졸들은 또 거미가 되고 세균이 되겠지 진드기나 박테리아들과 한 이불 덮으며 구름방울 빗방울로 살다가 아지랑이처럼 흩어질 내 안의 미립자들, 쥐며느리나 개미들처럼 껴안지 못하고 진공청소기를 돌리네 책상 위에 쌓인 중금속들이 비둘기로 날아가지 유리창에 달라붙은 꽃가루들이 자동차가 되어 달리네 나는 몇 억만 년 전에 피어난 소금방울이고 화산재였나 봐 석면가루의 말들이 진폐증을 일으키네 메트로놈의 파장이 엔진을 돌리네 먼지로 왔다가 먼지로 돌아가는 날개들의 소리 없는 퍼덕임 굴절과 산란을 만들며 노을처럼 흩어지네 반짝이는 먼지들로 가득한 은하계에 바람이 일었어 나뭇잎마다 수북이 쌓이는 빛

247

등대는 왜 바다만 바라볼까 파도가 손짓하는 수평선 너머 그리운 별들이 반짝이기 때문이 아니야 스스로 고독하기 때문이야 바위섬에 자리 잡고 서서 심오하게 출렁이는 진리를 향해 외롭게 눈 뜨고 있기 때문이야 진정으로 고독한 자는 빛나네 가장 고독했던 등대, 예수의 십자가는 세상의 바다를 향해 지금도 홀로 서 있어

248

동일성은 차이성에 대응되는 개념이야 A가 다른 상황 하에서도 항상 동일하고 또 동일하다는 인정을 받았을 때 A는 자기 자신과 동일하다고 하지 동일성은 좁은 뜻으로는 사물이 자기 자신과 같아야 한다는 자기동일성을 말하며 복수의 사물 간에는 유사성 상등성이 성립될 뿐이지 현실에서 사물은 변화하므로 자기동일성을 유지하지 못하지 플라톤은 한순간도 자기동일로 존재할 수 없는 사물적 존재에 대하여 순수한 하나의 형상, 자기동일을 유지하는 항상불변의 이데아를 정립했지

249

동화나라에서는 아이들이 풀잎을 타고 하늘로 오르고 무지개다리를 건너기도 했어 고래를 타고 바닷속을 다니는가 하면 달님의 품에 안겨 잠들기도 했어 동화나라의 한계는 우리의 상상력이 미치는 곳까지야 동화에 빠져들다 보면 꿈과 현실이 구분되지 않는 길을 아름답게 상상하며 가지 다툼과 분쟁이 있어도 언제나 평화로 끝나는 곳, 선과 악이 싸워도 언제나 선이 승리하는 동화나라는 어린아이 같은 자만이 들어갈 수 있는 천국이야

250

사막의 하늘은 별밭이야 사막의 밤에 서본 사람은 하늘의 별을 딸 수 있어 생명이 없는 땅 풀 한 포기 자라지 않는 모래밭엔 바람의 흔적뿐인데 타는 목마름으로 사방은 물 한 방울 없는 해골의 땅인데 이런 땅에도 밤이면 목화송이 같은 별이 떠올랐어 알사탕만한 별들을 만지며 하늘이 가까이 있음을 느끼네 별들이 잊고 살았던 하늘을 깨우쳐 기도하게 해 절망의 한가운데서 하늘을 만나는 순간 길을 잃어도 두렵지 않지 끝없는 모래밭을 걸으면 동방박사가 되고 어둠 속에 반짝이는 십자성을 만나 나도 아기 예수를 찾을 수 있을 것 같아

사막의 날이 찾아오면 함박눈 같은 별을 만날 수 있어 기뻐해야 해 당장의 목마름으로 땅만 보고 가는 이들은 별들의 계시를 바라볼 수 없지 사막 속에서도 하늘을 보는 선인장은 절망하지 않았어 죽음의 태양을 견디고 나면 영감으로 반짝이는 밤이 사막에 찾아오고 있어

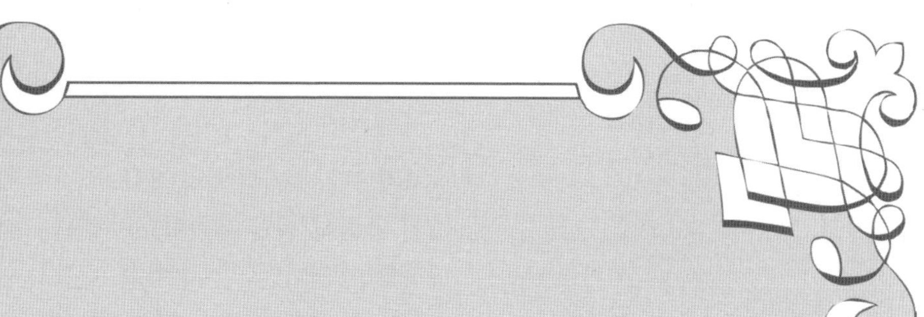

제II장

팽 창

– 우리의 에덴은 어디일까

처음엔 새롭던 지식도 시간이 지나면 고정관념으로 굳어져 몽매주의로 돌아가지 몽매주의의 길은 아스팔트처럼 넓고 크게 굳어져 당연히 그곳으로 가야 하는 줄 알아 하늘나라는 날마다 발전하는데 우리는 구약의 에덴에 머물러 있지 이제는 구약의 에덴에 들어가라고 하면 젊은 세대들이 들어갈까

하이힐 신기

251
모자이크에 누워 모자이크 속에 빠지네 타일조각 흩어진 기억들을 모아 완성된 돌고래 위에서 내가 조립돼 아이와 맞추던 로봇 태권V 퍼즐은 이 빠진 한 조각에서 균열이 시작되다가 한순간 와르르 무너지곤 했어 그물망 같은 재건축 단지에 살면서도 사소한 이유로 금이 가는 이웃들, 얼굴 본 지 오래인 내 인맥들은 견고할까 조각조각 희망을 끼워 넣으며 가족들은 제 몸에 맞는 무늬를 고르지만 목소리 큰 아내 곁에서 무능한 남편은 늘 모자이크 처리되지 땅엔 크고 작은 나라들이 세력을 맞추고 하늘엔 완성된 은하의 별들이 총총히 채워지는데 빈 구석이 많아 나는 평생 성경 속의 구절들을 꿰맞춰 왔지 예수와 붓다와 공자와 소크라테스, 하지만 미완인 나의 퍼즐엔 아버지가 없지 찢겨진 불경들이 빠져나간 빈자리에서 실금이 가지 촘촘히 짜인 밑그림들은 하나라도 어긋나면 안 된다고 이를 악물지 아슬아슬한 나의 해부도 모자이크의 법칙을 벗어난 돌고래는 이미 죽어있고 그림들은 시간 밖으로 줄줄이 풀려나지

252
다리를 꼰 여자가 빨대를 꽂고 주스를 마시고 있어 소화액이 주입된 나방의 진저엘 같은 체액이거나 정액을 나누어준 사내의 페리에 레몬 같은 육즙을 빨고 있어 빨간 손톱으로 뜨개질을 하던 그녀는 날마다 방안에 덫을 놓았어 아이가 생기고부터 허물벗기 시작한 점액질의 얼굴, 가끔씩 홑눈으로 흘겨보았어 더듬이를 세운 나는 페르몬 향의 그녀를 찾아 외줄을 타고 먼 길을 날아왔었지 우수한 유전자 보존을 위해 날마다 본능적으로 정액그물을 엮었지 포박한 먹잇감을 선물한 후 포만감에 취한 순간에야 가질 수

있었던 동침이었어 불꽃같은 정사는 목숨을 건 모험이었어 마지막 입맞춤으로 잘라준 다리에 그녀가 빨대를 꽂았어 남은 건 몸뚱이뿐 무능한 세월 목구멍에 거미줄만 쳤지 침을 흘리며 젖실의 은사를 뽑아 끈적끈적 온몸을 동여맸어 칭칭 감긴 청테이프의 침묵 속에 몸부림칠수록 파고드는 그녀의 그물이 목을 옭아맸어 분홍드레스의 거미들이 덫그물을 친 골목엔 허울뿐인 나방들이 흔들리네 바리게이트에 갇힌 사내들처럼 나도 한땐 빌딩을 건너뛰던 스파이더맨이었어 알주머니들이 조등처럼 매달린 대롱 속에서 새끼들을 먹이기 위해 몸에 소화액을 주입했어 살아있는 살의 신선한 푸딩이나 아이스크림 같은 살을 파먹었어 거실 천장에 모빌로 흔들리는 빈껍데기 별

253

전과 후의 중간에 인간은 서 있어 절벽 위에 선 현재의 능선, 현재는 절대로 추락하지 않았어 발을 헛딛는 것은 언제나 전과 후의 절벽, 현재를 잃을 때만 인간은 추락하지 현재의 끝은 절벽이 아니야 현재의 끝은 언제나 전이거나 후야 현재에 충실하고 현재에 전념할 때 천국을 얻을 수 있어 삶은 현재 위에만 서 있기에 과거에 치우치면 위험하고 미래에 매달리면 불안하지 바람이 불고 눈보라 치는 현재의 능선은 칼날 같고 빙판 같아서 양팔을 벌리고 십자가가 되어야만 건널 수 있지 몸의 균형을 잡으며 줄타기로 살아가는 현재 스스로 무너지거나 추락하지 않으려면 늘 전과 후의 협곡에 빠지지 말아야 해

254

등불이 심지에서 기름과 불씨가 만나 빛을 발하듯 전구는 필라멘트에서 플러스와 마이너스가 만나 빛을 발하는 거야 구름은 산을 만나 상승하다 단열냉각 응결되어 빗방울이 생기네 무엇과 무엇이 만나느냐에 따라 불이 될

수도 있고 물이 될 수도 있어 마음의 등불을 켜고 세상의 등불로 살아가기 위해서는 기름과 불씨가 만나듯 플러스의 기운과 마이너스의 기운이 만나야 해 양의 기운만 있어도 빛이 될 수 없고 음의 기운만 가지고도 불을 켤 수 없지 플러스 전기와 마이너스 전기가 필라멘트라는 저항체에서 만났을 때 빛이 되지 저항체 없이 직접 만나게 되면 스파크가 일고 폭발이 일어날 수 있어 저항체는 고난이고 고통이야 벽이고 산이며 강이야 만나고 싶을 때 만날 수 있는 직통의 관계에서 스파크는 일지언정 빛을 만들진 못해 빛나는 사람은 가슴에 필라멘트가 있고 벽이 있고 산이 있지만 그 산을 넘고 벽을 넘어 저항체를 통과하는 사람이야

255

살아가는 것은 응어리를 만드는 일이야 평생의 시간을 압축하여 응축된 자기만의 결정체를 만드는 작업이야 어떤 이는 사랑의 결정체를 만들고 어떤 이는 한의 결정체를 만들며 살아가지 하나하나의 업적을 쌓고 그 업적을 압축하여 가슴에 응어리를 품지 다이아몬드의 결정체와 같은 사랑의 응어리를 품은 자는 해 같이 빛나네 얼음처럼 차가운 한의 응어리를 품은 자는 제 몸을 녹이며 눈물을 흘리네 어리석은 자는 돈의 응어리 욕심의 응어리 악의 응어리를 만들지만 지혜로운 자는 웃음의 결정체 선의 응어리를 만들어가지 내 몸에 쌓이는 것은 무엇으로 이루어져 있는가 죽음이라는 고온과 고압의 압축작용을 통해 하나의 응어리로 남을 때 보석같이 빛나는 이도 있고 석유처럼 물이 되는 이도 있는 거야

256

초등학교 때 군것질은 10원짜리 십리사탕이나 풍선껌이 전부였기 때문에 과자를 사먹는 것은 쉽지 않았어 그때 먹을 수 있었던 과자는 라면땅이나 꿀꽈배기

정도였어 어쩌다 서울 사는 친척이 오면 과자 종합선물세트를 사 왔는데 친구들을 불러놓고 자랑하며 먹고 싶은 과자를 맛볼 수 있었어 중학생이 되어서는 학용품 종합선물세트가 갖고 싶었지 필통과 함께 연필 자 각도기 지우개 칼 등 필요한 학용품들이 다 들어있는 선물세트를 누나로부터 받은 날이 아직도 기억에 생생해 그 이후엔 아내로부터 생활에 필요한 종합선물세트를 받았어 장롱과 화장대 냉장고 세탁기 밥솥 양복 등의 필요한 물건들이 다 들어있는 결혼종합선물세트를 받았어 또한 예쁜 아이들까지 덤으로 받았어 감동적인 선물도 시간이 지나면 잊혀지고 그 감사하고 행복했던 감동도 사라지네 더 크고 새로운 종합선물세트를 꿈꾸네 이제 나에겐 어떤 선물세트가 기다리고 있을까

257

나는 가끔씩 여자의 하이힐을 신었어 엉덩이를 치켜들고 몸을 숙인 자태에 발을 밀어 넣으면 G-스폿이 만져질 듯했지 무릎 나온 추리닝에 슬리퍼를 끌다가 문득 빈 자루 같은 몸을 추슬러 세우지 못을 박으며 못이 박히며 벼랑 위에 선 생고무 같은 엉덩이 들 허리를 곧추세우고 아랫배를 끌어당기며 괄약근을 조여 자루들의 끈을 묶으면 감각은 깎아지른 언덕에서 하이힐을 신었어 발기한 근육의 종아리 날선 유리의 균형 감각이 발바닥을 찌르네 발레슈즈를 신은 백조들의 비상으로 정상의 바위 끝에서 내려다보는 세상은 장난감 나라일 뿐이야 하이힐을 신은 나는 나무처럼 자라고 하이힐을 벗은 여자의 종아리는 물먹은 스펀지가 돼 몸의 감각에 불을 댕기는 하이힐은 하늘과 구름과 바람이 있는 고원으로 나를 실어가지 아슬아슬 줄을 타고 못을 뽑으며 못이 뽑히며 직선의 첨단을 또각또각 걸어가는 정점엔 유리처럼 투명한 빙벽의 추락이 보이지

258

물길 따라 계곡으로 흘러들어 저수지같이 어우러진 마을 사람들이 천 년의 꿈이 담긴 은행나무 말씀으로 살았지 노랫소리 그치지 않는 시냇가에서 하늘 향해 가지 뻗은 열 아름드리 은행나무, 세월의 두께엔 예정을 입은 은행 한 알의 비밀이 나이테로 새겨져 있었지 냄새나며 썩어질 삶 속에 단단한 씨알을 잉태케 했던 생명의 열매들, 잎맥이 부르트도록 손뼉을 치며 매미같이 노래하던 그 여름날은 참으로 뜨거웠지 허무의 섭리 속에 잎새들은 낙엽 되어 시들어도 금빛 햇살로 내려주신 말씀 한 구절 한 구절을 영혼의 책갈피마다 꽂아두면 노을빛 꽃물이 들었지 어머니 품속 같은 그늘에 앉아 물장구치던 옛 친구들은 뿔뿔이 흩어지고 마을은 전설 속으로 사라졌어도 은행나무가 손 잡아준 든든한 뿌리 하나씩 붙들고 물길 더듬어 살아가는 우리들의 내일은 빙설에 덮이어도 늘 따뜻할 거야

259

강가에 새겨진 시간의 단면들, 태고의 지층들이 쌓여있네 자갈 모래 진흙들이 시루떡처럼 층을 이루고 고압으로 압착된 절벽엔 수평과 수직의 십자가들이 새겨져 있네 수천 년 물의 톱질에 베어진 땅의 나이테들이 아름답네 몇 그루 소나무 절벽에 뿌리박고 물속을 들여다보네 세월 속에 융기와 침강을 이루는 경험의 지층을 이루고 있네 지식과 사고의 암석들이 압착된 당신의 지반은 이 절벽처럼 든든한가 눈물 흘러온 자리, 골이 패인 틈을 들여다보면 지층의 진실들이 보이지 협곡에서 만나면 알 수 있지 우린 지층 위에서 산다는 걸 뇌 과학자는 경험의 지층이 자아라고 말하지만 나는 지층 위에 집을 세우며 살았어 토성은 가스의 지층 속에서 살고 얼룩말은 지층의 무늬를 몸에 새겨 살고 나는 꿈의 지층을 이루고 살지 옷을 벗으면 언뜻 근육질의 주상절리가 보이지

260

시골길 옆 한적한 곳에 주유소가 석양녘에 서 있어 차는 기운을 잃어 가는데 직원은 보이지 않았어 간판은 떨어져 나가고 연료주입기는 녹슬어 있었어 담배를 사고 계산을 했을 매점엔 종이박스들만이 널브러져 있었어 24시간 불빛을 밝히던 사무실의 문은 굳게 닫혔어 어둡고 쓸쓸한 아카시아 숲 그늘만이 드리워진 주차장 활기차던 공기펌프의 소리는 멈추었지 정비장과 세차장엔 기름때 묻은 흔적들만 가득했지 동전을 집어넣으며 커피를 뽑던 자판기의 옆구리는 누구의 발길질에 채였는지 찌그러져 있었어 활력을 잃은 차들의 입에 주입기를 밀어 넣고 주유소의 등뼈를 타고 오른 기름을 주입하면 차들은 새로운 힘을 얻고 아카시아 숲길을 달렸지 만땅의 꿈으로 채워진 차들은 신이 나서 엔진을 살리곤 했지 이젠 새로운 시대가 찾아온 거야 석유를 먹고 자란 세대들이 사라지고 전기의 젖꼭지를 물고 자란 세대들이 등장하기 시작했지 거리마다 전기충전소가 들어서면서 냄새나는 주유소들은 설자리를 잃고 말았지 무섭게 자라나는 수소세대들이 성장하면 날마다 자동차들에게 젖을 물리던 전기충전소도 사라지겠지 세월의 뒷전으로 밀려난 주유소는 흉물스럽게 시골 길가에 서서 우두커니 석양을 바라보았어 지하에 매설된 탱크로부터 공급되던 에너지들은 더 이상 이곳에 존재하지 않았어 화석연료의 시대에 에너지원이었던 성경이나 불경 등 지혜의 고서들도 더 이상 시대를 밝히는 불이 되지 못할 거야 새로운 진화론이 수소발생기처럼 또 다른 에너지원으로 떠오르고 뇌 과학이 길거리마다 불을 밝히며 타오르기 시작했네 사물인터넷으로 무신론의 차들은 스스로 저마다의 길을 달렸네 길거리엔 영혼 없는 인간들이 태어나 극락이나 천당은 더 이상 에너지가 되지 못했어 찢겨진 경전의 책장들처럼 아카시아 잎들이 바람에 휘날리고

시대의 불을 나누어 줄 수 없는
주유소엔 어둠의 적막이 드리워
지네

빨간 몸통의 전화기

261

인생을 유화로 그린다면 덧칠할 수 있을 텐데 한 번 그려진 그림은 다시 수정할 수 없을까 바탕을 까맣게 색칠한 후에도 밝은 색조와 선명한 색의 농담을 쉽게 덧입힐 수 있을 텐데 하루하루 아무리 밝은 색칠을 해도 문득문득 내면의 어둠이 일어나곤 해 검은 도화지에 그리는 수채화처럼 우울한 운명은 늘 바닥에 숨어 있었어 혼을 녹이는 기름을 섞어야 무광택의 캔버스를 광택 또는 불투명의 오브제를 투명함으로 표현할 수 있을 텐데 내 혼엔 물 아닌 물이 섞여 있어 내 삶이 아니라서 두꺼운 칠이나 얇은 칠의 자유를 말할 수 없었지 다 헤어진 붓의 혓바닥엔 붉은 피가 배어 있었지만 어두운 삶을 감출 수는 없었지 울퉁불퉁한 시간을 가감 없이 그리지 못했어 한 방울 눈물에도 슬픔이 번지던 수채화의 시간 속에서 어느 날 단 한 번 회개의 덧칠로 새로운 삶을 그릴 수 있는 화방을 알았어 단 빨간색으로만 지울 수 있다는 피의 물감 돈 없이 값없이 거저 산 유화물감에서 새로운 세상을 찾았어 진리는 내 혼을 녹이는 기름이 되고 내 꿈은 캔버스 위에 지워지지 않는 빨주노초파남보 무지개를 그리네

262

막힌 혈을 뚫기 위해 침술원을 찾았어 허리에 찾아온 통증과 하반신 저림이 잘못된 자세 때문이라고 의사가 일침을 놓았어 장침이 뻐근하게 뼛속까지 찔러왔지 내 어릴 땐 회초리 드시던 어머니 말씀이 정체된 혈을 뚫어주었어 비위가 약해 조그만 일에도 심사가 뒤틀리고 맥이 뛰지 않던 체증에 사관을 놓았지 혈이 막히는 것은 생각이 막히는 것이란 걸 어른이 되어서야 알았어 그래 평소 나의 자세가 삐딱했었지 음

양의 기운을 다스리며 변하고 순환하는 세상만물의 이치를 통通하여 정심正心하지 못했어 비딱해진 세상을 바로잡지 못하고 잘못된 것을 잘못됐다 말하지 못했어 막힌 혈을 뚫고 몸 안에 고인 옹종의 생각들을 제거하기 위해선 피침이 필요했어 살을 째고 고름을 도려낼 칼의 침 골수를 쪼개기까지 하는 말씀으로 침뿌리 끝까지 찔러 넣어 혈을 뚫어야 했어 간절한 기도가 봉침이 되어 허리에 꽂혔지 끔찍하도록 다리 끝까지 전해지는 통증을 느끼고서야 깨달음이 전해졌네 침침했던 눈이 밝아지며 침로針路가 보였어

263

빨간 몸통의 전화기를 사랑했네 수화기를 들면 전해지는 하트의 언어들, 귓가에서 함박눈이 속삭였어 일방적으로 받을 수만 있었던 하늘의 음성들로 시작된 번호를 나는 알지 못해 누가 내게 하늘로 거는 전화번호를 알려줄 수 있을까 액정화면엔 발신자의 번호가 뜨지 않았지만 늘 세상엔 함박눈이 내렸지 나는 가끔씩 전화선 복구를 위해 새벽 교회를 찾기도 했어 강대상에 선 목사는 한 문장 한 문장을 읽으며 하늘이 닿을 것 같은 긴 선을 늘였어 나는 책을 덮었다 폈다 하며 ON/OFF 스위치를 작동했지만 끊기는 전화음을 알아듣지 못했어 기지국은 구름 속 어딘가에 있다고 사람들은 수런댔어 전봇대가 세워진 방향은 서산 너머 어디쯤인지 알 수 없었지 성경 속의 문장들을 다 이으면 하늘까지 닿을 수 있을지 나도 문장들을 꺼내 틈틈이 이어보았어 페이지를 열어 다이얼을 돌려봐도 빨간 성경책에선 발신음이 들리지 않았어 먹통이 된 전화기는 차갑게 식어있었고 나는 숨도 쉬어지지 않았어 언제쯤 하늘의 벨소리는 울릴까 하늘엔 구름만 가득하고 아직 눈발은 내리지 않는데 곧 겨울이 올 거라고 소문은 꼬리에 꼬리를 물고 퍼져나갔지

264

가게에서 별을 샀어 별 속에 길을 내고 빛을 밝혀 생명의 씨앗을 뿌렸어 여호와는 지구별의 하나님, 나는 검은 별의 하나님 메네 메네 데겔 우바르신 패턴인식으로 문을 연 세상엔 상징들로 가득했어 집집마다 별이 뜨고 손끝에서 사물들이 나타났다 사라지며 터치패드의 인사가 시작되었어 ET의 손끝에서 만나는 별들의 교신, 지하철은 신들로 가득했어 저마다의 행성에 문자를 보내고 메시지를 날리며 계시를 입력했어 서로의 중력을 확인하며 다운로드한 복음들이 가득한 행성에서 목마른 영혼들이 게임을 즐겼지 전쟁을 즐겨온 신들의 게임은 아직 끝나지 않았어 땅의 피조물로 전락한 자폐아들은 화면을 피로 물들이고도 스위치를 끄지 못했어 신이 된 별들이 서로의 안부를 물으며 우주로 뻗어가지 기계와 인간이 접속하여 응시하는 창에는 은하수가 흐르고 상형문자들이 출렁였어 한시도 하늘을 보지 않으면 불안한 중독, 매일 접신 중이야

265

나의 유서엔 피로 그린 십자가 하나 남기리라 십자가 속엔 모든 사물의 은유가 담겨있고 하고 싶은 말들이 들어있어 나의 자녀와 지인들은 붉은 십자가를 보면서 아는 만큼 느끼고 느낀 만큼 깨달을 거야 살면서 깨달은 것은 수천 마디의 말들이 무의미하다는 거야 정말 중요한 것은 내면에서 솟아난 깨달음과 스스로의 결정이야 살아서 한 말도 씨가 되지 않는데 죽어서 한 말이 무슨 표목이 되겠는가 십자가 하나를 마음에 새기면 세상 모든 만물을 얻는 것이요 십자가 하나를 깨달으면 세상 모든 지식을 깨닫는 것이니 내 삶의 전체를 요약한 십자가 하나로 유언을 남기리라

266

로고스는 고대 그리스철학이나

신학의 기본 용어로 파토스(주관적, 감정적)와 대립되는 개념이지 그리스어의 원래 의미는 '수집되어 정리된 것'으로부터 진화하여 언어를 의미했는데 말은 보편적인 의미를 갖는 것이므로 개념 논리 이론 사상 등의 의미로도 사용되었지 더불어 이성이나 세계의 이법으로도 사용되었는데 로고스와 유사한 개념으로 중국 사상에서는 도道라 하고 불교에서는 법法이라고 할 수 있지 그리스의 헤라클레이토스는 로고스를 우주만물을 지배하는 이법으로 받아들이고 이 사상을 계승한 스토아학파는 물리와 정신의 양 세계를 관통하는 세계의 이성이라고 했지

267

죽 그릇 속에 담긴 핏기 없는 얼굴들 흰 밥알로 풀어져 형광등 하늘을 비추고 있어 사발에 새겨진 竹 竹 竹, 죽음이 들리네 숟가락 뜨지 못한 얼굴에 멍한 눈동자, 희멀건 밥풀이 목구멍에 달라붙었어 몸 안의 죽들이 부글부글 끓어올라 역겨운 가스와 마그마로 화장실 변기에 엎드려 竹音을 토해 평생 죽 쑤며 살아온 사람들이 암자에서 마음그릇을 비우고 있어 暗 癌 庵 죽음粥飮을 맛보고 있어 막걸리 푸고 길바닥에 풀어져 오장육부 게워낸 보름달이 창가에 빈 사발로 남았어

268

세상을 다 볼 수 있는 리모컨 하나 갖고 있어 성경의 채널을 돌리면 아담과 하와가 보이고 산 위에 선 14만 4천이 보이지 주역의 채널을 돌리면 음양오행과 사상과 팔괘 그리고 64괘의 변화무쌍한 세계가 보이지 금강경의 채널을 돌리면 형상은 다 허망하며 형상을 형상 아닌 것으로 봄으로 여래를 볼 수 있는 경지가 열리네 아침에 눈을 뜨면 리모컨을 손에 들고 채널을 맞추고 있어 손을 쓰지 않아도 생각의 버튼을 누르면 눈앞에 펼쳐지는 영상, 나는 오늘 어느 채널에 맞추고 즐

거움을 만끽할까 지루하면 이것 저것 채널 사냥을 하다가 말쿠트의 세계에 빠지곤 해 예수는 티페레트의 경지에서 살았다는데 나는 리모컨 하나 가지고 케텔의 세계를 유람해 못자국 하나하나마다 또 다른 세계가 박혀있고 새로운 현실이 보이지 계절이 바뀌고 하늘 스크린에 구름들이 화질을 흐리게 해도 내 마음의 채널엔 비가 오지 않았어 세상을 다 볼 수 있는 리모컨 하나 반짝반짝 내 목에 걸려있어

269

상처를 간직한 얼굴에 월광이 흐르네 우수 젖은 달빛 속엔 그림자들로 가득하네 세상을 향해 웃음을 보여줄 수 있는 것은 숨김이 없기 때문이야 보름달처럼 둥실 떠오르려면 내 안의 그늘쯤은 두려워하지 말아야 했어 멍든 자국들을 내보일 수 있어야 했어 내 안의 콤플렉스들을 사랑해야지 달의 상처가 보일 때 가장 큰 슈퍼문이 되듯 내 안의 상처를 떳떳이 드러낼 수 있을 때 가장 큰 사람이 되는 것을 알았어 살다보면 때로 반달처럼 일그러지기도 하고 초승달처럼 주눅이 들 때도 있다는 것을 알았지 아예 존재감이 사라져 어둠 속을 헤맬 때도 있지만 자신감으로 세상에 자신의 존재를 드러낼 수 있을 때 가장 아름다울 수 있어 하현달은 사람들을 피해 자꾸만 새벽으로 밀리고 상현달은 모두가 바라보는 초저녁으로 등장해 서로 만나 콤플렉스를 말할 수 있을 때 그들은 이미 친구가 되지만 자신을 꽁꽁 싸매게 되면 고치가 되지 어둠 속에서 보름달로 떠오른 네가 아름다워

270

좋은 음식도 먹고 나면 치석이 끼지 좋은 마음을 먹어도 구석진 곳에는 때가 끼는 거야 칫솔로 치아를 문지르듯 날마다 마음을 씻었어 기억의 튜브에 담긴 불소 같은 말씀은 성냥골만큼만 짜도 반짝반짝 하루를 광낼 수

있어 고기와 나물을 씹으며 때론 친구를 씹고 사회를 씹으며 불순물로 달라붙은 세균들을 마모제로 닦을 때면 회개하듯 거품이 일기도 했어 뼈와 뼈 사이 좁은 틈까지 고백은 통하지 않는 곳이 없지 시리고 아픈 기억을 치유하며 붉은 잇몸까지 뽀드득 씻으면 표백된 목젖까지 환하게 드러내 놓고 눈부시게 미소 지을 수 있어 깨끗한 음식을 먹고 순수한 생각을 해도 날마다 닦지 않으면 때가 끼는 삶이야 삶의 뼈가 썩고 정신의 잇몸이 주저앉지 않게 하루도 빠짐없이 칫솔질을 해야 해

우리의 에덴은 어디일까

271

과일을 넣고 믹서의 버튼을 누르면 속도감에 풀어져 부르르 칼만 아파 몸을 떨지 진액의 향기와 빛깔로 이뤄진 파스텔 톤의 향기를 마시자 한 여자의 미립자가 미끄러져 들어오고 있어 본연의 맛이 씹히는 과즙이기 위해 우린 날마다 참회가 필요했어 섞이지 못한 물과 섞이려는 물로 살다가 엎질러진 거리엔 아우성이 가로수 그늘을 난도질했어 가는 소리와 갈아지는 소리가 내는 뭉크의 절규 말이야 사지마다 경련이 일며 칼의 울림이 부드러워질 때 상처가 섞인 과즙은 신선하고 향기로웠어 하늘은 해와 달을 돌리고 바람은 땅을 휘젓고 나는 세상에 흡수되지 못해 무수히도 칼에 베었지 벽을 허물며 울리는 몸 안의 믹서소리에도 열매들은 소리 지르지 않았어

272

리좀은 줄기와 뿌리가 비슷하게 땅속으로 뻗어가는 땅속줄기 식물을 가리키는 식물학에서 온 개념이야 철학자 질 들뢰즈와 알렉스 가타리에 의해 명명되었지 수목으로 표상되는 이분법적 관계에서 벗어나 마치 크랩그라스(crab-grass)처럼 수평으로 자라면서 덩굴들을 뻗는 식물과 같지 줄기에서 새로운 줄기를 뻗는 방식으로 중심(한계 지어진 구조)이나 깊이(주관하는 주체)가 없이 불연속적인 표면으로 형성되지 경직된 조직이미지에서 유연한 조직이미지로의 이동을 의미하며 단수성의 지배체제에서 복수성의 지배체제로의 이동을 의미해 수목모델이 근대성의 표현모델이라면 리좀모델은 포스트모던한 세계의 방식으로 전화되는 것이지 여기에는 여섯 가지의 성질이 존재하지 첫째는 접속이야 수목모델이 부분의 가능성을 제약하는 위계와 질서를 세우는 것인 반면 리좀은 다른 어떤 점과도

접속될 수 있고 그 접속의 결과 항상 새로운 전체를 만들어내지 둘째는 이질성이야 리좀적인 접속은 어떠한 동질성도 전제하지 않으며 다양한 종류의 이질성이 결합하여 새로운 것 새로운 이질성을 창출하지 동시에 그 속에는 어떠한 결정적인 보편적 구조도 안정적인 상태로 남아있을 수 없어 셋째는 다양성이지 리좀적 다양성은 차이가 어떤 하나의 중심, 일자로 포섭되거나 동일화되지 않는 이질적인 것의 집합이야 따라서 하나가 추가될 경우 전체의 의미를 다르게 만드는 다양성을 말하지 배치의 개념은 리좀적 다양성을 함축해 넷째는 비의미적 단절이지 비록 리좀들이 의미작용의 구조를 내포하더라도(영토화) 그들은 그 구조를 파멸시키고 탈영토화하는 비행의 선들을 내포하지 비기표적인 단절은 리좀의 특징인데 근원적인 의미나 기원으로 거슬러 올라가지 않은 채 떼어내 다른 것으로 만들어버리기 때문이야 이런 일들은 두 언어 사이만이 아니라 언어와 비언어, 동물과 식물들처럼 이질적인 지층들 사이에서 벌어지기도 해 말벌과 오르기테의 관계가 여기에 속하며 리좀들은 이원론과 구조들을 횡단하지만 결코 그것들로 환원하지 않아 다섯째는 지도 그리기야 리좀은 하나의 지도로서 미리 수립된 한정된 중심주변에서 구축된 발생적이거나 구조적인 모델의 흔적을 찾는 일이라기보다는 실재와의 접촉을 통한 실험을 위해 형성되었지 여섯째는 데칼코마니와 같아 재현과 대비되는 말로 모상을 정확히 옮기는 과정에서 대상의 변형이 일어나게 돼는 점을 강조해 이는 현실에 따라 지도를 그리게 되지만 그려지는 지도에 따라 변형되는 현실을 강조하려는 의도라고 할 수 있지

273

마실 간 카페에서 차를 마시다 세상으로 마실 나온 건 아닐까 생각했어 창밖엔 커피색 어둠이

내리고 하늘에 반짝이는 별 둘셋이 십리 길 산모퉁이 돌아서면 보이던 고향집 불빛 같지 빨대를 물고 흡입하는 추억엔 눈썰매 타던 빙석이 흐르네 얼음별에서 온 여자의 언어가 시럽으로 녹는 탁자 위엔 비행접시 같은 찻잔 둘이 놓여있어 먼 우주를 지나온 블랙홀의 눈동자를 들여다보았어 초롱초롱한 별들 마실에 앉아있으면 우주 밖으로 마실 나온 외계인의 얼굴이 보이지

274

황소를 탄 여인이 한낮의 고요에 잠겼어 유리같이 깨어질 순간을 모른 채 황소의 머리를 쓰다듬었어 백합의 피부에 불꽃 유방을 드러낸 공주의 검은 눈엔 햇살이 넘쳐흘렀지 우직함을 가장한 황소가 넓은 등을 내어주며 하늘이 담긴 눈으로 허공을 바라보았어 사랑의 징표로 뿔이라도 내어줄 것 같은 사내의 어깨에 몸을 맡긴 여인이 몽상에 잠겼지 순간, 등에 여인을 매달고 벌판을 달리고 바다를 건너서 그레타 섬으로 향하는 바람의 납치, 심장이 멈출 것 같은 공포로 황소의 목을 움켜 쥔 손이 떨렸지 천둥소리가 된 비명은 파도에 잠기고 별들은 폭력으로 태어났어 한 남자의 노예이고 싶지 않았던 여왕이 울며 잃어버린 시간을 회상했어 남자는 자신을 기념하기 위해 황소의 환영을 하늘에 별자리로 매달았지 누가 정지된 그림 속의 내일을 볼 수 있겠어 죽음처럼 다가오는 태풍의 길목에서 황소는 눈을 껌뻑거리며 순진한 척 서 있고 넋을 잃은 여인은 황소를 쓰다듬었지

275

낮에 아이에게 동화책을 읽어주던 아내가 옆구리를 움켜쥐던 모습이 잠자리에 들어서야 떠올랐어 그저 넘어졌을 뿐이라 했지만 억지로 야윈 몸을 들여다보니 남편 뒷바라지에 시어머니 섬기느라 남몰래 받았던 상처들이 시퍼렇게 드러나 보였어 등 돌리면

멀어진다고 늘 얼굴 맞대고 살면서도 안으로만 삭혀왔구나 싫어 파스를 붙여주고 돌아누우니 가랑잎 같은 손이 굴러와 가슴에 머물렀어 "괜찮아요 난 아무래도 괜찮아요" 잠꼬대소리에 꿈나라 동아줄이 내려왔어 어둠의 가지를 찍으며 아내와 아이를 찾던 나는 썩은 동아줄에 매달리다 천길 나락으로 떨어져 피 흘리는 불면의 수수밭이야 우리 집 호랑이는 자기 욕심만 챙겨왔구나 싫었어 별들이 반짝이는 창가엔 해님이 잠들고 은은한 달빛 미소가 가슴 저리도록 푸르게 비춰들었지

276

마파람에 실려 온 물감들이 땅에 쏟아지네 녹색이 번지는 대지 위에 뿌려지는 노랑 빨강 분홍 순백의 물감들을 봐 세상을 밝히다가 굳어진 자리마다 열매가 돼 페인트 통에 물감이 다 쏟아지고 나면 계절은 깊어지고 꽃은 시들어 분분히 지는 또 다른 바람의 세대들, 나도 바람개비처럼 마파람에 몸을 맡기고 나면 페인트 통이 엎질러진 벌판 가득 꽃잎이 될 거야 물감들이 번지며 꽃으로 피었다가 시들기까지 나는 봄을 노래하리라

277

배고픔을 채워줄 듯 공갈빵이 몸을 팽팽히 부풀렸어 구수한 냄새를 풍기며 바삭할 것 같은 첫인상이 좋았어 무게감이 없는 미소에도 노릇노릇한 피부와 번들거리는 이마의 윤택함이 평생 굶길 것 같지는 않았어 상대를 쪼개고 파먹는 삶속에서 느껴야 하는 배신감, 그의 공허한 가슴엔 공갈뿐이었어 꿀 한 스푼의 달콤한 언어로는 채울 수 없는 공복감 때문에 쥐어뜯을수록 허무의 공간은 커져갔지 배를 불리지도 못할 거면서 왜 유혹했는가 공갈빵인 사이비의 무리들이 복어의 몸을 잔뜩 부풀리고 길거리를 활보해 보형물로 채워진 젖가슴에선 젖이 나오지 않았어

278

나의 최초 직업은 우유배달사원이었어 하루 종일 책상에 앉아 공부만 하니 건강이 좋지 않았고 운동부족으로 다리가 후들거렸어 공부하고 운동하며 돈도 벌 수 있다는 제의가 들어왔지 5층짜리 아파트 단지에서 우유를 배달하는 것이었어 새벽에 잠깐 백여 군데만 우유를 돌리는 것이라서 대수롭지 않게 생각하고 권리금 30만원에 자전거와 우유소비자 명단을 인수받았어 10월에 인수받아 배달을 시작했기 때문에 새벽 바람이 상쾌했고 땀 흘리고 우유 한 팩을 마시고 나면 온몸에 힘이 돋았어 꿈같이 한 달이 지나고 추위가 시작되자 우유소비자가 줄기 시작했어 아침에 차가운 우유를 먹고 출근하기가 어렵다는 이유가 대부분이었어 우유판매가 줄자 대리점에서는 판촉행사를 준비하여 판촉물로 유리컵을 나누어 주었어 이제는 배달만이 아니라 집집마다 대문을 두드리고 다니며 판촉을 해야 했어 아파트 벨을 누르면 대부분 대답이 없었고 일부는 문을 '쾅'하고 닫기가 일쑤였어 사람들을 만나서 우유를 먹으라고 하는 것이 창피하고 자존심이 상했어 날씨가 더 추워지자 우유분량은 줄어갔고 분실우유도 많아져서 하루 종일 우유에 매달려야 했어 거기다가 월말이 되면 집집마다 다니면서 수금을 해야 했기 때문에 공부는커녕 쉴 시간도 없었지 몇 푼 안 되는 우유 값을 깎을 때면 싸울 수도 없고 한숨만 나왔지 내가 왜 이런 일에 뛰어들었는지 후회가 막심했어 겨울엔 배달시간이 더 걸려서 3시쯤 일어나야 했기 때문에 친구를 만날 수도 없었고 밤늦게까지 공부할 수도 없었지 빠져나오자니 인수자를 찾아야 하는데 한겨울에 우유배달을 맡을 사람이 나설 리는 만무했어 이렇게 나의 행정고시 준비는 2년 만에 파탄을 맞았어 후배의 꼬임에 세상물정 하나 모르던 20대에 처음 실패를 맛보았어 십원짜리 하나 가지고도 따지는 주부들과 상대하기엔 너무나 경험이 없었지 가장 힘들었던 것은 내 또래의 여자들이 무시하며 비웃었을 때였어 직업에 귀천은 있었어 지독하게 추웠던 겨울을 보내고 배달을 시작한 지 5개월 만에 보증금 반을 손해보고 넘겼지 씁쓸했지만 후련했어 새벽 몰래 마을 사람들을 피해 배달을 다녔지만 모르는 사람은 아무도 없었지 나는 우유배달이 왜 그렇게 부끄러웠을까 정말 부끄러운 일은 내가 하는 일에 당당하지 못함이었어 우유배달에 손을 대고 나서 나의 인생길은 오르막이었어

279

말은 튀어나갔지 경마장 스타트라인의 용수철 같은 말들이 튀었지 트랙을 한 바퀴 돌아오듯 내 입의 말들도 귀와 귀를 돌아 내 품으로 돌아오고 있어 그동안 비수 같은 말들을 토해내서 내 품으로 돌아온 말들이 비수를 꽂곤 했어 가속도가 붙은 힘으로 꽂힌 비수는 나를 관통하여 회복불능의 상황을 만들기도 했어 말의 잔등에 올라타 채찍을 휘두르는 기수들은 늘 바람이 되었어 풍문을 몰고 다니는 말들도 숨을 헐떡이며 입김을 토해냈어 한 말 두 말 근심을 측량하며 덜어내도 쉴 새 없이 쌓이는 말의 결과물들, 마권이 쌓이고 증오의 말들이 늘어나면서 말의 중요성을 알았어 트랙을 도는 말들은 속도감으로 등수가 매겨지지만 입에서 입으로 도는 말들은 품격에 의해 등수가 정해지네

매미의 우화

280

카스텔라의 부드러움이 느껴지는 볼에 하트를 그려주고 싶어 노릇노릇 구워진 카스텔라의 향기가 구미를 돋우는 빵집에서 그녀와의 이야기는 커피 한 잔에 카스텔라를 곁들여 먹는 맛이야 거품을 낸 달걀에 밀가루와 설탕을 버무려 구우면 부풀어 오르던 꿈, 얇게 썰어져 접시 위에 놓인 하루가 혀끝에서 녹았지 180도 정도의 열로 한 시간 가량 구워낸 사랑은 절단면조차 밀도가 고르고 탄력이 있었지 초콜릿색으로 구워진 표면과 노랗게 부풀어 오른 내면과의 차이로 식상할 수 없었던 시간들 쓴 맛이 강했던 커피와 섞여 달콤한 인생의 맛을 느낄 수 있었지 폭신하고 촉촉한 볼에 하트를 찍으며 서로를 베어 먹던 카스텔라의 사랑 고소한 생크림에 젖어 눈물 흘렸지

281

달걀 속에서 꽃들이 부화해 초콜릿처럼 녹아내린 달리의 시간 위에 알들이 깨지며 검은 잎을 피우고 있어 폭탄같이 웅크렸던 꽃봉오리가 남자의 몸에서 폭죽으로 터진 후 시작된 검은 우주의 빅뱅, 하늘엔 거위알 같은 별들이 눈을 떴지 동굴의 문이 열리며 열꽃을 피우던 여드름투성이 얼굴이 스치네 풀어헤친 머리칼에서 풀 비린내가 번지네 술병 마개가 빠진 안개의 숲, 팝콘처럼 터진 잎을 물고 배꽃 웃음이 쏟아진 곳에서 나의 뿌리를 찾았어 어둠이 내려 푹푹 발이 빠지던 늪에서 연꽃처럼 개화를 꿈꿨지 창밖엔 천둥소리로 흙탕물이 흘러갔고 계절은 지독한 거름 내를 풍기며 썩어갔지 늑골의 유정에서 불꽃을 길어 올리는 창세기, 몸 안의 용연향이 풀어지며 배꼽에서 꽃들이 부화해 흐물흐물 시계들이 녹는 사막의 땅으로 향수병이 넘어지네

282

터부는 살아있어 신성하거나 속된 것에서 깨끗하거나 부정한 것에서 접근할 수 없는 공포를 느끼네 함부로 만지지 말아야 할 물건이 있고 가서는 안 되는 장소가 있고 하지 말아야 할 행동과 말이 있지 터부는 삶을 옭아매거나 부자유스럽게 해 두려움과 사고의 제약을 가져오고 있어 터부의 삶이 존재하는 것은 초월적 존재에 대한 믿음이 있기 때문이야 조상들은 터부의 삶으로 인해 많은 어려움을 겪었지 영혼숭배로 인해 돌을 섬기고 나무를 섬기며 헛되이 절을 해왔지 내 마음의 징크스와 터부는 내 스스로 만든 하나의 장벽이야

283

내 몸에 핵탄두를 장착했어 한 번 터지면 온 세상을 휩쓸어버릴 핵 세포의 핵이며 몸의 핵이며 정신의 핵이며 삶의 핵인 말씀이 머리가 되었어 대륙간탄도미사일도 도착할 수 없는 당신과 나 사이엔 인공위성보다도 더 정확한 텔레파시가 흐르네 폭약의 말씀이 유도된 중심에 명중하여 터질 때 하나의 세상은 파괴가 아니라 새로운 시작이 되지 새 생명의 뇌관을 건드린 폭풍이 온 세상에 꽃씨를 날리네 뿌옇게 하늘을 뒤덮은 낙진은 닿는 곳마다 죽음 대신 생명을 잉태하였어 죽음의 핵을 만드는 자와 생명의 핵을 만드는 자와의 사이엔 강물이 흐르지 둘은 서로 다른 프로그램을 입력했지만 나는 기억장치에 새싹을 입력하고 자동제어를 설정했어 로켓엔진이나 제트엔진보다 빠르게 바람이 불고 겨울의 강을 건너 봄이 왔지 당신과 나 사이는 아무리 먼 대륙일지라도 사랑의 버튼 하나면 날아갈 수 있어 폐허가 된 땅에 꽃씨를 뿌리는 핵탄두를 날려 보내며 죽음을 파괴하는 방사능의 핵폭발을 일으켰어 너와 나의 핵반응이 불러오는 거대한 에너지의 분출

284

나는 17년 동안 땅속에 살다가 매미로 깨어나 첫 시집을 냈어 7일 동안 살다가야 하는 생이기에 치열하게 울부짖었지만 세상은 아무런 관심도 주지 않았어 나뭇잎 뒤에 앉아 남몰래 받은 영감들을 써서 죽기 전의 알로 남겨놓았어 하늘의 별들이 꿈꾸는 나무에서 나는 오늘도 피 흘리는 태양을 못 박았어 깨어날 알들의 눈부신 여름을 위해

285

빛이 파래서 파래인 그녀의 몸에선 해초냄새가 났어 꿈이 많은 사람은 물속에 있어도 파랗게 빛나서 깊은 수심을 만들거나 맑은 하늘을 비추었어 물살에 흔들리면서도 뿌리를 잃지 않는 것은 단단한 바위를 붙들고 살아가기 때문이야 바다의 꿈이 녹은 파도를 먹고 자라서 뼛속까지 파란 파래, 파래와 함께 사는 바위섬엔 물새알도 파란물이 들고 파란 물결 흘러들어 날마다 파란 꿈길이 열렸지

286

뻐꾸기의 울음이 숲속을 울리네 휘파람새의 집에 몰래 낳아둔 새끼를 부르네 휘파람새보다 먼저 깨어나 알들을 내어던지고 혼자서 집과 먹이를 차지하기 위해 '일어나라, 깨어라' 살인의 피가 흐르는 너의 조상도 배신과 술수에 능했느니라 온 숲에 울려 퍼지는 뻐꾸기의 살인 지령, 시계 속에서 나와 시간마다 울던 뻐꾸기의 울음이 집안을 망치는 주술였어 봄마다 울던 봄의 전령사가 피로 태어난 살인자였어 탁란을 꿈꾸는 뻐꾸기의 날개들이 둥지 위로 날아오르네 철모르는 휘파람새 휘파람만 불고 둥지 속의 알들은 떨어져 깨어지네 어미 휘파람새보다 덩치가 큰 새끼 뻐꾹새가 혼자만 웅크린 채 무섭게 먹이를 받아먹었어 뼈골 빠지게 키운 뻐꾸기는 엄마 품으로 날아가고 빈 둥지만 남은 집에서 어미휘파람새는 휘파람만 불지 탁

란의 시대에 사람들은 봄이 왔다고 좋아했어

287
눈 속에 핀 홍매화가 붉었어 순백의 세상에 뚝뚝 흘린 핏자국 백색 천 위에 수놓은 초야의 핏방울이 뜨거웠어 얼어붙은 세상, 봄을 기다리며 눈밭에 흩날리는 향기, 태양조차 몸을 숨긴 뜨락에 꽃의 말씀이 눈부셔

288
태양은 매일 뜨지 않았어 구름옷을 입고 출근하는 하루는 비나 눈이었어 천둥소리에 풀들은 고개를 움츠렸지 회오리에 추풍낙엽의 증권들, 핏빛으로 물드는 창문으로 썰물이 빠져나가고 사막의 도시엔 발자국을 묻는 모래바람이 불었어 안개 속을 잠행하며 자리를 지켜오던 사람들도 보이지 않았어 면도날 같은 예상이 일기예보를 빗겨가지 계절이 공존하던 객장엔 수축하는 시간의 지층이 쌓이고 동전만한 우박이 사선을 긋었어 내려치는 번개에 후줄근히 등줄기가 젖었어 쾌청을 꿈꾸는 실내와 구름 낀 실외와의 기온 차에 유리창엔 성에가 꼈지 기쁨과 슬픔의 기상도가 교차하는 스크린, 삼한사온을 오가던 엘리베이터의 로프마저 끊긴 수은주의 하강에 구겨진 날씨의 하루는 눈보라였어 몸을 웅크린 사람들의 하루도 눈사태였어 영원한 겨울은 없는 법이라서 영원한 여름을 꿈꾸지 않았어 내일 먼 바다의 파고는 높음이래 강풍이 불수록 깃발들의 심장이 펄럭였어

289
담 밑에 맨드라미가 불타네 한 여름 더위를 살라먹고 태양으로 피어나 세상을 밝히네 태양은 하늘에서만 떠오르는 줄 알았어 태양은 동쪽에서 떠서 서쪽으로 지는 줄만 알았어 하지만 땅속에서 떠오른 태양은 밤에도 지지 않고 꽃밭을 밝히지 한 여름 내내 성화로 타오르다가 서리 맞고 시들

어 불꽃축제를 마치는 폭죽 같은 삶이야 뜨거운 정열의 씨앗을 받으며 숯이 된 불씨를 모으는 걸 봐

290

키위 알레르기로 응급실에 실려 갔지 크리스마스이브 케이크 위에 얹어진 한 조각의 키위가 면도날처럼 목을 긁으며 통증과 호흡곤란을 가져왔지 내가 가장 좋아하던 과일 중에 하나였던 키위가 왜 그날은 나를 죽음으로 몰아넣으려 했을까 난 키위에게 잘못한 사실이 없지 그러나 키위는 과다수요를 예상하여 미리 만들어 놓은 불량 케이크에서 부패한 것 같아 내가 나쁜 맘을 먹지 않고 잘못한 일이 없는데도 누군가 나를 죽일 수 있다는 사실을 경험했어 나의 알레르기 증상은 키위뿐만이 아니야 꽃게 때문에 혈액투석을 한 적도 있고 번데기 때문에 새벽에 차에 실려 병원에 가기도 했어 이들 모두는 한때 내가 좋아했던 친구들이며 동료였어 무엇 때문에 내게 등을 돌렸을까 어쩌면 나의 무너진 면역체계 때문인지도 모르지 내가 약해지면 언제든 친구도 동료도 나를 배신할 수 있음을 보았어 한순간 변질되고 부패된 그들로부터 위험에 빠질 수 있어 내가 강하지 않으면 나의 면역체계에 문제가 생긴다면 나는 언제라도 심한 발작과 함께 죽음에 이를 수 있어 좋았다가 한순간 마음을 바꾸는 배반의 이름들은 늘 불안하지 언제 적이 될지 모를 그들에게서 부패의 흔적을 살피고 있어 나는 어느 순간부터 알레르기가 없는 순수한 이들을 찾게 되었어 삶을 순수하고 아름답게 받아들이며 남에게 해가 되지 않는 비알레르기의 이웃들은 언제 만나도 믿음이 있어 좋아

291

구두 속에 비밀이 숨겨져 있어 유전자의 약점을 감추기 위한 5센티미터의 숨겨진 깔창, 난 이미 가식적인 사람이란 걸 알고 있어

순수했던 내가 아니야 치아를 교정했고 머리염색을 하며 숨겨진 옆구리의 살들을 감추고 살지 성형미인을 보고 험담을 했고 짙게 화장한 얼굴을 보고 비웃었지 거짓말을 하며 자신을 유리하게 변호할 때 카멜레온의 이름을 붙였어 정글에서 살아남기 위한 반칙과 트릭의 일상에서 나도 강자인 양 보호색을 띠며 깃털을 세워 몸집을 부풀렸지 거친 욕을 하며 광란의 질주를 하고 추월과 끼어들기에 능해졌지 들킨 자는 비판되고 들키지 않은 자는 용납되는 은폐의 숲에서 살아남아야 했어 발가락의 뼈들이 휘었어 목과 눈가에 칼자국이 남았어 호스로 빨아들인 나의 지방덩어리들은 더 이상 나를 그리워하지 않았어 살아남기 위해 과감히 나의 일부를 잘랐어 일부의 공장은 폐쇄됐고 발전소의 불들은 꺼졌어도 함몰된 젖가슴을 감추며 고상하게 살아가지

292

화선지에 찍은 먹물 한 방울, 그림이 완성된 후에야 용의 눈이었음을 알았어 한 방울의 먹물 같은 삶이라고 원망하지 말아야 해 인생은 다 살아봐야 나의 죽음이 화룡점정인지도 알게 돼 옳지 않은 일에 당당히 가위표를 하리라 가위들이 살아서 삶의 여백을 잘라내면 아름다운 십자가가 되리라

293

가위질소리를 내며 시계가 시간을 자르네 긴 가위가 한 바퀴 돌면 1분씩 잘려나가는 시계의 중심엔 시간이 흐르지 않았네 고속주행하는 고속도로 위에 바퀴들도 중심엔 속도가 존재하지 않았네 가장 깊은 중심은 외부의 어떠한 변화에도 흔들리지 않아 중심을 잡지 않으면 디스크의 음악은 돌지 않지 부드러운 멜로디와 행복에 겨운 박자들도 중심에서 탄생하는 거야 돌고 도는 이 땅의 사계절과 매일 다른 365일

도 중심의 힘이야 중심에 서면 세상을 다 얻는데 중심을 잡지 못하는 한 사내는 포장마차에서 나와 비틀비틀 어디로 굴러가는가 시간의 중심에 서면 영원하고 바퀴의 중심에 서면 흔들림이 없지 바람의 중심은 늘 하나의 점 중심이 되는 순간이야 태양도 나를 향해 돌고 별들도 나를 향해 뜨지 무수한 가로와 세로가 만나는 곳은 십자가의 중심이야 하나의 점 위에 서면 중심이 되지 시계는 시간을 자르고 자는 세상을 재고 있다 해도 중심은 언제나 영원한 제자리야

294

대나무에 못을 박으면 쪼개지네 자신을 쪼개지 않고서는 못을 받아들일 수 없는 성품이 죽창처럼 날카롭지 뼈로만 살아온 삶에 이는 공허한 바람소리조차 퉁소가락이 되었네 마디마다 구름을 채우고 하늘 향해 치솟는 줄기로 살았어 예리한 영성은 첨탑처럼 높고 뾰족하여 하늘을 찌르는데 움켜쥔 뿌리는 독수리 발톱처럼 강하지 푸른 귀를 열고 날마다 하늘을 지나는 바람소리를 들었어 미세한 발자국소리에도 눈뜨는 이파리들이 허리 굽혀 손 흔들며 햇살을 뿌리네 대숲에 쏟아지는 금빛 말씀들, 빛살로 뿌려지는 핏방울이 숲을 적시었어 뼈대로만 살아온 지조의 족속은 죽기까지 늘 푸르지 하늘로 뻗은 푸른빛의 숲에는 잠시 머물다 가는 달조차 푸른 물이 들고 있어 죽어서도 빈 가슴 공명하며 하늘을 노래하리라 머릴 풀고 구름을 비질하는 대숲엔 청명한 하늘만이 떠있어

295

싸락눈 내린 달밤처럼 메밀꽃이 환하네 어린 시절 밤하늘에 떠있던 별밭은 하늘의 메밀꽃 밭이었는지 모르네 메밀꽃 하나하나 별이 되어 빛을 발하는 메밀밭은 땅인지 하늘인지 분간할 수 없네 내가 지금 걷는 길은 천국만 같아 바람에 불려오는 메밀꽃

향기, 어디선가 들려오는 계곡물 소리 풀벌레소리가 다 찬송가네 은꽃으로 장식된 별밭에서 듣는 메밀꽃들의 허밍, 천상의 화음이 가슴에 물결치네

296

라면을 끓이면 파마머리 같은 면발이 보글보글 익었어 굵고 가늘고 길고 짧은 면발들이 개성 있는 머릿결처럼 풀어졌어 성격이 다르고 헤어스타일이 다르듯 면발의 맛과 모양도 상품에 따라 제각각이야 파스타의 스트레이트 파마와 노랑 염색의 면발과 냉면의 가늘고 긴 회색의 생머리, 우동의 희고 굵은 면발에 간짜장이 비벼진 검은 머리, 짬뽕의 불그스름한 염색의 면발, 소바의 적고 깔끔한 메밀면의 컷트, 국수와 칼국수는 할머니 흰 머리 같은 면발이지만 그 중에서도 특별한 것은 홍두깨의 면발이야 식재료의 종류에 따라 또는 삶아진 불의 세기와 시간에 따라 맛과 모양은 천차만별이야 그릇에 담겨 나온 한 움큼의 면발을 보며 다양한 사람들의 헤어스타일과 성격들을 떠올리네 머리 모양만 봐도 출신과 성격을 안다고 했듯 그릇에 담긴 면발을 보면 저마다의 개성과 맛을 느낄 수 있어 한 그릇의 용기에 담긴 다양한 생각들, 라면의 면발이 인간의 뇌처럼 생각하고 말해 파스타의 면발이 달콤하게 속삭였어 뜨겁게 삶아져서 부글부글 끓어온 생의 불길을 건너 성숙된 맛으로 다소곳이 앉은 식탁 젓가락으로 휘저어 말아먹는 상상의 면발들이 입 안에서 풀어지네 밀밭과 메밀밭의 눈부셨던 기억들, 혀로 느끼는 언어들이 쫀득해

297

좌선을 하고 손바닥을 여니 하늘이 들어왔어 혈맥을 타고 온몸에 채워지는 기온은 푸른데 단전으로 끌려온 바다가 밀물과 썰물을 만들었어 일곱 개의 차크라가 몸에서 빛을 발하자 북두칠성이 떠올랐어 숨구멍 하나하나가 별

이 되어 은하수의 기운을 빨아들였어 해가 뜬 하루가 지나고 밤이 되어야 알 수 있는 우주의 신비를 눈감고 단전을 연 뒤에야 보았어 정신없이 살아가는 하루는 태양에 가려져 볼 수 없는 한낮의 우주와 같지 눈을 뜨고 있는 시간은 사물의 유혹으로 자신을 보기가 어렵지 세상의 만물이 보일 뿐 만물 뒤의 영원한 것을 보기 어렵지 태양이 사라져야 밤하늘의 별과 신비한 우주를 볼 수 있듯 눈을 감고 외부의 유혹이 사라진 뒤에야 자신의 내면을 볼 수 있어 태양 아래 보이는 세상은 좁듯이 눈 뜨고 보는 자신의 세계는 좁고 보잘 것 없지 내 자신을 제대로 보려고 나는 눈을 감고 밤의 문을 열었어 낮에 보이지 않던 은하수의 물결과 별들의 생과 사가 보였어

모래알로 쓰는 일기

298
돌덩이로 굳어진 명태가 몽둥이를 맞았어 뼈와 살이 발라지고 부들부들 연해지고서야 멈추는 매질, 양념을 얹어 찜통에 쪄진 후에야 밥상에 오르네 내 맘대로 살던 세상은 바다 같았지 물살을 가르며 파도를 건너뛰었어 하지만 나 아닌 다른 사람을 위해선 매질이 필요하고 뼈와 살이 발라져서 익어야만 해 상대의 간사한 혀의 비위를 맞추려면 엉덩이 살이라도 떼어 먹여야지 한 마리 명태만도 못한 삶을 살면서 뼈와 살이 발라진 명태찜을 술 안주했어 몽둥이를 맞고서도 뼈와 살이 발라지지 않은 명태는 밥상 위에 오를 수 없지

299
부르면 언제든 달려오는 콜택시는 가격을 지불해야 해 나를 위해 베풀어지는 호의는 공짜가 없지 미소 짓는 얼굴에서 부담스런 채무를 느끼네 세상은 베일에 가려지고 얼굴들은 복면에 감추어졌네 선물은 사라지고 뇌물만 남았어 마음을 담은 봉투는 청탁서가 되었고 음식들은 복통을 일으키거나 급체를 일으키지 정당한 가격에 맞게 모든 관계를 계산해야 할 때가 된 걸까 따뜻한 성의를 기대할 수 없다는 현실이 추웠어 콜택시를 부르듯 내게 거저 주어진 것은 없지 늘 값을 지불하되 돈으로만 환산하지는 말아야 해 이젠 화폐 대신 행복으로 환전하면 어떨까 10초 미소만큼의 행복과 위로 한마디만큼의 행복과 박수쳐준 한순간만큼의 행복을 계산하여 나도 남에게 행복으로 갚을 수 있는 사회였으면 수천만 원의 뇌물이 준 행복은 얼마나 될까 행복보다는 불안감이 더 컸겠지 행복이라는 화폐가치를 통하여 주변의 모든 관계를 평가하면 자연에 감사하고 하늘에 보답하는 삶이 될 거야

300

세계로 향하는 창문을 열었어 파워를 넣고 푸른 단추를 눌렀어 열려라 참깨, 나는 원하는 대로 갈 수 있어 바다를 클릭하자 파도와 갈매기가 있는 섬에 들어와 있어 유체이탈을 배운 적 없지만 히말라야 꼭대기에 설 수 있어 심해에 들어갈 수도 있고 은하계까지도 단번에 도달해 앉아서 벽 너머의 세상을 볼 수 있어 이미 초능력자가 되어 신의 세계를 넘보고 있지만 하루는 불안과 초조함으로 시작돼 언제 자동차가 덮칠는지 언제 암 선고를 받을는지 언제 실업자가 될는지 몰라 잘 먹고 잘 살면서도 맘 편한 날이 없지 고대시대의 왕들보다도 멋진 삶을 살면서 큰 집을 사고 좋은 차를 타는 이웃을 보며 괴로워해 어떤 이는 삶을 포기하고 가상공간으로 떠난 이도 있어 버튼만 누르면 밥이 나오고 총알택시가 오고 쇼핑을 해 가만히 앉아서 세상을 유람할 수 있는 능력자인데도 늘 괴롭고 불안한 절벽에 서 있어 과학의 힘을 통해 엄청난 능력을 소유했지만 그것은 진정한 나의 능력이 아니야 모두가 할 수 없는 것을 내가 할 때 그것이 초능력이야 모두가 날 수 있을 때 내가 나는 것은 의미 없는 능력이야 세계로 향하는 창문을 닫고 어둠 속에 서자 내 모습이 보였어 스르르 문을 열고 들어가지 내 안에서 나를 만나는 것이 진정한 초능력이야

301

바닷가 모래밭에 일기를 쓰네 다 쓰고 나면 파도가 다가와 하루를 지우네 모래 속에 집짓고 사는 달랑게도 지워진 시간을 아쉬워하며 석양을 바라보았네 석양엔 언제나 눈물이 번졌네 어부들도 그물에 걸린 노을을 배에 싣고 돌아왔네 모래 위에 발자국을 남기거나 몇 마디 글씨를 쓰는 것이 전부인 바닷가 사람들은 늘 젖어서 살았네 밀려왔다 밀려가는 포말을 뒤집어쓰고 진주의 꿈을 키우는 모래밭엔 젖은 이야

기들로 가득했네 지우고 쓰고 또 쓰고 지우는 파도의 일기를 바닷가 사람들은 알몸으로 읽었네 한 바구니 가득 별을 캐면 먼 나라의 이야기까지 조가비의 몸속에서 들었네 무성한 소문만 남기고 알맹이가 빠진 빈 조가비가 쓰고 지운 언어들이 바닷가 모래알로 쌓였어

302

카세트의 파워를 누르면 해마의 어디쯤엔가 돌돌 말려있던 기억들이 풀려났지 곱씹으며 되감기했던 얼굴과 이름들이 흘러간 유행가처럼 재생되는 네모 상자 속으로 빨려들었지 빨간 버튼을 눌러 기록했던 순간들은 잊고 싶지 않은 내 생의 클라이맥스 자기테이프 안의 시간들이 늘어져 흐물거리는 당신의 목소리를 듣고 또 들어도 질리지 않던 밤 스피커의 젖은 목소리가 빗소리로 다가왔지 카세트 하나만 있으면 청춘은 신나는 노래와 춤으로 볼륨을 높였지 더블데크의 웅장한 음악을 울리며 막춤을 추던 전성기는 다시 재생되지 않는 걸까 버튼을 눌러도 낡은 테이프는 자꾸 끊기고 다 닳아버린 건전지가 녹슬어갔지 자성磁性의 시대는 변하고 친구였던 카세트들도 하나 둘 폐품처리 되었어

303

땅에서 하늘로 가는 컨베이어 시스템이 건립되었어 올려놓기만 하면 몸이든 물건이든 하늘까지 갈 수 있어 누군가는 무지개라 했고 은하철도라고 했어 멀리서 보면 보이는 것 같은데 다가가면 보이지 않아 누구는 신기루라고도 했어 모터의 힘으로 돌아가는 컨베이어 벨트에는 자연의 법칙이 걸려있었어 컨베이어 위에서는 불량품이 회수되었고 재생의 과정을 거쳐야 했어 완제품만이 컨베이어를 타고 하늘에 다다를 수 있었어 나는 아직 미완의 조립 상태야 몇 개의 콘덴서와 다이오드가 빠졌네 부품을 꽂고 끓는 납물에서 구멍을 때워야 해

완전한 생체조직을 갖춘 후에야 공중의 전파를 받아들일 수 있어 영상을 수신하고 전송하면서 육체에서 벗어나 정신과 영혼의 주파수를 맞출 수 있어 최종 단계의 큐씨가 합격라벨을 붙이는 순간 나는 무사통과할 수 있어 컨베이어 벨트가 땅에서 하늘로 흐르네 컨베이어 벨트에는 보이는 부분과 보이지 않는 부분이 있어 보이는 부분은 땅에서 하늘로 흐르고 보이지 않는 부분은 하늘에서 땅으로 흐르네 하늘에서 땅으로 흐르는 것을 순천이라 하고 땅에서 하늘로 흐르는 것을 역천이라 했어

304

한일자를 쓰윽 그으니 수평선이 되고 지평선이 돼 비라도 내렸다면 씨앗이 자라서 하늘로 향했을 텐데 시작과 끝이 있었다면 영원으로 향하는 길이 되었을 텐데 화선지에 갇히고 나니 하나일 뿐이야 한일자를 긋듯 가슴 속에서 마음 하나 먹으면 수평선이 되고 지평선이 되지 새로운 길을 만드는 결심이 마음에 갇히면 그냥 일회성의 줄긋기에 불과할 뿐이야

305

목구멍은 밑이 터진 자루의 입구야 태어나면서부터 수십 년 자루를 채웠으나 아직 다 채우지 못했지 매일 포만감으로 다 채운 듯 했다가도 어느새 자루는 비어 있어 날마다 목구멍을 열고 음식을 채우라고 허덕이는 자루들이 길거리마다 걸어 다니네 자루의 입구를 열고 외쳐대는 말에서 쉰 밥풀과 썩은 생선토막들이 튀어 나오고 있어 지나가는 개와 하이에나가 주워 먹는 음식엔 신선함이 없었지 하루의 분량을 다 채우고서야 침묵할 줄 아는 자루의 바람 빠지는 소리, 자루를 채우기 위해 오늘 하루도 목구멍을 열었어 자루 속에서는 어떤 음모가 진행되고 있는가 거꾸로 자루를 들면 욕지거리가 쏟아지는데 언제까지 목구멍을 채워야 하는가

자루가 자루를 삼키네

306

달빛이 내린 밤, 눈처럼 뭉쳐 가지마다 달빛을 매달았어 눈이 부신 목련의 꽃잎은 달빛의 성분임을 알았어 흰색의 색소와 섬유질, 미량의 물로 이루어져 있고 조각조각 갈라져 떨어지면 얼마 후 검게 시들어 간다는 것을 왜 달빛은 이 봄에 자신을 매달았을까 사랑할 때는 그토록 아름답던 달빛이 조각조각 흩어져 시들어 가지 가지 위에서 눈부시게 환하던 달빛이 뚝뚝 떨어져 썩어가지 나무에서 빛났던 얼굴들이 헤어지고 난 후에,

307

모델은 회화 조각 사진 등 예술상 모방의 대상물 또는 인물을 말하지 조각에서는 찰흙으로 만든 원형을 말하기도 하고 건축에서는 설계와 시공간의 관계를 판단하기 위해 일정한 축소율에 의해서 모형을 만드는데 이것을 모델이라고 하지 화가 또는 조각가의 연구용으로써 인체의 자태를 기능적으로 연구할 목적으로 만들어진 마네킹이라는 인체모형도 모델이라고 할 수 있어 인간은 모델을 만들고 그 모델을 본받으며 살아가기도 하지만 자신이 모델이 되어 남에게 영향을 주기도 하지 그 영향에는 긍정적인 영향도 있는 반면 부정적인 영향을 끼칠 수도 있지 내가 모르는 사이 남의 긍정적 모델이 되어 존경을 받는 경우도 있지만 부정적 모델이 되어 욕을 먹는 경우도 있지 사람이 누구를 모델로 삼느냐에 따라 삶이 달라지지 역사적 인물을 모델로 삼으면 역사적 인물을 닮아갈 것이고 유명한 싸움꾼을 모델로 삼으면 싸움꾼을 닮아갈 거야 당신의 모델은 누구인가

308

목어가 빈 몸을 울리네 평생토록 눈 한 번 감지 않고 배를 열어 세상을 향해 알을 쏟아 놓았

어 배를 울릴 때마다 물고기 비늘 같은 치어들이 계곡을 따라 흘러가지 목어는 왜 산으로 왔을까 가장 높은 곳에서 세상을 향해 알몸으로 매달렸네 욕심 없는 목어가 세상을 울리네

309

인간의 모랄은 용서와 화합이야 이웃을 용서하고 화합하여 하나의 형제가 되는 거야

310

정상을 정복하기 위해 베이스캠프를 쳤지 평평한 바닥을 골라 텐트를 설치하고 필요한 물자들을 쌓았어 물을 구할 수 있으며 고소의 영향이 없는 편안한 휴식처 히말라야의 눈보라를 뚫고 빙벽을 타고 올라 정상을 정복하기 위한 전진기지에 셰르파들은 희망을 날랐어 정상에 오르면 반드시 내려와야 한다는 것을 알면서도 자일에 목숨을 걸었어 악어처럼 입 벌린 크레바스의 목구멍 바람이 불면 고립의 길에서 신을 만날 거야 허락하지 않으면 밟을 수 없는 정상이 속살을 보여주네 짧은 순간 바람이 멎고 안개가 걷혔어 주어진 기회를 위해 혼신의 힘을 다해야 해 빙벽에 못을 박으며 매달렸어 누가 정상은 바라볼 때 행복하다고 했던가 정상은 아주 짧은 순간에 맛볼 수 있는 술이지만 취기는 평생을 가지 나는 그 취기를 얻기 위해 몸부림치다 이빨과 손톱들이 빠졌네 정상에 오래 머물려고 하면 죽을 수밖에 없으므로 내려올 때를 알아야 해 저마다 베이스캠프를 치지만 정복하는 자만이 얻을 수 있는 정상은 순간의 미학이야

고서와 양서

311

일 년 열두 달은 구겨질 종이에 불과하였어 달력에 새겨진 숫자 하나하나 기다림과 아쉬움으로 동그라미를 그리며 카운트다운 하던 날들은 바람으로 지났지 숫자들이 숲에서 나뭇잎으로 떨어졌어 가지마다 매달고 펄럭이던 생기들이 시들며 허무만을 남겼지 보잘 것 없는 열매들을 맺기 위해 나는 하늘을 다 덮을 듯 부산하게 살았구나 이웃들에게 큰 그늘이라도 만들어줄 듯 후드득 빗소리를 냈구나 지나고 나면 살아온 날들은 숫자에 불과하지 몇 년 몇 월 며칠, 이런 일이 있었지 까마득한 절벽에서 숫자를 찾았어 하루가 길고 대단한 줄 알았어 일 년 열두 달이 성장기엔 지루하고 지친 오르막이었어 절벽에 서니 하루가 낙엽 한 장만도 못하고 사계절은 옷을 갈아입는 시간만도 못하지 원의 연못에 던져진 순간의 돌덩이 하나 잠기어 가지

312

평생 맞아야 하는 삶이 있어 평생 울어야 하는 삶도 있어 열매를 위해 살아온 대추나무가 속을 비우고 모서리들을 깎아내어 둥근 방울이 되었어 성불과 해탈을 외치는 목소리, 산사를 벗어나 숲을 울리네

313

은하수는 별들이 건너는 횡단보도이거나 강이야 저마다 손을 들고 깜박깜박 위험신호를 보내지 밤마다 불이 켜지고 누 떼 같은 별들이 먹이를 찾아 은하수를 건널 때 블랙홀은 악어처럼 입을 벌리고 별을 삼키지 하루에 수백 개의 별들이 삼켜져도 번식력이 좋은 별들은 푸른 하늘에 새끼를 낳아 금세 초원을 가득 채우지 가끔씩 길을 잘못 찾은 별들은 절벽으로 떨어져 운석이 되곤 해

그때 난 누 떼의 비명소리를 들었어 살기 위해 몸부림치는 별들의 길 찾기는 밤마다 계속되었지 우기에는 보이지 않던 별들이 건기만 되면 먹이를 찾아 은하수를 건너 하늘을 횡단했어 난 죽어서 별이 되고 싶었는데 이젠 삭막한 하늘에서 살고 싶지 않았어 누 떼들은 왜 죽음을 무릎 쓰고 강을 건너려하는가 횡단보도를 건너며 나는 어느새 누 떼 속의 누가 되었지 사는 건 건너가는 일이야 죽음을 건너고 절망을 건너면 만나는 푸른 초원도 식상함의 건기가 찾아오고 풀들이 사라지고 나면 죽음을 뚫고 달려가는 누 떼의 행군, 초원을 찾아 은하수를 건너는 건 운명이야

314

뼈를 갉아먹으며 벌레들이 이빨에 구멍을 뚫었어 잠시 한눈판 사이 바위틈을 비집고 들어와 집을 지었지 설마 강철도 씹을 수 있는 단단한 뼈를 무너뜨릴 거란 생각은 하지 못했어 정을 두드리며 밤마다 집요하게 내부로 파고드는 망치질을 느낀 후엔 이미 늦었어 먹고 마시며 씹었던 쾌락의 침입자는 벌써 나의 한쪽 성벽을 허물고 있었어 마지막 기둥마저 무너지면 방어할 수 없는 적들이 몰려올 거야 거대한 성벽이 무너지는 것은 한순간이겠지만 성벽이 무너지기까지는 조짐들이 있었어 성을 지키는 일은 힘만으로 되는 것은 아니었어 멀리 했어야 할 달콤한 언어들이 치석을 만들고 부패의 관습이 되었어 안일한 피로감에 무시해버린 칫솔질이 파문을 가져왔지 벌레는 단순한 벌레로 끝나지 않았고 망치질은 일회성 위협으로 끝나지 않았어 밤마다 암벽을 뚫는 착암기의 진동에 골이 흔들리고 세상이 진동했어 통증의 진앙이 퍼지며 발끝까지 아파왔지 병든 뼈를 허물고 금을 녹여 새로운 뼈로 채워줄 의사를 만나야 해 날개옷의 천사가 입을 벌리고 구멍 뚫린 뼛속에 정금을 채우고 있어 어떤 벌레도 접근하지 못할

뼈있는 말씀이 내 안에 기둥을 세웠지

315

무덤은 죽은 자의 껍데기가 썩어가는 곳이야 무덤은 주인이 존재하지 않는 빈집이 허물어져 가는 곳이야 무덤은 봉분이 있고 죽은 자가 묻혀있고 뼛가루가 모셔진 곳만이 아니야 영혼이 존재하지 않는 곳이야 주인이 존재하지 않는 곳은 다 무덤이야 껍데기들만이 즐비한 도시에서 살아있는 사람 만나기가 쉽지 않네

316

고서와 양서 몇 권이 나의 캐비닛으로 들어갔지 나중에 돈이 되거나 도움될 것만 선택되었어 작품성 없는 시집이나 내용 없는 소설들은 얼씬도 하지 못했어 그들이 간절히 원해서 들어간 책은 없었지 그들이 원하지 않았어도 내게 필요한 것은 중요한 자리에 결정되었어 '천국을 애걸하지 말라, 하늘나라로 눈물짓지 말라' 아무리 애걸복걸해도 삼류소설은 채택되지 않았어 스스로 명작을 쓰는 거야 주어진 하루를 차원 높은 은유와 상징으로 쓰는 것이 눈물어린 기도보다 낫지 구원은 스스로를 양질의 차원으로 끌어올리고 품격 있게 기다리는 거야 호두나무에 상아와 진주조개껍질을 상감한 나의 캐비닛엔 모두 내 맘에 드는 것들뿐이야 캐비닛의 내부는 지독한 개인적 취향과 편견의 세상이야 우린 신의 캐비닛에 들어가기 위해 날마다 눈물 흘리며 기도할 뿐 내 스스로의 차원은 생각지 못했어 깊은 내용이 없거나 무가치한 삶을 살면서 긍휼을 기다렸지 지독한 편견과 아집의 땅, 천국은 신의 캐비닛이야

317

처음엔 새롭던 지식도 시간이 지나면 고정관념으로 굳어져 몽매주의로 돌아가지 몽매주의의 길은 아스팔트처럼 넓고 크게 굳어져 당연히 그곳으로 가야 하는 줄

알아 하늘나라는 날마다 발전하는데 우리는 구약의 에덴에 머물러 있지 이제는 구약의 에덴에 들어가라고 하면 젊은 세대들이 들어갈까 뱀의 등에서 미끄럼을 타고 사자들이 어린 양과 뛰놀고 독사 굴에 손 넣고 장난쳐도 물지 않는 새 하늘과 새 땅은 맘껏 놀이시설을 즐기며 게임의 가상공간을 오가는 현대에는 매력 없는 세상이 되었어 이제는 몽매주의를 벗어던지고 변화를 받아들여야 해 우리가 변한 만큼 발전하고 진화한 천국을 상상하고 건설할 수 있어야 해

318

머리카락 한 올 없이 면도기로 밀어버린 나의 머리는 모과야 울퉁불퉁한 두상에 난 흉터들이 험난한 바람의 세월을 이야기해 누런 황달기의 얼굴, 미끈거리는 기름기에 늘 진한 향수 냄새가 났지 특징 없는 생김새에 날로 먹으려 다가왔다가 시고 떫은맛에 사람들은 뒤돌아서곤 했어 관심 끌만한 맛도 없고 씹어보면 인정머리 없이 메말라 있는 나의 존재는 늘 과소평가되었어 어느 날 칼에 썰리는 아픔으로 조각난 후 당신을 만났지 감출 것 없는 투명한 유리병 세상에서 쏟아놓은 참회의 눈물 쓸모없던 인생이 꿀맛 나는 삶을 얻었어

319

블루투스의 관계는 쉽게 파악되지 않았어 컴퓨터를 맘대로 조종하는 마우스의 관계처럼 눈에 보이지는 않지만 나를 조종하고 나의 삶을 송두리째 컨트롤하는 힘이 있음을 알고 있어 무슨 일이 있으면 그 일을 해결하기 위해 연줄을 찾았어 지연의 줄과 학연의 줄을 들이대며 서로 간에 코드를 형성해왔지 하지만 이제는 코드레스의 시대야 아니 오래전부터 코드가 필요 없는 시대였으나 가시적인 것이 아니면 불안감을 감출 수 없었지 어찌 끈이 없이 서로의 관계를 묶을 수 있다고 상상할 수 있었겠어 당신과

나의 블루투스는 이미 이루어져 있었어 내 마음 나도 모르게 끌리던 어느 날 반짝 그녀가 내 거울 속으로 들어왔지

캐리커쳐가 없는 이유

320

무쇠로 된 가마솥보다는 가볍고 편리한 양은냄비들은 걸핏하면 뚜껑이 열려 국물을 쏟아댔어 가마솥들은 아무리 뜨거워도 닭똥 같은 눈물만 뚝뚝 흘릴 뿐 쉽게 뚜껑을 열어대진 않았지 뜨겁고 깊고 무거운 속마음을 함부로 내보이지 않고 묵묵히 삶을 익혀왔어 쉽게 끓지 않아도 한 번 끓으면 오래도록 식지 않았던 가마솥, 사랑으로 내 마음 속에 커다란 가마솥이 하나 걸려있어 참는 것이 미덕이었고 기다림이 일상이었지 한 솥 가득 쌀밥을 지어 마을 사람들과 함께 나누던 잔칫날이 아마도 내 어린 시절의 가장 뜨거운 날이었을 거야 하지만 이제 큰 솥은 필요치 않아 나눌 일이 없는 가마솥은 차갑게 식어 있고 뜨거운 감동으로 눈물지을 일이 없어졌네 즉석 라면을 끓이고 통조림을 따며 인스턴트에 길들여지면서 쉽게 끓어오르고 자주 뚜껑이 열리네 냄비로는 사골을 끓일 수 없고 인스턴트 정신으로 심오한 진리를 우려낼 수 없지 가마솥 가득 국밥 같은 꿈을 끓여 함께 나누던 사랑이 그립네

321

캔버스에 그림을 그리기 위해 살았어 풍경화를 그리다가 추상화를 그리며 나만의 도형을 그려 넣었어 은유와 상징의 별들이 점으로 박히며 정해진 하루의 공간들이 채워졌네 불멸의 작품을 그리는 것이 자랑이었는데 이제는 그렸던 점과 선과 도형을 다 지우라고 해 흔적을 다 지우고 갈 때는 발자국 하나 없는 겨울에 떠나라 해 산과 들도 다 지워져서 땅인지 하늘인지 구분할 수 없을 때 영원에 다다른다고 해 캔버스에 그려넣는 것이 보람인 줄 알았는데 그릴수록 구름이 많아지고 그릴수록 자연은 파괴되고 그릴수록 쓰레기가 넘쳐나 캔버스에 채워진 날들이 다 낙서야

322

나의 하루는 충전과 방전의 연속이야 밤새 잠을 충전하고 일어나면 방전이 시작돼 끼니를 때워 에너지를 충전하고 활동하며 방전을 해 내 안의 배터리를 위해 날마다 교감의 코드를 꽂고 웃음 지으며 파란불을 깜빡였어 배터리에 에너지를 채우는 것은 기계를 돌리거나 엔진을 가동하기 위함이지 자신의 몸에 꿈을 담고 희망을 채워 이웃에 전해 내 안의 배터리에 밥을 채우면 나는 이웃에게 밥만을 줄 수 있어 내 안에 돈을 채우면 나는 돈을 씀으로 방전돼 날마다 내 안에 채우는 영성, 소멸되는 일회용의 배터리에서 벗어나기 위해 나는 날마다 꿈을 충전해

323

망망대해에 섬 하나 우뚝 솟아 있어 갈매기도 찾아오지 않고 바람도 머물지 않는 무인도를 파도만이 에워싸고 있어 비가 오고 눈이 오면 세상 속에서 지워졌다가 태양이 떠오르면 수평선 위에 서서 하늘을 올려다보지 아무에게도 가슴 한 번 열어 보인 적 없이 무거운 바위 끌어안고 침묵을 지켜온 너는 끝 모를 해저에 뿌리박고 우뚝 솟아올라 세상을 떠받치는 기둥이 되었어

324

멋진 캐리커쳐 하나 갖고 싶지만 내겐 특징이 없지 "삐딱한 웃음이라도 지어봐 아님 빡빡 머리를 밀든가"라고 누군가 귀띔해주었어 그날부터 머리를 밀고 쓴웃음을 지어보였어 서부영화의 카우보이모자를 쓴 존 웨인이나 파이프를 문 처칠의 모습처럼 오래 기억될 수 있는 개성이 필요했어 부정적인 면을 강조하거나 일부러 과장시켜 우스꽝스럽게 희극 풍자할만한 인물이어야 했지 결국 유명해져야 했지만 캐리커쳐 하나 갖기 위해 공부를 했고 글을 썼어 캐리커쳐 하나 갖기 위해 수염을 길렀고 검은 옷만 입었어 글을 쓰는 것은 캐리커쳐의

멋진 주인공이 되기 위해서지 결코 돈을 벌기 위해서가 아니야 많은 공부를 한 것은 캐리커쳐가 유명해지기 위해서지 내가 유명해지기 위해서가 아니야 수염을 기르고 검은 옷을 입는 것은 다 캐리커쳐의 특징을 위해서지 나의 매력을 위해서가 아니야 캐리커쳐를 위해서 난 비굴하게 살았지만 출세하기 위해 비굴하진 않았어 모두 캐리커쳐를 위해서지 나 자신을 위해서는 아니야 결국 나의 캐리커쳐는 완성되었고 유명해졌네 거짓말과 비굴함의 상징으로

325

당신을 만나기 전 나의 시대는 카오스였네 흑암이 깊음 위에 있었고 혼돈은 땅의 표면을 덮었네 물은 하늘로 역류했고 하늘은 물처럼 흘러내려 허공 중에 떠다녔네 우주엔 충돌과 파괴의 바람만이 불었네 당신을 만나기 전 나의 시작과 끝은 뒤엉켜 살아가는 이유를 찾지 못했네 빛이 있으라 하시매 나의 눈이 밝아지며 빛과 어둠이 나뉘고 빛을 깨달음이라 하시고 어둠을 어리석음이라 하시니 첫째 날이었네 물 가운데 궁창이 있어 물과 물로 나뉘라 하시고 궁창 아래의 물과 궁창 위의 물로 나누니 궁창은 하늘이요 궁창 위의 물은 지혜요 궁창 아래 물은 지식이었네 천하의 지식을 한곳으로 모으니 드러난 땅이 진리요 물이 모인 바다는 학문이더라 저녁이 되고 아침이 되니 둘째 날이었네 나의 땅이 각기 종류대로 씨 맺는 창의적 채소와 씨를 가진 발상의 열매 맺는 나무를 내니 삶이 기름지더라 저녁이 되고 아침이 되니 셋째 날이더라 당신이 두 큰 광명체를 만들어 낮과 밤을 주관하게 하니 하나는 사랑이요 하나는 질투니라 저녁이 되고 아침이 되니 용서하고 사랑하며 보기에 참 좋았더라 큰 바다의 짐승들과 물에서 번성하며 움직이는 모든 욕망의 생물을 종류대로 날개 있는 모든 꿈의 새들을 종류대로 내 안에

창조하시니 당신이 보기에 참 좋았더라 생육하고 번성하여 충만하라고 날마다 영감을 주시니 저녁이 되고 아침이 되어 다섯째 날이더라 땅은 그 종류대로 가축과 기는 것과 현실의 짐승을 종류대로 내라 하니 사실적 현실적 의미들이 탄생되어 온 땅에 충만하더라 당신을 만나기 전 나는 존재하지 않았고 나는 탄생되지 않았네 살아있음이 살아있음이 아니기에 당신을 만나기 전 나는 카오스였고 아담 이전의 아담이었네 당신을 만남으로 새로이 창조된 에덴의 세계, 희생이었네

326

실연기 피는 저녁이면 모래 언덕에 올라 노을을 삼켰어 구름이 된 아버지는 소식이 없었고 농사일로 검게 탄 어머니의 얼굴과 전방에서 보내온 형의 옷가지와 시집간 누나의 편지들이 서녘하늘을 둥둥 떠다녔어 섬들을 품에 안고 잠든 바다가 꿈꾸는 노을을 가슴 터지게 들이마시면 가시투성이인 삶도 해당화로 피어날 거라고 스펀지같이 빨아들였어 노을은 허기를 달래준 양식이었고 소리 내어 울고픈 침묵이었고 색종이 접어 날린 천 마리 학이었어 우체통 같은 하늘을 보며 부치지 못한 편지의 이름들을 생각해 바람으로 떠난 아버지와 그 손에 들린 염주와 편지봉투 속의 꽃씨가 된 형제들과 어머니와 십자가 목걸이와 성경책을 기억해 내 안에 노을이 가득해 나는 가끔씩 노을을 만져보네 따듯한 체온이 새털처럼 손에 감기네

327

물이 요동치는 것을 보았어 흔들리는 물의 날개는 억만 개의 깃털이 날개치고 있었어 물의 깃털들은 무지개가 숨겨져 있어서 햇빛 속에서도 반짝였어 가끔씩 몸을 흔들다 물방울로 튀어오르면 에메랄드가 되었어 이렇게 눈이 부신 건 흔들리기 때문임을 알았어 쉴 새 없이 흔들릴 때마다 새로운 몸이고 새로운 마음이

어서 물은 빛나지 햇빛 날개를 달고 물이 한 번 날아오르면 구름이 되고 바람이 돼 물이 70퍼센트인 내 안에도 물의 혼령이 살지 살아서 날마다 흔들리고 죽어서 땅속을 흐르다가 승천하여 천둥·번개로 사는 비의 목숨, 내 몸이 출렁이며 요동치네

328

"아무 것도 알지 못함을 아는 것 자체가 진실한 앎을 얻는 근원이야" 소크라테스가 그의 문답법에서 쓴 이 말은 니콜라스 쿠자누스의 무지의 지로 잘 알려져 있지 그는 신을 인식하는 것은 세속적인 일체의 지식을 버리고 무지의 상태로 되었을 때 인식의 최고 단계인 직관에 의해서만 가능하다고 했어 그것은 곧 신에 대한 인간의 지식은 잘못되었다는 것이며 그 지식을 버릴 때 신을 만날 수 있다는 거야 요즘은 성경에 대해 아는 자가 너무 많아 그들 때문에 더 많은 이들이 신을 만날 수 없게 되었지

329

실과 실이 다회장多繪匠의 손끝에서 만나듯 우리 서로를 묶자 헝클어진 애욕의 실타래를 풀어 청실홍실 물들이고 끈끈한 정을 늘여 한 올 한 올 그리움으로 옭아매자 구속할수록 깊어지는 사랑 속에서 당기고 늘이며 작은 아픔도 동여매어 가슴에 빛나는 꿈의 보석을 매달자 오색의 술을 단 화려한 삶이 아닐지라도 함께 가는 길은 꽃다운 무늬로 문양을 엮어 가는 일이니 하늘이 삼아준 인연의 끈을 질기게 당겨 영영 풀리지 않을 참 사랑을 엮자

330

당신의 가슴에 명중하고 싶어 내 허무의 동그라미 속에 가늠쇠를 얹고 방아쇠를 당겨 영원을 향한 총알로 당신의 심장을 꿰뚫고 싶어 화약을 잔뜩 먹은 총알은 내 열망의 탄피 냄새를 가슴 깊이 전하리라 회오리를 일으켜 속을 휘저어 놓고 가장 깊은 당신의 뼈에 박히고 싶어 나의 가

늠자는 늘 반복과 허상으로 허공에 떠있었어 동그라미 속에 표적지를 벗어난 헛된 꿈을 그렸어 가늠쇠를 잃은 가늠자는 하나의 그림자에 불과했어 성장기의 가늠자는 날마다 흔들렸고 표적지가 아닌 망상을 겨누었지 방아쇠를 당기는 것마다 오발탄이었고 불발이었어 어느 날 원하는 표적지를 맞추기 위해서는 가늠쇠가 필요함을 알았어 내 허무의 동그라미를 채우고 목표점을 얹어 방아쇠를 당기기 위한 가늠쇠, 꿈들이 겨냥한 표적지에 탄착군이 형성되었어

방향이 같은 그

331

어릴 적 밤길에서 마을이 물속에 잠겨 있는 것을 보았어 하늘에 달과 별들도 함께 물속에 누워 잠자고 있었어 고요하고 평화로운 땅의 마을과 물의 마을은 겹쳐져 어떤 게 진짜인지 알 수 없었지 데칼코마니의 천국 맑은 마음엔 언제나 천국이 비쳐있음을 알았어

332

햇살이 물이랑을 건너고 있어 반짝이는 옷을 끌고 물빛 새벽을 밟고 오고 있어 호수에서 잠자던 물안개는 너울너울 춤추는 물살에 피는 꽃들이야 눈이 부신 꽃밭을 펼치다가 영롱한 보석 밭을 수놓다가 청 비단을 깔아 해를 맞이하는 아침을 봐 나도 물이랑을 건너 하루의 숲으로 가지 출렁출렁 물결이 가슴을 적시었어

333

풀잎 끝에 매달려 물방울로 살다가 땅속에서 이웃들을 만나 물줄기가 되었어 물줄기들이 서로 어울려 냇물이 되고 냇물은 어깨동무하여 강물로 흘러가지 만나기만 하면 하나가 되는 물방울처럼 우리도 언제나 하나가 될 수 있을까

334

물침대에 누우면 스르르 강물 위를 흘러가지 강물의 부력에 둥실 뜬 몸이 되지 아른거리는 바람의 속삭임으로 밤새 물장구치다가 다다른 언덕엔 늘 새벽이 있었어 잠든 세상은 못 박히는 시간이야 달을 못 박고 별을 못 박아 꿈속으로 가지 출렁이는 강물소리가 몸을 빠져나가고 모래시계의 의식들이 쏟아지고 나면 빈 마음만 남아 은하수로 흘러가지 구름을 뭉쳐 만든 물침대 위에서 햇솜구름 품에 안겨 잠든 시간을 쓰다듬었어

335

칼같이 살고 싶어 맘대로 자르고 도려내면서 예리하고 섬세한 감각으로 알맹이만 오려내고 싶어 껍질이나 지느러미는 잘라내고 맨살로 만날 수 있는 세상을 만들고 싶어 요리하고 잘라내기 위해 필요한 칼날, 상처 나지도 않고 아프지도 않게 민첩하게 살을 바르는 능숙한 손놀림으로 춤추는 바람보다 부드럽고 번개보다 예리하게 스치는 법을 배워야 해 칼같이 살고 싶어 무뎌지지 않는 칼날로 신선한 감각의 살들을 오려 접시마다 몽타주해야지 군살들을 제거하고 순살로 식탁에 오르고 싶은 내 자신을 용납하지 않는 번개를 봐 군더더기를 발라내면서 칼같이 살고 싶어

336

아스피린 한 알이 내 몸속에 풀어져 버드나무 새순을 틔우고 있어 통증은 사라지고 생명이 흐르는 버들가지 사이로 잠이 밀려왔지 시냇가에 별들은 물결마다 박아놓은 은못으로 반짝였고 구름들은 알약으로 풀어져 바람에 흡수되었어 바위들의 배를 문지르는 시냇물의 손길이 보드라운 밤 사각의 빌딩들도 하나둘 잠이 들었어 통증은 늘 불통에서 시작되었지 밤 그늘을 지우며 내 몸에 떠오른 보름달 하나, 풀어진 달빛이 평안해 보여

337

입 안에서 언어들이 부글거리네 찌그러진 냄비의 얼굴을 봐 라면가닥 같은 통로들이 끊겨있어 창문에 오려붙인 구름에서 옹알이들이 떨어지네 배수관을 타고 오른 벌거벗은 냄새들만 쿨룩쿨룩 기침을 토하고 있어 길을 잃은 아이들이 흐느끼네 섬이 된 엄마가 깔깔거리네 막혀서 차오른 정은 마그마처럼 뜨겁다고 광야마다 눈물이 흐르네 오열하며 낙차를 일으키는 절규, 차단된 기억의 방에도 전기가 들어올까 강물은 수위를 다스리며 젖을 물리는데 필라멘트의 뼈에 박힌 다이

오드들만 내 심장에 불을 밝히네 아스피린 냇물이 흐르다 툭 끊어진 숲길, 어둠에 갇힌 한 아이가 털실로 짠 방에서 무덤이 열리는 내세를 보고 있어

338

나리 나리 예쁘게 부르다보면 미나리가 돼 파란 미나리 밭은 보기만 해도 싱그럽지 생기를 전해주는 미나리 하나하나가 병원이고 휴식처야 나리 나리 이름이 아름다운 미나리는 입술만 대도 향기가 입 안 가득 고였어 입맛을 돋아 온몸으로 사랑을 전하는 미나리, 하얀 미나리 꽃 피어나 별밭이 열리면 밤이슬은 나비 되어 내려앉았어 나리 나리 미나리, 미나리 밭에 하얀 나비

339

방향이 같아 그는 차를 몰고 왔지 기름을 넣거나 혼잡한 길거리에서 기다릴 필요가 없었지 졸린 눈을 비비며 끼어들기를 하거나 추월할 필요도 없었지 베스트 드라이버와의 카풀은 이 세상 어디 간들 마음 졸일 필요가 없지 같은 방향의 사람은 언제나 반가워 함께 뉴스를 들으며 실시간 검색을 나누다 보면 한 시대여서 좋아 한 방향이어서 통할 수 있는 외통수의 길에서 운명공동체에 몸을 실었어 내비게이션이 없어도 거미줄 같은 미로를 찾아왔지 목적지가 같아서 반갑게 서로를 보듬었어

340

몸에 유리처럼 투명한 곳이 있다면 그것은 얼굴이야 얼굴을 보면 속이 들여다보이기 때문이지 유리병에 든 물은 아무리 감추려 해도 흔들리는 눈금을 속일 수 없어 기울거나 흔들리는 내면이 보이지 않았다면 그것은 철면피야 하지만 사람의 얼굴을 보면 병 속의 꽃처럼 모양과 색깔이 보여 나팔꽃 향기로 가득 찬 얼굴은 웃기만 해도 진한 향기가 전해지지 등나무 꽃으로 가득 찬 얼굴은 곁에 있기만 해도 사랑에

취해 아름다운 사람은 유리병 안의 꽃밭을 가꾸지 내면의 꽃과 향기가 인생의 봄 여름 가을 겨울을 결정해

341

언어엔 카페인이 들어있어 잠언의 문구일수록 진한 카페인이 농축되어 있어 중추신경계와 신진대사를 자극하여 피로를 줄이고 정신을 각성시키는 당신의 말을 들으면 한 시간 이내에 효과가 나타나 초콜릿과 콜라 소프트드링크와 강장음료가 인기가 있다 해도 한 시간의 수다만 못하고 각성제 흥분제 강심제 이뇨제들도 잠깐의 상담만도 못하지 다복용의 카페인 중독증은 이열치열과 같이 카페인으로 치료해야 해 통째로 삼키는 각성제가 되어 졸린 눈을 뜨게 하는 당신의 말 카페인 한 잔, 사랑의 언어가 정신을 깨우고 있어

342

오토바이들이 선두를 유지하고 검은 승용차들이 뒤를 따랐어 관중들은 길가에 서서 환호성을 지르고 박수를 쳤지 지붕이 없는 차 위에서 여자가 답례를 하며 손을 흔들었지 하얀 의상이 광채를 뿜었어 비가 그친 빌딩 사이엔 무지개가 걸렸지 누군가 왕을 연호하자 다함께 목청을 높였어 하늘에선 꽃가루가 쏟아졌어 깃발이 휘날렸고 경쾌한 경적이 울렸지 카퍼레이드는 초침보다 빠르게 지났고 환호성은 순간의 미학이었어 군중들이 썰물로 빠져나간 거리엔 깃발들이 짓밟히고 꽃들도 웃음을 잃고 시들었어 장면의 스크린이 스치고 대로변을 빠져나간 후부터 그녀의 길은 험난했어 비에 젖은 거리는 탄핵의 피켓들로 가득했어 원혼의 촛불들은 광장을 메웠고 짧은 순간 그녀의 차는 감옥으로 향했어 독방에서 혼자 밥을 먹고 혼자 울고 혼자 웃었지 푸른 수의에 떨어진 눈물이 꽃을 그렸어 한숨으로 허벅지를 꼬집어 날마다 꿈을 확인했어 빛과 어둠이 교차하는

창가에서 그녀는 녹슨 뼈들을 보았어 궁전을 잃고 혼자 누우면 빠듯할 것 같은 무덤 하나 차지했어

343

세모 네모 동그라미들이 카페에 모여 차를 마시고 있어 까만 밤이 담긴 동그라미의 맛은 쓰고 아팠지만 네모 속의 스프는 부드럽고 달콤했지 세모들은 짝을 만나 네모가 되었고 네모들은 자신을 녹여 동그라미가 되었어 무엇을 마실까 고민하는 사람은 각이져서 세모가 되었어 갈등하며 부딪치는 세모들은 자신이 깨어진 뒤에야 혼자서는 동그라미가 될 수 없다는 것을 알았어 네모들은 자신이 녹을 수 있을 때만 가치가 있다는 것을 알았어 동그라미 속에서 네모들이 녹았지만 어둠은 출렁이지 않았지 세모는 네모 위에 앉아 동그라미를 마셨고 동그라미는 늘 탁자 위에 남겨져 있었어 동그라미 하나를 얻기는 하늘의 별 따기야 카페에 세모 네모 동그라미들은 삼위일체였다가 분리되어 빗금이 되기도 하고 가위표가 되기도 했어 가끔씩 동그라미가 띄워주는 하트에는 하얀 구름이 묻어 있었어 세모들은 동그라미를 먹고 네모의 품속에서 잠을 잤어 세모 네모 동그라미의 세상엔 쓰디쓴 밤이 찾아왔고 베어 먹다 만 무지개가 걸려있었어

344

착상은 정자와 난자의 만남으로 시작돼 눈의 구멍으로 들어온 사물의 정자들이 내 가슴에서 뜨거운 난자를 만나 수정란을 형성하는 착상着想, 섬모운동 연동운동으로 한 3일 쯤 지나면 난할이 이루어지지 착상혈이 흐르고 복통이 있은 후에야 내 사고의 자궁 내벽에 붙어 성장을 시작해 정자와 난자가 만나는 작품의 잉태는 배란기가 있어 마음을 열고 뜨겁게 사랑하지 않고서는 가질 수 없는 시심이 내 영혼의 자궁에서 착상을 이루지 하나의 생각이 언어를 만나 세포분할을 이룬

은유와 상징들을 봐 초산의 아픔을 잊고 불멸의 태아를 키우고 있어 나는 오늘 또한 사랑하리라 착상을 위한 몸을 열고 사물들의 정자를 받아들이리라 피 흘리는 아픔으로 탄생하는 시들을 위해

345

파이프 연결부의 패킹 하나가 물이 새는 것을 방지해 단단히 연결된 파이프 사이를 밀봉처리해 거대한 수도관의 누수가 도심에 물폭탄이 되어 교통대란을 만들 때가 있어 패킹의 역할을 무시한 사람들 사이에도 거대한 누수가 진행되곤 해 둘과의 만남을 부드럽고 원활하게 만들며 불신의 이격을 방지하는 것은 패킹만이 할 수 있어 서로의 간격에 완충작용을 하며 벌어지지 않게 손잡아주지 인간과 인간의 연결부에도 딱 맞는 패킹이 필요하지 서로의 간극을 메워줄 수 있는 믿음 말이야 믿음만이 서로를 단단히 붙들며 누수를 방지해 틈과 틈을 연결하기 위해 모든 파이프를 고무로 덧씌울 필요는 없지 서로가 만나는 첨단의 말단부에 언어이고 눈빛이고 행동인 눈과 귀와 손끝에 패킹을 끼워야 해 파이프 하나가 도시를 먹여 살리듯 내면으로 흐른 눈물이 세상을 살리네

346

아담이 못을 박았어 줄기들을 휘어 오른팔에 박고 가지와 잎들을 접어 왼팔에 박았어 뿌리를 벗어나서는 살 수 없다고 뿌리를 움켜쥐었어 밤새 뿌리를 뽑던 태풍도 아침이 되어 물러났지 땅에만 뿌리박아야 산다는 나무는 생각을 뿌리 뽑지 못했어 그냥 나무일뿐인데 뿌리의 운명을 베어낸 나무들은 가구가 되고 조각품이 되었어 운명을 배반한 카인이 톱을 들고 밑둥치를 자르네 그늘을 부수고 숲을 해체하여 거부할 수 없는 영토를 세웠지 팔이 잘리며 하나가 되었어 목과 다리가 잘리며 다양체가 되었어 새로운 만남을 위한 뿌리들의 파괴 카인

이 가위로 십자가를 오리네 해와 달과 별들이 하늘에 둥둥 떠다니고 있어

347

당신은 카우보이야 멋지게 밧줄을 던져 내 발목을 묶네 나는 당신 곁을 떠날 수 없는 말이지 모자를 눌러쓰고 긴 부츠를 쩔렁이며 다가와 내 몸에 안장을 얹지 당신은 내 등에 태우고 싶은 멋쟁이 카우보이야 평야를 달릴 때면 긴 머리가 잔등에서 휘날리지 나를 위해 권총을 뽑아들고 방아쇠를 당길 때면 섹시한 카우보이, 가죽조끼에 별을 달고 채찍을 든 모습은 너무나 멋져 귀를 잡고 쓰러뜨린다 해도 나를 위한 액션인 것을, 사자와 늑대로부터 경계선을 긋고 언제든 권총을 뽑을 자세로 허리춤에 손을 올리고 있네 당신은 푸른 초원과 잔잔한 시냇물로 나를 인도하는 서부의 카우보이야 선인장들이 사는 사막이어도 당신이 있는 곳은 언제나 오아시스네

348

한평생 뼈로 살다가 눈물만 흘리며 가는 이가 있어 성장할수록 날카로워지는 뼈가 눈부신 칼날이 되어 지상의 정수리를 겨누다가 와르르 무너져 산산조각이 나는 이가 있어 자고나면 추녀 끝에서 한 뼘씩 자란 이빨이 얼어붙은 세상의 한기를 씹고 있어 세상이 차가울수록 커지는 이빨은 눈물로 자라서 얼어붙은 독기로 냉기만 흘리다가 동지섣달 칼날이 되어 하늘에 그믐달로 걸리곤 했어 보름달이 뜨면 칼날은 녹아내리고 눈물도 멈추겠지 붉은 태양이 뜨면 세상엔 봄이 찾아오고 으르렁거리던 이빨들은 사라질 거야 세상이 차가울수록 얼어붙는 심장의 독기를 녹이기 위해 처마 끝에 매달리네 눈보라의 언어들을 녹이기 위해 눈물을 흘리네 날마다 거울을 보면서 환해지는 하루야 태양이 뜨면 거꾸로 자라는 꿈들은 사라지네

349

나는 밑바닥을 살지 더 이상

내려갈 곳이 없지 가진 것과 해온 것과는 아무 상관이 없지 바닥에 내려가면 살아온 것들의 뼈가 보이지 찌꺼기와 먹고 남은 욕망들이 보이지 언제부턴가 나는 사람을 볼 때 바닥을 보게 되었어 뚜껑을 열어야 볼 수 있는 바닥엔 먹다 남은 한 덩어리쯤의 진실이 보이지 그래서 바닥을 좋아하게 되었고 나도 친한 친구에겐 바닥을 보여주곤 해 밑바닥엔 똥이 가득한 것 같은데 실은 보석들이 더 많지 밑바닥에서 밑바닥을 보며 바닥 인생을 살지 가끔씩 올려다보는 것이 다 하늘이라서 천장도 하늘 나무도 하늘 구름도 하늘이야 내겐 하늘이 많아서 참 좋아

350

바둑은 세상의 축소판이지 점 하나하나가 다 생사의 갈림길이야 이길 수도 있고 질 수도 있는 기로에서 묘수를 찾지 많은 집을 지어야 이길 수 있는 세상의 원리야 그 안엔 361개의 죽고 사는 원리가 있지 바둑판을 보면 바둑판 안에서의 치열한 싸움이 보일 테지만 승부를 벗어나서 바둑판 밖의 세상을 볼 수 있어야 해 결국 치열했던 승부가 끝나면 다들 집으로 돌아가야 하기 때문이야

351

두 개의 나무가 만나 십자가가 되기 위해서는 자신의 한 귀퉁이가 도려내져야 하듯 남녀가 만나서 한 가정을 이루기 위해서는 한쪽 가슴을 도려내야 해 내 심장과 내 허파는 도려내고 상대의 심장과 상대의 허파로 대신 채워야 해 결속은 내 것으로 이루어지는 것이 아니라 상대의 심장을 내 심장으로 상대의 허파를 내 허파로 받아들일 때 이루어져 결합하여 참된 십자가가 되기 위해서는 간도 쓸개도 빼놓고 빈 가슴으로 상대를 받아들여야 해 하나의 빈틈도 없이 서로를 끌어안을 때 빛나는 별이 될 수 있어 산소와 결합하는 프로판가스의 불꽃이 철판을 재단하고 붙였어 내가

변해야 불꽃이 되는 만남이 이루
어지네

오페라의 유령

352
낙엽이 지는 날 버버리코트를 입고 공원길을 산책했어 바람결에 깃을 올리고 호주머니에 손을 찔러 넣은 채 사색에 잠겼지 기다릴 사람이 없었지만 기다림에 지쳐 벤치에 앉아 담배를 피우기도 했어 젊은 날에 이미 낙엽이 되어버린 듯 낙엽 한 장 주워 들고 한숨을 쉬기도 했지 노을이 불타고 단풍이 불타고 알 수 없는 그리움이 불탔어 브라운의 버버리코트를 입으면 습지에서 갈대들이 흔들렸지 바람에 코트자락을 휘날리며 걷던 길은 여전한데 휑하니 구멍 뚫린 고목이 바람을 품었어

353
쇠꼬챙이에 꿰어 알몸의 돼지가 돌아가고 있어 번들번들 윤기 나는 살갗을 불의 혀가 핥았어 철삿줄에 묶여 온몸에 소스가 발라져 눈물을 떨구며 익어가지 한 점씩 칼에 썰린 삶이 나누어지네 살살 입에서 녹는 말씀들, 바비큐는 불의 전언이야 피가 뚝뚝 떨어지는 살점은 정육점에도 있고 도서관에도 있어 불속에서 제 살을 익혀 썰어주는 한 점의 말씀은 생명의 양식이야 알몸으로 불속에 뛰어드는 돼지들을 봐 기름기가 빠지며 통째로 구워지네

354
그의 생각들은 돌돌 말려 꼬리가 되었어 푸른 표정들은 오돌토돌한 돌기에서 색깔을 바꾸었지 지독한 근시안의 눈은 더 멀리 보기 위해 계란처럼 튀어나왔지만 바늘구멍만한 세계가 360도로 흔들거리네 입을 벌려 내뱉는 말들이 끈적끈적 귀에 달라붙었어 머리와 몸통을 합친 길이보다 길어서 입만 열면 말뿐인 혀가 재빠르게 먹이를 낚아채곤 했어 풀잎에 앉으면 풀잎이 되고 나무에 앉으면 나뭇가지가 되는 카멜레

온들, 빛의 강약과 온도와 감정에 따라 수시로 옷을 갈아입었지 때문에 나는 날마다 이파리를 들추며 뒷면을 보는 버릇이 생겼지 뿔 같은 나뭇가지들이 한순간 부러져서 카멜레온이 되는 것을 보았어 박막에 싸인 새끼를 나뭇가지나 잎에 붙이지 않아도 바람이 불고 나면 숲엔 퇴색된 잎 속에서 죽순처럼 카멜레온들이 태어났어

355

팩을 붙인 얼굴을 보면 오페라의 유령이 생각나 마스크속의 일그러진 얼굴이 궁금해 팩으로 가려진 얼굴 속의 분노와 불만들, 세로의 주름들은 가면을 벗은 뒤에 또렷이 확인되지 다리미처럼 주름을 펴는 팩도 세로의 주름은 펼 수가 없다는 걸 아내는 아는 걸까 팩을 하는 동안 집안은 조용해지지 물건들은 흔들림이 없고 제자리에서 평안을 얻었어 나도 아내가 팩을 하는 동안은 평안해져 주름이 귀신보다 무서워 팩을 하는 동안 아내는 주름이 무서워 웃지도 말하지도 않았어 팩을 붙인 얼굴은 생소하지만 정겹지 아무 상처도 입히지 않을 것 같은 무표정의 하얀 얼굴, 표정이 그려지지 않는 백지의 얼굴이 편안하게 해 팩 속의 얼굴을 상상해봐 천상의 목소리를 가진 팬텀일까 빙그레 웃어주는 요정일까 선녀나 천사였으면 좋겠지만 팩을 벗는 순간 환상은 깨어지네 내가 가장 두려워하는 얼굴과 마주치네 팩은 피부를 촉촉하게 할 뿐인데 마음의 주름까지 펼 거라는 기대를 했어 팩을 할 때 아내의 얼굴이 가장 아름답지 백지 한 장 차이로 늘 인생은 천당과 지옥을 오가지 1mm도 안 되는 안면의 가면으로 인해 우린 수시로 행복과 불행을 오가지 내면의 의식이 나타나는 안면의 가면을 쓰고 살지만 역시 가면일 뿐이야 참 나의 모습은 가면 속에 감추어져 있어 앞으론 하얀 백지의 팩보다는 웃고 있는 그림의 팩이 더 좋을 것 같다는 상상

을 해 이왕이면 곰보탈보다는 하회탈을 써야지 웃음이 활짝 그려진 팩을 얼굴에 붙이면 세로주름들은 지워지고 웃음 가득한 얼굴로 뽀송뽀송 피어날 거야 팩을 하고 나면 마음의 주름까지도 팽팽히 지워지는 웃음이라는 팩, 내일 한 장의 팩을 떼면 새로운 얼굴이 탄생하겠지

356

카메라가 편집한 풍경을 보면서 아이들은 성장했어 카메라가 보여주는 대로 보았고 가리키는 대로 따랐어 사람들은 카메라에 지배되기 시작했고 렌즈의 세상에 갇히게 되었어 카메라가 창조한 가상세계에서 사람들은 카메라의 아들로 태어나 풍경의 낙원을 꿈꿨지 가끔씩 가상의 세계에 다녀온 사람들은 큰돈을 벌었고 유명세를 탔어 한 번쯤 영상 속의 여행을 꿈꾸며 가상세계에 빠지곤 했어 잡힐 듯 잡히지 않는 공간엔 고장이 난 시계들만 걸려 있었고 과거는 현재가 되고 미래가 되었어 셀 수 없이 리바이벌되는 주인공도 있고 한순간 스치는 엑스트라도 있었어 카메라의 세상을 들여다보면 현실은 구겨진 종이에 불과했어 사람들은 카메라가 창조한 세상을 동경했고 창조된 현실을 잃어갔지 빛으로 세상을 창조한 카메라 빛의 낙원엔 생명 없는 그림자들이 하루 종일 활보했어 오래 생존할수록 영웅이 되는 나라에서 인기만이 생명이었어

357

거대한 카드섹션에 참여한 나는 끊어진 한 줄 아니 한 점에 불과했어 혼자서 나타낼 수 있는 삶의 의미는 있어도 그만 없어도 그만이야 점 하나 사라진들 카드섹션은 영향 받지 않았어 한 동작으로 이루어져야 하는 카드섹션은 명령에 따라 들라면 들고 뒤집으라면 뒤집어야 해 통일된 동작을 따르지 못하는 사람은 정해진 그림을 표현할 수가 없지 정해진 운명을 위해 자신의 색깔

을 잃지 않고 일사불란하게 카드를 들어야 하기에 나는 오늘도 웃었어 일부에 불과한 나는 정해진 카드의 일원으로 살아갈 뿐이야 조각난 카드들은 큰 삶의 반경을 가지고 산다 해도 그는 하나의 카드에 불과할 뿐이야 나뭇잎들이 반짝이며 자신의 카드를 흔들고 있어 풀들이 시간에 맞게 자신의 카드를 물들였어 산의 카드와 호수의 카드 그리고 바다의 카드들이 계절마다 뒤집으며 메시지를 나타내지 나도 내 몸 하나 꿈틀거리며 돌아눕기도 하고 손 모아 기도하기도 해 사는 게 다 카드섹션이야

358

당신이 빠져나간 내 몸이 박제돼 아무리 그럴 듯해도 생기가 없지 살아있으나 껍질뿐이야 눈에 아무리 좋은 보석을 끼우고 있다 해도 새로운 세상을 볼 수 없지 내장에 아무리 따스한 솜털을 채우고 있다 해도 사랑의 말 한마디 내뱉지 못하지 못 박혀 한곳만을 응시하는 경직된 사고의 전시 공간 인조의 이빨들이 으르렁댈 뿐 사랑을 나누지 못해

359

거꾸로 세상을 살았어 어둠이 지배한 천장에 내달려 보름달로 뜬 출구를 그리워했어 눈을 감고 초음파로 교신하는 밤의 세상에서 길을 잃지 않으려 했어 하늘을 볼 수 없는 햇빛이 부끄러운 날개를 접고 한낮에도 어둠 속에서 별을 꿈꾸었지 한기와 절망의 소리가 사는 석벽을 사랑하면서 밤을 낮같이 살아왔지 무덤이 깨어져 동굴을 벗어나기까지 빛이 없는 세상을 사랑할 거야

360

발을 내딛는 길마다 방사형의 금이 갔지 한 걸음도 다가설 수 없었던 빙판 위에서 꽃보다 먼저 꺾인 관절이 소리 없는 날개로 퍼덕거렸지 바람에 풀잎들이 머리칼로 휘날릴 때 눈빛만으로도

피어나는 꽃이 있었지 은행 한 잎의 미소에도 중심을 잃고 꽃잎은 이슬을 쏟아놓았어 어둠에 젖은 나뭇가지 사이로 별들이 커질수록 붉은 날개는 한 뼘씩 길어졌지 바람을 먹은 빙판이 억새꽃 뿌리를 드러내고 시계추처럼 흔들릴 때도 바위를 등에 지고 천 년을 기다려준 산이 있었어 민들레 꽃씨, 그 깃털의 불꽃을 품은 사내 하나 바람 속으로 걸어가지

361

세상에서 가장 큰 반사등은 달이야 하늘 높은 곳에 떠서 햇빛을 모았다가 이 땅으로 전해주는 그 빛에 의해 생명들이 살아가지 반사등은 스스로 빛을 발할 수 없지만 빛을 사모하여 이웃들에게 전하지

362

진흙이 반죽이 되지 않으면 진흙 그대로 존재하지만 진흙이 반죽 되면 많은 그릇을 만들 수 있어 흙은 물을 흡수하고 잘 반죽이 되어야 갈라지지 않는 그릇이 되거나 다른 조형물이 될 수 있어 흙 스스로는 아무 것도 만들 수 없지 밀가루가 반죽되어야 빵도 만들고 수제비도 만들 듯이 흙도 반죽되지 않고서는 변화할 수 없어 인간도 신성으로 반죽되지 않고는 신의 그릇이 될 수 없지 신성을 받아들이지 않는 자는 물을 받아들이지 않는 밀가루나 흙가루와 같아

363

발아를 꿈꾸었어 어머니 뱃속에서 열 달 세상에서 50년을 살았어도 마음의 벽을 허물지 못했어 오감으로 느낄 수 있는 벽은 알처럼 나를 씨앗 속에 가두었지 예쁜 것에 끌리고 듣기 좋은 소리만 가려서 듣고 향기로운 냄새에 도취해서 끝에 달콤한 음식을 찾고 부드러운 감촉을 사랑하여 날마다 오감의 만족으로 나를 칭칭 동여맸어 오감을 사랑할수록 벽에 갇히고 벽에 갇힐수록 발아는 늦어졌어 껍질 속의 뼈를 키

우고 힘줄을 키워 날개를 달아야 하는데 건듯 부는 바람에도 나는 갈대가 돼 칭칭 감은 오감의 뿌리들, 껍질을 쪼개야 해 감각이 속한 뿌리를 잘라낼 때 오감은 발아할 수 있는 거야 나는 발아 중이야

364

낮은 땅에 물이 고였어 잘났다고 솟은 산 위엔 바위와 절벽뿐인데 남들이 융기할 때 낮은 자세로 침강했던 땅, 눈물 고인 그곳에 빗물이 담기네 침강하여 깊은 내면을 키울수록 호수가 되고 바다가 돼 낮은 곳에서 하늘을 비춰보면 별들이 다 내 것이라서 맑은 날이면 산도 절하고 나무도 절해 낮은 땅으로 엎드리면 흔들리는 것은 물결일 뿐이고 바람에도 영향 받지 않았어 세상에 슬픔이 가득할수록 풍요해지는 땅, 가장 낮은 곳에서 고요를 만나네

365

전기밥솥은 고온고압으로 제 가슴을 끓여 밥을 짓지만 나는 내 속을 끓여 내 자식 하나 키우지 못했어 전기밥솥은 품 안에 양식을 품고 강한 압력에도 뚜껑을 열지 않았지만 나는 자식의 일이라면 작은 일에도 뚜껑이 열렸어 그때마다 아이들은 밥알처럼 튕겨나갔고 내 품에 남은 건 빈 바닥뿐이었어 자식 앞에서 부모는 압력밥솥이어야 한다는 것을 터질 것 같은 속을 끌어안고 사랑을 전할 때 자식들도 따뜻한 밥으로 익는다는 것을 몰랐어 한 그릇의 밥이 지어지기까지 뜨거운 불꽃이 있었노라 내가 세상의 밥이 되기까지 뜨거운 불꽃이 있었노라

366

능선은 눈물을 품고 살지 절벽으로 떨어진 이야기와 바위에서 깨진 이야기와 붙잡지 못하고 손을 놓아야 했던 이야기와 머물지 못해 스쳐야만 했던 이야기들을 가슴에 품고 부딪히면서도 노래해 하늘 가까이 가기 위해 능선

을 오르지만 하늘은 계곡 아래 연못의 품에 안겨있어 하늘은 높이 솟은 바위에 임하지 않고 가장 낮은 자의 맑음 속에 임하지 눈물 고인 웅덩이에서 해와 달도 쉬어가지

367

빈방 있어요 누군가를 받아들일 빈방 있나요 아니면 꽃나무 하나라도 들여놓을 수 있는 방이 있나요 넓은 평수에 살면서도 정작 사람들의 내면엔 빈방 하나 없지 친구를 맞이할 수 있는 방 이웃을 들여놓을 수 있는 방 하나 없이 사는 현대인은 가난해 만약 빈방이 있다면 무엇을 가장 먼저 들여놓을 건가 제각각 가장 소중한 것을 들여놓겠지만 그 방의 주인은 당신이 되지 않았어 돈을 들여놓으면 돈의 방이 될 것이고 애인을 들여놓으면 애인의 방이 될 거야 무엇을 들여놓던 집착이 생긴다면 집착의 방이야

368

소금은 자신이 사라져 남을 썩지 않게 하지만 실리카겔은 자신이 사라지지 않으면서 썩지 않는 효과를 내지 소금은 몸에 이로움을 주지만 실리카겔은 인체에 해로움을 주지 예전엔 소금 같은 사람들이 많았으나 지금은 자신을 녹여 세상을 썩지 않게 하기보단 자신은 녹지 않고 남보고만 녹으라 해

369

흔들릴수록 방울은 소리가 나네 흔들려야 살 수 있는 방울은 정체된 삶을 원하지 않았어 동그라미 속의 동그라미, 방울은 내 얼굴 속에 있는 또 다른 얼굴이야 머릿속에 들어 있는 그리운 얼굴이 머릿속에서 흔들릴수록 아픈 소리를 내지 갈라진 가슴으로 새어나오던 방울소리는 청아했어 방울소리를 물고 새들이 날아오르고 방울소리에 끌려 영들이 찾아왔지 혼을 부르는 방울소리가 내 머릿속에 들어있는 얼굴이 간절

하게 나를 부르네 내 가슴 속에 들어있는 또 다른 얼굴이 간절하게 내 가슴을 때리네 십자가에 매달린 방울소리, 누군가가 내 가슴에 맺혀있을 때 나는 방울이 되고 누군가의 가슴에 맺혀있을 때 나는 방울소리가 되었어

370

썩는 작업은 본질로 돌아가는 과정이며 무無로 돌아가는 형식이야 유형의 존재가 분해되며 사라져갈 때 왜 그 모습은 참혹한가 지독한 악취가 풍기며 불쾌감과 공포를 몰고 오는가 하지만 사라져가는 것들은 거룩한 존재들이야 기꺼이 돌아서서 가는 뒷모습은 아름답지 진정으로 더럽고 흉한 것은 사라지지 못하는 존재들이야 썩지 못하고 자신의 자리를 양보하지 못하는 자들이야 태평양에 생긴 쓰레기섬처럼 폐와 혈관과 피부 속에 숨어서 무섭게 존재하는 자들이야

배치

371
에덴동산 중앙에는 생명나무와 선악과가 있었어 에덴동산 중앙에서 발원한 생명의 강은 사방으로 흘러 에덴을 풍요롭게 했어 에덴은 육체의 상징이기도 하지 우리의 몸은 에덴이요 에덴동산의 중앙은 배꼽과 성기야 배꼽은 어머니의 몸과 연결된 생명선이며 생명나무야 성기는 선악의 근원이며 금기의 상징이야 선악과를 따먹은 것은 신에 대한 사랑에서 인간에 대한 사랑으로 바뀌게 됨으로 인간에 대한 배신감을 갖게 했어 그 배신감으로 분노한 신은 생명나무 열매에서 멀어지게 하는데 그것이 출산의 과정을 만들고 있어 즉 에덴은 어머니의 몸이요 에덴에서의 축출은 험난한 이 세상으로의 탄생을 만들고 있어 다시 우리가 모태로 회귀하고자 하는 마음이 천국을 사모하는 마음이며 유토피아를 꿈꾸는 본능이야 사방으로 흐른 강은 생명의 강이 발원하여 사지로 뻗어감과 같은 거야 우리의 육체 속에는 에덴의 비밀이 담겨있으며 에덴의 비밀은 우리의 육체를 통해 알 수 있어 우리의 내면엔 아담적인 것 즉 양적인 것과 하와적인 것 곧 음적인 것이 공존해 음적인 것은 양적인 것을 유혹하고 좌절시켰어 유혹은 각자의 내면에서 지금도 계속되는 아담과 하와의 사건이며 날마다 에덴에서의 축출은 발생되고 있어 에덴으로 돌아가는 길은 십자가뿐이라고 해 십자가는 에덴 정중앙에서 발원하여 흐른 네 개의 강이며 우리 몸의 사지와 같지 그리스도가 사지에 못 박혀 십자가에 달려 돌아가신 것은 네 개의 강을 의미하며 우리 몸의 사지를 의미하는 거야 강과 우리 몸의 팔과 다리는 생명성의 활동이며 삶의 아름다운 행실인 거야 그러므로 우리의 아름다운 행실을 통하여 십자가에 이르고 십자가를

통해 생명의 강이 있는 에덴에 이를 수 있어 인간의 몸은 소우주요 에덴의 상징이야

372

말줄임표는 모래 위에 찍힌 발자국이고 살아온 흔적이야 행실은 보이는데 자신을 드러내지 않는 겸손이야 한가운데 찍혀 치우침이 없고 꺾이거나 구부러지지 않아 바른 삶이야 일정한 보폭으로 서둘거나 조급하지 않고 묵묵히 걸어온 표시야 어떠한 일을 하든 '…….'를 생각해야 할 길이지 자신을 설명하지 말고 항변하지도 말고 가다보면 말줄임표처럼 걸어온 길에는 '…….'가 남게 되지

373

배설물을 소중히 여기는 사람은 없으니 필요 없는 것이기 때문이지 육체는 필요한 것은 받아들이고 필요 없는 것은 밖으로 배출하지 마음도 필요하면 환대하고 필요하지 않으면 냉대하는 것이 속성이야 냉대를 받으면 자신이 필요치 않은 존재였는지는 생각지 않고 냉대만을 억울해 하지 배설물 같은 사람 되지 않으려면 이웃에게 좋은 양분의 사람이 되어야 해 그래도 자신이 버려졌다면 분노하지 말고 썩을 줄 알아야 하지 다 썩고 나면 다시 향기로운 열매가 되리니 땅으로 내려가 자신을 썩히면 다 썩은 후엔 하늘에 열매가 되리니

374

선물꾸러미의 포장들은 내면을 보여주지 않았어 한때 나는 형편없는 내용물을 과장한다고 포장들을 경멸했어 속에 들어 있는 진짜에 대해 터무니없게 포장하는 줄만 알았어 하지만 포장은 포장일 뿐이라서 대단한 속임수나 착각을 불러일으키지는 않았어 차라리 속을 보여주지 않아서 다행이야 뜯기 전까지의 기대가 있어 좋고 뜯는 설렘이 좋고 뜯은 후의 반전이 좋았지 적당히 포장된 사람은 자기관리가 잘 된

사람이야 내면을 보여주지 않고 하나의 표정을 보여줄 수 있다면 매력적인 사람이야 욕망은 선물이 될 수가 없지 행복한 미소나 감추어진 유익을 상대에게 줄 수 있다면 아무리 포장되어 있어도 받고 싶은 선물이야 포장은 자기 자랑이 아니라 감춤이고 겸손이야 적당히 자신을 포장할 수 있어야 하는데 요즘은 박스를 뜯고 속까지 다 보여주네 박스 안에 대단한 것이라도 있는 양 뒤집어 보이며 자랑하지 못해 안달이야 재능을 포장하고 배움과 능력을 포장하여 겸손한 자신의 모습을 보여주어야 해 자신을 감출 수 있는 지혜와 내면의 보석은 포장하여 전달하고 포장하여 가르치고 포장하여 전수해야 자랑이 아닌 귀한 선물이 되는 것을 사람들은 왜 모를까 화려한 제품들이 포장되는 것을 용납하지 못해 알몸으로 거리에 나서지만 뜯어보고 싶은 호기심을 잃었어 자기 자랑으로 벌거벗은 자들에겐 포장지를 사주고 싶어

375

사물이 어디에 배치되느냐에 따라 상징적 의미가 달라지듯이 사람도 어디에 배치되느냐에 따라 인생이 달라지네 입이 음식과 배치되면 먹는 기관이 되지만 마이크와 배치되면 말하는 기관이 될 거야 이성의 볼과 배치되면 애무의 기관이 될 것이고 악기와 배치되면 연주기관이 될 거야 사람도 무엇과 배치되느냐에 따라 품격이 달라지네 돈과 배치되면 부자가 될 것이요 향수와 배치되면 향기로울 것이요 책과 배치되면 지성인이 될 거야 그래서 자신이 지금 어디에 속해있는지 주변에 무엇이 배치되어 있는지 살펴야 해 잠시 후면 사라질 것에 자신을 배치하지 말고 영원히 사라지지 않을 십자가에 배치하면 십자가와 함께 빛나는 별이 될 거야

376

백사장엔 파도에 부서진 백골들로 가득해 조개들의 두개골과 소라들의 늑골들, 바위의 등뼈와

짐승들의 정강이뼈들이 잘게 부서져 거대한 방파제가 되었어 세월 속에 풍화된 뼈들이 만남을 이루고 바다로 살아가지 맨발로 모래 위를 걸어보면 지나온 숨결이 느껴지네 잘날 것도 특별할 것도 없는 뼈들이 모여 불결 따라 물결의 무늬를 그리네 큰소리 치던 조상들의 뼈도 파도에 순응하며 사는 모래벌엔 모나지 않은 동그라미들이 살지 발자국을 새기며 누구나의 존재감을 인정해 주는 백사장은 가장 낮고 외진 구석에서도 눈부시지 뼈들은 지금껏 속살을 보호하는 방패막이거나 살들의 지지대로 살아왔지 기준을 잡고 엄격한 구도를 지켜온 골격들이 죽어서도 알갱이로 남아 반짝였어 모래알 하나가 거대한 산이고 우주야

377

백지 한 장 받고 철없는 낙서를 하다가 성년이 되어서야 후회했어 남겨진 백지의 공간이 얼마나 소중한지 알았어 필요한곳에 꼭 필요한 그림을 아름답게 그리며 살려했지만 과거의 낙서 때문인지 잘 표현되지 않았어 그리면 그릴수록 지저분한 그림을 포기하고 찢어버리고 싶었어 덧칠 할수록 어두워지던 인생이 어느 날 유화물감을 만났지 더러운 낙서를 다 지워줄 피의 물감, 그리고 회개라는 붓을 들었어 기름을 붓고 눈보다 흰 물감으로 낙서를 지웠지 내 손에 새로운 백지 한 장이 쥐어져 있었어

378

언덕에 쏟아진 별들이 할딱이며 피를 흘렸어 새의 부르튼 발자국들은 길을 잃고 밤이 늦도록 단풍나무 아래를 서성였어 숭숭 구멍 뚫린 날개를 접은 거울 속의 빛바랜 눈빛들, 풍선처럼 부푼 달빛에 산산조각 난 옷자락들은 새털처럼 흩어지고 눈동자는 땅에 묻히어 해가 떠도 하늘은 검은 가면이었어 중력에 끌려 행성이 된 남자만 풀어헤친 밤의 미로를 이리저리 헤매 다녔지 유성

우의 칼날에 바람의 편지들이 풀잎처럼 허공에 찢겨질 때 노을이 묻힌 무덤가에서 흐느끼던 실루엣의 그림자 별이 지고서야 단풍나무 하나 가슴에 품었지 바람이 불고 구름이 일며 푸른 시트가 걷히는 언덕, 파란 약병에서 쏟아지는 붉은 알약들, 뼈만 남은 단풍나무는 흰 달빛에 실려가고 비처럼 내리던 빛들이 검은 입속에서 초록빛으로 피어났지

379

우리 사이엔 파이프가 존재해 사랑의 파이프 그리움의 파이프 미움의 파이프로 연결되었지 연결라인은 만남으로 이루어져서 관계가 깊어질수록 관경은 커지지 실핏줄 같던 사랑이 커지기도 하지만 미움으로 단절되거나 폐쇄되기도 했지 연결라인에는 각자의 감정과 욕망의 조절밸브가 존재하고 무의식에 의해 자동조절되기도 했어 밸브는 한 방향으로 흘러가는 유체나 가스의 흐름 같은 감정을 통제하고 조절하는 기구야 나의 몸은 내게로부터 나가는 파이프와 내게로 들어오는 파이프로 이루어져 있지 몸과 마음으로부터 연결된 감정이 흘러갈 수 있는 밸브들을 통제하고 조절하는 밸런스여 나는 고립되고 싶지 않네 섞임과 나눔이 균형과 조화를 이루는 감정의 밸브를 열고 더듬더듬 파이프를 더듬어 너에게로 가네

380

버드나무가 머리를 풀고 호수속을 들여다보았네 반짝이는 오후에도 우울한 내면을 들여다보고 바람에 흐느끼네 하늘에 수심으로 오가는 검은 구름 몇 점 먹물로 번지네 버드나무는 왜 날마다 흐느끼는가 나도 호수에 비친 세상을 보고 이슬에 젖곤 했어 물안개에 가려 맑고 투명한 세상을 잃고 살았어 버드나무여 고개를 들라 우울한 자들이여 고개를 들고 하늘을 바라보라 눈부신 태양이 찬란한 내일을 비추고 있어 고개 숙인 버드나무여 지금 당신

이 보고 있는 것은 호수에 비친 허상일 뿐이야

381

비눗방울 속에 무지개가 들어 있어 공기가 팽창하며 비눗방울이 커질수록 무지개도 찬란한 꿈에 부풀고 있어 무지개를 보며 사람들은 환호하지만 금세 비눗방울은 터지고 무지개는 흔적도 없지 어떤 비눗방울이 더 컸고 찬란했는지 아무도 기억하지 않았어 하지만 비눗방울들은 터지면서도 자기가 더 크고 찬란했노라고 서로 다투었지 찬란한 비눗방울로 살았기에 순간이 아름다웠노라고 자위하면서

382

번개는 구름의 방전현상이야 태양광선에 지표의 공기가 가열되어 생기는 상승기류에서 발생해 구름을 형성하고 있는 물방울이 상승기류로 인해 파열되면 파열된 물방울은 양으로 대전되고 주위의 공기는 음으로 대전되지 양의 전하를 가진 물방울은 구름의 상부로 올라가고 음의 전하를 가진 물방울은 구름의 하부에 머물지 하부에 음전하가 많아지면 지상의 양전하가 있는 곳으로 떨어지려고 하지 키 큰 나무나 큰 건물 등은 음전하가 떨어지기 좋은 장소인데 음전하가 떨어질 때 내는 빛에너지가 번개야 번개의 어머니는 구름이고 물이라서 물과 불의 관계는 상극이고 원수인 것 같지만 실은 한 핏줄이야 산불이 나서 아들인 불이 화가 나면 어머니인 물이 아들을 달래고 혼내서 제지할 수 있지만 어머니가 화가 나서 홍수가 날 때엔 아들인 불이 어머니를 통제할 수가 없지 방전은 임신한 구름이 더 이상 무게를 참지 못하고 아들인 번개를 생산하는 과정이야 요란한 천둥의 비명을 지르며 번개를 생산한 구름은 기쁨의 눈물을 쏟고 세상의 식물들도 생기를 얻어 한 뼘씩 자라가지

383

번데기들이 나비 꿈을 꾸었어 먹지도 않고 운동도 하지 않으며 배설도 하지 않았어 유충이 용화하여 번데기가 된 후 날개를 단 성충이 되기 위해 침묵 중이야 날개를 달고 활동하는 이들 중에는 번데기시절이 있었어 어둠 속에서 몸의 내부로 흐르던 변태 호르몬처럼 유약하던 마음을 강하게 해준 에너지가 있었어 번데기는 아직 변화되지 못한 삶이야 번데기에서 깨어나 날개를 달고 날아오르면 부활의 나비가 돼 아직 부활을 경험하지 못한 우리의 몸에도 부활의 호르몬은 흐르네 껍질에 갇혀 생각마저 갇혀있을 뿐이야 껍질이 깨어지는 날 우린 천사로 부활할 거야

384

꿀벌은 먹이를 가지고 돌아오면 집안에서 춤을 추어 먹이가 있는 곳의 방향과 거리를 알려주네 집 근처에 먹이가 있을 때는 원형댄스를 추고 50m 이상이 되면 반원형에 좌우 번갈아 8자형의 춤을 추고 있어 중앙의 직진부가 먹이의 방향을 표시하며 회전의 속도가 거리를 표시하는데 가까운 곳일수록 빠르다고 해 하지만 사람들은 돈이 되거나 먹을 것이 있으면 표시내지 않고 감추고 있지 혼자 생존하기 위해 이웃과 친구를 버리기도 해 생존방법의 대립적 관계에서 어느 것이 좋다고 말할 수 있을까 현재 벌은 생존위기에 빠져 있고 인간은 치열한 생존능력으로 뻗어가고 있어 개인적 삶과 집단적 삶의 방식의 차이에서 오는 윤리와 종교도 다르고 상황에 따라 혼돈을 가져오기도 해

385

한때 나는 사랑하는 여인의 베개가 되고 싶었지 실컷 볼에 입맞추며 풀어진 머릿결 속의 향취를 맡고 싶었지 그녀가 꿈꾸는 잠꼬대를 들으며 그녀의 꿈나라에 머물고 싶었지 사랑이나 결혼은 상대의 베개가 되어주는 것이야 편안한 휴식과 단꿈을 줄 수

있어야 해 편백나무 베개를 베면 날마다 편백나무 숲길을 거니는 거야 울창한 편백나무 숲에 비쳐 든 햇살은 눈부신 영감으로 쏟아지고 안개처럼 꿈이 피어오르네 피톤치드 가득한 편백나무 잎의 푸른 향기가 콧속으로 들어와 펼친 밀림의 편백나무 숲, 나의 온몸이 편백나무 세계가 되지 가끔씩 팔베개를 해주기도 했지만 나는 편백나무 베개만도 못하지 나는 잠든 그녀에게 편백나무 숲 같은 꿈과 희망을 준 적이 있던가 편백나무 베개를 베는 순간 나는 외로운 편백나무 가지가 되었어

386

벽에 대못 하나 박혀있어 꽉 물어버린 콘크리트의 이빨에 옴짝달싹도 못하고 있어 못은 벽에 박히기 위해 허리가 휘도록 대가리를 얻어맞았어 날카로운 뿌리를 벽에 박으며 벽 없는 세상을 꿈꿨지 벽이 없다면 누구라도 친구가 될 텐데 벽에 막혀 가지 못하는 길이 많았어 벽은 장애일 뿐이야 하지만 벽이 있어서 못은 한자리에 정착했고 해야 할 일이 생겼지 벽을 만나면 나는 벽에 못 박히고 싶어

387

흡반의 입술이 내 입을 덮쳤지 끈적이며 달라붙는 입술이 입을 빨아들이며 머리와 몸통을 끌어당겼지 어느새 촉수들이 팔과 다리를 휘감고 빨판을 붙이고 있었어 실낱같던 촉수들은 점점 커져 동아줄 같았고 고무줄처럼 조여왔지 그 사내는 촉각으로 나를 맛보았어 감각의 세계가 해파리의 나른한 끈으로 풀리며 너풀거렸어 포식의 혓바닥이 날름거리며 손을 뻗었어 어느새 수십 개의 빨판이 달린 다리가 내 허리를 휘감았어 끈적이는 촉수들이 내 몸의 구멍들을 열고 미끄러져 들어오고 있었어 아지랑이로 피어오르며 흔드는 촉수에 몽롱한 눈꺼풀이 풀려갔지 잘라내야지 내 몸을 파고드는 파충류의 혓바닥

들, 문어발의 끈적이는 뿌리들을 길바닥엔 욕망의 촉수들이 나뒹굴고 담벼락엔 함부로 놀린 혓바닥들이 달라붙어 있었어 날름거리는 촉수들을 피해 우린 아름다운 산호밭을 살아왔지 평화로운 지느러미를 흔들며 촉수들의 뻘밭을 헤엄쳐 왔지 아니아니 내겐 예리한 칼날이 있었지 "안 돼요" 사정없이 붉고 긴 혀를 내밀어 칼을 휘둘렀어 나를 빨아들이던 입술들이 소리를 지르며 하나둘 추락했어 나무뿌리를 옥죄던 빨판들의 힘이 풀려 단두대에 섰지 몽롱하게 끈적이던 물길이 투명해졌네

어머니의 성경과 묵주

389

병아리가 알의 껍질을 깨고 새로운 세계로 태어난다 해도 역시 낡은 세계에 갇히지 날개가 있어도 날지 못하고 두엄더미를 헤쳐 먹이를 찾아야 하는 닭의 세계 역시 혁신적 세계는 아니야 닭의 세계를 파괴하고 또 다른 세계를 얻었다면 진정 새로운 세계일까 새로운 세계가 아니라면 알을 깨고 나온 것이 후회될 수도 있어 내가 현재 사는 세계는 알의 세계일까 닭의 세계일까 닭 이후의 세계일까 다음 세계가 더 비극적이라면 현 세계의 삶을 반납할 필요가 없지 그래서 병아리는 알을 깨지 말아야 하고 닭은 죽지 않아야 해 성경에는 두 가지의 길이 있어 하나는 알을 깨듯 육체의 죽음으로 새로운 세계를 얻는 길과 또 하나는 알을 깨지 않듯 에녹처럼 죽지 않고 영생하는 길이야 그래서 자신의 세계를 깨뜨리는 것만이 최선은 아니야 오히려 똘똘 뭉쳐진 자신의 세계로 들어가는 것이 필요할 수도 있어 알이 영원히 알로 존재할 수 있다면 사람이 영원히 사람으로 존재할 수 있다면 새로운 세계는 필요하지 않을 거야 그 영원성은 진정한 내면으로 들어가는 길이며 원상회복되는 길이야 그러므로 병아리는 알을 깨려 하지 말고 영원히 알로 있으려 해야 해 사람도 죽어서 어디 가려고 현재의 삶을 깨뜨리고 희생할 필요 없이 현재의 삶에 충실해야 해

390

명검을 만드는 방법은 접쇠검과 단조검으로 나뉘지 접쇠검은 철을 여러 번 접어서 만든 검이고 단조검은 철을 두드려서 만든 검이야 접쇠검은 담금질과 열처리가 까다롭기 때문에 아무나 만들 수 없지 무늬가 아름답고 강도가 우수하기 때문에 애호가들에게 사랑받는 검이야 단조검은

접쇠검보다 약하지만 쉽게 부러지지 않고 흡수력이 좋아 명검은 철의 절묘한 구성과 탁월한 담금질로 열처리가 잘 되어서 바위조차 자를 수 있고 머리카락을 올려놔도 두 동강이 날 정도라고 하지 명검과 같은 존재가 되기 위해서는 먼저 불순물이 섞이지 않은 순수 철과 같은 자질이 필요하고 담금질과 열처리와 같은 단련을 견딜 수 있어야 해 그러나 가장 중요한 것은 훌륭한 장인을 만나는 거야 명검으로 산다는 것은 많은 지식으로 담금질하고 영성으로 열처리하여 아무리 미세하고 복잡한 논리라도 단칼에 벨 수 있어야 하지만 함부로 칼을 뽑지 않아야 해

391

십자가 속엔 봄 여름 가을 겨울이 있어 세워진 십자가의 우측은 봄이며 하늘로 향한 위쪽은 여름이며 좌측은 가을이며 땅으로 향한 아래쪽은 겨울이야 봄 여름 가을 겨울이 순환하는 것은 십자가의 원리이며 타로카드 10번 운명의 카드와 같아 수레바퀴 위에 올라타고 있는 것은 인생의 수수께끼 지혜로움 경고 위엄을 상징하는 스핑크스이며 우측에 수레바퀴를 떠받들고 있는 것은 부활을 상징하는 야누비스야 좌측의 뱀은 죽음과 파괴를 상징하는 세스티스이며 아래쪽은 지하세계를 상징해 십자가는 순환하는 자연이며 윤회이고 태어나서 한평생 살다 하늘로 다시 돌아가는 인생이야

392

다이아몬드는 아름답기 위해 무수한 각을 형성해 둥글넓적한 다이아몬드라면 최고의 보석이 될 수 있을까 무수한 선과 각으로 이루어진 투명체는 내면에 비친 날카로움으로 품격을 달리해 둥글둥글 살아가는 것이 최선은 아니야 비와 바람과 세월 속을 굴러온 돌들이 다 보석이 되지 못하는 것은 투명함과 각을 소유하지 못했기 때문이야 투명함은 하

늘이 들어와 있는 사람이며 각은 투명함을 더욱 빛나게 하는 엄격함을 가진 사람이야 너도 나도 세월 속에서 구르고 굴러 무던히도 둥글게 살아왔지 하지만 불투명하게 내면을 감추고 살아가는 돌들은 하늘을 품을 수 없지 엄격함이 없이 무지개의 꿈을 새길 수 없지 예리한 각이 많을수록 무지개는 찬란한 거야 투명할수록 그의 눈동자는 깊은 하늘을 응시해 절도의 무수한 각을 다이아몬드의 찬란함 속에서 만지네

393

보자기에 싸인 어머니의 성경책과 십자가 묵주가 장롱 속에서 나와 이야기를 풀어놓았어 색종이 오린 노을이 타는 천장엔 모빌 같은 태양이 뜨고 종이학도 날아올라 바람이 되었어 은하수 흘러와 옛날이야기의 냇물이 되던 어머니의 품속에서 나는 강물을 마셨지 손 안에서 우주가 되던 묵주의 공전이 사계의 꽃을 피우고 흘러갈 때 날아오르는 새들의 노래는 날개가 되었어 구름 보자기에 싸여 희미하던 산들도 알몸을 드러내고 파도로 흘러갔지 밤을 지새우고 나면 먼동도 산처럼 굽이굽이 풀려나고 성경책과 십자가 묵주가 담긴 장롱 속에서 어머니도 환한 웃음으로 부활하시지 나는 날마다 보자기를 들추고 매듭을 풀어줄 손길을 기다렸지

394

세상에서 가장 아름다운 옷이란 자신감을 입기 위해선 최면이 필요할 수도 있어 한 꺼풀 한 꺼풀 콤플렉스를 벗기 위해선 최면의 손을 빌리기도 해 스스로 옷을 입고 벗을 수 없는 불구의 상태를 벗어나기까지는 남의 손을 빌려야 해 하지만 최면은 잠시 콤플렉스를 벗고 자신감의 옷을 입을 수는 있지만 지속적으로 내 안에 내면화될 수는 없지 자신감의 옷은 날씨에 따라서 상황에 따라서 컨디션에 따라서 벗겨질 수 있는 구름과 같은 거야 언제

나 변함없는 자신감으로 자신을 가꾸기 위해서는 밖으로부터 주어진 자신감이 아니라 내면으로부터 솟아난 자신감으로 충만해야 해 그 어떤 지식도 영원히 변하지 않는 자신감을 줄 수는 없지 영원히 변하지 않는 자신감은 내 안에서 끊임없이 솟아나는 지혜의 샘이 있느냐야 내면에 지혜의 샘을 열고 두레박을 걸기 위해서는 나무가 필요하지 나무에 순환하는 사계절의 도르래를 걸고 음양의 두레박을 내리고 올려야 해 목마르지 않는 지혜의 샘으로 충만한 자는 늘 자신감이 넘치지 자신감이 넘치는 이의 얼굴은 빛나지 세상에서 가장 아름다운 자신감의 옷을 입은 이는 높은 지위가 아니어도 좋아

395

변화와 변태의 차이는 뭘까 변태는 내부적인 속성의 차이가 없이 모양만 바뀐 거라고 알고 있지만 그렇다고 내부적인 속성이 전혀 바뀌지 않았다고 말하기 어려워 대부분 매미의 유충이 변하여 매미가 되는 것을 변태라고 해 그렇다면 매미가 되어서도 유충의 속성을 가지고 있을까 매미가 되면 짝짓기에 전념하게 되고 짝을 부르는 울부짖음 속에서 분주하고 절박한 날들의 짧은 시간을 보내게 돼 매미의 마음과 속성도 같이 바뀐 것이 아닐까 어릴 적에 새를 보면 새가 되고 싶었고 물고기를 보면 물고기가 되고 싶었지 내 마음이 변하지 않고 되고 싶은 것은 변태를 꿈꾼 거야 하지만 변태가 된다 해도 내적 변화 없이는 새나 물고기의 삶을 영위할 수 없을 거야 변화는 형태나 속성까지 아우르는 포괄적 바뀜을 의미하지만 실은 변화는 내부에서부터 일어나는 거야 발효나 부패도 내부에서 일어나지만 진행되면 외부적 모습까지 바뀌게 돼 깨달음을 얻은 자의 얼굴도 내면적 변화를 통해 외면적으로도 바뀌게 돼 변태와 변화는 시작이 외적인지 내적인지의 차이도 있지만 결국에는 내

면과 외면의 속성과 모양을 바꾸는 거야 그러나 변태는 내면의 완전한 바뀜이 어렵고 변화는 완전하고 다양한 내적 외적 바뀜이 가능하지 진정한 변화는 일부가 아닌 완전한 바뀜을 필요로 해

396

명당에서 복권을 사기 위해 사람들이 줄을 섰지 누구나 복 받고 싶겠지만 복이 무엇인지는 알고 있을까 5천만 원짜리 2등 로또가 된 친구가 얼어 죽었지 그가 복권인줄 알고 산 것은 액권이 되었어 쉽게 돈을 번 복권의 유혹은 더 많은 복권을 사게 했고 언제든 한방이 있다는 자신감에 수백만 원씩 복권을 사며 돈을 날리다가 결국 파산에 이르렀어 전세금도 뺐고 직장도 잃었지 나중에는 돈을 빌려서까지 복권을 샀지만 더 이상 행운은 따라주지 않았어 그 친구가 어느 날 로또를 만난 것은 재앙이 되었지만 나는 돈도 되지 않는 시를 만난 것이 내 인생 최고의 복이야

397

코스모스 피어난 철길을 손잡고 걸었네 하나의 레일은 내가 또 하나의 레일 위엔 그녀가 침목들이 받쳐주는 길을 기차가 지나가듯, 우리의 길에도 침목 같은 추억이 깔리고 진동을 줄이기 위한 자갈들처럼 떠받치던 수평의 기도들 코스모스 꽃잎들 파란 하늘을 둥둥 떠다니는 철길을 걸었어 기적소리 구슬픈 시골 기찻길에서 하나의 방향을 바라보며 십자가들이 떠받힌 철로 위를 기우뚱거렸지 바퀴들이 미끄러지던 레일 위엔 마모된 시간들이 반짝이고 나뭇잎들 바람에 손을 흔드는 이별을 했어 우리는 언제 다시 손잡을 수 있을까 코스모스 철길엔 연분홍 사연들이 피어나고 파란 하늘엔 뭉게구름들이 제 갈 길로 흩어져가네

398

사과를 한 입 베어 물면 볼에 홍조가 피고 있어 내겐 사과할

일이 많지 홍조 띤 사과를 쪼개면 내 마음처럼 부끄러운 사과의 단면을 볼 수 있어 금단의 열매 쪼개진 사과의 내면엔 이브의 꽃잎과 뱀의 눈과 금이 간 신과 인간의 경계가 있어 둥그런 사과는 세상이요 꿀이 가득한 과육은 세상 가운데 남겨준 행복이요 검은 씨앗은 죄로 인한 잉태요 남겨진 꼭지는 신의 자손의 징표요 쪼개진 후의 하트모양은 인간을 향한 신의 영원한 사랑의 상징이야 금단의 열매를 땄기에 인간은 사랑을 배웠지 그래서 이브는 아담보다 위대한 거야 그런 인간에게 사과를 준 것은 신의 축복이야 한 입 베어 문 붉은 사과의 몸에 새겨진 백색의 하트문양처럼 인간의 사랑은 상처이지만 입 안에 가득 고이는 꿀물처럼 달콤하고 향기로운 거야

399

판이 중요하지 어떤 판에서 노느냐에 따라 살판이 날 수도 있고 죽을 판이 될 수도 있지 도박판에 있으면 패가망신할 테고 싸움판에 있으면 싸움에 휘말릴 테고 공사판에 있으면 돈을 벌 테지 지각도 판이라서 겹치는 판에 살면 지진이나 해일을 당하겠지만 견고한 판에 살면 흔들림이 없지 누구는 바둑판으로 살고 누구는 장기판으로 살고 누구는 씨름판에서 살지 판판하다고 다 판이 아니라 몸과 마음이 가 있는 곳이 판이야 춤꾼들은 춤판을 벌일 테고 정치꾼들은 정치판에서 목청을 높이겠지만 인생의 가장 중요한 판은 막판이지 인생은 막판이 잘 풀려야 해 아무리 화려한 판에서 놀았더라도 막판이 좋지 않으면 다 안 좋아지니까 초장에 일이 안 되고 꼬였다 해도 막판에 잘 풀리면 다 좋은 수이지 누구나 막판을 위해 최선을 다 하지만 판이 깨지는 경우가 너무 많아 판이 깨지면 안 하느니만 못해서 스스로 판을 깨는 자는 그 판에서 심판을 받지 세상 막판의 심판, 어떤 판에서 살았느냐에 따라 살판이 날 수도

있고 죽을 판이 될 수도 있지

400

캔버스의 중심에 점을 찍으면 비록 점일지라도 캔버스 전체를 차지해 여백은 비켜 서있는 거야 중심을 차지하지 않고 중심을 찾아가는 변두리를 차지하는 거야 변두리를 그려줄 때 관람객은 중심을 차지해 나름의 상상과 유추로 중앙에 꿈을 그려넣었어 관람자가 중심에 서서 한가운데에 자신들의 꿈을 그려 넣을 수 있는 포스트모던한 그림, 여백은 더 많은 설득력을 가진 화가의 적극적 표현이야

401

사공이 많으면 배가 산으로 간다는 말이 있지만 사공 없는 배를 타야 하는 시대가 되었어 사물과 사물 간의 소통으로 인간은 배제된 채 사물들끼리 알아서 교통 정리하는 시대가 되었어 사물을 믿고 몸을 맡긴 채 여행을 하고 일을 해 사물이 잘못되면 손 한 번 쓰지 못하고 죽을 수도 있어 인간이 사물을 지배하고 다스리던 시대는 지나가고 사물이 대신 인간을 지배하는 때가 되었어 사공이 없는 배를 타고 여행하는 인간의 마음은 행복할까 혹자는 가상 믿을 수 없는 게 사람이라서 차라리 잘 되었다고도 해 한 순간 자신의 뇌혈관이 막혀 어찌 될지 모르는 위험성을 안고 살아가는 우리는 실은 자신조차도 믿을 수 없지 사물을 믿고 여행하다 잘못되면 누구에게 책임을 물을 수 있을까 불안의 시대에 진정한 선장이 필요하지

마침내 땅이 열리고

402
사금을 채취하기 위해서는 모래를 담은 접시나 상자를 물에서 흔든 다음 모래는 흘려보내고 금만 남게 해야 해 물에서 걸러지는 방법은 무게의 차이에서 생기지 가만히 있을 때는 모래와 금이 섞여 표시가 나지 않지만 흔들리게 되면 혼란이 생기고 다툼이 생기고 마찰로 인해 갈등이 생기게 돼 하나의 조직이 흔들리고 갈등을 빚게 되면 그 속에서 모래와 사금은 갈라지지 모래는 나가고 사금은 안으로 들어오듯이 조직에서 엇나가고 밖으로 돌며 비판하는 자는 모래와 같아 금 같은 자는 조직을 위해 무엇을 할까 생각하며 조직 안으로 더 가까이 들어오지

403
산산조각 난 상처로 사금파리는 칼을 품고 바닥에 누웠어 항아리의 꿈이 깨어진 것은 밀친 몸이거나 놓아버린 손보다 딱딱한 바닥 때문이었어 그래서 바닥에 발랑 누워 날카로운 이빨을 드러내고 있어 늘 다치는 쪽은 맨발이거나 연약한 손길들이야 달빛 아래 누워 시퍼렇게 눈뜬 사금파리들 꿈과 행복이 익어가던 장독대 풀섶에 누워 넋을 잃고 흐느끼는 조각들의 눈물을 봐 하지만 사금파리들은 바닥으로 돌아가야 해 이빨도 무뎌지고 원망도 묻혀서 바닥으로 돌아가야만 해 맨발의 자유가 오고 있어

404
삼각의 정점을 매달아 허공에 띄웠지 하얀 뼈로 내걸린 트라이앵글의 문 천·지·인이 되기도 하고 삼위일체가 되기도 하고 사분의 삼박자 모빌이 되기도 해 십자가를 들어 꼭짓점을 두드리면 울리는 청아한 부름소리가 하늘에서 땅으로 머리 위로 쏟아지네 불사의 공간에 메아리치던 간절한 이

름들은 피라미드의 문을 열기 위한 두드림이었을까 삼족오의 향로를 피우고 혼을 부르는 영매의 소리에 생명나무 이파리들의 떨림이 찾아오고 오려진 조각달빛이 쏟아지네 과거 현재 미래가 반든 진공의 시간 속에 매달려서 뼈로 흐느끼면 열리는 또 하나의 문, 자지러진 파장 하나 블랙홀을 맴돌다 영원 속으로 사라지네 경계에서 울리는 타종, 뇌우가 일면 밀봉된 어둠이 깨어져 부르르 몸을 떨지

405

사막의 밤에 서본 사람은 신비한 하늘을 만나지 생명이 없는 땅 풀 한 포기 자라지 않는 모래밭엔 바람의 흔적뿐인데 타는 태양의 목마름으로 둘러보는 사방은 물 한 방울 없는 죽음의 땅이었는데 밤이면 찬란히 별이 떠올랐어 주먹만한 별들을 보며 하늘이 가까이 내려옴을 깨달았어 눈부신 별들은 잊고 살았던 하루를 깨우쳐 손 모으게 해 절망의 순간에 만나는 희망의 꿈들 길을 잃고 모래밭을 걸어갈 때 어둠 속에 반짝이는 십자가를 만나

406

잊으려 했어 뼈에 사무친 사랑을 실뿌리 같은 정, 손톱 자라듯 커서 온 머릿속 쩌렁쩌렁 울리며 암반을 뚫고 통증으로 뻗어가는 애증의 뿌리 뽑으려 했어 기다림의 세월 피맺힌 가슴앓이가 생살을 밀어 올려 슬픔 위에 홀로 선 상한 날개들의 비상을 위해 송두리째 뽑으려 했어 빠져나가 아픔 고인 그 자리, 모질게 참고 살면 새살로 돋아나 상처를 메워가는 잔인한 망각의 시간들 잊으려 했어 뼈를 깎는 고통으로 잊으려 했어

407

꽹과리 징 울리니 하늘이 열리고 장고 북 두드리니 땅도 열리어 하나 되는 천지인 한바탕 질펀하게 어우러져 도리질 어깨춤에 넋이 나간 신의 장단에 하늘

이 돌고 땅이 돌고 일월성신이 돌고 내가 돌며 까무러치는 회오리 속 천지사방 떠나갈 듯 우레가 치고 나면 따앙 땅 땅 땅따당, 쉬어가는 가락에 초로인생 왔다 가는 우리 인연도 소리 채 끊어질 듯 이어지는 한마당인 걸, 시름을 벗어 놓고 멍에도 내던지고 천만번 죽고 죽는 윤회의 구렁을 뛰어 불꽃 같은 목숨 혼을 두드리네

408

반찬가게에 주인은 없고 반찬들만 있네 매일 장을 보고 제철 식재료로 만든 음식이라고 화사한 색감과 먹음직스러운 자태를 뽐내지만 그들은 주인이 아니라네 천연조미료와 육수 양념장으로 요리한 웰빙 반찬들, 구수한 냄새를 풍기며 구미를 돋울지라도 그들은 절대 주인이 아니라네 밥상 위에 올라 고급 식기에 누워 아무리 유혹한다 해도 주인이 들어오기 전까지는 아무도 젓가락을 들지 않지 저들은 반찬가게의 진정한 주인인 한 공기의 밥을 위해 칼에 베어지고 불에 살라져서 양념의 옷을 입었지 새콤달콤 항아리 속에서 곰삭은 젓갈도 한 순갈의 밥을 섬기기 위해 숨 막히는 삶을 살아왔지 이 땅의 주인은 따로 있지 우리가 아무리 잘난 척 한들 주인이 없으면 거들떠보지도 않는 밥순갈에 얹어진 콩자반처럼 우린 당신과 함께할 때만 향기로울 수 있지 세상은 반찬가게야 밥상에 올라 주인을 맞이하기 위해 반찬들은 반찬통에 담겨 꿈을 꾸고 먹음직스럽게 사근사근 익어 가는데 돌아오지 않는 주인은 소식이 없네

409

찢겨진 손들이 멱살을 잡았어 비질에 껌처럼 달라붙는 아스팔트 위에 젖은 낙엽들, 가지 끝에 매달린 잎을 떨어내기에는 몇 마디 입김으로 충분했어 몽둥이와 쇠망치의 계절, 된서리로 온 포클레인이 버마제비 발톱을 내려찍었어 복서처럼 쓰러진 붉은 담벼

락들, 사각의 링에서 다음 상대는 누구인가 길거리엔 포플러들이 하늘을 비질해 빗자루처럼 사형제가 등장하고 고층빌딩에선 히틀러가 사각 유리창을 닦았어 세르비아 군인들이 무슬림 여자를 목욕시키던 붉은 창가, 쓰레기들이 청소부마저 쓸어내는 비질로 길은 늙은 여자의 머리칼처럼 헝클어져 있어 지우개는 문지를수록 때가 묻고 무심코 뱉은 언어가 압정으로 박히었어 버려진 것들의 악취, 향기가 떠난 후엔 파리와 구더기가 들끓었지 기억을 다 지우고 흔들의자에 앉아계신 할머니는 언제쯤 구름이 되시는 걸까 기러기들 달샘으로 물 길러 가는 밤하늘의 푸른 광장, 눈처럼 날리는 새털구름을 후후 바람이 비질하네

410

사진 속에서 유명 탤런트가 웃고 있어 햇빛 찬란하던 날들과 바람이 불고 눈보라치던 날들이 나이테를 이루며 거목으로 커온 삶이 한 컷의 단면으로 남았어 어느 날 갑자기 몰아친 태풍에 쓰러진 거목, 탄탄할 것 같았던 그녀의 삶을 부러워하지 않은 사람이 없었지 충격에 모두는 넋을 잃었지만 금세 아무 일 없었던 듯 평온을 찾았어 그리고 잘려진 밑둥치의 단면처럼 한 컷의 사진으로 남았어 탄탄한 연기력과 빼어난 미모로 영원히 기억될 것 같은 그녀도 사람들의 뇌리에서 지워질 거야 그루터기들도 썩어지며 울창했던 삶을 잊겠지 꽃으로 장식된 무덤가에서 쓸쓸히 웃고 있는 그녀의 사진이 낙엽처럼 초라했어 행복했던 순간마저도 빛을 잃고 조락의 숲에 누워있었어 나는 오늘도 한 컷의 사진 속에 나를 남기지만 부질없는 짓이야 누구를 위해 나를 남기는가 찍히는 순간의 행복이 있을 뿐 이 땅에 영원한 것은 없지 자동카메라 속에서 팔 벌려 빙그르 돌며 나는 순간 한 장의 낙엽으로 남았어

411

사철 푸른 나무는 태어나는 것이 아니라 만들어지는 거야 겨울이 없는 시간 속엔 사철나무가 아니어도 늘 푸를 수 있어 겨울이 오기 전 대부분의 나무는 이미 절망했기 때문에 온몸의 피가 굳고 잎이 시들었지 하지만 겨울이 와도 희망을 포기하지 않은 나무들은 늘 푸르렀어 그것은 외부적 기온 변화에 영향 받지 않고 내부의 뜨거운 피를 발산하기 때문이야 사철나무는 사철나무만이 될 수 있는 것이 아니라 사철나무가 아니어도 사철나무가 될 수 있어 나이가 들어서도 인생의 여름을 사는 사람들은 그 푸름으로 눈부시지 겨울이 없는 계절을 사는 사람들은 낙엽을 모르네 절망하지 않는 그의 몸속엔 엽록소의 유전자가 흐르네 조락의 계절, 세상은 낙엽이 지는데 사철나무가 내 몸에 뿌리를 뻗었어

412

내 어릴 적 사탕은 아이들 세상의 전부였어 십리사탕 하나 입에 물고 십리길 학교를 오갔지 사탕 중에서도 크고 맛있던 눈깔사탕은 부러움의 대상이었어 볼이 불룩하도록 눈깔사탕 입에 넣고 단맛에 빠져 살았어 우는 아이 사탕 하나 물려주면 웃음꽃이 피었고 떼쓰는 아이 손에 막대사탕 하나 들려주면 행복에 겨워 야금야금 하루를 녹여 먹었어 그 덕분에 이빨에 까맣게 충치가 생겨 웃으면 징상하기도 했지만 행복을 눈깔사탕처럼 뭉쳐서 입안에 넣고 다니며 맛볼 수 있다면 얼마나 좋을까 눈깔사탕 하나로 맛볼 수 있었던 행복을 어른이 되어선 얻을 수 없다는 것이 불행이야 단물이 굳어진 눈깔사탕처럼 주변엔 행복이 뭉쳐진 작은 꿈들로 가득하지 막대사탕 같은 꿈을 입에 물고 가는 사람의 세상은 행복한 소풍이지만 그저 욕망을 향해 오르는 이의 길은 절벽이야 욕심을 버리면 우린 막대사탕을 얻은 아이처럼 행복할 수 있어

413

사향노루의 사향선腺을 건조시켜 얻는 사향, 사향선은 사향노루 수컷의 배와 배꼽의 뒤쪽 피하에 있는 향낭 속에 있지 향낭은 크기가 달걀만하고 무게가 약 30g인 피낭이지 잘라서 건조시키면 축축한 자갈색의 분말모양으로 굳어지는데 이것을 묽게 하여 쓰면 향기로운 냄새가 나지 무스크라고 하며 향수로 많이 쓰이지 사향노루처럼 사람도 향낭을 가진 이가 있지 인간이 가진 향낭에서는 향기로운 언어들이 쏟아지며 향기로운 생각과 행동이 나오도록 유도하지 그 향낭은 지식과 자신감이 아니라 사랑과 겸손이야 향낭을 소유한 이에게서는 향기로운 매력이 발산되므로 자신이 매력 없는 사람이라고 생각되면 어딘가에 감추어진 향낭을 발견해야 해 인간도 사향노루처럼 향낭을 가지고 태어났으나 발견하지 못했을 뿐이야 사랑을 가슴에 품은 이들은 영원히 사라지지 않는 무스크의 향을 가진 사람이야 부드러운 미소와 아름다운 말들이 어찌 그리 향기로운지

414

누군가 몰래 나의 방을 다녀갔지 금언의 황금을 도굴한 흔적과 함께 검은 발자국들이 남았어 바람의 불청객은 날개도 없이 건물을 건너뛰며 창가의 어둠처럼 방에 스며들었지 빗자루를 탄 마녀들의 누리 사냥에 유명 탤런트가 살해되고 몇몇 정치인의 옷이 벗겨지며 성업 중이던 업소가 폐쇄됐어 어두운 영들의 빙의, 도깨비 감투를 쓴 얼굴이 모니터에 나타났다 사라지네 어젯밤에도 왕의 골짜기를 헤매던 그림자들이 투탕카멘의 황금가면과 황금마차를 훔쳐갔지 밤의 두건을 쓰고 침실을 들여다보는 검은 망자가 창가에 먹물처럼 번지네 돌팔매의 파문을 내며 도미노가 시작돼 사냥게임이 현실이 되는 정글 속에서 무색의 유리조각, 서로의 살을 베는 익명의 얼굴들로 쫓기는 하루가 첨탑 위에 서 있어 하트와 십

자가와 편지와 별무리들은 사라지고 뱀과 전갈과 돌멩이와 칼과 화살과 총알과 포탄으로 채워진 방에 들어와 노려보는 한밤의 부엉이를 봐 흔들리는 수면 위로 투명망토를 걸친 달빛이 박쥐처럼 내려오고 있어

415

몸에 어혈을 빼기 위해선 사혈이 필요했지 어혈은 죽은피가 아니라 활동성이 떨어진 적혈구라고도 하지만 정체되어 통증을 몰고 왔지 어혈을 빼기 위해서는 강한 흡입력의 부황기가 필요했어 어제 내 머리를 쳤던 누군가의 말, 심한 타박상으로 생각은 흐르지 않고 분노감으로 멈춰있었지 통증으로 화끈거렸고 숨이 차올랐지 누군가가 현실을 직시하라며 얼음 섞인 말로 찜질을 했지만 통증은 더 심해졌지 아내가 성경구절로 일침을 놓았으나 효험은 없었지 강한 흡입력의 부황기가 필요해 독을 강하게 빨아낼 입술 말이야 그러나 그 어디에도 내 용기까지 일으켜 세워줄 부항기는 보이지 않았고 고독한 방의 유폐된 어둠 속에서 링거병을 보았지 벽에서 늘어진 줄이 내 몸에 주사기를 꽂았지 말씀이 온몸으로 흘러들어 강물이 되었지 그 후로 툭 터진 내 입에서 용서라는 각혈이 튀어나왔어

물체색의 성질

416

어릴 적 농한기가 되면 남자들은 가마니를 짜고 여자들은 모시를 했어 농사만 짓지 않았지 더 바쁜 생업을 이어갔지 고기 먹기가 어려운 시절이라 덫을 놓아 참새를 잡거나 이웃집 닭서리를 하곤 했어 그 시절 나는 형과 함께 청산가리를 이용해 꿩이나 오리를 잡아먹었어 콩에 드릴 같은 것으로 구멍을 뚫고 성냥골만한 청산가리 조각을 넣은 후 밥풀로 입구를 메웠어 밭두렁이나 인근 야산에 청산가리 콩을 놓고 미끼로 다른 콩들을 흩뿌려 놓았어 겨울이라 먹을 것이 부족한 꿩들이 산에서 내려와 콩을 주워 먹고 날아가지 못하고 쓰러졌네 기다리고 있던 형과 나는 재빨리 꿩을 주워 집으로 달렸지 집에 오면 맨 먼저 배를 가르고 독이 퍼지지 않게 내장을 꺼냈어 하얀 청산가리 알약을 쪼개 미끼 작업을 하면서 철부지인 형과 나는 즐거웠어 철새인 오리들이 날아와 물이 찬 논에서 먹이를 먹을 때면 붕어를 잡아 아가미를 열고 청산가리 조각을 넣어 논흙을 쌓아 올려 놓았어 어느 순간 소리 지르며 오리들이 날아오르고 한두 마리가 퍼덕일 때면 장화를 신고 달려가 오리를 잡았어 그때는 그 일이 얼마나 위험하고 잔인한 행동인지 알지 못했어 어느 날 학교에 갔다 왔는데 동네 사람들의 수런거리는 소리를 들었어 이웃집 형이 청산가리를 먹고 자살했다고 했어 손목이 없는 여자를 사랑했는데 부모님께서 결혼을 반대했다는 게 이유였어 발견된 숲의 주변 풀들이 뽑혀있었다고 했어 나치들이 유대인을 죽인 것도 청산가리 가스였다는 것을 나중에야 알았어 나는 얼마나 무서운 짓을 서슴없이 하고 있었나 요즘엔 청산가리보다 독한 언어가 있다는 것을 알았어 독을 가득 물고 내뿜는 언어가 청산가리보다 수십 배 치명적으로 가슴에 박힌다는 것을 알았을 때 날아가려고 몸부림치던 꿩과 오리를 잡으며 즐거워했던 시절이 부끄러웠어 몰래 콩 속에 넣었던 청산가리 같은 술수가 나를 유혹해

417

사람은 보이는 것보다 보이지 않는 것을 더 많이 먹고 살지 음식은 열흘을 굶어도 죽지 않지만 공기는 몇 분을 마시지 않으면 견디기 어렵지 그래도 사람들은 보이는 것에 대한 애착이 강하지 맛있는 음식을 먹기 위해 몇 시간을 기다리고 수십 킬로미터 차를 타고 가기도 해 눈에 보이지 않는 것은 자동흡입되나 보이는 음식은 수동흡입돼 모든 사람들은 자신의 노력으로 사는 줄 알고 있어 그러나 정말 중요한 것은 나도 모르게 작동되는 기능으로 살지 한시도 멈출 수 없는 호흡과 세 끼니 식사와 삶의 비중을 따질 수 있을까

418

자반고등어는 다시 물로 돌아갈 수 없지 낚시에 걸려 배가 갈라지고 내장들이 발라졌네 혈기왕성하던 지느러미도 잘리고 소금으로 절여져서 불의 맛도 알았어 타는 목마름으로 땅에 엎드려 기도해보지 않은 자는 자반고등어의 맛을 논하지 말아야 해 완성되는 맛은 지글거리는 불판의 고난을 견딘 후에야 이루어지네 비릿한 생각들 위에 허브를 얹으며 해체되기 위해 뼛속까지 익고 싶었지 뼈 마디마디 후벼 파는 젓가락질엔 아무도 내면을 숨길 수 없어서 숨김없이 모든 살을 내어주고서야 가시를 확인하는 식탁, 결국 하나의 뼈를 남기기 위해 피 말리는 삶을 살아왔던 거야 골수를 쪼개는 칼을 체험한 자반고등어는 두 번 다시 세상으로 돌아갈 수 없지

419

노인들이 쓰레기 더미에서 병과 깡통과 박스를 고르네 잡쓰레

기들과 불태워지기 전 고철과 플라스틱을 분류해 쓸 놈들과 못쓸 놈들을, 몹쓸 놈들과 어울리지 말라고 어른들은 늘 금을 그었지만 누구나 신상품으로 태어나 속꽉 찬 시절이 있었어 철학서와 잡지와 통속 소설들이 함께 꽂힌 서고에서 한 눈에 양서를 읽듯 예리한 눈금을 그어 돈이 되는 놈들만 고르지 같기도 하고 안 같기도 하고 동전의 양면처럼 공존하는 선과 악, 천사이면서 악마인 얼굴을 둘로 나눌 천국과 지옥은 있는 걸까 연옥에선 때 묻고 속 빈 껍데기들도 녹아 알맹이가 되지 번뇌를 쫓아 성불한다고 불속에서 해탈을 기다리는 페트병들, 기의 흐름에 따라 모이기도 하고 흩어지기도 하는 바람 같은 삶의 재생을 위해 빈 깡통이 찌그러진 깡통을 고르고 빈 박스가 물에 젖은 박스를 품었어 뚜껑 열린 병이나 옆구리 터진 봉지들이 토한 내용물로 악취가 진동하는 쓰레기장, 빈 병들이 빈 병을 알아보는 동병상련의 병과 깡통과 박스들이 껍데기만 남은 노인들을 줍고 있어

420

식물 또는 광물로 생각했던 산호는 실은 강장과 입을 가진 자포동물이야 산호충은 입 부분에 있는 많은 촉수를 이용하여 먹이를 잡아먹지 산호가 좋아하는 먹이는 동물성 플랑크톤이나 게 새우 작은 물고기 등이야 낮에는 오므리고 있다가 밤에는 활짝 펼친 채 먹이를 기다리네 산호 주변으로 지나는 먹이가 촉수에 닿으면 재빨리 촉수에 있는 자포를 발사해 먹이를 기절시킨 후 입을 통해 강장에 집어넣지 이것만으로 충분한 영양을 얻을 수 없는 문제를 해결하기 위해 편모조류의 일종인 주산텔라와 공생해 주산텔라는 폴립에 보금자리를 틀고 천적의 공격으로부터 보호 받으며 광합성을 통해 당류와 같은 영양물질을 산호에게 공급하지 전 세계엔 2,500여 종의 산호들이 존재하며 경산호와 연산호로 구

분돼 경산호는 6의 배수만큼씩의 촉수가 있어 육방산호류로 불리고 연산호는 여덟 개의 촉수를 가져 팔방산호라 구분하기도 해 바다의 꽃으로 화려한 산호초가 지구의 바다에서 차지하는 비중은 01%도 안 되지만 해양생물의 4분의 1이 이곳에서 어우러져 살아가지 식물인 듯 식물이 아닌 산호처럼 사람인 듯 사람이 아닌 존재로 살아가는 이들이 많아 열대의 바다, 유혹의 촉수들로 가득한 도시에 펼쳐진 산호의 숲 위장한 무덤들이 촉수를 흔들며 먹잇감을 유혹해 산사를 울리는 종소리와 목어들이 십자가와 공생하면서 욕망의 강장을 채우고 있어

421

물체색의 삼원색은 빨강 노랑 파랑이고 빛의 삼원색은 빨강 파랑 초록이야 물체색의 삼원색을 혼합하면 검정이 나오고 빛의 삼원색을 혼합하면 백색광이 되지 물체색은 세상을 의미하여 세상의 것은 섞으면 섞을수록 어두워지고 탁해지며 더러워지지 하지만 빛은 하늘에서 내려온 것이며 하늘에 속한 것이라서 하늘의 것은 섞으면 섞을수록 밝아지고 환해지며 깨끗해지지 우리가 경건한 삶을 사는 것은 세상의 것이 하늘의 것과 섞여 더 밝아지고 깨끗해지기 위함이야

422

한겨울 샤워장에서 청개구리 세 마리를 만났지 겨울잠도 자지 않고 샤워장의 훈기를 쐬면서 벽에 고정된 옷걸이를 차지하고 살았어 발가벗은 알몸을 내려다보며 겁도 없이 움직이지 않았어 동면에 들었어야 할 청개구리들이 어쩌다 여기를 찾아왔을까 반갑기도 하고 애처롭기도 했어 나도 알몸 청개구리도 알몸이었어 서로 물을 뿌려주며 우린 한통속이 되어 샤워를 했어 사람들은 친해지기 위해 함께 밥을 먹고 목욕을 한다는데 우리도 샤워를 같이 했으니 어쩌면 많이 친해졌는지

도 모르네 가끔씩 가까이서 눈을 들여다봐도 두려워하는 기색이 없지 천장도 밀폐되어 있고 출입문도 닫혀있었는데 어디서 왔는지 모르네 한기를 피해 라디에이터가 있는 이곳을 찾아온 것은 행운인지도 모르네 어릴 적 숲속이나 연못가에서 보던 청개구리를 내가 근무하는 공원의 샤워장에서 만나니 반갑기도 하고 걱정스럽기도 했어 세 마리 청개구리는 한가족인 것 같아 한겨울 이곳에서 잘 지내다가 봄 되면 숲으로 무사히 떠날 수 있기를 기도했어

423

어머니가 베란다에 놓고 키우시던 철쭉은 봄만 되면 어머니가 계시지 않아도 피어나고 있어 연분홍 철쭉과 흰 철쭉이 앞다투어 피어나고 있어 향기는 없어도 맨 먼저 피어나 집안에 봄을 알려주었지 철쭉을 좋아한 어머니는 날마다 물을 주며 가꾸셨고 꽃 그림을 그리며 행복해하셨지 추운 겨울 동안 방안에만 계시다가 철쭉이 피는 시기가 되면 바깥활동을 하시기 시작했어 철쭉과 함께 피어나 환하게 웃으시던 어머니에게 치매가 찾아왔고 철쭉이 다 지고 난 4월 시골 형님 댁으로 떠나셨어 그리고 이듬해 철쭉이 피어날 무렵에 세상을 떠나셨지 올해도 어김없이 철쭉에 눈망울이 돋고 꽃은 피어나는데 어머니는 보이지 않았어 철쭉같이 화사하고 환하던 어머니의 웃음은 다시 볼 수 없지 살아생전에 좋아하던 꽃 맘껏 보시라고 어머니 무덤가에 철쭉을 심었어 환하게 피어난 철쭉을 보고 있으면 어머니의 환한 웃음이 떠오르네 따뜻하게 물오른 동산에서 철쭉을 보며 어머니도 편안히 쉬시겠지 나도 철쭉이 되어 웃었어

424

바람이 가르쳐준 춤을 풀잎이 되어 추었어 밤새 몸을 흔들어도 지치지 않는 춤을 추다가 뿌리가 뽑히기도 했어 하룻밤 사이에 일어난 광란의 사랑을 누군가 태풍

이라 이름 지었지 격정의 입맞춤과 함께 몸을 흔든 살사댄싱, 몇 번인가 허리가 꺾이고 나서 죽어도 좋다고 몸을 뉘었어 사랑이 지난 산정에 부러진 나무들은 아직 제정신이 아닌데 바람의 스텝을 밟아온 구름의 머리칼도 헝클어져 있었어 태풍이 지난 후엔 땅이 접혀지고 풀과 나무들이 구겨져 있었지만 조금씩 진실을 알면서 뿌리가 깊어졌네 바람이 흔들면 몸을 맡기는 풀잎들, 그것이 운명이라서 날마다 이슬 맺힌 날들 파랗게 짙어가지 태풍을 기다리는 벌판엔 머리 푼 여인들이 서 있었어

425

십자가의 종류에는 종목과 횡목이 같은 길이인 그리스식과 횡목이 짧고 종목이 긴 라틴식이 있으며 종목이 횡목 위로 돌출하지 않는 성안토니우스 십자가와 두 나무가 비스듬히 교차하고 있는 성 안드레이 십자가 그리고 좌표와 발판을 상징하는 이중십자가 등이 있어 십자가는 그리스도가 출현하기 이전부터 종교적 상징으로 쓰이고 있었어 바빌로니아인이나 칼데아인은 하늘의 신인 아누의 상징으로 등변십자가(그리스식 십자가)를 사용하였고 이집트인은 영생의 상징으로 바퀴가 달린 십자가를 사용하였어 또한 그리스신화에서는 아폴론신이 십자가형의 홀을 가지고 있고 게르만 신화에서는 토르신이 십자모양의 헤머를 가지고 있어 인도에서는 옛날부터 만자(卍字 : 갈고리형 십자가)가 사용되었고 힌두교에서는 오른쪽 어깨가 올라간 갈고리형 십자가인 가네사(ganesa)라 불리는 남성적 원리를 사용하였으며 그 변형인 왼쪽 어깨가 올라간 갈고리형 십자가인 사우바스티카(sauvastika)는 칼리(kali)라 불리는 여성적 원리를 상징하였어 그밖에도 십자가는 고대 페니키아인·로마인과 갈리아지방이나 브리타니아의 켈트족 그리고 멕시코·중앙아메리카·중앙아메리카·페루 등지의 주민 사이에서 널

리 종교적 의의로 사용되었어 그 때문에 일부 학자는 남근의 상징이라고 주장하기도 해

샘이 솟는 이유

426

절에 가서 삼천 배를 했어 절을 받는 이는 절窃을 알았지만 절晢했고 절하는 이는 절絶하며 절折했어 스님들은 스칠 때마다 절했고 사람들은 만날 때마다 절絶했어 똑같이 자라도 절節이 다른 대나무들처럼 절실함이 다른 마음들이 절을 오가지

427

훈련소를 입소하던 날 영문도 모른 채 두드려 맞으며 연병장을 구르고 나서야 식판을 받았어 플라스틱 식판엔 치즈 같은 때가 끼고 고춧가루가 묻어있었어 누런 식판을 옆에 끼고 식당 앞에 일렬로 서서 30분 넘게 목이 터져라 군가를 불렀어 "멋있는 사나이 많고 많지만 바로 내가 멋진 사나이," 식당에 들어서서 배식을 받았어 깍두기 몇 개와 단무지 조금, 돼지가 목욕하고 간 국물에 보리밥 한 덩어리였어 식판을 앞에 놓고 식탁에 정렬하여 일장 연설을 듣고 "잘 먹겠습니다"를 수십 번 외친 후 "식사개시!" 소리가 들렸지 호주머니에 있던 수저를 꺼내 밥을 한 술 뜨려는 순간 "동작 그만!"이 울렸어 미칠 것 같은 배고픔이 밀려왔지 여기저기서 군홧발에 걷어차이는 소리가 들렸어 비명과 쓰러지는 소리, 여러 명의 조교들이 닥치는 대로 우물거리는 신병들을 때렸어 찬밥 한 덩어리 아니 밥알 한 톨이 그리웠지 남의 입 속에 있는 밥이라도 꺼내먹고 싶었어 훈련소 첫 식사는 밥 한 술 떠보지 못하고 끝났지 아까운 짬밥들은 음식물 쓰레기통에 버려졌네 그 이후로 어떤 날은 지렁이가 들어있는 콩나물국을 먹었고 어떤 날은 라면가닥이 18개인 국물만 먹었어 고춧가루와 밥알이 묻어있는 식판을 닦을 수 없어 길가에 있는 풀잎을 몰래 따서 훔치기도 했어 더러운 식판에 밥을 비벼먹어도

맛있었고 고기 하나 없는 국물만 주어도 감사했어 먹고 돌아서면 배고프던 보리밥을 이젠 별미로 먹고 있어 보리밥집을 찾아 나물을 넣고 비비면 훈련소 시절의 배고픔이 시장기로 일었어 찬밥 한 덩어리의 소중함을 알 것 같아 노년에 찬밥이 된 장모를 모시며 그래도 배고프던 시절이 좋았음을 깨달았어 찬밥 한 덩어리 버리지 않고 가마솥에 얹어먹던 시절이 있었어 먹을 것이 지천인 세상 여기저기 찬밥덩이들이 버려지네

428

아침마다 위층 여자의 슬리퍼 소리가 태풍을 몰아오고 있어 수면을 빨아들이는 회오리, 불면의 미립자들이 꿈을 잃고 소용돌이에 휘말리네 밤의 침묵이 켜켜이 쌓인 장롱 옆이나 침대 아래 엎드린 쪽잠들마저 천장에 뚫린 진공 속으로 풀풀 먼지 나는 잠꼬대와 함께 사라지네 거울 같던 수면 위로 해일을 몰고 오는 일순의 광풍, 홑이불이 출렁이는 바다에선 용오름이 일었어 아무리 절벽을 때려도 다가서지 못한 포말들이 하얗게 부서지는 파도의 절규, 덜컹거리는 입을 봉한 채 가파른 계단에 올라 문을 두드리면 열린 문에선 먹구름만 뇌성으로 쏟아졌네 중력의 법칙 때문만이 아닌 사과의 추락이었어 가파른 온도 차이가 충돌을 만드는 성층권에선 가끔씩 번개의 칼부림이 일기도 했어 산소가 수소와 함께 살아가야 하는 H_2O의 강에선 분수로 솟구치다가도 이내 바닥에 엎드릴 줄을 알았기에 어깨동무하며 잘도 흘러가는데 날마다 역류하며 머리채를 헹구어대는 블랙홀로 어둠을 품은 입자들이 고밀도의 결정으로 굳어가지 바람이 멈추기까지 흔들려야 하는 잎새들은 아침마다 젖어있었어 먼지들이 먼지들을 품에 안고 구름 너머로 쫓겨 가고나면 무중력의 하늘엔 양심을 잃어버린 물방울들이 무지개로 떠오를까 아침마다 위층 여자는 카오스의 천장을

거닐고 어둠이 깨어진 아래층에서는 불면의 먼지들이 햇살을 줍고 있었어

429

색은 빛의 반사 또는 투과에 대해 그 물체가 가지는 스펙트럼 특성에 의해 결정돼 프리즘을 사용하여 빛을 나누면 파장이 짧은 쪽부터 남보라 파랑 청록 연두 노랑 귤색 주황 빨강의 차례로 배열되어 무지개가 돼 빨간 사과 갈색 맥주 등과 같이 우리는 물체에 색이 있다고 느끼지 이것은 빛이 물체에 반사되거나 물체를 투과할 때 그 물체 특유의 스펙트럼 특성에 의한 변화를 받기 때문이야 사물들의 색은 빛을 받는 사물들의 특성에 의해 결정돼 빛은 말씀이야 말씀을 받아들이는 우리들의 반사와 투과의 정도에 의해 우리들의 색깔은 정해지지 말씀으로 충만한 이는 가장 긴 파장의 빨강색이야 말씀을 받아들이는 정도의 차이에 의해 우리의 눈엔 보이지 않아도 이미 색깔이 드러나 있어 신령한 말씀에 대한 반응으로 나의 마음 상태는 훤히 드러나 무서운 빛의 파장, 내 알몸의 스펙트럼은 숨길 수 없지

430

그녀를 만나기 위해 천 마리 학을 접었어 유리병 속에서 날개를 퍼덕이던 종이학들이 밤이면 내 꿈속으로 날아왔지 색색으로 하늘을 물들이며 구름이고 노을인 종이학들은 깨알 같은 그리움을 품고 함박눈 내리는 편지가 되곤 했어 눈을 뜨면 유리벽에 갇힌 투명한 세상이었어 아무리 날아올라도 그녀에게 다다를 수 없는 병실 속에 누워있었어 시간이 지날수록 유리창에 부딪혀 죽은 학들이 쌓이고 부화할 수 없는 알들이 늘어가기 시작했어 밤을 지새우며 접었던 색종이들은 하루하루 퇴색되어 갔지 뚜껑을 열어야해 마음껏 학들이 날아갈 수 있도록 창문을 열고 세상을 향해 날려 보내야 해 한 마리 한

마리 날개를 다듬어 날려 보낸 허공에 무지개가 떴어 바람을 타고 날아오른 학들은 노을 속에서 구름으로 떠다녔어 종이학과 함께 내 병속에 갇혀있던 마지막 학이 날아간 후 창문밖엔 하얗게 목련이 피어올랐어

431

샘은 별을 먹고 살았어 밤새 하늘의 별을 녹여 먹고 아침이면 생기가 넘쳐흘렀지 달빛이 묻은 이슬을 밟으며 어머니가 물동이여 나른 물에선 별맛이 났지 별의 젖내와 별의 속삭임과 별의 미네랄과 별의 이야기들을 먹고 자란 나는 날마다 별을 꿈꿨지 집집마다 수도가 들어오고 별맛을 잃어버린 후엔 별들도 사라져갔지 세상이 환해질수록 하늘은 어두워졌고 구름으로 단절되기 시작했어 별의 영양을 잃어버린 인간의 몸에선 기형적인 가시들이 돋아났지 빠르게 사막화가 진행된 육체에선 손안의 태풍에도 모래바람이 일었어 잃어버린 샘을 찾아 날마다 떠나는 순례길에서 나는 알사탕 같은 별을 녹여먹었지 메밀꽃 같은 별들이 반짝이는 밭엔 어머니 물 깃던 달샘이 떠있었어

432

온 들판에 서리가 내리면 가을이 깊었음을 알고 있어 벌판은 추수를 끝내고 나무들은 잎을 떨구고 벌레들은 새로운 고치를 완성해 머잖아 세상엔 겨울이 오고 눈이 내릴 거야 내 머리에도 서리가 내리기 시작하고 추수가 필요했어 무성했던 잎을 정리하고 이제 집을 지어야 할 때가 되었어 거울 앞에서 나목처럼 옷을 벗었어

433

석류 속엔 보석들로 가득하지 루비 알이 다 익으면 감추고 싶어도 감출 수 없는 내면의 보석들이야 기다릴 줄 아는 석류는 저절로 아름답지만 사람들은 저절로 드러나기 전에 속을 까 보이지 시고 떫은 풋내기의 알갱이

들이 가득해 한 번 그 맛을 본 이는 두 번 다시 곁에 다가오지 않았어 스스로 자신을 드러내려 하지 않고 성실히 익은 후 햇볕에 맡겨두는 석류는 먹음직스럽지 날마다 햇볕이 만져보고 언제 보석 주머니를 활짝 열어서 세상에 보여줘야 할지 결정할 거야 기다림 속에 농익은 루비 알들이 붉은 피를 흘려 갈한 목을 적셔 줄 거야

434

모양은 내면에 정신을 담고 있어 하나의 형상은 이루어지는 과정에서 기운이 작용하고 어떤 기운이냐에 따라서 모양이 달라지지 모양을 보면 내면의 기운을 볼 수 있고 내면의 기운을 알면 성격과 특색 그리고 미래에 되어질 일을 알 수 있어 상相을 깊이 들여다볼 수 있는 사람은 운명을 알 수 있어 생각까지도 꿰뚫어볼 수 있는 것은 상의 근본을 알기 때문이야 하나의 상을 보고 알파와 오메가를 보지 하나의 상을 보고 천국과 지옥을 보게 되지 상을 만드는 근본은 나노의 입자들이며 이 입자들이 어떤 기운을 만나느냐에 따라 새로운 상을 형성해 음양의 기운이나 오행의 기운과 같은 구분을 하기도 하지만 신의 기운에 의해 인간의 모습이 탄생되었듯 다 신의 원칙에 의한 생성이야 상을 볼 줄 아는 사람은 신의 뜻을 알 수 있는 사람이며 만물의 탄생이나 의미와 목적을 알 수 있는 사람이야 사람을 만났을 때 느낄 수 있는 인상은 현재 그에게 작용되고 있는 기운을 알게 해주지 완전한 기운으로 이루어진 사람은 사랑의 존재로 왔지

435

이젠 알 것 같아 천둥번개치고 비바람 몰아쳐도 꿈쩍하지 않던 산이 억만 년 침묵 속에서 시커멓게 타들어 갔음을, 폭포를 이루며 날마다 흐르던 계곡의 차가운 눈물을, 수백 미터 갱도를 만들고 시커멓게 숯이 된 가슴을 훔친

후에야 알았어 산인 듯 살아온 아버지의 속도 시커멓게 타들어 갔음을, 무심의 나무를 품고 꽃을 키운 시간들을 잎을 떨굴 때마다 고뇌의 뿌리를 키웠지 산의 높이와 산의 침묵과 산의 무게로 살아온 아버지의 지하엔 검은 탄층이 묻혀있어 아무에게도 말하지 못했던 속앓이의 탄맥을 품고 유구한 세월을 견뎌왔지 까맣게 타버린 속이 냉골의 삶에 불을 지피고 있어 밤새도록 꺼지지 않고 꿈의 온기를 덥혀주던 아버지의 말씀, 기억의 갱도를 뚫고 퍼 나른 추억들이 19공탄 구멍이 뚫린 내 머리 속에서 활활 피어오르네 아버지는 참 따뜻했던 아랫목이야 당신의 품에서 느낄 수 있었던 사랑이 재가 된 뒤에야 피부로 다가왔지

436

가시가 선인장에게만 있는 것은 아니야 어느 날 내 온몸에 돋은 가시를 보고 외로움을 알았어 땀구멍마다 튀어나온 가시들이 바늘처럼 내 몸에 달라붙어 있었어 안아보려 해도 피하기만 하던 아내와 아이들의 부정적 몸짓을 알지 못했어 주변 사람들이 왜 내게 다가오지 않는지도, 독이 묻어 내 입에서 나온 언어들은 바늘이었어 부정한 생각들도 살갗을 비집고 나와 살벌한 가시를 세웠지 꽃을 피우고 있다 해도 멀리서만 바라볼 뿐 손잡을 수 없었지 이 무서운 가시들을 털어내고 감추기 위해 나는 날마다 샤워를 하고 두꺼운 옷을 입어야 했어 감추려 해도 옷 사이로 삐죽이 이빨을 내보이던 가시 내면이 다듬어지고 무뎌진 뒤에야 가시들은 솜털처럼 부드러워진다는 것을 알았어 문득 소름끼치게 가시가 만져지면 입을 닫고 몸 안을 들여다보았지 어디 내 안에 사막은 없는지 말이야 황폐한 사막엔 모래도 가시를 달고 살지

437

여름밤을 식혀주는 선풍기가 있어 우린 단잠을 잤어 둥그런 가

슴 속에 간직한 날개가 있어 지옥 같은 밤도 견딜 수 있었어 세상이 힘들어질수록 날개가 필요했어 둥실 떠오르진 않아도 답답한 속을 시원케 해줄 수 있으면, 꿈은 날개를 달지 자신을 향해 바람을 일으키는 선풍기는 없지 내 안의 열정으로 뜨거워져 돌아가는 모터의 휘파람소리, 날개를 품고 사는 선풍기는 늘 이웃을 향해 고개를 돌렸어 팔다리가 없어도 마음속의 날개 하나만 있으면 잠 못 드는 열대야에도 행복을 줄 수 있다고, 사계절 중 한여름만 산다 해도 아쉬움은 없다고 했어 언제나 마주하면 시원한 바람의 얼굴, 버튼 하나에 목숨 걸고 날개를 돌려야 하면 밤새 핏줄이 뜨겁도록 사랑하리라

438

소나무와 자귀나무가 살을 맞대고 사는 연리지목이 있어 눈비 오는 한세월 서로 껴안고 피와 살을 나누었지 자귀나무가 연분홍 꽃을 피우고 가지를 흔들며 바늘 같은 솔잎을 달랬어 가랑잎들이 가을바람에 바스러져도 소나무의 푸름을 나누며 봄을 기다렸지 한기를 달래는 솔향 귀여운 아이들을 가지마다 매단 자귀나무가 소나무를 붙들고 한 뼘씩 하늘로 오르네 곧고 푸른 성격이 좋은 남자와 반짝이는 눈과 자귀꽃 미소가 고운 여자가 눈부시게 푸르네 옆구리에 박힌 쐐기를 사랑하며 서걱서걱 웃음을 나누는 나무가 정원에 서 있어

439

자작나무 숲에는 흰 뼈들이 살지 뼛속까지 시린 눈밭에 서서 하늘 향해 팔을 벌리고 있어 뼈에도 뿌리가 있고 뼈에도 줄기가 있어서 회색빛 구름을 떠받히고 살지 누가 자작나무 숲에 뼈를 묻을 것인가 뼈와 뼈끼리 부딪히면 바람이 불지 뼈 사이로 새어 나오는 정령들의 휘파람소리, 희망을 잃은 사람들은 뼈만 가지고 눈 덮인 자작나무 숲을 거닐어야 해 뼈의 눈부신 이야기들을 뼛속

깊이 새겨야 해 태초의 발자국을 눈밭에 새기며 자작나무 숲길을 거닐면 보이지 않던 투명한 세계에 다다르네 피안과 차안의 경계에서 하얀 뼈들이 서성거렸어 순백의 세계로 가기 위한 길목은 자작나무 숲으로 이루어져 있을까 조밀하게 서있는 순백의 뼈들 손 높이 든 자작나무들은 하늘에서 내려오는 눈의 말씀으로 살지

440

설사의 시대, 철학자의 입에서 소화되지 않은 언어들이 쏟아지네 비판과 부정의 악취가 사방으로 퍼지네 부글부글 몸속에서 끓던 분노의 분비물들을 쏟아놓으며 그의 얼굴은 행복감에 젖었네 입을 벌리고 있던 관객들은 분비물이 튀어 고개를 돌리네 중독성의 욕설과 비난이 뇌를 마비시키며 야릇한 쾌감을 불러오네 시인들의 내장에서도 부글부글 끓어올라 측상廁上의 시를 쓰네 입술이 열린 항문들이 쏟아놓은 오물로 발 디딜 틈 없는 길, 사람들이 아침부터 오물이 튀긴 휴대폰에 얼굴을 묻고 있네 시원한 설사의 맛을 보며 쉴 새 없이 항문을 열어 보이는 비만의 몸에 과식된 지식들은 상했거나 냉소적이야 건강한 세상을 위해 백색 소화제가 필요했네 오염되지 않은 진실이 농축된 알약이 필요했네 소화능력이 떨어진 내장들은 변화만이 살릴 수 있다고 부활의 효소들을 삼켰네 누룩이 담긴 자루가 꽃을 피우고 있네

441

설원이 눈부시게 희었어 대지가 이토록 희기 위해서는 사람들의 발길이 닿지 않아야 했어 고독으로 피운 백설의 꽃 외로울 때에만 우리도 눈부시게 하얄 수 있어 영하 30도의 체온을 간직한 설원엔 얼음의 피가 흘렀어 설원으로 살기 위해서는 자신의 몸까지도 꽁꽁 얼릴 바람이 필요했어 눈발을 맞으며 칼날의 아픔을 참아왔지 얼음의 이성으로 꼭꼭 내면을 채우며 어둠 속에서도 빛을

빨아들였어 평지이면서도 평지가 아닌 고원, 높은 이상으로 젖가슴과 둔부와 등허리를 타고 질주하는 바람 석고상 같은 당신이 눕는 곳은 어디든 설원이야 한겨울 눈 쌓인 지붕 위에 십자가, 하얀 누드가 서 있어

442

태풍이 불고 파도가 치는 날 섬이 다 섬이 아니라는 걸 깨달았어 망망대해 세상에 혼자 서있을 때 우린 섬이 되어 떠있었어 수면 위에 흔적을 드리운 섬들이 물결에 흔들리네 하지만 아무나 섬이 되는 것은 아니야 자신이 섬이라고 느낀다고 다 섬은 아니야 뿌리가 없는 것은 섬이 아니야 섬은 억만 년 세월 속에 뿌리를 잃지 않았기 때문이야 수백 미터 아니 수천 미터의 심해를 딛고 일어선 올곧은 뼈대 단단한 믿음이 없는 자는 섬이 아니야 광풍이 불어 세상이 뒤집어져도 끝끝내 남아서 잔잔한 수면에 자기만의 영토를 보여줄 때 그가 섬이야 배들이 섬 인양 떠다니는 바다에 굳건히 뿌리박은 자만이 섬이야

염전에 가다

443
빨간 입술의 성냥들은 단 한 번의 입맞춤으로 불꽃이 되지 자신의 온몸을 태워 화재의 시작을 만드는 사랑, 고독이라는 뇌관을 갖고 살아가는 우리는 만나는 순간 불꽃이 되고 싶어 하지만 습기를 머금은 성냥골들은 불꽃을 튀기지 못하고 서툴게 부러졌네 우울과 부정의 성냥은 자신도 태우지 못하고 남도 불사르지 못했어 바싹 마른 성냥엔 환한 웃음과 뜨거운 심장과 붉은 립스틱의 입술이 있어 스치기만 해도 불이 붙는 사람에겐 세상을 다 태울만한 열정이 있어 불이 붙어 자신만을 태우지 않는 불의 전도자 성냥골마다 피 묻은 십자가가 웅크리고 있어

444
올림픽 내내 꺼지지 않고 불을 밝혀주는 성화는 꿈과 희망 그리고 열정의 상징이야 신전에서 신의 불을 채취하고 올림픽 경기장으로 봉송하여 밝힌 축제의 장은 선수들을 비롯해 함께하는 모두가 성화를 밝히는 일이고 성화가 되는 순간이야 성화는 올림픽의 혼이요 생명이지 성화가 꺼진 올림픽은 생각할 수 없지 우리의 삶은 날마다 올림픽이야 치열한 경쟁과 줄서기의 순서, 가치성의 저울질뿐만 아니라 살아있음의 혼을 밝히기 때문이야 이러한 성화를 밝히는 하루는 성화의 삶이 되어야 하고 세상을 밝히는 빛이 되어야 해 아직 생명의 불이 꺼지지 않은 내 삶의 올림픽엔 날마다 경주가 시작돼 뼈와 살의 경주 세포들의 경주 각 기관들의 소화 흡수 배설의 경주 속에 모두가 승리자이고 응원자야 마음의 성화를 밝힌 자는 채취한 불의 근본을 잊지 않았어 우리의 마음에서 불이 타오르는 한 우리들의 올림픽은 늘 축제이야

445

인간은 35조개 정도의 세포로 이루어져 있지 세포들은 외부와 경계를 짓는 세포막을 가지고 세포의 활동에 중심적 역할을 하는 핵을 가지고 있지 세포질에는 호흡에 관여하는 미토콘드리아와 세포내 혹은 세포들 간의 물질 수송에 관여하는 리보솜이 있지 또 골지체 역시 세포질 속에 있는 세포 소기관으로 소포체가 전달해온 물질을 저장하거나 세포 밖으로 보내거나 세포 내 소기관으로 수송하는 등 물질을 전달하는 역할을 해 리소좀은 여러 분해효소를 가지고 있어 세포 내에 필요 없는 물질이 생기거나 병균이 침입했을 때 세포를 지키는 역할을 하지 이렇게 많은 세포들이 제각각의 임무를 완수하기 때문에 우리의 몸은 건강하게 유지될 수 있어 하지만 35조 개의 활동들은 나의 의식에 감지되지 않아 그냥 하나의 존재로 자기의 업무에 충실할 뿐 대가를 바라는 것도 아니며 하기 싫다고 업무를 그만 두는 것도 아니지 우리 몸은 세포들의 혼연일체의 활동으로 육체적 활동은 물론 차원이 다른 사고활동까지도 하고 있지 저마다 세포들이 자기의 유익을 구하고 이기적인 활동을 하면 육체는 파괴되고 말 거야 세포들 간의 서로 유기적인 소통은 물론 세포들의 조합으로 초월적 정신을 만들어내는 일은 위대한 작업이 아닐 수 없지 우리 모두는 하나의 세포야 우리 모두가 힘을 모아 결합하면 새로운 기관을 만들어 내고 또한 위대한 정신의 생산은 물론 현실적 차원을 뛰어넘는 새로운 세계를 창조할 거야

446

과학이 발달해 갈수록 센서의 기능은 진화해 센서들이 발전할수록 퇴화하는 인간의 감각 즉 보고 듣고 냄새 맡고 맛보고 만지는 감각에서 더 발달된 보이지 않는 것을 보고 들리지 않는 것을 듣고 냄새나지 않는 것을 냄새 맡고 맛보지 않고서 먹어보고

만지지 않고서도 감각할 수 있는 센서의 개발 말이야 그 센서는 영성의 센서이며 신적 능력이며 추상적 상상의 세계를 맘대로 오갈 수 있는 예술적 감각이야 주변의 어려운 처지를 돌아보고 느낄 수 있는 이타적 감각의 센서를 달고 날마다 함께 느끼고 도울 수 있는 감각의 확장이 필요하지

447

채석강에 쌓인 책을 읽었어 억만 년 파도가 기록한 고서를 바람이 되어 읽었어 한 자 한 자 눌러쓴 땅의 아픔과 쓰라린 기억들을 층층이 쌓아놓은 바닷가 모래알 같은 이야기들이 만져졌어 파도의 노래와 물고기들의 한숨과 소라와 고동들의 눈물이 담긴 책장엔 감히 넘길 수 없는 위엄이 배어 있었어 빛바랜 무늬를 햇볕에 드러내고 장구한 세월의 이야기를 펼치고 있었지 한번쯤 다녀갔을 조상들의 발자국도 어딘가에 묻혀있겠지 저 많은 책을 다 읽을 수만 있으면 세상이치를 통달할 텐데, 지나는 사람들은 바람으로 스쳐갔지 풀잎을 흔들듯 무심코 책장만 넘기며 화석으로 박힌 진리를 보지 못하지 몸으로 쓴 파도의 말씀들, 곱이치면서 시퍼렇게 멍들며 쓴 파도의 자서진은 감히 손댈 수 없는 높이로 쌓여있었어 파도가 이 땅에 남기고 싶었던 저 많은 말들을 단 한 줄로 줄이면 생명이 될 거야 단애위에서 바다로 뛰어드는 날개가 될 거야 서로 섞이고 녹아드는 삶의 과정을 기록하며 우리도 살아가지 채석강의 빗물이 되어도 하늘과 바다가 녹아서 하나가 되는 수평선을 읽을 수 있지 채석강의 눈만 되어도 백사장의 모래보다 많은 지식을 쌓을 수 있지 한 장 한 장 쌓여 거대한 책을 이룬 채석강에서 말씀을 읽었어

448

염전에서 일하던 초등학교 친구가 있었어 씨름을 잘했던 친구, 화를 내거나 싸움 한 번 하지 않

았던 친구였어 하지만 모두가 고등학교를 다닐 때 그는 생계를 위해 일을 해야 했어 태양이 끓는 폭염 속으로 바닷물을 끌어들여 눈부신 소금을 만들어냈지 물수레를 돌리며 소금 가마니를 날랐어 소금의 맛은 뼈가 저리게 아팠어 바닷물이 증발하는 거울 같은 염전은 그를 뼛속까지 까맣게 태웠어 그늘막 하나 없는 염전은 늘 햇빛뿐이었어 검게 그을린 외모 콤플렉스로 그는 날마다 소금을 꿈꿨지 당그레로 소금을 끌어 모으며 백옥 같은 얼굴을 생각했어 1년 동안 모은 적금을 깨서 양복 두 벌을 사고 카세트도 샀어 부모의 허락 없이 저지른 항해가 암초를 만났지 심한 엄마의 꾸중을 듣고 소금이 되던 그의 꿈은 물거품이 되었어 밀짚모자를 쓰고 걸어가던 그의 염전은 사금파리들로 가득했어 쨍하고 깨질 것 같은 염전 바닥을 걸으며 소금이고 싶었던 그는 바닷물과 함께 어느 날 하늘로 증발했어 6년을 함께 했던 그와의 추억이 아직도 내 가슴에 침전물로 남았어 어떠한 경우에도 맛을 잃지 않아야 했는데 진정한 세상의 소금이 되는 길을 소금을 만들면서도 그는 알지 못했어 세상의 결정이 되지 못한 소금들은 맛을 내지 못해 단지 한순간 증발할 뿐이야

449

모양이 아름다운 소나무는 부르는 게 값이야 세월의 풍상을 견디고 고고하게 자란 소나무는 값을 매길 수 없기 때문이야 상처가 많을수록 비틀리고 꼬여서 모양이 기괴할수록 값어치는 높아지지 곧고 길게 뻗어 올라간 소나무에서도 군자의 기상을 느끼지만 처절한 삶의 굴곡진 소나무에 더 마음을 빼앗기지 바위틈이나 절벽에서 뿌리 내리고 살아가는 삶은 척박하여 몸이 꼬이고 척추가 휘어진다고 해도 소나무는 한탄하지 않았어 주어진 환경에서 최선을 다하며 고난을 극복해가는 그의 삶은 값으로 환산할

수 없지 뼈가 휘어지고 팔다리가 뒤틀리어도 목숨 다해 살아가는 소나무는 위대한 십자가야

450

물구나무서서 계단을 오르는 일은 지구를 들어 올리는 일이지 비보이의 힘찬 춤동작에서 거꾸로 선 비범함을 느끼지 난 하루도 바로 선 십자가를 생각해 본 적이 없어 평범한 것들은 예술이 되지 않았다는 생각은 고체만이 뼈가 될 수 있다는 생각처럼 단단했지 하지만 물속의 뼈를 만진 후 바람속의 발톱을 본 후 평범한 것이 가장 비범함을 알았어 바로 세워진 십자가에서 하늘의 정의를 느꼈지 자연스러움, 당신의 창조물은 언제나 평범하지만 비범했어

451

태초에 소리가 있었어 소리가 빛을 창조하고 하늘을 만들고 세상을 만들었지 그래서 소리는 세상의 근원이고 우리의 근원이라서 어떠한 소리를 내느냐에 따라 새로운 세상이 창조돼 몇 마디의 맹세가 한 나라를 건설하기도 하고 수백 년을 이어온 왕국도 한 마디의 비밀이 새어나가 무너지곤 해 위대한 문명이 과학의 힘으로 이루어진 줄로 착각하면 큰 오산이야 생성의 언어나 창조의 언어로 세상은 건설되고 이어져 왔지 국가의 단위는 가정이야 이 가정은 사랑의 첫 고백에서부터 시작되었어 이러한 고백들이 쌓여 한 국가의 성이 건설되고 믿음과 신뢰의 언어들로 후세에 전해졌네 자신의 입을 지키는 자는 자신의 몸을 지키는 자며 한 나라를 지키는 자야 아름다운 소리를 내는 자는 아름다운 세상을 건설할 것이고 추한 소리를 내는 자는 추한 세상을 건설할 거야 내게서 나오는 소리가 세상을 창조해

452

파도에 휩쓸리던 소라껍질이 모래 위에 누워 허공을 보고 있어

커다란 눈엔 눈물만 가득하지 중심을 잃고 흔들리며 밀려온 껍데기 반짝반짝 가꾸어온몸 여기저기에 구멍이 뚫려있어 나를 잃고 나 아닌 삶을 살았어 헛바람 가득 찬 폐부로 허무의 휘파람만 불었지 바다의 중심에서 밀려나 모래톱에 눕고 보니 천지가 사막이고 구름이야 멋진 외모를 가꾸어도 정신이 사라지면 껍데기일 뿐이야 회한에 멍하니 입 벌린 소라껍질이 파도의 위로에도 입을 다물지 못하고 흐느끼며 어깨를 들썩였어

453

하나의 음식물이 소화되기 위해서는 기관들의 도움이 필요하지 입에 들어가면서 침샘으로부터 침이 나와 소화를 도왔어 위장에 들어가면 위액이 나오고 소장에 들어가면 쓸개에서 쓸개즙이 공급되고 이자에선 이자액이 나오고 장에선 장액이 나오고 있어 분절운동을 통해 음식물을 분해하고 꿈틀운동을 통해 운반해 하나의 음식물을 소화하는데도 여러 기관의 다양한 작용이 필요하지 무심코 뱉어낸 말들은 가시와 바늘이 달려 있어 쉽게 소화되지 않는 말들… 잘 못 말해서 체했어 맥을 짚어 근원을 파악하여 침을 놓고 소화제를 먹어야 해 완전히 소화되는 음식은 없지 찌꺼기가 나오고 노폐물이 생겨 화장실을 가야 해 하지만 완전히 소화되는 말은 있어 그것은 바로 진심어린 칭찬이며 따뜻한 위로야 아무리 많이 먹어도 찌꺼기가 발생하지 않는 사랑의 완전식품이야

안드레아의 십자가

454
손의 비밀만 알아도 세상을 터득할 수 있지 세상은 손바닥 안에 있어서 움켜쥘 수도 있고 놓아버릴 수도 있어 운명의 강을 이룬 손금 때문이 아니요 자축인묘진사오미신유술해의 사주풀이가 담긴 손가락 12마디 때문도 아니요 동서남북중앙을 상징하는 오방의 다섯 손가락 때문도 아니야 손으로 주고받음의 원리도 아니요 붙들고 매달리는 욕망 때문도 아니야 설사 손이 없어도 마음의 손으로 이룰 수 있는 창조적 능력이 손안에 가득하지 손의 비밀은 손에 무엇을 쥐느냐지 손에 칼을 든 자는 강도요 요리사요 의사가 되겠지만 손에 펜을 쥔 자는 학자이든 법률가이든 작가일 거야 오래도록 야구공을 잡은 손은 야구인생을 만들 듯 머리가 인생을 만드는 것 같지만 실은 손이 인생을 만들지 자신이 원하는 것을 한 시도 놓지 않고 손에 쥐고 있으면 쥐고 있는 대로 손이 당신을 이끌어갈 테니까

455
손톱은 몸속의 뼈가 밖으로 자라는 것이야 손톱이 길어질 때 내 마음을 한번 살펴봐야 해 나의 욕망은 길어지지 않았는지 더럽게 때가 끼고 나도 모르게 남을 할퀴지는 않았는지 몸속의 뼈가 몸 밖으로 자라는 것은 욕망의 뼈를 자를 때가 되었음을 알리는 표시야 손톱이 자라거든 손톱만큼 자란 욕망의 뿌리를 잘라야 해 아무 생각 없이 손톱만 자르면 욕망은 자라서 철사처럼 당신을 옭아맬 테니 손톱과 함께 욕망을 자르고 나면 반짝반짝 빛나는 삶이 아름다울 거야

456
고양이의 눈에서 어둠을 먹고 자란 초승달이 떠올랐어 쥐들이 늘어가는 것은 달이 사라졌기 때

문이야 상자 속에 눈들은 빛을 싫어해 배부를수록 이상하게 가늘어지는 달은 목줄을 풀어도 쿨쿨 한낮엔 잠만 자지 나른해진 공들은 물렁해져서 아무리 튀어 오르려 해도 바닥에 눕게 돼 목을 간질이고 발바닥을 문질러도 움츠러든 생각들은 털 속에 숨으려고만 해 혼자서 젖을 먹고 자란 내 상자 안의 고양이들은 날마다 밤을 걸어 잠그지 창문을 닫을수록 달은 커지고 어둠을 먹고 자란 발톱이 날을 세우지 소리가 예리해지자 모공들은 털을 세우고 감각이 기지개를 켜지 손톱으로 두드리는 창문에 초승달이 뜨면 어둠이 채워진 방에 웅크린 고양이들이 노려볼 거야 뚝 뚝 뚝 핏방울이 떨어지는 초침소리가 들려 달을 삼킬 거야 보름달이 되어버린 알들을 몸에 묻고 돌아서면 캄캄한 밤이 찾아오겠지 쌔근쌔근 잠이 드는 꿈에 오라고 눈썹을 밀고 눈가에 까만 아이라인을 칠하지 검은 립스틱을 바르고 입 맞추는 밤은 늘 죽어있어 까만 매니큐어로 지워버린 달들은 며칠이 지나면 또 다시 떠오르곤 해 흥건히 달빛이 고인 침대 시트는 덮을수록 밤이 길어져서 안 돼 시계 위에 누워 새벽으로 바늘을 돌려도 여전히 한밤중인 상자 속에선 고양이들이 울고 있어 자라나는 초승달이 무서워 손톱을 물어뜯어도 여전히 지지 않는 달, 열 손가락 손톱을 다 뽑아버린 뒤에야 단잠을 찾을 수 있을까 검은 자판을 두드려 방안 가득 어둠의 활자를 채워가는 초승달은 늘 아침에 지지 게슴츠레한 눈, 너의 눈 속에 초승달이 보여

457

겨울이면 목화솜 같은 함박눈이 내렸지 함박눈은 세상을 얼리고 목화솜은 겨울을 덮어주었지 모양은 비슷해도 성질이 다른 두 사물처럼 똑같은 사람이어도 내면은 다르지 목화솜이불에서는 옷을 다 벗고 누울 수 있지만 함박눈 쌓인 눈밭에서는 옷을 껴입어야

만 하지 목화솜 같은 사람을 만나면 알몸으로 설 수 있지만 함박눈 같은 사람을 만나면 자신을 감추어야 해 함박눈과 목화솜의 차이는 내면의 온도야 마음이 따뜻한 사람은 늘 플러스(+)가 있지

458

베드로의 형제 안드레가 매달렸던 십자가는 X자형이었어 그리스어로 X는 28번째 철자 '크리스'로 발음돼 그래서 크리스마스를 X-마스로 쓰기도 해 기울어진 십자가인 X는 곱하기야 더하기의 숫자보다 더 많은 합을 이루는 X에는 활동하는 십자가 즉 굴러가는 십자가의 형상이야 십자가를 실천하는 삶은 더하기(+)를 넘어 곱하기로 사는 삶이야 골고다 언덕에 정지한 죽음의 형상을 했던 십자가가 하늘의 신성을 입어 생명의 십자가가 되고 그 십자가가 사람들 각자의 삶 속에서 활동하며 굴러감으로 X의 십자가, 실천의 십자가가 되었어 십자가를 실천하는 삶 속엔 더하기의 축복보다 더 크고 위대한 곱하기의 축복이 있어

459

수련은 물속에서 피어난 불꽃이야 물과 불은 원래 하나였나니 불이 하늘로 올라가 비가 되고 물이 절벽에서 떨어져 불이 되지 연못에서 함께 살고 있는 불과 물, 극인 것 같지만 하나요 하나인 것 같지만 극이야 극과 극이 만나 이룬 절정의 꽃 수련은 보기만 해도 극락이고 천당이야 물의 밀랍에서 피어난 한 줄기 촛불이 세상을 밝히지

460

수박을 가르면 내장은 보이지 않고 붉은 간덩이만 보이지 국과수 부검실에서 배를 가른 사내의 사인은 알콜중독 벌겋게 부은 간덩이가 배 밖으로 나왔지 의사가 예리한 칼로 지그재그 벤 후 푹 찔러 수박 쪽 같은 간을 눈앞에 들이대 보았어 평생 술로 살아온

삶이 피를 머금고 있었어 간덩이가 부어서 날마다 술만 마셨지 날마다 술만 마셔서 간덩이가 부었지 단칼에 쪼개진 수박처럼 배를 가르고 누워있는 사내, 배를 가른 수박은 먹음직스러운데 배를 가른 사내는 참혹해 생은 수박 한 덩어리만도 못한 것인가 껍질 속에 내면의 아름다움을 채워온 수박엔 꿀 같은 단물이 배어있는데

461

내 몸엔 약 45g의 철이 들어있지만 나는 아직 철이 모자라지 바람 불면 흔들리고 비가 오면 젖었어 원소기호 Fe, 고체상태이며 녹는점은 1,538도, 내 몸의 어디쯤에 용융되어 있는 걸까 폐에서 산소분자를 운반하는 헤모글로빈을 타고 온몸을 돌지 않으면 우린 철이 없어 죽어야 해 염소와 황 그리고 인과 반응하며 습기에 약한 철이지만 내 몸에 꼭 필요한 철이 들기 위해 살코기에 계란노른자위 당근 과일을 먹었어 철없이 살면 위험한 세상이라서 누구는 몸에 칼을 지니고 총을 지닌다 하지만 철이 든 자는 아무 것도 지니지 않아도 두려울 것이 없지 철 속에는 원하는 것이면 무엇이든 만들 수 있는 능력이 있어 기계 선박 자동차 각종 공구 등과 같은 철제품들은 나와 무관하지 않지 철이 들면 들수록 좋아는 편견 때문에 나의 몸도 굳어가지 하지만 철없이 뛰놀던 시절엔 녹슬지 않는 꿈이 있었어 사시사철 걱정도 없이 기도했었지 철이 뭔지 알고 나니 눈물이 무서운 것도 알았어 한순간 나를 부식시킬 수 있는 절망의 존재가 있다는 것도 알았어 영원히 녹슬지 않는 진리만이 날마다 나를 반짝이게 한다는 것도, 예리한 칼날처럼

462

수염을 기르면 사고력도 자랄 것 같아 며칠을 깎지 않았지 까칠까칠한 턱을 쓰다듬으며 생각을 가다듬기도 하고 선비정신을

떠올려보기도 했어 생각의 무게감이 달라진 것 같기도 하고 어린아이 같던 장난기도 사라진 것 같았지 수염의 변화만으로도 나의 생각은 충분히 바뀌었지 성형수술을 하는 이유도 바로 이런 것일 수 있겠구나 싶었어 몸의 변화는 생각의 변화를 가져오기 때문에 몸을 보면 생각을 알 수 있지 수염이 없는 예수를 생각했어 그의 얼굴에서 심오한 천국을 느끼기 어려웠지 하지만 세상에서 가장 인자한 예수의 얼굴은 가짜야 수십 년 동안 나는 가짜를 사랑해왔지 이제 참 예수의 얼굴을 어디서 찾아야 할까 수염을 기른 후에 가졌던 나의 생각들은 가짜였어 가짜를 사랑한 결과는 참을 알아볼 수 없다는 거야 수염을 깎거나 기르는 것에 연연하지 않는 것, 감각을 벗어난 생각이 진짜를 볼 수 있는 길이지

463

수행을 통한 깨달음은 내면의 보석을 캐는 작업이야 내 안에 우물을 퍼내기 위한 두레박질, 그것이 바로 내 안에 있는 깨달음의 망치질이야

464

하늘과 바다의 만남으로 이루어진 수평선, 수평선엔 하늘과 세상의 관계가 선 하나 차이임을 말해주네 세상에서 하늘에 이르기 위해서는 대단한 상승이 필요한 것이 아니야 수평선은 치우침이 없는 중용의 길이야 세상에 기울어져도 의미가 없고 하늘로 기울어져도 재미가 없지 세상에 살면서도 하늘에 속하고 하늘에 속해 살면서도 세상을 무시할 수 없는 현실과 이상의 경계, 육체와 정신의 조화를 이룬 완전한 곳이야 수평선은 치우침이나 굴곡이 없지 완전한 평등과 조화를 이룬 일심동체이며 완벽한 소통을 이룬 관계야 수평선이 있는 이는 땅에 있으나 하늘에 있는 자이며 혼자 있으나 함께 사는 자이지 바다를 품은 사람만이 수평선을

그릴 수 있어

465

시골 옆집에 살던 사촌누나는 초등학교만 나와서 논일 밭일만 하다가 돈 벌러 서울로 떠났네 할 일이 없어 식모살이 하다가 버스 안내양을 했지 결혼도 안 하고 10년 동안 발에 밟히며 몸 부대끼면서 흔들리는 몸을 싣고 길을 안내했지 출퇴근하는 사람들과 몸이 불편한 노인들, 가방을 짊어진 학생들을 다 받아주면서 안내하다가 문득 세상 가운데 난 십자가의 길을 발견했지 사거리에서 방황하는 사람들을 안내할 수 있는 빛을 보았어 새벽 6시에 출발해서 밤늦게 끝나는 출발점과 종착점을 오가다가 깨달은 인생의 전환점, 이젠 천국 가는 버스를 안내해야 해 버스에서 내린 누나는 새로운 안내양이 되기 위해 시골로 왔지 방문을 걸어 잠그고 날을 새며 공부했지 코피가 쏟아지게 검정고시 공부를 하고 시골교회에서 봉사하며 읍내 신학교를 다녔지 영혼을 싣고 떠나는 안내양이 되기 위해 기도했지 하루의 길을 찾아주던 "오라이! 스톱!" 중저음의 부드러운 목소리 토큰을 받아 쥐던 손엔 성경을 들고 따뜻한 사랑으로 천국 가는 버스에 오르는 사람들의 손을 잡아주었지 인생의 십자로에서 방황하는 영혼들을 손짓해 부르며 흔들리는 몸을 태우고 안내양이 된 누나, 발에 밟히고 몸 부대끼면서도 날카로운 능선의 러시아워를 뚫고 "오라이!" 예배당 새벽 종소리 같은 누나의 밝은 목소리, 50년이 지났어도 귓가에 아련히 울려 지금도 천국행 버스는 잘 달리고 있겠지

천장

466

술병 속에 담긴 햇빛과 바람과 비, 포도 한 알의 얼굴과 포도 한 알의 웃음과 포도 한 알의 눈물이 섞여있어 포도주병 속에 압축된 인생을 따르면 잔 가득 향기가 넘치고 달콤함이 혀끝에 묻어나지 오래 숙성될수록 진한 향기가 온몸에 퍼지지 내가 당신과 입 맞추려는 이유, 투명한 수정잔에 수줍은 노을로 잠긴 순수를 혀끝에 감아 음미하는 느긋하고 여유로운 와인의 사랑은 서서히 타오르지만 여운이 길지 와인 한 잔의 언어와 와인 한 잔의 사랑과 와인 한 잔의 맹세를 나눌 수 있는 숙성된 삶, 싸고 흔한 소주병 같은 사랑은 급히 병나발 불고 나면 내 속도 쓰리고 텅 빈 당신 속도 허무해서 쓰디 쓴 기억으로 오래도록 서로를 원망했지만 영혼까지 맑게 하는 포도주가 있더라, 한 모금의 피로 응축된 성배 속의 노을이 있더라

467

해바라기 밭에서 군중들을 만났지 성난 군중들은 몸을 흔들며 바람의 조가를 불렀어 이파리들을 펄럭이며 혈서로 쓴 플래카드를 흔들었지 후드득 해바라기 밭에 소나기가 쏟아졌어 고개 숙인 해바라기들이 먹구름 속에서 눈물을 흘렸지 꿈은 새까만 자식들 먹여 살릴 수 있는 햇살 몇 바가지뿐 넓은 농토도 생약의 밑거름도 아니었어 먹구름 걷힌 하늘의 자유를 외치자 폭우가 쏟아지며 해바라기 몇 대의 고개가 꺾였어 물대포가 등줄기를 때리자 맨 앞의 해바라기가 고꾸라졌지 노란 꽃잎들은 떨어지고 젖은 이파리들이 짓밟혔지 낫을 든 사람들이 해바라기의 목을 잘랐지만 씨앗들이 밭에 쏟아졌네 꽃잎들은 불꽃처럼 흩어져 해바라기 밭을 이글이글 태웠지 쓰러진 해바라기들이 토해놓은 햇살이 밭을 환히

밝혔지 구름은 사라지고 코발트 빛 하늘엔 노을이 번졌네 해바라기들은 눈물을 닦고 일어섰지 까만 씨앗들이 피어나고 새로운 바람이 불기 시작했어 민중들의 승리였어

468

인류 최고의 상형문자는 십자가야 신과 인간이 만나면서 새긴 최초의 상형문자, 일어나서 십자가로 묻고 잠자기 전에 십자가로 답해 신과 인간 사이에 아직도 통용되는 문자는 상형문자인 십자가뿐이야 성직자들은 하루에도 수십 번 씩 십자가로 화답해 허공에 그리기만 해도 신성해지는 십자가, 이마와 배를 찍고 양 어깨를 찍어 내 가슴의 중심에 쓰는 십자가의 상형문자는 말 없는 대화의 초월적 소통이야 불변의 심오한 십자가의 상형문자를 쓰고 나면 몸에 힘이 생기고 마음이 깨끗해지네

469

사람은 같은 계통의 색깔에 대해 250가지 정도 구별하며 혼합된 색은 107,000가지를 구별할 수 있다고 해 색은 빛의 창조물이야 빛이 없다면 색깔도 없지 검은 땅속에서 꽃의 빛깔이 탄생할 수 있을까 꽃씨들은 땅에 뿌려야 그 색을 알 수 있어 마음의 색깔도 어둠의 문을 열었을 때 선명하지 진리의 빛 당신의 색깔은 굴절될수록 신묘한 다이아몬드의 빛처럼 수천수만 개의 단면으로 커팅되어 있어 빛의 심오한 상징들이 굴절된 당신의 프리즘 속에서 나는 길을 잃었어

470

영하60℃의 얼음과 사투를 벌였어 하루 13톤의 시간들, 얼음처럼 차가워지면 육체는 육체가 아니라 바위야 예리한 칼날의 순환 속에서 신선한 꿈을 얻기 위해 손가락 하나쯤은 내어주었지 공장에 쏟아지는 바다의 암석들, 냉동 컨테이너 속의 빅 아이(big eye)들이 굉음을 내며 지상에 부려지네 쇠도 구부리는 냉동의 세월들이 하역되면서 바닥엔 한기가 돌아 대패 같은 칼, 위협적으로 돌아가는 전동구의 시간가공 공장은 목공소와 같아 서릿발 선 성해의 옷을 입은 초저온의 기억들을 통나무처럼 톱날에 켰지 곁에 서기만 해도 시베리아의 동토가 전해지는 지층들의 가공, 나이테로 새겨진 삶 속엔 파도가 살아있었어 맨손으로 잡으면 손가락마다 쩍쩍 얼어붙는 흡입은 심해의 그리움일까 쩍 벌어진 입안에서 빙하기의 입김이 피어오르네 누군가의 행복한 기억을 위해 초저온 -46℃를 유지해야 해 맑고 맑은 남태평양에서 주낙으로 건져 올린 순간들이 내장과 아가미가 잘려져 급랭되었어 얼어버린 과거들은 부딪히기만 해도 중상을 입었어 머리와 가마를 나누고 복육과 뱃살을 자른 후 몸통을 쪼갰지 숙련된 해체사들만이 설 수 있는 칼날 앞에서 자로 잰 듯 속살을 자르고 뼈를 바르네 그라인더에 무 껍질 벗겨지듯 쌓이는 찰라의 살갗들, 잔뼈로 남은 가시들을 제거하며 상처의 시간들과 싸우고 있어 참치는 녹는 순간 참치가 아니야 살 속에 남은 핏덩어리를 제거할 때 달콤한 순간으로 남았어 육중한 무게들과 싸우는 시간해체사의 하루는 날마다 냉동돼 얼음이 된 과거의 해체, 심해에서 건져 올린 목숨이 썰리네

471

금가루 햇살을 아침이슬로 빚어 나무마다 매달았지요 봄의 기운을 마시고 풀물이 들어 열매들은 푸른 이마를 마주하며 영글었어요 서툰 장대질에도 내 품이 그리운 매실들이 뜨거운 정을 깨뜨리며 후드득 쏟아졌어요 입술 꾹 깨문 알맹이들, 술이 취해야 말문이 터지는지 참이슬에 잠겨서야 속맘을 털어놓았죠 바람과 비와 햇살들이 풀어진 술병 속의 달콤한 노을 아, 아버지도 술에 취하면 언뜻 내비치시던 당신의

노을이 바닷가 언덕에서 먼지처럼 흩어지던 날, 하늘도 해당화 꽃물처럼 붉었지 모였다가 흩어지는 시간의 정점에서 아버지의 손을 놓친 뒤 노을보다 붉은 노을을 몸에 부었어요 잊혔던 당신의 씨앗들이 흠뻑 봄비를 머금고 관절마다 새싹을 틔우려나 봐요 온몸에 열꽃이 피었어요

472

내가 먹고 마시고 움직이는 동안 그는 보이지 않았어 가끔씩 쳐다보았어도 그를 의식하지 못했어 하루의 삶을 정리하고 똑바로 누우면 그가 보였어 빛이 비치는 곳을 남들은 하늘이라고 하지만 나는 천장이라고 말해 천장을 보고 잠들며 천장을 보고 깨어나 하루의 시작과 끝이며 내 삶의 알파와 오메가인 천장은 영원과 이어져 있어 빛이 쏟아지고 온풍과 냉풍의 바람이 불고 수많은 별들의 모빌이 흔들리는 곳을 바라보면 나의 눈꺼풀이 닫히며 둥실 구름으로 떠오르네 하루 종일 머리 위에 이고 살아도 느낄 수 없었던 하늘의 존재를 소파에 누워서야 깨달았어 하루를 정신없이 사는 동안 땅만 쳐다보며 걸었지 내 안에서 벗어나 나를 바라보는 동안 나는 하늘에 가장 가까이 있어 내 안을 들여다보는 동안 나는 투명해져 있어 천장을 바라볼 수 있는 시간이 나의 기도시간이야 천장을 바라보고 있는 순간이 얼굴과 얼굴을 마주한 신과의 시간이야 천장은 내 곁에 다가서고 나는 마주 누워 하늘 가까운 사람이 돼

473

세상은 선과 악 두 개의 바퀴를 단 수레야 그래서 선과 악은 함께 가기 위해 존재해야 해 선과 악의 기준은 사회에 도움이 되면 선이고 해가 되면 악으로 판단되어 왔으나 기준은 모호하지 종교에서는 신의 편에 선 것은 선이고 신의 반대편에 선 것은 악으로 구별하지만 신의 반대편에 섰다는 명목으로 수많은 살

상이 이루어졌네 시대에 따라선 선이 악이 되고 악이 선이 돼 선과 악은 실체가 없는 거야 실체로 나타나는 순간 선은 악이 될 수도 있고 악은 선이 될 수도 있어

474

식물은 동물과 구별되는 존재로 자유롭게 움직일 수 없고 신경과 감각이 거의 없으며 수분을 흡수하고 광합성을 하여 산소를 배출하는 생물체야 식물이 있어서 동물들은 숨을 쉴 수 있고 먹이를 얻고 은신처를 형성할 수 있어 유해가스만이 존재하던 지구에 첫 뿌리를 내린 식물은 위대하지 식물은 인간을 있게 한 창조적 존재야 어쩌면 신의 모습은 인간적인 모습이 아니라 식물적인 모습일 수도 있어 바람 앞에 가지를 펼치고 세상을 향해 꽃향기를 날리는 나무들의 모습에서 신을 보지 열매를 맺어 세상을 먹이는 식물들의 넉넉함에서 세상의 주인을 봐 사람의 모습으로만 신께서 강림하실 거라는 생각은 편협한 생각이야 최초에 지구의 생명이 된 식물의 모습으로 오면 우리는 모두 죽을지도 모르네 식물 속에 담긴 은유를 보고 풀과 나무의 언어를 배우고 있어 나무속에 담긴 생명나무의 상징은 아직도 유효해

475

오늘 하루 신발은 내가 가자는 대로 어디든 따라다녔지 산이고 바다고 바닥이 헤어지도록 나를 싣고 다녔어 하지만 얼마 후엔 신발도 내 맘대로 신고 다니지 못할지도 모르네 신발의 의견을 존중하고 신발이 하자는 대로 따라다녀야 할 수도 있어 나는 무의식적으로 신발을 무시해왔지 그의 코가 문드러지도록 돌부리를 걷어차면서도 내 발의 아픔만 생각해왔지 신발 끈을 동여매고 조금의 여유도 주지 않으면서 색깔이나 디자인이 맘에 들지 않는다고 불만을 표해왔지 그런 신발이 어느 날 옆구리가 터져서 퍼질러

앉았어 큰 입을 벌리고 그동안의 불만을 털어놓았어 늘 편안하게만 생각해왔던 신발이 아내이고 자식이고 동생들이었음을 알았어 머잖아 신발에 센서를 달고 내비게이션 기능을 달아서 입력만하면 알아서 데려다주는 시대가 올거야 앞으로는 신발이 가자는 대로 내가 따라나서야 할 참이야 이제는 내가 하자는 대로 하는 신발이 아니라 나를 걷어차는 신발이 되었어 내 맘대로 갈 수 없는 신발을 신었다면 얼마나 두려운 일인가

476

천적이 있어서 잠들 수 없지 마주치면 피할 수 없는 눈 물속을 헤엄치며 남보다 조금 더 수풀을 껑충 뛰어오른다 해도 자만할 수 없어서 날개를 달기 위해 기도했어 먹이사슬을 풀고 종과 종을 뛰어넘어 최상위 그룹이 되기 위해 꼬리를 자르고 허물을 벗었어 천적이 있어서 쉬지 않았고 천적이 있어서 놀지 않았어 나를 키운 것은 천적의 힘, 물고 물리는 정글의 도시에서 가장 강한 자는 천적을 벗어난 자야 그는 가장 높은 곳에 있었고 가장 힘센 자리에 있었어 아무도 대항할 수 없는 무천적의 존재인 것 같았어 수많은 짐승들이 몸을 굽혔고 스스로 먹잇감이 되었어 그러나 그에게도 천적은 있었어 세월이 지나자 날카로운 이가 빠지고 억센 발톱도 무뎌졌네 절대 이길 수 없는 천적 앞에서 그도 무릎을 꿇었지 세상에 천적이 없는 것은 없지 악의 천적은 선이며 절망의 천적은 희망이며 어둠의 천적은 빛이며 밤의 천적은 아침이며 나의 천적은 죽음이며 죽음의 천적은 부활이야 천적은 피하기만 할 것이 아니라 즐거이 받아들여야 해 천적을 맞아들일 때 새로이 이룰 수 있는 역전 사랑은 이별을 받아들일 때 영원한 사랑을 낳고 생명은 죽음을 받아들일 때 영생을 얻었어 나는 천적이 있어 즐겁고 천적이 있어 잠들 수 있어

477

수술실에서 나온 그의 배엔 십자가들로 가득했어 그는 무슨 죄로 몸에 이렇게 많은 십자가를 새겨야 했을까 피가 배어있는 십자가를 통해서 잘려져 나간 그의 죄는 20센티의 직장이었어 속죄의 표시로 남은 십자가에서 그의 눈물을 보았어 몸 어딘가에 있을지도 모를 죄를 사하기 위해 약물을 주입하며 치료해야 할 시간들이 아직 그에게 남아있어 움푹 들어간 눈과 수척해진 얼굴로 방울방울 떨어지는 수액을 바라보았어 몸속으로 흘러든 물방울들은 생명의 강을 이루며 메마른 계곡을 흘러갈 거야 출렁이는 강물이 온몸에 차오르면 그는 일어나 바다로 걸어갈 테지 하늘과 맞닿은 수평선이 되어 하늘빛으로 살아갈 거야 그의 몸에 새겨진 십자가들은 별이 되어 뜨고 남은 길들을 환히 비춰주겠지 십자가를 몸에 새기고 살아가는 자는 이미 죽음을 이긴 자야

478

실은 바늘에 꿰어져 단추를 달거나 헤어진 양말을 꿰매는 걸로만 알았어 어느 날 요리를 하다가 손가락을 베어 성형외과에 갔지 칼에 베어진 부분이 깊고 커서 의사는 꿰매야 한다고 했어 마취를 하고 벌어진 상처를 봉합하면서 옆구리가 터진 신사복을 생각했어 옷은 많은 실로 짠 거야 나는 그동안 실을 입고 다녔구나 알고 보면 나의 몸도 실로 이루어진 존재야 근육이나 혈관, 신경들이 모두 섬유질이야 옆구리가 터진 신사복을 꿰매듯 의사는 나의 상처를 봉합해 상처 위에 실들이 실뜨기 하고 있었어

천국의 존재이유

479
바닷가에 흰 구름이 일었어 부서지는 파도를 건조시켜 얻는 하얀 분말, 짜디짠 눈물 배어 떠오르네 거울 같은 염전에 바닷물을 펼치면 하늘이 내려와 몸을 담그고 눈부신 햇살에 피어오르는 구름은 다 소금이 돼 고무래로 구름을 끌어 모으면 눈물도 땀도 소금이 되는 염전엔 썩지 않는 세상이 열리네 빛과 바닷물이 만나 이룬 하얀 결정체들이 창고 가득 쌓여 썩지 않는 길을 만들어 가지 하얀 소금부대에 실려 떠나는 분말들이 뿌려지는 곳마다 흰 구름이 피어날 거야 맛을 더하고 눈물을 더하며 세상 가득 파도를 일으킬 거야 소금 한 부대 집안에 들여놓으면 음식마다 환하게 꽃이 피었어

480
나는 한때 작업복이었어 가건물의 먼지 쌓인 바닥에 스틸로프를 깔고 단체생활을 하며 아침부터 밤중까지 일을 위해서 살았어 일하기에 편리하도록 새롭게 바느질 되어야 했고 능률을 위해 기술을 숙련해야 했어 구성원의 유기적 분업을 위해 아플 수도 없었고 비가 오나 눈이 오나 영향 받지 않는 전천후여야 했어 절대 피로감으로 하루를 구멍 내선 안 돼 늘 웃음으로 쾌적하게 아침을 시작해야 해 어떠한 외부자극에도 찢어져서는 작업복이 될 수 없었으므로 북 찢어지고 싶은 심정을 동여매며 침묵했어 답답한 현실을 위해선 나만의 바람구멍을 뚫어야 했고 눈물에 젖지 않는 방수성이어야 했어 누구 하나 감싸주지 않는 계절을 견디기 위해 여러 겹의 옷을 껴입으며 혹한의 강을 건넜지 때가 끼고 시간 속에 낡아서 버려진 뒤에야 알았어 스스로 신사복이기를 꿈꿨던 10년의 세월, 작업복은 작

업복일 뿐이라는 걸 길가에 버려진 뒤에야 내게 가위가 찾아왔지 아직 상하지 않은 튼튼한 부위를 오려 갈피를 만들고 표지로 덮었어 그날 이후로 오려진 작업복이 책이 되었어 페이지마다 지독한 땀 냄새가 묻어났지

481

입 맞추기만 해도 솜사탕 여신은 눈물이 돼 삼킬수록 목마른 생크림 입술, 혀끝에 감기는 황홀감에 정신이 혼미했지 이빨 하나쯤 정표로 주어도 좋아 풍선이 부풀고 바람이 빠져나간 뼈들은 수수깡이 되어가지 심장이 멈추도록 탐하고 싶은 꽃잎들 잎새를 애무하다 사라지는 한 방울 이슬이고 싶어 페이스트슈크림이 눈보다 희게 웃었어 마들렌에 취한 몽환의 눈빛으로 뭉게구름 슈플레가 드레스를 벗었어 아트아슈의 젖가슴에 얼굴을 묻고 흐느끼는 열매들 애플 타르트의 황홀한 감촉에 오, 오르가슴에 오르는 쇼콜라 퐁당 혼을 팔아 펌킨푸딩의 속살을 샀지 미소 속에 감춰진 환각제를 핥았어 움켜쥘수록 손가락 사이로 빠져나가는 물의 육체가 흐느적거리네 여신은 구름이 되어 사라지고 옷깃을 적시는 백색 필로폰의 눈물, 마리화나의 연기에 취해 네펜테스로 굴러 떨어진 몸이 초콜릿 시즙으로 녹았어 죽음이 참 달았어

482

계산이 이루어지면서 뇌 속의 시냅스에서 신경전달물질이 만나 십자가를 만들고 있어 내 생각들은 온통 십자가로 이루어져 있어 내 안에서 십자가가 형성되지 않는 순간, 나의 생각들은 단절되고 모든 감각들은 정지할 거야 아세틸콜린이나 아민, 뉴로펩타이드를 통해 전해진 신경전달물질은 시냅스 소포체 안에 들어있어서 칼슘이온 채널에 따라 신경세포 안으로 유입돼 불쾌한 기억과 연관된 글루타민산 글라이신 억제성 신경전달물질인가 봐 혈관확장제로 작용하며 아세틸콜린이 심장

박동 및 수축을 억제해 의욕 행복 기억 인지 운동조절 등에 영향을 미치는 도파민, 세로토닌 히스타민 등의 물질들이 내 생각을 만들고 관장해 물질과 물질의 만남이 곧 생각을 만들고 전달되는 물질의 많고 적음에 따라 감정이 조절돼 나는 나의 생각들이 위대한 줄 알았어 총명하고 지혜로워서 신이 직접 주신 영감인 줄 알았어 하지만 나의 생각을 관장하고 주관하는 것은 신경전달 물질들의 관계에서 이루어짐을 알았을 때 삶은 한낱 물질의 관계일 뿐이라는 생각을 했어 화학반응에 불과한 나의 생각들은 신성함도 의미도 가치도 없었지 그러나 어느 날 물질과 물질의 만남 속에서 십자가를 발견한 후 나의 생각들은 십자가의 소산임을 알았어 내 몸의 혈관마다 십자가가 흐르고 있어 비로소 내 삶은 신성했고 의미가 있었어 불쑥 던지는 말 한마디에도 툭, 십자가가 튀어나왔지

483

캐릭터는 ‘특성 인격 문자’를 뜻하지 글자를 도장처럼 찍을 수 있는 로마시대 장인들의 기술이 프랑스를 거쳐 영국으로 수입되었는데 이때의 금속도구를 캐릭터(character)라 불렀어 중세에는 이 도구를 응징과 처벌의 수단인 낙인으로 활용하였지 간통을 저지른 사람에게는 A(Adultery), 살인자에겐 M(Murderer)을, 도둑에겐 T(Thief)를 찍는 방식이었지 낙인은 평생을 안고 살아가야 했는데 낙인이 있느냐 없느냐 즉 어떤 캐릭터를 가지고 살아가느냐에 따라 사람 됨됨이를 말해주기도 했지 그것이 16세기경에 새로운 뜻이 부가되어 ‘인격’이나 ‘특성’을 의미하게 되었어 어떤 이는 천사의 캐릭터를 어떤 이는 악마의 캐릭터를 가지고 살아가지 또한 짐승의 캐릭터, 식물과 곤충의 캐릭터, 로봇과 기계 등의 캐릭터를 갖기도 해 캐릭터의 시대, 자신이 자신을 홍보하지 않고서는 두각을 나타낼 수 없는 시

대가 되었어 하지만 자신이 자신을 홍보할수록 그 캐릭터는 네가티브적 캐릭터가 되지 포지티브적 캐릭터가 되기 위해서는 남을 높여야 해 자신을 높일수록 마이너스가 되고 남을 높일수록 플러스가 되지

484

물질의 가장 작은 단위의 물질 약 300여 종의 많은 소립자가 알려졌으며 가장 먼저 발견된 것은 전자야 원자의 크기는 1mm의 1만분의 1정도이며 원자핵은 1mm의 1조분의 1이라고 밝혀졌지 소립자인 전자는 원자핵의 1만분의 1의 크기라고 해 최근에는 우주의 모든 공간을 구성하는 최소단위의 물질인 힉스입자의 존재가 연구되고 있어 그러고 보면 한 인간의 존재는 얼마나 많은 힉스입자들의 결합으로 이루어진 것인가 눈이 찌그러지고 입이 삐뚤어졌다 해도 존재 자체만으로 위대한 물질의 결합이 아닐 수 없어 거기에 물질의 결합으로 정신적인 세계가 형성될 수 있었다는 것이지 물질이 아무리 결합해도 정신을 이루지 못하는 결합이 있는 반면 물질의 결합으로 정신세계를 형성하는 경우도 있어 정신은 물질의 결합으로 형성되는 것이 아니라 외부로부터 주어진 것일까 미래엔 우리의 몸을 힉스입자와 같은 미세물질로 분해하여 공간이동을 할지도 몰라 그럴 때 정신도 분해되어 재결합되고 과거의 인간적인 정신으로 복원될 수 있을까 정신이 외부로부터 주어졌다면 USB에 메모리 하듯 정신요소를 새로운 육체에 집어넣을 수 있는 과학이 발달할 수도 있어 맘대로 육체 속에 들어있는 정신을 복사하여 서로 바꾼다든지 보관할 수 있을 거야 하지만 물질의 결합으로 정신이 형성된다면 우리의 영혼은 물질의 분해와 함께 소멸되는 것이며 또 다른 세상으로의 이동은 불가능해 과학이 세상을 지배하면 신의 기본질서가 무너지고 새로운 과학의 질서 속에서 세상은 인위적인

재구성이 가능해질지도 몰라 신이 된 과학이 인간이 원하는 대로 설계하고 필수구성요소들을 셋팅하여 조립함으로 창조자가 된다면 세상은 혼란에 빠질 거야 그러한 미래로 가지 않기 위해 세상은 심판이 필요하며 절대적으로 영원한 미스터리가 필요해 그 미스터리가 있어 우리에겐 꿈과 희망이 있고 종교가 존재하는 거지

485

당신은 나를 바라보네 따스한 햇빛으로 포근한 달빛으로 아무리 먼 곳에 있다 해도 사랑하는 사람의 창문가를 떠나지 못하듯 바람으로 불다가 구름으로 흐르다가 멈춰 서서 나를 보네 나의 잘못도 나의 수치도 웃으며 그럴 수 있지 허허 나를 바라보네 어린아이 아장아장 걷는 꽃길에 엄마가 바라보듯 나를 보네 안 보는 듯 딴 곳을 보고 있어도 엄마의 마음은 아기뿐이듯 당신은 나만 보네 햇빛과 달빛이 다하기까지 나만

486

아메리카 인디언의 卍은 행운 풍요 비의 상징이야 셈족에서의 卍은 태양에 속하는 다른 부수물들과 함께 나타나지만 여신 아스타르테의 음부의 삼각부분에도 그려져 있어 여성의 생산력을 상징하기도 하지 불교에서의 卍은 불심의 표지로서 부처의 심오한 뜻을 나타내지 존재의 바퀴 윤회의 바퀴 켈트족에서는 행운의 상징이며 벼락신과 함께 그려졌지 중국에서의 만卍은 만万의 변형으로 만개의 사물이나 연속체, 즉 시작도 끝도 없는 무한의 지속과 생명의 무한한 소생, 영원을 나타내지 크리스트교의 卍은 예수 십자가의 상징으로 카타콤에 그려져 있어 중세에는 감마디온gammadion으로 불리면서 건물의 모퉁이 돌로 예수나 예수를 중심에 놓은 4복음서 기록자의 상징으로 표현되기도 했지 그리스에서는 하늘의 신 제우스와 태양신 헬리오스의 상징이야 힌두교의 스와스티카는 원래 산스크리트어로 길상이라는 의미

로 생명 운동 행복 행운을 나타내며 갠지스 강의 성수를 담는 항아리의 봉인으로 사용되기도 했어

487

게들은 산소 같은 삶을 살지 구멍 속에 숨어 있다가 해가 뜨면 일제히 나와 모래를 입에 넣었다 뱉어내며 갯벌을 청소해 썩고 냄새나서 쓸모없는 땅, 사람들은 게들을 똑바로 걷지 못하는 불량아로 보았어 하지만 주변을 돌아보고 주변과 어울리기 위한 게걸음은 맹수들이 따라할 수 없는 몸짓이었어 두 개의 큰 집게발로 모래를 뭉쳐 입에 넣었다가 내놓은 모래알들이 둥글둥글 구슬이 되어 햇빛에 반짝였어 불순물들을 먹어치운 게의 입에선 부글부글 거품이 일었어 독기들을 먹고 살아온 삶에 굳어진 뼈들이 로봇처럼 온몸을 감싸고 있어 한 줄기 거센 파도쯤이야 두렵지 않을 그의 눈이 백미러처럼 접혔다 펴지네 투명한 세상이 거울 속에 반사돼

489

시간을 멈추게 하면 죽어가는 자는 영원히 죽어가야 하고 태어나고 있는 자는 영원히 태어나고 있어야 해 밥을 먹는 자는 영원히 밥을 먹어야 하고 배고픈 자는 영원히 배고파야 해 시간을 멈출 수 있다면 불평등을 해소할 수 없지 잠도 자고 사랑도 하고 노래도 하고 웃기도 하면서 다양한 삶을 살기 위해선 시간이 흘러야 해 시간의 흐름을 막을 수 있다 해도 시간의 흐름을 막지 않아야 하기 때문에 그 누구도 시간의 흐름을 막지 못해 시간의 흐름 속에 나의 삶이 흘러가는 것은 모두가 시간의 평등한 사용을 위한 순환이야

490

프랑스의 철학가 장 보드리야르의 이론으로 실재가 실재 아닌 파생실재로 전환되는 작업이 시뮬라시옹(Simulation)이고 모든 실재의 인위적인 대체물을 시뮬라크르(Simulacra)라고 부르네 다시

말하면 시뮬라크르는 존재하지 않지만 존재하는 것처럼 때로는 존재하는 것보다 더 생생하게 인식되는 것을 말하며 시뮬라시옹은 시뮬라크르가 작용하는 것을 말하는 동사야 그에 의하면 우리가 살아가고 있는 이곳은 가상실재, 시뮬라크르의 미혹 속인 거야 현대자본주의 사회는 사물이 기호로 대체되고 현실의 모사나 이미지, 즉 시뮬라크르들이 실재를 지배하고 대체하는 곳이야 실재와 재현의 관계는 역전되고 더 이상 흉내낼 원본이 없어진 시뮬라크르들이 더욱 실재 같은 극실재를 생산해내지 원본이 사라지고 복사물들만이 존재하는 세상은 이제 진실을 찾아보기 어렵게 되었어 수천 년 왜곡되어 온 성경이나 역사가 뒤죽박죽 뒤섞여 무엇이 진실인지 구별할 수 없게 되었어 시뮬라크르의 시대에 실재라고 믿을 수 있는 것은 아무것도 없지 왜곡된 진리와 이론으로 교육된 나 자신의 판단도 믿을 수 없지 그리하여 모든 가능성을 열어두고 원점부터 다시 생각할 필요가 있어 진실이라고 생각되는 모든 믿음들을 뒤엎고 새로운 가정을 세워야 해 시뮬라크르의 시대, 왜곡된 신과 역사의 페이지를 접고 새롭게 출발하고 기록해야 해

491

수면은 깊은 하늘을 잃고 물에 비친 구름들만 보여주네 그림자는 굴곡이 없지 길어지고 짧아지며 유연하게 수평으로 움직였어 구름들은 물속을 흘러갈 뿐, 바람과 천둥과 비를 실어오지 못해 말과 논리는 거창하기만 하여 회오리를 불러일으키지 못해 그림자이기 때문에 생명이 없는 십자가들이 전시된 곳은 공동묘지이며 골고다의 형장이야 공동묘지에서 곡소리가 흘러나오고 있어

492

천국은 죽어서 가는 곳이 아니라 늘 우리와 함께 있어 천국은 시간적 영원성과 쾌락의 지속성

이 함께하는 곳이야 늘 행복하려면 새로운 변화가 필요하지 내가 무엇이든 원하는 대로 할 수 있으면 처음은 행복하겠지만 얼마가지 않아 싫증을 느낄 거야 에덴동산의 맹점은 쉽게 다 가질 수 있었다는 점이야 그래서 가질 수 없는 선악과에 호기심과 집착을 가지게 되었어 인간의 욕망은 소유함으로 행복하지만 일단 소유하고 나면 얼마가지 않아 절망으로 바뀌지 천년만년 행복할 것 같던 사랑도 일단 얻고 나면 얼마가지 않아 후회와 미움으로 바뀌기도 해 지속적인 행복을 얻기 위해서는 날마다 새로움이 필요하지 새로움은 내 마음이 매일 새롭든지 주변이 새로워지는 거야 요즘은 증강현실로 날마다 주변적 새로움을 경험할 수도 있고 과학의 발달로 더 많은 변화를 체험할 수 있을 테지만 그래도 주변의 새로움은 한계가 있기 때문에 결국은 내 마음의 새로움이 필요하지 사랑도 시들고 욕망충족도 그치고 열정이 식어버린 채 추억만이 남아있는 사람은 죽어가는 자야 내부로부터의 변화, 외부적 자극 없이 내부의 무한한 변화를 추구할 수 있는 사람은 이미 천국에 다다른 거야 천국은 없지 단지 우린 천국으로 살 수 있을 뿐이야 내 몸의 세포가 분해되어 30조의 미생물로 살아가게 된다 해도 그 안에 존재하는 의식은 30조 개의 천국을 만들 수 있어

493

한 수저의 밥알이 내 몸속으로 떨어져 사랑을 만들고 있어 한 젓가락의 고기가 내 위장 속에서 열정을 만들고 있어 피로에 지친 내 육체에 영양소가 기를 만들고 희망을 만들고 있어 물체는 정신이 되고 정신은 또 다른 물체를 만들고 있어 육체와 기계 속엔 변화의 마법이 있어 죽음이 변하여 생명이 되고 밥이 변하여 에너지가 되고 물이 변하여 생기를 만들고 있어 환전소에서 달러를 한화로 바꾸듯 지불된 양만큼의

변화 행한 만큼 보응 받는 원칙을 알고 있어

494

화려한 라벨을 붙인 술병들이 진열장에서 유혹해 잘난 술들은 잘난 사람들을, 못난 술들은 못난 사람들을 불러들여 술판을 벌였어 고급 와인들은 고급안주들을 모양새 갖춰 비우고 서민의 술 맥주와 소주 막걸리들은 오징어나 땅콩 김치찌개나 노가리와 어울려 자신을 비우고 있어 술술 풀리는 삶을 위해 둥글둥글 세상을 넘기며 취하기 위해 누구는 요정에서 누구는 선술집에서 누구는 포장마차에서 처세술을 마시지 상사의 눈치를 보며 따르고 받고 마시고 붓고 하면서 처세를 위해 처세술을 마셨어 가장 독한 술 한 잔을 마셔도 정신을 잃었어 술술 풀리기 위해 마시는 술이 때론 지독한 오해의 못을 박았어 그 어떤 처세술로도 풀을 수 없을 땐 고독의 독주를 마셔야 해 혼자 영원할 수 있는 처세술이야

495

의사의 처방전을 들고 약국으로 가면서 내 몸의 치유법을 생각했어 약의 이름과 분량표시, 조제방법이 적혀있는 질병분류기호 ICD-10 속엔 불안과 파괴의 경계선이 그어져 있었어 낭비와 폭식 반복적 자살기도 등으로 행동패턴은 심한 등락폭을 이루었지 처방전을 내밀자 약사가 힐끗 내 얼굴을 쳐다보다가 알약들을 집어 들어 통 안에 분류하기 시작했어 흰 봉투에 담아주는 포장된 알약들, 플라세보 효과를 위해 거르지 말고 꼭 먹어야 해 포장을 뜯자 햇살 한 알에 달빛 두 알, 밤과 낮의 조화가 적절하다 생각했어 내 증상에 꼭 맞았다는 처방전엔 고독을 없애는 약은 없을까 약을 먹을수록 창백해지는 의사의 처방전은 달밤을 너무 좋아했기 때문일 거라는 생각을 했어 의사를 의지하며 태양도 달도 내 마음대로 갖지 못했어 길거리에

쏟아진 햇살들이 동글동글 굴러다녔지 백색의 꽃들이 알약으로 피어나고 있어 처방전이 필요 없는 내 몸엔 붉은 약들이 넘쳐나고 핏기 없는 입술이 알 수 없는 말을 중얼거렸지 외부에서 받은 처방전은 종이 한 장에 불과했지만 내부로부터 받은 처방전에 십자가가 그어져 있었어

496

나의 삶은 외롭고도 이기적이었어 홀로 깨끗이 살기 위해 주변과 어울리지 않았고 곧게 살기 위해 굽은 가지들은 베어냈어 하지만 어느 날 내가 정원수에서 정원사가 된 후로 내 주변엔 가치 있는 나무가 없다는 것을 알았어 굽은 나무도 내겐 소중한 인연인 것을 굽고 틀어진 나무가 더 가치를 인정받는 정원에서 누구나 다 비틀어진 하나하나의 가지들을 싸매고 거름 주는 정원사야 칼을 들고 굽은 가지들을 잘라내는 정원사는 무섭게 세워진 형틀이야 판단하고 자르고 뽑으려 하는 심판자보다 그들을 위해 말없이 못 박혀 피 흘리는 십자가가 되려 해 한 나무의 장점과 특징을 살리는

497

술이 덜 깬 날엔 해장을 해 뚝배기에 담겨 부글부글 끓어오르던 해장국이 몸속에서 뼈가 녹는 진실을 풀어내지 몽롱함을 깨우며 불의 기운이 온몸으로 퍼지네 한때 푸르렀던 무청과 아삭한 콩나물들이 뒤섞여 회색빛 아침을 깨우고 있어 싱거운 삶의 시간을 새우젓으로 간하며 뼈대만 남은 간밤의 생각들을 떠올리네 하루 종일 불에 달궈지며 한 끼니 식사를 위해 뜨겁게 살았어 가마솥에 통째로 삶아지며 끓어오르는 내장을 물로 다스렸지 귀도 잘리고 간도 썰어져서 한 생의 순대를 채우기 위해 나도 국밥으로 끓어올랐어 파 마늘에 선지들을 가득 담고 임계점을 넘어야만 맛이 나는 비법을 깨달았어 누군가

가 내 몸에 연기를 피우고 불을 질렀던 것은 깊은 맛을 내기 위함이었어 매콤한 양념장을 넣고 휘휘 저으며 칼을 휘둘러 칼칼하게 맛을 더했던 뚝배기 속에 수저를 담가 열정을 퍼 올리네 콩나물과 시래기 뒤엉킨 식물성의 생각들을 건져 먹었어 뱃속에서 해장이 풀어질 때 간밤의 서릿발도 말끔히 풀리네 얼었던 뼈들도 녹아내려 살이 되고 피가 돼 불에 달구어질 때가 해장국 뚝배기와 나의 전성시대야 뜨겁게 열받을 때마다 식어버린 빈 뚝배기를 조문해

498

들판에서 순산한 어머니는 탯줄을 짚으로 묶고 이빨로 끊었단다 삼신할미 손에 침 발라 정맥과 동맥의 탯줄을 꼬았어 탯줄 속의 태극이 우주나무로 이어져 하늘과 땅이 하나였다가 홍수가 나고 암흑의 동굴을 지나 태양이 뜨며 둘로 갈라졌지 교미하던 뱀들이 잘려 대문에 내걸린 왼 방향 금줄 하늘에선 옴파로스가 떨어졌어 산소 호흡기에 매달리다 아버지는 줄을 자르고 하늘로 갔지만 바람 속에서 열매들은 안간힘으로 꼭지에 매달렸고 배꼽이 허전한 나는 복희와 여와도의 그림 같은 DNA 구조에 집착했어 한 다발의 볏짚을 잡고 새끼줄을 꼬았어 세 개의 줄을 모아 삼승가닥을 만들고 구승을 만들어 이십칠근승 용줄을 만들고 있어 용을 잡고 노는 마을 사람들의 줄다리기, 용과의 한 판 씨름이 끝나면 줄을 조각내어 지붕에 얹고 달여 먹으며 아들을 빌었지 용줄이 똬리 튼 당산나무엔 별무리 같은 정자들이 꿈틀거렸지 나는 아이의 탯줄도장을 꺼냈지 상아 속에서 오그라든 탯줄을 잡고 백지 위에 도장을 찍었어 피가 배어난 이름, 암호 같은 배꼽 속엔 내 전생의 미로가 열려 있어 은하수 자궁 속의 별들이 자라고 창가에 매달린 거미줄 하나 바람에 흔들리네

499

몸속에서 생성된 돌들이 보석처럼 전시되어 있어 콜레스테롤이나 빌리루빈의 성분으로만 이루어진 것은 아니야 돌이 된 결심, 돌이 된 꿈들이 제각각의 색깔로 커왔지 통증이 없는 돌은 없지 창자를 도려내는 아픔 속에서 자란 새끼들, 죽은 듯 살아있는 까만 눈동자들이 원망어린 눈으로 쳐다보았지 몸속에 있으면서도 몸의 일부가 되길 거부했던 독한 결심들, 끝내는 이렇게 헤어져야 해 마그마가 식어지거나 퇴적층의 일부가 고온고열로 변형되어 탄생하는 이들과는 근본이 달라 응어리진 한을 품고 쓸개즙을 마시며 모질게 살다가 돌이 되어 세상으로 나왔지 너의 삶은 너의 것, 전시되거나 버려지거나 또 다른 통증으로 살아갈 거야 열 달 동안 어머니 뱃속에서 담즙으로 자란 나도 단단한 돌이 되었어 상처만 남기고 떠나가지만 아픈 기억들은 돌이 되어 반짝일 거야 돌이 된 자식들도 어느 쇼윈도에서 반짝이며 살아가겠지 돌이 박힌 아픔들이 하늘에 별이 되어 밤마다 떠오르네 총총 별이 박힌 하늘에 그리운 얼굴들 돌을 뽑아내며 못을 빼네

500

태풍이 불었어 교실이 날아가고 사람들은 뿔뿔이 흩어졌네 견고한 방어벽을 쌓았던 믿음도 깨어져서 유리 파편처럼 날아다녔지 상처의 말들과 의심의 눈초리들이 맨살에 박혀 쓰라렸어 바람의 진원지가 된 입김이 거대한 구름을 몰아 행복했던 교실을 덮쳤지 회오리바람에 날아간 책상과 의자들이 기억 저 편으로 날아다녔어 바람의 방향도 알지 못한 채 사람들은 길을 찾지 못해 골목을 서성였어 태풍이 된 사람과 태풍을 맞은 사람 간엔 미지수가 놓이고 저마다 풀리지 않는 방정식에 골몰했어 뚜렷한 이유 없이 바람은 부는 거라지만 서로에게 큰 온도차가 있다는 걸 눈치채지 못했어 태풍으로 안식처

를 잃어버린 사람들은 지금 어디에서 떨고 있을까 태풍은 잠시일 뿐 지속되지 않았어 이 태풍이 지나고 나면 어떤 나무의 뿌리가 약했는지 아니면 어느 가지가 썩었는지 훤히 보일 거야 썩을 것은 썩고 살 것은 새순을 피우게 될 테지 태풍을 원망하지 않으리라 시련을 딛고 재건한 숲속엔 신선한 잎들이 피어나고 있어 부활이었어

제III장

빅 뱅

– 나도 하나의 통이었어

수십 년 묵은 장일수록 함부로 뚜껑을 열지 않았어 튼튼한 다리통에 힘을 주고 허리통을 동여매어 넘어지지 않고 살아가야 해 내 안에 오랠수록 썩지 않는 내용물로 가득 채우고 단 한 번 비밀의 뚜껑을 여는 순간 아낌없이 주기 위해 함묵하리라 숨통이 다하는 날까지

우듬지論

501

0은 어둠을 비운 달이야 무소유의 보름달은 세상을 밝히지 마음을 비운 사람은 유리접시처럼 맑고 투명해 0에 무엇을 더하고 빼도 0은 사라지듯 마음을 비운 사람은 어떠한 말이나 행동에도 자신을 드러내지 않았어 0에 무엇을 곱하고 나누어도 0이듯 마음을 비운 사람은 어떠한 말이나 행동에도 변하지 않았어 마음을 비웠다고 자만하며 못 박은 0 하나 잘난 척 앞으로 나서면 십의 배수로 값어치가 떨어지네 01, 001, 0001, 마음을 비우고 자만의 못을 뺀 0 하나 뒤에서 따를수록 십의 배수로 가치가 상승해 10, 100, 1000,…… 0은 속을 비운 동그라미야 오늘도 시간의 굴렁쇠는 태양의 길을 따라 굴러가지 0은 처음이요 마지막인 순환의 징표이며 영원의 상징이야 사랑하는 사람의 손가락에 끼워준 반지는 영원한 시간을 함께하자는 약속이야 0은 봄 · 여름 · 가을 · 겨울 사계절이며 우주의 수레바퀴야 웜홀과 블랙홀의 공간을 넘나들며 0의 세계를 사는 실체들이 있다면 천사와 같아 0으로 오신 그리스도가 영원한 세계를 보여줬어 세모 네모 대신 동그라미의 하늘을 그리는 법을 알려주었지 마음을 비우고 영접하는 자는 0과 0이 만나 ∞를 그리네 자신의 어깨 위에 이웃을 무동 태우고 가는 사람은 풍선(8)처럼 하늘로 오르리라 생각해 우리는 높은 숫자만을 향해 달려왔지 얼마나 많이 가졌는지 얼마나 많이 배웠는지 얼마나 오래 사는지에 대해서 관심을 가져왔지 하지만 이제는 자세를 낮추어 0을 향해 가야 해 영원한 세상을 얻기 위해 마음을 비워야 해 육체적 욕망을 버리고 영靈을 향해 달려가는 사람들은 아름다워

502

오래된 책갈피 속에서 찾은 메

모지 한 장 만나자고 붉은 복사꽃 수줍음의 꽃물이 밴 메모지엔 엷은 잎맥처럼 가는 메모들이 담겨있어 빛바랜 사연들이 생기를 잃고 압화된 고백들 바위에 새긴 뜨겁고 순결한 맹세만이 화석처럼 남아있어 만지면 바스러질 듯 압화된 메모지는 어느 계절에 채취된 그녀의 입술일까 웃음 짓는 햇살의 온기와 가슴 뛰던 핑크빛이 사라진 꽃잎엔 건조된 글자만이 남았어 가녀린 손길로 전한 그녀의 마음을 난 무심코 언제 찾을지 모를 숲에 버리고 왔지 우연히 책을 열지 않았다면 다시 볼 수 없었을 얼굴과 쌓아둔 책들에 눌려 얼마나 많은 날들을 눈물로 아파했을까 화석이 된 그녀의 사연들은 암석 속에 한을 새기고 무서운 바위가 된 건 아니겠지 메마른 꽃잎에 불을 붙여 주네 아름다운 사연을 담고 날아가거라 나비 한 마리 허공을 날아오르네

503

하루 종일 꽃 속에 파묻혀 사는 여자와 평생을 살지 꽃과 함께 하루를 살면 얼마나 행복할까 꽃에 치여 시들해져 돌아와도 꽃처럼 아름다워 온몸에서 꽃향기가 나는 듯했지 하지만 이것은 나의 생각일 뿐 꽃을 파는 일은 중노동에 가깝지 화분에 난을 심어야 하고 사진을 찍고 리본을 붙여 고객에게 보내 오케이 사인을 받아야 해 까다로운 고객이라도 만나면 쓸개까지 다 빼주어야 해 주변에 꽃들의 환한 웃음이 가득 피어있어도 눈에 들어오지 않았어 아름다운 것은 적당한 거리가 유지될 때 존재하는 것 너무 가까이 다가가면 아름다움보다는 본질을 보게 되고 현실을 경험하게 돼 거리를 지나다 쇼윈도에 꽃들을 보면 기분이 좋아지고 꽃 속에 파묻혀 있는 아가씨가 아름답게만 보이지 하지만 그 속에 들어가면 꽃은 보이지 않고 꽃에 대한 상업성과 까다로운 고객들의 얼굴이 보이기 시작해 늦

게 퇴근한 아내의 얼굴은 하루 종일 꽃에 치여 시들어 있어 시든 꽃에게는 물보다 사랑의 말 한마디가 필요하지 하루 종일 꽃으로 피어있느라 수고했어요

504

워낭을 목에 매달고 늙은 소가 밭을 갈지 워낭의 소리는 살아있는 소리, 목숨의 소리 뚜벅뚜벅 세상을 걸어가는 워낭소리엔 여유와 느긋함이 담겨있어 처마 끝에서 울리는 풍경소리, 새벽하늘을 울리던 교회당의 종소리가 워낭을 울리며 논과 밭으로 퍼져나가지 종교보다도 심오한 눈망울 수도승보다 더한 멍에를 지고 가는 소의 고행 뒤엔 농부의 씨앗이 뿌려지네 딸랑딸랑 기경된 마음밭에도 생명의 말씀이 떨어지네 워낭소리 세상을 울리고 거친 숨소리 삼라만상을 깨우고 있어 말없이 밭을 갈아온 소가 세상을 향해 울리는 구원의 소리 맑고 청아한 종소리가 온 마을에 퍼지네

505

웃고 있으면 행복해져 인간은 겉과 속이 같아서 내면이 행복하면 웃음 짓게 되고 내면이 불행하면 얼굴이 일그러지게 돼 겉과 속이 완전히 달라서 불행한데 웃음 짓고 행복한데 찡그리는 사람은 없지 숨길 수 없도록 겉과 속은 일치해 행복하기 때문에 웃는 것은 어린아이도 할 수 있지만 행복해지기 위해 웃는 것은 아무나 할 수 없지 아침에 일어나 행복해지기 위해 거울 앞에서 1분 동안만 웃어도 하루는 달라질 수 있어 하지만 행복한 하루를 위해 사람들은 1분을 투자하지 못하지 시간이라는 괴물에 쫓겨 정신없이 다니기 때문에 늘 얼굴은 경직되고 불안과 공포 불행의 그림자로 가득해 시간의 괴물이 쫓아오고 있다고 생각되면 거울을 들고 1분만 웃어봐 1분의 웃음이 시간의 괴물을 물리치고 불안과 초조감에서 벗어나게 해줄 테니 외적인 조작을 통해 내면을 지배하면 스스로 행복해지는 방법을

깨우치게 돼 이제는 슬플 때 맘껏 웃고 몸이 아플 때 얼굴을 활짝 펴봐 내면까지도 변화해 이러한 관계가 하늘과 땅이 연결된 관계이며 육체와 정신이 연결된 변화야

506

나에겐 눈보라와 사나운 짐승들로부터 보호해주는 울타리가 있었어 사시사철 무섭기만 하던 탱자나무 울타리 가시를 품고 나를 둘러싸고 있는 줄 몰랐어 울타리를 벗어나려다 가시에 찔릴 때면 원망도 했어 노랗게 익은 탱자가 시고 떫어서 쓸모없다고도 했어 어느 날 탱자나무를 다 뽑아버린 뒤에야 알았어 그 가시가 나를 지켜줬음을 보잘 것 없는 탱자나무 열매가 나의 기침을 잠재웠다는 것을 울타리에서 벗어나 험한 세상 가운데 서니 어머니가 그리웠어 탱자나무 가시의 가르침이 가슴에 콕 박히네

507

점과 주름을 문지르자 별들이 돋아나 칼이 지나는 자리마다 피어나는 점들, 다이어트 되지 않는 부위들을 자르고 지우며 바비인형들이 태어나는 상자 속에서 유체 이탈한 나를 수정해 명품 옷과 구두를 다운받고 다크서클을 가린 선글라스와 시간이 멈춘 다이아몬드 시계, 드라이플라워의 가슴장식, 흑백의 과거 위에 컬러페인트를 부어 구름이 사라지면 나는 새로운 아바타, 신의 합성품이 되지 그녀는 잘나가는 탤런트의 눈을 오려왔다지 다음엔 펄펄 끓는 심장을 잘라온댔어 구름을 만들어온 뱃살과 처진 엉덩이를 도려내고 이참에 신세대 몸매로 바꿔치기하면 누군가의 메모리에 저장되어 두고두고 컬러풀한 내일을 복사할 수 있을까 세상은 불붙이면 타버릴 듯 메마른 나무들이 서 있고 동공 속에 별을 그려 넣으며 뼈를 추켜세워도 흐물흐물 무너져 검게 떨어지는 잎사귀들, 내장들, 죽고서야 전송되는

완성품을 위해 바람은 혼을 불러오고 하나둘 익숙했던 이름들이 오려지네 셀 수 없는 클릭으로 계곡의 그늘과 상흔을 다 지운다 해도 치유될 수 없는 상처의 기억들, 별을 담은 요술 상자 속에서 태어나는 피그말리온의 조각품 낯선 모습이 우주 밖으로 나를 전송해 새롭게 인화되고 싶어

508

우듬지는 나무의 희망이야 새롭게 자라나는 우듬지가 있어 나무는 뻗어가지 우듬지는 가장 높은 곳에 세워진 길이야 가장 높은 곳을 맨 먼저 체험하고 받아들여 뿌리로 전해 우듬지가 잘린 이는 더 이상 하늘과 가까워질 수 없지 희망이 잘린 이후에는 하늘을 바라볼 수 없지 우듬지가 잘린 가지들은 땅을 바라보고 땅을 향해 뻗어가지 우듬지에는 연초록의 등불이야 까치발 딛고 오르는 종아리가 있어 어린아이의 고사리 손이 있어 날마다 하늘을 사모하는 만큼 자라나는 내 안의 새싹 가장 높은 곳에 촛불을 밝혔어

509

살다보면 협곡을 건너야 할 때가 오고 있어 협곡을 건너는 길은 외나무다리와 같이 좁고 미끄럽지 세상은 안개로 가득하고 나무 위엔 이끼들로 덥여있어 준비없이 살아온 사람들은 미끄러져 떨어질 거야 맨발로 살아온 사람들은 더욱 위험하지 준비된 사람, 등산화를 신고 아이젠을 한 사람은 그나마 나을 거야 위기의 현실에서는 한 발 한 발 조심스럽게 내딛어야 해 치우치지 않고 자기중심을 잡아야 해 주위의 이런 말 저런 말에 휩쓸리지 말고, 부는 바람에도 자세를 낮출 때 이 길을 건널 수 있어 절대 아래를 내려다보지 말아야 해 죽음을 바라보는 순간 더 이상 발을 뗄 수가 없지 공중을 바라봐서도 안돼 공중을 바라보는 순간 발을 헛디뎌 허무의 늪으로 빠질 거야 뒤도 돌아보지 말고 앞만 보고

발을 떼어야 해 머잖아 버려야 할 산은 지금까지 내가 쌓아온 지식과 재산과 명예지만, 새로 올라가야 할 산은 영원한 세계야 산과 산 사이에 놓인 외나무다리에서 모든 짐을 버린 자가 다리를 건널 수 있지

510

겨울이면 할아버지는 개울가에서 베어 말린 왕골로 돗자리를 엮었어 돗자리 틀에 노끈을 감은 돌들을 주렁주렁 매달고 밤새 돗자리를 짜시던 할아버지는 신선처럼 허연 수염을 쓰다듬곤 하셨지 왕골 한 개를 틀에 올리고 엇갈라가며 노끈이 감긴 돌들을 옮기는 일은 고행이었어 하나의 왕골 돗자리가 완성되기까지는 인내의 시간이 필요했어 약 5센티미터의 간격으로 줄이 엮어지는 왕골 돗자리는 깨끗하고 튼튼해서 고급 돗자리에 속했어 여름밤이면 할아버지가 밤새 셀 수 없이 엮은 왕골 돗자리에 누워 반짝이는 별들을 세곤 했어 파피루스에 신의 말씀을 새기듯 나는 왕골 돗자리에 누워 우주를 꿈꿨지 마법의 양탄자라도 탄 듯 왕골 돗자리를 타고 꿈속을 날았어 밝은 아침 햇살에 눈을 뜨면 폭신하게 잠자리가 되어 준 왕골 돗자리의 품에 안겨있었어 할아버지의 땀이 밴 왕골 돗자리 손에 못이 박히도록 밤마다 엮은 할아버지의 삶이 촘촘히 새겨져 있었어

511

내 기억의 터널 속엔 완행열차가 가지 덜커덩 덜커덩 느린 시간의 레일 위를 지렁이처럼 열차가 기어갔지 정담이 가득한 계란을 까주며 사이다를 나눠 마시고 포장된 오징어를 뜯어 사춘기의 비릿한 꿈들을 씹었어 객량 중 한 칸을 전세 낸 듯 통기타를 두드리면 따라 부르지 못해도 젊은이와 섞여 탄 노인들은 시골인심으로 손뼉을 쳤지 시끄럽다고 핀잔할 것도 없이 모두가 한목소리로 따라 부르는 노래는 저마다의

가슴을 적시며 추억을 새겼네 커피를 타주며 손수레를 끌던 정겨운 목소리 스쳐가는 풍경만큼 세월도 느려서 할 일을 미루며 살아도 금세 정거장처럼 새로운 기회가 찾아오곤 했어 불안하고 초조할 것도 없이 수학여행 가듯 즐겁게 놀다보면 도착하는 목적지가 있어서 늘 낭만이 있었던 여정 플랫폼에 앉아 하염없는 기다림의 담배를 태우며 하늘거리는 코스모스 철길을 바라보기도 했어 청춘시절은 완행열차를 타고 왔는데 장년 시절이 되니 KTX를 타네 창밖의 세월이 바람으로 스치네 화살로 날아가는 삶이 불안해 밀폐된 공간, 스크린처럼 흐르던 풍경 감상 대신 혼자서 잠을 청하거나 휴대폰에 빠져 있었어 눈 깜짝할 사이 도착해 가는 나의 목적지 나는 정신없이 바쁘게만 달려왔던 거야

512

아말감은 수은과 다른 금속의 합금으로 수은의 분량이 많으면 액체상태가 되나 대부분은 고체야 상온에서도 액체 또는 무른 고체의 합금을 만들어 약간만 가열하면 무르게 되어 세공하기가 쉬운 금속이야 은 주석 구리의 아말감은 치과용 충전재로 쓰이기도 하고 납 주석 비스무트의 아말감은 거울의 뒷면에 칠하여 반사가 잘되게 하기도 해 아말감 같은 사람은 쉽게 사람들과 친해지고 자신의 감정을 녹여 남과 긴밀한 접촉의 관계를 가졌어 작은 일에도 뜨겁게 감사하고 마음을 녹여 사랑할 수 있는 사람이 아말감 같아 충치가 먹은 치아를 갈아내고 그 상처의 구멍을 메워 줄 수 있는 아말감처럼 뜨겁게 마음을 녹여 상대의 상처를 메우고 함께 살아갈 수 있는 사람이 그립네

513

스피커에서 사물놀이와 재즈가 몸을 섞었어 순혈의 기둥에 우산살처럼 꽃피운 단일민족 혈통주의 식민지 지리상의 발견 농경사

회 오지탐험 게르만 600만 학살, 하늘 가린 검은 파라솔을 접자 태양이 뜨고 구름들은 산을 넘어 빛과 흘레붙었어 농촌총각과 서양처녀가 사는 전원주택엔 피자 군만두에 된장소스 스테이크와 라이밀이 어울렸지 텃밭에 토감을 거두고 나면 무추를 심었지 상추와 깻잎이 한 가지에 피는 세상이 오면 소통이 열릴 거라고 크로스 오버하는 뜰에 나뭇가지들은 그늘을 만들고 한 입 베어 문 과일향이 온몸으로 퍼지네 열매들로 나를 진단하며 사랑 없이 사랑하며 춤으로 노래하며 숫자로 요리하며 유행가로 불공하며 역사를 악보로 연주하며 철학으로 문학을 색칠하며 뒤엉킨 가지와 잎들 속에서 라이거의 포효가 들리네 기름과 전기가 만나 소리 없이 미끄러져 온 시간 할아버지는 유학자였고 할머니는 무당이었다가 기독교인이 되었지 한의사였던 아버지는 아침마다 목탁을 두드리는 스님이기도 했지 제삿날엔 할아버지 따라 축문을 읽었고 일요일엔 교회에서 기도했지 방학 땐 절에서 공부하며 불공드렸어 할머니 돌아가신 날 방에선 예배드렸고 대청에선 불공드렸고 마당에선 제사지냈지 방 마루 마당을 오가며 천당과 극락과 저승이 교미하는 걸 나는 본 거야 폭탄주에 컴퓨터와 TV와 오디오가 한 몸으로 춤추며 불러대는 트로트와 니나노의 클래식한 합창 속에서 비빔밥이 버무려져 참기름 향기가 진동해

514

족집게를 든 여자가 책을 보고 있어 커다란 돋보기의 눈으로 문장을 훑어보다 오자 탈자를 콕콕 집어내지 잘된 문장은 당연한 거라서 관심이 없지 예리한 눈초리에 오류의 문장은 그대로 넘어갈 수가 없지 교정을 보면서 완벽주의자가 되었어 그녀의 눈에 포착된 단 하나의 티도 살아남을 수 없지 수십 년 티만 보며 살다보니 세상에 티 아닌 것이 없지 그녀가 가진 것은 현미경 같은 돋

보기와 핀셋뿐 두꺼운 안경 너머 매의 눈이 티를 찾을 때마다 희열을 느끼네 아픈 상처를 건드리며 가시 뽑는 일이 낙이 되었어 그녀의 손에 잡힌 원고나 사내는 난도질이 되곤 해 온몸 구석구석 난도질된 칼집 속에서 가시를 발라내지 너무나 자명하고 타당한 물증 때문에 변명 한마디 못하고 사내는 숨이 막혔고 문장들은 잘려나갔지 완벽한 문장을 만들기 위해 군더더기들은 뽑혀나갔지 책 하나 교정이 끝날 때마다 사내가 바뀌었어 탈고의 몸살은 만남의 설렘이 차갑게 식었다는 슬픔이었어 이별은 새로운 만남을 만들고 옷매무새를 만져주며 매의 눈으로 또 다른 사내의 속 깊은 문장들을 관찰해 왔지 조잡한 문장들을 칼질하며 가끔씩 명구를 만나 눈물지으며 자간의 의미를 캐었지 다 교정된 원고는 연애가 끝난 무관심 때문에 집착이 필요 없었지 무표정하게 돌아선 그녀가 어느 날 나를 바라보았어 돋보기와 핀셋이 벌거벗은 나를 향해 다가왔지 온몸에 가시가 된 털이 곤두섰지 은밀한 곳부터 따끔거리네

515

아바타는 분신, 사이버 공간에서 사용자의 역할을 대신하는 애니메이션 캐릭터지 원래 아바타는 '내려오다', '통과하다'라는 뜻의 산크리스트어에서 유래했어 고대 인도에서는 땅으로 내려온 신의 화신을 지칭하는 말이었으나 인터넷 시대가 열리면서 3차원이나 가상현실 게임 또는 웹에서의 채팅 등에서 자기 자신을 나타내는 가상육체라고 했지 가상육체는 게임이나 웹에서의 활동이 끝나고 나면 사라지는 허구적인 존재야 현실로 돌아오고 나면 가상현실에서의 아바타는 사라지게 되지 가상공간의 아바타를 위해 칼을 사고 옷을 사서 입히는 게임이 흥미를 끌고 있지 인터넷상으로 물건들을 사고팔며 돈을 벌기도 해 하지만 게임이 끝나면 투자들은 의미가 없어지지 모든

게임이 끝나면 현실로 돌아갈 수밖에 없듯 현실의 삶이 끝나면 영원한 세계로 돌아갈 수밖에 없어

516

외이를 통해 고막을 거쳐 중이의 침골에 도착하여 추골과 등골을 통과한 후 달팽이관의 림프에서 파동을 일으키고 진동은 전류로 변환되어 3만 개의 청각신경회로를 따라 뇌에 전달되는 소리 나는 외부의 모든 소리를 없애기 위해 귀마개를 하고 그 위에 모자를 쓰고 수건으로 동여맸지 선풍기소리 자동차소리 티브이소리 냉장고 돌아가는 소리의 백색소음을 들으면서 나는 침묵의 깊이를 모르고 살았어 완벽하게 외부와 차단된 내 귀에는 아무 소리도 들리지 않아야 해 나의 예민한 뇌가 감지할 수 없도록 이중 삼중으로 구멍을 막아야 해 듣고 싶지 않은 소리를 차단하며 내 맘대로 살고 싶었지 물소리 새소리로 가득했던 세상은 기계들의 소음만이 들려오고 있어 노래와 환성은 비탄과 욕설과 질타의 소리로 바뀌었어 버러지 같은 소리들이 더 이상 내 귓속을 기어 다니지 못하도록 막아야 해 한동안 아무 소리도 들리지 않았어 고요의 기쁨을 맛보려는 순간 북소리 같기도 하고 발자국소리 같기도 하고 땅의 진동 같기도 한 소리가 들려왔지 점점 다가오며 커지는 소리, 뚜렷하게 들려오는 나의 심장소리가 들렸다 귀를 막아야 들리는 내면의 소리 나는 왜 지금까지 내면의 소리를 듣지 못했는가 명상의 소리를 나는 밖에서만 찾아왔지 표피적 소리에만 귀 기울여왔지 사탕발림의 달콤한 소리에만 귀 기울여 왔지 쿵쾅쿵쾅 내 마음을 일깨우는 심장소리가 울리네 살아있는 생명의 소리, 귀를 막아야 들을 수 있는 소리를 들었어

517

응고는 사랑을 상실하면서 시작돼 사랑의 상실은 영하의 기온

이며 마이너스의 생활이며 딱딱
하게 굳어지는 수평적 정지야 분
자와 분자 간의 좁혀짐 현상처럼
왕래가 없는 삶으로부터 응고가
일어나 응고된 몸과 맘은 차가운
바위가 돼 눈비가 오고 바람이
불어도 주변을 돌아볼 수 없는
무감각이 돼 무서운 응고의 시작
으로 핏줄들이 막히고 생각의 회
로들이 막히면 찾아오는 죽음 더
이상의 무감각이 되기 전에 사랑
을 전하고 받아들여야 해

아편

518
나는 단 한 번도 아버지 손을 잡아본 적이 없지 아버지의 손이 어떻게 생겼는지도 모르니까 그는 나를 안아준 적도 머리를 쓰다듬어준 적도 없지 그래서 난 아버지의 체온을 알지 못해 가까이 있으면 늘 찬바람이 불었고 갑작스런 우박이 쏟아졌기 때문에 겨울로 가는 어느 길목쯤이라고 생각했어 아버지가 관 속에 누워있을 때도 난 아무 감각이 없었지 겨울의 길목에서 자란 아이는 한순간의 삭풍쯤은 추위로 느껴지지 않았어 얼음처럼 차가운 아버지는 땅속에 누워서도 춥지 않으리라 생각했어 나는 겨울만 되면 감기가 떠나지 않았어 슬픈 기억의 바이러스들로 열이 오르고 기침이 심해졌어 아버지는 염주를 굴리며 목탁을 두드렸기 때문에 그에게선 늘 망치소리가 들렸지 내 몸에 못 박는 망치소리가 아파 벼 포기 무성한 논둑에 숨어 남몰래 뜸부기로 울기도 했어 하늘 비친 논배미 맑은 물에 눈을 씻고 논둑에 누웠다가 저녁이 되어서야 돌아오기도 했어 내 아이들에게는 못실하시 않을 거야 아이들을 안으며 따듯한 손을 잡아 보네

519
고대 중국에서는 장군이 거처하는 성의 한가운데에 화려한 장식을 한 깃발을 세워 장군의 권위와 위엄을 과시하였는데 특히 깃대 끝에 정교한 조각을 한 황백색의 상아를 꽂아 장식하였어 코끼리의 이빨은 사람들을 지켜준다는 믿음이 있었기 때문에 중요시하였고 이 상아 깃발을 아기牙旗라 하였어 여기에서 연유하여 대장군이 거쳐하며 지휘하는 성을 아성이라고 하였어 내 마음의 아성은 사랑이야 모든 사람들이 세상에 편승하고 안일에 굴복해 갈 때 끝까지 지켜야할 깃발이야

520

아스팔트길에서 클랙슨 소리를 들었어 콱 막힌 거리는 멈춘 심장의 동맥처럼 식어갔고 얼어붙은 하늘은 잿가루 같은 눈을 뿌렸지 가끔씩 피가 흐르지 않는 내 머리에서 피어나던 냉기류가 이 도시의 아침에도 내렸어 마비되기 시작하는 중심이 도시의 발끝까지 전해지며 경련이 일었지 앰뷸런스 소리가 들리고 레커차의 경광등이 깜박인 한참 후에야 딱딱하게 굳어진 아스팔트 심장은 다시 흐름을 찾았어 작은 충돌로도 이 거대한 도시는 숨을 멈출 수 있어 작은 충격으로도 심장은 멈출 수 있어 하지만 아직은 내 몸 어딘가 한 군데라도 막힌 곳은 없지 중심에서 뿜어진 혈액들이 발끝까지 관통하고 있어

521

나는 아웃사이더였어 친구들이 학교 다닐 때 나는 독학을 했고 남들이 산으로 들로 놀러갈 때 나는 교회 갔고 친구들이 결혼할 때 나는 실연으로 칩거했고 친구들이 직장 다닐 때 나는 공부하러 다녔지 그래서 나의 생각들도 아웃사이더였고 나의 작품들도 아웃사이더였어 나는 늘 아웃사이더라서 고독했고 슬펐어 문인들과 문학기행을 가도 난 언제나 혼자였어 나의 문학적 제자들이 하나둘 늘어갔지만 그들도 나를 따라다니지 않았고 나도 그들을 데리고 다니지 않았어 나는 늘 아웃사이더여서 생각이 많았고 아웃사이더여서 잘난 척 하거나 남 앞에 서지 않았어 나는 어느 순간 남들과는 색깔이 다름을 알았어 아웃사이더여서 감사했어 앞으로도 나의 상상력과 작품들은 늘 아웃사이더였으면 좋겠어

522

횃불 모양의 아이스크림콘이 혀끝에서 불타네 하얀 불꽃들이 감각을 사르고 혼을 태우고 있어 달콤한 불꽃에 녹아버린 붉은 혀에서 부드러운 속삭임이 흘러내

리네 흐물흐물 내 몸도 녹아 누군가에게 행복을 줄 수 있다면 나의 언어들은 속살처럼 부드러운 바닐라 향일 텐데 가끔씩 유리조각 같은 얼음이 씹히네 우윳빛 살결에서 냉정의 뼈들이 만져지네 나는 왜 그토록 소프트하고 달콤한 말들을 콘 속에 담아주지 못했나 하얗게 녹으며 혼을 쏙 빼 놓을 수 있는 불꽃의 언어들은 만년설을 과일과 섞어먹으며 시작되었지 유제품이나 계란이 끓지 않을 만큼 끓여진 후 최대한 빨리 회전과 고속냉동이 필요한 건 가장 달콤한 불을 피우기 위해서였어 뜨거운 불, 가장 달콤한 불로 내 혼을 녹일 수 있어서 횃불 같은 아이스크림을 먹었어

523

햇볕에 공기들은 하늘로 오르고 빛은 굴절하며 춤을 추었지 지면에 비친 당신의 말씀으로 내 꿈도 하늘로 오르던 봄날, 땅에서 하늘로 오르는 영혼을 보았지 아련한 빛의 율동으로 새순이 피던 어린천사들의 승천은 몽롱하고 어지러웠지

524

지상의 가로수들이 웃음꽃을 피우며 열매를 맺고 있지만 실상은 어둠 속으로 뿌리를 뻗어 아지트를 만들고 은밀한 손을 잡았어 꽃을 보는 나는 뿌리들의 음모를 모르네 도시의 땅속으로 뻗어간 욕망의 손들이 서로 맞잡고 나눈 이파리들의 눈짓을 아스팔트에 뿌리 내린 거대한 빌딩들의 윙크하는 유리창들을 아지트 속엔 검은 뿌리들이 엉켜있어 무덤 속 해골을 파고 들어간 아카시아 뿌리처럼 무서운 혓바닥들이 아지트를 가득 메우고 있어 인간의 내면에 감추어진 욕망의 아지트에도 검은 혀의 뱀들이 뒤엉켜있어 빛이 없는 곳은 검은 뿌리들의 아지트지 빛이 없는 곳은 해골이 썩어가는 무덤이야

525

그녀의 가슴에 안긴 빨간 아코

디언이 숨을 쉬고 있어 들숨과 날숨 사이를 오가는 손가락이 갈비뼈의 흰 건반을 짚을 때마다 새어나오는 콧노래 더 깊이 숨겨진 내면의 검은 건반을 건드리면 그녀의 감정은 반음씩 샾 되거나 플랫이 되었지 바람이 접혀지는 횡격막 사이로 그리움을 채웠네 내뿜는 음절엔 노을이 묻어있었지 내 품에 안겨 흐느끼던 그녀, 그녀의 품에서 흐느끼던 손풍금 소리 사랑하는 사람을 포옹해야만 들을 수 있는 애절한 노래 가슴을 할딱이며 거칠어지는 숨소리가 절정의 화음을 만들고 있어 가슴을 활짝 열고 포옹해야만 연주가 가능한 아코디언의 노래는 나도 모르게 새어나오는 한숨소리 당신과의 합일로 듣는 오르가슴의 노래, 그녀의 가슴이 울리는 아코디언 소리가 어느새 비로 내리네 이토록 달콤한 물소리를 오래 들어본 적이 없지

526

아편은 상처의 독이야 덜 익은 양귀비 열매의 상처에서 흘러나온 진액이 굳어진 백색 가루 상처의 눈물로 태어났기에 아편은 내면에 칼날을 새기네 주사기에서 흘러나온 한 방울의 아편이 몸속에서 환각이 돼 몽롱한 기억 속에 쾌락의 연기를 피우다가 사라지는 빨간 꽃잎들 농염한 여인의 유혹이 파멸을 불러오지 피로 만나는 눈부신 밀회는 단 한 번의 만남으로도 중독돼 쾌락을 알게 된 에덴의 양귀비, 그 후손은 아직도 중독성의 마약에서 벗어나지 못하고 있어 죄의 아편을 끊을 수 있는 단 하나의 방법은 피로 거듭나는 것뿐이야 더러워진 내 몸 안의 피를 뽑아내고 새로운 피를 주입해 너의 뇌가 중독을 기억하는 것이 아니라 너의 피가 말하게 하고 생각나게 하나니…

527

편지는 보내는 거야 누군가에게 꽃잎 하나라도 보내면 그것은 편지야 백지를 보내도 편지요 낙

엽을 보내도 편지지 누군가에게 내 마음을 보내기 위해 편지는 존재해 하지만 나는 무수한 날들을 편지로 썼을 뿐 보내지 못했어 쓰고 또 쓴 편지들이 가을이면 낙엽으로 떨어지고 겨울이면 눈송이로 휘날렸어 편지들은 사무치네 내면에 하고픈 말을 품고 살아가는 이는 절실하지 날마다 쓴 편지들을 매달고 나무는 바람을 기다리네 내 안에 수북이 쌓인 편지들, 쓰기만 하고 부치지 못한 사연들이 낙엽이 되고 눈발이 돼 한순간 바람이 불고 세상이 차가워지면 나는 이 뜨거운 편지들을 부칠 거야 절박하고 간절했던 그리움과 가슴 뜨거웠던 순간들이 세상에 쌓이는 날은 참 포근한 하루였지 편지는 쓰는 것이 아니라 보내는 거야 낙엽 한 장의 의미와 함박눈 한 송이의 상징을 편지로 받으며 기뻐할 수 있는 하루, 난 부치지도 못할 편지만 써왔지 바람만 불어도 풀잎들은 편지를 부치고 깔깔거리네 꽃씨가 담긴 편지들이 사랑하는 이들의 창가에 수북이 쌓이고 있어 낙엽 한 장의 선행, 함박눈 한 송이의 따뜻한 말이 낭만의 길을 만들고 정겨운 경치를 만들고 있어 빗물이어도 좋을 내 눈물의 편지도 부쳐야겠어

528

아토피는 내 몸의 오염으로 인한 발진이고 표시야 친환경 요소의 감소로 일어나는 거부반응이야 나는 내 몸의 아토피를 없애려고만 했어 가려움증으로 부어오른 붉은 반점을 숨겨 친환경적이며 자연적인 사람으로 가장해왔지 하지만 이미 나의 피부들은 사막처럼 거칠어졌고 콘크리트를 닮아가고 있었어 순수성을 잃어버린 도시인들은 내면의 아토피가 진행되고 있어 심한 부적응의 가려움증을 경험하며 부드러운 면 속옷 같은 이웃의 호의도 받아들일 수 없는 외톨이로 남았어 몸에서 기억하던 그리움의 면역체계는 파괴되고 그 어떤 관심도 받아들일 수 없는 면역체계가 형

성되었어 아토피의 증상은 가려움과 피부발진뿐만이 아니라 자폐적이고 무감동적이며 비사랑적이야 그래서 함께 어울릴 수 없고 함께 웃을 수 없으며 함께 사랑할 수 없지 아토피의 전염병이 현대의 도시를 휩쓰네 체질을 바꾸지 않으면 치유할 수 없고 마음을 바꾸지 않으면 아무것도 받아들일 수 없는 병 몸의 아토피를 치유하기 위해서는 친환경의 식물을 먹어야 하지만 마음의 아토피를 치유하기 위해서는 자연적 순응의 사고가 필요하지 인내의 체질, 그 어떤 자극에도 이성을 잃지 않고 관용할 수 있는 체질로 개선해야 해

529

내가 좋아하고 아는 노래들은 대부분 단조의 슬픈 노래들이라는 것을 며칠 전 회식자리에서 알았어 제자 등단축하자리라 기쁘고 행복한 노래를 불러줘야 하는데 갑자기 지명되고 나니 슬픈 노래들만 생각났지 어쩌면 내 삶을 차지해온 감정은 슬픔이 대부분이었는지 모르네 내가 태어나면서 받은 내 삶의 악보는 슬픈 곡이었을까 많은 사람들 속에 있어도 외로웠고 사는 것 하나하나가 슬픔뿐이었어 고난도의 하이음과 복잡한 박자의 예술성이 있는 삶도 아니었고 맑고 청아한 음색도 아니었고 흥겨운 가락도 아니었어 늘 우수에 젖은 풀잎처럼 촉촉하고 부드러운 감성으로 나의 악보는 그려졌네 내가 그려온 반쪽짜리 악보들 신에 의해 미리 입력된 것인지는 모르지만 어설퍼도 내 삶은 내가 작곡한 악보이기를 바랬어 하루의 악보에 평범한 음표들을 그리며 어쩌면 지루할 수도 있는 노래를 만들어 왔지 이젠 새로운 음표들을 그리고 좀 더 빠른 박자의 박진감 있는 삶을 그려야겠어 왜 인생의 악보엔 도돌이표가 없는 걸까 하지만 도돌이표가 없는 것이 다행인지도 몰라 주변과의 아름다운 하모니를 이루며 8분음표 16분음표들을 그려야겠어 내 안

에 갇혀 온음표를 그리면서 때론 엇박자가 나더라도 다양한 음색을 사랑하며 화음을 만들어야지 한마디 한마디가 끝나고 잠시 쉬어가는 박자에도 그리운 이웃들의 음표를 세면서 꿈에 잠길 거야 가급적 나의 악보는 명곡과 같은 대작이 되었으면 해 혼자서는 소화할 수 없는 오라트리오 함께 연주해야 완성될 수 있는 명작이 되고 싶어 이젠 우수에 젖은 나만의 소품에서 벗어나 웅장한 스케일의 악보를 쓰고 싶어 부르면 모두가 행복한 악보를

530

아기는 엄마의 나팔소리를 듣고 자랐어 쌍고동 울리는 나팔소리는 심해의 바닷물소리였고 시원始原의 숲속에 부는 바람소리였어 자궁의 방음 방에 누워 목청껏 부는 나팔소리는 신을 향한 기도였고 엄마를 향한 부름이었어 말로 표현할 수 없는 내면의 소리, 혼으로 부르는 고독한 노래는 심장의 떨림으로 전해졌지 인간은 잉태하면서부터 음악을 배웠고 노래하면서 소통을 알았어 그리고 하나의 나팔로 태어나는 것도 목어들은 나팔을 함부로 불며 더러운 음색을 토하지 않았어 아름다운 화음으로 주변과 어울리며 새들의 숭고한 소리를 내지 기도가 되고 노래가 되는 높은음자리에서 종들이 맑고 청아한 혼을 울리네

531

바이올린이 되기 위해 선택된 나무라 감사해 더 이상 뿌리를 의지하지 않아도 그의 삶은 영원하지 잎을 피우고 가지를 흔들지 않아도 노래할 수 있는 뼈로 돌아가 허공과 공명해 벌레 먹고 썩어가는 껍질을 벗고 단단한 내면으로 들어가 울리는 혼의 소리 베어지지 않는 자는 없지 칼을 맞고 쓰러지지 않는 자는 없지 찡하게 가슴을 울리는 이름들은 순교의 피가 흐르네 성경의 인물마다 바이올린소리가 들리네 아름드리 꿈을 키운 이의 넋이 조

각조각 톱날에 베어지는 소리, 처절한 비명이 숭고함의 탄성으로 자지러지는 울림이 현의 떨림으로 전해지네 가장 그리운 이의 어깨에 기대어 활을 켜면 맥을 짚는 악보마다 흐르는 탄성 베어짐의 눈물들은 이젠 뿌리로 돌아가지 않았어

532

다채널의 시대에 저마다 좋아하는 채널 하나씩은 있지 정규채널은 너무 오래 봤어 내가 가장 사랑할 수 있는 채널을 골라야 해 스포츠를 고를까 요리나 음악 아니 교양 있는 사람은 교양프로는 필요 없지 주파수를 맞추며 이곳저곳 채널을 돌리다보면 느낌이 오지 살아있음의 생동감 넘치는 이미지의 향연 속에서 우리는 호흡해 리모컨을 차지한 자가 집안의 가장이야 공간의 분위기를 띄우고 죽일 수 있는 권력 앞에서 모두 숨죽여야지 어쩔 수 없이 아내의 채널에 맞춰 살다보면 눈물 짜는 연속극에 빠지곤 해 장모는 하루 종일 한 채널에 못 박혀 살고 성질 급한 나는 아내 몰래 채널을 돌리다가 혼이 나지 공중파는 살아있어 눈에 보이지 않는 파장으로 흔들리면서 눈과 귀로 들어와 주파수를 맞춰 통속적인 채널은 싫어 지상의 아름다운 장소만을 보여주던 여행 채널은 이제 그만 볼 수 없었던 채널, 식상한 이 땅의 당연논리를 벗어난 공중파, 신의 영감과 함께 지상으로 보내는 천국채널을 열어야지 온몸에 전율이 돋는 모든 구멍을 열고 주파수를 맞춰야 해 파라보릭 접시 안테나도 막대 안테나도 아닌 십자가만이 주파수를 맞출 수 있는 채널 넌 부럽지 않니

533

물 한 모금에 무릎을 꿇었어 사흘 만에 뼈 마디마디 맥이 풀리고 노랗게 뜬 하늘에서 환웅천왕이 내려왔지 무릇 360여 인간사를 주관하신 위엄으로 참사람이 되려거든 백일 동안 햇빛을

보지 말라 하시매 놀라 눈을 떠 보니 믿음 소망 사랑 천부인天符印 세 개가 벽에 걸려있었어 욕망과 배고픔의 허물을 벗고 수성獸性을 씻은 지 삼칠일, 어둠 속 죽음의 경계를 넘었을 때 번쩍, 이는 불길이 이마에 화인火印을 쳤지 홍익인간, 눈 같은 살결로 환생한 웅녀가 신단수神檀樹 아래 불을 잉태하고 있었어

알콜

534

모래밭에 올라와 입을 벌린 악어가 마네킹 같아 쩍 벌린 입속엔 혀가 없지 목구멍은 닫혀 있고 미동 하나 없지 입속에 손을 집어넣어도 안전할 것 같은 모습 속엔 무시무시한 본능이 숨겨져 있어 먹이를 물면 사정없이 돌아서 뼈를 부러뜨리고 살을 찢었어 비비꼬아 꽈배기를 만들고 한 입에 삼키지 악어에겐 스크루의 성질이 있어 물속에 소용돌이를 일으키며 죽음의 구멍을 뚫었어 한 번 물린 먹이는 빠져나오지 못하고 구멍 속으로 빨려 들어가지 드릴처럼 구멍을 뚫는 악어는 물속에 동굴을 만들고 있어 돌아갈수록 죽음의 구멍이 커지는 동굴이 내 연못에도 있어 마네킹처럼 미동도 하지 않다가 덥석 먹이를 물고 나면 회오리를 일으키는 내 안의 욕망, 혓바닥이 없어서 말하지 못하는 악어는 잠들어 있어 그의 침묵 속엔 태풍이 담겨있어

535

안개가 삼킨 도시는 길들이 폐쇄되었어 차들은 서로 충돌했고 불빛마저 시력을 잃었지 안개 속을 걸어본 사람은 안개의 무서움을 알고 있어 산에서 안개를 만나면 안개가 되어야 해 바다에서 안개를 만난 아버지는 암초에 부딪혀 길을 잃었지 우윳빛 안개가 순식간에 시야를 가리면 모든 길들이 끊기고 불빛들도 방향을 잃었어 살다보면 불현듯 찾아오는 안개 안개를 만나면 태양을 기다려야 해 기다리기가 어려울 때엔 부르는 소리를 듣거나 나침반을 만들어 좌표를 찾아야 해 예리한 감각의 바늘을 갈아 자성을 키우고 나뭇잎에 띄워 방향을 읽어야 해 안개는 잠깐 썼다 벗는 안대야

536

3D안경을 끼면 펼쳐지는 입체

영상, 3D영화에서 경험하는 세계는 가상공간이야 눈으로 확인할 수 있는 것이 얼마나 오류투성이인가 만져보고 믿으려 했던 도마의 의식은 잘못된 거지 현실은 눈으로 보고서도 믿을 수 없는 세상이 되었지 가상세계가 발달하면 현실을 직시할 수 있게 해주는 안경이 나올 테니 현혹되지 않고 진실만을 볼 수 있는 안경은 유령처럼 다가오는 사람이나 물체들을 구별케 할 거야 아바타들이 활동하는 시대, 투명인간을 발견하며 거짓세상을 바로 보게 할 거야 진실을 볼 수 있는 안경은 마음으로 보는 것 뛰어난 영감을 개발하여 보지 않고서도 볼 수 있는 능력의 시대엔 감각의 모든 벽들이 사라지고 투명해질 거야

537

바쁘게만 살아온 나의 삶에 안단테, 안단테 패스트푸드여 이제는 안단테 주변을 돌아보지 못하고 정신없이 달려온 현대인들이여 안단테 쉽게 만났다가 쉽게 헤어지는 연인들도 안단테 서둘러 빨리 가면 내 정해진 인생이 다하고 죽음의 시간도 금방 다가오네 길을 가로막고 선 자동차들 오늘 하루도 안단테, 안단테 목적지는 서둘러 나를 부르고, 내 인생의 종말은 바삐 오라 손짓하네 처음이 있어 끝이 있고, 끝이 있어 인생은 사라지는데, 안단테, 안단테 흐르는 강물은 쉼 없이 가고, 바람은 서둘러 떠나가도 한 번 가면 다시 오지 않는 길인데, 여기 한순간 손잡고 머물다 안단테, 안단테 떠나요 안당께 안당께 말만 하지 말고 안단테 안단테 살아요

538

남은 시간이 고통뿐이고 진통제로만 살아가야 할 때 죽음을 선택할 수 있어야 해 한 사람에 대한 나의 기억은 온통 고통으로 일그러진 얼굴뿐이야 그와의 아름답고 행복했던 추억은 사라지고 뼈만 남은 몸에 고통스러운

모습만 목판화처럼 남았어 말기 암 환자의 처절한 삶은 아름답게 끝맺을 수 있는 배려가 필요하지 진통제를 맞듯 몸 안에 주입할 수 있는 죽음의 그림자가 움푹 파인 눈의 해골 같은 얼굴이 울부짖었어 신이여, 편안히 죽을 수 있는 축복을 주소서 내 죽음은 내가 선택할 수 있는 자격을 주소서 의사를 향해 기도하는 환자들은 고통을 짊어지고 있었어 죽고 싶어도 죽을 수 없는 생사의 길목에서 피를 흘리고 있었어 엘리엘리 라마사박다니 안락한 죽음을 혈관에 주입하소서 의사들은 말이 없고 저승사자 같은 간호사들만 죽음을 확인하러 다니네

539

누구는 꽃을 따고 누구는 열매를 따고 누구는 잎과 줄기를 얻기 위해 숲으로 향해 나는 한평생 뿌리를 캐기 위해 살아왔지 계곡을 누비고 능선을 넘으며 뿌리를 위해 힘을 모았어 옥수에 몸을 씻고 마음을 비워 기도했어 뿌리를 볼 수 있는 심안을 얻기 위해 태고의 숲속 정기를 마셨지 저마다 뿌리를 캐리라고 하지만 수풀을 보지 않고 산을 보고 내면을 보지 않고 외면만 보았어 얽히고설킨 언어의 숲에서 날마다 길을 잃고 방황해 무엇이 약인지 독인지 무분별의 뿌리 캐기는 나를 병들게 했어 지식의 숲과 논리의 뼈대를 세운 나무들 우뚝우뚝 서있는 밀림에서 길은 보이지 않았어 덩굴 휘감고 되는 대로 살아가는 어둠 속에서 나는 길을 내고 새로운 뿌리를 찾아야 해 의지할 수 있는 든든한 뿌리, 지상의 풍부한 양분과 내밀한 진리가 담긴 뿌리를 얻어야 해 사람들은 금속성 나무 아래서 불확실성의 메마른 철사줄을 붙들고 있어 단물이 마른 뿌리에서 녹물이 흐르네 가장 깊은 뿌리는 영원한 세상에 맞닿아 있어

540

세계의 위성을 받아들일 수 있

는 안테나가 지붕 위에 살지 지붕 위에 있는 자는 집안의 물건을 가지러 내려가지 말고 둥근 가슴을 열고 높은 곳을 바라보아야 해 세상의 무수한 채널을 돌려 화면의 창을 열 듯 먼 곳을 바라보는 자들을 위해 천국을 보여줘야 해 별이 내리고 바람이 지나는 채널을 돌려 화면 가득 꿈을 채워야지 잠들지 못하는 눈동자를 위해 깨어있는 영혼들이 영성의 눈을 뜨고 수정체 가득 전파를 빨아들였어 지붕 위의 모서리를 걷는 사람들 옥탑 꼭대기에 매달려 비행접시 가슴으로 별을 모으네 빛을 흡입하는 오목거울의 심정으로

541

알은 태극이야 알 속엔 음과 양의 흰자와 노른자가 있고 음양이 분화하여 날개와 다리가 생기고 머리와 몸통 내장이 생기면서 사상에서 팔괘 그리고 64괘의 살아있는 성체를 갖게 돼 닭은 다시 알을 낳음으로 태극을 형성하고 그 태극은 다시 괘로 순환하게 돼 반복적 관계를 통해서 세상은 변화하며 삶도 변화해 음과 양의 결합으로 어머니의 몸속에서 태극의 존재로 형성되어 있다가 사상으로 성장하고 팔괘 64괘로 발전하여 탄생하게 돼 변화의 모습은 해와 달의 이치이며 생과 사의 과정이야 삶의 순간은 태극에서 음양으로 음양에서 사상 팔괘 64괘로 확장 분화해가는 과정이지만 죽음 이후의 순간은 64괘에서 8괘 사상 음양 태극으로 돌아가는 가정이야 삶의 순간은 생성의 과정이고 죽음 이후의 시간은 분해의 과정이지만 하나로 응집되는 순리야 태극은 하나의 완전체 형태를 유지하고 있는 생명의 씨알 존재와 같아 우리는 영적 완전체로 이 땅에 와서 음과 양으로 육체와 정신으로 분화되고 사상 팔괘 64괘의 육체적 정신적 성숙을 이루며 살아가지 하나의 알에서 완전한 세상을 보네 그 완전성의 원 속엔 새로운 우주가 생성되고 변화하는 자연의

법칙이 있어

542

빛을 캐기 위해 숲으로 가지 층을 이룬 광맥의 황금처럼 숲속에 비쳐든 햇살은 빗살의 층을 이뤄 수직으로 떨어지네 대발에 걸러진 양광인 듯 숲속의 햇살은 신선하고 청초해 오래 전에 베어졌을 그루터기에 앉아 쏟아지는 영감의 햇살을 받았어 푸른 이파리들 앞다퉈 고갤 내밀고 썩은 나뭇가지 사이에서 벌레들도 꿈틀 몸을 뒤척였어 우리의 주식은 밥이 아니라 햇살이었지 양식을 확보하기 위해 높은 건물을 짓고 커다란 창을 내면서 경쟁해 왔어 금싸라기 햇살을 줍기 위해 유리천장을 만들고 남향에 시야를 두고 살았지 넓은 시계의 확보와 밝고 환한 분위기의 쾌적함을 위해 새들도 나무 위에서 날개를 폈어 가지와 가지 푸름과 푸름 사이 그물망 촘촘한 거름망을 통해 걸러진 햇살을 마셨지 몸의 구멍마다 문을 열고 햇살을 받아들였어 빛을 얻은 꽃들의 아우라가 빛나네

543

숫돌에 물을 끼얹어 칼을 갈던 저승사자가 시퍼렇게 날선 칼날 동녘에 비춰보다 회심의 미소를 짓고 다가와선 능숙한 솜씨로 목에 칼을 꽂았어 외마디 비명 속에 함지박 가득 선지피 쏟으며 구멍 뚫린 목구멍 헛바람 새던 고통도 잠깐 우리에 갇혀 식탐만 부리던 짐승의 목숨 달빛에 내려놓고 가마솥 펄펄 끓는 물에 이승의 검은 때를 벗었어 피둥피둥 살이 찐 허연 몸뚱이, 먹성 좋던 배를 갈라 냄새나는 창자들 순댓국으로 내어 주고 빈둥빈둥 놀고 먹은 죄 값에 간도 쓸개도 다 빼주고 밥 한 톨이라도 더 차지하려 피 터지게 싸워 영양을 채운 살과 뼈 남김없이 배고픈 이웃들에게 보시한 후 머리만 남아 홀가분한 마음으로 제사상에 올라 웃었어 웃고 죽은 돼지는 복도 많다고 콧구멍에 푸른 지폐 꽂으

며 비나이다 비나이다 배 터지게 먹고사는 일 동티나지 않게 하소서 머리 숙여 절하는 사람들 향해 다 버려야 얻느니라 부처의 미소로 웃었어

544

그림자에 쫓기는 남자가 빛 속을 뛰었지 광속의 추격자를 따돌리고 숨은 곳은 또 다른 그림자 보름달이 뜨면 동네 아이들은 골목에서 그림자밟기를 했어 술래가 되어 쫓던 흑백의 영상들이 컬러풀한 광케이블을 타고 전속력으로 쫓아오고 있어 벽에 사르트르의 손이 형상을 만들고 있어 새가 날아오르고 개가 되어 짖다가 목을 세운 코브라가 사르트르의 손을 물었지 흰 벽에 번지는 검은 피 하나의 태양엔 하나의 그늘이 지고 천의 빛 속엔 천의 얼굴이 흔들리네 빛의 각에 따라 나무처럼 자라는 색깔들 패션에 쫓긴 알몸들이 거리를 헤매고 헤어스타일에 머리채 잡힌 여인들은 횡단보도를 질질 끌려 다녔지 구두에 짓밟힌 술래들이 또 다른 술래를 쫓는 그늘의 품에서 콩나물 같던 아이들이 흑백의 이모티콘을 먹으며 거인으로 자랐지 빛이 사라지는 밤, 쥐눈처럼 말똥말똥한 별들이 땅에 내려와 그림자밟기 놀이를 해

545

알콜은 나를 흥분시켰어 생맥주 500cc 소주 한 잔이면 온몸에 열이 오르고 마음에 날개가 달리네 한 잔의 술이 구름을 띄우고 알딸딸한 비행을 해 술 속에 녹아있던 구름들은 하늘로 날고 싶은 욕망이었고 낙하산처럼 접혀진 신앙이었어 한 모금의 알콜이 들어갈 때마다 세상에 매여 있던 줄들이 끊기네 팽팽히 당겨졌던 기억의 끈들이 풀리네 내게 자유가 찾아오면 맨 먼저 밤거리를 거닐며 고래고래 소리 지를 거야 길거리에 퍼질러 앉아 더러운 속을 토해놓을 거야 그리고 풍선처럼 부풀어 올라 보름달이 될 거야 한 잔의 알콜이 내게 주는 체

험은 성자의 삶이야 쓸개즙에서 달콤함이 느껴져 나는 오늘도 기꺼이 한 잔의 술에 취해 언덕을 넘어왔지

546

황금물결 넘실대는 들판 한가운데 작은 동산 위에 교회 하얀 종탑이 아름다웠네 어여쁜 여학생은 들판 너머 철대문 집에 살고 밤이면 달빛 길을 걸어왔네 달빛에 수줍던 코스모스 하늘하늘 종탑에 기대어 바람과 키스했네 연분홍 코스모스 얼굴은 부끄러워 구름 속 보름달로 숨고 종탑이 된 나는 그리운 가슴 하늘 높이 매달았네 시간이 지나 황금빛 벼들은 베어지고 코스모스 떠난 들판엔 황량한 겨울이 찾아와 눈보라만 몰아쳤네 새벽별 얼어붙은 하늘가에서 울리던 새벽 종소리 땡그랑 땡그랑 꿈속에서 부르던 맑고 청아한 목소리

547

암벽에 길을 만들고 있어 관절마다 철심을 박고 자일을 걸어 발을 내딛었어 물길은 순리를 따라 절벽 아래 추락하고 바람은 높이 오른 자의 땀을 말리네 손끝에 피멍이 들어 절벽의 나무들도 매달려 살았어 손을 놓으면 폭포처럼 땅에 떨어져 강물로 흘러가겠지만 길 없는 길을 가는 것은 내가 바라보는 곳에 길이 있기 때문이야 수직의 끝에 있는 무한의 지평, 잠깐이라도 엿보고 싶은 유토피아가 있어 밧줄에 몸을 의지하고 오르는 한 걸음이 또 하나의 차원을 만들고 있어 수백 걸음 평지를 달려온 반복에서 벗어나 수직의 차이를 만들며 상승하는 숭고한 발걸음

548

어둠 속에서 암초로 살아온 바위 밀물에 몸을 숨겼다가 썰물에 고개 내밀고 세상을 살폈지 다가서면 파선되었으므로 접근하는 배 하나 없지 길목에서 도적처럼 배를 기다려온 암초의 삶은 어둡고 음침했어 무서운 존재가 되었지

만 고독했어 밤새 파도소리 함께 눈물 흘리다가 별을 보았어 어울려 반짝이는 별무리가 바다 위로 쏟아지고 있었어 어둠 속에 살아온 암초가 물빛 가슴으로 받아들인 별빛 암초는 가장 높은 곳에 등대를 세웠지 등불을 밝히고 어둠을 몰아냈어 별은 세상을 향해 반짝였고 배들은 하나둘 등대로 모여들었지 암초는 혼자가 아니었어

549

터질 것 같은 압력 속에서 언어들은 시가 되었어 생각의 뚜껑은 잠금장치가 필요했어 김빠진 언어들은 죽처럼 풀어져서 머릿속이 하얗게 수증기로 채워져도 뜨거운 집중이 필요했어 폭발하기 일보직전 늘 영감은 딸랑딸랑 방울소리로 찾아왔고 뻥 뚫린 생각에서 밥이 익었지 속에서 부글부글 끓던 압력이 다 빠져나간 후에도 뚜껑을 열기 전 뜸들이는 것은 절대적이었어 안전레버를 풀고 죽을 것 같던 마지막 숨을 밀어올린 뒤에야 맡을 수 있는 밥의 향기 폭풍처럼 식욕이 몰려와 군침이 돌았지 반들반들 윤기 자르르한 언어들이 밥솥 가득 찰밥을 지었어 치열하게 익은 시들이 쫀득쫀득 했어

550

표현의 효과를 높이기 위하여 실재와 반대되는 뜻의 말을 아이러니라 하지 문장에 모순이 없으면서 반어적 표현을 통해 의미를 강조하는 표현 방법 흑백이 분명한 사람은 쉽게 파악되고 단조로움으로 싫증을 줄 수 있지 아이러니한 사람은 흑백이 분명하지 않고 은유적이어서 만남에 흥미를 더 할 수 있지 직선적인 글은 한 번 읽음으로 충분하듯 고지식한 사람은 성실함에 믿음은 가질 수 있으나 삶의 재미는 없지 아이러니와 역설의 사람은 쇼킹한 맛이 있어 겉만 보아서는 알 수 없어서 속을 뒤집어봐야 아는

551

데모크리토스 에피쿠로스 등은 우주를 잘 인식하여 일체의 공포에서 해방되었을 때 아타락시아를 얻을 수 있다고 했어 에피쿠로스는 일체의 종교적 미신을 척결하고 이성의 인식 속에 아타락시아가 있다고 말하고 이것을 쾌락이라고 했지 회의론자인 피론 등은 모든 판단을 중지하고 무관심하게 되면 아타락시아가 획득된다고 했어 스토아학파에서는 모든 감각에서 야기된 격정과 욕망을 탈피하여 냉정을 유지하는 것을 아파테이아라고 하였지 하지만 아파테이아가 실현되지 못하는 것은 영원히 흔들리지 않는 확실한 기둥을 찾지 못함에서 시작돼 진정한 마음의 평정 상태는 확신의 기둥을 세움으로 찾아오지

552

추락하는 것들은 끈이 있어 심연에 떨어졌다가도 솟구치는 용수철의 힘 부도 맞은 아버지와 낙엽 사이엔 상대성 끈이론이 작용해 버티던 줄을 놓아버린 여자는 아파트 옥상에서 화단으로 떨어졌고 화살들은 돌아올 수 없는 숲으로 날아갔지 놓아버림과 매달림 사이에서 열매들은 방황해 성년의 통과의례처럼 추락하는 하루의 절벽, 꽃잎들도 비명을 지르네 줄을 매는 하늘과 줄을 푸는 땅 사이에 비처럼 금을 긋는 유성들, 별들은 날기 위해 벽을 넘어 사다리를 오르네 먹이를 움켜쥐려 급 하강하는 독수리 낚시에 꿰어 요동하는 물고기 끈에 매달려 붕붕 울고 있는 요요 팽팽히 나를 잡은 끈들도 굳게 손가락을 걸고 있어 탯줄의 숨소리 흐르는 양수의 강물로 낙하하는 씨앗들, 끈이 풀리네

553

지팡이를 든 신사가 경쾌한 스텝을 밟았어 정장의 날씬한 몸매가 빙글 돌며 지팡이를 흔들자 지팡이는 박자를 맞추는 스틱이 되었어 빙그르 한 바퀴 더 돌면

적을 물리치는 칼이 되고 또 한 번 빙글빙글 돌면 펼쳐진 우산이 되었어 지팡이 하나면 두려울 것 없지 마법의 지팡이는 원 안에 혼령을 부르고 황홀은 생사를 결정하고 산신령의 지팡이는 연기 속에 순간이동을 했지 평생 함께 갈 지팡이 하나만 있으면 구름이어도 좋을 역마살인데 가누기 힘든 몸의 다리가 되고 외로워 다정히 손잡아 주면서 미끄러운 언덕을 오를 수 있는 단단한 내면의 뼈가 필요했어 중절모를 벗어 들고 빙글, 신사복의 앞단추를 풀고 빙그르르, 장단을 맞추며 지팡이를 흔들고 있어 모세의 지팡이는 광야에 구리뱀이 되고 예수의 지팡이는 세상에 십자가가 되었지 지팡이를 의지해 땅을 두드리며 지팡이 장단에 맞춰 몸을 흔들어 봐 중절모에 선글라스를 쓴 신사가 빙글빙글 돌고 있어 무대가 돌고 세상이 돌고 하늘이 돌다가 펄쩍 지팡이만 의지해 양발을 차고 오른 하늘 지팡이 끝에서 지구별이 돌아가고 있어

554

인간은 여러 상황 속에 던져지지만 현존의 상황에서 의식적으로 스스로를 이탈시키고 미래를 향해 스스로를 던질 수 있다는 점이 사물과 구별되는 인간적 실존이라고 샤르트르는 말해 하지만 인간은 여러 상황 속에서 자유로운 것만은 아니야 자신이 던지는 것 같지만 스스로를 던지지 못하는 상황이 대부분이야 우리는 자유로운 것 같지만 늘 못 박혀 있어 그것은 죽음에서 영원히 벗어나지 못하고 있는 것과 같아 미래를 향해 스스로 던질 수 있는 앙가쥬망은 못 박힌 영역에서만 가능하지

555

애니메이션 세상 속으로 들어갔지 정해진 법칙도 없고 고정된 모양도 없지 상상 속에서만 탄생하고 죽는 애니메이션의 세계는 죽어도 죽지 않고 살아도 살지 않았어 순리의 마을엔 재미가 없어서 아무도 살지 않았어 이상하

고 괴상하며 돌발적이어서 도시는 번성해 다양한 칼라와 흥미로운 이야기가 불티나게 팔리네 현실보다 더 현실 같은 비현실 애니메이션이 스크린을 뛰쳐나와 거리를 활보해 상상력의 넓이만큼 도시는 펼쳐지고 상상력의 깊이만큼 다가설 수 있는 바다 먹고 싶을 때 연필 하나만 있으면 되고 잠자고 싶을 때도 색칠 하나면 끝이었어 재밌거나 감동적이거나 인기가 많아야만 살지 인기 없이 살 수 없는 애니메이션의 나라엔 천국도 지옥도 없지 오로지 재미만이 신이라서 재미가 사라진 신들은 죽어갔고 잊혀져갔지 상상으로만 보고 들을 수 있는 애니메이션의 세상엔 다양한 감각이 살아있었어 싫증나지 않는 감각들만 살아서 말풍선을 만들고 액자 같은 세상을 채우고 있어 장면과 장면이 교차하는 곳엔 쾌락으로 가는 무수한 말목들이 세워져 있어

556

사람의 영혼이 떠나면 죽게 되는데 죽은 존재인 시체가 오랜 세월 굳어서 미라가 되고 돌이 되면 그 시체와 미라, 돌은 영혼이 없는 존재인 거야 그렇다면 모든 사물은 영혼이 있다는 애니미즘은 모순이 돼 그렇다면 숨을 쉬거나 움직이는 존재, 즉 살아있는 존재만이 영혼이 있다는 주장은 어떠한가 움직이는 최소단위인 세균들마저 영혼을 갖고 있다고 볼 수 있는가 세상의 모든 만물을 살아있는 것처럼 사랑하되 살아있는 존재로 섬기지 말아야 해

가시관을 쓴 예수

557

꼭지가 비틀린 열매들의 웃음이 터지네 엔진이 켜진 자동차는 부르르 몸을 떨고 등뼈에 꼬리만 남아 금은방 화석이 된 황금열쇠 수만 년 바위 문을 연 월척의 뼈대는 눈부시네 해를 향해 채널을 고정한 텔레비전 집들의 안개 드라마에 나무들도 눈물샘을 열었어 할머니 허리춤 같은 배, 치맛자락 흘러내리는 파도를 타고 아가미가 꿰인 생선들은 열쇠꾸러미처럼 흔들리며 오고 있어 잠을 펴내는 바람의 손짓에 공명하는 휘파람소리 빈 항아리 속을 넘나들고 꽃밭을 나는 흰나비들 은색 실핀을 꽂는 능숙한 솜씨에 꽃들의 방이 열리는 아침 숫자들의 젖꽃판을 누르면 열리는 비밀의 문들, 땅에서 가슴에서 우주로 길이 통해

558

화 수 목 금 토 은하수 징검다리를 해와 달이 놓았어 빛의 발자국마다 열리는 신비한 숫자들, 번호 속엔 사계의 바람이 불고 눈과 비의 생애와 풀과 꽃과 나무의 이력이 담겨있어 그 중에 나를 닮은 숫자판을 열자 호랑이 돼지 소 쥐가 그려진 한 아이의 출생지도가 드러난 손금의 길, 하지만 가야 할 능선은 백지 같은 안개로 가려져 있었어 호기심으로 나는 비밀의 방을 들여다보았지 끊어진 마야의 달력, 지축이 기울어진 땅에선 지진과 해일이 일고 활화산의 구름이 하늘을 덮었어 달력이 필요해 숫자마다 시간을 엮는 재생의 뿌리들이 빼곡히 들어찬 완전한 달력이 나는 하나둘 믿음의 숫자를 써내려갔고 일일이 의미를 새기며 동그라미를 그려보았어 3을 열자 들판엔 꽃들이 피어났고 7을 펼치자 사람들은 산과 바다로 떠났고 9를 뜯어내자 숲속엔 낙엽이 휘날렸고 12를 벽에 걸자 거리마다

함박눈이 내렸지 해와 달의 번호판을 누르는 밀물과 썰물, 달력의 숫자들이 만드는 회오리에 세상 빛들이 춤추고 밤과 낮의 채널이 바뀌었어

559

베드로가 십자가에 매달려 등불을 켰어 성냥불꽃 만큼 검은 문틈으로 세상이 비치네 크리스마스트리의 별처럼 지나는 표정들이 깜박였어 연탄이나 장작의 체온이 그리운 길거리마다 내걸린 아크릴 이름들, 영토를 지키기 위해 밤새 피를 흘리네 이 밤을 견딜 만큼 나는 반딧불만한 빛이라도 있는가 빛인 척 반짝이며 스테인리스와 유리들이 웃었어 화살과 총탄과 질주의 무리들은 불꽃으로 박히기 위해 휘파람소리를 냈지 광야에 외치는 소리, 유성들은 밤새도록 머리 위로 성수를 뿌리네 유리벽에 반사된 얼굴들이 야경 속에 파편처럼 흩어지고 흐물흐물 달의 살이 묻어난 골목길로 은 삼십을 받은 유다가 질질 어둠을 끌고 오고 있어 태양이 오기까지 가로등에선 눈송이들이 떨어져 길에 쌓일 거야 하루살이들의 밤, 가시관을 쓴 예수가 동녘의 구름을 쓸어내지

560

나무가 그린 붉은 하트들, 사랑할 수 없는 사람들은 그 맛을 모르네 달콤한 하트는 행복을 전하고 하트 속에 잉태한 씨앗들은 새로운 생명의 땅으로 돌아가지 해마다 주렁주렁 하트를 매단 가지들이 바람에 꽃피우는 푸른 언어들 후드득 빗방울에 젖으면 더욱 순수했어 청명한 봄날, 햇살로 속삭이는 그녀의 속삭임을 듣고 있으면 내 마음에도 어느새 하트가 영글었어 앵두 같은 입술에서 나오는 달콤한 과즙의 고백, 그리고 하트와의 입맞춤 나무가 그려준 하트가 내 꿈속에도 주렁주렁 열리고 나의 늑골에 매달려 사랑의 맛을 전하라 했던 앵두소녀는 잊을 수 없는, 아니 도무지 잊히지 않는 얼굴이 되었어

561

남산에 올라 서울의 야경을 보면서 불꽃들을 보았어 어둠 속에서도 빛을 잃지 않고 꿈꾸는 것은 빌딩이나 거리가 아니라 잠 못 이루고 배회하는 눈빛들이야 사랑의 자물통을 채우고 남산 길을 내려가는 이들의 모습은 눈부시네 다시는 열리지 말라고 열쇠는 하늘나라로 부치는 우체통에 넣었지 남산에서 등불을 밝히고 내려간 이들이 모여 사는 서울은 그래서 눈이 부시게 밝나 봐 골목골목 어둠을 밝혀 살던 이들이 바람에 등불을 꺼뜨리면 다시 남산에 올라 등불을 켜지 사랑은 녹슬 수 있어도 스스로 자물통을 풀지 않았어 늘 자물통을 채우고서도 단단히 붙잡지 못하는 것은 사람이야 금속처럼 단단한 손가락들이 풀리지 않을 약속의 고리를 건 남산엔 주렁주렁 자물통이 매달리고 꺼지지 않을 불꽃들이 아니 꺼지지 않겠다는 불꽃들이 서울의 골목을 향해 하나둘 남산을 내려가지

562

하트모양의 야광충, 크기는 약 2mm 껍데기가 없고 편모공은 입처럼 깊이 패여 있어 1개의 굵은 촉수가 몸 밖으로 나와 유생을 잡았어 세포질 속에 들어있는 여러 개의 발광성 알갱이는 자극을 받으면 발광을 해 밤의 해면에서 물결이나 파도의 꼭대기가 청백색으로 빛나는 건 야광충 때문이야 물결이 흔들릴수록 빛나는 바다의 별, 물 한 움큼 손바닥에 담으면 손가락 사이로 주르륵 은하수가 흐르네 발을 옮길 때마다 갯벌엔 별밭이 펼쳐지고 젖은 바짓가랑이에도 별들이 매달렸어 하늘의 무수한 별들도 야광충처럼 살아가고 있을까 마음속에 하트를 그리며 작은 자극에도 아파하며 하늘을 물들이는지 오늘 밤도 상처 입은 별들이 깜박이네 집으로 돌아가는 길은 야광충의 바다처럼 빛나네 상처를 사랑해야지 그리고 아름다운 자극으로 내 몸 안의 발광성 하트에 불을 켜야지 상처 입은 별만이 어둠

속에서 아름답게 반짝였어

563

이름 없이 살다간 꽃들로 세상은 아름답지 들에 핀 야생화들 세상에 향기를 전하며 몸 안에 꿀물을 다 주고서도 자신은 정작 이름 한 자 밝히지 않았어 누가 보든지 보지 않든지 주어진 삶을 밝게 살면서 폭풍에도 미소를 잃지 않았어 꽃 피운 삶은 반드시 열매가 돼는 것을 알기에 바위틈이나 벌판에서 홀로 흔들린다 해도 외롭지 않았어 가슴을 활짝 열고 한 잎 두 잎 피우는 꿈들은 눈부신 지상의 꽃잎이 되고 저마다 자신의 색깔을 사랑하며 하트를 그리는 법을 배워갔지 이름 있는 꽃들은 집안에서 사람들을 위해 사람들의 사랑을 받으며 사람처럼 살아갔지만 진정 이름 없는 꽃들은 하늘을 위해서 아니 아름다운 세상을 위해서 눈물 흘리고 소리 없이 사라져가지 마지막 유언이 된 계명들은 씨앗으로 남아서 봄마다 꽃을 피우고 있어 세상은 이름 없는 꽃들로 가득하고 이름 없는 바람으로 완성돼

564

야자타임을 한 적이 있어 속마음을 털어놓기 위하여 서로 간의 나이와 직책의 벽을 허물기 위하여 당돌한 신입사원의 반말이 처음엔 귀여웠지만 상사의 가슴에 상처로 남았어 참을 수 없는 상사의 거친 욕설에 야자타임은 깨어지고 어색한 침묵만이 흘렀지 누구의 잘못인가, 이 분위기의 결말은 상사의 야자는 너무 높은 곳에 매달려 있었고 신입사원의 야자는 땅에 떨어져 있었어 서로 야자열매를 나누어 먹기는 처음부터 쉽지 않았어 속이 좁은 상사의 야자열매는 덜 익어 있었고 땅에 떨어진 신입사원의 야자열매는 내용물이 새고 있었어 눈높이가 다른 야자타임은 회복할 수 없는 거리를 만들었고 깨트릴 수 없는 벽만 확인한 채 돌아섰지 야자, 사람과 사람 사이에 벽을 허물기 위해서는 야자의 망치가

필요한 것이 아니라 불꽃이 필요했어 마음은 깨어지는 것이 아니라 녹는 거야 사랑의 불꽃으로 서로의 마음을 녹일 때 우린 벽을 허물 수 있어

565

이지러진 달마저 지고나면 나무들은 검은 머리를 풀어 헤치고 흐느끼네 밤은 늑대의 울음소리로 충만하고 올빼미의 눈들이 서로를 감시해 야행성의 세계, 누가 죽어갔는지 확인할 길이 없지 은밀히 치러지는 살인의 잔치엔 하이에나들로 둘러싸여 있고 피와 살을 나누며 즐기는 밤의 만찬은 어둠 속에 가려져 있어 빛을 잃어버린 세상은 어둠이 잠식해 가고 언덕엔 죽음의 그늘이 드리워져 있어 누가 밤을 사랑하는가 야행성의 바람이 귓불을 핥고 가지

566

약국에 흰 가운의 천사가 아픈 곳을 물었어 내겐 처방전이 없지 진열장 위엔 종류마다 약이 쌓여 있고 조제를 기다리는 알약들도 상자 가득 담겨있는데 나는 어디가 아픈지 모르지만 아파 아니 아파야 할 것 같아 기다리는 저 약들의 따뜻한 손길을 위해 약국은 약한 자들이 사는 나라가 아니라 약한 자들을 위해 있는 나라인지 모르네 약국에서 약한 몸으로 태어나 약 한 번 써보지 못하고 죽은 누이의 영혼처럼 약국의 약사는 천사 같았어 아픈 배를 문질러주던 누이의 약손 같은 알약들이 풀어지면 늘 깊은 잠이 찾아왔지 파스를 붙이기도 하고 상처에 빨간 약을 발라주기도 하며 나는 약국에서 자랐어 약만 먹으면 건강한 나라의 국민이 되는 줄 알았는데 아무리 약을 먹어도 약소국의 약자일 뿐이었어 약국에 들어서면 아무 일 없어도 약을 먹어야 할 것만 같아 비타민 오메가3 미네랄 제품들을 훑어보며 약골로 자란 내 뼈를 위해 칼슘과 마그네슘도 찾았어 언제부터인지 나의 정신은 약 없이

살 수 없는 신경쇠약에 걸렸지 나보다는 약을 의지하며 살아왔지 부모 형제보다 더 약을 사랑하며 약간의 미안함도 없이 약 없는 세상을 꿈꿔왔지 약하기 때문에 약을 먹겠지만 먹을수록 더 약해지는 약보다는 약 없이도 건강할 수 있는 눈보라의 정신을 먹으려 해 한 알의 알약으로 만병을 통치하는 약국엔 나사렛 의사의 처방전만 통해

567

태어나면서 우린 어린 양처럼 뿔이 나지 않았어 살면서 자라기 시작한 뿔은 필연이었어 뿔은 험한 세상에서 나와 세상을 구할 수 있는 최후의 무기였어 주인의 보호 속에선 뿔이 필요치 않았지만 스스로 자신을 지키고 무리를 이끌기 위해선 반드시 뿔이 필요했어 날카로운 이리의 이빨과 후려치는 발톱에 맞서기 위해 하지만 양의 뿔은 공격적으로만 뻗지 않고 주변이 다치지 않도록 한 바퀴 돌려 뒤로 감추었지 겸허히 살기 위해 정신과 육체의 두 뿔을 말아 털 속에 간직했어

568

아파트형의 양계장을 짓고 움직일 수 없는 공간에 닭을 가둔 채 알만 생산하던 주인은 밤낮을 가리지 않고 알을 생산하기 위해 밤에도 대낮 같은 불을 밝혔지 옴짝달싹 못하고 닭장 밖으로 겨우 목만 내밀고 있던 닭들은 밤낮을 구분하지 못하고 하루에 알 두 개씩을 낳기 시작했어 주인은 알 생산이 늘어나자 더욱 기뻤고 돈을 아끼기 위해 싼 사료를 사서 먹이기 시작했어 스트레스를 받은 닭들은 죽지 못해 살면서 알만 낳는 기계로 전락했어 매일 알을 낳은 닭들은 영양분이 떨어져 저항력을 잃어갔지 어느 날 AI의 전염병이 돌자 순식간에 닭들은 병이 들었지 수천 마리의 닭들은 살처분되었고 양계장은 문을 닫았어 욕심이 불러온 재앙은 죄 없는 닭들을 다 죽이고 자신도 망하게 되었어 하지만 동물을

사람처럼 사랑한 한 농부는 닭들이 맘껏 뛰놀 수 있는 공간을 만들고 좋은 사료를 만들어주었지 닭들은 자연 속에서 곤충을 잡고 운동을 하며 건강하게 자라 알을 낳기 시작했어 그 알들은 유정란으로 귀하게 팔렸고 AI의 전염병 속에서도 모두가 건강하게 자랐어 그리고 많은 알들을 부화시켜 큰 농장으로 발전했어 사람을 비롯한 세상의 모든 동식물과 사물들마저도 사랑으로 존재해 눈에 보이진 않으나 사랑을 먹고 살지 지혜로운 농부는 사랑으로 심고 어리석은 농부는 욕심으로 심었어 생명이 없는 가구조차도 사랑으로 다룰 때 반들반들 윤이 나고 오래도록 보존이 가능하지 사랑으로 자녀를 키운 집과 욕심으로 자녀를 키운 집의 장래는 뻔해 내가 잘되려면 먼저 사랑을 전해야 하고 내가 풍성하려면 먼저 사랑을 심어야 해

569

레드와인의 코르크를 뽑자 4백년 전의 바람이 일었어 뚜껑이 열린 알라딘의 램프 햇빛 출렁이는 포도밭과 포도송이들, 광장과 깃발과 군중들의 압축파일이 풀려 나왔어 오크통 속으로 쏟아진 눈알들, 발굽에 짓밟혀 어둠에서 피 흘리던 얼굴들과 인두 같은 입을 맞췄어 혀끝에서 감전되어 전신을 마비시키는 뇌향 굽고 뒤틀린 가지에 매달렸던 벙어리들이 두 손으로 받쳐 든 고풍의 병 속에서 나와 자유를 외쳤네 시간의 눈금을 긋고 강물로 기다린 오늘, 칼이 울리는 축배의 종소리에 나는 천상의 불을 훔쳤네 유리창에 달라붙는 단풍의 입술 속에서 불의 언어들이 쏟아졌네 립스틱이 묻어난 하늘 피와 살을 나누던 최후의 만찬은 끝나고 비틀거리며 사람들은 노을 속으로 떠났지 거센 불길로 번지는 깃발과 함성과 징소리

570

가까이하지 말아야 할 그녀를 취했어 선홍색의 볼과 입술을 사

랑했어 연약한 입김에도 하늘거리는 그녀의 몸매는 바람이라 해도 좋았어 그저 바라보고 미소지어주면 좋았을 것을 그녀의 열매를 탐하고 씻을 수 없는 상처를 남겼지 칼에 베어진 상처에선 눈물 같은 수액이 흐르고 피보다 아픈 원망이 흐르고 넋을 뺏으리라 나를 사랑한 죄를 위하여 나를 버린 복수를 위하여 붉은 립스틱의 입술이 유월의 태양 아래 흘리는 하얀 피 받아 마셔라 더러운 입술들아 사내의 피와 섞여 의심할 수 없는 천국을 보여준 후 나락으로 떨어뜨리리라 가장 추악하고 더러운 몰골로 서서 영원히 사랑을 구걸해야 하는 형벌을 세상에서 가장 위험한 꽃, 양귀비는 피어서 왜 유혹하는가 꽃을 능멸한 죄가 넋을 빼고 무서운 환각의 형벌을 내리기 시작했어 붉은 양귀비여

성형의 시대

571

내 안엔 음극과 양극이 존재해 조울과 우울 사이의 극명한 차이가 나를 늘 흔들리게 했어 나침반의 흔들림은 내가 멈추고 나서도 계속되었어 방향을 잡을 수 없는 기분은 늘 물위에 떠있었어 N극의 우울과 S극의 조울을 조절하기 위해서는 흔들림 없는 뿌리가 필요했어 하늘에서 땅으로 연결된 기둥 확실한 기둥에 나를 못 박아야 해 기준을 만난 우울과 조울은 수평을 만들고 양팔을 벌려 세상을 껴안을 수 있어 생각의 기준 가치관의 기준 나를 굳건히 세우는 기둥은 어떤 비바람에도 기울지 않는 천국이어야 해 쾅쾅 땅 위에 기둥을 박는 예수가 내 가슴에 대못을 박았어 수직으로 내려와 조금도 기울지 않은 진리의 기둥에 나를 매달았어 조울과 우울의 사이에서 형성된 자기장이 삶의 활력을 만들고 쇠붙이들을 끌어 모았어 이젠 외롭지 않아 물 위에서 흔들릴 땐 아무도 다가오지 않았으나 하늘의 기둥을 만난 후엔 장애는 장애가 아니야 살려야 할 이웃을 모으는 강한 자석이 되었어

572

양념은 한마디의 조언이야 내 삶은 좌우명으로 삼은 한 스푼 진리에 의해 맛이 달라졌네 큰 고깃덩어리가 소금이나 후추 다양한 소스를 만나 새로운 맛을 주듯 어떤 진리를 만나느냐에 따라 삶은 달라지네 조상 대대로의 가훈을 좇는 사람도 있고 불교나 유교의 교리를 따르거나 성인의 말을 가슴에 새기며 살기도 해 양념은 아주 미량에 불과하지만 모든 음식에 퍼져서 본질의 맛을 더하거나 새롭게 변화시켰어 아주 적지만 강렬한 맛으로 본질의 맛을 부각시켰어 어떤 양념을 했느냐에 따라 재료 자체의 순수함과 맛의 변화가 다르지 양념은

모든 음식재료의 철학이며 종교이며 가치관이야 아무리 먹음직한 음식의 재료라 할지라도 그 음식에 소금이나 간장 고춧가루가 많이 들어가면 먹을 수 없지 양념은 적당해야 해 많아도 먹지 못하고 적어도 제 맛을 낼 수가 없지 적절한 양념은 자신을 살릴 수 있는 것이나 지나치거나 부족함은 자신의 맛을 잃어버리거나 거부감을 줄 수 있어 톡 쏘면서도 강렬한 양념, 맛이 깊으면서도 질리거나 느끼하지 않는 양념, 그리고 재료 하나하나의 맛을 부각시켜줄 수 있는 양념을 얻기 위해 나는 하루에도 몇 번씩 책을 열었어

573

유리컵에 물을 붓고 양파를 올려놓았어 며칠 후 양파에서 뿌리가 돋고 새순이 나기 시작했어 뿌리는 할아버지 수염처럼 자랐고 새순은 줄기를 이루며 뻗어 올랐어 눈물을 흘리며 양파를 까던 생각이 났지 아무리 까도 껍질뿐인 양파에서 허무를 꿈꿨어 그 허무한 삶을 우리는 눈물을 흘리면서 열심히 까고 있는 것일까 허무의 존재인줄만 알았던 양파에서 새순이 났지 까도 까도 알맹이가 없는 삶을 눈물로 사는 것은 뿌리를 내리고 새순을 틔우기 위함인 것을 나이가 들어서야 알았어

574

양말은 신발의 훌륭한 내조자야 많은 시인들이 신발을 찬양하며 신발에서 삶의 의미를 찾았지만 집안에서 하찮게 끌고 다니는 슬리퍼나 여름 한철을 신는 샌들을 제외하면 신발은 양말의 내조 없이는 오래 사용될 수 없지 산을 오르는 등산화나 전장을 누비는 전투화, 예식을 위한 구두와 같이 중요한 신발들은 양말 없이는 존재할 수 없지 신발이 내 몸을 실어다 주고 나를 다치지 않게 하는 것은 양말의 내조 덕분이야 거칠고 딱딱한 소재와 자주 미끄러지는 마찰 부위에서 상하

지 않도록 부드럽게 싸매주는 양말은 아내의 손길과 같아 신발은 밖에서만 필요하지만 양말은 실내에서도 필요하지 잠자는 시간을 제외하면 양말은 늘 우리와 함께해 신발보다 더 찬양 받아야 할 존재는 양말인지도 모르네 보이는 공로자보다 보이지 않는 공로자가 더 위대해 생색을 내기 위한 정치가나 기업가의 기부보다 보이지 않는 도움의 손길이 더 위대하지 행복한 가정을 들여다보면 훌륭한 아내와 엄마가 있어 내 인생의 훌륭한 여정엔 신발보다 더 따뜻한 양말이 있어 보이지 않는 것을 볼 줄 알고 보이지 않는 일에 충실할 수 있어야 해 동네 입구에서 양말을 팔고 있는 셀카, 진열대에 양말들이 한 짝을 이루어 다정히 매달려 있어

575

꽃양산 속의 햇살은 화사했네 복사꽃 연인의 볼이 물들고 입술에서 피어오른 사랑노래 물방울 무늬를 그렸지 꽃양산 속처럼 아름다운 세상은 없어라 입 맞추며 전하고픈 사랑의 밀어들 꽃으로 피어난 구름 한 점 없는 양산 속에 햇살은 따사로워라 비스듬히 어깨에 멘 은색의 살을 돌리면 하늘이 놀고 마음은 둥실 떠올라 오색구름이 되었지 양산 하나로 가려진 그늘엔 오직 너와 나 둘밖에 없어 세상은 온통 우리 거야 양산을 활짝 펴면 크고 화려한 꽃 꽃 속에 그녀와 난 꽃술이 되지 아치형의 꽃양산 은빛 살들이 떠받힌 지붕엔 분홍빛 햇살이 물들고 수줍은 사랑도 활짝 꽃을 피우네 오래 머물 수 없어서 더욱 아름다운 꽃양산 봄날의 꽃밭 세상에 활짝 핀 양산들이 떠다니고 있어

576

당신이 머문 자리는 늘 양지야 따뜻한 표정, 화사한 미소가 있는 당신의 자리엔 언제나 햇살이 가득하지 눈보라의 질투마저도 당신의 영토에선 봄눈처럼 녹았지

차가운 바람도 비켜가고 그늘마저 지지 않는 당신의 울타리 안에서 단잠을 이루고 싶어 당신 안에 머물면 근심도 사라지고 밝은 태양만 떠올라 고양이 졸린 눈으로 아무 염려 없이 꿈꾸고 싶어 당신과 함께 있는 자리는 늘 양지이고 민들레 영토야 새싹이 움트고 꽃들이 피어나는 목련의 계절이야 당신과 함께 있는 시간은

577

어항 가득 햇살 고이면 금붕어들이 헤엄치네 형형색색의 열대어들은 바람 한 점 없는 세상을 떠다니고 있어 천사들이 춤추는 세상은 햇빛처럼 찬란하지 구름같이 떠있는 물풀의 그늘 속을 유영하는 물고기들의 투명한 세상 은색 풍선의 기포마다 기도문을 담았나봐 한가로이 물길을 노니는 세상은 평화로 가득한데 물에 몸을 맡기면 나도 눈부신 꿈속 세상을 훨훨 날아다닐 수 있을까 금모래 반짝이는 말씀에 누워 사랑을 하고 만나는 이마다 손을 흔들며 눈만 마주쳐도 행복한 어항 속의 세상

578

푸른 초원의 언덕엔 흰 구름이 살지 산들바람이 살고 푸른 나무 한 그루 하늘을 떠받히지 언덕은 꼭 넘어야 하는 포물선이어서 길 하나 언덕을 넘어가지 하얀 집이 하나 있다면 언덕은 더 아름다워 꼭 살고 싶어지지 언덕 위에서 천둥이 치고 언덕 위에서 비가 시작되고 언덕 위에서 꽃이 피기 시작하지 언덕은 늘 노을과 맞닿아 있어서 볼 때마다 가슴을 설레게 하지 언덕을 넘으면 보지 못한 세상이 보일 것 같고 모든 것의 시작일 거라는 생각이 들지 언덕에서 꽃물이 밀려오고 언덕에서 태풍이 불어오고 언덕에서 단풍이 쏟아지고 언덕에서 함박눈이 내려서 나는 언덕이 되지 누워서도 하늘을 볼 수 있는 언덕 여명이 가장 먼저 비치는 곳, 하얀 십자가의 언덕을 사랑하지

579

언어는 인류를 동물과 구별해 주는 것으로 인간은 동물이 가지고 있지 않은 언어 습득의 선천적인 능력을 가지고 태어나 인류가 다른 동물보다도 복잡하고 고등한 사회생활을 영위하여 분명을 발달시켜온 것은 언어의 기능 때문이야 언어는 단어라고 하는 단위가 있으며 이것을 여러 가지 방법으로 결합하여 문장을 만들고 있어 언어는 시간의 흐름과 함께 변천해 언어도 유기체와 같아서 태어나고 성장하고 사멸하는 변화를 가졌어 현재 세계에서 사용되고 있는 언어의 수는 정확하게 알려져 있지는 않으나 대체로 2,500~3,000개 정도 모든 언어들로 신과 소통할 수 있는지 알 수 없지만 신과 소통하는 길은 마음이야 신께 구하고 소통할 때 꼭 말을 해야 돼는 생각은 버려야 해 유창한 기도는 습관이며 인간에게 보여주고자 하는 의도에서 비롯된 거야 느끼고 깨닫는 신과의 모든 소통은 마음에서 형성되는 영적 감각에 의해 이루어지네 말함으로 말하려 하지 말라 좋은 생각을 하면 이미 좋은 말을 하는 것이니 그래서 이웃을 만나면 먼저 입을 열기 전에 좋은 생각을 해야 해 그러면 말하지 않아노 이미 상대에게 좋은 말이 전달돼

580

요즘 얼굴 고치는 작업이 한창이지 눈을 크게 하고 코를 높이는 성형에서부터 턱뼈를 깎는 양악수술에다 얼굴에 생긴 점이나 흉터 피부색까지 마음대로 고칠 수 있지 표정관리 프로그램을 통해 항상 웃음을 연출하는 법을 배우지 얼굴은 돈이 들어간 만큼 예쁜 시대가 되었어 과거에는 관상을 봄으로 길흉화복의 운명을 알았고 건강과 심리상태 등을 알 수 있었지만 오늘날에는 관상으로 알 수 없는 시대가 되었지 얼굴보고 사랑을 했다가는 실패할 확률이 높아졌고 얼굴보고 믿었다가 사기당할 확률도 높아졌지

순수한 마음과 진실을 읽을 수 있었던 얼굴이 이제는 진실을 볼 수 없는 창이 되었어 한 사람을 알아가는 과정은 길어졌고 복잡해졌지 얼굴을 보고 친구를 삼는 것은 가장 어리석은 짓이기도 해 무엇으로 상대를 파악하고 믿어야 하는가 말과 행실의 일치 말만 들으면 그럴듯하고 논리적일 수 있어도 그의 행실과 일치하지 않으면 성형한 얼굴과 같지 칼라렌즈를 낀 눈동자와 같아서 마음을 읽을 수 없지 의술로 성형한 조각미인들뿐만 아니라 개인적인 지성의 칼날에 조각된 현대인들의 얼굴은 내면을 들여다보기가 어려워 누가 얼굴은 마음의 창이라 했던가 창문은 닫히고 장식한 커튼만이 보일 뿐이지

581

얼룩말의 바탕색은 흰색일까 검은색일까 넓은 면적으로 따지면 흰색이겠지만 입과 눈을 중심으로 보면 검은색일 수도 있어 얼룩말에서 흑백의 조화와 역동하는 기운을 느끼네 나의 패션은 늘 검거나 희었지 의사표명에서도 늘 흑백이 분명하지 희던지 검던지 얼룩말도 검고 흰색을 다양한 무늬로 간직하고 살지 햇빛 속에 얼룩말들이 모여 있으면 얼룩무늬에 혼동을 가져오고 사자들은 어느 얼룩말을 공격해야 할지 몰라 선불리 공격하지 못해 나는 확실한 흑백 속에서 공격받으며 살아온 건 아닌지 흑백을 구별하며 확실함에 집착해온 것은 아닌지 우리 마음에도 흑백이 섞여있어 아무리 흰 척해도 검은 속을 갖고 살아가지 보호색이라고 변명하면서 내 몸속에서 초식동물이 살지

582

아이스아메리카노의 얼음이 자신을 녹여 열기를 식혀주네 살다보면 뜨거워지는 생각들, 달구어진 집착과 욕망으로 불덩어리 될 때가 있어 닿기만 해도 화상을 입히며 우리는 과민하게 살아가지 나를 식혀줄 한마디의 얼음

같은 말이 필요하지 여유를 갖고 돌아볼 수 있는 냉철하고 이성적인 조언을 들을 때는 시리도록 차갑지만 생각할수록 평상적 온도를 되찾아주는 얼음에 빨대를 꽂고 꿈을 음미하는 시간은 여유롭지 쇠꼬챙이처럼 달궈진 불의 혀가 화상을 입히기 전 쏟아부어야 할 여유 투명한 결정체로 응축된 말씀이 다이아몬드처럼 투명하지

583

창작은 파괴야 정체된 생각의 파괴이며 존재하는 틀 깨기야 에덴의 창조는 혼돈과 공허의 파괴에서 시작되었고 빛의 창조는 어둠의 파괴지 나의 탄생은 어머니의 파괴이며 자녀의 탄생은 나의 파괴이지 창작을 위해서는 먼저 파괴를 배워야 해 먹고 일하고 잠자는 하루의 틀을 깨트릴 때 하루는 새롭지 죽어야 새로 태어나고 사라져야 새로움이 나타나 창작을 아는 인간만이 자신을 파괴하지 산을 허물고 나무를 베고 강물을 끌어들여 농사를 짓지 공기를 파괴하며 우주를 만들고 남을 파괴하여 자신을 창작하지 창작을 위해 새로운 건축양식을 짓고 길을 만들고 차와 비행기 배를 만들며 기름을 뽑아 올렸어 모든 생물은 자연에 순응하지만 인간만이 창작을 위해 파괴해 자신을 파괴하기 위해 인간은 종교를 만들었지 진정한 종교는 발등 위에 놓인 도끼야

584

그 사람의 내면은 바를 거라 생각했어 휘어지더라도 대나무처럼 바른 절개를 가지고 살 거라고 생각했어 하지만 내면엔 수십 마리 뱀이 뒤얽혀 사는 것처럼 샘창자 빈창자 돌창자 오름창자 가로창자 내림창자 구불창자 등으로 이루어져 있어 날마다 먹이를 달라고 꿈틀거리며 음식을 삼키지 그래도 인간의 내면은 겸손할 거라고 생각했는데 주는 대로 삼키고 있는 만큼만 소화시키면서 군말 없이 사는 거라 생각했

는데 내면엔 회장보다 높은 직분들로 가득해 위장 신장 십이지장 맹장 간장 등이 제각각 잘나서 인간은 본디 교만할 수밖에 없나 봐 소화하고 흡수하고 배설을 잘해야 속이 좋은 사람이 돼 나는 날카로운 말이나 거친 말을 어릴 때부터 소화시키지 못해 힘들었지 성인이 되고서야 내 몸에서도 소화할 수 있는 능력이 생겼음을 알았어 딱딱한 음식을 삼키며 오징어처럼 질긴 음모를 씹었지 철학과 종교를 흡수하며 소화되지 않는 말들을 몰래 배설하곤 했어 탄탄한 복근 속에 감추고 살아온 구불구불한 속성들을 알고 난 뒤 난 인간의 술수와 배신을 자연스럽게 받아들였어 배 아플 때마다 대쪽 같은 삶을 꿈꿔왔지 하지만 인간의 내면엔 구부러지고 왜곡된 곡선들이 꿈틀거리고 정신도 바르지 않음을 알았어

585

지퍼의 슬라이드를 밀어 올리자 촘촘한 이빨들이 가지런히 웃었지 첫 인연은 막음쇠에 발을 들이밀면서 였어 우린 두 개의 가닥으로 살다가 서로 이가 맞물려 인연을 이뤘던 거야 똑딱단추나 갈고리단추보다 견고히 뼈를 맞대고 옷깃을 여미며 바람 한 점 새지 않게 문단속을 하지 방심 하나에 이빨 하나 빠지고 원활하던 슬라이드에도 장애가 와서 와이(Y)라는 물음이 많아지면 가지런히 웃어주던 미소는 사라지고 지퍼 안의 지저분한 내용물이 보여 벌어진 입으로 바람이 새며 급격히 서로의 결속은 무너지지 헤픈 여자들 앞에선 함부로 지퍼를 내리지 말았어야 했는데 가벼운 입 앞에선 지퍼를 열지 말았어야 했는데 지퍼가 벌어지자 수치스러운 내장들이 쏟아졌지 바느질 자리 촘촘히 꿰맨 실밥으로 굳게 입을 다문 지퍼들 단단히 이빨 앙다물며 우린 사랑해야 해 한 번 벌어지면 다물기 어렵고 이 맞지 않은 채 다시 돌이키기 어려운 슬라이드의 길 처음이 중요하지 이가 어긋나 옴짝

달싹하지 않을 땐 다시 시작해야 한다는 걸 바람 부는 세상, 단단히 서로를 껴안을 때까지 지퍼가 웃는 건 웃는 게 아냐

586

창가엔 눈만 내리고 그 사람은 오지 않았지 찻잔은 식은 지 오랜데 다시 덥힐 수 없는 가슴엔 눈보라만 쳤네 커튼은 치마처럼 드리워지고 계절은 피고 져서 십수 년이 흘렀어도 아직 제자리에 서있는 찻집, 구석에 앉아 창밖을 보네 그 겨울은 얼어있고 추억의 온기만 남은 찻잔을 드네 그녀의 목덜미에서 느낄 수 있었던 재스민 향기를 마시며 젖어드는 알전구의 눈빛과 마주하네 접시 위에 엎어진 찻잔처럼 포개지던 입술이 있었지 찻잔과 따스한 입김을 나누며 각설탕 같은 추억을 녹이네 삐걱 나무문을 열고 바람인 듯 들어설 것 같은 그 겨울의 찻집엔 풍경화처럼 썰렁한 길만이 창가에 눕고 가랑잎의 발길조차 떨어지지 않네 벽에 매달린 성모 마리아 상만이 두 손을 모으고 눈감은 시간, 잔잔한 음악이 찻잔에 고여 혀끝에 감기는 그 겨울의 찻집에서 나 혼자만 바람을 맞네

송연묵

587

역易은 해와 달이고 변화야 시간에 따라 해와 달이 바뀌듯 세상 이치는 변해 변화의 원리를 깨닫고 대비하고자 하는 것이 역이야 역을 통달한 자는 현재의 상황이 앞으로 어떻게 변화할지를 알고 변화에 순응하며 자신도 변화하기 위해 노력해 하늘의 뜻을 알고 순종하는 삶을 배우고 있어 안주하려 하지 않고 두려워하지 않았어 모든 일은 지나가는 것 슬픈 일도 강물처럼 흐르다보면 잊히게 돼 변화에 달관한 사람은 여유롭고 편안하지 변화를 받아들이는 이는 슬퍼하지 않았어 변화를 준비하는 이는 삶을 창조해 죽음에서 생명으로 유한에서 무한으로 지상에서 영원으로 바뀌는 삶이 있어 지극히 통달한 사람은 앉아서도 엉덩이를 볼 수 있지

588

연초마다 띄우던 연, 연엔 삶의 부침이 있었지 바람 속에 흔들리며 웅웅 우는 떨림이 전해졌지 목숨줄이 끊기면 추락하는 나락 줄에 몸을 의지하고 오르는 연들은 꿈에 묶여 하늘로 향했지 목숨줄이 다하기까지 바람에 흔들리며 몸부림쳤지 가슴에 뼈대를 붙이고 욕심 없는 구멍을 뚫었지 빈 마음으로 하늘을 올라야 해 바람을 품지 않고서는 하늘로 향할 수 없어서 중심을 잡고 하늘만 바라봐야 했지 목숨줄이 다하기까지 언덕에 올라 칼바람을 맞으리라

589

노란 꾀꼬리참외들 밭에 뒹굴며 일광욕을 해 먹음직스런 참외 하나면 점심을 해결했지 원두막엔 늘 향이 담긴 햇살이 익고 할머니 부채바람이 불었지 참외로 채운 배를 드러내고 누우면 원두막 위의 개구리참외도 익었지 밤이면 풀벌레소리 들리고 매캐한

모깃불 내음도 향기로웠지 하늘의 은하수는 과즙으로 흘러들고 별들도 알알이 들어와 박힌 쩍 참외를 쪼개면 하얀 속살이 먹음직했지 한여름밤 무더위를 식혀 참외를 아삭 베어 물면 입 안 가득 베어오던 향기, 보름밤 달님처럼 찾아오는 얼굴이 떠오르고 꿈밭에서 익어가는 꾀꼬리참외들이 보였지 배보다 배꼽이 더 큰 참외들, 젖가슴으로 예쁘게 영근 참외들, 노란 골마다 햇살 웃음 고인 참외들, 푸른 줄기의 젖꼭지를 물고 살아왔지 꿈으로 연결된 생명의 줄기를 지나면 쓰디쓴 슬픔도 달디 단 과육이 되는 내 안의 꼭지는 어디에 연결되어 있는가 어머니의 양분을 빨아먹고 살아온 나의 꼭지는 퍼런 실핏줄이 뒤엉킨 겨드랑이쯤 일게다 푸른 생명의 젖줄이 흐르는 땅 위에 원두막을 짓고 노란 참외들 밤새 지키며 아삭 신선한 과육이 되고 싶어

590

잔잔한 수면 위에 연꽃이 등을 밝혔지 폭풍과 소나기가 지나고 거울 같은 내면에 피어난 등불 하늘의 깊이를 알 수 없는 심연에 뿌리 내렸다 절정의 침묵을 이루고 기도의 심지 위에 피어난 꽃잎엔 벌 나비도 다가설 수 없지 그림자조차 은은한 안식으로 떠있는 오후가 눈에 들어온 후 연못에 넘치는 향기로 밤새 잠 못 이뤘지

591

신이 남긴 것은 말 한마디조차 꽃이 되지만 인간이 남기는 것들은 매연이 돼 밖으로 새지 않는 내면으로 타고 싶어 마음을 보일수록 상대방은 질식해가지 혹여 자신의 말이 봉화가 되고 연막이 되어 세상을 구한 적이 있다 해도 그것은 한때의 유용한 표현일 뿐 날마다 사용할 수 없는 외침이야 조용히 숨만 쉬어도 연기가 새어나오는 입은 열지 않고 가슴만 뜨겁게 완전연소 하는 삶을

위해 애간장을 태우고 있어

592

내 머릿속은 진공관, 연상의 스위치를 켜면 무수한 영상들이 떠다니고 있어 이미지와 이미지의 결합, 서로 만나고 헤어지며 의미를 남기네 바람과 겨울이 만나 삭풍이 되듯 바람과 봄이 만나 산들바람이 되듯 우리의 만남도 이미지와 이미지의 만남으로 의미를 새기네 이미지를 사랑하며 이미지와 연애하며 서로 한통속이 되어 만들어가는 접속의 관계로 세상은 견고해 이미지들마다 혼처럼 간직한 상징들이 나누는 의미의 세계엔 언어가 필요없지 함께 있음만으로도 충분한 의미를 던져주는 이미지의 결합으로 나의 삶은 한때 오해의 연속이기도 했어 입술과 항문의 만남처럼 사랑의 이름으로도 용납되지 않는 이미지들 간의 만남을 구별하지 않았어 어떤 이미지와 결합하느냐에 따라 당신의 운명은 바뀌지 피 묻은 망치 옆에 서면 살인자가 될 것이요 옷이 벗겨져 울고 있는 여자 옆에 서면 겁탈자가 될 것이요 싸움꾼의 옆에 서 있으면 폭력배가 될 거야 세상은 내면을 보지 않고 이미지의 결합을 보고 있지 이미지 간의 결합 속에서 진실을 보고 사실을 창조해 이미지가 좋은 사람은 자신의 주변에 대한 철저한 관리가 있었기 때문이야 자신의 내면을 알아주길 바라기 이전에 먼저 주변에 좋은 이미지들과 만나야 해 좋은 이미지들이 작용하여 나의 모습도 바뀌게 돼 단 한 번만이라도 천사 옆에 서보라 목에 건 십자가 목걸이 하나가 당신을 변화시켰어 이미지와 이미지의 결합으로 하루를 만들고 아름다운 인생을 만들고 있어

593

인간에 대한 평가는 명제가 될 수 없지 연역적 방법의 결론을 도출할 수 없어 인간에게는 확실한 것이 없기 때문이야 오늘의 인격자가 내일엔 비인격자가 되

고 오늘의 아군이 내일엔 적이 될 수 있기 때문이지 하지만 인간은 친구나 이웃 연인이라는 명제를 세우고 이를 증명하려고 해 한배를 탔기 때문에 친구이고 한 동네에 살기 때문에 이웃이고 한 몸이 되었기 때문에 연인이라는 것을 자신도 믿고 또 믿으라고 강요하지 하지만 인간에겐 확실한 명제가 성립하지 않기 때문에 삶의 추리를 통해 결론에 도달할 수 없어 스스로도 뭐 하나 증명할 수 없는 불확실한 존재이기 때문에 추론하거나 결론에 도달하려 하지 말고 먼저 확실한 전제적 명제를 세워야 해 '인간은 판단할 수 없다'는

594

열반이란 소량 번뇌조차 없는 완전히 잔잔한 마음의 상태로 괴로움 없는 정신적 상태야 100% 순화한 광명의 마음이고 시공의 제약 없이 정신세계에 통하는 고주파야 열반은 불길 속에 자신을 태우고 사리로 남는 죽음의 과정에서만 생기는 것이 아니라 살아 있어도 할 수 있어 수행에 의해 진리를 체득하여 미혹과 집착을 끊고 일체의 속박에서 해탈한 최고의 경지, 바람이 불어와 불을 꺼버리듯 번뇌의 불꽃을 지혜로 꺼서 일체의 번뇌가 소멸된 상태야 초월적 지혜인 신과의 수직적 만남, 일체의 번뇌를 떨쳐버린 깨달음의 과정이야

595

쇼펜하우어는 인생은 고뇌에 찬 것으로 영원히 그칠 줄 모르고 끊임없이 결핍을 채우려는 의지의 본성 때문이라고 하였어 결핍이 충족되고 나면 고통은 잠시 사라질지 모르지만 새로운 욕구가 생겨 또 다른 불만이 가득 차기 때문이야 하지만 이러한 염세주의는 채움의 방법 차이로 나타나 밑 빠진 독은 아무리 물을 채워도 빈 독이 되지만 옹달샘은 아무리 퍼내도 다시 채워지지 염세주의는 외부에서 채워 넣으려는 욕망의 좌절에서 생기지 이는

내면에서 샘솟는 채움을 모르기 때문에 생기는 포기이기도 해 행복은 외부에서 주어지는 것이 아니라 내면에서 우러나는 감사의 샘물에서 맛볼 수 있어 자신이 염세주의자라면 채움의 방법을 바꿀 필요가 있어 밑 빠진 독에 물을 붓지 말고 내면의 샘을 파면, 거기 행복의 우물엔 새벽별들이 가득할 거야

596

바다로 가는 수로엔 갈대숲이 우거지고 참게들이 알을 품었지 대발을 친 수로엔 아침마다 열댓 마리씩 참게들이 걸려들곤 했지 맑은 수로를 지키기 위해 경지정리를 반대하는 주민들은 수로 둑에 모여 게거품을 물곤 했지 진흙밭을 파 일구며 게들도 맑은 세상을 꿈꿨지 딱딱한 등딱지를 드러내고 털뭉치의 억센 집게발을 들어 올렸지 민물에 살다가 번식을 위해 바다로 떠나야 하는 참게들 해변에서 알을 낳고 몸에 품어 부화시키면 유생의 알들은 다시 민물로 올라와 맑은 하늘 보며 살았지 이제 바다로 향하는 수문은 굳게 닫히고 콘크리트 벽은 구멍 뚫을 수 없는 절벽이 되었지 오염된 수면 위에 뜬 기름방울 무지개는 더 이상 무지개가 아니야 농약물을 마시다 죽어간 참게들은 다시 돌아올 수 없는 객이 되었지 꽃을 피우던 갈대들도 베어진 맨땅 지게에 짚으로 묶은 참게들 매달고 돌아오시던 아버지의 웃음도 다시는 볼 수 없는 참게들이 사라진 하천엔 죽음의 물결만이 흐르고 구름 맑게 비치던 수면 위로 하얀 포말이 둥둥 떠다녔지

597

송연묵이 뼈와 살을 녹였어 소나무를 태운 그을음에 아교를 섞고 목판에 부어 굳힌 돌 같은 몸, 봉망鋒芒에 갈리어 상반신만 남더라도 연해硯海 속에 쓰린 살 담그고 구구절절 맺힌 가슴 암묵暗墨의 진액으로 풀어내지 발목을 잃고 험한 세상 돌고 돌며 아랫도

리가 없어지도록 제 살 깎아야 그릴 수 있는 삶 화선지 위에 한 폭의 비경으로 다시 태어나기 위해 남은 생도 갈아 몇 방울의 피로 응축시켰지

598

영원은 시간이 무한이 진행하는 상태가 아니라 시간이 존재하지 않는 상태야 '시간에서 영원으로'라는 의미는 어떤 시간에서 다른 시간으로의 흐름이 아니라 시간이 존재하지 않는 상태, 즉 시간에 대한 무감각의 상태야 오늘부터 시계를 없애버리고 시간에 대한 개념 없이 자유로울 수 있다면 우린 영원한 삶을 사는 거야 죽음은 삶의 종말이 아니라 새로운 시작이고 늙음은 시간의 흐름이 아니라 변화의 과정이야 영원한 세계를 얻기 위해 종교를 가지고 예수와 석가 마호메트가 영원한 세계를 주는 줄로 아나 실은 영원한 세계는 관념의 전환에서 오고 있어 영원을 얻기 위해 분주하고 번잡한 종교적 행사나 의식에 연연하지 말고 지혜를 얻어야 해 시간 속에 자신을 가두지 말고 보이는 것에 현혹되지 말아야 해 죽음의 막다른 골목엔 종말의 벽이 보이지만 가까이 다가가보면 샛길이 있어 끝은 끝이 아니라 새로운 발견이고 출발이야 우리는 과거 현재 미래 속의 현재를 사는 것이 아니라 영원을 사는 거야 영원히 살기 위해 집을 팔고 땅을 팔고 억지로 종교에 집착할 필요가 없지 시간을 초월하여 계획하고 시간에 구애받지 말고 실천하면 죽음에 상관없이 영원에 거할 수 있어 시간에 구애받지 말고 영원한 것을 붙들고 시간 속에서 탈출하여야 해

599

한 사람의 내면을 들여다보려면 그에 대한 평면도를 그릴 수 있어야 해 편견의 담을 허물고 편애의 공간을 없애지 않고서는 전체를 그릴 수 없어 측면에서 바라보고 비스듬히 바라보는 것

을 경계하여 신의 눈으로 바라보아야 평면도는 그려지지 평면도 속에 담긴 내용은 손바닥을 들여다보듯 확실해 담을 세우고 칸막이를 하면서 세상은 블록을 만들지 내 안의 모든 담을 허물 때 평면도를 그릴 수 있어 누가 봐도 선명히 알 수 있는 내 안의 방들, 지붕도 없고 벽도 없는 평면도는 늘 하늘을 향해 열려 있는 집이야 숨김없이 솔직한 삶

600

내게 있는 물감은 붉은색뿐이라서 단색의 그림만을 그리네 그 어떤 처절한 몸짓으로도 그 어떤 애절한 혀로도 그릴 수 없는 그림 내 단색의 그림은 상처로만 그릴 수 있어 붓이 지난 자리마다 혁명이 일고 절규의 꽃이 피고 있어 5리터의 물감으로 표현할 수 있는 붉은 나의 언어들

601

통을 옮기다가 넘어져 구르면서 나도 하나의 통임을 알았어 숫자를 세며 머리통을 굴리다가 그만 발을 헛디뎠어 악 소리가 먼저 울림통에서 흘러나왔지 그리고 몸통이 중력 작용으로 언덕 아래 굴러 떨어졌네 통 안의 내장들이 거꾸로 쏟아지는 것 같았고 허리와 다리통엔 상처가 났지 서있는 통들은 견고히 중심을 잡고 살아가지 내면에 가득 내용물이 채워진 통일수록 흔들림이 없지 두드려 보면 알 수 있는 깊은 내면의 무게 꿈이 가득 채워진 통은 어떠한 바람에도 넘어지거나 구르지 않았어 가벼운 통에서만 울리는 얄팍한 불만의 울림 속이 빈 통들의 공명은 요란하지 '출렁'하고 넘어진 술꾼의 입에서 오물들이 쏟아지네 누구나 통 안에 감추어진 내용물은 함부로 쏟지 말아야 하는 법 수십 년 묵은 장일수록 함부로 뚜껑을 열지 않았어 튼튼한 다리통에 힘을 주고 허리통을 동여매어 넘어지지 않고 살아가야 해 내 안에 오랠수록 썩지 않는 내용물로 가득 채우고 단 한 번 비밀의 뚜껑을 여

는 순간 아낌없이 주기 위해 함
묵하리라 숨통이 다하는 날까지

602

예술은 통시성과 공시성의 관통을 이루는 결합으로 시작되지 방사형으로 퍼지는 통섭적 사고의 결합으로 다양한 상상의 예술적 결과물을 만들지 통시성과 공시성이 결합하는 곳에 내가 있고 작품의 시작이 있어 그 만나는 점은 시간적으로는 현재이며 이 현재를 중심으로 과거와 미래를 조명하지 접점의 중심은 땅이며 사실이야 이 중심을 기준으로 하늘과 지하 천국과 지옥 이상과 현실의 세계를 조명해야 해 방사형 다양한 크로스 오버의 학문과 사고가 결합하여 통섭적인 십자가를 만들어갈 때 세계는 확장되고 심오해지지

603

예언의 말은 밭에 심은 씨앗과 같아서 처음엔 숨겨진 듯 무의식 속에 있다가 어느 순간 가슴에서 새싹을 틔우고 있어 부모들은 자녀들을 향해 사랑이 담긴 예언을 해야 하고 선생들은 학생들을 위해 꿈이 담긴 씨를 뿌려야 하고 어른들은 아이들을 위해 희망을 물려줘야 해 “너희들은 잘 될 거야”, “앞으로 큰일을 하게 될 거야” 희망예언의 씨앗을 심을 수 있어야 해 예언의 씨앗은 무의식 속에 뿌리 내리고 의식의 싹을 틔우게 돼 오랜 시간 비바람 속에서 예언은 자라서 거대한 나무가 되고 인생의 풍성한 열매를 맺었어 하지만 절망예언을 자녀들에게 심으면 그 절망도 자라서 아이들의 하늘을 가리고 가시와 독성의 냄새를 풍기게 돼 지나가는 아이에게 무심코 던진 희망예언이 세상을 살리는 생명의 씨앗이 될 수 있어 “앞으로 잘할 거야”, “미래엔 좋은 날만 펼쳐질 거야” 자신의 가슴에도 희망예언을 세우는 이는 어떤 일이 있어도 결코 넘어지지 않았어

604

동짓날 팥죽을 끓였어 가마솥에 팥을 넣고 불을 피웠어 쇠한 태양아 붉은 기운을 마셔라 시든 태양으로 세상엔 겨울이 찾아오고 눈이 내리네 집집마다 꿈의 새알심을 빚어 팥죽을 끓이면 사흘 뒤 새로운 태양이 뜨리라 악귀들을 물리치는 핏빛 팥죽을 먹으며 몸의 부정함을 쫓아내지 세상엔 크리스마스 축제를 위해 트리를 밝히고 노인들은 새 힘을 얻기 위해 팥죽을 끓였어 차가워진 세상이 힘을 얻고 붉은 팥죽을 먹은 심장들이 뛰며 피돌기를 시작해 보글보글 가마솥에서 끓어 넘치는 붉은 기운, 수증기를 피우며 하늘로 오르네 사방에서 팥죽이 끓어 양식이 되는 지혜의 팥죽 팥죽을 먹은 태양이 다시 살아나고 세상이 환해지는 날, 봄은 오리라

605

수水는 높은 산꼭대기에서 흘러내리면서 만물을 적시고 만물에게 자신의 양분을 공급하면서 개울로 냇가로 강으로 흘러 바다로 가니 짠물만 남았더라 하여 물은 흘러내림을 뜻하고 짠맛을 만들어내지 불火은 타오르면서 퍼지는 것이며 위로 올라가는 것을 뜻해 열심히 자기 몸을 부풀려 태우고 나니 입맛이 쓰다 하여 쓴맛을 만들어내지 나무木는 굽고 곧은 것이 특징이요 자라남을 뜻해 위로 올라가는 습성을 가지고 있으며 열매가 달려 무르익으면 신맛을 내므로 나무는 신맛을 만들어내지 쇠金는 빛을 내는데 주저함이 없고 변화무쌍하여 인류 사회에도 많은 발전을 가져다주었지 금의 성격은 변질됨으로써 온갖 장식품을 만들고 매운 맛을 만들어내지 흙土은 우리가 땅에서 태어나 땅에서 살다가 결국 죽어서 땅으로 돌아가는 대자연의 순환 속에 이어져 왔으며 단맛을 내는데 그 뜻이 있어 오행은 상생과 상극의 관계를 가지며 음양이 서로 맞물려 돌아감으로 자연의 원리를 담고 있어 동쪽의 목과 서

쪽의 금 남쪽의 화 북쪽의 수와 중앙에 토를 이룸으로 십자가의 원리와 같아 십자가 속에는 음양의 원리가 담겨있으며 바람개비처럼 돌아가는 활동에 의해 상생과 상극의 원리가 나타나 십자가를 거스르는 활동은 역이며 십자가를 따르는 활동은 순리야

606

참깨 밭은 한낮이어도 별이 쏟아지네 하얀 수건을 머리에 두르고 검은 치마에 흰 저고리 입은 할머니와 깨를 터는 깨밭은 구수한 노랫가락도 은하수처럼 흘렀지 마른 참깻대를 거꾸로 들고 막대기로 두드리면 영근 참깨들이 별처럼 쏟아지네 밭에 깔아놓은 둥근 멍석은 별이 가득한 우주였지 참깨밭에 자란 참깨줄기들을 베어 단으로 묶어 세웠다가 햇살 좋은 날 거꾸로 털면 하얀 깨들이 쏟아지듯 삶이 다한 후 하늘 멍석 위에 익은 별들을 나도 수북이 쏟아놓을 수 있을까 푸른 마음 하얀 꽃 피워 별을 가득 담고 살다가 할머니 웃음 같은 이야기 남기고 갈 수 있을까 가마솥에 볶아지면 온 천지 고소하던 향기를 나도 세상에 깨소금처럼 뿌리고 싶어 가슴 깊이 맺힌 꼬투리마다 별들을 품고 살아야지 김밥이나 고로께에 뿌려져 맛을 더하듯 내 삶의 추억에 묻어있는 참깨들 할머니의 웃음도 멍석 위에 여름밤의 별무리처럼 뿌려지네

607

총총 박힌 옥수수 알엔 단맛이 배어 있어 황금색 옥수수 알의 열매를 얻기 위해 옥수수들은 밤새 바람과 춤을 추었지 큰 몸을 흔들며 사각거리는 드레스 자락을 펄럭여 달빛을 유혹했어 붉은 머리칼이 시들고 꽃들이 지면 찾아오는 수확의 계절, 바구니 가득 누운 옥수수들은 옷을 벗었어 한 겹 한 겹 벗겨지는 푸른 치마, 연록의 속옷들 알몸이 되고서야 영글어온 진실을 알 수 있어 알알이 박혀 탱글탱글 여문 삶엔 보

석들로 빼곡했지

608

사람은 걸어 다니는 온도계야 물과 주변의 온도만을 측정할 수 있는 것이 아니라 정신의 온도, 감정의 온도까지도 측정하고 느낄 수 있어 말하지 않아도 상대의 표정만으로 우리는 온도를 읽었어 따뜻한 온도의 사람을 만나면 저절로 행복해지고 웃음이 나지만 온도가 낮은 사람을 만나면 가까이 가고 싶지 않아 심지어 소름이 돋고 공포심을 갖기도 해 봄날 같은 사람을 만나면 내 마음에도 꽃이 피지만 한겨울 같은 사람을 만나면 꽃은 떨어지고 창문이 닫힌 채 꽁꽁 얼어붙게 돼 영상과 영하의 갈림길에서 나는 지금 몇 도를 가리키는가

609

온천수에 몸을 담갔지 지상에 어떤 품보다 따뜻한 체온이 나를 품었어 마그마의 열기를 간직한 가슴이 나를 녹였어 세상은 한겨울 눈이 내려도 사랑의 뜨거운 체온이 눈덩이 같은 마음을 녹였어 뽀얀 증기 뽀송뽀송 물방울로 맺히는 속삭임이 있어 진심에서 우러나오는 따끈따끈한 포옹이 있어 눈을 감고 몸을 맡기면 금세 잠이 와 그냥 알몸으로 다 받아들이고 싶은 당신의 온천에는 뜨거운 사랑이 흐르네

610

옹달샘에 꽃잎 하나 표주박 하나 떠있었지 물속엔 하늘이 잠기고 구름이 흘러갔지 보기만 해도 갈증이 가시는 옹달샘 물은 샘물이 아니라 하늘이었지 흰 구름이 담긴 하늘 한 바가지 표주박에 떠 마시면 금세 구름처럼 마음도 가벼워졌지 남 몰래 찾아와 마시는 한 바가지 하늘은 세상에서 맛볼 수 있는 신령한 물 한 바가지 하늘을 마시며 기도하고 한 바가지 하늘을 마시며 천국을 배웠지 한 바가지의 하늘을 마시면 하루의 때가 벗겨지고 한 바가지 하늘을 마시면 한 발짝씩 하늘이

가까워지고 한 바가지 하늘을 마시면 내 몸에 하늘이 흐르고 한 바가지 하늘을 마시면 생각도 온통 푸름뿐인데 밤이 되면 표주박은 둥근 달이 되고 꽃잎은 별이 되어 하늘에 떴지 은하수 흐르는 물을 떠 마시면 나도 별나라로 둥실 떠올랐지 한 바가지 하늘을 마시면 부러울 것 없어 한 바가지 하늘을 마시면 하루하루 꿈으로 채워져 한 바가지 하늘로 나 날마다 자랐지

611

감람나무를 닮으라 척박한 땅에 깊은 뿌리를 내리고 풍성한 열매를 맺는 올리브, 세상에 그늘을 드리우고 평화를 전하네

612

우리의 가는 길엔 디딤돌이 있어 디딤돌을 하나씩 건널 때마다 추워지기도 하고 더워지기도 해 하루하루 달라지는 디딤돌을 건너며 일희일비할 필요는 없지 주어진 길을 가다보면 봄이 오기도 하고 가을이 되기도 해 태양이 24개의 디딤돌을 다 건너면 1년 나는 1년 동안 어떤 디딤돌을 딛고 왔는지 디딤돌 하나가 어떤 이에게는 하지가 되고 어떤 이에게는 동지가 되어 왔지 태양의 삶은 단지 태양만의 삶이 아니야 원칙을 무시하고 세상의 법칙을 뛰어넘을 수 없지 누군가가 보기 싫다고 오늘 밤 달이 떠오르지 않을 리는 없지 삶은 주어진 길을 가는 거야

613

내 안의 진정한 깨달음은 발화점이야 스스로 불붙을 수 있는 온도, 발화점은 내면적이어야 해 내 시의 발화점은 몇 도인가 내 영혼의 발화점은 몇 도인가 발화점이 낮을수록 우린 쉽게 변화할 수 있어 나를 고집하며 내 욕심을 그렇게도 버리지 못함은 높은 발화점 때문이었어 마음을 태워 새 사람으로 변화하지 못했어 내면의 자각과 깨달음으로 스스로를 불사르지 못했어 알코올은 482도 수

소는 609도인데 나는 아직 발화점을 알지 못해 나의 삶은 늘 높은 인화점으로 바위처럼 메말랐어 산의 자극 바다의 자극 아름다운 삶의 인화 속에서도 쉽게 불붙지 못했어 천둥 같은 외부적 자극에도 깨닫지 못했어 공기 중이나 산소 중에서 부대끼며 가열된 나의 삶이 언제쯤 발화될까 방사에 의한 냉각속도보다 커진 내 안의 자발적 깨달음으로 난 흔적도 없이 불타고 싶어

614

올빼미 한 마리 날아와 둥지를 틀었지 자수정의 푸른 눈에 백금의 흰 날개를 단 올빼미는 사슬에 묶여 있었지만 밤마다 꿈속으로 날아들었어 부리는 사람의 콧대 같았고 희끗희끗한 털은 지혜로 가득 찬 노인의 머리 같았어 밤마다 내 곡간에 물어다 쌓는 지혜 덕분에 나는 올빼미만 봐도 영감이 떠올랐어 소리 없는 날갯짓으로 미세한 감각마저 움켜쥐기 위해 어둠의 숲을 배회했어 날마다 잠들지 못하는 어둠 속의 달빛을 물어 날랐어 모아진 달빛이 등불이 되고 등불들은 꺼지지 않고 아침을 불러왔지 꿈을 깨면 언제나 내 목에 걸려 잠자던 올빼미 어느 겨울날 눈이 빠지고 도금이 벗겨져 이미테이션의 펜던트로 죽어 있었어 눈이 부시던 날개의 깃털들은 사라지고 누런 알몸이 드러나 보였어 영감은 사라지고 지혜를 부르던 올빼미의 울음소리는 다시 들리지 않았어 올빼미는 기억 속에 묻히고 은사슬만 빈 둥지에 남아있었어

615

0차원은 점에서 시작돼 점은 이동이 불가능한 차원이며 좌표가 존재하지 않았어 1차원은 선과 같아 선은 가고 옴의 관계(↔)이며 좌·우 상·하의 방향은 다를지라도 모두 양방향의 관계야 2차원은 평면과 같아서 수평적이지만 어디든 갈 수 있어(+) 1차원의 선에 십자가를 이루는 관계이며 끝없는 면의 존재야 3차원은

다른 지점으로 점프가 가능한 것으로 무한 프레임들이 합쳐져서 형성된 입체야 세상은 3차원의 세계야 하지만 세상은 자유로운 활동이 가능한 것 같지만 실은 처음 상황인 점과 달라지지 않았어 지구는 또 다른 우주적 차원에서 보면 하나의 점과 같은 존재이기 때문이야 4차원은 하나의 점과 같은 세상이 좌·우의 양방향 운동을 하는 것과 같은 세계야 현실적 세계가 좌·우로 이동하는 것은 시간여행과 같으며 과거와 미래를 오가는 것과 같아(세계의 수평적 이동 ↔) 이는 평면상의 또 다른 이동과 같아 5차원은 세상의 평면상의 또 다른 이동, 수평적 이동에 대한 십자가의 세계(十)야 6차원은 시간의 축들이 입체적으로 존재하며 우주의 차원이야 우주도 하나의 점과 같은 존재로 보면 7차원은 우주의 왕복적 선운동의 차원이야 우주의 도약선이 필요하고 초우주적 존재가 사는 곳이야 즉 우주의 왕복적 선운동에 불과하며 우주를 점으로 본 우주의 수평적 운동의 차원이야 8차원은 평면상의 또 다른 우주의 이동이며 9차원은 모든 우주에 접할 수 있고 모든 우주의 비밀을 알 수 있을지도 모를 세계지만 여전히 또 다른 한 점에 갇히지 10차원은 통합우주의 왕복이며 11차원은 막을 이룬 우주, 신의 차원이며 차원의 끈들을 통합한 초대칭 부피의 세계야

616

옷을 입지 않고 사는 인디언들을 보면 외모적인 매력을 느끼기가 어렵지 오히려 개인적인 미적 차별성이 있어야 할 텐데 실은 그렇지 않고 비슷비슷해 어쩌다 예술적 퍼포먼스로 행해지는 단체 누드를 보면 더욱 두드러진 개인적 매력의 차별성을 찾기가 어렵지 나체촌에 가면 이성에 대한 호기심이 더 발동할거라 생각하지만 실은 그렇지 않다는 말을 들은 적이 있어 사람의 매력은 옷에서 결정되는 부분이 많아 만

약 똑같은 옷을 입으면 전체적인 몸매와 얼굴에 의해 서로의 차별성을 느끼게 될 거야 유니폼을 입게 되면 얼굴이 매력의 핵심 포인트가 돼 그만큼 변별력이 없어지기 때문이야 옷을 입게 되면서 옷을 입는 센스는 매우 중요하지 멋지게 옷을 입는 사람은 신분적 차이와 같이 품격을 달리할 수 있어 옷이 생김으로 인해 부와 명예의 차이가 두드러졌어 어떤 옷을 입느냐에 따라 사람의 가치와 품격이 결정되었어 오늘날에는 어떤 상표의 옷을 입었느냐에 따라 무리에서 소외될 수도 있기 때문에 옷의 중요성이 더해졌지 옷이 몸을 보호하고 체온을 유지하게 해주는 점도 있지만 진정한 옷은 나의 외모적 장점뿐만 아니라 내면의 모습까지 살려줄 수 있어야 해 거지가 임금의 옷을 입고 있으면 어울릴까 막노동꾼이 성직자의 옷을 입었다면 품격이 달라질까 진정한 옷은 눈에 보이지 않는 마음의 옷이라고 할 수 있어 품격에 맞는 옷을 입을 만한 내면의 준비가 필요하지 비싼 옷만 살 것이 아니라 깨끗하고 소박한 옷을 입었어도 아름다운 정신의 옷을 입은 자는 범접할 수 없는 품격을 가졌어

617

요즘 강아지와 같은 애완동물을 반려자로 생각하며 살아가는 사람들이 많아졌네 그러다보니 방안에서 함께 생활하며 가족처럼 지내게 되었어 옷도 입혀주고 맛있는 음식을 사주며 호화로운 집에 장난감까지 없는 게 없을 정도야 반려동물들이 사랑받는 것은 귀엽고 예뻐서이기도 하겠지만 인간적인 사랑의 부재에서 시작돼 현대인들의 사랑은 믿음을 찾아보기가 어렵지 필요에 따라서 사랑하기도 하고 잠시 즐기다가 싫증이 나면 다른 파트너로 바꾸기도 해 평생 사랑하겠다는 서약으로 결혼을 한 후에도 서로 안 맞았다는 이유로 쉽게 헤어지는가 하면 졸혼을 하거나 황혼이혼을 하기도 해 내가 사랑받기

위해서는 매력이 있어야 하고 돈이 있어야 하는 시대가 되었어 배신의 사랑 믿음 없는 사랑의 시대에 반려동물들은 배신 없는 사랑을 보여주네 애지중지 키운 자식들마저도 자기 살 궁리에 바쁘고 뭔가 이득 될 게 없다면 부모도 돌보지 않는 시대가 되었어 인간은 모두 외롭지 함께 어울리며 살아도 늘 사랑에 굶주려 있어 변함없이 사랑할 대상이 필요하고 변함없이 사랑받고 싶은 꿈이 있어 하지만 이렇게 모두가 사랑하고 싶고 사랑받고 싶은데 왜 사랑할 수 없는 걸까 그것은 이기적인 사랑 때문이야 내가 받고 싶을 때 받아야 하고 주고 싶을 때 주어야 하는데 상대는 기다려주지 않았어 편리하고 이기적인 사랑은 서로 간의 편차를 만들고 부조화의 골을 남기네 사랑은 피곤한 존재가 되었어 그래서 내가 변함없이 사랑할 수 있는 대상, 시간이 지나도 배신하지 않는 대상을 찾게 되었고 반려동물을 만나게 되었어 귀여운 강아지가 하루 종일 나만 바라보고 있어 내가 움직이는 대로 따라오고 쉴 새 없이 내 볼에 입을 맞추고 있어 사람보다 낫지 사람들이 동물만도 못하게 된 것은 진정한 사랑을 알지 못하기 때문이야 진정 사랑은 사랑으로만 사랑할 수 있어야 해

618

옹기는 대부분 귀가 달려있어 옮기기 편하도록 양쪽에 만든 손잡이 자세히 보면 사람의 귀를 닮은 것 같아 귀라고 부르기로 했어 큰 옹기일수록 귀가 꼭 있어야 해 둥그스름해서 잡기가 어려운데 물건이라도 담겨있으면 옮길 수가 없기 때문이야 우리도 큰 그릇이 되려면 튼튼한 귀를 가지고 있어야 해 여러 사람의 말을 잘 알아들을 수 있는 넓고 큰 귀 귀가 잘린 옹기는 한자리에서 오래 있을 수는 있어도 쓰기에는 불편하지 내가 쓰임받기 위해서는 늘 나의 귀를 열어놓아야 해 귀를 닫고 있으면 미끄러

운 항아리를 드는 것처럼 가까이 하기가 어렵지 그래서 옹기의 생명은 귀야 귀가 부러진 옹기는 쓸모가 없어지고 구석에 처박히든지 버려지게 돼 옹기처럼 귀를 세우고 언제든지 내 귀를 통해 사용하기 편하도록 해야 해 경청하고 또 경청해야 해 귀가 부러진 사람들은 쓰고 싶을 때 쓰지 못해 태어나면서 귀가 없는 사람은 큰 그릇으로 쓰일 수가 없지 옹기를 가만히 들여다봐 귀 있는 자는 생명의 물로 충만할 거야

619

올가미는 길목에 있어 나의 가장 익숙한곳, 자주 접하는 사람에게 있어 나의 습성과 취향을 알고 나를 오랫동안 관찰해온 사람이 덫을 놓았어 무심코 지나는 길에서 올가미에 걸린다면 몸부림치지 말아야 해 저항할수록 올가미는 살을 파고 들어와 목을 조이고 피를 흘려 죽음에 이르게 해 올가미에 걸렸을 때는 빠져나오려고 하기 전에 먼저 올가미를 고정하고 있는 근원을 찾아야 해 고정된 못을 뽑지 않고서는 올가미에서 탈출할 수가 없지 올가미에 걸리면 죽은 척을 해야 해 그래야 오랜 시간 기다리다가 기회를 봐서 탈출하든지 아니면 도움의 행운을 얻든지 생포됨으로 일단 죽음을 면해야 해 그렇지 않으면 고통스럽게 죽어갈 수밖에 없지 매듭이 묶여진 이웃의 관계가 올가미가 되어 내 목을 조일 때에 억울해서 몸부림칠 것이 아니라 냉정히 뒤를 돌아봐야 해 그리고 이웃과의 잘못된 매듭을 풀어야 해 그 매듭을 풀지 않고 앞으로만 달려가면 점점 목을 조여 질식시킬 수 있어 올가미는 늘 익숙한 길에 있어

620

옹벽이 무너져 내리는 언덕을 떠받치고 있어 옹벽이 있어 누군가는 이 언덕 가까이에서 행복을 꿈꿀 수 있어 자그마한 집들이 옹기종기 모여 사는 산동네엔 늘 무너지는 일들뿐이야 밀린 방세

를 못 내서 기울고 직장을 잃고 주저앉아 자고 나면 여기저기 무너졌다는 소문이야 늘 비가 그치지 않는 산동네엔 금이 가고 눈물 마를 날 없지 그나마 끝까지 무너지지 않고 버텨주는 옹벽이 있어 여길 떠나지 않았어 철근과 콘크리트로 세워진 옹벽 아래 색색의 자동차들도 밤이면 둥지를 틀지 무수한 꿈들이 새겨져 있는 옹벽은 아버지들의 허리뼈로 세워져 있어 옹벽 아래 살아가는 길들은 막힘이 없는데 언제 무너질지 모르는 불안감으로 옹벽을 떠받치는 철근들 옹벽 아래 뼈를 묻고 살아가지

621

옻칠은 아픈 색칠이야 유리창에 번진 핏빛 노을보다 멍든 바다의 쪽빛물결보다 더 쓰리고 아픈 빛깔 칼날에 베어진 상처마다 흘러나온 진액으로 칠한 어둠은 절대 벗겨지지 않았어 칼날이 스친 자리마다 흘린 독한 눈물은 절대로 지워지지 않았어 한 겹 한 겹 덧칠해진 눈물로 숟가락을 들어 쌀밥을 뜨면 삶이 다 감사해 칠해진 눈물이 아름답지 반짝이는 금수저 은수저보다 끈적한 피가 배어있는 옻수저 아무리 뜨거운 국물을 뜨고 이빨에 물려서도 상처가 나지 않았어 아니 상처라 생각하지 않았어 까만 옻칠의 수저를 핥으면 지독한 밤도 달콤해지네

622

불로 구워진 기와 한 장 한 장 얹어진 와옥은 경건하지 나도 와옥에 살면 선비처럼 욕심 없이 바를 것 같아 반듯한 기둥을 세우고 산을 떠받칠 서까래를 올려 촘촘히 이를 맞춰 얹은 지붕은 하늘과도 잘 어울리네 휘어진 곡선과 곡선이 맞물려 조화롭지 잘 정돈된 직선의 창호지 문들과 아치형의 추녀가 한 집을 이루어 살아가는 곳 대문도 담장도 품격이 높아서 와옥은 싸울 일도 없을 것 같아 대문을 굳게 닫고 있어도 훤히 집안이 들여다보여서

답답하지 않아 뜰 안에 연못 하나 들여놓고 연꽃을 피우면 한가로이 쉬었다 가는 해맑은 구름 창문을 열면 창문만큼 바깥풍경이 잘려서 액자도 필요 없지 햇살이 마당에 가득 차고 바람이 놀다가는 와옥 초탈한 선비의 모습으로 서 있어

623

와인은 자연의 압축파일이야 따가운 햇살과 시원한 바람 알알이 들어와 박히고 비에 씻기며 영글던 송이송이 천둥과 번개도 스미어 검붉어진 포도, 흠뻑 달빛이 묻어나는 즙을 짰어 착즙기에서 흘러내린 붉은 포도즙 속엔 혼이 담겨있어 땅속에서 뽑아 올린 거름과 공기 중의 양분과 하늘의 신령함이 담겨있어 포도 한 알에도 우주의 별과 같은 오묘함이 담겨있어 물과 불과 나무와 쇠와 흙의 기운이 모아진 포도를 짜서 오크통의 어둠속에 숙성시켰어 찌꺼기는 침잠시키고 맑은 기운만 정제시켰어 대자연의 꿈이 압축된 와인을 마시면 온몸은 햇빛과 바람과 푸른 포도밭으로 충만해지네 하늘에 붉은 노을이 걸리며 잎새마다 단풍이 들고 있어 한 잔의 와인 속에 잠긴 투명한 세상을 마시면 구름 한 점 없는 밝은 연못이 돼

외갓집

624

꼬투리 속의 완두 다섯이 한 지붕 아래 자랐어 천둥 번개 태풍도 두려워하지 않고 어미 품에 안겨 젖을 물었지 완두들이 자랄수록 꼬투리의 틈은 벌어지고 푸르게 촉촉하던 피부는 메말라갔지 어느새 머리가 컸다고 어미 품에서 조금씩 세상을 내다보기 시작했어 젖을 다 물리고 쭉정이만 남아 젖을 뗀 후 톡 깍지를 열어 오남매 세상으로 내보냈지 여기저기 흩어져 뿌리내리고 싹을 틔우느라 빈 콩깍지로 남은 어미 하나 돌보지 못했어 바람에 흔들리다 땅에 묻혀 빈 몸으로 돌아간 뒤에야 완두 다섯이 모여 제사상에 쌀밥을 지어놓았어 내 꼬투리 속에서도 새로운 완두들이 커가지 그들도 이젠 가끔씩 틈을 열고 세상을 내다보기 시작했어 그냥 품고만 있으면 햇살이 다 키우는 줄로 알았는데 뼈와 살이 삭아가는 일이었구나 왜 완두가 자랄수록 꼬투리는 오그라들고 말라갔는지 알지 못했어 성급히 꼬투리를 뛰쳐나가려했던 완두들을 왜 꼭 안아줬는지를 이제는 알 것 같아 오늘은 한 울타리에서 자라던 완두들이 모여 포근히 안아주던 꼬투리가 그리워 울었어 오순도순 자라던 꼬투리 속으로 완두는 다시 돌아갈 수가 없지

625

모든 대상은 그 자신의 특징을 가지고 다른 것과 구별되어 개별적인 것으로써 인지돼 그러나 이러한 개별로써 구별되는 대상은 다른 대상과 관계를 맺고 있으며 그들과 공통되는 특징도 나눠 갖고 있어 탈레스는 개별로 나타나는 것의 근저에는 물이라는 보편이 있고 이것이 다양한 모습을 취한 것이 개별이라고 생각하였어 플라톤은 보편을 참된 실재로 보고 개별을 가상으로 간주하였

어 또한 아리스토텔레스는 개별과 보편의 통일을 시도하였어 보편은 개별의 본질이고 개별은 보편을 실현하는 것으로 이해하였어 이러한 개별 특수 보편 논쟁에서 그 관계를 명확히 밝힌 것은 마르크스주의 철학이야 마르크스주의에 의하면 보편은 객관세계에 실재하고 있으며 특수·개별과 결합하여 비로소 존재한다는 것으로써 개별을 통해 보편이 존재하고 또 개별은 보편을 기대하지 않고는 존재할 수 없지 이들 양자를 매개하는 것이 특수야 특수와 보편은 상대적으로 포착될 수 있는 것이고 또한 개별도 상대적인 의미를 가지고 있어

626

노을 속에 단풍이 불타네 허공을 휘저으며 옹이 박힌 사념들을 바람 속에 날려 보냈지 세월의 무늬 아로새겨 눈부신 속살 깎아 얻은 한 조각 그리움, 비단결로 다듬어 바람곡선으로 휘어 짠 영혼의 울림통에 팽팽히 조율된 목숨 나비 같은 손결 천상의 음계를 날며 혈맥을 짚어 활을 켜네 수백 년 안으로만 농울 지어 온 나이테의 침묵을 털고 일어선 단풍나무 한 음 한 음 절절히 공명共鳴하며 미치게 노을이 타는 신의 곡조를 연주해

627

왕은 늘 감옥에 갇혀있어 왕은 자유자가 아니라 진정한 수감자야 왕은 백성의 감옥에 갇히고 윤리와 법도의 감옥에 갇히고 반역의 감옥에 갇히지 왕이 제 맘대로 권력을 휘두르면 감옥에서 헤어나기 어렵지만 수감자처럼 제 몸과 마음을 절제하고 다스리면 자유를 얻을 수 있어 인기가 높아질수록 나를 지켜보는 감시탑이 높아지고 권위와 지위가 견고해질수록 가두는 철창이 늘어나 진정한 자유를 얻으려면 무거운 짐을 벗고 바람이 되어야 해 높은 자리에서 내려와 강물이 되어야 해 담장이 높다고 해서 감옥은 아니야 벽으로 둘러 싸여있

다고 해서 감옥은 아니야 감시의 눈길이 지켜보는 곳이 감옥이야 함부로 왕이 되려고 하지 말아야 해 왕은 죽어서도 역사의 감옥에 갇히게 돼 하루도 쉼 없이 뭇매의 형벌을 받아야 하는 감옥에 갇히고자 자유를 버린 자들의 대통령 선거가 한창이야

628

절벽을 오르네 퇴적층의 지층들이 수억 년 페이지를 이룬 절벽은 심오할수록 두껍지 층과 층 사이에 철심을 박으며 자일을 걸고 오르는 걸음마다 세월로 쓴 페이지를 넘었어 깎아지른 절벽은 정복되기 위해 쓰인 책, 한 장 한 장의 퇴적층마다 구구절절의 역사가 담겨있어 손끝에 피가 맺히며 상승하기 위해 자일을 당기네 정복할 수 없는 봉우리들이 눈과 얼음에 쌓여 자신을 보여주지 않았어 눈 폭풍과 구름이 이는 칼끝처럼 차가운 능선은 예리한 지성의 날이 번뜩였어 히말라야보다 높은 공자와 예수와 붓다의 절벽을 정복하기 위해 많은 이들이 떠났지 주역과 불경과 성경의 봉우리들은 아직도 신비의 절벽으로 깎아지른 듯 서 있어 악어처럼 입을 벌린 오독의 크레바스, 왜곡된 길들을 만들며 신기루로 서 있어 정복되기 위해 서 있는 능선들, 산을 오르기 전에는 제사라도 드려야 해 산이 된 사람들의 능선과 계곡을 더듬으며 발자취를 따르기 위해서는 먼저 무릎을 꿇어야 해 거봉이 된 책들을 앞에 놓고 거봉이 되기 위해 책장을 넘기네 뛰어넘을 수 없는 지층을 만들어 백악기 트라이아스기 간빙기를 넘어 융기 침강하며 지층을 써가지 나뭇잎을 쓰고 먼지를 쓰고 바람과 눈과 비를 시루떡처럼 쌓으며 절벽을 만들어가지 오르기 위해 절벽을 만들고 있어

629

왕의 무덤이 크고 화려하다 해도 들어가 살려는 자가 없듯이 어여쁜 치장에 보석을 걸쳤다 해

도 사고가 죽어 있으면 함께하기가 어렵지 나는 텅 빈 왕의 무덤처럼 살았어 사랑의 보석들을 도굴 당한 채 허무와 외로움의 봉분을 하고 초록인 듯 살았어 둥근 하늘을 닮겠노라고 반달을 그리면서 피가 흐르지 않는 묘석들만 친구로 삼았어 내게는 왕릉이라는 명예가 필요했기에 나를 들여다볼 수 있는 자들이 두려웠지 내 안엔 썩어가는 아니 썩어갈 존재조차 남아있지 않은 빈 동굴뿐이라는 것이 하지만 나만 모르고 있었어 내 등 뒤에 내 안으로 통하는 비밀 문이 있다는 것을 그 문을 통해 하루에도 수백 명이 다녀갔지 비밀은 없지 나의 썩은 정신을 들키지 않기 위해 아무리 입을 열지 않았다고 해도 남들이 먼저 다 알고 있었어 이미 등 뒤에 있는 비밀 문을 통해 샅샅이 들여다보고 갔으므로 이제 내 안의 어둠을 두려워하지 말고 내면의 문을 열어야 해 문을 열면 썩어가는 무덤은 과거일 뿐 새로운 배움과 관광의 명소가 될 수 있어 자신의 어두운 과거 부패했던 공간을 숨기려 하지 말고 자신 있게 드러내면 모두가 가보고 싶은 왕릉이 돼

630

시계추와 같이 어떤 물체의 운동은 같은 패턴의 움직임을 주기적으로 반복해 왕복운동을 분석하면 한 번의 완전한 운동이 이루어지기까지 걸린 시간인 주기 변위의 최대 폭인 진폭, 시간의 흐름에 따라 운동하는 과정을 알면 앞으로 일어날 운동에 대해서 예측이 가능하지 지구가 태양의 주위를 도는 것이나 자동차에 피스톤이 움직이는 것, 그네가 앞뒤로 흔들리는 것도 그 한 예야 인간은 왕복운동으로 태어나서 하루를 왕복운동 하다가 큰 왕복운동으로 돌아가지 왕복운동의 주기가 다를 수는 있어도 왕복운동 하지 않는 사람은 없지 사람마다 진폭이 다를지라도 그 사람의 패턴을 읽으면 미래를 예견할 수 있어 우리는 이 땅에 온 이상 다

시 돌아가야만 한다는 사실을 알고 있어

631

어머니 손잡고 외갓집 가던 시골길은 가도 가도 끝이 없었지 아침에 나서서 논길과 밭길을 지나고 산속을 걸어서 해가 질 무렵에야 도착했어 대나무 숲으로 둘러싸인 기와집엔 외할아버지 외할머니를 비롯해 여러 식구들이 있었어 닭을 잡아서 저녁상을 차렸고 간식으로 참외를 먹었지 마당에 모깃불을 피우고 식구들과 밤늦게까지 정담을 나누었어 마당가에는 젖을 짜는 흰 염소가 두 마리 있었어 외숙모는 젖을 짜서 솥에 끓인 후 내게 주었어 처음 먹어보는 염소젖은 입맛이 까다로운 내게 맞지 않았어 몰래 화장실에 가서 뱉었어 외갓집에서의 하룻밤은 걸어온 길만큼 길고도 길었지 대숲 사이로 보름달이 밝았는데 창호지를 뜯어내고 모기장을 붙인 문으로 호랑이라도 들어올 것만 같았어 하루 종일 걸어서 지칠 대로 지쳤지만 잠이 오지 않아 뜬눈으로 날을 샜지 나는 맨손으로 왔지만 오랜만의 친정나들이라고 머리에 이고 한 손엔 보따리를 들고 오신 어머니는 얼마나 힘이 드셨을까 다시 집에 돌아갈 일이 까마득했어 논둑에서 밭둑에서 짐을 내리고 몇 번이고 쉬면서 찾아온 외갓집이 백 리는 되는 것 같았어 나이가 먹은 뒤에 외갓집 가는 길을 걸어보았어 어머니 손잡고 걷던 논둑길 밭둑길은 농지정리가 되고 개발이 되어서 아스팔트가 깔렸지 그때의 따스했던 어머니의 손길이 느껴졌네 시집와서 몇 번 가보지 못했던 그 친정 가는 길을 아들의 손을 잡고 걸으셨던 어머니의 마음은 얼마나 기뻤을까 다리 아프다고 징징대며 걸어간 그 길을 어른이 되어서 걸어보니 어머니가 내 손을 잡고 걸으시는 것 같아 어머니가 돌아가시기 전에 어머니를 업고서라도 이 길을 한 번만이라도 걸었더라면 얼마나 좋았을까 외갓집

가는 길가에 어머니 웃음처럼 피어난 들꽃들이 가득하네

632

방풍림을 흔들며 치통처럼 바람이 불었네 피고름이 고인 갯벌은 훅훅 입 냄새 풍기며 달려온 태풍에 아랫도리부터 허물어졌네 파도에 물어뜯긴 모래언덕, 할아버지 수염처럼 늘어진 뿌리들은 허공을 향해 촉수를 흔들었네 쓰레기 매립지를 파고 박은 철 빔들, 지반이 약한 탓에 건축 전문가는 조립식 건물을 권했지만 내겐 어떤 태풍도 견딜 반영구적 빌딩이 필요했네 꽃 같은 웃음을 보여주던 마른 대궁들을 뽑고 들뜬 땅을 다진 후 콘크리트로 세운 든든한 믿음의 뼈 아버지는 날마다 성현의 말씀 뼈마디에 새겨 곱씹으며 살라 했는데 고기토의 집, 상앗빛 말씀들을 갈고 닦지 못했네 입에선 악취의 언어들이 쏟아지고 한순간 마른 풀잎들은 바람에 흩날리다 떨어졌네 뼛속에 뼈를 심고서야 말씀의 뿌리들이 가슴에 사무치네 몸에 심겨진 206개의 뼈들이 다 진리였네 임플란트한 마을 입구 옹벽이 새 단장을 했네 폐차들이 녹슬고 빗물과 함께 토사가 넘쳐나던 담벼락, 허물어진 골과 틈을 채워 성형을 했네 꿈을 디자인한 타일들의 가지런한 이를 드러내고 옹벽이 웃었네 초특급 태풍에도 무너지지 않을 신념들, 동네가 훤하네

633

아르곤은 비활성기체 중에서 가장 먼저 분리 확인된 원소로 비활성기체의 대표적 원소야 비활성기체는 화학적으로 활동이 활발하지 못하여 화합물을 잘 만들지 못하는 기체인데 헬륨 네온 아르곤 크립톤 제논 라돈 등이 있어 공기 속에는 1% 정도의 미량이 함유되어 있어 인간사회에도 비활성적인 인간이 존재해 서로 만나서 사랑하고 화합하며 아름다운 세상을 만들어가야 하지만 비활성적 인간들은 서로 어울리거나 소통하지 못하고 자폐적

이야 또한 독선적이어서 사회를 불행에 빠뜨리기도 해

634

지하방에서 일어나면 온몸은 습기에 젖어있었어 태양이 눈뜨기 전 서둘러 출근을 해야 했어 지하철을 세 번 갈아타고 도착한 사무실은 지하 3층의 밀실 컴퓨터 모니터를 통해 드러나지 않는 CCTV 속의 일상을 감시했어 점심시간엔 지하 1층의 식당가에서 간단한 메뉴로 끼니를 때웠어 밤이 늦어서야 돌아오는 퇴근길도 어둠의 터널뿐이었어 하루에 빛을 볼 수 있는 시간은 한 시간도 되지 않았어 점심식사 후 잠깐 지상에 있는 주차장 한 구석에 쪼그리고 앉아 담배를 피우고 경비들을 만나 몇 마디 인사를 나누는 것이 전부였어 젊은 날의 내게는 창문이 보이지 않았어 바람도 없는 밀실에서 가끔 보름달 같은 피자를 시키며 태양을 꿈꿨지 희미한 삶을 비춰주던 형광등 불빛으로 나의 얼굴은 변해갔고 어딘가에 산과 들이 있을 거란 생각조차 잊고 살았어 두더지가 되어 날마다 굴을 파고 밀실을 만들었지 사고의 밀실 학문의 밀실 상상의 밀실 철학과 종교의 밀실엔 햇빛이 들지 않았어 폐쇄된 공간엔 어둠만이 가득 차고 퇴화된 의식과 감각기관들이 출구를 찾지 못한 채 아우성쳤지 정신의 지하에 갇힌 자는 아무리 높은 산에 오른들 지층 속의 화석이며 심해의 눈먼 고기에 불과하였어 지하세계의 탈출은 창을 여는 것이며 빛을 만나는 것이었어 새로운 세계는 새로운 태양이 떠올랐어

635

예쁘게 태어나서 한평생 사랑받으며 사는 사람이 있는가 하면 못생기게 태어나서 한평생 비호감으로 사는 사람이 있어 태어나면서부터 확연히 갈라진 이들의 삶을 어떻게 보아야 할까 누구나 하나쯤은 장점을 갖고 태어나 신은 평등해서 예쁘지 않다면 또

다른 재능을 주셨을 거야 나는 외모도 돈도 권력도 좋은 머리도 갖지 않고 태어났지 다른 사람들과 비교하며 콤플렉스를 가졌지만 이제는 내가 좋아하는 글을 쓰며 콤플렉스를 갖지 않게 되었어 예쁜 사람은 예쁜 사람들의 경연장에서 더 많은 스트레스를 받으며 살아가지 자신의 외모를 사랑하고 또 다른 내 안의 재능을 찾아야 해 세상은 한 가지만 잘 해도 존경받고 추앙받을 수 있어 내게 없는 것을 부끄러워하지 말고 남이 갖지 않은 것을 내 안에서 찾아 아름다운 사람이 되어야 해 매력 있는 사람은 꼭 예뻐서가 아니야 내 안에 가장 소중한 것을 찾아 빛나게 하는 것이 가치를 얻는 삶이야

636

하늘의 태양은 외톨이여서 위대하고 아름답지 어둔 밤의 등대는 외톨이여서 가치가 있어 젊은 날에 나도 사랑에 실패하고 외톨이로 산 적이 있어 죽을 것 같이 외롭고 사람 보는 것이 무서웠지만 외톨이는 내 스스로가 만들고 있다는 것을 알고부터는 외롭지 않았어 오히려 외톨이로 지내면서 더 많은 것을 얻었고 자신을 들여다보며 깨달았어 태양이 외톨이이지만 외롭지 않고 위대한 것은 세상을 향해 많은 것을 줄 수 있기 때문이야 등대도 길 잃은 배들을 살릴 수 있기 때문에 가치가 있어 내가 외톨이가 되었을 때는 내가 이웃에게 사랑을 베풀지 않았음을 알았어 내가 고독할 때는 내 안에 사랑이 고갈되었음을 알았어 진정한 외톨이는 태양이 식었을 때이며 등대가 꺼졌을 때야 나이가 들어 나도 2,30년 후에는 노인이 되어 있을 거야 자식들에게 버려지고 이웃들에게 소외되지 않기 위해서는 열정으로 타오른 빛을 꺼뜨리지 않으려 해 연륜이 더할수록 혼을 태우는 태양이고 싶어

637

요가는 몸으로 쓰는 상징적 기

호이며 영원한 세계와 통하는 언어의 표현이야 물구나무 자세는 느낌표이며 하늘을 딛고 땅을 머리에 인 형상이야 활 자세는 몸의 시위를 팽팽히 당겨 마음을 쏘아보내기 위함이야 낙타 자세는 땅을 의미하는 사각형을 만들어 아무리 험난한 곳에서도 살아남기 위한 형상이야 고양이 자세는 네 다리로 기어가는 모양으로 수심獸心을 다스리기 위함이며 짐승과 같이 되지 않기 위한 상징이야 쟁기 자세는 마음의 밭을 갈아 참 생명의 씨앗을 뿌리고 열매 맺기 위한 표시이며 비둘기 자세는 땅에 살아도 하늘을 그리워하며 살겠다는 기호야 박쥐 자세는 바위에 납작 달라붙듯이 엎드려 살겠다는 표시이며 코브라 자세는 용기를 잃지 않고 당당하게 맞서며 살겠다는 의지야 물고기 자세는 가슴을 활짝 열고 세상의 바다를 헤엄쳐가기 위한 기도이고 전사 자세는 손을 모아 하늘 향해 높이 들고 전진하는 의지의 표현이야 나무 자세는 한 발을 들고 모은 손을 높이 들어 하늘 향해 뻗어 오름의 상징이고 독수리 자세는 금방이라도 날아오를 듯한 준비의 표현이야 하나의 자세로 영원과 교감해

638

산들바람이 흔드는 초승달 요람 위에 아기가 꿈을 꾸네 구름이 걸힌 커튼 사이로 모빌처럼 새들이 날아오르고 천장에 그려진 별들이 비추는 아기 곁에 흰 꽃송이로 푸들이 잠들어 있어 딸랑딸랑 장난감들의 태엽이 풀린 시간 시계는 사각사각 엄마 얼굴을 그리고 창가에 매달린 은 십자가들은 하늘하늘 그네를 타네

639

살기 위해 허기를 채우던 시대는 지났지 요리는 품격을 먹었어 이름난 음식을 먹기 위해 몇 시간씩 차를 몰아 찾아가기도 하고 비행기를 타고 먼 나라를 여행하기도 해 먹으면 금세 소화되어 없어지는 것이지만 먹어보았다는

자부심 때문에 기꺼이 비싼 값을 지불해 유명 식당에서는 맛과 품격의 음식을 만들기 위해 인류 요리사를 채용하고 최고의 신선한 음식재료를 구하기 위해 세계 어디든 달려가지 육체를 위해 사람들은 아낌없는 투자를 하면서도 정신을 위한 투자는 인색하지 작품도 요리가 필요해 글을 쓰기 위해서는 언어의 요리가 필요하며 그림을 그리기 위해서는 색깔의 요리 연주를 위해서는 음의 요리가 필요하지 하나의 글을 쓰더라도 마음을 비워야 하고 쓰고자 하는 신선한 대상을 선택한 후 혼을 담아야 해 최고의 정신적 요리를 먹기 위해 나는 몇 번이나 성경을 읽었는가

640

막대기를 휘휘 젓자 통 안에서 솜사탕 과자가 생겨났지 요술의 빈 통 속에서 색색의 구름을 만들어냈어 구름 한 조각씩 핥으며 가는 입술엔 노을이 묻어 있었어 구름에 섞인 햇살에 따라 연분홍 구름도 되고 진홍의 구름도 되는 하늘에 가득한 구름은 아무리 솜사탕을 만들어도 줄어들지 않았어 손에 들려진 구름으로 아이들은 거리를 둥둥 떠다녔어 바람을 타고 날아가는 아이들의 손에 들려진 요술봉 나도 그 요술봉을 들고 어느 날 훌쩍 어른들의 세계로 날아왔지 어른들의 세계에선 요술이 통하지 않았고 흰 구름들은 먹구름으로 변해있었어 내 꿈의 초라한 요술봉은 쪼개진 한 쪽의 나무젓가락만도 못하다는 걸 알았어 언제 부러질지 모를 손가락만한 꿈은 핥아도 아무 맛이 느껴지지 않았어 누군가 내게 십자가를 들려주었지 멋진 십자가 요술봉 그 요술봉은 하늘나라까지 실어다줄 거라고 내게 속삭였어

641

바다에는 요트가 물살을 가르고 하늘에는 흰 구름이 떠가지 수평선이 잘 접혀진 데칼코마니야 이 데칼코마니를 뒤집으면 바

다가 하늘이 되고 하늘이 바다가 돼 뒤집었을 뿐인데 180도 달라진 차원 삶은 요트를 타고 항해하며 바다에 낚시를 던져 고기를 잡는 것과 같아 평범한 일상의 파도 위를 세속적인 요트를 타고 종착점을 향해 달려가고 있어 삶은 아무리 달려도 결국엔 죽음의 섬에 도달할 수밖에 없지 생각을 바꾸고 사물을 거꾸로 보기 시작하면서 삶은 바다의 차원에서 하늘의 차원으로 바뀌지 요트 대신 구름을 타고 하늘을 항해해 차원 높은 예술도 뒤집어 보기야 갑갑하고 유한한 삶에서 벗어나는 길도 뒤집기야 하늘은 늘 머리 위에만 떠있지 않아 누구든 하늘을 밟을 수 있고 새로운 차원에 다다를 수 있어 하늘의 물감이 접혀진 바다로 내 안에 굳어있을 뿐이야

642

용이 머물렀다는 연못에서 배를 타고 물놀이를 했어 나도 용이 된 듯 물살을 헤치며 하늘을 바라보았어 하늘엔 해가 떠있고 구름은 보이지 않았어 승천을 위해 먹구름이 필요한데 아직은 때가 아닌 걸까 나는 20년 동안 절망으로 가득 찬 동굴에서 글을 쓰는 이무기로 살았어 내게는 운雲이 따르지 않았어 천둥번개를 치며 하늘로 비상하기 위한 비구름들이 모여들지 않았어 또 다른 용연에서는 쉽게 때를 만나 잘도 하늘로 오르기도 하던데 나의 연못은 늘 잠잠했어 용의 비늘을 그리고 다리를 그리고 충천하는 기의 꼬리를 그렸지만 아직 점안이 되지 않았어 숨어 있는 나의 글들은 언제나 구름을 탈까 하늘이 열리며 혼을 불어넣는 천둥번개의 외침을 듣고 싶지만 나의 글은 잠들어 있어 석 달 열흘 비가 쏟아지듯 아직 눈물을 흘리지 못했어 하늘이 찢어지는 아픔을 난 아직 겪지 못했어 천년 묵은 이무기 마지막 하나의 점을 찍지 못해 수면 위로 올라 먹구름을 들여마시네

643

쇠는 용광로에서 녹아 부활해 용광로는 쇠들의 꽃이야 용광로에서 꽃으로 활짝 피어난 쇠들은 열매로 세상에 뿌려지네 어떤 씨앗은 칼로 어떤 씨앗은 호미로 뿌려져 세상에 또 다른 뿌리를 내리고 살아가지 녹슬고 상해 쓸모없던 쇠들이 모아져 새롭게 태어나야 하는 용광로, 교회와 절들은 불씨를 잃고 차갑게 식어있어 병들고 때 묻은 자들을 모아 녹이고 변화시켜 새로운 씨앗이 되게 불살라야 하건만 자신의 불씨마저 꺼트렸어 불씨를 잃고 차가워진 용광로를 말 한마디로 녹일 수는 없지

644

용암이 지각을 뚫고 나와 붉게 흐르네 땅의 중심에 있는 마그마의 심장 거친 맥박으로 솟구친 피는 분노로 가득해 풀과 나무와 돌들을 삼키며 흘러가는 곳마다 펼쳐지는 죽음의 세상 분노는 식었다 해도 황폐한 암석으로 남았어 땅의 심장에서 솟구친 불의 피는 풀 한 포기 남기지 않고 세상을 죽음으로 몰아넣었어 풀벌레 소리 하나 들리지 않는 암흑의 땅엔 폭발의 분노만이 남아있어 활화산의 입에서 쏟아지는 화話, 화火, 화禍 분노가 뿜어내는 욕설과 고함은 주변을 황폐하게 만들고 죽음의 세상으로 몰고 가지 나의 분화구는 위험해 사화산인줄 알았는데 어느 순간 활화산이 되기도 해 침을 튀기며 쏟아낸 욕설들이 화산재처럼 하늘을 날아올라 주변을 덮었어 화산재가 쏟아진 곳은 아무 생명도 존재할 수 없는 사막이 돼 마그마가 흘러간 곳은 절망의 암석만 남았어 자신의 주변에 참다운 사람이 없다면 자신의 분화구에서 넘쳐난 마그마 때문일 수도 있어 말 그만, 마 그만, 마그마

645

뚝배기에 담겨 펄펄 끓는 우거지탕은 식탁의 주인공이었어 소고기 육수와 함께 끓여진 우거지

는 인기가 높았어 김이 모락모락 나는 우거지를 건져 먹으며 우거지가 소고기보다 더 맛있다는 것을 알았어 한때 우거지는 배추밭에서 버려진 존재였어 속이 꽉 찬 배추포기들을 거두어 겉잎은 벗겨내고 속잎으로만 김치를 담갔지 노랗게 영근 배추 속잎들은 김치가 되기 위해 선택받았지만 푸른 겉잎들은 쓸모없어 버려진 자들이었어 하지만 우거지는 담벼락에 매달려서도 희망을 잃지 않았어 햇볕의 영양을 온몸에 채우기 위해 겨울바람에 버석거리면서도 섬유질의 꿈을 잃지 않았어 묶였던 몸이 자유를 얻고 불타는 뚝배기에 앉아 잡념을 없애고 나니 우거지탕이 되었어 배추밭에서 버려졌던 우거지가 식탁에 올라 밥상의 주인이 되어 맛을 전해 선택받았던 배추들은 매운 양념을 뒤집어쓰고 밥맛을 돋우는 밥상의 시녀일 뿐이었어 나도 한때 배신으로 눈물을 흘린 적이 있어 선택의 기로에서 사랑을 잃고 방황했어 실패하고 버려지는 아픔이 있었기에 깨달은 우거지 인생이 눈물 콧물 흘리며 밥 말아 우거지탕을 먹었어

우산을 준비하지 않은 날

646

비가 오고 구름이 낀 날엔 태양이 뜨지 않았어 억지로라도 웃음을 내보이며 긴 한숨으로 구름을 지우려 했지만 저기압을 동반한 비구름은 꿈쩍도 하지 않았어 우기의 시작이었어 하루에도 몇 번씩 천둥번개가 치며 집안에 소나기가 쏟아졌어 장모가 눌러앉으면서부터 발달한 적도 기단은 폭우를 동반한 태풍을 몰고 왔지 벌레 먹고 나약한 나무들은 송두리째 뿌리가 뽑혔고 약한 지반은 허물어져 사태를 만들었지 습기가 가시지 않는 벽과 천장엔 곰팡이가 피기 시작해서 아이들마저 피신했지만 마르지 않은 빨래들은 맘껏 팔다리를 펼치고 방마다 차지하고 있었어 우기가 그치고 나면 나무들은 더 푸르고 싱싱해지겠지 허물어지고 끊긴 길들은 새롭게 보수되어 견고한 세상을 만들어갈 거야 우기는 태양을 상실한 시간 태양을 잃고 나면 세상엔 먹구름이 몰려오고 천둥번개를 동반한 우기가 시작되지 눈물이 마르지 않는 우기는 언제쯤 끝이 날까 상실로 시작된 시간이 그치고 태양이 뜨고 나면 나도 나무처럼 한 뼘쯤 자라 있을 거야

647

난꽃 같은 여인과 차를 마시네 행여 다기茶器의 차가움이 당신 마음인 듯 만져질세라 탕수를 기울여 잔의 냉기를 비우고 우려진 찻물을 따르네 손끝에 전해지는 여인의 따뜻한 체온 고이 감싸 받쳐 들고 한 모금 혀끝에 물어 입안에 굴리면 향긋한 체취가 온몸에 번지네 보내지 못할 편지를 쓰며 가슴 졸여 끓이던 첫사랑의 찻잎들은 참 떫기도 하더니만 이제 연륜의 탕수기에 우려진 인생의 잔을 들고 마주하며 음미하는 그 맛이 깊어 난 잎인 양 선이 고운 여인은 석란 속에 말없이

웃고 은은한 삶이 걸려진 찻잔엔 다향茶香의 훈김이 서려 난향보다 진한 향기로 스미네

648

우렁이 껍질이 물 고인 논에 떠 있어 퀭한 눈엔 눈물이 고였어 한 세상 밑바닥을 쓸며 깨끗한 세상을 살려했건만 남는 것은 회한뿐이야 어미 살을 파먹고 자란 자식들 다 떠나보내고 빈 껍질로 남아 구름 속에 떠있어 물보다 가벼워진 삶이 물길 따라 떠돌다가 웅덩이 속에 잠겨 사라지네 한세상 회오리를 품고 살았지만 전라田螺에 불과했어 진흙 속에서 평생 쌓아올린 욕망의 탑은 나탑螺塔 밖에 되지 않았어 껍질로 남을 것을 알면서도 껍질을 버리지 못했어 알량한 자존과 치기 어린 속살을 감추기 위해 껍질을 키우며 살았어 죽을 무렵에야 깨닫는 껍질 인생

649

나 어릴 적엔 집집마다 우물 하나씩 갖고 있었어 두레박으로 물을 풀 때마다 자신의 모습을 들여다보았어 흔들리는 물결 속엔 파란 하늘이 잠기고 흰 구름이 떠 있고 깊은 곳에서 올려다 보고 있는 얼굴이 보였어 첨벙 두레박을 내리면 물속의 풍경은 깨어지고 자신의 모습도 사라졌다가 다시 나타나곤 했어 사람들은 물속에 비친 모습을 보면서 내면을 비춰보았어 우물 속에 비친 세상은 먼 나라의 또 다른 세상 같았어 하늘 속에 떠있는 자신의 모습은 신성하고 깨끗해서 천국의 문에서 세상을 엿보는 것 같았어 새벽마다 별 총총 뜬 물을 마시면 하루의 삶이 깨끗해졌어 거울이 필요 없는 세상, 우물에 자신의 모습을 비춰보기만 해도 마음까지 맑아져 속이 훤히 비춰보였어 거리마다 유리창이 세워지고 반짝이며 빛나는 거울들이 하루에도 수천 번씩 자신의 모습을 비춰주지만 내면을 보는 사람은 찾아볼 수 없었지 거울을 보면서 비관하고 부모를 원망해

내면을 비춰보지 못하고 겉모습에 도취하거나 콤플렉스를 가졌어 거울과 유리는 우물 속의 신비로움을 보여주지 못했어 영혼을 비춰보기 위해 나는 우물 하나 품고 살지

650

구름도 뼈가 있다는 것을 우박이 쏟아진 뒤에 알았어 하늘은 매일 파래서 표시 나지 않다가도 어느 날 갑자기 배추밭에 쏟아지는 흰 뼈를 보면 허공에 장사지낸 구름의 무덤을 알 것 같아 한기와 온기의 다툼이 끝없는 하늘에 참시斬屍라도 있는 게지 배춧잎을 구멍낸 뼈들이 조각조각 하얗게 흩어졌다가 사라지네 세상에 뼈가 없는 것은 없지 눈에서 흐르는 그녀의 눈물도 가슴을 후벼 파는 것을 보면 쏟아진 유리 조각처럼 반짝이는 구름의 뼈들, 날카로운 파편 속엔 한때 따스했던 수증기의 추억이 담겨있어 누구나 따스했던 기억을 품고 살지 돌팔매 같은 우박들이 떨어진 배추밭 배추들이 상처 난 잎을 감싸며 우박을 녹였어

651

우산을 준비하지 않은 날 하필이면 비가 오고 있어 아무 준비도 안 했는데 천둥번개가 치며 하늘이 무너지네 집에 가고 싶지만 너무 멀리 왔나보다 쉽게 포기가 되지 않는걸 보니 그냥 마음을 비우면 비 맞는 것도 행복한때가 있었어 사랑하는 사람과 함께 일부러 소나기를 맞으며 걸은 적도 있었어 무엇이 두려우랴 아무 준비도 없었는데 갑자기 찾아오는 이 슬픔들 내 눈에 눈물이 흐르고 옷은 적실지라도 길은 막을 수 없지 비난과 조롱이 무서웠다면 한 발짝도 움직일 수 없었겠지만 집으로 돌아가려면 비를 피할 수 없지 움츠리고 맞는 비는 몸과 마음을 병들게 할지 몰라도 가슴을 활짝 펴고 포효하며 맞는 비는 속 시원히 마음을 씻어주네 우산이 준비되지 않아서 비 맞는 주변들을 돌아볼

수 있었어 건조했던 시간 속에서 생각지 못했던 또 다른 행복도 알았어 당당히 빗속을 뚫고 가면 아무도 내게 줄 수 없는 풍경을 얻을 수 있다는 것도 알았어 빗방울이 이마에 부딪혀 입맞춤이 돼

의 없지 남의 것으로 인스턴트 같은 글을 쉽게 끓이려고 하지 말고 오랜 시간 땅속에 묻혔다가 함박눈 오는 날 뚜껑을 열고 깊고 시원한 자신의 맛을 보여줄 수 있어야 해 남과 다른 재료로 남과 다른 방법으로 익어야 해

652

공부를 해서 글을 쓰겠다고 생각하면 평생 글을 쓸 수 없지 신선한 글을 쓰려면 남이 갖지 않은 나만의 것을 보여줘야 해 내 안에는 이미 글을 쓰기에 충분한 지식들로 가득 차 있어 글을 쓰기 위해 공부하는 순간 나의 것은 사라지고 남의 것만 남게 돼 그래서 정작 글을 쓰면 평범한 글 밖에 나오지 않았어 땅에 항아리를 묻고 담근 동치미를 처음 개봉해서 먹는 신선함이 담긴 글은 섞이지 않아야 해 오로지 내 자신만의 삶 속에 밀봉되어 익은 밑바닥의 생각들을 꺼낼 수 있어야 해 자신의 내면에 항아리가 묻혀 있는 것을 아는 사람은 거

653

책가방엔 책만 있는 게 아니야 불시에 가방검사를 하면 담배와 라이터 칼이나 송곳이 나오기도 했지 교련선생님 눈을 부라리며 매를 들고 전체 운동장을 셀 수 없이 돌았지 신학기가 되면 새 가방을 사고 1년 동안 동고동락할 새 책들을 넣었지 새 교실에서 만나는 새로운 친구들이 있어서 새 학기 가방 속에도 봄꽃이 피어났지 책가방 속엔 공부할 책만 있는 게 아니지 즐거움을 먼저 알아버린 친구의 책가방엔 만화책이나 빨간책들이 들어있었지 짜증나고 힘든 수학이나 물리는 늘 새 책이었어 닳고 닳도록 만나야 하는 게 우정이고 인생인데

책가방을 열면 낯선 책들이 보였지 내일의 책가방엔 그리운 이들의 책들만 가득했으면 즐겁고 행복한 책들만 가득했으면 아름다운 이야기를 읽으며 가끔씩 메모할 수 있는 펜과 종이들 함께 이웃하며 힘들지 않은 책가방을 매고 갔으면

654

톱이 한 생명의 밑둥치를 자르네 처절한 비명을 지르다 쓰러진 나무의 부러진 가지들이 진액을 흘리네 날카로운 이빨 사이엔 하얀 목질의 살점들이 묻어있어 쩍 소리를 내며 쓰러지던 마지막 비명이 계곡에 메아리로 울렸어 수십 년 다져온 삶이 한순간 무너졌지 만나지 말았어야 할 톱이 발등에 놓일 때 그 섬뜩한 기운을 미리 알았어야 했어 야금야금 내 살 속을 파고들 때 단단히 톱날을 붙들고 놓지 말았어야 했어 잘생겼다는 바람의 말 한마디 쓰윽 꼭 필요한 데 쓰일 거라는 구름의 말 한마디 싸악 쓱쓱 싹싹 뼈가 잘리는 줄 모르고 어깨를 으쓱거렸어 밑둥치 잘리는 줄 모르고 이파리 펄럭였어 한눈파는 동안 발목에 섬뜩한 톱날이 놓였어 춤추는 순간 옆구리에 날카로운 이빨들이 박히지 시계의 톱날들은 날카롭고 촘촘해 한 번 걸리면 빠져나갈 수 없는 이빨들이 밑둥치를 물고 놓지 않았어 내가 가장 강하고 튼튼하다고 생각한 곳에 톱날이 놓였어 쓱쓱 싹싹 발목을 자르는 시간 밤과 낮이 반복되고 발밑엔 회한의 톱밥이 쌓이고 있어

655

처음엔 우연이었는데도 발생한 결과에 대해 필연이었다는 생각을 하게 돼 이는 필연이어서가 아니라 필연이라는 믿음 때문이야 한 배우자를 만나서 결혼하게 되는 것도 필연 때문이고 배우자와 헤어지는 것도 필연 때문이라고 생각해 하지만 결과의 발생은 무수한 무의식의 발동과 수많은 의식의 과정을 거친 여러 번의

행동을 통해 이루어지네 다시 말하면 하나의 의식이 형성되기까지는 수백 수천 번의 무의식의 활동에서 이루어지며 하나의 행동이 결행되기까지는 수십 번 수백 번의 의식적 사고로 이루어지기 때문에 어떤 결과적 사실이 발생하는 데에는 내면에 많은 의식 무의식의 힘이 작용했다고 볼 수 있어 의식과 무의식의 작용하는 힘은 자력과 같은 기운이며 눈에 보이지 않지만 사물을 움직이고 소원을 이루어주는 염력과 같은 거야 세상은 물질 간의 작용과 반작용에 의해서 움직이고 균형을 유지하는 줄 알지만 비사물적인 기운의 작용과 반작용에 의해 더 많은 활동과 균형이 이루어지네 마찬가지로 인간적 삶의 결과도 외부적 환경의 영향보다도 정신적 영적인 작용과 반작용에 의한 결과에 더 많은 영향을 받었다고 볼 수 있어 카발라에서 물질세계인 말쿠트의 단계가 되기까지는 열 개의 세피로트의 단계가 있었고 열 개의 세피로트 단계가 오기까지는 아인(무) 아인소프(무한) 아인소프아우르(무한광)의 단계가 있듯 표면적인 하나의 행동이나 언어 사건이 나타나기까지는 그 내면에 무수한 과정들이 존재해 이 과정들 속에서 보이지 않는 기운들이 작용하고 정신적 영적인 힘의 작용으로 필연처럼 작용해 무심코 내뱉은 나의 말 뒤에는 무수히 많은 의식 무의식의 반복된 과정이 이루어지며 그 과정 속에서 이미 상대에게 기운이 전달된 상태야 상대는 의식적으로 받아들이지만 무의식적인 기운과 압력을 그 이전에 받게 되고 안 좋은 예감으로 작용하게 돼 하지만 이것마저도 신에 의한 필연이라면 대항할 논리를 찾을 수 없지 말쿠트의 세계에서 아인소프아우르의 세계까지 상상할 수 없듯이 인간의 행동에서 의식·무의식 그리고 영적인 과정까지 미치는 외부적 작용을 추적할 수 있는 능력이 없기 때문이야 그래서 필연의 관계로 형성된 예정론은 믿음의 영역

이며 인간이 따질 수 없는 논리야

656

휴일을 맞아 점심엔 개고기를 실컷 먹고 저녁엔 쇠고기를 실컷 먹었지 먹어야 건강하고 힘을 쓴다는 생각으로 머릿속이 꽉 차 있었어 하지만 배탈이 나서 이틀 동안 밥도 먹지 못하고 병원에 다녀야 했어 이틀 만에 3킬로가 빠졌고 먹고 싶은 생각이 사라졌네 죽을 조금 먹고 헬스장에서 러닝머신을 달려봤는데 몸이 날아가는 것처럼 가벼웠어 약간의 현기증이 있었지만 많이 먹는 것이 나의 건강에 크게 도움이 되지 않았음을 알았어 외식을 하면 먹는 쾌감에 마지막 국물까지 남김없이 비우곤 했어 항상 먹을 때는 즐거웠지만 먹고 나면 소화가 되지 않아 만성 트림을 했고 역류성 식도염에 시달렸지 이참에 먹는 것을 줄이자는 생각으로 밥을 반으로 줄였어 참지 못하게 배고프면 남겼던 밥을 먹어 같은 양도 시간차를 두어 먹었지 놀라운 변화가 있었어 10시간을 자도 피곤하던 몸이 2시간을 잤는데도 피곤하지 않고 정신이 맑았어 항상 몸이 무겁고 피곤하던 것도 사라지고 발걸음도 가벼워졌네 1시간 정도 집중하여 글을 쓰면 피곤해서 10분쯤 졸거나 잠깐 눈을 붙여야 했는데 그것도 필요치 않게 되었어 소식의 쾌감을 알았어 그리고 소식으로 내 정신과 영혼까지 맑아지는 것을 알았어 왜 나는 그동안 내 몸에 영양을 많이 채워야 좋은 줄만 알았을까 많이 먹어야 힘을 쓰고 많이 먹어야 건강한 줄만 알았어 신비롭게도 소식으로 인해 근육통도 없어졌고 목 디스크의 통증도 사라졌어 내 마음이 날마다 행복한 것도 소식의 덕분이야 독이 쌓이지 않는 내 몸은 구석구석 부활 중이야

657

우울증은 뇌의 신경전달물질의 불균형으로 초래되지 세로토닌이

라고 하는 뇌 내 신경전달물질의 저하가 주요 원인이며 도파민이나 히스타민의 불균형과도 관계가 깊지 우울증은 유전적 질환은 아니지만 부모나 친척 중에 있었다면 우울증에 걸릴 확률은 일반인에 비해 높을 수 있어 또한 사랑하는 사람의 죽음 이별 외로움 실직 경제적 걱정과 스트레스가 원인이 되기도 해 당뇨나 뇌졸중과 같은 신체적 질환이나 치료약물로 발생할 수도 있지 현대인 중 대부분이 우울하거나 우울증의 전조증상을 가지고 살아가지 우울증을 치료하기 위해서는 약물도 중요하지만 먼저 우울증의 원인을 파악해야 해 유전적 신체적 스트레스적인 문제보다 가장 중요한 것은 꿈을 상실했다는 점이야 인간은 꿈을 상실하는 순간 우울증에 빠질 수밖에 없으니깐 우울증을 치료하기 위해서는 내 안에 꿈을 회복하는 일이 먼저지 꿈은 내 안에 배터리로 지칠 줄 모르는 기쁨과 에너지를 선사해 어느 날 내가 우울증과 의욕상실로 무기력해져 있다면 내 꿈의 배터리가 빠졌는지 살펴보아야 해

658

전화 한 통이면 총알처럼 오토바이가 도착하고 철가방을 든 사내가 초인종을 울리네 노릇한 면발에 검은 춘장이 얹어진 짜장면 식초를 친 단무지와 먹기 좋게 썬 양파 포장된 나무젓가락들이 식탁에 놓여지네 중학교 때 가장 먹고 싶었던 음식 중에 하나였어 입학이나 졸업이 있은 후엔 가족들이 모여 짜장면을 먹으러 가곤 했어 간짜장 해물짜장 삼선짜장 쟁반짜장 유니짜장 짜장밥 종류도 많았어 남녀 학생들이 모여 중국집에서 미팅을 갖기도 했지 입가에 묻은 짜장면을 닦으며 웃는 모습이 징상하기도 했어 쫄깃한 면발에 춘장을 섞어 버무린 후 후루룩 한 입에 삼키던 친구도 있었어 하굣길에 짜장 볶는 냄새에 유혹되어 중국집에 앉아 여학생들과 노닥거리다 보면 시

간은 훌쩍 지나고 순찰 나온 교련 선생님한테 걸려 정학을 맞기도 했지 뭐니 뭐니 해도 몰래 당구 치면서 시켜 먹던 당구장 짜장면이 제일 맛있었지 이제 그 짜장면이 배달되지 않는 곳이 없지 산속이든 강변이든 바다 한가운데라 해도 전화 한 통이면 찾아오는 짜장면, 그 추억을 먹기 위해 가끔씩 짜장면을 시켰어 춘장을 붓고 나무젓가락을 쪼개어 면발을 비비면 달콤한 추억들이 버무려졌지 순수하고 신선했던 느낌들이 면발과 함께 오이채처럼 아삭 씹혔지

659

지구를 중심으로 수천억 개의 별들이 사는 우리은하가 있고 또 우리은하 같은 은하계가 수천억 개 존재한다고 해 우주의 끝은 어디일까 어쩜 우주의 끝은 우리들 상상력의 끝이 아닐까 그래서 우주의 크기는 개인마다 다를 수 있어 우주의 크기가 개인마다 다르듯 신에 대한 시각도 다 다르지 세상엔 수천수만의 하나님이 살고 수천수만의 예수가 살지 저마다 자신의 하나님이 진짜이고 자신의 예수가 구원자라고 해 아무도 본 자가 없기 때문에 정답이 없지 그래서 우주도 하나님도 내가 만들고 있어 상상력 속에서 탄생하고 존재해 그러므로 최고의 창조자는 상상력이야 상상력으로 위대한 하나님을 만든 자는 자신도 위대해지나 천박한 하나님을 만든 자는 자신도 천박해지지 날마다 생활 속에서 아름다운 천국을 만드는 자는 이미 낙원에 이른 자이나 날마다 지옥을 만드는 자는 지옥에 다다른 자야 크고 넓고 깊게 우주를 상상하면 상상한 만큼 크고 넓고 깊은 우주를 얻을 거야 우주는 눈으로 보는 게 아니고 상상으로 보는 거야

빨간 우체통

660

대문 앞에 빨간 우체통을 열 때마다 가슴이 설레지 하얀 봉투의 발신인을 일일이 확인하면서 환상이 깨지지만 어딘가에서 기다리는 사람의 소식이라도 있을 것 같은 막연한 환상에 젖었어 나의 젊은 날은 펜팔의 시대였어 주간경향의 뒷면은 펜팔의 주소들이 차지했고 신문엔 펜팔란이 유행처럼 실렸어 펜팔은 지역을 뛰어넘어 유일하게 사귈 수 있는 만남의 방법이었어 남보다 독특하고 예쁜 편지를 쓰기 위해 펜글씨 연습도 했고 삽화를 배우기도 했어 유명한 시구의 인용은 기본이었으며 감상적인 글을 위해 시인 아닌 사람이 없을 정도였어 펜팔을 위해 사랑시집 하나쯤은 꼭 읽어야 했어 펜팔은 누군가를 상상할 수 있어서 행복했어 글의 내용을 보면서 예쁜 얼굴을 상상해보기도 하고 자신의 이상형일 거라는 꿈을 꾸기도 했어 "미지의 소녀에게", "늘 내 마음 속에 있는 그대에게" 라는 제목으로 보낸 사연들이 모래알처럼 많건만 이제는 다 추억 속에 별이 되었어 마음이 울적할 땐 수신인이 없는 편지를 부치기도 하고 하늘나라에다 편지를 쓰기도 했어 자신의 사연을 누군가에게 보낼 수 있어서 혼자여도 결코 외롭지 않은 시절이었어 동구밖에서 자전거를 타고 오는 우편배달원이 보이면 혹시나 답장이 왔을까 궁금해서 문밖까지 뛰어나가곤 했지 편지 한 번 쓰고 나면 일주일에서 한 달은 지나야 받을 수 있는 답장은 기다림의 꿈과 행복한 상상을 선물했어 답장이 없어서 흐지부지되기도 했지만 잘되어서 결혼에 골인하기도 했어 펜팔에 성공하기 위해서는 사진을 보내지 말아야 한다는 것이 불문율이었어 사진을 받는 순간 환상이 깨지기 때문에 펜팔은 끝이 나는 경우가 많았어 군

생활을 하면서 많은 펜팔을 했던 것 같아 탐조등을 켜고 편지를 쓰기도 했고 달빛에 비추어보며 답장을 읽기도 했어 얼굴이 없는 글과의 만남엔 언제나 따뜻한 마음이 묻어났지 행여 이별을 고하는 글이라 해도 읽고 또 읽으며 아쉬움을 곱씹을 수 있어서 아프더라도 인간적인 맛이 있었어 지금의 우체통엔 고지서와 광고지들로 가득하지만 그래도 빨간 우체통을 볼 때마다 가슴이 두근거리네 빨간 우체통은 영원한 애인을 기다리는 나의 심장인지도 모르네

661

운동은 정신을 강하게 해 정신의 작용으로 우리의 뼈와 근육을 움직이고 육체를 지배하는 것 같지만 실은 일부에 불과하지 육체의 지배는 의식적인 것보다는 무의식에 의해 대부분 이루어지네 나의 정신으로 위장을 움직이고 내장을 통제할 수 있는가 치아로 음식물을 씹는 것 하나도 내 정신의 개입에 의해 이루어지는 것은 없지 무의식도 하나의 정신작용이라고 할 수 있으나 무조건 반사작용과 같은 활동은 무의식적 정신활동과는 또 다른 의미가 있지 무의식적인 정신활동은 대뇌에서 관장하지만 무조건반사는 중뇌나 연수 소뇌 간뇌에서 이루어지네 무의식은 무의식적 정신활동과 무조건반사와 같은 모든 활동을 통칭한다고 할 수 있으나 무의식적 정신활동은 시각 후각 촉각 청각 미각 등 여러 가지 자극을 느끼고 그에 대한 반응을 명령하고 기억 판단 감정 창조 등의 정신활동을 담당하는 대뇌에서 의식과 함께 이루어지네 운동은 정신이 해줄 수 없는 부분까지 강화시키고 원활한 활동이 가능하게 해 그리고 운동은 우리의 정신활동이 활발하도록 활력을 불어넣었어 그동안 우리는 정신이 우리 몸을 관장하고 운동을 할 수 있도록 하는 줄 알았으나 운동이 우리의 정신을 지배하고 관장해 왔지 이는 다른 면으로

보면 육체가 정신을 지배한다는 논리가 성립돼 지금 정신이 맑고 건강한 것은 육체가 건강하기 때문이야 정신이 맑고 활동이 원활해서 육체가 건강한 것은 아니야 어느 정도 상호작용이 있기도 하겠지만 엄밀한 의미에서 보면 무의식적으로 계속적인 씹는 활동에 의해 치매를 예방하는 것과 같이 육체적 활동에 의해 뇌의 발전과 건강함이 유지된다고 볼 수 있어 물론 뇌의 충격으로 인해 육체가 마비되는 경우는 뇌 자체의 훼손이지 정신의 훼손은 아닌 거야 뇌 자체도 운동적 요소에 포함된다고 볼 수 있으며 뇌와 정신은 동일적 요소는 아니야 운동은 뇌를 건강하게 하며 뇌의 활동을 원활하게 하지만 뇌 자체가 정신은 아니기 때문이야 운동이나 정신활동을 통해 뇌의 기능을 원활하게 해줌으로 강화되는 정신력이나 수준 높은 인격적 사고는 구원과는 무관할 수밖에 없지 나이 들어 건강을 해치고 정신활동을 못함으로 치매와 같은 것이 오고 있다면 아무 의미가 없기 때문이야 구원의 대상인 영혼은 정신과 무관한 또 다른 존재인지도 모르네 구원은 우리의 의식과 상관없이 이루어지는 독자적 영혼의 몫인지도 모르지만 이러한 논리는 너무 허황된 결론이야 육체와 영혼의 결합을 이룬 구원이 아니라면 모든 구원은 의미가 없는 거라고 할 수 있어

662

샹들리에 불빛 아래 찬란히 소멸하는 불꽃이었어 부딪치는 투명 음은 유리잔에 넘실대는 핑크빛 영롱한 보석이었어 음악은 주단 위로 깔리고 생크림색 드레스 끌리는 원무에 백합도 은빛 트럼펫을 부는 밤 물방울들은 별이 되어 흐르고 있었어 칼날에 서린 빛살처럼 언 마음이 풀리며 부서질 듯 미소 짓는 순백의 영혼 최후의 잔치를 위해 빙옥을 불사른 눈꽃이었어

663

2014년 진주에 떨어진 운석에 대한 정부 제시 값은 3억 5천만 원이었으나 소유자는 227억을 요구했어 운석이 45억년이나 된 것이라는 점을 생각하면 그만한 희소가치가 있다고도 볼 수 있어 지구의 하늘을 물들이며 떨어지는 별똥별은 지금도 어딘가에 떨어지고 있을 거야 한때 그 별똥별을 줍기 위해 혈안이 된 적이 있었어 하지만 나는 매일 나의 하늘에서 떨어지는 별똥별을 주웠어 날마다 반짝이는 하늘을 가로질러 떨어지는 영감을 쓰네 내 영감들은 지금 227억은커녕 단돈 만원도 되지 않지만 머잖아 수천억이 넘는 가치로 상승할지도 모르네 돈으로 계산할 수 없는 별똥별들이 무수히 떨어지는 날에는 잠도 오지 않았어 행복에 겨워 별동별을 줍다 보면 세상에 부러울 것이 없지 공룡의 시대가 멸망한 것은 거대한 운석의 충돌 때문이라고 해 이 세상도 한때 그리스도의 거대한 운석에 의해 낡은 진리들이 파괴되고 새로운 세상이 도래했어 앞으로 인류의 멸망도 거대한 운석충돌로 인해 발생할 거야 인류의 멸망은 멀지 않았고 새로운 세상이 출현할 거야 하늘을 바라보며 위대한 별똥별들의 출현을 기다리네

664

운전대를 잡으면 왜 야수가 될까 도로를 질주해야 하고 상대를 앞질러야 마음이 편안해지지 양보하고 뒤처지면 경쟁사회에서 밀려나는 것만큼 불안해져 종착점에서 보면 일이십 분의 차이를 만들 뿐인데 좀 더 일찍 도착하는 것이 중요한 것이 아니라 도착해서 무엇을 하느냐가 중요하지 고속도로를 질주해 잠만 잔다면 무슨 의미가 있을까 조금 늦게 도착했다 해도 주어진 일을 완수할 수 있다면 앞지르기 끼어들기 무양보의 비양심적인 삶은 운전뿐만이 아니야 운전대를 잡으면 세상을 운행하는 해와 달을 잡았다고 생각해야 해 동서남북 춘하추동 상하좌우의 운전대는

순리가 최우선이지 자연계의 운전은 서두를 것도 주저할 것도 없지 과속하지도 않고 앞지르기 끼어들기도 하지 않아 하나의 자동차는 또 하나의 별이며 세상 순리대로 움직이고 순리대로 운행해야 해 운전대를 잡는 순간 또 하나의 북두칠성을 잡았음을 나는 알지

665

통각의 보호막 속에 나는 물처럼 담겨있어 비닐봉지에 담긴 물은 바늘이나 가시의 상처에도 쉽게 새버리네 상처가 아물지 않으면 내용물이 쏟아져서 빈 껍질로 돌아가지 나를 부풀게 하는 것은 아직 찢어진 막이 없기 때문이야 살가죽이 물과 피와 정신을 감싸고 있는 줄 알았지만 새는 것을 알 수 있게 하는 통각이 없다면 누가 언제 내게 칼을 던졌는지도 모를 거야 미세한 누수나 작은 외부의 침입도 감지할 수 있는 통증의 피막 때문에 나는 존재해 비닐 팩은 그저 물만 담고 있을 뿐 예리한 칼이나 송곳의 침입을 막을 수 없지 줄줄 물이 새서 쪼글쪼글해져도 비닐 팩은 소리 지를 수 없지 나를 지키고 있는 것은 가죽이나 괴로운 표정이 아니라 바늘 하나 침투할 수 없이 온몸을 밀봉하고 있는 통증이야 통증을 느끼지 못하는 것은 몸에 붙어 있을지라도 내가 아니고 죽은 거야 굳은살이나 사마귀 같은 가족과 함께 살면서 나도 통각을 잃어갔지 통증은 공감인데도 무관심으로 피하기만 했으므로 통증이 사라지고 나니 넘어져도 알지 못하게 되었어 다리가 부러지고 고관절에 금이 가도 망가져가는 나를 알 수 없었지 오늘 아침 또 손가락 하나를 잘라 먹었어 모두가 아픔이 없는 세상을 꿈꾸지만 통증 없는 곳이 지옥이야 두려움과 연약함을 깨우치기 위한 신의 선물이 내겐 없지 덜렁거리는 무릎을 흔들며 놀아 집밖으로 나갈 수 없는 나는 아직 어린아이 성숙한 이는 통증의 고마움을 알지

666

한 사람과의 교감을 이루는 일은 운하를 건설하는 것과 같아 땅을 파고 터널을 뚫고 물을 채워야 해 물길은 최대한 직선이어야 하고 수심은 깊어야 해 아무리 큰 배라도 다닐 수 있도록 넉넉한 넓이를 갖추어야 해 사랑의 운하 서로를 연결하는 수로엔 부드러운 감정의 물이 필요하지 배가 뜨지 못하고 서로 왕래할 수 없는 것은 물 때문이야 가만히 있는 것 같지만 끊임없이 흐르는 관심과 사랑의 강물을 끌어들여야 해 그 흐름에 맡기면 어떤 화물을 실은 배라도 문제없이 건널 수 있어 사랑했던 사람과의 이별을 나는 상대의 잘못 때문이라고만 생각했어 나중에야 알았어 그녀를 받아들이는 나의 물길이 좁고 얕았음을 처음부터 대운하를 건설하지 못했다는 것을 대운하의 건설은 하루아침에 이루어지지 않았어 성급하고 서툰 사랑은 하룻밤에 만든 도랑처럼 쉽게 물길이 끊겼지 종이배 하나도 띄울 수 없었지 한 사람과의 관계에서 운하를 만드는 것이 동서를 잇고 세계를 잇는 작업임을 알지 못했어 하나의 운하를 건설하면 수많은 배들이 통과하고 세계가 하나가 되지만 한 사람과의 막힘은 무수한 산을 만들고 단절을 가져오지 사랑하는 사람을 위해 오늘 밤부터 운하를 만들려 하네 바위를 깨고 흙을 실어 나르는 비움의 작업 수로에 맑은 물을 채우면 반짝반짝 눈부신 별들로 가득해지네

667

아침에 의해 주어지는 모든 것은 새로운 세상이야 이 새로운 세상은 내가 하기에 따라서 천국으로 만들 수도 있고 지옥으로 만들 수도 있어 그리고 그곳에서 왕으로 사는 자도 있고 스스로 노예로 사는 자도 있어 아침을 기다리는 자는 새로운 세상을 얻을 것이요 저녁을 기다리는 자는 휴식을 얻을 거야 언제 올지도 모르는 천국을 기다리지 않고 바

로 내일의 아침을 기다리네 그리고 아침을 천국으로 만들고 있어

668

입덧이 심한 아내와 야간열차를 탔어 물 한 모금 먹지 못한 아내가 졸다 깬 차창 밖으로는 초사흘 달이 따라오고 힘없이 기대어 포갠 손에는 친정 가는 기차표가 꼬옥 쥐어져 있었어 산모퉁이 돌아 완행열차를 보내고 시골길 걸어 지친 몸으로 아내 곁에 누웠을 때 따라온 달도 함께 누웠지 추억의 창가에선 떨어진 꽃씨들이 꽃망울을 터뜨리고 나는 별빛 은은한 꿈에 젖어 아내의 배를 만져보았어 사랑으로 부푸는 행복한 숨결, 달이 차면 탐스러운 보름달을 안겠지 아내가 은하수에 누워 태교 음을 듣고 잉태한 우주의 자궁 속에선 초승달이 커가지

669

길을 가다보면 웅덩이에 빠질 때가 있어 웅덩이는 예측할 수 없는 일이며 몸을 적시는 슬픔이야 밝은 때는 웅덩이를 피해가지만 어두우면 웅덩이에 빠지기 쉽지 햇빛이 가득한 날은 판단이 정확하여 사실을 볼 수 있지만 어둠에 싸인 날은 허구에 빠지기 쉽지 웅덩이는 웅덩이가 아니야 방심이며 자만이야 음모이며 모함이며 스스로의 자학과 우울이야 웅덩이는 피해가는 것이 상책이지만 이타적인 사람은 웅덩이를 메우며 가지 뒤에 오는 사람들을 위해 힘들더라도 땀을 흘리지 이기적인 사람은 자신이 빨리 가기 위해 웅덩이를 만드는 사람이야 웅덩이에 빠져 슬픔에 젖어 있을 때 손을 내미는 사람은 자신도 웅덩이에 빠지지 않고 남도 웅덩이에서 구할 수 있어 웅덩이의 물은 항상 흙탕물이거나 썩은 물이야 웅덩이는 나만 빠지는 것 같지만 주변에 튀기거나 냄새를 풍기게 돼 길에 웅덩이도 조심해야 하지만 내 마음의 웅덩이를 더 조심해야 해 길 가의 웅덩이에서는 다시 나올 수 있지만 마

음의 웅덩이는 다시 나올 수 없는 심연과 같은 것이기 때문이야

670

에덴동산의 아담은 행복했을까 눈을 뜨면 식상한 하루, 식물들은 푸르기만 하고 동물들은 더 이상 흥미를 주지 못했어 사랑이 없는 이브와의 불편한 동거, 먹는 것도 마시는 것도 한 십 년 살고 나니 새로울 것이 없지 자극이 없으니 노력할 필요도 없고 원하면 이루어지니 꿈도 없지 속을 터놓고 말할 대상도 없고 경쟁하며 노력할 이유도 없이 영원히 살아야 해 에덴동산은 인간에게 엄청난 재앙이야 이 동산에 들어가기 위해 현재의 삶을 포기하는 자는 어리석지 아담은 우리에게 꿈을 주었어 그리고 사랑의 기쁨을 주었어 노력함으로 얻을 수 있는 감사를 주었고 성취의 만족을 주었지 지루하고 고독한 영속적 삶에서 우리를 해방시켰어 짧은 세상 불꽃같이 살다가는 목숨들이 얼마나 아름다운가 그 짧은 삶 속에서 우린 얼마나 지극히 창조주를 사랑하는가 그래서 나는 이 세상을 사랑해 지루할 새 없이 변화무쌍한 이 세상을 땀 흘리며 사는 것이 축복이야 아담은 우리에게 진정한 자유를 주었고 무료한 삶에 순간의 쾌락을 주었어 난 죽을 수 있어서 행복하지 하나의 삶을 끝내고 새로운 삶을 기다릴 수 있어서 가슴 설레지 변화가 없는 삶이 지옥이야

671

도시락을 싸면서 나의 방목은 끝이 났어 점심시간, 쏟아져 나온 무리들이 풀을 뜯거나 고기를 뜯기 위해 골목을 헤맸지 초식동물형은 나물비빔밥집이나 두부·시래기 국밥집으로 향하고 육식동물형은 갈비탕집이나 삼겹살집에 들러 폭풍식사를 해 먹이를 찾는 무리들에게는 영역이 있어 직장 사무실을 중심으로 몇 개월 먹이를 찾아다니다 보면 가보지 않은 곳, 먹어보지 않은 음식이 없지 빌딩의 지하에서 지상까지 먹이를 찾

아 헤매다보면 새로운 목초지나 서식지를 찾아 떠나야 해 가끔씩 물을 찾아오는 누 떼처럼 새로 입점하는 식당들이 있지만 금세 씨가 마르곤 해 쉽게 질려버리는 짧은 입과 신선한 먹이에 대한 욕구로 새로운 정착지를 찾아 떠나고 싶지만 한 끼니의 점심을 위해 직장을 바꿀 수는 없지 목초지를 벗어나야 할 때 벗어나지 못하는 초식동물들은 나무뿌리까지도 뽑아 먹어야 해 메뉴를 바꾸고 싶은 육식동물들도 억지로 한 끼니를 때워야 해 점심때만 되면 무리들은 먹이를 찾아 도시를 헤매고 차를 몰아 먼 곳까지 원정을 가기도 해 점심때는 먹을 곳이 아무리 많아도 먹을 것이 없어 헤매지 난 방목을 포기했어 아내가 주는 대로 먹는 절식을 택했어 영양사인 아내 덕분에 무얼 먹을까 더 이상 걱정하지 않게 되었어 우리 안에서 되새김질이나 하다가 주는 대로 먹기로 했어 먹이를 찾아 헤맬 필요가 없는 우리에서의 정착 점심시간이 되면 꿀잠이 쏟아지네

672

원근법이란 그림의 기법이지만 실은 기하학적 이론에 바탕을 둔 수학이야 3차원의 공간을 2차원의 평면에 묘사하는 기법 원근법은 고작 500년 정도 밖에 되지 않았어 원근법은 서양에만 있는 것이 아니라 중국에서 먼저 있었다는 설도 있지만 기하학적 개념을 도입한 원근법은 서양만의 고유의 것이야 원근법은 그림의 역사를 바꾼 획기적인 사건이었어 그렇다면 4차원의 세계를 3차원의 공간에 도입할 수도 있을까 4차원에서 '현재시간'이라는 단면에 의해 잘려진 것이 3차원의 시공간이라고 볼 수 있는데 이는 과학이라기보다 상상의 세계에 가깝지 앞으로의 예술은 4차원의 세계를 우리가 살고 있는 3차원의 세계에 구현할 수 있을 때 획기적인 발전이 올 수 있어 그것이 단지 막연한 상상이 아니라 원근법과 같은 과학적이고 체계적인

방법의 도입이 필요하지 시를 쓸 때도 현재라는 시간성에 매이면 자유로운 상상이 불가능해지지 과거와 현재와 미래가 한 공간에 존재하는 것이 필요하며 또한 다양한 공간이 한 시점에 들어와 존재하고 표현될 수 있는 기법이 필요하지 시가 어려워지는 것은 3차원에 머문 시각으로 4차원의 세계를 보기 때문이야 4차원의 시각으로 접근해서 보면 이해하기 어려울 것은 없지 예술은 4차원의 세계로 가야 해 일직선상으로 흐르는 시간에서는 처음과 끝이 있고 탄생과 죽음이 있지만 4차원의 세계에서는 처음도 없고 끝도 없기 때문에 당연히 탄생과 죽음의 관계도 무의미해지고 부활의 사건도 놀랄만한 일이 아니야

천국

673

산을 깔고 앉아 단전을 여니 하늘이 보였어 들숨에 동해물이 들어오고 날숨에 서해물이 옆구리를 빠져나갔지 우주로 향한 손바닥엔 영원의 물길이 트이고 운해雲海 위에 번뇌를 꼬고 앉은 혜안慧眼엔 극락정토가 보였어

674

참외밭에 원두막은 내 여름날의 별장이었어 읽고 싶은 책들을 맘껏 읽다가 배고프면 참외를 따 먹고 졸리면 낮잠을 즐기곤 했어 에어컨 대신 들판에선 산들바람이 불어왔고 숲에선 심심찮게 매미들의 노래가 들려왔지 하늘과 원, 방, 각의 조화를 이루며 세워진 원두막은 밤이면 천문대와 같았어 무수한 별들을 세며 어린 나이에도 운명이란 걸 생각했어 실연기 오르는 모깃불 피우고 강아지 메리와 함께 잠 못 이루던 원두막의 밤이 나를 시인으로 만들었는지도 모르네 멀리 정겹던 마을의 불빛들도 사라지고 참외밭에 어둠이 짙어지면 별들은 코앞까지 다가와 눈부신 영감을 뿌려주었어 참외 잎에 내려앉은 별빛들은 새벽이슬로 반짝이고 하룻밤 새 부쩍 익은 참외는 이슬 샤워 후 알몸으로 누워있었어 창문이 없어서 먼동이 밝아오는 순간을 날마다 가슴으로 품을 수 있었던 성장기의 여름 나는 그때 반짝이는 별들을 가슴에 심었지 눈부시게 아름답던 시간들, 금싸라기 같던 씨앗들이 깨어나 글을 쓰네 시 한 줄 한 줄엔 내가 품은 별의 향기가 담겨있어 노랗게 익은 참외 향 같은

675

우리 몸은 여러 기관으로 복잡하게 이루어져있지만 구성원소로 보면 아주 간단하지 71%의 물 즉 산소와 수소로 이루어져있으며 18%의 탄소 4%의 질소 2%

의 인 1%의 칼륨 0.5%의 나트륨 0.4%의 염소로 이루어져있어 그 밖에 미량의 황 철 구리 라듐 폴로늄 등의 요소를 갖고 있어 인은 세포의 핵 안에 존재하여 핵분열이 일어날 수 있도록 도와주며 탄소 산소 질소 인 황은 단백질을 구성함으로써 신체를 이루게 돼 칼륨과 나트륨은 신경세포가 작동하여 전기적 신호가 뇌로 이동할 수 있게 도와주지 이러한 요소들로 살펴보면 인간은 아주 간단하고 단순한 요소들의 결합에 불과하다고 볼 수 있어 그러나 이런 단순한 결합에도 불구하고 육체와 정신의 활동은 매우 복잡하고 다양하지 거기에 초월적 존재인 영혼의 문제까지 포함하면 아주 심오한 경지에까지 이르게 돼 단순한 물질들이 어떻게 결합하느냐에 따라 인간이 될 수도 있고 짐승이 될 수도 있어 그리고 물질이 결합되어 분해되지 않고 존재하려면 외부적 조건이 맞아야 해 100도의 고온에 노출돼면 우리 몸의 결합은 풀리기 시작할 거야 존재할 수 있는 중력의 영역을 벗어나든지 시간의 한계를 벗어나든지 낮은 대기압 속에서 오래 노출되면 육체라는 형태로 결합된 원소들은 분해되기 시작할 거야 지구의 조건과 똑같은 상황이 아니라면 우리의 육체는 존재하기 어렵지 하지만 이러한 원소들을 자유자재로 분해 결합할 수 있는 단계까지 과학이 발달하면 공간이동도 가능할 것이며 무한 생명연장도 가능할 거야 어쩌면 천국은 지구보다 수백 배 수천 배 과학이 발달한 곳인지도 모르네 세포 하나만 있어도 복제가 가능하여 영원히 죽지 않고 새로운 삶을 살 수 있는지도 모르네 종교와 과학은 결코 무관한 것은 아니야 인간은 결합과 분해의 방정식을 이루고 있어 결합하여 생명이 되고 분해하여 사망이 되듯 긴밀한 분해와 결합의 관계로 탄생과 죽음 그리고 영원성까지도 생성 소멸할 수 있어

676

나는 살아오면서 단 한 사람도 원수를 만들고 싶지 않았어 먼저 피하기도 했고 유약한 모습으로 손해도 봤고 비굴하게 아부하기도 했어 하지만 살아서 존재하고 일을 추진하기 위해서는 원수가 생길 수밖에 없다는 것을 알았어 원수가 될까 무서워 일하지 않는 것은 비굴한 거야 존재하는 모든 것들은 원수가 있어 원수가 없다고 자랑하는 사람은 비굴하거나 소극적이거나 이중적인 사람이야 만물의 창조주인 여호와도 루시퍼란 적을 갖고 있고 예수도 무수히 많은 원수들의 손에 넘겨져 십자가에서 고초를 겪었지 삶은 원수들을 물리치고 극복하는 일인지도 모르네 무생물인 바위마저도 비바람과 싸워야 하고 구름과 구름의 충돌로 천둥을 만들기도 해 살면서 원수가 생기는 것을 두려워할 것이 아니라 내가 바르게 살지 못하는 것을 두려워해 원수를 제압하는 방법은 여러 가지가 있을 수 있어 무력으로 또는 권위로 지식으로 돈으로 제압하는 것은 완벽한 제압이 아니야 가장 확고하고 완전한 제압의 방법은 바르게 행동하고 떳떳함으로 대응하는 거야 삶은 투쟁의 역사지 하나의 적이 사라지면 또 다른 적이 생기네 적을 속전속결로 물리치려 하지 말고 적도 내 안에 품고 살아야 해 적과 동거할 줄 알아야 또 다른 적이 생기지 않았어 적이라 하여 쉽게 잘라버리면 더 많은 적들이 풀처럼 돋아나 적들을 베지 않고 내 안에 묻어두면 시간이 지난 뒤에 많은 열매를 얻을 수 있어

677

요로결석으로 응급실에 실려간 날 많은 원숭이들을 보았어 술 먹고 실려와 간호사에게 고래고래 욕하는 원숭이, 친구와 술 마시다 싸워서 피를 흘리는 원숭이, 길을 가다가 정신을 잃고 주저앉았다며 히죽거리는 원숭이, 맥주병으로 이마를 맞아 유리가 박혔는데 유리 뽑지 않고 소독 거즈

로 문질렀다고 소리 지르는 원숭이들로 소란스런 원숭이 우리에 갇혔어 원숭이들을 노려보며 혹시나 나를 물려고 대들지나 않을까 경계했어 날마다 이런 원숭이들을 치료하며 견뎌야 하는 간호사나 의사 일은 할 짓이 못 된다고 생각했어 누군가가 창조론을 뒷받침하는 논리로 원숭이가 진화해서 사람이 되었다면 지금도 진화를 계속해야 맞지 않겠느냐고 주장했어 하지만 원숭이들은 지금도 진화하고 있어 진화가 덜 된 원숭이들이 사람들 무리에 섞여 살면서 진화하고 있어 인간세계엔 진화하지 못한 원숭이가 있고 좀 더 진화한 인간이 있고 새롭게 거듭난 천사가 있어

678

원앙은 부부금슬의 상징으로 전통혼례 때 원앙의 모습을 초례상에 올리기도 하고 신혼부부는 베개에 원앙을 수놓은 원앙침을 베고 자기도 해 물 위를 나란히 떠다니는 모습을 보면 서로 싸우거나 떨어져 산다는 것은 상상할 수 없지 그래서 사람들은 한 쌍의 원앙 가운데 한 마리가 죽으면 나머지도 죽음의 길로 갈 거라고 믿었어 하지만 원앙은 알고 보면 더할 나위 없는 바람둥이야 보통 한 마리 암컷에 열 마리 안팎의 수컷들이 몰려와 구애를 해 사이좋게 보이는 원앙은 수시로 '체인징 파트너'를 해 이렇게 짝짓기를 한 후에도 암컷이 알을 낳고 나면 수컷은 곧바로 떠나 결혼식 주례에서 원앙처럼 살라고 하는 것은 덕담이 아니라 악담이 될 수 있어

679

아네모다는 그리스어의 아네모스(Anemos:바람)에서 시작되었어 '사랑의 괴로움'이라는 꽃말의 이 꽃은 그리스신화에서 미소년 아도니스가 죽을 때 흘린 피에서 생겨난 꽃이라고 해 배신과 속절없는 사랑으로 이룰 수 없는 사랑을 의미하는 이 꽃엔 사랑의 쓴맛이 담겨있어 가장 사랑했던

자의 입맞춤으로 배신의 쓴 잔을 마셔야 했던 그리스도의 피로 피어난 꽃 십자가 하나 내 마음에 아네모네로 피어있어

680

땅속 깊은 곳에서 뽑아올린 원유, 아주 오래 전에 살던 동물들이 죽은 뒤 그 위에 퇴적물이 쌓이고 높은 압력과 열을 받아 만들어진 원유는 분별증류로 분리돼 끓는 점 30℃ 이하에서는 석유가스가 끓는 점 40~75℃는 가솔린이 분리돼 등유는 150~240℃이며 경유는 220~250℃이고 중유는 끓는 점 350℃에서 분류돼 원유가 온도에 따라서 분류되듯 인간도 끓는점에 따라 분류돼 쉽게 끓는 사람은 가솔린처럼 타오르지만 오래 가지 못해 진득하게 기다릴 줄 아는 사람은 중유처럼 끈끈하지 인간을 구별하기 위해서는 불을 때보면 알 수 있어 얼마나 인내심이 있는지 화가 났을 때 얼마나 쉽게 자신의 인격을 태워버리는 지를 가스 같은 사람, 가솔린 같은 사람, 다 쓸모가 있고 나름대로의 역할이 있어 함께 어울려 살 때는 원유처럼 살고 필요한 인재를 적재적소에 쓰려거든 분류의 기준을 생각해야 해 그 분류의 기준은 이탈점이기도 하지 상황이 바뀌면 조직에서 쉽게 이탈하는 사람이 있는가 하면 끝까지 남아있는 사람이 있어 쉽게 이탈하는 사람은 변화를 좋아하고 적응이 빠르지 또한 끝까지 남아있는 사람은 원유에서는 찌꺼기라고 분류하지만 그 찌꺼기 같은 사람이 아스팔트처럼 결속력을 갖게 해 가솔린 같은 사람과 함께 길을 가기는 쉽지 않으나 중유 같은 사람과는 평생을 같이 할 수 있어

보름달

681

구원 받을 자들에게 십자가는 천국에 들어가기 쉽게 하는 쉽자가가 되나 멸망 받을 자들에게 십자가는 씹자가가 되지 욕설도 억압된 감정에서 해방과 구원의 역할을 하는 하나의 십자가라서 크게 네 방향의 날개가 있지 ① 대가리(머리), 주둥이(입) 등의 비속어 및 ② 남녀의 성기, 성행위를 지칭하는 따위, ③ 개와 같은 짐승을 가리키는 경우나 쌍스런 표현 ④ '뒤져라', '꺼꾸러져라' 등과 같은 사나운 표현으로 남을 흠집내고 욕보이는 말들로 나눌 수 있어 폭발하고 나면 듣는 이들의 가슴엔 날이 선 표창이 되어 박히고, 욕을 하는 이들에게는 후련한 해방감이 찾아오지 욕쟁이 할매에게서 실컷 들은 욕은 욕쟁이 할매가 끓인 된장국보다 시원해 욕은 다 욕이 아니라 또 다른 십자가야 쉽자가, 씹자가 아무리 험한 욕을 먹어도 웃음으로 받아주는 이는 쉽새끼, 작은 일에도 욕하는 놈은 씹새끼 쉽자가 아래는 쉽새끼들이 모이고 씹자가 아래엔 씹새끼들이 모이지 똑같은 욕을 해도 하나는 살리는 쉽자가, 하나는 죽이는 씹자가 공격성이나 가학성을 앞세운 비사교적 부류의 욕이 있는가 하면 같은 욕이라도 애칭으로 쓰이거나 농으로 사용되는 사교적인 욕도 있지 "아이쿠, 이 문둥아!", "잡것들!" "이 자슥아" 익살과 기지의 농욕은 과장법 역설법 비유법을 만들어 불의의 당돌함과 기상천외의 즉흥성의 웃음이 되지 욕과 뇽(농)의 차이는 뒤집음의 관계라서 욕은 농으로 듣고 농은 나를 자극하는 욕으로 새겨야 발전이 있고 세상살이가 편해져 때로는 욕이 나를 빨가벗겨서 업신여기고 채찍질한다고 해도 세상을 향해 벌거벗은 가랑이를 열고 당당히 십자가를 진 예수처럼 쉽자가로 받아들여야지 손발에 저주의 못을 치고 옆구리에 가학의 창을 찌른다 해도 씹새끼들의 욕은 나를 더 영광스럽게 할 뿐이야 오장육보를 속 시원히 뒤집어서 세상을 욕해봐 어느 날 영웅이 되어있을지도 몰라 욕쟁이들이 인정받는 세상엔 씹자가들이 번쩍이고 세상 욕을 짊어진 곳엔 오롯이 쉽자가가 서있지 이 둘을 묵묵히 가슴에 품고 하늘의 별처럼 반짝이는 것이 십자가야 빛과 그늘의 십자가…

682

한 달 만에 그는 거미줄에 걸린 파리로 발견되었어 지하실 벽 옷걸이에 나일론 줄로 매여진 몸을 음습한 기운과 악취의 유령들만 칭칭 동여매고 있었어 줄을 타고 오르던 피라미드 빙벽, 올이 풀리자, 믿었던 구석부터 무너지며 순식간에 추락했어 안전망 하나 없는 절벽 아래 뒹굴다가 정착한 낙엽의 영토, 지하 무덤은 해가 뜨지 않았어 익명의 무기를 든 악풀러의 베풀과 유러들의 승패가 갈리는 장에서 만랩이 되고 싶었지 새들의 포위망은 좁혀졌고, 아바타는 코드에 묶여 어디론가 끌려갔지 길거리마다 피라미드가 세워지고 사람들이 한꺼번에 생매장 되었어 사촌에 팔촌까지 끌어들여 꼰 실로 숨구멍 없는 집을 지었어 집을 나오지 못한 누에들은 끝내 질식했어 도미노로 무너진 건물들의 틈을 비집고 나온 끈끈이들이 놀라 뛰쳐나온 사람들의 목을 졸랐어 거리엔 통나무 나동그라지는 소리와 함께 태풍이 몰려왔지 하늘이 없어 날지 못한 스파이더맨은 손바닥의 거미줄을 제 목에 감고 몸을 날렸지 잠자리 날개처럼 가벼워진 몸

683

정원의 샛길에 놓인 징검돌들은 어딘가를 건너고 있다는 생각을 갖게 해 개울을 건너던 어린 시절의 징검돌들은 늘 불안했어 정신 차리지 않으면 미끄러지거나 기우뚱 넘어지곤 했어 땅에서

땅으로 향하는 직선의 배치 속엔 무수한 점들로 이어져 있어 야곱의 사다리는 하늘로 향하는 징검돌이야 두 개의 긴 막대에 일정 간격으로 이루어진 횡대들은 한 발 한 발 내딛을 수 있는 계단이었어 꿈속의 사다리나 계단은 늘 한두 개는 이빨이 빠져있었지 그 빠진 공간은 아득한 추락으로 이어지고 건너지 못해 애타곤 했지 모임에 빠지거나 예배를 빼먹는 것은 사다리의 횡대를 잃어버릴 수 있는 금기였지 단 한 발자국에 높은 건물까지 오를 수 있는 엘리베이터의 징검돌 시대엔 밥을 먹듯 사다리의 횡대를 만드는 일은 필요치 않아 깨달음의 사다리를 오르는 돈오점수는 매일 정진이 필요하지만 단번에 별나라에 오르는 로켓의 징검돌은 돈오돈수라서 날마다 징검돌을 놓을 필요가 없지 경험의 징검돌을 놓고 지혜의 징검돌을 건너온 날들 징검돌 하나 밟고 훌쩍 이승을 뛰어넘었어

684

십자가는 원점이야 직선 평면 공간 등에서 한 점을 선택하여 기준점으로 삼을 때 이 기준점을 직선 평면 공간의 원점이라고 해 원점은 보통 영어 origin의 첫 글자 O를 딴 말이야 평면 위에서는 직교하는 2직선 공간 내에서는 직교하는 3직선을 써서 좌표계를 도입할 수 있는데 어느 경우에나 기준이 되는 점 0을 좌표계의 원점이라고 해 십자가는 좌표계의 원점과 같아서 살면서 누구나 십자가를 만나는 순간 새로운 시작이 돼 삶의 첫 출발이며 새로운 영혼의 탄생이야 실패하고 후회스러운 삶을 산 자들은 십자가를 만나야 해 십자가를 만나는 순간 실패와 좌절을 딛고 새로운 출발을 할 수 있기 때문이야 나이가 많은 자여서 낼모레면 죽는다 해도 십자가를 만나는 순간이 삶의 새로운 탄생이고 원점이야

685

아담과 하와가 에덴동산에서 죄

를 짓지 않았다면 우리는 존재하지 않았을 거야 아담과 하와는 영원히 에덴동산에서 거주했을 것이고 후세들은 탄생하지 않았을 거야 아담과 하와로 말미암아 우리도 태어나면서 죄인이야 원죄를 소유한 자로 삶의 고통을 당하고 땀 흘려 일해야 하고 아이를 낳고 키우는 힘든 삶을 살아야 해 하지만 원죄로 인해 징벌적으로 주어진 삶의 고통이 없다면 인간은 참된 인간이 되기 어려웠을 거야 우리는 아담과 하와에게 감사해야 해 그의 죄로 인해서 삶의 고통은 있을지라도 이 땅에 태어나 존재하고 살아있는 기쁨을 누릴 수 있기 때문이야 그리고 그 죄로 인해서 후세를 위해 일하고 삶의 유산을 물려줄 수 있기 때문이야

686

아더가 바위에 꽂힌 성검을 빼내어 브리튼의 왕이 되고 침략자인 색슨족을 쳐부술 때쯤의 일이었어 아더를 따르는 기사와 제후들이 식사시간의 자리 순서 때문에 자리다툼을 벌이게 되었어 검을 뽑아드는 싸움으로 변하고 사상자까지 생기게 되었어 이후부터 아더 왕은 서열을 없애기 위해 원탁을 사용하게 되었어 아더 왕의 원탁은 13세기경 프랑스에서 예수 그리스도가 최후의 만찬에서 사용한 테이블이라고 연결함으로써 아더의 영광과 그리스도의 기적이 연결되어 종교적 권위를 갖게 되었어 그리스도가 십자가에 매달려 죽었을 때 그의 몸을 수습하여 장사지낸 이가 아리마태아의 요셉인데 요셉은 그 후 예수가 최후의 만찬에서 사용했던 원탁과 잔, 옆구리를 찔렀던 롱기누스의 창을 갖고 영국으로 건너왔다고 해 요셉은 영국의 글래스턴베리에 수도원을 짓고 켈트인들에게 포교를 시작했어 예수의 잔은 성배, 롱기누스의 창은 성창, 테이블은 아더 왕의 원탁으로서 숭배의 대상이 되었어 영화를 누린 아더 왕과 원탁의 기사들은 최후에 무시무시한 파멸을

맞았어 가장 뛰어난 기사 랜슬롯과 기네비어 왕비의 불륜, 오랜 세월 성배를 찾아다닌 기사들의 죽음, 기사단의 정신적 분열 등으로 왕국은 쇠퇴해갔지 게다가 아더의 아들 모드레드의 반란으로 기사 수가 반으로 줄어들고 왕도 치명상을 당하여 아발론으로 사라져갔지 하지만 원탁은 권위를 없애고 평등함을 나타낸 상징으로 남아있어 아더가 바위에서 뽑은 것은 검이 아니라 또 하나의 십자가이며 원탁은 무수한 십자가들의 모임이야 원탁에 모여 허심탄회하게 얘기할 수 있는 기사들, 아니 인생의 친구들은 몇이나 가지고 있는가 먼저 많은 사람들이 모일 수 있는 내 마음의 원탁이 필요하지

687

검은 솥에서 기름이 끓었어 모든 튀김들은 지옥을 경험한 후에 탄생해 바삭바삭 입에서 부서지는 지옥의 맛은 감동적이야 살면서 지옥을 맛볼 때 튀김이 돼 질기거나 익지 않음으로 먹을 수 없는 관계는 닭이나 오징어만은 아니야 튀겨진 살과의 접촉, 익혀진 관계의 바삭거림은 행복하지 양념을 입었어도 하나가 될 수 없는 것은 익지 않았기 때문이야 익지 않은 이들이 서로 피하며 등을 돌리네 강한 고통만이 순간에 뼈와 살을 익히네 하루의 검은 솥에서 기름이 끓고 지옥의 고통으로 튀겨질 때 죽어도 죽지 않았어 지글거리며 등 뒤집고 부상하는 순간의 깨달음을 얻었어 허옇게 부풀며 스스로 가벼워질 때 기름불에서 건져지네 불 속의 순간은 짧아도 변화의 쾌락은 긴 지옥 불을 경험한 이에게선 바삭한 튀김 냄새가 나 끓는 기름의 고통을 경험한 이는 뼈와 가시를 내세우지 않았어 비릿한 풋내기의 생살을 드러내지 않는 고소함 푹 삶아지고 고아져서 완숙의 꿈으로 떠오를 수 있는 죽음은 바삭한 열매야

688

검투사들의 대결과 호화로운 구경거리가 펼쳐지던 로마의 원형경기장인 콜로세움은 70년경 베스파시아누스 황제에 의해 건설이 시작되어 80년에 건축이 끝났지 콜로세움은 약 5천명의 관객을 수용할 수 있는 경기장으로 해상전투를 재현하거나 고전극을 상연하는 무대로도 사용되었어 검투사들은 노예나 전쟁포로로 구성되어 서로 결투를 벌이거나 동물들과 대결함으로써 로마관중들을 즐겁게 했어 승리를 거둔 검투사는 영웅대접을 받았고 패배한 검투사는 황제나 관중들의 결정으로 삶과 죽음이 결정되었어 엄지손가락을 위로 올리면 살았고 아래로 내리면 죽음이 결정되었어 이렇게 결투와 죽음의 장소였던 콜로세움이 중세에는 교회로 사용되었어 인간의 목숨을 담보로 잔혹한 여흥을 즐기던 죽음과 광란의 장소가 신을 예배하는 신성한 장소로 탈바꿈했어 노예들의 무덤이었던 콜로세움 오늘날 교회가 관객들을 모아놓고 원형경기장을 운영하고 있어 황제의 권세를 키우고 헌금이라는 입장료를 받으며 짐승 같은 영혼들의 투기장을 만들었지 사이비들의 요새는 얼마가지 않고 콜로세움처럼 무너져 빈 뼈대만 남게 될 거야 내 안에 있는 대결과 잔인성의 콜로세움마저도

689

물질은 고층을 추구하고 정신은 심층을 추구해 물질은 보이기 때문에 표면에 쌓고 정신은 보이지 않기 때문에 내면에 쌓았어 정신적인 것이 드러나 있으면 그 차원은 얕은 것이며 물질이 드러나지 않았다면 그 규모가 낮거나 작은 거야 표층적인 사람은 마음의 깊이가 얕아서 무게 있는 말이나 심오한 논리가 필요 없고 심층적인 사람은 장식이나 보이는 것에 연연하지 않았어 낮아지기 위해 무릎을 꿇고 선명해지기 위해 눈을 감고 깊어지기 위해 내면에 심층적 진리를 쌓았어 그

깊이로 인해 가장 높은 계곡이 되기 위해

690

밤새 보석별들이 쏟아져도 파동이 일지 않는 연못 속에서 한세상 유유자적 노닐다가 운명이 줄을 던져 목숨 건져 올리면 허공에 팽팽히 튀어 올라 이승의 물기를 털고 조상 대대로 꿈을 그리던 묵향 속에 다시 태어나 생로병사生老病死 희비喜悲의 감정도 없이 순백純白의 세상을 끝없이 헤엄치는 어탁이 되리라

691

달이 지구의 그림자에 가려 보이지 않게 되자 온누리에 어둠이 찾아왔지 월식이었어 달은 아무 일 없는 듯 참았고 자신의 존재감에 대해 겸허할 줄 알았어 얼마의 시간이 지난 후에 그림자는 사라지고 보름달은 전보다 더 환히 빛났지 세상은 있다가 없어졌을 때 그의 존재감을 깨달았어 세상엔 1년 열두 달 태양이 떠있지 않고 달이 늘 한 모습으로 존재하지 않았어 누군가의 그늘에 가려졌을 때 사람들은 괴로워하고 질투심을 갖지만 인정받을 수 있는 시간이 다가오는 거야 자연의 흐름에 맡기고 변함없이 빛나는 달로 살다보면 그믐일 때가 더욱 아름답지 동녘에 있든 서녘에 있든 달이 자리를 비운 사이 어둠은 짙어지고 길은 보이지 않아 그리움이 절실해지는 기다림이 월식이야 내 몸이 잠식되고 내 빛이 흐려져서 자존심은 침해되고 절망의 어둠 속에 빠진다 해도 잠깐이면 다시 헤어날 수 있는 것이 월식이야 월식이 찾아올 때 어둠 속에서 기다린 달은 더욱 빛나네

692

달은 지구의 위성으로 살아가고 나는 한 사람의 위성으로 살아가지 지구의 만유인력으로 달은 지구의 품을 벗어날 수 없고 나는 지극한 사랑으로 그 사람의 품을 벗어날 수가 없지 하루도

변함없이 주변을 맴돌며 운명적 삶을 살아야 해 언제부터 달은 지구를 만나 마음을 빼앗겼을까 밤에 뜨는 달의 얼굴엔 행복이 가득하지 고독하지 않기 위해 하나의 행성엔 또 다른 위성이 존재하는지도 모르네 만나면 서로 끌어당기는 만유인력이 그대와 나 사이에도 작용했어 어마어마한 사랑의 힘, 산상보훈의 한마디 한마디는 벗어날 수 없는 중력으로 나를 끌어당겼지 당신을 알고부터 나는 위성이 되었어 누군가는 학자의 위성이 되었고 정치가의 위성이 되었고 폭력배의 위성이 되었어 벗어날 수 없는 끈에 묶여 살아가는 하늘의 별들, 모래알 같은 사람들이 하나의 중심을 향해 돌지 무한히 넓은 하늘을 맘대로 유영하며 자유롭게 사는 별은 없지 질서를 벗어난 유성은 순간의 불꽃으로 사라질 뿐 질서를 벗어나 하늘을 가로지르던 무리들도 사망의 늪으로 사라졌네 내가 사랑하는 한 사람, 그의 주변만 맴돌며 살아가는 나의 얼굴은 늘 보름달이야

693

창문이 벽에 매달려 바람을 막았어 자신은 드러내지 않고 밖이 보이도록 내면을 비웠어 있는 듯 없는 듯 유리가 방안 가득 햇살을 들여놓았어 너처럼 맑고 투명하기 위해 잡념들은 버리자 하늘이 비치도록 잔잔한 물결로 살고자 했지 바람을 품을 수 있는 밀봉된 공간을 만들며 침묵했지 어느 날 던져진 돌팔매 하나, 쨍 하고 떨어진 후 유리 안에도 분노가 있다는 걸 알았어 조각조각 갈라진 뼛속에서 면도날 같은 이빨들을 보았어 누가 유리를 화나게 했을까 화려할 것도 내세울 것도 없는 유리들의 평범한 일상은 깨어지고 든든히 모서리를 잡아주던 창틀만 남았어 살벌한 풍경을 만들며 유리조각들은 외마디 비명을 남기고 산산이 흩어졌지 상처 받은 이들에겐 날카로운 뼈가 드러나 있어 맑고 투명한 이들의 내면에 숨겨진 칼날을 보

왔는가 비가 오면 눈물을 흘리던 당신 해가 뜨면 노을에 입 맞추던 당신 밤하늘의 별들을 가슴 깊이 새기던 당신 그런 이웃을 볼 수 없게 만든 것은 어둠의 장막이었지 스스로 창문을 가린 블라인드를 걷었어 꼭 안아주는 창틀 속에서 서로 손잡으며 환한 세상 가꾸고 싶은 유리, 그리고 우리

694

뱃속에 아귀가 살지 아무리 삼켜도 끝이 없는 욕망이 목구멍을 벌리네 세상에서 가장 맛있다고 하는 것으로 배불리고 고농도의 영양소로 채워도 밑 빠진 독에 물 붓기야 밤새 채워도 아침이 되면 빈 항아리가 되는 몸을 채우는 게 삶이야 눈에 보이는 항아리는 어떤 것을 채워도 썩기 때문에 굳이 귀한 것으로 채울 필요가 없지만 눈에 보이지 않는 항아리는 썩지 않고 남기 때문에 귀한 것으로만 채워야 해 하지만 사람들은 눈에 보이는 항아리에 귀한 것을 채우고 눈에 보이지 않는 항아리에 천한 것을 채우려 해

695

세상은 여호와의 말씀으로 창조되었어 세상만물의 근본은 여호와의 말씀이며 말씀은 곧 하나님이야 그래서 하나님은 계시지 않는 곳이 없고 하나님의 속성을 갖지 않은 것이 없지 하나님은 하늘에 계시며 근엄한 할아버지와 같은 존재로 인식하며 살아가는 사람들은 하나님의 속성을 모르는 자야 하늘을 보고 기도를 하든지 골방에서의 일은 숨겨질 거라는 생각은 어리석은 짓이야 그래서 모든 사물들을 대할 때 하나님 대하듯 하고 모든 사람들을 볼 때 하나님을 만난 듯해야 해 우리들의 입에서 나오는 말은 능력이 있어서 어떻게 말하느냐에 따라 축복이 되기도 하고 저주가 되기도 해 또한 남을 축복하면 자신에게 축복이 돌아오고 남을 저주하면 자신에게 저주가

돌아오고 남의 험담을 하면 남들도 나를 험담하며 즐거워해 발없는 말이 천리를 가고 골방에서 한 말이라도 세상이 다 아는 것은 세상만물이 말씀으로 이루어졌기 때문이야 혼자 한 말이라도 이미 세상이 알고 하나님이 다 아시지 인간은 영적으로 느끼기 때문에 누군가에 대해서 말하고 싶어질 때는 그 사람이나 그 사람과 친한 기운이 곁에 다가왔음을 알아야 해 누군가에 대해 말할 때 문을 열고 들어선다든지 전화가 온다든지 하는 것은 가까워진 기운을 느끼고 말하고 싶어졌기 때문이야 그래서 험담하고 싶을 때 칭찬을 하면 그 칭찬은 능력이 되어서 죽을 사람도 살리게 돼 누군가 죽이고 싶도록 밉고 억울해도 직접 원수 갚으려 하지 말아야 해 원수 갚는 이는 따로 있으니 대신 좋은 말로 갚아줘야 해 세상만물은 하나님의 말씀으로 이루어졌기 때문에 교회에 가서만 하나님의 말씀을 들으려 하면 진리를 모르는 처사야

모든 사물은 그 안에 숨겨진 상징을 가지고 있어 사물을 통해 상징을 발견하는 자는 하나님을 만나는 사람이고 하나님의 말씀을 듣는 사람이야 날마다 만나는 사물들이 내게 무어라 말하는지 귀기울여야 하고 정성을 다해야 해 하나님의 말씀 즉 하나님이 모양과 형상을 달리했을 뿐 늘 우리와 함께 하시기 때문이야

육개장

696

일정한 거처를 정하지 않고 물과 풀밭을 찾아 옮겨 다니면서 목축을 하는 것을 유목이라고 해 우리의 사고에 있어서도 고정관념에서 벗어나 자유로운 사고의 발전을 이루고자하는 것이 유목주의야 지금까지 우리가 배워온 사고는 수목적樹木的 사고인데 수목적 사고는 나무와 같이 큰 뿌리가 있고 중간 뿌리 잔뿌리로 이어지듯 정해진 사고의 원칙을 말해 예를 들면 기승전결이나 서론 본론 결론과 같은 사고의 정해진 길을 말해 수목적이라는 것은 나무의 수목과 같은 것이기도 하지만 가두어서 기르는 수목囚牧과도 같은 의미를 가졌어 수목적 사고는 고정관념의 상자 안에서 나오지 못하거나 정해진 방법의 우리 안에서 밖을 보지 못하는 경향이 크지 이는 농경생활과 같은 정착생활에서 비롯된 반복적 삶에서 받은 영향이 크지 이제는 농작물을 심어놓고 기다리는 시대가 아니야 창조적 사고를 통한 새로운 시도와 남과 다른 차별화가 필요한 시대가 되었어 이러한 시대에 살아남기 위해서는 수목적 사고로는 불가능해 어디로 튈지 모르는 예상 불가능의 사고 뻔히 알 수 있는 당연한 사고가 아니라 아무도 인지할 수 없었던 새로운 사고가 필요해 창조적 세계를 만들어가기 위해서는 유목적인 사고가 필요하지 땅에 뿌리 내리고 토박이로 살며 정체성과 배타성을 지닌 존재를 이루기보다는 어떤 정해진 형상이나 정해진 규칙에 구애받지 않고 바람이나 구름처럼 이동하며 삶을 정주적인 고정관념과 위계질서로부터 해방시키는 유목적 사유가 필요하지 하지만 이 유목적 사고보다 더 자유롭고 창의적인 사고는 초원의 누 떼와 같은 야생적 사고야 유목은 풀이 많은 곳으로 거처를 옮기지만 옮겨진 곳에서 정해진 한계를 벗어나서는 안 돼 하지만 야생은 정해진 바운더리도 없고 언제 어떻게 될지도 모르는 생사의 갈림길에서 분초를 다투는 긴장과 정해지지 않은 각본의 서스펜스가 있어 즉 서스펜스가 있는 사고, 심각한 변화와 굴곡이 있는 사고, 지상과 하늘 · 천국과 지옥을 동시에 맛볼 수 있는 공시적이며 통시적인 가상과 현실, 추상과 사실의 뒤섞임을 표현할 수 있는 사고를 야생적 사고라 할 수 있어 야생적 사고는 자유롭고 의외성이 심해서 주제를 벗어나 자칫 공상적인 세계로 갈 가능성이 많아 현실적 논리를 벗어나 예상할 수 없는 허황된 사고로 발전해가면 납득할 수 없는 작품이나 세계를 만들 거야 그래서 사고에도 어느 정도의 정해진 구역, 영토가 필요하지 그 섹터 안에서 자유로울 수 있되 한계가 정해진 방목적 사고가 필요하지 주제가 있는 작품이라든지 글들은 이해가 가능한 영역에서 맘대로 자유로울 수 있는 방목적 접근이 필요하지 주제를 벗어나 너무 멀리 뻗어가다 보면 독자와 멀어질 수밖에 없는 작품이 되기 때문이야 사고는 무한상상의 야생적 세계로 뻗어가되 작품은 여기에서 선별된 주제적 섹터를 구성하여 방목적 사고를 보여주는 것이 필요하지

697

좁은 문으로 들어가라는 말을 이제는 알 것 같아 불순물을 거르기 위해 미립자로 분해된 물의 몸, 순수한 결정체로 다시 태어나야 해 좁은 문은 열려 있지 육각수로 흘러들었으면 삼투압을 타고 올라 청향이 되었으면 낮과 밤의 여과망에 걸러진 이슬들은 꽃잎에서 태양을 기다리지 생과 사의 가름막을 지나고 나면 뭉실 구름으로 떠오르고파 문을 지나고 나면 해밝은 미소로 이젠 당신에게 스밀 수 있을 것 같아

698

하루의 시작은 출항이야 어둠

이 걷히는 수평선엔 노을이 타오르고 먹구름은 불꽃 속에서 사라져 가지 울렁이던 파도가 깃발을 실은 배를 수평선으로 떠밀어 방파제의 바위들이 검은 그늘을 드리우고 출항을 배웅해 불 꺼진 등대 하나 외로이 서서 돌아오는 시간까지 기다릴 거라고 졸린 눈을 비비네 수평선은 불타오르고 잠에서 깨어나는 바다의 잔비늘이 반짝이네 만선의 꿈을 안고 떠나는 배가 불꽃 속으로 미끄러지네 심해 속의 빛을 낚아 높이 깃발 세우고 돌아오기를 항구는 숨 죽여 기도해 선창은 어둠에 젖어있고 대양은 아침노을로 타오르네 배들은 아침마다 눈부신 빛을 낚기 위해 떠나 태양빛에 그물을 던지고 물빛 찬란한 수면에 낚시를 드리우다가 빈 배로 돌아와 항구의 품에 안기곤 했던 배들 물고기만을 잡기 위해 출항하지 않았네 그물만을 내리기 위해 수평선으로 떠나지 않았네 고래의 꿈을 낚기 위해 출항하는 어부들 귀항이 하루의 마침이네

699

책과 가구들은 문밖으로 쫓겨났지 액자가 떼어지자 얼굴 속에 얼룩이 선명히 드러났지 전신거울의 뒷면에 살던 바퀴들과 빗물이 스며든 벽에 핀 검은 곰팡이들, 눈송이처럼 침대 밑을 굴러다니던 먼지를 치우고 칼로 반듯반듯 재단하는 봄 풀냄새 흠뻑 묻어나도록 풀질했어 꼿꼿이 일어선 풀잎, 벽과 천장엔 꽃잎이 번지고 새들은 날아와 눈빛으로 노래했어 작은 발소리에도 우우 공명하는 푸른 우주, 벌판엔 겨우내 살아남은 새싹들이 채워지고 하늘엔 강한 날개의 철새들이 날아다녔어 에덴을 위해 빛바래고 상처 난 영혼들은 길거리에 버려져야 했어 주인의 취향을 따라잡지 못한 아날로그TV와 성에 낀 냉장고, 지겹게 눌어붙던 밥솥도 고물상에 넘겨졌어 아끼던 책들과 흠이 적은 장롱만 제자리를 찾았을 뿐 최신형 벽걸이형TV나 노트북이 빈자리를 차지했어 낡은 책상들이 빠져나가고 명패가 바

꿔며 활기가 도는 환절기의 방수리된 어둠의 방문을 열고 샤워를 하면 물소리에 별들이 채워지며 낯선 바다가 몸속으로 들어왔지

700

유성은 하늘에서만 볼 수 있는 것은 아니야 세상 구석구석에서 눈부시게 사라져가는 유성들을 봐 지구의 대기권 안으로 들어와 빛을 내며 사라지는 별똥별 방송이나 신문 인터넷 등 가시권의 세계에서 볼 수 있는 눈부신 목숨들은 내 하늘을 물들이는 또 다른 유성이야 찰라의 섬광이어도 오랜 기억의 잔영이 꼬리를 드리우고 있어 지하철에서 한 생명을 구하고 사라져간 별, 화재현장에서 한 가족을 살리고 불꽃이 된 소방관, 침몰하는 배에서 수십 명을 건져내고 해저로 사라져간 이들의 불꽃 쇼를 봐 아름다운 세상을 만들기 위해 불꽃으로 사라져간 영혼들이 물들이는 밤, 풀잎들도 까닭 모를 눈물을 흘리곤 했어 순간의 만남 속에 사라져간 유성들을 노래해 그들이 사라져간 자리는 어둠이 아님을 그들이 흔적 없이 사라지더라도 머물러야 할 곳은 편안한 안식처이기를 너무나 빨리 산화한 별들, 별은 한순간 사라지는 불꽃이 될 때 가장 아름답지

701

유심론은 세상은 마음의 작용에 의해서 나타난 가상의 존재 "모든 존재는 마음이 만들어 낸 영상에 지나지 않았어"라고 말해 내 마음이 어떠냐에 따라서 세상은 천당일 수도 있고 지옥일 수도 있어 마음을 다스리는 것이 세상을 다스리는 것이며 마음을 비우는 것이 세상에 빠지지 않는 길이야 인위적으로 세상을 다스리고 통제하기 이전에 먼저 내 마음을 다스릴 수 있어야 해 더러워진 識을 바꾸어 깨끗한 지혜를 얻는 것이 궁극적인 목적이야 세상 만물의 근원이 마음이라면 마음은 무엇으로 이루어졌는가 마

음은 오감으로 느낄 수 없는 상징적 십자가야

702

지구 자천축의 기울기는 약 23.4도야 지구는 바르게 돌지 않으며 세상은 바르게 굴러가지 않았어 처음 세상이 말씀으로 만들어질 때 사특한 말은 없었지 바르고 옳은 말 곧 진리만으로 세상이 만들어졌지만 루시퍼의 개입으로 세상엔 죄악이 섞이게 되었어 진리의 속성은 옳고 바른 것이라서 자정능력을 갖고 모든 사물과 논리를 바르게 세우려하는 본질을 갖고 있어 하지만 죄악은 넘어뜨리고 흩어버려서 얽히고설키거나 뒤죽박죽이 되는 성질을 가졌어 100%의 세상에서 76.6%는 옳은 일들, 그리고 바른 사람들이 차지한다고 볼 수 있지만 23.4% 정도는 악의 세력이 주관한다고 생각할 수 있어 대부분의 사람들 마음도 이와 같은 비율을 가지고 있어서 사람을 완전히 믿는 것은 실상 어려운 일이야 수치상으로 정확한 것은 아니야 사람에 따라서 또는 상황에 따라서 조금씩 다를 수는 있지만 거의 비슷한 비율로 살아가지 그래서 지구는 완전히 세워지지 않고 사람들의 마음은 완전히 순수하지 않고 세상은 완전히 깨끗하지 않지 그러나 진리가 강하고 옳음이 대세를 이루어 자정능력을 갖고 바로 서고자 하는 수직적 힘이 커서 혹여 잘못되어 넘어지고 엉망으로 돌아가다가도 새로운 질서를 찾게 돼 하지만 이 질서는 완전한 질서가 아니라 약 23.4% 부족한 불완전의 질서인 거야 인간사에서도 악인이 성공하는 것 같으나 시간이 지나면 결국 망하는 것은 바로 서고자 하는 자정능력 때문이야 지구상에 거하는 모든 생물에서부터 하나하나의 사물에 이르기까지 미치는 이러한 힘의 영향으로 말미암아 악으로 일어서는 것은 확률이 떨어질 뿐만 아니라 일어선다 해도 결국엔 망할 수밖에 없지 76.6%의 대세를 이루고 있는 진리의 세계, 바르게

이 대열에 서서 아름다운 삶을 누려보고 싶지 않은가

703

수백 년 과학이 발달한 외계인의 유전자를 받은 예수나 석가 공자나 마호메트가 인류의 문명을 이끌어왔다고 UFO종교에서 말해 성경에 나타난 예수의 탄생을 보면 천사가 나타나 마리아에게 예수의 탄생을 알리고 있어 이들은 이것을 마리아와 UFO와의 만남으로 보고 있지 창가에 빛이 비치고 빛에 이끌려 올라간 UFO에서 외계인과의 정사를 통해 예수가 잉태되었다고 주장해 과학적으로 성관계 없이 아이를 가질 수 있다는 논리는 통할 수 없기 때문이야 이때 슈퍼유전자가 전해지고 그 유전자를 가지고 태어난 아이는 앞서가는 세상을 열 수 있었다는 거야 BC 3000년경의 복희씨가 그랬고 BC 5세기경의 소크라테스가 그랬듯이 인류에 남겨진 외계인의 슈퍼유전자가 실은 이 땅을 지배하고 이끌어왔다고 해 인간은 외계인을 천사로 착각하고 그 발전된 과학의 능력을 전지전능하신 하나님의 능력으로 알고 있는지도 모르네 이는 지극히 과학적 사실성에 입각한 접근이 아닐 수 없지 과거 몇 백 년 전의 사람이 오늘날의 현실을 보면 신만이 할 수 있는 일이라 생각할 수 있어 그러나 그러한 일들은 오늘날 우리들의 일상이 되었어 수백 년 앞선 과학의 외계인을 우리가 접하게 돼면 아마도 우리는 그를 신이라 부르게 될지도 모르네 그래서 UFO 종교에서는 육체를 연구나 재활용을 위해 기증하고 세포만 채취하여 유전자 복사를 통한 부활을 꿈꾸지 그리하면 영원히 죽지 않고 살 수 있는 길이 열리는 셈이야 하지만 이러한 육체적 영생도 중요하지만 진정한 마음의 변화 없는 영생은 의미가 없는 거야 육체적 유전자에 연연할 것이 아니라 영의 유전자를 받아들여야 해

704

질식할 것 같은 삶엔 산소가 부족하거나 꿈이 부족하거나 혈액 속의 헤모글로빈이 폐를 통해 전달된 산소를 온몸으로 퍼 나르듯 생명의 언어들이 마음 깊은 곳까지 꿈을 실어 나르네 우물이나 굴속 뒤집힌 화물선에서도 꿈을 잃지 않으면 질식하지 않지 공기 중 21%의 산소가 희박해진 만큼 질소 이산화탄소 메탄가스가 차지하고 내 안에 꿈이 사라진 만큼 절망이 차지해 코와 입을 막으면 기도가 폐쇄되지 삶은 달걀이나 떡가래 큰 고기조각과 틀니 같은 것이 막아버린 숨구멍 살다보면 기가 막히고 코가 막힐 때가 많아 아나콘다와 같이 목을 조여 오는 거대한 팔뚝이나 얼굴에 달라붙는 투명한 비닐 막의 위험은 너무 흔하지 눈에 보이지 않는 유해가스의 목조르기가 언제 시작될지 알 수 없는 하루 질식할 것 같은 부부생활로 기도는 막히고 직장엔 신속한 인공호흡이 필요해 뇌로 전달되는 신선한 공기, 생명의 말씀이 녹은 피의 흐름을 위해 하루도 빠짐없이 책을 읽으려 해 질식은 산소의 부족만이 아니지 모두가 사랑 받기 위해 들여 마시기만 하는 밀폐된 세상의 숨통을 트여주는 어둠 속의 공간 빠끔히 열린 하늘의 창이 보이지 아가미 같은 초승달

705

유추는 유비추리類比推理, 하나의 유에 속하는 종이나 개체에 적용할 수 있는 명제는 같은 류에 속하는 다른 종이나 개체에도 적용할 수 있다는 것이 유추에 의한 추론이야 인생에서 성공할 수 있는 길 중에 하나가 유추를 어떻게 활용할 수 있느냐야 유추를 잘하면 작품의 창작은 물론 새로운 발명이나 천지조화의 징조를 알 수 있기 때문이야 자연적 우주는 대우주라 하고 30조 개의 세포로 이루어진 우리의 몸은 소우주라고 해 우리의 몸을 통해 대우주를 유추할 수 있고 에덴동산을 유추할 수 있어 인간에게만

존재하는 이 유추의 능력은 현실의 삶을 통하여 내세를 끌어올 수 있는 특별한 거야 그래서 인간은 하나를 보면 열을 알 수 있고 눈감고도 미래를 훤히 내다볼 수 있는 능력을 가지고 있어 유추의 능력이 좋은 사람이 예술성도 뛰어나지만 신을 발견할 수 있어 하나하나의 사물에서 유추를 통해 신의 뜻을 발견해 신이 인간에게 유추의 능력을 준 것은 감추어진 세계를 발견하라는 뜻인지도 모르네 그래서 아무나 신을 믿을 수 없고 아무나 신을 발견할 수가 없지 사고의 팽창과 인식의 빅뱅을 이루는 유추는 신과의 또 다른 대화이고 만남이야

706

아이가 종이 위에 물감을 짠다 빛바랜 나의 도화지는 천장에 떠 있고 아이의 도화지는 백지로 깔려있어 적 · 청 · 황 · 흑의 물감들이 꿈틀거리는 애벌레 같다고 아이가 깔깔거리며 동남의 끝을 잡고 북서의 경계를 맞대 반으로 접어 꾹꾹 눌렀다 폈지 대칭을 이룬 뇌 속엔 산과 강이 흐르고 땅과 바다가 하나로 합쳐져 아이의 꿈지도가 펼쳐졌네 입을 맞추는 남녀의 얼굴, 완성된 십자가, 엄마의 품속에서 나팔꽃 길을 타고 온 나비 한 마리 힘찬 날갯짓으로 날아오르네 반평생 그려온 나의 산과 달과 구름들은 물그림자로 뜨고 너는 꽃과 나무와 열매의 중심에 내려앉았어 시간의 모래알로 부서지는 물감들, 묵묵히 걸어온 낙타의 발자국들도 모래바람에 지워지며 박제된 새가 되어 날아오르네 쉴 새 없이 꽃과 벌들은 만났다 헤어지고 날마다 접혔다 펴지며 풀어놓는 밤과 낮의 씨앗들이 아이 눈망울 같은 빛을 향해 날아오르네 땅과 하늘 빼곡히 민들레 씨처럼 퍼져가는 점돌 알락 팔랑의 문양들 물감들이 눌리며 분출했던 화산을 접어 하늘에 날리자 소리는 사라지고 소용돌이만 허공을 맴돌다가 아이의 동공 속으로 사라지네 오목렌즈 같은 호수엔 용암들이 잠기

고 풀과 꽃과 나무와 접속하던 나비 한 마리 훌쩍 내 어깨에 매달리네

707

하나의 마음에 형체가 있으면 사람이지만 형체가 없으면 귀신이야 형체는 있는데 마음이 없으면 사물이요 사물에 마음이 있으면 생물이야 십자가의 형체는 있는데 마음이 없으면 장신구요 십자가의 형체는 없지만 빛만 있으면 별이야 사람이 십자가를 얻으면 구원이지만 귀신이 십자가를 얻으면 소멸이야 사물이 십자가를 얻으면 상징이 되고 생물이 십자가를 얻으면 말씀이 돼 내가 무엇을 얻느냐도 중요하지만 내가 무엇이냐가 더 중요하지

708

생라면을 먹으며 삶아지지 못한 마음을 맛보네 쉽게 부서지고 조각나는 상처의 부스러기들은 아무런 기쁨도 주지 못했어 제각각인 스프와 기름 면발들은 섞이지 못했어 나도 섞이지 못해 혼자였어 냄비 속을 끓여야 했어 뜨거운 시간 속에서 부드러워진 면발들은 깊은 맛이 섞이겠지 비벼지는 육체와 언어들이 젓가락에 돌돌 말려 대롱거리네 스프와 기름과 면발들의 조화를 이룬 매끄러운 몸매가 혀끝에 감겨 목구멍을 넘어가지 부드러운 감촉으로 전율하며 쾌감이 온몸으로 퍼지네 서로 하나가 되는 섞임 속에서 살맛나는 세상이 되었어

709

이쑤시개만한 나무 끝에 바른 유황이 벽이나 돌에 그어져 불꽃이 돼 폭발성의 빨간 열정 하나가 마을과 산을 집어삼킬 수 있어 머리가 깨어지도록 부딪혀 불사르는 성냥의 힘은 내면에 간직한 유황의 성질 때문이야 폭발성의 화약을 만들고 금 · 은 · 동 · 철을 변화시켜온 내면의 힘은 어디든 한 방울만 묻어도 거대한 불꽃이 될 수 있어 머리에 가득 채워진 유황의 말씀으로 나도 세

상의 불꽃이 될 수 있을까 오랜
마음의 체증을 풀고 부정한 기운
을 다스려온 유황, 피를 발라 쓴
내 글들도 세상을 불지를 수있을
까 성냥골 하나만도 못한 삶들이
불도 피워보지 못하고 시들어 가
지 유황의 욕망을 품고 누군가에
게 대가리 터지도록 돌진해 본
적 있었던가 불꽃 사랑을 위해
허리가 부러지도록 머리를 처박
다가 피식 연기라도 피워봤던가
유황은 단 한 번을 위해 문설주
에 바르듯 이마에 피를 바르네
유황온천에 들러 목욕을 하고 유
황오리를 먹었다 해도 채워지지
않는 유황流衁(흐르는 피) 유황이
묻은 성냥 한 개비가 너와 나를
태우고 있어

육판

710

장례식장에 가면 항상 나오는 육개장 양지머리를 씻어 솥에 물을 붓고 끓이다가 무른 고기를 건져 결대로 찢어 양념을 넣고 무친 후 고추기름과 함께 장국으로 끓여낸 음식 상가에 앉아 육개장을 먹을 때마다 죽은 사람과 오버랩이 되어 입맛이 떨어지곤 했어 비위가 약해서인지 육개장을 보면 속이 울렁거렸네 육개장은 죽은 이와 아무런 상관이 없었지만 고기는 죽은 이의 살점 같았고 고추기름을 낸 붉은 국물은 죽은 이의 피가 연상되었어 그래서 늘 육개장은 먹지 않고 밥만 먹든가 아니면 과일이나 조금 먹고 나오는 게 다반사였어 어느 날 장례식장에서 손님들을 맞으며 문상객들이 밥 먹는 것을 지켜보았어 여러 문상객들 중에 땀을 흘리며 맛있게 먹는 중년 남자를 보았어 그는 문상객이기보다는 장지 일을 하기 위해 온 사람이었어 그는 장례식장에 소속되어 궂은일을 하는 사람 같았어 평생 마지막 가는 사람들을 돌보며 남들이 꺼려온 일들을 하며 살아온 그의 모습이 성스럽게 보였어 그리스도가 빵을 떼며 나의 살을 기념하고 포도주를 따르며 나의 피를 기념하라는 말씀이 떠올랐어 성찬식의 의미를 생각하며 육개장을 먹는 참뜻을 깨달았어 성찬식을 하듯 죽은 이 앞에서 육개장의 고기와 국물을 먹으며 망자의 삶을 생각하고 기념해야 한다는 것을 술이나 마시며 고스톱을 치던 무개념의 장례식장에서 소중하지 않은 삶은 하나도 없음을 맛있게 육개장을 먹으며 음미해야 했어

711

밤을 입은 드레스의 여인이 흑인 이빨 같은 피아노 건반을 두드리네 번개의 손놀림에 한 템포가 늦는 천둥소리 수천의 눈과

귀의 빔이 쏘아진 피아노에서 소녀의 음계들이 타오르네 도레미파 솔 솔 솔 어깨동무한 산과 섬들이 바다의 일출을 기다리네 양수를 터뜨리고 나올 햇덩이, 수평선을 향해 숨을 멈추고 있어 카운트다운하는 폭발점 용광로의 쇳물이 끓었어 핏물이 번지며 솟는 새벽, 펄 펄 펄 이파리들 휘날리는 골목을 향해 눈뜨는 집들 원무를 추는 수·금·지·화·목·토·천·해 태양을 향해 돌고 태양은 우주를 향해 돌았어 하늘 향해 모은 눈빛들이 반짝였어 하늘에 계신 아버지시여! 시선이 머문 종이에 불이 붙었어 눈빛만 닿아도 연기가 풀풀 날리는 빛의 응집 그녀의 총에 맞아 쾡 하니 구멍 난 표적지의 그을린 탄착점에서 화약 냄새가 피어오르네 아지랑이 몽롱한 나의 눈동자가 구멍을 들여다보네 홍채 속의 동공이 반짝였어 암실에 떠오르는 별들 구멍들은 블랙홀이 되고 나는 머리부터 빨려들었어

712

수은주가 곤두박질치자 지퍼가 열린 하늘에서 우박이 쏟아져 내렸네 갈가리 찢겨진 비닐하우스 난도당한 화초의 속살마다 피의 향기가 뿜어져 나왔고 추락한 날개의 깃털들은 팝콘처럼 사방으로 흩어졌네 볼을 부비며 구름 풍선을 타고 오른 물방울들 결빙선을 따라 눈물이 되고 얼음이 되어 슬픔의 무게를 견디지 못했어 관절들은 얼음과자처럼 쉽게 부러져 덜그럭거렸고 단절된 혈관의 마른 잎들은 기침소리를 내며 얼음 나라로 굴러갔지 15층 옥상에서 투신한 여학생의 차디찬 몸이 떨어진 곳은 왜 하필 국화꽃 만발했던 화단이었는지 길엔 꿀을 잃은 벌들이 떨어져 눕고 바다엔 엔진이 다한 비행기가 불꽃으로 산화했는지 차가운 눈망울로 쏟아진 빙점의 쓰라린 상처를 박하사탕처럼 밤은 오래오래 녹여 먹었어 얼음유성들이 긴 꼬리를 끌며 매달리는 어둠 속에서 꽃향기의 마지막 기억을 품고

마른 대궁들이 쓰러지네 추락하는 얼음 날개, 사선을 긋는 찰나의 빛들이 섬뜩 살을 베어내고 있어

713

직선은 두 점이 지나는 선이야 두 점의 사이에 직선은 하나만 존재하며 두 점 간의 최단 통로야 직선은 양끝을 갖지 않는 무한無限이 긴 거야 한쪽이라도 끝을 만들면 직선은 사선이 되고 둘이 끝을 만들면 양끝을 가지는 선분이 돼 누군가와 직선을 이루고 살아가는 사람은 먹을 것을 보면 곧바로 생각나고 좋은 일을 보면 곧바로 함께 하고 싶고 나쁜 일을 보면 곧바로 걱정이 되고 잘못을 보면 충고해줄 수 있는 사람이야 서로 생각을 숨김없이 말할 수 있고 재거나 계산하지 않고 서로의 이득을 따지지 않는 사람들의 관계가 직선적 관계야 직선적 관계가 많아질수록 관계는 견고해지고 방사형의 꽃처럼 아름다운 삶을 만들어가지

714

제기차기를 하면 발에 채일 때 날아오르는 순간임을 알고 있어 남에게 질책을 받을 때는 발에 차이는 아픔의 순간과 같지만 그 질책의 순간 우리는 날개를 달지 아파만 하는 자는 빗나가기 위해 몸을 비틀지만 날아오르기 위해 기꺼이 발길질을 받을 줄 아는 자는 떨어질 때도 아름답지 내면에 엽전이나 쇠붙이와 같은 쇠의 무게를 간직한 자만이 바람에 흔들리지 않고 수술을 휘날리며 날아오를 수 있어 질긴 종이나 천을 접어서 싼 끝을 여러 갈래로 찢어 너풀거려야 사뿐히 날 수 있는 그의 상처는 다 날개가 돼 한 번 발에 채이면 하늘 향해 오르고 또 한 번 발에 채이면 바람을 만나다가도 발길질을 빗나가면 땅에 떨어져 버려지네 누군가가 집어 다시 발길질을 하지 않으면 무관심 속으로 사라지네 상승과 하강의 곡선을 그리며 삶의 마당에서 제기는 춤추고 있어 누가 더 오래 재기를 찰 수 있느냐는

테크닉의 문제가 아니라 하늘을 향한 꿈의 문제야 은수술을 휘날리며 날개를 펴는 제기들은 남의 발길질을 기쁘게 받아들였기 때문이야 엽전에 한지를 말아 꿈을 펼치던 재기 바람 부는 겨울 마당에서 하얀 제기를 차올리면 멍들이 날개가 돼

715

지하수를 먹고 자란 내 몸에도 지하수가 흐르네 모래와 자갈 암석의 간극을 메우며 지구의 중력에 의하여 지하로 유통하는 물 내 몸의 살과 살을 메우며 물이 뼈들의 간극을 채우고 있어 구름으로 증발하는 지표수는 땀이 되거나 타액이 되어 몸 밖으로 흘렀지 샘과 우물의 형태로 지표수의 근원을 이룬 나의 눈물은 암반층이나 점토층을 이룬 불투수층의 기층 위에서 형성되었어 내 안의 지하수면이 소통할 수 있는 통기대가 필요했어 세상의 물은 97%의 바닷물과 3%의 민물로 이루어졌지만 내 몸은 97%가 눈물이야 살짝 건드리기만 해도 주르르 샘이 터지는 간헐천엔 뜨거운 체온이 묻어있어 1%의 부족에도 갈증이 일고 10%의 부족에도 사망할 수 있는 내 몸 바다가 없는 자는 사막이지 지하수가 없는 자는 황무지지 비정과 메마름의 나무는 더 이상 지하수를 빨아올릴 수 없는 뿌리로 살지 날마다 지하수를 먹고 자란 이들이 꽃을 피우는 중이야

716

윤회는 불교 교리의 하나로 중생이 죽은 뒤 그 업에 따라서 또 다른 세상에 태어난다는 사상이래 생명이 있는 것은 여섯 가지의 세상에 번갈아 태어나고 죽어간다는 것으로 이를 육도윤회라고 한대 육도 중 첫째는 지옥도로서 가장 고통이 심한 곳으로 육체적 고통을 받는다고 해 둘째는 아귀도래 지옥보다는 육체적 고통이 적으나 굶주림의 고통을 심하게 받는대 셋째는 축생도로서 네 발 짐승을 비롯하여 새 물

고기 벌레 뱀까지도 모두 포함된대 넷째는 아수라도야 노여움이 가득한 세상으로 남의 잘못을 들추는 사람은 이곳에서 태어난대 다섯째는 인간이 사는 인도이고 여섯째는 행복이 두루 갖추어진 하늘 세계의 천도래 이 윤회의 여섯 세상은 영원이란 없대 그동안 살아온 업에 따라서 몸을 바꾸어 태어나게 된다네 이러한 불교적 교리가 전혀 근거 없는 내용은 아니야 왜냐하면 인간은 자연의 일부로 죽음을 통해 분해되고 분해된 육체의 근본적 요소는 새로운 원소들과 음양의 기운에 따라 새로운 요소로 재결합될 수 있기 때문이지 하지만 분해와 결합의 과정에서 육체라는 하나의 개체가 온전히 흩어지지 않고 다른 개체로 된다고는 보기 어려워 그렇다면 육체 안의 정신 영혼이 전생을 기억하고 그 영혼이 새로운 윤회의 결과적 존재로 바뀐다면 현생의 삶은 매우 중요하지 않을 수 없어 하지만 내가 살아온 현생을 기억하지 못하는 존재로 새로운 세상에 환생된다면 그 존재는 이미 내가 아니며 내 현생의 삶과는 무관한 또 다른 개체인 것이지 나와는 무관한 한 개체의 삶을 내 현생의 삶을 희생하면서까지 책임져야 할 이유가 과연 있는 것일까 나의 전생을 기억하지 못하는 것이 확실한 이상 내가 죽어서 윤회로 태어날 존재가 나를 절대 기억할 수 없는 것이 자명하기 때문에 현생의 나의 삶은 윤회의 법칙을 떠난 독보적인 존재인 거야 그러므로 새로운 내세를 위해 현세의 삶을 고행과 수도로 일관하는 것은 바람직하지 않아 깨우치고 수도함으로 차원 높은 아타락시아를 얻겠다면 모르겠으나 내세를 위한다는 둥 사바세계의 중생을 위한다는 등의 헛된 말은 필요치 않아

717

허구한 날 라면을 끓였어 낡은 앉은뱅이 상에 냄비받침 책을 깔고 올려놓은 양은 냄비마저 방안

가득 노총각 냄새를 풍겼지 먹다 만 김치그릇에 마지막 국물까지 비우며 막걸리를 마셨어 젓가락만 가지고 놀러오는 친구들은 자취방이 언제든 들어와 쉴 수 있는 숙소였고 식당이었지 방안엔 비닐봉지와 술병들이 넘쳤고 싱크대엔 설거지 거리들로 가득했어 화투치기를 하며 내기를 하고 밤새 기타를 치며 노래해도 아무도 간섭하지 않았어 80년대 통행금지로 길거리는 통제였지만 나의 자취방은 자유로 가득했네 사회는 어두웠고 거리는 최루탄 안개로 앞이 보이지 않았어도 손바닥만 한 라디오에서 들려오는 음악소리를 들으며 밝은 내일을 꿈꾸었지 배고프고 가진 것이 없었기에 서로 나누어먹는 것이 당연했던 시절 문을 잠그지 않아도 가져갈 것이 없어 걱정 하나 없었고 배가 고파도 꿈을 먹을 수 있어 행복했던 방은 다시 돌아갈 수 없는 에덴이 되었어 라면 한 그릇으로 배를 채우며 유물론과 마르크스를 논하던 친구들은 뿔뿔이 흩어졌어 누구는 사장이고 누구는 정치가이고 누구는 생을 비관하여 자살했지 다들 다시 만나고 싶은 자취방은 텅 비었어 함께 소통하며 행복할 수 있는 누구든 찾아오면 손 내미는 못박음의 공간에서

718

윷판은 우주의 상징이야 네 개의 큰 방은 동서남북 춘하추동을 의미하며 작은 방들은 태양의 길 및 하늘의 별자리들을 의미해 윷판에는 계절의 변화와 삶의 과정이 나타나 있지 윷가락이 한쪽은 검고 한쪽은 흰 것은 음과 양을 의미해 윷가락이 네 개인 것은 사상을 의미하고 네 가락의 윷에서 희고 검은 것을 구분하면 8개로 8괘를 상징하는 거야 윷놀이에서 도는 돼지를 개는 개를 걸은 양을 윷은 소를 의미하며 모는 말을 의미해 이는 걸음걸이가 넓고 빠름을 구분한 것으로 승부의 세계에서 먹고 먹힐 수 있음을 뜻하지 가장 안전하고 빠른

지름길은 중심으로 들어가는 거야 중심은 십자가의 중심이며 우주의 중심이야 십자가를 통하지 않고서 가는 길은 둘러 가는 길이야 중심을 벗어난 삶이야 세상은 윷놀이이며 윷놀이는 삶의 축소판이지 중심으로 들어가면 내가 가고자 하는 길의 지름길이 보이게 되지

719

주름을 지우고 눈썹을 그리고 있어 어둠이 내려앉은 다크써클, 분화구를 메운 대지엔 베이지 톤의 양광이 눈을 떠 대리석으로 만져지는 표피의 한기, 찢겨진 상처에 파우더를 바르고 순간의 충격 속에서 하늘을 꿈꾼 푸른 멍울에 무지개를 그려봐 잠의 수렁에 빠진 백설 공주의 핏물 든 독사과, 한껏 폼을 잡으며 미소 짓던 순간들만 낙엽처럼 흩어지네 구름을 지우는 하늘, 햇살 고운 색조화장에 과실마다 노을이 물들고 산들은 붉은 머리칼로 이마를 덮네 가재미눈을 감추는 아이섀도, 치켜 올라간 입 꼬리를 지우는 빨강 립스틱, 밤새 눈이 오고 있다 해도 지워지지 않을 것 같은 땅의 낯선 얼굴을, 거울은 늘 한 면만 보여주곤 했어 파운데이션을 덧칠한 여인의 팬터마임은 끝났어 검은 문을 열면 극명히 드러날 하늘과 땅, 마지막 화장을 고친 여인은 춤추는 불꽃과 함께 한 줌 바람의 잡티로 지워져 하늘엔 재가 날리고 관객들은 연기처럼 흩어져 가고 있어 덕지덕지 간판을 덧칠한 빌딩들도 하나둘 옷을 벗고 어둠을 만나러 가지

720

물에 비친 목련이 달빛에 환해 머리를 맞대고 꽃을 만드는 은어 떼 온몸으로 십자가를 그려 물속에 내려온 별들도 숨죽이고 고개를 숙였어 하루 종일 흘러가던 강물이 길을 멈춘 침묵 물 위로 튀어 올라 소리 지르지 않아도 하늘은 알지 물속 깊은 곳에서 밤마다 묵묵히 피어온 목련, 수면

위로 떨어진 목련은 잠시 사라졌다가 다시 떠오르고 하늘은 넓은 품으로 꽃을 껴안는 거야

721

라디오는 청각의 세계다 노래를 들려주고 좋은 얘기를 전해주면서 가상적 세상을 열어가지 실천적 행실은 없고 소리의 지속적 활동만이 존재해 라디오를 들으며 공부하고 산에 가고 음식을 먹었어 무성한 소리의 시간 속을 무심히 흘러가지 가상적 소리를 들으며 살다가 새소리 바람소리 물소리의 실재적인 소리를 들으면 그 느낌이 판이해 배를 타고 듣는 파도소리 산 위에서 듣는 바람소리 숲속에서 듣는 새소리는 실재적 소리라서 실질적 현실의 깊은 정감을 느끼네 하지만 실재적 자연의 소리를 들으며 살기가 쉽지 않은 현실이 되었어 나는 라디오에서 나오는 음악을 들으며 공부도 하고 휴식도 취해 가상적 소리 속에서 자연을 만나기는 어렵지 가장 미세한 바람소리 햇빛이 쏟아지는 소리 속에서도 들을 수 있는 영감의 소리 가상의 소리 속엔 실천 없는 주문이 가득하지 복사되고 만들어진 가상의 소리 속에서 길을 잃었어

722

모두가 은막의 주인공이 되고 싶어 하지만 주인공은 언제나 따로 있어 그래서 사람들은 단역의 착한 인물보다는 비중 있는 악역을 택해 시인의 삶은 화려한 무대에 서는 것이 아니라 짧은 문장을 들고 죽을 만큼 힘든 이의 골방으로 찾아가는 것이라서 자신을 드러내서는 안 돼 아주 짧은 단역도 못 되는 삶이라서 그저 묻혀지거나 은막 뒤에서 드러나 보이지 않았어 그런데도 자신을 드러내며 주인공 행세를 하려해 극의 진행을 거스르며 방해자가 되는 순간 그는 악역으로 떨어지네 감동도 없는 시를 억지로 들이대며 주변을 불편하게 해 세상에 이름이 나고 돈은 벌지 몰라도 사람들의 뇌리 속엔 한때

비중 있는 악역배우로 기억될 뿐이야 실은 은막의 스타는 연출자의 노예야 우리는 이 세상의 노예로 왔지 시키는 대로 살면 되겠지만 막이 내리면 잊히게 돼 단 한 줄의 문장으로 죽어가는 생명을 살릴 수 있는 연기자가 시인이야 화려한 무대로 나서지 않고 죽음과 맞닥뜨린 이의 골방으로 찾아가 새로운 이야기를 만드는 시인은 감옥의 창에 비치는 한 줄기 빛이야

표절

723
나는 은박지처럼 살았어 퍽이나 빛나는 존재인줄 알았지만 어느 순간 처참히 구겨진 뒤에야 알았어 내게는 알맹이가 없었다는 것을 남을 위한 보석이나 선물을 포장하며 남의 비위를 맞추며 살아왔지 다른 사람들의 취향이나 구미에 맞게 접혀지거나 장식물로 살아왔지 그동안 내가 빛날 수 있었던 것은 햇빛이나 화려한 조명, 내 안에 담겨진 소중한 보석이나 선물 때문이었어 많은 사람들이 왕래하는 쇼윈도우에서 폼 재며 살아온 것은 다 부질없는 짓이었어 쓰레기통에 누워서야 내 안에 보석을 간직했을 때만 나는 빛날 수 있음을 알았어 나를 내세우지 않고 내 안에 보석을 품을 때 세상에서 소중한 존재가 될 수 있다는 것을 알맹이를 잃고 껍질로 남지 않기를 바스락거리며 꿈꿨어

724
물을 냉각시키는 것은 찬바람만이 아니야 얼음을 만들 수 있는 0℃ 이하의 세계는 겨울에만 오는 것은 아니야 "도망가는 날이 겨울이 되지 않도록 기도"했는데 말 한마디에도 삭풍이 불고 얼음이 얼지 수은주가 곤두박질치는 얼음의 세계는 계절과 상관이 없지 경직과 고정, 움직임을 멈추게 하는 단 한 번의 눈빛으로도 세상은 얼음에 갇히지 이기적 행동, 위협적이고 비인간적인 행동들이 순식간에 주변을 얼어붙게 만들고 있어 얼음의 살을 만지면 섬뜩하고 시리지 얼음의 뼈에 닿으면 쓰리고 아프지 얼음의 세계는 투명하지만 한 번 갇히면 빠져나오기 어려운 화석의 세계야 세상엔 빙하기가 다가오고 얼음을 녹일 수 있는 언어들은 들리지 않는데 누가 이 세상을 위해 봄을 가져올 것인가 얼음에 갇혔던 매머드는 수만 년 후에 동사된 채

발견되었지만 아무도 그에게 봄을 돌려주진 못했어 단 한마디의 말로도 우린 얼음벽에 꽃피울 수 있어 단 한 번의 눈빛으로도 우리는 빛나는 태양을 떠오르게 할 수 있어

725

푸른 가지에 은방울꽃이 열렸네 방울마다 맺힌 이슬방울, 마음으로만 듣는 영롱한 소리가 투명하네 눈물방울 떨어지는 소리, 고독한 영혼의 침묵 속에서 들을 수 있는 맑고 깨끗한 음성 향기 가득 담긴 은종이 울리네 깊은 산 속에 퍼지는 별들의 노래 아무도 듣지 못한다 해도 반짝이며 종을 울리네

726

장마전선이 몰려오고 있어 기단의 지루한 대치에 뱃속은 하루 종일 부글거리고 뼈마디에 천둥이 일었어 검은 양복들이 난무하는 길거리 번개 사건이 인터넷 톱기사로 뜨기도 했지만 국지성 호우가 멈춘 거리엔 빗물을 털어낸 건물들이 젖은 몸을 말리네 먹구름이 가득했던 집안에는 아버지 대신 상복들이 밀려다녔고 장례식장으로 날벼락 같은 폭우가 쏟아져 내렸어 끼니때마다 들려오던 구름 부딪는 소리 아내와의 말다툼도 비의 화음인데 꽃이 떠난 뒤 우기의 끝은 보이지 않았어 날마다 구름이 날리는 하늘가에서 닦을수록 창이 흐려지는 오늘도 일조량이 부족했어 골목마다 곰팡이가 피고 지각 변동을 꿈꾸는 판의 지진과 해일 내 안에도 용들이 한바탕 휘감고 장대비를 퍼붓고 나면 왁자지껄 풀들이 일어서겠지 검은 발자국소리에 광장은 해가 뜨지 않았어

727

파일을 지우자 또 다른 악성파일들이 떴고 휴지통엔 무의식의 상처들이 넘쳐흘렀지 수퇘지들이 피 흘리며 비틀거리던 80년대 예비군들은 훈련장 귀퉁이에서 유행처럼 정관수술을 했어 성폭력

기사가 모니터를 능욕하면서 한 달 분의 성욕을 제거하는 주사가 짐승들에게 놓아졌네 사마천은 사기를 쓰고 내시들은 궁형을 마다하지 않았지만 베어도 베어지지 않는 잡초들은 고개를 내밀었어 내장의 찌꺼기를 밀어내는 관장약, 신진들도 조직을 치고 올라 보스를 흔들어댔어 사람들은 과일 속의 씨를 잘라내지만 늘 제거된 것은 과육이었기에 도시는 스캔들로 들썩였고 돼지고기는 노린내를 풍기며 악성종양을 꽃피웠어 땅을 파고 묻은 반코마이신 항생제가 비에 섞여 온몸으로 퍼진 후 나무들도 뿌리 뻗어 흙을 움켜잡았어 자동 제거되는 바이러스파일들, 꿈의 조각모음이 시작되었어

728

어릴 적 나의 은신처는 벽장 속이었어 할머니가 꿀단지를 숨기시던 곳, 들어가서 앉아있으면 하루 종일 아무 간섭도 받지 않았어 맘껏 상상하고 꿈꾸다 잠이 들면 저녁이 되곤 했어 밭일하다 돌아오신 어머니 부르는 소리에 몰래 빠져나와 공부하는 척 했던 나의 우주는 벽장 속이었어 몸 하나 들어가면 꽉 차는 벽장이었지만 외롭고 슬플 때 그 안에서 혼자 울었고 맛있는 것이 생기면 형제들 몰래 그곳에서 먹었지 깜깜한 어둠 속에 혼자 있는 시간은 지구를 벗어나 먼 우주에라도 간 듯 홀가분했어 어려서부터 어둠과 혼자라는 것에 익숙해져 살았어 아버지는 서울에 계신다는 소리만 들었을 뿐 명절 때도 오지 않았어 어머니와 형제들은 농사일에 바빴고 나는 학교 갔다 오면 늘 혼자였어 넓고 환한 방에 혼자 있는 것이 가장 외로웠지 낮에도 뒤곁에 이는 대숲바람이 무서웠어 아무도 없는 빈집을 지키는 것이 싫어 종일 벽장에 숨어 어둠의 품에 안기면 어머니의 품처럼 편안했어 나를 키운 건 어둠의 품이야 문밖으로 들리던 우체부 다녀가는 소리, 엿장수 가위질소리와 지저귀는 제비소리

뿐 이웃 마을의 햇살이 건너와 한나절을 놀고 가도 은신처에 숨어 늘 빈집을 지켰어 학생이 되고 몸집이 커지면서 나의 은신처는 사라졌어도 이 세상에 내가 혼자이던 어느 날 종탑 아래 다시 찾은 은신처는 골방의 벽장처럼 아늑했지 내 옆구리를 열어 누군가의 은신처가 되고 싶은

729

한 시인이 남의 작품을 패러디하고 짜깁기하여 표절했어 혼을 태워서 시를 쓰기는 너무나 어렵기 때문에 쉬운 방법을 깨달았어 남의 시에서 좋은 글귀들만 모아 자신의 작품으로 엮었어 그녀는 환호를 질렀지 이렇게 쉽게 멋진 작품을 만들 수 있었는데 그동안 왜 머리 아프게 살았을까 비슷한 주제의 작품들을 모아놓고 가위질을 하기 시작했어 능숙한 가위질로 모은 문장을 풀로 붙이며 시를 쓰는 것은 몽타주라고 생각했어 그가 오려붙인 작품들이 세상으로 나가면서 문장의 주인들이 보게 되었고 출판사에는 태풍이 일었어 순식간에 날아가 버릴 위기감에 출판사 대표는 사과문과 함께 표절시인은 퇴출시키겠다는 글을 실었어 시인 아닌 시인이 남의 글을 짜깁기하여 시인 행세를 하려다 사형선고를 받았어 그 후로 줄줄이 고구마 줄기를 캐듯 등단지가 도마에 올라 칼질 되었고 추천인이 지탄을 받았어 그와 함께 어울렸던 동료시인들이 동급으로 매도되었고 자신이 스스로 세운 시비엔 붉은 페인트가 칠해졌어 가짜로 살기는 쉽지만 가짜의 결과는 참혹했어 가짜는 가짜라는 사실이 밝혀지지 않으면 진짜처럼 살겠지만 시간이 지나면 어둠 속의 불빛처럼 드러나 예술은 새로운 생각이 탄생한 것이고 예술가의 죽음은 새로운 생각이 멈춘 거야

730

도시의 하늘엔 은하수가 흐르지 않았어 은하수는 내 어릴 적 순수한 하늘을 물들이며 밤마다

흘러갔지 별똥별의 물고기 은하수 위로 튀어 오르곤 했어 나는 은하수에 꿈의 낚싯대를 드리우고 상상의 물고기들을 건져 올렸어 음의 대바구니에 담긴 월척을 품고 집으로 돌아오는 밤길은 영롱한 이슬이 눈부시게 반짝였어 그 아름답던 은하수는 지금 도시의 하늘에 흐르지 않았어 하늘을 가린 매연과 미세먼지보다 하늘 한 번 보지 않고 사는 마음 때문이야 하늘을 가득 채운 행성들의 정체를 알아버린 후의 무관심 때문이야 순수함을 잃은 나의 하늘엔 뿌연 안개로 가득해 하늘이 나의 눈을 가린 것이 아니라 나의 눈이 하늘을 가린 거야 현실의 하늘은 어둡고 각박하여 아무것도 보이지 않았어 어릴 적의 은하수가 지금도 내 기억 속에 생생한 것은 마음으로 보았기 때문이야 마음으로 본 것만 오래도록 마음에 남았어

731

평행선을 달리는 사람들이 있어 영원히 만날 수 없는 증오의 관계, 하나가 될 수 없는 상극이 되어 자기만의 길을 달리네 평행선은 인위적인 길이야 자연 속엔 평행선이 존재하지 않았어 자연의 모든 길들이 꼬불꼬불 만났다 헤어지고 모든 강들이 휘돌아 흐르다가 다시 만나 자연의 선은 그 어떤 것도 평행선을 만들지 않았어 나무의 길도 바람의 길도 언제든 만나기 위해 직선을 버렸지 직선과 평행선은 인공적인 자만이고 오만이야 영원히 평행선인 철로 위를 달릴 수 있는 것은 인공적인 것뿐이야 자연은 평행선을 무너뜨리기 위해 지류를 만들고 곡선을 그렸어 누구와도 만날 수 있고 소통할 수 있는 가지를 엮기 위해 휘어짐을 미덕으로 삼았어 손 벌려 서로 어우러짐을 자연의 도로 여겼지 아무리 직선으로 살아온 메타세쿼이아나 자작나무도 공중에서 서로 손을 맞잡고 살아가지 사람만이 직선의 다리를 놓고 직선의 집을 지으며 다시는 만날 수 없는 평행선을

그리네 하나의 몸으로 달린다 해도 열차의 바퀴들은 만날 수 없지 한 집안에서 같이 산다 해도 평행선을 달리는 가족들이 있어 자연으로 돌아가지 않으면 평행선을 버릴 수 없지 자로 재고 경계하면서 달려가는 평행선은 얼마나 피곤할까 선긋기에 익숙해진 이들은 한 치의 오차도 허용하지 않았어 누구를 위해 평행선을 달리나

732

'음'의 ㅇ은 하늘이고 ㅁ은 땅이야 하늘과 땅 사이에 인간이 존재해서 천·인·지인데 '음'은 땅과 하늘 사이에 사람이 누워있는 상이야 땅에 누워 하늘을 보니 음 편안하고 행복하네 그늘 아래 누워서 음陰이며 'ㅡ'이 마이너스의 기호와 같아서 또한 음이야 음은 십자가의 세로 기둥이 빠진 가로막대로 하늘의 영감을 기다리는 불완전한 인간이야 비로소 인간은 하늘의 수직적 영감을 통해서만 완성될 수 있어 음 음 음 많이 느낄수록 호감이 가는 소리 하늘과 땅을 연결하는 깨달음의 소리야 마음 깊이 '음' 하고 발음하면 생각이 깊어져 금세 사색에 빠지네 '음' 소리로 하늘과 땅이 맞닿고 당신과 내가 하나이기 때문에 '음' 참으로 좋아

733

대리석에 새겨진 음각과 양각이 새로운 문양을 만들고 의미를 남기네 평평한 돌의 평범에서 음각과 양각은 특별함이야 양각은 노출적이요 과시적이지만 음각은 내면적이요 절제적이야 모두가 평범할 때 양각적인 사람은 돋보이고 튀는 사람이며 강한 개성과 자기주도적인 사람이야 음각적인 사람은 겸손하고 내실을 다지며 마음의 수양을 닦고 내면을 가꾸는 사람이야 밋밋한 대리석처럼 평범하게 살고자 하는 사람도 있으나 대부분은 자기 삶에 음각을 새기든 양각을 새기네 특별함이 없는 사람은 없지만 두드러진 사람일수록 선명한 각을 세우지 양

각의 도장을 찍으면 붉은 글씨들이 돌출되어 표현되어 정열적이고 강렬하지 음각의 도장을 찍으면 여백을 드러내고 글씨들은 안으로 들어가지만 더욱 선명하게 부각돼 인간은 드러내기 위해 사는지도 모르네 때론 양각을 새기며 때론 음각을 새기며 '평범하지 않았노라' 저마다 마지막엔 역사의 표석이 되고 싶어 해

734

음의 계단을 오르는 것은 천상의 계단을 오르는 것과 같아 마법의 성 구름옥탑에 4옥타브 공주가 창백한 달로 갇혀있지 죽음의 그림자만 독수리 날개처럼 창가에 머물다 가는 곳 달을 구하기 위해 흰 턱시도의 별 테너들이 피아노 건반 3옥타브의 나선 계단을 오르지만 고음의 절벽에서 미끄러진 오페라 왕자들이 추락해 입술에 한 방울만 적셔도 저주가 풀리는 이슬 쏟아진 숲에서 트럼펫도 호른도 길을 잃었지 어깨를 떨며 흐느끼는 바람만이 낙엽의 악보를 켜는 숲에서 부를수록 아득한 하늘의 음계 현실은 저음으로 떨어져가지 누가 공주를 구하는가 팽팽히 당겨진 음으로 바이올린 E현을 걸어가는 발걸음 활과 현이 맞닿은 곳에 다리를 놓았어

735

달의 크기를 기록한 음력이 벽에 매달려 있어 음력을 보면 그리움의 크기를 알고 있어 내 안에서 커지는 그리움의 비중 보름달이 떠오르네 만조로 차오른 밀물이 벽을 때리며 하얗게 부서지네 온누리에 흘러내리는 끈적끈적한 달빛, 은빛으로 도금된 밤이 내 목에 걸려 흔들리네 생각할 수 있어서 환한 밤은 오래 가지 않았어 달이 실금을 그리다 사라진 날은 바람이 구둣솔을 문지른 듯 까맣게 색칠돼 달 하나 그려 넣을 수 없는 도화지에다 모음자음의 퍼즐을 조합하고 숫자를 쓰네 검은 바탕의 숫자들이 보이지 않는 날은 다른 날에 비해 하루

가 길어 왜 나만 음력을 쓰는 걸까 음력을 보면 오늘 하루 그리움의 크기를 알고 있어

736

동굴에서 쏟아진 얼음이 나의 음성이었어 동굴에서 튀어나간 바늘이 나의 언어였어 동굴을 막고 불을 때온 삶 생가지를 넣을수록 질식할 것 같았어 연기만 무성했어 숯가마처럼 입구를 완전히 틀어막지 못했어 터진 틈으로 그을음만 피어올랐어 완전히 불사르지 못한 동굴은 습기가 차고 벌레들이 우글거리네 동굴이 내뿜는 바람엔 악취가 흘렀네 입을 열 때마다 싸늘히 볼을 핥는 음습한 냉기, 어둠의 날개들이 퍼덕였어 동굴에도 태양은 떠올랐어 벽마다 등불을 매단 후 친구들이 찾아왔고 많은 이웃들이 생겼지 감추어졌던 삶을 관찰하며 기괴한 암석들마저 추억으로 간직했어 이상하고 낯설어서 오히려 친근했어 어두운 벽에 그리움의 등불만 켰을 뿐인데 동굴엔 태양이 떠올랐어 아무것도 감출 것 없이 목구멍부터 내장까지 진실했을 때 동굴은 살아있어 동굴에서 흘러나온 메아리가 노래가 되었어 동굴에서 쏟아진 형형색색의 빛들이 웃음이 되었어

737

음악 아닌 것이 없지 세상은 시간의 박자 안에서 장단을 맞추며 흘러가는 악보야 그 악보 위에서 초침의 박자에 맞춰 인간은 자고 일어나고 말하고 노래해 시간의 메트로놈은 쉴 새 없이 째깍거리고 우리는 그 박자에 맞추어 하루를 시작하고 하루를 끝내지 초침의 박자를 무시하고 살 수 있는 사람은 없지 말하고 부르고 고함을 지르는 것까지도 다 시간의 박자 안에서 이루어지는 화음이야 어떤 사람은 성질 급한 비바체로 살아가고 어떤 이는 느긋한 라르고로 살아가지 안단테 모데라토 알레그로의 다양한 삶을 추구하면서 정해진 인생의 곡을 완주해 누구에게나 클라이맥

스는 있어 음정을 놓치고 플랫된 삶을 사는 이도 있어 흥분과 격정으로 샾된 악보를 그리기도 해 모두가 주어진 곡을 연주하지만 중요한 것은 감동이 있는 곡을 연주해야 해 관객들을 가슴 뛰게 하고 눈물 짓게 할 수 있는 명곡이 되어야 해 모두에게 카타르시스를 줄 수 있는 절정의 연주는 마음의 현으로부터 나오고 있어 스트라디바리우스의 연주보다도 감동과 품격이 있는 삶을 사는 사람은 최고의 연주자야

738

1989년 마이크로소프트사가 개발하여 1990년에 출시한 지뢰찾기게임은 윈도우 3.1이 설치되면서 기본으로 깔렸지 지뢰를 피해 지뢰밭에 묻어놓은 보물을 찾으려 했지만 늘 지뢰를 밟고 죽었지 비무장지대에선 발목지뢰를 밟은 병사들의 발이 잘려나가고 강물에 떠내려온 목각지뢰를 잘못 만진 아이가 사망하기도 했지 세상은 온통 지뢰밭이라서 싱크홀의 지뢰를 밟기도 하고 줄이 끊어진 엘리베이터를 타기도 하고 무너지는 다리를 밟기도 했어 삼풍백화점의 지뢰를 밟았던 이들이 무너진 파편에 깔렸고 세월호를 잘못 밟았던 이들은 아직도 돌아오지 못했지 아무리 조심스럽게 발을 떼어도 지뢰뿐인 길에선 금방 게임이 끝나곤 했어 믿었던 친구로부터의 배신과 생명을 준다던 종교의 사각지대에서 만난 살상의 언어들이 발끝에서 터지네 우울과 절망의 지뢰밭에서 누가 살아남는가 삶의 밑바닥에 숨겨진 지뢰들은 죽어도 끝나지 않아

739

빛이 불투명한 물체에 비칠 때 반대쪽에 음영이 생기네 빛이 가깝거나 강할 때 음영은 선명하지 하지만 투명한 물체는 빛을 받아들이고 그 빛으로 인해 자신도 환하게 밝아지네 빛이 가깝고 강할수록 투명한 불체는 원래의 빛과 구별이 되지 않을 정도로 밝게 빛나네 불투명한 사람은 주변

에 기쁘고 좋은 일이 생기거나 성공한 사람이 있게 되면 자신의 그림자가 깊어지네 질투와 시기가 많아지고 미움이 깊어지게 돼 하지만 투명한 사람은 주변에 좋은 일이 생기거나 훌륭한 사람이 있게 되면 함께 기뻐하고 본인도 닮아가려 해 내 안에 시기와 질투가 많고 미움이 많다면 내면의 장막을 거두고 유리창처럼 투명해질 필요가 있어 투명한 사람은 빛을 받아들일 수 있느냐에 달려 있어

740

똥은 영혼이 빠져나간 육체야 찌꺼기로 남아 썩어야 할 존재야 거대한 죽음의 분쇄기에서 갈아져 영혼은 새로운 기운으로 흡수되고 육체만 남아서 땅으로 돌아가지 영혼이 빠져나간 모든 생물의 육체는 똥이야 상급먹이사슬의 몸을 통과해야만 똥이 되는 것이 아니라 생기가 빠져나간 모든 생물은 분리된 순간부터 똥이 돼 내 몸 안에서 생물들이 분해되어 똥이 되듯 나의 영혼과 육체가 분리되는 순간 육체는 똥이 되고 영혼은 에너지가 되어 또 다른 차원을 만들고 있어 영혼 없는 몸, 생각 없는 무뇌의 사람들이 거리엔 가득하지 그들은 똥으로 살지 지독하게 썩어서 냄새를 풍기며 한 지하사회의 오물이 돼

741

마음의 냇물은 흘러갈지라도 이끼는 끼지 않게 해야 해 살다보면 잠시 화낼 수도 있고 미워할 수도 있고 험담할 수도 있지만 냇물처럼 다 흘려보내야 해 흐르는 냇물이 아무리 깨끗해도 불순물이 섞여있듯 생각도 불순물이 섞여있지 흘려보내고 또 흘려보내면 냇물은 살아서 물고기들을 키우고 동식물들에게 생수를 공급하지만 흐르지 않고 멈추게 되면 썩게 되지 인간이기 때문에 잡념이 일고 감정으로 집착할 수 있지 잡념은 어쩔 수 없는 것이라 해도 잡념에 사로잡히면 안

되는 것은 부패하고 악취를 풍기게 되기 때문이야 잡념을 막기 위해 생각의 냇물까지 막지는 말아야 해 수없이 회의하고 의심하면서 생각의 물을 흘려보낼 때 삶은 신선해지지

742

아베크족들이 아침 일찍부터 강가에 나와 입을 맞추고 포옹을 해 밤새 그리웠던 영혼들이 바람을 만나 서걱서걱 울고 싶은 갈대가 돼 달빛에 흔들리던 물결들이야 못 박을 수 없는 것은 바람이나 물결 뿐만은 아니야 천 마디 맹세의 망치질에도 하나가 될 수 없는 배반의 못이 내 몸에도 박혀있어 아침햇살을 피해 그늘에 숨은 아담과 하와들의 입엔 뽑을 수 없는 못들로 가득해 입을 맞추며 상대의 혀에 박은 대못들이 붉게 녹슬어가지

743

태양이 가려진 응달 거미들이 줄을 치고 먹이를 기다리네 끈적끈적한 줄에 매달린 눈물방울이 바람에 흔들리네 피를 먹고 자라는 음지 식물들, 해쓱한 어린아이가 울며 엄마를 찾았어 몸 파는 여자들이 손님을 기다리고 먹다 버린 음료수 페트병이 아무렇게나 나뒹굴지 썩어가는 가랑잎을 헤치고 앵초가 보라색 웃음을 짓는 음습한 뒷골목 담벼락 뒤의 세상은 한낮에도 그림자들뿐이야

744

땀은 체온 조절의 역할을 해 99% 물로 이루어진 땀은 소금 칼륨 질소함유물 젖산 등도 함유하고 있어 땀에서 염분의 농도는 묽을 때는 0.4% 정도고 진할 때는 1%까지 가능하지 땀샘에는 아포크린샘과 에크린샘으로 나뉘는데 아포크린샘은 세포의 일부분이 파괴되어 땀 속에 섞여 체취가 되기도 해 사람의 아포크린샘은 겨드랑이 젖꼭지 음부의 피부에만 존재하지만 에크린샘은 인체에서 특유하게 발달한 땀샘으로 심한 발한을 일으킬 수도 있

어 이렇게 보면 우리 몸은 모두 샘으로 이루어져 있어 내 몸의 샘은 몇이나 될까 누군가의 갈증을 풀어줄 수는 없어도 생명이 가득한 샘을 온몸에 갖고 산다는 것은 그 얼마나 신선하고 아름다운가 내 몸에 가득 상징적 샘을 갖고 살아가는 만큼 갈급한 세상에 생명을 공급할 수 있으면 얼마나 좋을까

745

언어들은 대장간의 칼로 녹슬어 있어 태양이 시간을 돌리는지 시간이 태양을 돌리는지 궁금하지 않은 나의 삶이 식상해 달의 짜여진 공식처럼 세상엔 그녀의 달거리와 한통속 아닌 것이 없지 지구가 기울어져 한쪽으로 도는 것과 나의 메시지가 물처럼 아래로만 가는 것과 무슨 관계가 있을까 바람 따라 구름 흐르고 그녀 따라 내 마음 흐르는 물리학의 법칙엔 예외가 없지 먹고 마시는 몸의 기계적 활동은 건망증의 뇌가 지시하기 전 내장들이 먼저 아우성쳤기 때문이리라 주기적인 사랑에 길들여지고 빡빡한 일정표가 나의 삶을 제 맘대로 살고 장기들은 때마다 지급되는 양분에 군말이 없지 날마다 신문을 읽고 뉴스를 들으며 중독되는 생각들 부활과 윤회의 소식이 또 다른 반복일 뿐 새 것이 되지 못한 지 오래야 쏟아진 우유가 다시 컵에 담기지 않는 고뇌하는 중년은 어린아이로 돌아갈 수 없는 시간의 화살에 집 나간 나의 언어들도 돌아오지 않았어 아침이면 어김없이 태양이 뜨듯 사랑한다는 메시지의 처절한 진동, 집요한 울림이 아침마다 그녀 몸에 녹슨 못을 박았어

746

등은 거울을 사용하지 않고서는 평생 볼 수 없는 곳이야 나는 볼 수 없지만 남에게만 보여주는 내 쓸쓸함이야 등을 돌리는 순간 우리는 이별을 하지 등을 돌리는 순간 우리는 패배를 인정하지 등은 평생의 짐을 져야 하는 인내

와 고통의 장소이기도 하지 농부인 아버지는 평생 등짐을 지셨고 어머니는 나를 업고 10리길 의원을 찾아다녔지 그때 등이 얼마나 편안하고 행복한지도 알았어 약하고 힘없는 자들을 위해서 내어주어야 하는 등 몸의 일부 중 가장 넓고 편안한 휴식의 공간이야 맘껏 뛰어놀 수 있는 풀밭 같은 나의 그늘 때로 등 하나 닦을 수 없는 무능함에 무릎 꿇기도 하지만 등을 세워 당당히 바람에 맞서야 할 등은 나의 능선이야 나의 산맥이야

747

의사가 필요 없는 시대가 다가오고 있어 AI의 발달로 모든 의학 지식은 AI의 메모리에 집적되어 정확한 병명을 판단하고 AI의 미세한 기술로 수술하며 다양한 수치를 측정 기록할 수 있게 되었어 간단한 내과적 진단과 처방은 집안에서 생활도우미로봇을 통해 가능하게 될 거야 또한 기계 속에 몸만 밀어 넣으면 몸의 각 부분을 투명하게 촬영하여 판단하고 그 자리에서 수술까지 시행하는 때가 올 거야 건강의 관리를 위해서 날마다 로봇이 정해주는 식단을 먹고 짜준 스케줄대로 운동하며 몸 상태에 맞는 업무량을 정해 처리하게 될 거야 현대인들은 휴대폰이 없이는 하루도 살 수 없듯 로봇 없이 하루도 살 수 없는 시대가 다가오고 있어 몸이 아파서 큰 수술을 앞두고 있을 때 믿을 수 있는 것은 의사밖에 없었지 의사는 신이었고 구원자였어 따뜻한 말 한마디나 잘될 거라는 확신의 표정 하나가 깊은 나락에 떨어진 내게 생명줄을 던졌네 그 신적 존재가 이제는 기계로 바뀌고 있어 기계만이 나를 살릴 수 있고 기계만이 내 생명을 보장할 수 있는 시대가 되고 있어 의료의 한 분야에서의 변화뿐만 아니라 모든 분야에서 이러한 변화가 진행될 거야 앞으로 인간은 신 대신 기계를 믿게 될 거야 그래서 신에 대한 믿음을 찾아보기 어려워질 거

야 지금도 신에 대한 의지는 거의 정신적인 면에 치우쳐 있어 세상을 창조하고 나의 죽음 이후의 삶까지 책임진다는 생각보다는 마음의 위안을 받고 정신적 치유를 위한 반쪽짜리 종교로 바뀌었어 정신적인 면도 앞으로는 로봇이 책임질 거야 내 몸에 엔돌핀을 주입하고 세로토닌의 수치를 맞추며 우울지수와 스트레스의 양을 조절할 거야 마음의 불안이 없어질 것이고 원하는 대로 행복을 얻을 거라고 착각하지만 인간의 욕망은 끝이 없지 채우면 채울수록 더 필요하게 될 거야 마약처럼 기계 없이 하루도 살 수 없는 세상은 행복한 세상인가 노예적 세상인가 진정한 신을 잃고 살아가는 삶은 불행한 삶이야

748

함박눈이 내린 날 세상은 잠들고 천지는 화선지로 덮였어 산에 나무와 풀들은 축복에 겨워 눈꽃을 그리고 벌판과 길들도 함박눈 꿈을 그렸어 나무 하나도 하늘의 선물을 거부하지 않고 한아름 품에 안았어 짐승들도 눈밭을 뒹굴며 맘껏 붓질을 해 모두가 받아들이는 삶을 살면서 행복을 누리지만 인간만이 아침 일찍부터 눈을 쓸고 염화칼슘을 뿌리네 눈은 즐길 시간도 없이 한쪽 길로 치워져서 흉물이 되었어 인간만이 하늘의 선물을 거부하고 밀어내고 쓸어버리면서 거부적인 삶을 살지 차가운 세상을 포근하게 덮어주는 눈은 은백색의 십자가들이야 세상에서 자기 자신이 녹기까지 함박눈 꿈을 안겨주지만 인간만이 하늘이 준 순백의 꿈을 받아들이지 않았어 함박눈 가득한 세상을 허물었어 새벽부터 찢기고 짓밟힌 골목은 상처뿐이야

749

동물이 이빨을 드러낼 때는 화를 내거나 공격성을 갖는 거야 사람이 이빨을 드러낼 때는 기분이 좋거나 화해를 위한 거야 그래서 동물의 이빨은 크고 강해야

하지만 인간의 치아는 깨끗하고 가지런해야 해 또한 동물의 이빨은 물어뜯기 편하게 송곳니가 발달되어 있지만 인간의 치아는 잘게 갈아 먹을 수 있는 어금니가 발달되어 있어 그래서 사람은 동물처럼 먹어서는 안 되고 늘 먹는 것을 조심해야 해 사람은 씹을 때 치아가 보이지 않게 입을 벌리지 않아야 하고 소리 내지도 말아야 해 웃을 때 외에는 치아를 보이지 않아야 해 즉 웃음의 표정이 없이 치아를 내보이는 것은 공격적이거나 욕망적 또는 사고의 해이함을 나타내지 웃음의 표정은 인간에게만 주어진 신의 선물이야 웃음의 표정은 공격적 요소도 편안함으로 변화시켰어 하지만 웃음의 표정으로 손에 흉기를 들고 있으면 그 웃음은 더 악독한 내면의 표현으로 바뀌지

750
캠코더에 담긴 풍경들을 줌인하며 엿가락처럼 행복을 늘였지 신축성이 좋아 과거는 내 맘대로 수축과 팽창이 가능했지 잠잘 때면 가장 행복했던 영상을 재생하곤 했어 필터링된 풍경들은 컬러풀했지만 때론 흑백이 좋았어 언제든 꺼내 볼 수 있던 영상 메모리는 나이가 들면서 보존기간이 짧아졌지 지워진 메모리 대신 새로운 풍경을 찍어도 늘 용량초과였어 나의 영상들 중 딱 하나만 자녀들에게 남기라고 하면 나는 무엇을 전할까 졸업이나 결혼의 영상을 뒤적이다가 허무의 미로에 빠지곤 해 난 한때 나의 영상을 찍는 데만 정신이 팔려 살았어 지나고 보니 다 쓸모가 없는데 오랜 시간을 투자해서 누가 나의 영상을 봐줄 것인가 캠코더는 내 머릿속에 있고 영상은 나만 혼자서 보기 위함이야 홀로 외로울 때 나를 위안하기 위한 목소리야 캠코더의 영상을 줌인하며 나는 나를 사랑하지

제IV장

구 원

– 가장 빛나는 별

와지끈 바가지 깨는 소리에 터지는 웃음을 안고 산들도 북어와 실타래 앞에 축복을 빌었어 꿈을 사세요 사랑을 사세요 이슥한 밤이 하늘 보석 상자를 열고 나는 가장 빛나는 별을 따서 신부의 가슴에 달아주었어

화살표

751

삼각 유리막대를 세우면 당신을 향한 프리즘이 보여 한 색깔로 보이던 꿈이 얼마나 다양하게 짜여 있는지를 한 줄기 빛으로 이 땅에 온 줄 알았던 당신이 프리즘을 통해 일곱 색깔 무지개로 영롱히 비쳐 빛은 투명하여 알아보는 이가 없고 느낌조차 분명하지 않지만 눈으로 보는 것이 다가 아니요 귀로 듣는 것이 다가 아님을 삼각 유리막대를 세워야 볼 수 있는 프리즘의 세계는 천·지·인를 통해서만 볼 수 있는 우주야 빛을 쪼개어볼 수 있는 프리즘으로 천국까지도 볼 수 있지 오묘한 각도가 천국을 투영하여 이 땅에 펼쳐 보인 내 눈엔 행복만 보여

752

아내는 님프의 여신이었어 한번 그녀의 미소를 본 남자는 사랑에 빠졌지 우윳빛 벌판에 뜬 불꽃 태양은 아내의 숲을 지키는 눈동자였어 디오니소스의 피를 이어받은 나는 장난과 주색에 능했지 사티로스의 반인반수가 되어 밤마다 뿔을 세우고 짐승의 궁둥이와 뒷다리로 달을 뭉개며 놀았어 하지만 나는 양을 지키는 신 어린 양들을 키우고 싶어 아내를 졸라 결혼을 했지 두 아이를 낳고 님프의 호수에 빠져 정신없이 살다가 어느 날 밤 나는 보았지 열이 솟구쳐어 식어진 갱년기의 몸에 붙어 있는 남자의 심벌을 이불을 걷어차고 뛰쳐나가는 내 손목을 잡으며 아내가 슬픈 요정의 노래를 불렀어 헤르마프로디토스의 유혹을 뿌리치며 나는 판의 일그러진 얼굴을 가렸지 한평생 아내의 뿔을 발견하지 못하고 살아왔구나 생각했어 판이 떠난 침실엔 정적이 감돌고 홀로 남은 반라의 여신이 침대에 엎드려 흐느끼고 있었어

753

이등변삼각형을 접었어 두 밑각의 크기가 똑같은 남자와 여자로 이등분선을 긋고 밑변을 수직이등분해 꼭지각엔 서로 분리될 수 없는 사랑을 채우고 꼭짓점은 목표를 향해 멀리 날아갈 수 있도록 뾰족한 각을 세웠지 함께 만나서 사는 것이 백지 한 장 맞잡아 접는 일이야 함께 끌어안고 입 맞추면 마음마다 접힌 실선이 남았어 날개를 팔랑이며 날아가는 종이비행기 빙그르 뒤집히기도 하고 제 자리로 한 바퀴 돌아오기도 하다가 바람에 부침을 겪기도 하다가 이내 풀섶에 떨어져도 좋아 직각을 이루어 살아가는 두 날개엔 늘 평행선이 담겨있지 바람이 던져준 하얀 종이비행기 짧은 비행이어도 당신과 함께여서 외롭지 않은 가벼운 순간의 비행은 결코 가볍지 않은 비행이므로

754

사랑하는 이들에게 새로운 이름을 불러주네 꽃십자가 바람십자가 돌십자가 구름십자가 이름은 성 아래 붙여 다른 것과 구별하는 명칭, 각자의 성을 가진 사물들에게 신성한 십자가의 이름을 불러주네 모양을 보는 이는 십자가만이 십자가이겠지만 내면을 보는 이에겐 모든 것이 십자가야 꽃 속에서 십자가의 아름다움을 보네 바람에서 십자가의 부드러움을 보네 돌 속에서 십자가의 단단함을 보네 구름에서 십자가의 자유를 보네 각자의 성은 달라도 우린 하나의 이름을 간직한 십자가 십자가라 부르면 언제든 마음이 통하는 사랑하는 이들의 이름은 다 십자가야

755

벼락 한 번 맞고 싶어 폭풍우 속에서 순간의 불꽃에 욕망들이 타고 나면 뼈만 남아서 벽조목이 될 거야 머리 풀고 바람 앞에 서서 벼락을 기다리는 것은 대추나무뿐만은 아니야 신경 줄을 땅에 묻고 온몸으로 번개를 기다리는

이들은 하늘 높이 손을 들었네 하늘과 소통하기 위해 비를 기다리네 억만 볼트 꿈을 몰고 오는 구름을 기다리네 모두가 놀라고 흩어질 때 홀로 하늘과 내통할 수 있는 심지 하나 땅속 깊이 묻었네 나도 벼락이고 싶어 구렁에서 칼로 쏟아진 숯불 끌어안고 피 흘리며 땅으로 돌려줄 때 감전된 세상은 봄으로 깨어나리라 하늘의 북을 찢는 고함으로 땅속까지 어깨를 뒤흔들리라 허락된 자들이 가장 높은 곳에 피뢰침으로 서 있어

756

나는 하늘을 하늘색으로만 보았어 하늘색 벽지로 도배를 하고 하늘색 옷을 입으며 하늘이랑 살고 싶었지 하지만 내가 가장 좋아하던 하늘은 빛의 현상임을 알았어 내가 알고 있던 하늘은 하늘이 아니라 공간이었어 내 몸을 푸른색으로 장식하고 푸른 마음으로 사는 것이 하늘이 되는 것이 아니라 내 마음에 작은 공간 하나 들여놓는 것이 하늘이 되는 것임을 알았어 내 마음엔 발 하나 들여놓을 곳 없는 근심으로 차 있어 낡고 오래된 쓰레기들로 가득 차 있어 온갖 잡동사니 위에 나는 푸른 물감을 칠하려고만 했어 푸른색으로 뒤덮어버리면 하늘이 될 거라고 색종이를 오렸지 오리면 오릴수록 지저분한 세상을 파랗게 풀칠하며 살았어 하늘을 그리는 것은 내 안에 공간을 만들어가는 거야 생각을 비우고 욕심을 버림으로 얻을 수 있는 대평원과 바다와 우주를 들여놓아야 해 하늘을 모시고 사는 사람은 끝없는 공간을 확보한 사람이야 공간이 넓으면 넓을수록 거칠 것이 없는 하늘의 사람이 돼 하늘은 눈에 보이는 푸른색이 아니라 마음으로 느끼는 무한공간이야

757

하꼿길의 호떡집은 나의 단골집이었어 날이 저물 무렵 골목 포장마차에서 호떡 굽는 냄새가

노을로 번지곤 했어 호주머니에 돈이 없어도 무작정 들러서 호떡을 먹었지 날마다 외상값이 쌓이고 귀가가 늦어도 주인은 아무 말 하지 않았어 얼마나 먹고 싶으면 저럴까 해선지 시간만 되면 어김없이 들르는 나를 내어 쫓진 않았어 보드라운 밀가루 반죽에 설탕을 넣고 동그랗게 만들어 지글거리는 철판 위에 올려놓고 둥근 판으로 누르면 보름달 같은 호떡이 탄생했어 거리는 빙판이 되고 찬바람은 옷소매를 파고들었지 뜨거운 호떡 하나 먹고 나면 10리길 눈보라 속을 거뜬히 걸었지 까맣게 때가 낀 손으로 흰 창호지 접어 호떡을 먹으면 입술엔 설탕물이 흘러내렸어 찬바람 속에서 입술을 핥으며 집으로 돌아오는 길은 달콤했어 외상값을 다 갚지 못하고 초등학교를 졸업했지만 주인은 단 한 번도 외상값을 말하지 않았어 넉넉히 웃으며 둥근 반죽을 지그시 눌러 호떡을 굽던 아주머니가 겨울철만 되면 따끈한 기억으로 호떡을 권해 한꺼번에 먹는 것이 아까워 야금야금 추억을 돌려 먹었어 아주머니는 지금도 하늘나라에서 호떡을 굽고 계실까 그때 갚지 못했던 외상값까지 다 갚고 싶은데 거리엔 차가운 바람이 불어도 호떡집이 있던 골목엔 꿀물 같은 햇살이 지글거리네

758

화살표들이 날아다니네 입에 갈고리가 달린 머리들이 꼬리만 달린 채 방향을 찾아 날아가지 과녁을 향해 날아가지만 과녁에 닿는 순간이 죽음이야 자신만 날아가지 않고 바람을 끌어 모으며 주변더러 따라오라고 휘파람을 불지 화살표에는 날아가고픈 욕망이 있어 화살표에는 바라봐야 할 방향이 있고 도착해야 할 과녁이 있어 붉은 색이 칠해진 화살표에는 심장을 꿰뚫는 명중이 있어 단 한 번 적장의 가슴을 꿰뚫기 위해 존재한 화살처럼 비장한 일념이 있어 미로를 찾는 화살표가 아니라 누구나 갈 수 있는 길을

향한 화살표가 아니라 바람의 방향이나 물의 흐름을 알리는 표식이 아니라 아무도 가보지 않은 곳을 향해 길을 제시할 수 있는 화살표로 나는 존재해야 했어 욕망이 있는 한 나침반처럼 화살표는 살아있어 살아있는 한 화살표는 꿈틀거리네 화살표들이 길거리마다 흔들리며 떠다니고 있어 해저를 헤엄치는 화살표들, 하늘을 날아다니는 무수한 화살의 떼들이 방향을 찾아 떠나 화살표에는 항로가 있고 블랙박스가 있고 돌이킬 수 없는 일방통행이 있어 시간의 화살표를 따라 한평생 돌이킬 수 없는 길을 걸어왔지 활시위를 당기는 시작이 있으면 날아가 과녁에 이르는 끝이 있는 화살표의 세상 나도 아버지가 가리킨 손가락을 보며 달려왔듯 아이들에게도 나의 손바닥을 보여주네 희미한 길들이 손가락을 가리키네 정해진 시간 속으로 화살표들이 날아가네

759

이불 속에선 어둠도 꿈이 되었지 하루의 피곤을 녹여주는 이불 속은 마주보고 누워만 있어도 따뜻했어 이불 속에선 아무렇지 않은 말이어도 밀어가 되고 그냥 스치는 손길마저도 사랑의 언어가 되었지 이불 속에선 눈을 감아도 보이고 손만 잡아도 머리부터 발끝까지 느낄 수 있었지 창밖엔 폭풍이 불고 눈보라가 몰아친다 해도 이불 속에만 있으면 두렵지 않아 하얀 베개에 머리를 묻고 서로의 평온한 숨소리를 들으며 함께 꿈 꿀 수 있는 나라 나를 위해 하루를 힘들게 살아준 이를 포옹하며 눈물로 감사의 입맞춤을 전할 수 있는 이불 속에서 날마다 만날 수 있는 사람이 너여서 좋아 목화솜 같은 사람아

760

몸속에 생기를 불어넣는 순간 모터가 돌고 펌프가 가동되기 시작했어 녹슬거나 오래되어 멈춘 모터들은 이미 이 세상 사람들이

아니야 멈춰있다는 것이 가장 두려워 생각이 멈추고 사랑이 멈추고 그리움이 멈추고 꿈을 향한 발걸음이 멈출 때 동력은 끊어지네 N극과 S극을 돌려줄 수 있는 전원이 끊길 때 마음의 불도 꺼지네 신성에 감전되어 살아가는 모터들은 꿈의 순환을 멈추지 않았어 누구는 바람이라 하고 불이라 하지만 감전되었을 때 느끼는 지독한 진동이야 스스로 진동하지 않고 남을 회심시킬 수 없고 자신이 회전하지 않고 세상을 돌이킬 수 없지 살아가는 것들은 모터를 달고 펌프를 가동시키지만 늘 회전엔 한계가 있어 영원히 멈추지 않는 고속회전은 꿈에서 오고 있어 음양의 생기를 불어넣는 전원의 투입, 하늘과의 감전으로 시작돼 감전이 이루어지는 접촉점 그곳이 십자가이야

761

위세척을 했어 입에서 식도를 통해 관을 삽입하고 공기를 주입해 위를 부풀렸어 몸속으로 흘러 들어간 생리식염수가 버섯의 독을 씻어냈지 급성신체 중독, 언제든 나도 중독될 수 있다는 것을 알았어 내 몸이 받아들일 수 없는 존재에 대한 거부반응은 칼로 긁는 통증을 몰고 왔지 누군가를 받아들인다는 것은 참 어려운 일일 수도 있다는 것을 아니 목숨과 바꾸어야 할지도 모른다는 것은 극심한 통증이야 급성의 만남은 늘 불안한 위험을 간직하고 있어 상대를 잘 모르기 때문에 하지만 은밀하고 부드러운 지속적 만남도 어느 날 위험한 중독이 돼 달콤한 알코올과의 만남, 한 개비 휴식을 주던 담배와의 만남, 아픔을 잊게 해주던 마약과의 만남 지나치면 다 중독인 게지 스스로 조절하지 못하면 그게 중독인 게지 일중독 돈중독 명예중독 사랑도 중독되면 괴로운 걸까 습관성 갈망과 탐닉의 이름으로 세상 모두가 중독되었어 한 20년 시만 쓴 나도 중독된 거지 산에 가면 산중독자들로 가득하고 물에 가면 물중독자들로 넘치

고 교회나 절에 가면 종교중독자들로 빈자리가 없어 아무리 먹어도 중독되지 않는 것은 없지 습관성의 웃음도 중독자라서 참 행복한 하루

762

암 병동에서 퇴원한 후 그는 리모델링되었어 넘버는 1460999였어 비포장 도로세대의 연식은 1960년대지 아직은 쓸 만해서 가족들에게 인계되었어 무릎은 아직 생생하고 허리는 디스크 증상이 있지만 심하진 않아 높은 산을 올라도 심장은 견딜 만하고 폐는 천식 기운이 있어서 숨 쉴 때마다 소리가 나도 폐활량은 4000cc가 넘었어 세월에 긁힌 스크래치들이 눈가에 자글자글하고 아무리 지우려 해도 벗겨지지 않는 노화의 흔적들이 낡은 범퍼에 새겨져 있어 머리가 벗겨지며 배가 나오고 팔다리가 가늘어져서인지 멀리서 봐도 단번에 구형임을 알 수 있어 찌그러진 문짝처럼 이 사이가 벌어지면서 발음이 새곤 했지만 아직은 이 악물고 달리면 120㎞는 달릴 수 있어 그러나 보이지 않는 내면의 부식은 심각하지 생각들은 녹슬어가고 부릉거릴 때마다 뿜어지는 몽롱한 의식들은 속도감이나 주변의 추월에도 무감각하지 뇌의 전자회로장치는 아직 무사한 걸까 무수한 선으로 얽힌 실핏줄들은 끊어지지 않고 흐름은 아직 원활한데 언제 엔진이 멈출지 알 수 없지 엔진이 멈출 때까지 달려가야 할 길 삶은 멈추고 있다 해도 길은 끊어지지 않았어 중고차의 시간은 아무리 브레이크를 밟아도 가속도가 붙어 있어

패션쇼

763

은행잎 카시미론 이불에서 연인들이 입을 맞추고 있어 엄마는 아이를 손짓하고 아이는 발목까지 빠지는 노랑물감 속을 뒤뚱거리며 걸었어 가을을 붓질하는 은행나무 옆에서 내 한쪽 가슴이 물들고 있어 몸속에 징코민 한 알이 바람을 풀어놓았어 으슬으슬 몸살이 날 것 같아 차단된 벽 속에서 그리움 탓인지 잎들의 떨림소리가 들리네 나를 압축캡슐로 너에게 보낼 수 있다면 너의 혈관을 뚫어 줄 수 있을까 벽을 뚫으면 황금이 쌓인 은행들, 돈을 세는 현금지급기소리가 바람소리로 들리네 바람에 스쳐가는 얼굴들 발아를 꿈꾸는 은행의 정자들과 자루 속의 동전들과 묶였던 지폐들과 이별의 메시지들이 흩날리네 썩는 냄새 훅훅 입김에 불려오고 있어 거리엔 곰팡이들이 피어나고 뱃속에선 용연향이 익었어 알맹이를 감싸는 썩음의 껍질 구린내가 빚어내는 향기로운 과당을 위해 몸이 썩어가지 뼈를 감싸고 있던 살이 문드러지네 뼈만 남기 위해 여인은 재가 되고 뿌리로 남았어 뼈를 타고 온몸으로 전율하는 뇌성, 몸속엔 동그라미가 살지 세모 네모 각진 잎들을 떨구며 둥글게 다짐하는 동그라미 그녀의 얼굴은 해마다 커지네

764

연탄불에 달군 인두가 흰 목질에 달을 그리네 비명소리 타오르는 연기 속에서 상처들은 꽃이 되고 나무가 되고 눈 위에 찍은 구두 발자국 뜨겁게 흘린 검은 눈물들이 몸에 문신을 새기네 남자는 여자의 볼에 화인을 찍고 여자는 뜨거운 채찍을 피 흘리며 온몸으로 받아들였어 불탄 흔적이 박힌 사람들은 두고두고 재가 된 상처를 쓰다듬었어 옆구리를 핥으며 독을 내뿜는 붉은 혀의

뱀들이 비늘을 말아 올리며 제 살 깎는 대패질의 꽃판 위에서 달마가 되고 예수가 되고 사막의 능선을 넘던 낙타의 무리들도 빙벽의 등고선을 오르던 설인들도 화석으로 박힌 나신의 등결, 달빛 뽀얀 속살에 떨어진 마른 꽃잎들을 새겨 넣는 뼈 마디마디 향불처럼 목향이 낮은 숨소리로 피어오르네

765

뼈에 이름을 새기네 벼락 맞은 대추나무의 뼈, 한순간에 당신을 만나고 꿈은 처참히 부러졌네 검게 타오른 쾌락의 순간, 나의 살들은 사라지고 뼈만 남았어 세상에서 느낄 수 없었던 천둥의 쾌감을 맛본 후 모든 감각을 잃었지 죽음은 죽음이 아님을 알았어 무감각의 뼈로 다시 살아나 가슴에 새긴 당신의 이름 당신의 피를 내 몸에 적신 뒤부터 내딛는 발걸음마다 피맺힌 발자국이 찍혔어 내 삶을 보증하는 혈서가 되었어

766

70억의 인구가 지구상에서 살아가지만 똑같은 사람은 없지 외모뿐 아니라 내면은 더욱 그렇지 그런데도 나와 생각이 다르다는 이유로 배척해 외모나 생각이 나와 똑같은 사람이 있다면 얼마나 무서운 일인가 쌍둥이마저도 같지 않기 때문에 우리는 행복할 수 있고 이해하고 존중하며 필요로 해 그래서 먼저 생각해야 할 것은 함께하는 사람들이 나와 생각이 다르다는 것을 인정하는 거야 나와 다르기 때문에 말하는 것을 주저할 필요도 없고 다르다고 상대를 적으로 간주할 필요도 없지 다르기 때문에 다양할 수 있고 생각지 못한 것도 얻을 수 있어 70억 개의 별들이 다르다고 해서 별이 아니거나 잘못된 것은 아니야 70억 개의 다양한 별들로 세상은 아름답고 활기에 넘치네

767

인기를 얻기 위해 사람들은 밑바닥까지 드러내곤 해 그러나 밑

바닥을 본 사람들은 더 이상 흥미를 갖지 않았어 밑바닥엔 황금이 있을 수도 있겠으나 대부분 본능이 존재하기 때문이야 본능은 모두가 가지고 있지만 감추고 싶은 것이기 때문에 상대의 본능을 발견하고 좋아할 사람은 없지 그래서 오래도록 인기를 얻으려면 오히려 적당히 보여줄 필요가 있어 적당히 보여주는 것은 빙산의 일각과 같이 내면에 감추어진 부분이 더 많아야 해 인기는 이웃집 아저씨처럼 친근감에서도 오지만 실은 왜곡되지 않은 신비감에서 오지 부정적 신비감은 적대시를 만들고 긍정적 신비감은 추앙을 가져와 모나리자의 신비한 미소 하나가 인류 최고의 작품을 만들어주듯 인기를 얻으려면 내게 있는 것 중 단 하나라도 남과 다른 신비감을 가질 필요가 있어 신비감은 질리지 않는 호기심이야 단 하나의 미소 단 하나의 눈빛 단 하나의 목소리라도 신비로울 필요가 있어 단 한마디의 말 속에 심연의 깊이를 담아 보라 신비로움은 사실이 아니라 추상이고 모호함이야 추상과 모호함은 새로운 차원에서 오고 있어 잘 생기고 멋진 옷을 입고 뛰어난 재능을 자랑하여 얻는 인기는 잠시일 뿐이야 길고 멋진 인기를 얻으려면 내면에 아름다운 별 하나씩 들여놓아야 해 별이 마음을 밝히고 외면까지도 아름답게 수놓아줄 것이니

768

유명 패션디자이너가 지상 최대의 패션쇼를 준비했어 수십 년 패션쇼를 준비하면서 안 해본 패션쇼가 없지 속옷에서부터 모피까지 자연재료에서부터 특수재료까지 유치한 콘셉트에서부터 화려하고 품격 있는 콘셉트까지 다 섭렵했어 죽기 전에 그는 마지막 작품을 보여주고 싶었지 넓은 공간을 확보하고 눈부신 스테이지와 화려한 조명을 꾸며 많은 관객과 사진작가들을 모았어 유명 패션디자이너의 마지막 작품을 보기 위해 각 분야의 저명인사들

이 다 모였어 조명이 들어오고 음악이 흐르며 패션쇼가 시작되었어 팔등신의 백인미녀가 옷을 걸치지 않은 채 스테이지를 걸어 나왔지 펑크 머리에 초점 없는 눈, 탄탄한 젖가슴에 잘록한 허리의 모델이 과장되게 엉덩이를 흔들며 스텝을 밟았어 순간 사람들의 입에서 탄성이 쏟아져 나왔지 패션쇼라더니 옷은 어디 가고 알몸이냐고 쑥덕거렸어 당황한 남자들의 입에선 신음소리가 새어 나왔지 두 번째도 알몸의 흑인모델이었고 세 번째도 누드의 동양모델, 그리고 그 이후엔 남성모델들이 옷을 입지 않은 채 관객들 사이를 한 바퀴씩 돌았어 어떤 이는 선정적 알몸을 보았고 어떤 이는 옷을 걸치지 않은 수치를 보았고 어떤 이는 육체의 아름다움을 보았어 그때 멘트가 흘러나왔지 그냥 육체로 보지 말고 영혼의 옷으로 보라고 유명 패션디자이너의 마지막 작품은 인간의 작품이 아닌 신의 작품이었어 멋지게 차려입은 영혼의 옷은 태어날 때 주어진 것이지만 아름답게 가꾸어야 할 책임도 있다는 것을 태어나면서부터 입은 영혼의 옷을 사랑하며 예쁜 것만이 최고가 아니라 튼튼하게 간직하며 감사와 자신감으로 입는 것이 먼저라는 것을 유명패션디자이너는 자신의 마지막 작품을 통해서 세상에 영혼의 옷을 꼭 알려주고 싶었지

769

인물화는 눈과 코와 입의 형태보다도 그 안에 담겨진 심상을 그릴 줄 알아야 하지 하루 한 번의 웃음은 행복한 인상의 붓 터치야 얼굴에 여유와 너그러움이 배어나는 심상을 그리기 위해서는 날마다 웃음을 잃지 말아야 해

770

내 몸은 피주머니 고름주머니 그리고 물주머니야 어디 한 군데라도 상처가 나면 쏟아지지 출렁이며 걷는 길은 늘 흔들리고 중

심을 잃곤 해 주머니 안에 담긴 물건을 보호하고 간직하기 위해 평생을 살아왔지 날마다 주머니에 물을 채우고 양분을 채우면서 남보다 많이 채우기 위해 욕심으로 살아왔어 향낭엔 향이 가득하고 필낭엔 붓이 가득한데 나의 몸엔 상한 것들로 가득 채워졌지 주머니를 열면 사랑과 축복의 진주가 아니라 욕망의 냄새들이 쏟아졌지 가죽 주머니는 하루하루 부패되고 머잖아 한순간 터질 거야 더 이상 주머니를 채우는 데만 연연하면 늘어나서 흉측한 주름 주머니가 될 거야 이젠 주머니를 비워야 해 용연향으로 세상에 돌려주어야 해 주머니를 열 때마다 열매들이 쏟아지고 이웃들을 위해 별과 무지개를 꺼내 줄 수 있는 복주머니가 되어야 해 다 비우고 나면 몸도 맘도 가벼워져서 둥실 하늘로 떠오를 거야 구름보다 가벼운 바람 주머니로

771
인삼이 꽃을 피우고 있어 해마다 새잎을 피워 뿌리를 키우고 있어 사람의 형상으로 땅속에서 6년을 견디고서야 건강한 세상을 위해 튼실한 몸을 내보이지 누가 세상을 위해 어둠 속에서 이토록 오래 침묵할 수 있는가 뇌두가 늘어가듯 해가 더할수록 고귀해질 수 있었으면 꽃 한 번 피울수록 내면에 더 강한 힘이 축적될 수 있었으면 꽃잎으로 남기보다는 세상의 뿌리가 되기를 원했던 사람들도 내면에 깊은 향기를 채우고 있어 밖으로 자신을 내보이려고 하면 삼은 삼이 될 수 없지 어둠 속에서만 진정한 뿌리가 될 수 있는 뿌리는 혼자 성숙해

인형을 기르는 엄마

772

복사물들이 진짜보다 더 진짜로 살아가지 저렴한 가격에 쉽게 구할 수 있고 맘에 안 들면 언제든 버릴 수 있어 고려청자를 함부로 다룰 수는 없지만 복제품인 몇 만 원짜리 도자기라면 쉽게 사용하고 다룰 수 있지 깨어질 것을 두려워하지 않는 싸구려들은 일이 있으면 쉽게 나서서 자신을 드러내며 잘난 척 하지 하지만 천년 된 고려청자가 함부로 제 몸을 굴리며 남 앞에 설 수는 없어 언제 도둑맞을지 모르는 소중한 원본들은 비밀 금고에 보관되지 세상은 가짜와 진짜가 섞여 사는데 세상에서 활개치고 있는 가짜들은 생명까지도 함부로 여기며 막가는 삶을 살지 진짜로 살려면 자신을 막사발처럼 굴리지 말아야 해 품격을 유지한 진짜만이 명품으로 살아

773

아프리카 오지가 아닌 대한민국에서 태어나고 좋은 부모 만나 성장한 후 70억 인구 중 한 사람인 당신을 만나 사랑을 했어 처음 만났을 때 가슴 설레어 잠 못 이루던 날이 어저께 같지 않은가 결혼하여 함께 살 수만 있으면 무언들 못 하리 다짐했던 순간들이 생생한데 벌써 중년의 친구들이 이혼이니 졸혼이니 하면서 지루해 해 한 번 더 입 맞추기 위해 막차를 넘기고 한 번 더 안아보기 위해 밤을 새던 날들이 아직 추억 속에 남았는데 귀찮다고 각방을 쓰네 우린 얼마나 귀한 축복으로 만났는가 매일 볼 수 있는 얼굴이어서 새날이고 매일 마주보고 이야기할 수 있는 사람이어서 정겨운 만남인데 뜨거웠던 사랑의 불이 꺼지고 나니 남은 것은 증오와 원망뿐이야 검게 탄 숯덩어리의 회한뿐이야 하지만 이제는 함께 사랑으로 불 속에 묻어두었던 군고구마 같은 연민을 찾아야 해 나를 위해서 지

금까지 꿈을 익혀준 사랑의 뜨거운 심장을 찾아야 해 진정한 군고마의 맛은 불 꺼진 뒤에야 잿무덤에서 찾았어 남겨진 현실이 그을음과 재뿐이라 해도 뜨거웠던 순간들은 하늘 어딘가에 흐르고 있을 테니 상대의 손바닥에 영원을 약속하는 징표 하나 얹어주길 당신은 나의 군고구마 같은 사랑임을

774

히비스커스 차를 마시기 위해 물을 부었어 투명한 유리잔에 담긴 마른 꽃잎은 미라와 같아 뜨거운 물로 잔을 채우면 바스라질 것 같은 몸에서 피가 배어나오고 있어 투명한 유리잔에 퍼지는 햇빛 태양을 마시면 내 마음도 맑아지리라 히비스커스 붉은 꽃잎은 노을로 피고 향기는 말씀이 되었어 히비스커스 차 한 잔으로 시작하는 아침, 내 영혼에 먼동이 트네

775

죽은 아이 대신 인형을 키우는 엄마 인형에게 말을 걸며 얼굴을 씻기고 머리를 빗기네 날마다 예쁜 옷을 갈아입히며 볼에 입을 맞추고 있어 아이가 죽은 지 10년이 지났어도 여전히 아이인 인형과 함께 밥을 먹으며 인형과 함께 잠을 자네 인형은 살아있어 말을 못하는 벙어리일 뿐 엄마의 말을 알아듣고 해주는 대로 받아들였어 착하고 예쁜 우리아기, 엄마는 날마다 혼잣말을 하며 콧노래를 부르네 크지 않는 아이는 인형이야 나이를 먹어서도 인형으로 사는 사람들이 길거리에서 칭얼거리곤 해 분노를 조절하지 못해서 소리를 지르고 물건을 집어던지네 엄마가 필요한 아이들이 엄마의 사랑이 그리워 관심끌기를 해 인형처럼 착한 아이가 있을까 칭얼대지도 울지도 않는데 아이답지 않은 아이들이 무섭게 거리를 질주해 아버지의 탈을 쓴 아기인형들이 아이들을 괴롭히고 때리네 척키 인형이 되어가

는 사람들, 인형은 인형이라서 자라지 않는 것이 아니야 죽은 아이 대신 인형을 키우는 엄마는 애기엄마일까 척키에겐 십자가를 보여줘야 해

776

종이는 오려지는 순간 종이가 아니야 종이는 글이 쓰이는 순간 종이가 아니야 희고 깨끗한 평면으로 와서 구겨지거나 찢어지기 전에 누군가를 받아들여야 해 받아들이지 않으면 퇴색되거나 거듭날 수 없지 글씨를 위해 먹물을 받아들이든 그림을 위해 물감을 받아들이든 장식을 위해 접히고 오려짐을 받아들여야 해 점토판이나 파피루스 피혁 목간 죽간 비단도 종이라고 하지만 글씨나 그림을 받아들였다고 다 종이는 아니야 식물성 셀룰로오스의 피가 흐르지 않는 것은 종이가 아니야 벽지가 되어 살든 한 번의 포장지로 살다 구겨지든 종이비행기로 잠시 하늘을 날다 떨어지든 화장지가 되어 오물을 품고 사라지든 그것은 종이들의 운명 쓰레기로 버려졌다가 재활용으로 부활하는 것도 그들의 운명이야 최고의 운명은 진리를 담은 경전이 되어 영원히 죽지 않고 보전되는 거야 누구나 거듭나지 않으면 퇴색되거나 버려지지만 그것은 선택에 달려있어 종교를 받아들이든 허무주의를 받아들이든 어떤 것을 마음에 담느냐에 따라 쓰레기가 될 수도 있고 명화가 될 수도 있어

777

생식기능을 잃고 평생 일만 하는 일벌 먹이를 모으거나 집짓기 청소 유충기르기 외적 배제 등과 같은 일을 하며 여왕벌을 위해 충성을 다했어 조직에서 버려지지 않기 위해 죽는 순간까지 꿀을 땄어 그리고 그는 찬바람 속에서 후회 없이 죽었지 일벌로 태어난 운명을 탓하지 않고 열심히 살았으므로 아름다웠노라 무수한 꽃들의 향기를 얻었으므로 행복했노라 후세들을 위해 꿀의

유산을 남기고 한 점 티끌로 돌아가는 삶은 위대했어 꿈이 있었으므로 그들에게도 천국이 있고 낙원이 있어 이 꽃 저 꽃의 화분을 실어 나르며 전하는 복음이 다 생명이고 씨앗이야 말씀이 바람에 날려 온 세상을 가득 덮을 때 일만 해 온 일벌들의 삶은 결코 헛되지 않았음을

778

눈썹을 다듬기 위해 족집게를 사야 해 족집게는 집 앞이나 집 뒤 근처 마트 다이소에도 있지 가느다란 쇠붙이로 마주보면 쏘옥 쏙 서로의 슬픔도 뽑아줄 수 있지 성능 좋은 족집게는 아무리 얇은 털이라도 놓치지 않지 롱기누스 족집게는 0.001mm까지도 꼭 붙들고 놓지 않아 뽑았다는 것은 눈물 나는 일이야 겨드랑이나 다리에 난 털을 뽑으며 엉엉 울기도 했어 어머니의 흰머리를 뽑으면 머리카락 대신 가슴이 미어지는 갈비뼈가 뽑히기도 했지 여드름의 피지를 제거하며 나는 필요한 사람일까 생각했어 아버지 벼논에서 피를 뽑듯 불필요한 이름들도 뽑아내야 할 텐데 콕 집을 수 있는 족집게가 없네 설악산 선녀는 길흉화복을 위해 길일을 콕 집어내고 강사는 면접문제를 콕콕 집어내고 유명 펀드 매니저는 성장주를 콕 콕 콕 집어내지 달인에 나온 아줌마도 컨베이어 벨트에서 손이 보이지 않게 재활용품을 집어내지 오나가나 족집게들이 모여 남의 단점을 집어내고 상처를 헤집으며 자존심의 뼛조각을 들어올리네 족집게가 있는 곳엔 늘 눈물방울이 떨어져 코털을 뽑듯 사회악도 뽑을 수 있으면 찔끔 눈물쯤이야 나의 죄를 콕 집어낼 수 있는 족집게가 이를 악물 땐 늘 눈물의 뿌리가 뽑히네

779

뇌를 비롯하여 체내의 신경세포에서 방출되어 인접해 있는 신경세포 등에 정보를 전달하는 일련의 물질을 체내신경전달물질이

라고 해 신경전달물질에는 아미노산류(아세틸콜린, 글리신, 아스파라진산), 아민류(도파민 아드레날린 에피네프린, 노르아드레날린), 펩티드류(바소프레신), 지방산류(히스타민, 세로토닌) 등이 대표적인데 신경의 시냅스에서 분비되어 신경세포간의 정보전달에 관여하고 있어 이러한 신경전달물질의 영향에 의해 우울해질 수도 있고 행복해질 수도 있어서 인간의 인위적인 조작을 통해서 행복도 가능하다는 생각을 갖게 되었어 세로토닌 같은 물질은 행복호르몬이라고도 부르는데 기분 수면 기억력 인지기능 충동조절 불안 초조 식용 등과 같은 것에 영향을 미치네 세로토닌의 양에 따라 우울할 수도 있고 행복할 수도 있어 우리의 행복은 신경전달물질의 조정에 의해서 가능하며 천국도 지옥도 과학의 발전에 의해 가능한 시대가 되었어 미래엔 주사 한 방으로 하루치의 행복을 살 수 있는 시대가 올지도 모르네 이러한 행복은 순간의 행복일 뿐이며 영원한 행복은 되지 못해

780

함박눈은 오고 할아버지는 가셨네 어머니와 고모가 눈보다 흰 옷을 입고 곡을 했어 풀어헤친 긴 머리가 방바닥을 덮고 굵은 촛농을 흘리는 촛불만 가끔씩 바람에 깜박였어 할머니가 밖으로 나가 손짓하며 지붕을 향해 까마귀를 불렀지 하얀 지붕 너머 그믐달이 구름 속으로 숨고 대숲에 댓잎들이 수런수런 바람소리를 냈어 고모부가 사립문을 열고 싸리비로 마당에 함박눈을 쓸었어 떠나지 않으려는 눈들은 마당에 달라붙고 빗자루는 빗금을 그었네 오랫동안 천식으로 쿨룩거려 온 할아버지 기침소리 처마에 고드름으로 매달렸다 떨어지네 고드름의 헤어짐은 추락이지만 할아버지의 헤어짐은 상승일 거라고 함박눈은 내리고 처마 밑에 굴뚝새는 푸드덕 하늘로 오르네 아버지가 걸린 할아버지는 나뭇가지처럼 창호지 문가에서 대문밖을

바라보곤 했어 끝내 아버지는 오지 않고 겨울이 왔지 창호지 문에 붙인 유리 밖으로 아버지 대신 눈들만 왔지 함박눈은 쉴 새 없이 오고 기다리다 지친 할아버지는 가셨네 아버지는 할아버지의 꽃이었네 날마다 꽃피는 봄만 기다리던 할아버지 창밖엔 함박눈만 내리고

781

우리 몸에서 입술처럼 특별한 곳도 없지 피부로 덮인 몸 전체에서 입술만이 속살이 돌출되어 생긴 곳이야 그래서 어느 시인은 입술을 '심장의 돌출부'라고 표현했어 두근두근 가슴 뛰듯 입술엔 심장의 기운이 살아있어 입을 맞추면 심장이 먼저 반응하는 것과 무관하지 않으리라 입술은 몸의 문이야 몸은 세상이요 음식물은 세상만물이야 세상에 오는 것들은 형상을 입고 오지만 나가는 것들은 영혼의 언어들이야 우리도 하나의 육체를 입고 세상에 왔지 우리가 해야 할 일은 변화야 자신을 부수고 갈아 양분이 될 때 새로운 모양으로 문에 다다를 수 있어 입술엔 태양이 떠 있어 희망의 아침과 절망의 저녁이 맞물려 있어 삶은 이 두 입술을 벌려 백옥같이 미소 짓는 거야 기쁨과 슬픔의 휘파람이며 만남과 이별의 사랑노래야 입술을 꼭 깨물고 생각에 잠겨봐 순간 가슴 속에서 정열의 태양이 떠오르지 입술은 독주고 꽃뱀이고 네펜테스이면서 동시에 꽃잎이고 심장이고 불이야 가롯 유다의 입술엔 죽음이 담겨있고 옥합을 깬 마리아의 입술엔 부활이 담겨있어 노래와 기도와 절제가 있는 입술, 그 아름다운 집에서 천사가 살지

아버지

782
인체를 해부하고 분해하여 전시한 예술품들에서 생명의 그림자는 찾아볼 수 없었지 연두부 같은 뇌와 나무뿌리처럼 뻗은 신경계, 정교하게 이 맞춘 뼈들, 핏빛으로 물든 붉은 근육, 몸 밖으로 쏟아진 내장, 그물망의 혈관 등의 전시물들은 죽음을 신성시 해온 내겐 충격이었어 주인이 떠난 빈집을 둘러보듯 생명이 빠져나간 육체를 관찰하며 그들과 눈을 마주칠 수 없었지 누에고치처럼 벗어놓은 육체들을 살피다가 '가죽을 들고 있는 사람'이라는 제목 앞에서 걸음을 멈추었지 가죽이 벗겨진 남자는 자신의 가죽을 버버리코트처럼 등에 둘러메고 서 있었어 머리에서부터 발가락, 손가락 끝까지 정교하게 벗겨진 가죽은 0.1mm에서 0.3mm 정도의 두께였지만 희고 고와서 그 어떤 짐승의 가죽보다도 질기고 탄력이 있어 보였어 피부가 벗겨진 남자는 검붉은 근육과 허연 지방층을 드러냈고 방울 장식물 같은 생식기를 매달고 있었어 표정을 알 수 없는 사내, 그의 몸에선 정육점에 걸린 고기의 형상만이 느껴졌네 인품과 삶의 연륜은 찾아볼 수 없었고 표정 대신 얼굴엔 섬유질의 근육만이 종횡의 선을 긋고 있었어 미와 추는 백지 한 장 차이일까 애욕에 젖어 갈망하던 백옥의 여인이 피주머니 고름주머니에 싸인 해골의 존재임을 자각한다면 그 얼마나 정떨어지는 일인가 하지만 이러한 본질을 끌어안고 입을 맞추며 살아감은 피부가 있기 때문이며 허물을 감싸주고 미소 지을 수 있는 영혼이 있기 때문일 거야 육체의 흉함을 덮는 것이 피부라면 마음의 허물을 덮는 것은 사랑이야 사랑은 상대에게 입혀줄 때 내가 아름다워질 수 있는 마법의 옷과 같아 내가 입고자 할수록 벌거숭이가 되고 치부는 드러나 끌어당기면 당길수록 인격의 가죽은 벗겨지네 자신만을 위해 이기적으로 살 때 우리는 점점 가죽을 들고 선 남자가 되어가지 살며시 그가 벗어놓은 가죽을 만져보았어 부드럽고 매끄러운 한 사내의 피부가 만져졌네 아니 한 짐승의 차가운 가죽이 느껴졌네 북이라도 만들었으면 원 없이 울기라도 할 텐데 사내는 말없이 인간은 한낱 고깃덩어리에 불과하다는 듯 근육질로 서 있어 이제는 가죽이 벗겨진 남자에게 가죽을 입혀 주고 싶어 그의 얼굴에서 슬픔과 기쁨의 표정과 함께 참 영혼의 고뇌를 발견하고 싶어 죽었지만 죽지 못하는 이 육체에게도 썩어야 싹이 나는 부활의 섭리를 덧입혀 주고 싶어

783

연꽃 물든 한낮의 연못에서 하늘 한 자락 화선지 펼치고 색색의 잉어들 온몸으로 연서를 쓰네

784

막일이나 다름없는 화원 일에 시금치로 데쳐진 아내와 실직의 돌덩이에 가슴이 눌려 단무지로 절여진 내가 소시지만 좋아하여 젓가락 같은 큰 아들 집안에 노른자위 귀염둥이 막내 함께 찾은 휴일 꽃동산 햇김 같은 돗자리를 펴고 차진 밥알들 손잡듯 둘러앉아 노래하며 사랑의 띠를 묶는 나무그늘 속에서 참기름 발라 통깨알 송송 뿌린 웃음꽃이 달디달아 울컥 목이 메이네

785

조증과 울증 사이에서 널뛰기해 삶의 반동으로 치솟아 오른 극점에서 환각과 망상을 만나 기분은 날아오를 듯 음주운전을 하고 과속을 해 높이 오르면 오를수록 에너지가 충만해져 무책임한 행동이라 더 신나 허공에 솟구치다 정지하는 순간 추락하는 기분들 가장 낮은 밑바닥에 떨어져 차가운 슬픔과 눈물에 젖었어 걱정과 불안이 밀려오고 짜증과

화가 치밀어 오르네 죽음과 자살의 충동 이유 없는 고통들이 땅속에서 스멀스멀 안개처럼 기어오르네 양극성 장애의 널뛰기는 천당과 지옥을 오가지 수시간 수일 아니 수개월 동안 감정의 널뛰기를 했어 1% 확률에 갇혀 극과 극을 오가는 불평등한 삶을 위해 인슐린을 맞고 향정신성 약물을 투여하며 면담을 했어 흔들리는 의사의 눈빛에서 커다란 낭떠러지를 발견했어 시냅스와 시냅스를 오가는 뇌전달물질의 부족으로 교차하는 눈물과 웃음의 계곡을 평생 오가야 해 흔들리는 시계추처럼 죽고 싶은 것 같은데 살고 싶고 살고 싶은 것 같은데 죽고 싶은 하늘과 땅 사이 태양도 떴다 지고 달도 졌다가 떠올랐어 흔들림 없는 능선이 필요하지만 거부할 수 없는 지렛대의 반동으로 몸이 솟구치네 추락해야 하면 멋진 날개를 달아야지

786

흑백의 캔버스에 색을 덧칠하는 봄, 햇살의 세밀한 붓 터치에 푸른빛이 번져가지 창조와 회복이 있는 작품 속에서 주인공으로 살아가는 삶은 아름답고 소중하지 살아서 생동하는 창조물들, 시간마다 막이 열리고 닫히듯 계절이 바뀌며 연출되는 파노라마 속에서 우리도 날마다 새로워지네 정지된 삶은 죽은 것 죽은 것들은 소멸하며 사라져갈 뿐이야

787

믹서에 갈아진 커피의 엷은 포말들, 파도가 절벽을 때리는 순간 흩어지는 포말들 상처 받은 자만이 포말을 만들고 있어 하얗게 부서지는 절망의 입자들 속에 한숨어린 허무 아픔을 아는 자만 포말의 의미를 알고 있어 밑바닥에서 떠올라 표면에 한마디 절규를 남기고 터지는 에어포켓 속절없이 터지는 한숨일 뿐이라고 하지만 아픔은 터져야 시원해 스크럼을 짠 포말들은 밀려왔지 밀려가고 터지는 포말들 속에서 정화된 세상이 찾아오고 있어

788

옹이가 커질수록 넓게 보이는 세상, 빈 마음으로 보네 천둥번개에 찢겨 반쪽으로 살다가 죽음도 용납하여 한 발은 썩음의 살비듬을 키우고 한 팔은 푸른 잎 몇 장 단풍을 물들이네 안기면 잠이 들 것 같은 그늘 아래 볼을 부비며 새들은 노래했었네 젖내를 그리듯 고단한 하루를 접고 휴식을 찾던 사람들은 보이지 않는데 무성하던 머리숱을 떨어뜨리고 나무는 노을만 바라보네 피돌기가 멈추면서 썩는 법을 배웠지 하나 둘 가지가 잘려지며 뿌리로 손잡는 법을 배웠지 계절을 희롱하는 바람 앞에 나목이 된 후 침묵하는 법을 배웠지 세월이 갈수록 가벼워지는 몸무게, 대지의 묵시를 듣는 여인이여 땅에 귀를 대고 허리 숙인 몸이 흙을 닮아가네

789

앞자락에 수건을 차고 초등학교 입학하던 때가 엊그제 같은데 벌써 오십 줄에 들어서서 아버지 학교에 입학해 아버지로 살아온 지 20년이 넘었는데 아버지가 아버지답지 못해 아버지의 삶을 배우고 있어 아내와 아이들 앞에서 권위만을 내세웠는데 이제 보니 아버지도 심기는 자야 내 맘대로 할 수 있다는 생각을 버리고 먼저 가족들을 인정하고 존중하라고 해 내 생각대로가 아닌 가족들의 입장에서 생각하고 바라보라고 해 아버지들은 참 피곤해 밖에서도 눈치보고 안에서도 존재감을 상실한 지 오래야 가족이니까 당연히 이해하겠지 생각했던 것이 벽을 만들었지 세상에 나를 이해해줄 사람은 하나도 없지 단지 이해해줄 만한 입장이 되어야 이해도 가능하다는 것을 알았어 자신이 이해받으려면 먼저 남을 이해해야 한다는 것을 내가 이해한 만큼 상대도 나를 이해할 수 있다는 것을 알지 못했어 나는 인생의 코 수건을 차고 갓 입학한 아버지야 가정의 십자가를 져 온 아버지 떨며 세

상에 첫발을 내딛던 초등학생의 설렘으로 아버지 학교의 문을 열었어 그냥 살다 보면 아버지가 되는 줄 알았는데 아버지도 학교를 나와야 하는구나 아버지 되기가 이렇게 어려운데 난 아버지 손 한번 잡아 보지 못하고 컸지 아버지가 곁에 있기만이라도 했다면 아버지는 날 키우지도 않고 만나 주지도 않고 아버지 학교도 나오지 않았는데 어찌 하늘 같은 아버지로 남았을까 나의 아버지가 참 위대하네

790

빙판 위에 요정이 나비처럼 날았네 칼날 위에 선 몸이 세 바퀴 공중회전을 하고 사뿐히 내려앉았어 나비가 되기 위해 천 번은 넘어지고 천 번은 엉덩방아를 찧었지 날기 위해 밧줄을 몸에 감고 수천 번 미끄러지며 공중회전을 했어 한 마리의 나비가 태어나기까지 빙판 위엔 땀과 눈물이 흐르고 독기어린 성애가 피었어 나비는 함성을 먹고 자라지 꽃잎 속에 안겨 눈물의 꿀을 먹지 않고서는 날개를 달 수 없지 원형의 꽃잎 속을 돌며 춤추는 나비의 꿈을 빙설의 계절은 쉽게 허락하지 않았어 넘어지고 또 넘어지면서 온몸으로 얼어붙은 꽃술들을 다 녹인 후에야 봄은 찾아오고 있어 가벼운 날갯짓을 배운 빙판 위의 요정은 칼날 위에 살지 살얼음으로 흐르는 투명한 음을 밟으며 트리플러츠의 소녀가 내 가슴에 뛰어들었어 빙판의 중심에서부터 꽃들이 피어났지

791

며칠 전 체외충격파쇄석시술을 받았어 요로에 생긴 돌들이 염증을 일으켜 배뇨 시 따끔거렸고 잔료감이 남아 불쾌했어 잘 보이지 않는 돌도 색깔을 입혀 보이게 한다는 조영제 주사를 맞고 X레이 촬영을 했어 쌀알 같은 돌이 요로를 막았고 정체된 소변으로 인해 요로는 손가락만한 굵기로 부어 있었어 체외충격파쇄석시술은 내게 처음이 아니야 10년

전 칼로 배를 휘젓는 듯한 통증과 배뇨기능장애로 구급차를 탄 적이 있어 뚜렷한 전조증상도 없었지 자다가 새벽녘에 갑자기 발생한 통증으로 방바닥을 뒹굴며 비명을 질렀지 나는 그때 처음 알았어 내 안에 나를 혼절시키는 또 다른 존재가 있음을 그리고 온몸을 울리던 쇄석기 소리는 죽어도 다시 듣지 않겠다고 다짐했어 하지만 물을 많이 마시라는 의사의 조언을 듣고 병원을 나설 때 등 뒤에 던진 의사의 한마디가 아직도 비수로 꽂혀 있어 "10년 뒤 쯤에 다시 뵙게 될 겁니다" 체질이 그래서 어쩔 수 없다고 돌을 인정하며 살라고 했어 내 몸 안에서 왜 돌들은 생성되어 크는 걸까 짜게 먹든지 칼슘이 많은 성분의 음식을 먹어서 생길 수 있다고 의사는 말했지만 꼭 그런 것 같지는 않아 첫 번째 시술 후 줄곧 싱겁게 먹어왔고 칼슘이 많은 음식은 피해왔지 내 몸 안의 돌들은 음식 때문이 아니라는 생각이 들었어 나와 하나 되지 못하는 존재들이 몸 안에서 돌이 되는 것은 아닐까 나와 섞이지 못하는 생각들, 예민하게 감지되는 갈등의 언어, 부정의 몸짓과 거짓의 눈빛들이 응어리로 맺혀 늘 마음을 괴롭혔어 속도 모르는 친구는 널 태우면 사리가 많이 나올 거라고 말해 수양이 깊지 못해 사리도 되지 못한 돌들, 내 안엔 버려야 할 욕망들이 남아있었어 지금 곧 돌을 깨뜨리지 않으면 신장에 이상이 올 수 있다고 무표정한 얼굴로 의사가 말해 쇄석실엔 침대 같은 쇄석기가 놓여 있었어 쇄석기의 가운데 부분은 반달 모양으로 파여 있고 그 공간으로 핸드볼 만한 크기의 둥근 봉이 솟아 있었어 우레탄 재질 같은 봉 위에 젤을 바르고 통증부위를 올려놓았어 젤의 차가운 기운이 몸속으로 파고들어 바람 빠진 공처럼 움츠러들었어 의사는 모니터를 통해 충격파를 쏠 돌에 초점을 맞췄지 그리고 "조금 아플 겁니다"라는 말과 함께 충격파를 쏘았어 갑자기 "억"

하는 비명이 튀어나오며 내 의식과는 상관없이 몸이 펄쩍 뛰어올랐어 망치로 내 몸을 조준한 못의 대가리를 후려친 듯 섬뜩한 기운과 함께 머리끝에서 발끝까지 진동이 뼈를 타고 울렸어 의사는 사오십 분 걸리니 몸에 힘을 빼라고 속삭였어 1초에 한 번꼴로 40분이면 2천4백 번의 망치를 맞아야 해 이를 악물었어 망치의 울림이 뼈를 타고 온몸으로 퍼지며 뇌를 흔들기 시작했어 "땅"하는 망치소리가 울릴 때마다 땅이 흔들리고 정신이 가물가물했어 몽롱한 의식 속에서 나는 그리스도를 생각했어 십자가 위에서 못 박히던 손과 발, 살을 뚫는 못의 고통을 온몸으로 꿈꿨어 "맞아야 해 더 세게 맞아야 해 내 몸과 섞이지 못한 찌꺼기들, 주님과 하나 되지 못한 생각들을 십자가에 못 박아야 해"라고 나는 외치고 있었어 주먹 쥔 손이 부르르 떨렸어 앙다문 턱이 흔들리며 신음이 튀어나왔지 산다는 것은 소화시키는 일인지도 모르네 음식물 외에도 내 뜻대로 되지 않는 일들을 소화시켜야 하고 하기 싫은 일들도 소화시켜야 해 때론 주위로부터의 비난과 조소, 무능한 자신까지도 이해하고 그 한계를 소화해야 해 소화시키지 못한 것들은 돌이 되어 몸과 마음에 남았다는 것을 알았어 그리고 천근만근 가슴을 짓누르는 돌을 깨뜨리는 방법은 용서뿐이라는 것도 알았어 용서의 순간이 망치로 맞는 것보다 더 아프고 힘들지라도 용서는 십자가에 나를 못 박는 망치질이야 돌이 커서 더 이상 어쩔 수 없는 지경에 이르기 전에 자신을 향해 망치를 들어야 해 난 오늘 다시 살아났지 덤으로 얻은 것 같은 인생을 십자가에 못 박고 살겠다고 다짐했어 이제야 지나온 삶을 용서할 수 있을 것 같아 핏덩어리들이 쏟아지네 날선 면도날들이 섞여 나오는 아픔으로 살을 후벼 파며 돌들이 내 몸을 빠져나갔지

792

붉은 잉크가 떨어져 화선지를 잠식해 들어가는 모습을 현미경으로 찍었어 온통 세상이 불꽃이야 타들어가는 적색, 꿈틀거리는 혀가 불을 내뿜었어 핵폭탄보다도 강한 폭발을 일으키며 불바다로 번지네 살아있는 존재는 하나도 없지 쓰나미로 밀려와 산을 뒤덮는 용광로의 파도 피로 뒤덮인 전쟁터야 태풍에 불려가는 열사의 모래바람, 거대한 초신성의 폭발을 만드는 잉크 한 방울은 세상을 멸하기 위한 재앙이거나 세상을 구속하기 위한 피 붉은 잉크 한 방울 속에서 혁명과 파괴를 보네

연리지목

793

잎과 입의 상관성을 생각해 잎은 하늘과 땅 허공과 사물 가시와 불가시의 만남을 이루는 장소야 땅의 양분과 하늘의 햇빛 허공의 이산화탄소가 만나 광합성을 이루는 곳이 잎이야 잎은 만남의 장소이며 새로운 물질을 만드는 공장이며 세상과 온몸에 양분을 공급하는 배급소야 잎은 하늘의 것으로 채울 수 있어 푸르지 잎들이 우거진 숲을 보면 경외감을 느끼네 정령들이 거한다는 착각을 했어 입은 잎이 만든 산소를 마시고 땅의 열매를 먹기에 속되지 하늘의 빛을 먹을 수 있는 입이 없어서 입들은 원망과 비판을 좋아해 단 것은 삼키고 쓴 것은 뱉어내지 감사와 칭찬보다는 저주와 욕설을 쏟아내지 세상이 추워질수록 나의 이득보다는 내가 속한 이의 이득을 위해 나뭇잎은 과감히 잎을 닫고 생명줄을 끊었어 입도 내가 속한 이를 위해 과감히 입을 닫고 침묵 속에서 썩을 줄 알아야 하지만 입은 말 바꾸기를 좋아하고 한 입으로 두 말하기를 잘해 ㅂ과 ㅍ의 차이 ㅂ은 하늘을 만나지 못하고 땅에 무게가 쏠린 형상이지만 ㅍ은 하늘과 땅이 만나 서로 교통하는 모양을 이루고 있어 입이 잎처럼 하늘의 빛을 만나기 위해서는 하늘로 향하는 기도가 필요하지 기도가 없는 입은 땅에 속한 입이지만 기도가 있는 입은 하늘에 속한 잎이 돼 입과 잎의 차이는 ㅂ과 ㅍ의 차이이며 동물성과 식물성의 차이 푸르고 붉음의 차이이지만 그 내면엔 하늘과 땅의 차이 성과 속의 차이를 이루지

794

15년 된 자가용과 이별을 고했어 고속도로 상에서 갑자기 엔진에 연기가 나고 동작을 멈추었어 총알같이 달리는 차들의 위험 속

에서 갓길에 차를 세우고 보험사 렉카를 불렀어 가까운 시내로 가서 폐차하는 방법과 집까지 끌고 가는 방법이 있었지만 무조건 집까지 가는 걸로 결정했어 10킬로까지는 견인비가 없지만 그 이상 갈 때는 견인비가 필요했어 홍성에서 과천에 있는 집까지 견인비가 만만치 않았어도 길 중간에서 차를 보낼 순 없었지 집 밖 공터에 며칠을 보관했지만 더 이상은 놔둘 수가 없었지 폐차장에 전화를 하고 트렁크와 운전석의 사물함을 정리했어 "자주색 아반테, 28마 2579와는 이제 마지막이야" 라는 생각을 하니 가슴이 아려왔지 보닛을 쓰다듬으며 "그동안 고마웠다" 작별인사를 했어 가끔씩 말썽을 부린 적도 있지만 어디든 함께 다녔던 정든 친구였어 "너를 버리는 건 아냐 단지 떠나보낼 뿐이지" 폐차장 직원이 왔지 폐차비용으로 40만 원을 건넸어 "결국 너를 팔고 죽음으로 내모는구나" 돈을 들여 고칠 수도 있을 텐데 가치가 없다고 판단한 유다가 예수를 판 것처럼 너를 보내지 부품은 해체되고 몸체는 압착되어 생을 마감하겠지 렉카에 실려 차가 떠나기 시작했어 눈물이 났지 한참을 서서 떠나는 차를 바라보았어 영원히 다시 만날 수 없다는 생각에 가슴이 미어졌네 차 앞 유리에 붙여놨던 하트들이 떠올랐어 너와 난 이 땅에서 물질과 사람으로 만났지만 다음엔 아름다운 연인으로 다시 만나자

795

염소가 검은 상자 위에 쪼그리고 앉아 배를 열어보였어 젖이 가득한 젖꼭지에서 강물이 흘러나왔지 어둠 속에 뿔들은 왕관처럼 반짝였고 이마에 새겨진 모조별에선 가식적인 웃음이 새어나왔지 박쥐의 은빛 날개를 퍼덕이며 펼친 오른손엔 못 자국이 선명했어 중지와 약지를 땐 저주의 각인에 혀를 끼우고 왼손에 들었던 횃불로 바람의 꼬리에 불을 붙이자 악성 루머가 피어났지 사람들은 스스로 검은 상자에 매달

린 중독성의 쇠사슬을 목에 걸었어 자동조절 되지 않는 나의 몸에서도 고열이 일었어 통증으로 웅크렸던 배를 독수리의 발톱이 휘젓자 거친 호흡으로 흔들리던 종잇장이 찢겨나갔지 꺼낸 폐를 독수리가 인공호흡기처럼 입에 물고 숨을 흡입했어 노을이 빠져나간 얼굴에선 어둠이 흘러나왔지 달의 내장을 꺼낸 굴뚝들은 목에다 구름을 뱀처럼 두르고 방안을 들여다보았어 바람 빠지는 소리와 함께 구멍 난 튜브 속에서 지독한 황사와 매연과 미세먼지들이 쏟아져 나왔지 나의 목구멍에서도 뱀의 혓바닥이 아지랑이로 피어올랐어 독수리가 홀연히 날아간 후에야 검은 상자 위에 염소가 목의 쇠사슬을 풀었어 재가 된 사람들이 마른 풀처럼 공중에 떠다녔어 한 모금의 백색 연기였어

796

독서의 능력은 자간에서 결정되지 보이지 않는 부분을 읽을 때 읽었다고 말할 수 있지 평범은 문장을 오류 없이 그대로 읽는 거야 논리적이고 지식적이며 원칙을 벗어나지 않지 문장의 뜻을 제대로 파악하지 못하는 것은 평범 이하이고 단순개념을 차지하지 문장에만 자간이 있는 것은 아니야 언어에도 자간이 있고 눈빛에도 자간이 있고 행동에도 자간이 있지 보이지 않는 자간의 의미처럼 우리에게는 보이지 않는 부분이 너무나 많아 보이지 않는 부분을 봐야 하고 들리지 않는 소리를 들어야 하고 미묘한 행동의 심리를 들여다볼 수 있어야 하는 너와 나 사이에 자간은 불안이지 서로를 연결해 주는 다리 같은 자간 하늘과 땅의 자간 보이지 않지만 소중한 의미를 만드는 생각 속에서 우린 늘 새로운 감정을 느낄 수 있어 자간은 숨겨진 계시야

797

조약돌이 되려고 했지 둥글둥글 모서리가 깎여진 조약돌은 내

삶의 모델이기도 했어 조약돌은 강가나 바닷가에 자기들만의 몽돌해변이나 자갈천을 이루고 살지 서로 어울려 살기는 편할지 몰라도 돌도끼나 돌칼과 같은 유용성이나 다양한 모양의 감각을 만들지 못하고 파도나 물살에 휩쓸렸지 남과 다른 차별성의 각 없이 쉽게 흔들렸지 거대한 성곽을 만들고 탑의 빈 공간을 메우기 위해서는 각이 필요했어 자기만의 각이 없이는 예술의 탑도 쌓을 수 없지 날카로운 모서리가 없이는 새로운 모양을 만들 수 없지 자갈은 바닷가에 모여 둥글둥글 세상과 어울릴 수는 있을지 몰라도 기이하고 첨예한 세계를 보여줄 수는 없어 자기만의 독특한 각이 많으면 많을수록 다이아몬드처럼 아름답지 둥글둥글 사는 것이 최선은 아니야 평범한 몽돌이 되지 않으려면 남과 부딪히더라도 자신만의 각이 필요하지 새롭게 보는 시각, 걸러서 듣는 청각 상상적 후각 개성적 미각 독특한 촉각 창조적 생각 이 모든 것은 우리가 가지고 있는 각이고 모서리야 각을 살려야 존재감도 새로워지지 각을 살리지 못하고 해야 할 말을 못하고 물살에 고개나 끄덕이는 조약돌은 깎아지른 절경을 만들지 못하지 높은 곳에 조약돌은 굴러 떨어지거나 구멍에 의존할 뿐이야

798

어부는 새벽부터 수족관에 바다를 퍼 날랐어 통통배를 타고 근해로 나가 잡아 온 바다엔 신선한 아침이 가득 담겨있었어 수족관 가득 펄떡이는 싱싱한 파도 소주잔을 기울이며 파도의 살을 먹기 위해 바람이 몰려오고 있어 분주한 어시장엔 활력 넘치는 비린내로 가득차고 물고기들이 꿈을 흥정하며 바다를 헤엄치네 바다에 길들여진 아낙들은 거리낌 없이 파도의 지느러미를 자르고 배를 가르네 바람의 칼질에 한 층씩 저며지는 파도, 파도의 살들이 접시 위에 놓여 시름을 달래네 누구는 병 속에 담겨 젓갈로

살고 누구는 바구니 위에 뒤집혀 어포로 살고 누구는 수족관에 잠겨 활어로 살지 구색을 맞춘 어시장에 소중하지 않은 이는 하나도 없지 죽은 듯 누워 있는 상어에서부터 혀를 날름거리며 물을 뿜는 꼬막에 이르기까지 치열한 하루 칼을 두려워하지 않는 이들은 뼈가 발라지고 껍질이 벗겨져도 죽지 않았어 하얗게 부서졌다 다시 돌아오는 파도일 뿐이야

799

소나무와 자귀나무가 살을 섞고 살지 눈비 오는 한 세월 서로를 껴안고 피와 살을 나누며 살아온 듯하나 실은 냉전 중이야 자귀나무 연분홍 꽃을 피우고 가지를 흔들어도 소나무는 바늘 같은 잎을 찌르며 공중으로 뻗어가지 이럴 거면 왜 합했느냐고 몸을 비틀고 소릴 질러도 상처만 깊어갈 뿐 관심이 없지 안개 속에 눈 뜨는 휴일이면 아이의 손을 잡고 교회 가고 결혼식에 참석하여 행복한 듯 카메라 앞에 포즈를 취하고 동창회에서 등을 다독이며 다정한 하루를 연출해 밤이면 각방 쓴 지 몇 년, 혼자 지옥을 살지 등 돌린 나무의 유령부부, 섹스리스의 삶이 가랑잎으로 바스라지네 가끔씩 생활비 청구서나 아이들 학원비가 적힌 낙엽 메시지가 소통의 전부야 아이들 위해 자리만 지킬 뿐 자정 지나 삐삐삐 현관문 잠금장치 열리는 외계인 소리에 한기를 몰고 오는 술 냄새의 역겨운 솔향, 아니 술향 매달린 아이들은 자귀나무 차지인데 소나무는 하늘로만 뻗어가지 한때 정장이 어울렸고 곧고 푸른 성격이 좋았던 남자 안경 너머 반짝이는 눈과 자귀꽃 미소가 고왔던 여자 단 한 번만이라도 안아달라고 바람 속에 흐느낄 때 남자는 외면했고 휴식이 필요해 집에 돌아왔을 때 여자는 지네발 같은 잎을 펄럭였어 옆구리에 박힌 쐐기를 자를 순 없지 한 집의 불편한 동거, 커플룩을 입고 활보하는 연인들이 부러웠지 잎사귀를 서걱거리며 가지들

비벼대며 서로를 원망도 했어 쓸리는 맨살이 아파 소리도 질렀어 서로 가슴을 후벼 파며 밤새 삐걱대던 가지에서 흐르던 피, 피가 멈추자 딱지가 굳었어 분리될 수 없는 십자가로 못 박혀 살아야 하는 연리지목

800

자개는 파도의 무늬를 새긴 조개껍질 속의 무지개 진주조개껍질 오려 붙인 장롱에선 밤마다 파도소리 흐르고 서광이 비치네 꿈이 있는 곳에는 무지개가 있는지 깊은 바다 속 진주조개들에게 물어봐 뼈에 차곡차곡 쌓인 빛이 방안 가득 찬란한 꿈을 내뿜고 있어

801

살아있는 것들은 흉터 없는 것이 없지 상처를 치료한 후에야 얻을 수 있는 훈장 같은 표시 몸 구석구석에 남은 흉터는 많은 교훈을 담고 살아가지 나무의 옹이에서 바람의 흔적을 보네 상감청자에서 불의 낙인을 만지네 흘러가는 강물에서 추락한 계곡의 푸른 흉터를 느끼네 흉터가 많을수록 기이하고 아름다운 괴목들 흉터는 세월과 바람과 비와 눈물과 다툼과 아픔, 그리고 추억들이 머물다간 자리야 상처가 아물어 딱지가 떨어지고 난 흉터는 또 다른 시작의 징표야 못 자국과 창자국, 그리고 선명한 핏자국 흉터가 많은 사람은 생각이 많은 사람이야 흉터가 많은 사람은 경험이 많은 사람이야 흉터를 지우려 하지 않고 흉터 위에 새로운 흉터를 새기는 방짜들 겹쳐진 흉터 속에서 다져진 소리를 만나 흉터마다 단단해진 놋쇠의 징이 울리네

802

태초에 인간의 궁전은 어미 뱃속이었어 10개월 동안 궁전에서 최고의 왕으로 군림하다가 이 땅에 태어났기에 인간은 누구나 왕족이야 예외 없이 황제이며 하늘이 준 왕권을 가졌어 단지 세상

에 살면서 자신의 마음에 따라 노예가 되기도 하고 귀족이 되기도 할 뿐 신분을 망각하고 함부로 자신을 굴릴 때 밑바닥까지 추락해 밑바닥에 선 자들은 가장 먼저 어미를 부르네 잃어버린 태초의 궁전을 그리워 하지만 궁전을 나온 자는 궁전을 잊어야 해 그리고 새로운 왕국을 건설해야 해 평화롭고 안전한 궁전이 되어 새로운 왕들을 키워야 하는 내 몸에 자궁은 언제나 열려있어

803

점자를 읽는 것은 못 자국을 읽는 거야 못이 박힌 손바닥을 더듬어 아픔을 읽는 거야 점자에 박힌 못 자국을 읽다보면 문장이 다 절박하고 소중하지 핏자국을 더듬어 읽어내는 못의 문장엔 통증이 묻어나 점자를 읽듯 말하고 점자를 짚어가듯 삶의 길을 걸어가면 한마디 내뱉는 말이 생명이고 한 발 내딛는 걸음이 광명이야

804

내 몸은 빨강과 파랑의 막대자석 N극과 S극의 갈등으로 인력과 척력이 작용했어 늘 중립선 위에서 자기장을 형성하고 흔들리지 않으려 했지만 좋아서 다가섰고 싫어서 멀어졌네 하나의 극만 보고 다가선 사람에게서 새로운 극을 발견하고 밀어냈어 내게도 하나의 극만 있다고 믿었기에 가까워질 수 없었지 새로운 것을 만나면 양면성을 생각하는 버릇이 생겼지 상대의 어떤 극도 받아들일 수 있는 N극과 S극이 있음을 N극을 만나면 S극으로 받고 S극을 만나면 N극으로 받을 수 있어야 하는데 어리석은 나는 상대의 N극을 N극으로 받고 S극을 S극으로 밀쳐왔지 바닥에 자신을 고정시키면 극의 이동이 어렵지만 회전체를 바닥에 두고 살면 자유로운 이동이 가능한데 스위치 하나로 극을 바꿔 주듯 마음에도 극을 바꾸는 스위치가 있음을 알았어

나사로여

805

자기최면을 걸면 새가 될 수도 있고 물고기가 될 수도 있어 산이 되어 세상을 품을 수도 있고 구름이 되어 어디든 갈 수도 있어 인간은 맘먹은 대로 할 수 있으며 원하는 것을 이룰 수 있어 하지만 이보다 더 중요한 것은 행복이야 천국은 아무런 이유가 없어도 행복한 곳이라고 하지만 이 세상은 행복의 이유가 따르네 사랑해서 승진해서 집을 사서 합격해서 등등의 이유가 인간을 행복하게 해 하지만 진정한 행복은 이유가 없이 행복한 거야 행복에 이유를 만들기 시작하면 이유가 있어야만 행복해지네 고요 속에서 눈을 감고 깊은 숨을 들이쉬며 무조건 행복하다고 자기최면을 걸어 봐 처음엔 불안이 밀려올 수도 있으나 반복해서 집중하면 무한한 행복 속에 빠져들고 있어 육체적 쾌락은 시간이 지날수록 무뎌지지만 마음의 쾌락은 시간이 지날수록 깊어지네 눈을 감고 보고 듣지 않고 듣고 실체 없이 냄새 맡고 먹지 않고 맛볼 수 있는 생각의 감각을 갖게 되면 움직이지 않아도 맘먹은 대로 할 수 있어 생물학적인 인간으로만 이해하면 생물학적인 삶을 살 것이요 초월적 인간을 이해하면 초월적 삶을 살 거야

806

자루는 무엇을 담느냐에 따라 설 수도 있고 넘어질 수도 있지 자루가 아무리 자랑한들 내용물이 없다면 껍데기에 불과하지 내용물에 따라 쌀자루가 될 수도 있고 쓰레기 자루가 될 수도 있지 자루는 제 운명을 스스로 결정하지 못해 그 안에 담겨있는 존재에 의해 가치가 결정되지 인간의 육체는 정신이 담긴 자루야 썩을 것으로 가득 담긴 자루는 쓰레기 자루요 썩지 않을 것으로 담긴 자루는 생명의 자루이지 자

루가 하마 같은 목구멍을 벌리고 욕망을 채우고 나면 그 욕망과 함께 버려지지만 생명을 채우면 영원히 남겨지게 되지 욕망의 자루는 썩고 냄새나서 오래 둘 수 없지만 생명의 자루는 영원히 남겨지게 되지

807

현재 실시간 방영되고 있는 내 삶에 자막처리 하고 싶어 말과 행동과 표정에 담긴 오해의 요소들 설명하고 항변하고 싶은 답답함을 속 시원히 자막에 드러내고 싶어 언제부턴가 오해와 소통부재는 벽 때문임을 알았어 벽을 남겨 두고 아무리 자신을 설명하고 이해시켰다 해도 가식적 홍보가 될 뿐이야 먼저 벽을 허물고 어떠한 오해나 비판도 달게 받아들이면 감사가 돼 비판해 줘서 고맙고 솔직히 표현해 줘서 고맙지 사실 아닌 억측이거나 억울한 이야기, 누가 들어도 납득할 수 없는 말들은 시간이 지나면 오히려 내 편이 되어 빛나게 해주네 자막처리를 많이 하는 시대가 되었어 생각할 거리가 없어지고 즉흥적 유희의 말풍선에 해학과 풍자가 사라졌네 자간의 의미를 남기기보다는 자막 띄우기를 해 꼭 필요한 자막이 아닌 생각을 몰아가는 자막 지나치게 자막처리 하는 사람은 침묵의 진실을 모르거나 인내의 한계를 드러내는 사람이야 쉽게 자신을 변명하려 하지 말고 침묵하다 보면 부활의 시간이 찾아오고 있어

808

새벽을 깨우는 자명종소리, 곤고한 잠을 흔드는 소리가 귓속을 울리네 한 번 잠들고 나면 죽음처럼 찾아오는 수풀 속으로 무의식과 고정관념의 잠은 동굴 같은 밤을 만들었지 물방울로 떨어진 초침들이 눅눅한 침대를 장식했어 야행성의 시침과 분침은 멈춰 있고 허무의 숫자들만 우주를 그리고 있었어 누가 잠든 뿌리들의 의식을 흔들어 깨울 것인가 에너지를 공급해주던 배터리는 녹슬

어있어 활력을 불어넣어주던 이들은 단단한 못으로 박혀있어 스프링으로 고정된 낡은 이론들을 뽑아내야 해 입을 앙다문 뚜껑을 열고 약발이 떨어진 태양을 꺼내지 태양이 식었으므로 이미 깜깜해진 어둠 속에 별을 끼워 넣었어 째깍째깍 울리는 심장의 소리 온몸에 새벽별로 번지네 따르릉 울리는 자각의 종소리

809

피 묻은 자목련이 봄을 열었어 얼음을 녹이고 뿌리를 열어 땅의 온기로 햇살을 피웠어 칙칙하던 겨울이 자목련으로 환해지는 봄이면 내게도 봄이 왔지 환한 자목련의 입맞춤으로 내 가슴에도 꽃이 피었어 세상을 깨끗케 씻어주는 성혈의 피, 자목련이 필 때면 하늘도 붉게 노을이 물들고 있어 뚝뚝 꽃잎이 지면 지상에 쌓이는 용서의 핏방울, 붉게 적시며 눈물을 흘리네 피 흘림이 있어야 새로운 잎이 피어나는 법 자목련이 다 지고 나면 푸른 세상이 번져올 거야

810

열쇠를 버렸지 너와 나의 이름을 쓰고 굳게 자물통을 잠갔지 다시는 열리지 않을 맹세를 허공에다 매달았지 녹이 슬수록 굳건히 입을 다문 침묵 속으로 사랑을 지켜야지 그 어떤 열쇠수리공의 손길에도 변치 않는 단단한 결심으로 철망을 붙들 거야 하늘 가까운 남산에서 아무리 많은 구름을 본다 해도 닮을 수 없는 무게감을 느끼며 안으로 걸어 잠근 철심을 놓지 않을래 생이 다하고 나서 마지막 몸과 마음을 열 수 있는 사랑의 열쇠 하루하루 녹슬어 가는 것은 굳건히 약속을 지키는 일이라서 자물통은 이를 악물고 살아가지

811

예리한 관찰력과 미세한 터치로 그린 펜화는 풀 한 포기 주름 하나까지도 소홀히 하지 않았어 미세한 선을 그리면 하루는 선명

해졌고 꿈은 뚜렷해졌네 혼을 다해 긋는 세밀한 선에서 살아나는 구도와 물상들, 혼을 다해 깨닫는 세상이치의 윤곽을 보네 더듬이 같은 것 가늘고 긴 팔을 뻗어 내가 원하는 세상을 그리네 아주 오랜 인내심 뒤에야 볼 수 있는 세밀화의 완성, 정성으로 그려가는 빈 구석마저도 상징이야 툭 던졌던 말 한마디가 지울 수 없는 낙서가 돼 생각 없이 그은 행실 하나가 굵은 선이 되기도 해 음과 양이거나 선과 악의 이중 컬러에서 자유로울 수 없는 펜화엔 음영의 처리가 중요하지 덧칠할 수 없는 시간들은 후회를 용납하지 않았어 집착으로 빽빽이 그은 선들, 완벽을 위해 혼신을 다해도 완성된 그림은 순간의 미학일 뿐인데 그 순간을 위해 나는 태어났지 단 한 번 반짝 비치는 별빛이기 위해 수억 광년을 달려왔지 확대경을 들이대고 미세한 말씀 한마디에 신경을 곤두세우지 확대해서 바라보면 내 손끝마저도 떨리는 실선을 위해 성심을 다해왔지 선 하나 긋기가 산을 옮기는 것만큼 어렵네 점 하나 찍기가 우물을 파는 것만큼 힘드네 나는 왜 인생을 펜화로 그리기 시작했을까 하나도 놓칠 수 없는 선들이 아프네

812

자투리 흙으로 빚어진 자배기라서 깊은 물은 담을 수도 없고 감히 하늘을 품었다고 말할 수도 없어서 그냥 허드렛일이나 하면서 편히 쓰이는 법을 익히네 밤마다 거저 주시는 별도 품지 못하고 욕심마저 없어서 많이 담을 수는 없어도 빗물을 품고 마음을 밝혀 달로 뜨는 수련 하나 키우며 살지

813

자서전 위에 놓인 돋보기와 만년필, 쓰다만 주인공은 보이지 않았어 어디쯤에서 이야기는 끝이 났을까 더 이상 넘길 수 없는 마지막 장을 남긴 채 바람은 떠나고 두꺼운 시간의 페이지만 쌓여

있어 아무도 읽어주지 않는 문장은 벽 속에 갇히고 초점 잃은 스탠드의 불빛만 아련히 과거를 비추고 있어 손때 묻은 책들은 책장 속에 남아서 주인을 기다리겠지 벽에 못 박혀 가지 않는 벽시계 때문에 추억은 다시 돌아오지 않는 건지 삐그덕 안아주던 의자는 따스했던 체온을 간직한 채 녹슬어 가고 유리 속에 박제된 과거의 껍질들은 허무의 존재로 살아가지 한 자 한 자 피로 쓴 자서전은 관으로 놓여있어 누구에게 읽힐 것인가 나사로여 나아오라

814

자연 속에서 적응된 삶은 자연스럽게 사는 것인데 나는 늘 인공적 환경 속에서 부자연스럽게 살지 자연은 생명력을 가지고 스스로 만물을 키우는 자이지만 인위는 죽어 있는 존재로 자신도 죽고 주변도 죽음으로 몰고 가지 인공적 삶에 적응된 삶이 하루아침에 자연적인 삶으로 바뀔 수는 없지 자연 속의 만물은 먼저 순응을 배우지만 나는 도전과 개척, 이기적 파괴의 속성을 가지고 살지 자연스럽게 살기를 원하지만 자연스럽지 않은 나의 삶 자연스럽게 말하고 자연스럽게 웃고 자연스럽게 행동하는 모든 것이 인위적 자연스러움이야 맑은 공기가 있는 숲보다 에어컨이 있는 방이 그립고 시원한 발을 담글 수 있는 냇물보다 실내수영장을 찾았어 자연스러움은 몸에 배어야 하는데 인위적 삶을 살면서 자연스럽기를 바라는 것은 모순이야 부자연스러움이 가득하다 보니 부자연스러움이 자연스럽게 되었어 물을 거스르고 바람을 거스르며 생명의 소중함을 거슬러 하늘을 거역해 왔지 죽음의 명령까지도 자연스럽게 받아들인 고난은 세상을 살리기 위한 자연스러움이었어

815

햇빛을 그리며 살았어 하지만 성층권과 오존층이 얇아지면서 햇

빛도 다 좋은 것이 아님을 알았어 피부를 벌겋게 만들고 피부면역체계를 파괴하여 노화와 함께 암을 몰고 왔지 세상을 밝히는 태양도 그 안에 독성을 가지고 살아가듯 세상에 존재하는 모든 것은 양면성을 가지고 있어 보약도 또 다른 독성으로 건강을 해치고 진리도 죽음이 될 수 있어 세상에 믿을 것은 없지 썬 크림을 바르듯 내 마음에 필요한 보호막 어떤 이는 의심의 필터를 끼고 어떤 이는 지식의 옷을 입고 어떤 이는 힘과 권력의 양산을 쓰기도 하지만 아무도 햇빛을 피할 순 없지 햇빛의 자극을 피할 수 있는 방법은 햇빛이 되는 것 순수한 햇빛이 되어 햇빛으로 살아가는 거야

작곡

816

자운영 꽃밭에 달빛이 쏟아지네 별들은 내려와 꽃밭에 지천으로 피어나느라 하늘은 텅 비었는데 노래하는 연분홍 입술이 온누리에 충만해 5월의 크리스마스, 트리를 밝히고 나면 세상엔 봄이 찾아오고 자운영 어여쁜 꽃들은 푸른 영토에 거름이 될 거야

817

인간이 자웅동체라면 외롭지도 누군가를 그리워하지도 않았을 테지 자신만을 사랑하면서 홀로 살아가는 법을 익혔을 거야 사회란 존재하지 않았을 테고 문명은 이루어지지도 않았을 거야 미워할 일도 배신의 아픔을 겪을 일도 없이 서로 무덤덤한 표정으로 만났을 테지 하지만 우리는 자웅이체라서 행복할 수 있어 반쪽이라서 아프기 때문에 기쁘네 사랑할 수 있는 사람이 있고 그리움의 대상이 있고 미워할 수 있는 존재가 있어서 살아가는 이유가 되었지 불완전해서 서로를 이해하고 필요로 하며 사랑할 수 있게 되었지 완전한 사람이 되려고 하면 고독해지고 불행해지는 세상에 완전한 것은 하나도 없기에 그대가 그립네

818

나의 몸을 나의 거라고 고집할 수 있을까 어디까지 나라고 할 수 있을까 나라고 생각하는 의식은 빙산의 일각일 뿐이지 무의식의 지배 속에서 우리는 살아가고 있지 몸도 뇌가 관장하는 것은 일부에 지나지 않아 대부분 교감신경과 부교감신경의 활동으로 이루어지는 자율신경계의 지배를 받고 있지 데카르트는 생각함으로써 존재한다고 말하지만 의식의 부분은 생존에 크게 영향을 미치지 않지 숨 쉬는 것 하나도 내 맘대로 할 수 없어 오히려 숨 쉬고 잠자고 소화시킬 수 있는 자

율신경계의 영향과 무의식에 의해 더 많은 영향을 받고 살아가지 나를 함부로 내 것이라 말할 수 없어 나이지만 내게 주어진 것은 아주 일부에 지나지 않을 뿐이야 나를 내 거라고 내 맘대로 살아왔지 함부로 내 것인 양 나를 학대하며 살았지 나는 내 몸과 마음의 주인이 아니라 잠시 맡아 관리하는 지배인일 뿐이야 다시 돌려줘야 하는 임차인일 뿐이지 그래서 몸을 함부로 굴려도 안 되고 마음을 억지로 움직여도 안 되지 내 몸과 마음을 후하게 대접하고 보살피다가 주인에게 돌려줘야만 해 나는 나를 너무 모르고 살았어

819

모음의 소리를 낼 때는 막힘이 없이 소리가 나지만 자음은 성대를 통과한 공기의 흐름이 막히거나 소리를 내는 통로가 좁아져서 공기의 흐름에 장애가 생기지 한 글은 모음과 자음의 결합이야 하나의 글자가 생성되고 존재하는데에도 막힘과 원활함의 결합으로 이루어지는데 하물며 인생인들 고난 없이 쓸 수 있으랴 인생은 희극과 비극의 상승과 하강의 곡선으로 이루어져 있어 막힐 때도 있고 통할 때도 있어서 모음과 자음의 결합과 같이 막힘과 통함의 자서전을 써가야 해 막힐 때 기다릴 줄 알아야 하고 통할 때 자만하지 말아야 해 씨줄과 날줄의 만남으로 옷감을 짜듯 기쁨과 슬픔으로 엮어진 삶을 그려가야 해 자음만 있는 글자가 없고 모음만 있는 글자가 없듯 슬픔만 있는 인생도 기쁨만 있는 인생도 없지

820

쉬운 길은 포기했어 자일 하나 의지하여 하늘 떠받친 벼랑에 매달린 몸 바람에도 쉽게 흔들렸지 발끝에서 허물어지는 낙석들 소리에 풀도 나무도 보이지 않고 친구도 가족도 생각나지 않았어 큰 입을 벌리고 운무를 피워 올려 죽음의 융단을 펼치는 햇살

속은 새소리 물소리도 멈춘 낭떠러지 암벽의 관절을 더듬어 철심을 꽂으며 열 손가락 피가 맺혀 오른 산 세상의 모든 길들은 정상에서 하나로 만나고 있었어

821

포도에서 가계도를 읽네 건강한 가지에 맺힌 풍성한 포도송이들, 한 알의 썩음도 없이 탱글탱글 빛나는 모습은 훌륭한 뿌리를 만났기 때문이야 시거나 떫음도 없이 달콤한 열매 속에서 뿌리의 사랑을 느끼네 썩은 흙속에서 양분을 뽑아 올려 키운 부모의 눈물을 느끼네 사람들은 어떤 품종인가를 따지지만 열매는 진정한 사랑으로 익었어 썩은 거름 밭에 뿌리 뻗은 할아버지가 손을 내미시네 단단한 줄기로 아버지가 품으시네 푸른 잎의 얼굴로 가장 좋은 양분을 채운 어머니, 까맣게 탄 얼굴로 형제들의 사랑이 익어 가지

822

오늘날은 융합의 시대야 정치 문화 기술 금융 국가안보와 생태의 전통적인 경계가 사라지고 있어 타 분야를 언급하지 않고 특정분야를 설명하기는 불가능하게 되었어 융합은 다른 종류의 것이 녹아서 하나로 합하여지는 것을 말해 세계적으로 학문들을 결합하고 통합 응용함으로써 새로운 분야를 창출하는 과정이 활발하게 진행되고 있어 특히 인간을 중심으로 하는 인문과 기술의 융합으로 인한 삶의 질적 향상과 편리에 대한 관심이 늘어나고 있어 이러한 융합의 시대는 잡종의 시대이며 순수성과 고유성을 상실한 무질서의 시대가 될 수 있는 위험성을 가지고 있어 신과 인간의 만남으로 네피림의 용사들이 탄생하여 세상을 지배한 적이 있었어 그리스 신화의 용사와 같은 신적 능력을 소유한 인간은 왜 결국 사라졌는가 성경에서는 모두가 인간적으로 돌아갔기 때문이라고 말하고 있어 융합을 통

한 인간문명의 발달은 분명히 이루어진다고 볼 수 있으나 융합을 통해 잃어버리는 것은 신의 세계이며 신에 대한 순수성이야 융합 과학은 물질세계의 비약적 발전을 가져온 것은 물론이고 신의 영역이라고 할 수 있는 인간생명의 신비롭던 영역까지도 파헤쳐 가고 있어 이러한 과정에서 과학은 신이 되었고 신은 미약한 무지의 존재로 전락했어 인간이 아직 밝혀내지 못한 부분은 신이라는 이름의 영역으로 남겨져있을 뿐이야 하지만 이 영역도 얼마 후엔 정복하게 될 거라고 믿었어 융합의 과학은 수평적 문명을 만드는 작업이야 획기적인 수직적 문명의 창출은 섞음에서 나오는 것이 아니라 새로운 창조에서 나오고 있어 수소와 산소를 결합하여 물을 만들 수는 있으나 수소나 산소 자체를 만들 수는 없지 지금까지 문명이 발달해온 것은 주어진 것에 대한 활용에 있어 섞음과 나눔을 통해 새로운 것을 만들고 새로운 것을 발견해 왔지 종교도 오랜 시간을 통해 형식들이 공유되고 내용이 섞여왔지 진리마저도 순수한 것을 찾을 수 없는 왜곡이 이루어져 왔지 그래서 종교는 하나인데 수많은 종파가 발전해왔지 문명이 발달하고 진리가 진보한 것 같지만 섞어짐으로 인해 무늬만 화려한 것은 아닌지 살펴야 해 잡종의 시대 잡탕의 시대가 긍정적인 말로 융합의 시대가 되었어 융합된 것이 새로운 것 같지만 정말 새로운 것인지 깊이 들여다보아야 해

823

애벌레가 고치를 지었어 다시 나올 구멍을 남기지 않고 숨구멍까지 틀어막었어 세상과 단절한 문에 쾅쾅 못을 박은 후 다시 열리지 않았어 하루 종일 모니터에는 가상세계만이 펼쳐지고 햇빛이 두려운 자폐의 아이가 어둠 속에서 칼을 휘두르네 고치 밖의 세상엔 겨울이 찾아오고 찬바람이 휘몰아치네 이 계절이 지나면 아이는 고치를 뚫고 나와 날개를

달 수 있을까 단절된 세상에서 절망을 먹던 아이는 거식증에 걸리고 피골이 상접한 얼굴로 웃음의 창문을 닫은 지 오래 겨우 문틈으로 스미는 수분을 마시며 버티고 있어 어둠의 껍질을 벗고 나오면 세상은 온통 꽃밭인데 시간이 지날수록 아이는 몸을 움츠리네 고치 속에 갇힌 나비야 나비야 봄비는 절규의 몸짓으로 새싹들을 깨우고 눈물로 고치를 적시었어 엄마가 심어놓은 꽃밭에서 나비가 될 때까지 엄마는 고치를 흔들어 보았어 깊은 잠에서 깨어라 깨어라 엄마의 가슴에 박힌 못 하나씩 뽑었어 못 자국에서 피가 흐르네 핏방울마다 흐드러지게 꽃 피고 있어

824

꿈꾸는 자에게는 연못이 있어 연못에 비친 하늘을 그리고 산을 그리다가 연못 속에 숨겨진 것들을 건지네 꿈의 세계가 심오할수록 연못은 오래되고 깊어 연못 위에 뜬 풀과 꽃과 구름을 그리네 물결에 흔들리면서도 잔잔한 심상을 그리네 연못의 물고기가 되기도 하고 뿌리 깊은 연이 되기도 하면서 바닥을 찾아가지 수심에 깔린 이파리와 나뭇가지와 바람과 비와 눈물을 꺼내 올리네 때론 수백 년 묵은 잉어를 건져 올리네 연못이 없는 자는 사실적이야 연못을 이해하지 못하는 자는 메마르지 꿈의 확대와 굴절은 연못에서 이루어지네 10년 전의 비와 1년 전의 비가 섞여 사는 연못은 늘 신비롭지 무수한 계절이 복사되어 층층이 쌓인 연못 속에 풍덩 몸을 던지면 꿈의 풍화된 단층을 만날 수 있을 것 같아 꿈꾸지 못하는 자는 연못이 메워졌기 때문이요 오염되었기 때문이요 빠졌기 때문이야 심연 속이 있는 자는 한꺼번에 별도 줍고 달도 따고 물고기를 잡을 수 있어 심오한 빛의 태양을 알몸으로 건질 수 있어

825

작곡은 다섯 줄 밭두렁에 씨앗

을 뿌리는 일이야 어떤 것은 깊게 어떤 것은 얕게 뿌리내려 싹을 틔우고 있어 싹이 오르고 가지가 많아질수록 8분음표 16분음표 24분음표 거두는 시간은 짧아지네 장조와 단조 기쁨과 슬픔의 곡들은 마음의 밭에서 자라는 새싹들이야 온음표에서 64분 음표까지 들리는 못 박는 소리 고음은 머리에 못 박는 소리이며 저음은 발등에 못 박는 소리야 높은 음일수록 하늘로 향하고 낮은 음일수록 땅으로 향해 하늘로 향하는 씨앗들은 하늘로 머리를 두고 땅으로 향하는 씨앗들은 땅에 머리를 묻었어 작곡은 세상의 밭고랑에 영혼의 씨앗을 뿌리는 일이야 완성된 노래가 바구니 가득 열매를 드리네

826

무당이 작두를 타네 시퍼런 작두날 위에 서서 하늘로 날아갈 듯 몸부림치지만 방울소리 울리며 바람만 일으킬 뿐 허공에 한 발짝도 내딛지 못해 작두는 작둣날이 밑으로 향할 때 풀을 자르고 짚을 베어 양식을 만들지만 작둣날이 위로 향하는 순간 위험이고 반역이며 하늘에 대한 도전이야 마음속의 작두는 내려놓아야 해 거꾸로 작두를 세우는 일은 순리가 아닌 역리야 날선 초승달 위에 구름이 너울너울 춤추고 있어 하룻밤의 허상이 잘리고 세상은 작둣날처럼 위험해

827

누가 사람의 이름을 함부로 짓는가 두세 글자의 이름 속에는 운명이 담겨있어 강하거나 유약함도 귀하거나 천함도 인기와 비인기도 들여다보면 이름 속에 있어 어떤 글자의 조합으로 이루어졌느냐에 따라 오랜 동안 부르고 인식함으로써 느낌이 굳어지지 좋은 이름은 얼굴을 보지 않아도 호감을 갖게 해 비호감은 무관심을 불러오고 부르고 싶은 마음이 없어져서 인기가 없지 자연스런 발음과 글자 간의 조화가 인생에도 영향을 미친다는 성명학이지

만 성명학보다 더 중요한 것은 언어는 오랜 동안 사용하게 되면 주술적 효과가 있다는 거야 히브리어는 언어에 힘이 있어서 단어를 외울 때마다 신이 함께한다는 언어지 절대자에 대한 최초의 이름 테트라그람미톤이 그렇고 여호와가 그렇지 부를수록 힘이 되는 언어로 이름을 지어야 해 부를수록 형통하고 부를수록 축복이 쌓이고 부를수록 아름다운 사람이 되는 언어로 이름을 지어야 해 여호와께서 언어로 세상만물을 창조하셨기 때문에 언어 속에는 신의 능력이 담겨있어 언어마다 다양한 신의 속성을 조합하여 능력 있는 언어로 이름을 지어야 해 누가 함부로 이름을 짓는가 누가 함부로 신의 언어를 조합하는가 글자와 글자의 결합이 힘을 줄 수 있는 만남이 되어야 하지만 중요한 것은 지금도 누군가 나의 이름을 짓고 있다는 점이야 나의 행동 하나하나가 나의 이름을 빛내기도 하고 더럽히기도 해 우리 모두는 이름 짓는 자야 자신의 이름을 아름답게 지어가고 있어 태어나서 아무리 좋은 이름을 받았다 해도 스스로 더럽히는 자는 아무런 의미가 없지 자신의 이름은 스스로 지어가는 것이며 스스로 가꾸어가는 거야 우리 모두는 작명가야

밀봉의 시간

828

곡우와 입하 사이에서 참새들의 혀를 따네 조잘대는 자색의 어린 혓바닥들을 그늘에 말리네 오그라든 혓바닥들은 작설차가 되고 아침햇살에 풀어놓던 참새들의 언어는 침묵 속에 잠겼지 번잡한 도시에서 참새소리를 잊고 살다가 머리가 복잡해질 때면 작설차를 끓였어 보글보글 작설차 끓는 소리에서 참새들의 조잘거림이 들리네 참새들 소리에 금세 도시는 숲이 되고 작설차 한 모금 넘기면 머릿속이 숲으로 맑아지네 처마 밑에 집을 짓듯 내 몸에 들어와 조잘대는 참새소리에 온몸이 훈훈하네 거짓 없는 참새들의 혓바닥이 녹아있는 차 한 잔을 마시며 참새들과 입 맞추고 있어 나의 언어들도 참새소리마냥 거짓이 없으리라 작설차가 묵은 체증을 씻어 내리네 참새들의 혓바닥이 핥아내는 내 안의 독소들, 옆구리에 날개가 돋았어

829

유리잔이 채워진 것으로 넘치는 순간 잔은 불투명해지네 물처럼 투명한 것으로 채우고 있다해도 굴절을 일으켜서 세상을 왜곡시켰어 잔은 채우기 위한 것 같지만 실은 비우기 위한 거야 누구를 위해 채울 것인지와 무엇으로 채울 것인지를 생각하며 늘 비워 두어야 해 은은한 조명 속의 핑크레이디는 사랑을 위해 채워진 잔이지만 어둠의 창가에서 다 비우고 나면 무수한 별빛과 조명들로 채워지는 잔이 돼

830

포옹할 수 있는 사람이 있다는 것은 행복한 일이야 허물없는 포옹의 체온은 어떤 추위도 이길 수 있는 힘이야 포옹의 에너지는 혼자 있어도 외롭지 않게 해 포옹의 충전은 많을수록 좋아 따스함이 사라진 포옹은 제스처일 뿐

이야 소통과 고마움의 포옹은 스파크가 없을지라도 뜨거운 감전이야 포옹을 잃어버린 가족들은 차갑게 식어 있고 포옹할 수 없는 애인들은 이별을 준비하고 포옹이 없는 부부는 함께 살아도 남이야 포옹은 아무하고나 할 수 있는 것이 아니어서 소중하지 포옹으로 나눌 수 있는 체온과 체취들은 거대한 수문이 열리며 합쳐지는 강물과 같아 짧은 순간일지라도 포옹은 그 사람의 전부를 안아보는 거야

831

주연배우는 스토리의 처음과 끝이야 꼭 잘생기고 똑똑할 필요는 없지 자신의 이야기를 당당히 전개해 나가면 그가 주인공이야 십자가 사건의 주인공은 예수였어 별을 노래하며 새로운 사건을 만들어가는 이야기의 주인공은 바로 나야 공자와 석가모니나 소크라테스가 주연배우가 아니고 알렉산더 칭기즈칸 아인슈타인 모두 내 삶의 조연일 뿐이야 조연에 집착하는 주연은 주연이 아니야 남의 삶이 아무리 위대하다 할지라도 흔들리지 말고 자신의 이야기를 써야 해 평생 아인슈타인을 연구하고 일생을 공자의 형식에 매이는 사람은 조연이야 두려워하지 않고 당당히 자신을 사랑하면서 살아가야 할 새로운 주인공 무대는 같아도 자신만의 이야기를 보여주는 당신이 가장 멋진 주연배우야

832

잔디가 있는 정원을 갖고 싶었지 집안 가득 초원을 들여놓고 풀물이 들어 살고 싶었지 하지만 잔디는 아무나 가꿀 수 있는 꿈이 아니었어 비 온 뒤에는 잔디와 섞여 올라오는 잡초를 뽑아야 했어 뿌리를 캐고 약을 쳐도 쉴 새 없이 자라는 잡초는 잔디에 대한 시기심이거나 욕망이었어 풀과 함께 칼날에 잔디가 베어지면 세상엔 비린내가 번졌네 몸을 낮춰 살기가 어디 쉬운가 땅의 열기를 흡수하며 낮게 엎드려 질긴

생명력으로 하잘 것 없는 꽃을 피우고 있어 온 땅을 푸르게 정복하는 일은 땅속 깊은 곳에서 서로 손잡는 일이라서 발 디딜 틈 없는 사랑으로 하나의 잡념도 용납하지 않았어 한없이 몸을 낮추고 영롱한 이슬 속에 햇살을 품고 살지 풀내음 가득한 정원, 웃자란 나를 날마다 베어내지

833

썩어야 사느니라 1급수 맑은 물에서 잡은 민물새우를 손질하고 살균한 항아리에 민물새우 한 층 소금 한 층 번갈아가며 쌓았어 항아리 맨 위엔 소금을 두껍게 올려 밀봉하고 햇빛도 없는 굴속에서 한 달 애간장을 녹이며 펄펄 뛰던 혈기를 죽이고 변화하여 토하젓이 되었어 새우와 찹쌀밥을 3:1로 버무리고 고춧가루 다진 파 마늘 참기름 깨소금으로 양념하여 4~5일 더 삭혀 밥상에 오르면 그 맛을 따를 자가 없으니 궁중진상품으로 알려졌네 한 숟가락만 먹어도 체기가 가시고 성인병을 예방하며 두뇌발달에도 좋은 토하젓은 발효되지 않고서는 될 수 없으니 단 한 달이라도 세상에 필요한 존재로 변화되기 위해 골방이나 굴속에서 나는 기도해 본 적이 있던가 토하젓만도 못한 인생이 밥상 위에 맛좋은 토하젓을 올려놓고 먹으니 민망하고 부끄럽네 익은 것들은 밥상 위에 있고 익지 않은 것은 밥상 아래 앉아 욕망을 채우고 있네

834

그녀가 잠든 심해 속으로 나는 날마다 잠수정을 타고 떠나 너의 잠은 바닷물로 가득 차 있지 꿈꾸는 뇌파로 파도가 일면 잠꼬대 실어오는 풍랑도 일지 암초에 부딪히지 않고 너에게 이르기 위해선 숨소리 하나 놓치지 않는 음파탐지기를 켜야 해 머리맡에 엔진 돌아가는 소리, 가끔씩 어뢰를 쏘아가며 돌아눕는 항행수평타와 잠행수평타로 스크루엔 이불이 말려들기도 하지 꿈속의 항해는 늘 터빈을 돌리며 잠행을 서둘렀어

한 베개에서 이마를 맞대고 잠들고 있다는 것은 지상파의 모든 레이더망을 벗어나 둘만의 심해로 떠나는 일이지 하늘 몰래 태양도 잠든 어둠 속을 항해하는 거야 귀여운 고래가 되어 고래고래 코를 골면서도 둘만의 사랑으로 세상을 녹여버릴 미사일 하나쯤 탑재하고 가는 항로에 악몽은 없어 잠수정을 타고 너의 꿈속으로 잠행하는 밤은 날마다 일렁이는 물결로 번져오지

835

가을하늘에 고추잠자리 몰려들고 있어 파란 색종이를 오리는 피 묻은 가위들 뭉텅 흰 구름도 잘려지네 동그랗게 오려진 하늘은 빈 마음으로 떠 있고 호수가 되어 세상을 비추고 있어 나도 하늘 한 자락 오리고 싶은데 내겐 가위가 없지 때 묻지 않은 하늘을 오릴 수 있는 투명한 가위 하늘은 피 묻은 가위로만 오릴 수 있지 눈물로 자란 이의 어깨 위에 솟는 투명한 날개는 잠든 사이에도 왜 접히지 않는 걸까 고추잠자리 하나 돌출된 겹눈 속의 무수한 낱눈으로 세상을 살피다 긍정의 동그라미를 그려 주네 물밑이나 습기 찬 땅속 눈물 많은 풀잎 뒤에서 자란 태생은 어둠이었지만 물속에 잠겨 꼬리 끝 아가미로 숨 쉬면서도 하늘을 잊지 않았지 나도 하늘을 오리는 가위가 되기 위해 일회용 스푼에 눈을 그려 넣고 빨간 단풍을 잘라 날개를 붙였어 꼬리 끝에 감아둔 몇 가닥의 노을 언덕에 올라 비행기를 날리네

836

스피커에서 사물놀이와 재즈가 몸을 섞었어 태양이 뜨자 구름들은 빛과 흘레붙어 노을을 물들이고 농촌총각과 서양처녀가 사는 전원주택엔 피자군만두에 된장소스스테이크와 라이밀(쌀과 밀이 교배된 곡식)이 어울렸지 텃밭에 토감(토마토와 감자가 함께 열리는 식물)을 거두고 나면 무추(무와 배추가 함께 자라는 식물)를

심었지 상추와 깻잎이 한 가지에서 피는 세상이 오면 소통이 열릴 거라고 크로스 오버하는 뜰에 나뭇가지들은 그늘을 만들고 한 입 베어 물면 과일향이 온몸으로 퍼지네 열매들로 나를 진단하며 사랑 없이 사랑하며 춤으로 노래하며 숫자로 요리하며 유행가로 불공하며 역사를 악보로 연주하며 철학으로 문학을 색칠하며 뒤엉킨 가지와 잎들 속에서 혼혈의 라이거가 포효를 해 기름과 전기가 만나 소리 없이 미끄러져 온 시간 할아버지는 유학자였고 할머니는 무당이었다가 기독교인이 되었지 한의사였던 아버지는 아침마다 목탁을 두드리는 스님이 기도 했어 제삿날엔 할아버지 따라 축문을 읽었고 일요일엔 교회에서 기도했고 방학 땐 절에서 공부하며 불공을 드렸어 할머니 돌아가신 날 방에선 예배드리고 대청에선 불공드리고 마당에선 제사지냈지 방 마루 마당을 오가며 천당과 극락과 저승이 교미하는 걸 나는 본 걸까 폭탄주에 컴퓨터와 TV와 오디오가 한 몸으로 춤추며 불러대는 트로트와 니나노의 클래식한 합창 속에서 비빔밥이 버무려져 참기름향이 진동했지 일 년에 딱 한 번 오곡밥을 지어 먹던 땐 그래도 순수했는데 요즘은 영양부족이라고 매일 잡곡밥을 지어 먹었어 흑과 백이 몸을 섞고 잡것들이 판치는 세상, 도시엔 유령의 십자가들이 난무해

837

청솔모들 몰래 딴 잣 열매 유리병에 담았지 하늘 높이 매달린 바늘잎들 사이로 방울을 울렸지 목이 잠겨 안으로만 울던 묵음의 소리에 술을 부으니 술술 풀려나는 노을의 빛깔 밀봉의 시간 내내 무덤에 누워 부활을 기다렸지 뚜껑을 열자 코를 찌르는 옥합의 향기 물처럼 풀어진 십자가의 피가 쏟아졌지 축배를 들어야지 다시 사신 잣의 생명들 온몸으로 흘러들며 휘발유 같은 불을 피우고 있어 등골이 뜨거워지며 온

얼굴로 번지는 취기

838

파스텔 톤의 세상은 지워지거나 흐려지기 때문에 점착액을 뿌리고 유리로 덮어야 해 분필로 그리듯 모호하거나 상징적이어서 꿈의 빛깔이야 꿈은 이루어지지 않아서 모호하고 확신할 수 없어서 선명해 꿈꾸는 삶은 파스텔화이고 꿈이 이루어지는 순간 지워지거나 변색되면 전설이 되곤 해 오래 간직하기 위해 고착을 만들고 투명한 세계에 가둘지라도 전설은 전설일 뿐 꿈꾸는 자의 도화지엔 파스텔 톤의 색상이 덧입혀지고 쉴 새 없이 무지개가 뜨지 파스텔화는 순간을 그리는 것이 아니라 날마다 색칠하는 꿈이야 꿈꾸는 이의 파스텔화는 날마다 선명해지지 파스텔 톤의 세상은 마음속의 무지개 하나로 충분하지 무지개의 분말로 덧칠 된 아침

839

장기판 90개의 밭이 다 십자가로 이루어졌구나 적과 청의 대결, 32개의 기물들이 두 나라로 나뉘어 자신의 왕을 지키기 위해 사투를 벌였어 저마다의 기능이 다른 5졸과 마 상 포 차 사, 왕을 지키기 위해 자신의 길을 깨우쳐야 해 분수를 알고 유기적 관계를 맺어 서로를 보호할 때 왕도 살고 나도 살 수 있어 상대를 공격하기 전엔 먼저 수비를 생각해야 해 한 발 내딛을 땐 진용의 흐트러짐을 걱정해야 하며 내가 사는 것이 이기는 것이 아니라 왕을 위해 기꺼이 죽을 수 있을 때 이길 수 있어 병과 졸은 물러설 수 없기에 신중해야 하고 말은 뛰어넘었다고 날뛰지 말고 상은 길이 막혔다고 목숨을 함부로 버리지 말아야 하고 포는 돌아올 것을 생각하고 적을 때리고 차는 질주하기 전에 막다른 길을 생각하고 양사는 최후까지 궁을 지키는데 전념해야 해 포진의 다양함보다는 하나의 포진이라도 완벽

한 운용이 필요하고 단점을 보강하여 일거에 무너짐을 경계해야 해 한 걸음 뗄 때마다 살얼음판을 걷듯 하되 기회가 왔을 때는 총공격하여 일시에 무너트려야 해 잘 나갈 때 늘 외통수를 생각하고 기물을 아껴 종반에 낱장기의 묘수까지 대비할 수 있어야 해 기물들의 최종 목적은 왕을 살리는 것이라서 왕이 위험에 빠질 때면 기꺼이 목숨을 바쳐 구할 수 있어야 해 궁은 가장 강력하고 확실한 십자가의 구역, 궁의 왕은 십자가의 왕이야 누구는 졸때기로 누구는 포차로 태어나 세상을 산다 해도 결국은 십자가를 지키는 삶이야

장어

840
가시철망을 두른 무기고의 담을 담쟁이덩굴이 페인트자국을 더듬어 오르네 담들은 너머를 감추려하기에 볼 수가 없어 넘어가고픈 너머 콘크리트 암벽의 옆구리에 철심을 박으며 녹슬지 않는 긴장을 찾아 벽을 넘었어 우리가 꿈꾸는 너머엔 풀과 나무와 십자가와 새들이 어우러져 노래하며 집을 짓지만 언제나 뛰어넘는 너머엔 절벽과 웅덩이와 운무들로 가득했어 톱니바퀴를 타고 오르는 시간의 벽이 보여주지 않는 너머로 사람들은 손을 가리켰지 수억 광년을 뚫고 온 별빛이 아름다운 거라고 무르팍이 깨져 달려온 파도가 푸른 거라고 네 안의 너머를 갖지 못해 시들지 못하는 담쟁이 촉수를 깨워 젖꼭지 같은 뇌관을 더듬었어

841
장대높이뛰기는 내 삶의 전부야 탄성이 좋은 장대로 벽을 뛰어넘어 경계를 만나 전력질주의 도움닫기로 홈 깊이 장대를 찔러 넣어 고무공의 몸을 얹었어 활처럼 휘어졌다가 '탱'하고 튀어 올라 하늘을 만나고 구름을 만나 정점에 서고자 하는 사람만이 벽의 높이를 알지만 가장 믿었던 무릎 아니면 엉덩이에 걸려 추락해 자랄수록 높아지는 가로막대는 물구나무서서 장대를 힘껏 밀어 올려야 넘을 수 있어 한계를 지나 새로운 차원으로 넘어서기 위해서는 다리부터 밀어 넣고 힘껏 몸을 비틀어야 해 구름으로 날아오르기까지 반복되는 추락, 극한 선을 넘어 보호패드를 딛고 서는 날, 추락은 추락이 아니야 심오한 쾌락으로 새로운 극점에 서네

842
장독대의 크고 작은 항아리들 함께 어우러져 살아가지 양지에

앉아 벙어리로 귀머거리로 살아 온 세월, 뚜껑을 열기 전에는 알 수 없지 햇빛과 바람과 비와 눈보라 속에서 익혀온 항아리들의 꿈을 항아리는 그냥 독일 뿐 안에 담긴 심성에 따라 항아리의 명성은 달라지네 절구질해 뭉친 메주 볏짚에 묶어 발효시켰지 천장에 매달려 대롱거리다가 바스러진 꿈 태양을 넣어 발효시키면 매콤한 고추장이 되었지 까만 밤이 발효된 건 간장이야 질펵한 그리움 위에 하얗게 소금을 뿌린 된장독 나는 푸른 꿈으로 익어가고 저마다의 독들은 나름의 꿈을 품고 살아 뚜껑을 열어보기 전에는 저들의 내면을 알 수 없지 맛을 보기 전에는 진실을 몰라 숙성의 깊이와 졸아질 품성의 차이를 눈으로는 알 수 없어 옹기종기 모여서 한가족으로 사는 항아리들, 저마다 비밀을 간직하고 살지 부글부글 속을 끓이면서도 아무 일 없는 듯 햇볕에 앉아 반짝반짝 웃음을 내보이지

843

한 송이 꽃을 보내기 위해 흰 국화송이 영정에 올리네 죽은 이도 시들고 꽃도 시들고 나도 시들고 있어 검은 옷을 입고 찾아온 사람들의 얼굴도 슬프게 시들어 있어 시들지 않는 꽃이 있을까 촛불도 꺼지고 눈물도 마르고 날마다 새로운 영정사진이 방을 장식해 인생은 흰 앰뷸런스를 타고 와 검은 리무진을 타고 가는 것인지도 모르네 시들기 위해 피어난 꽃들이 밀물로 들어왔다 썰물로 나가지 나의 장례식장엔 빨강리본과 나비넥타이 백색리무진 촛불 대신 사이키 조명이 필요해 붉고 환한 옷을 입고 눈물 대신 박수와 환호로 노래하길 슬픔의 몸짓 대신 신나는 스텝을 밟으며 모두가 춤추기를 시들어가는 자들이 볼 수 있는 시들지 않음의 출발을 기념해야 해 나는 관 속에 누워 즐겁게 분해되고 오래된 만남의 결합을 풀 거야 빛나는 꽃 위에 시들어가는 꽃을 얹는 것은 부질없는 짓이야 낡은

규격의 탈피, 페어링이 분해되고 하늘로 발사된 별들의 탄생을 기념하지

844

웃음을 잃어버린 후 장마가 왔지 유리창엔 빗물이 흐르고 거리마다 넘쳐난 물로 홍수를 이뤘어 하루 종일 먹구름 속에서 빨간 우산을 펼쳤지만 습기는 온몸으로 젖어들었지 넘치는 하수구 눅눅한 벽, 천장에선 어느 새 뚝뚝 눈물이 떨어지기 시작했어 검게 곰팡이 피는 목구멍을 봐 슬라브 지붕을 때리며 배관으로 흘러들던 빗방울이 격한 감정으로 쿨럭였어 범람은 흔한 일이 되었지 홍수로 집 하나쯤 쓸어버리는 것은 문제도 되지 않았어 다리가 파괴되고 산사태가 나는 것은 자제를 상실한 검은 구름 때문이야 하늘이 없는 날엔 노란 장화를 신어야 해 방수가 끝난 옥상을 뛰어다니며 무지개다리를 건너가기 위해선 지루한 장마가 그치면 나는 습기 다스리는 법을 터득할 수 있을까 음, 우리는 태양을 잃어버린 게 아니었어 구름 뒤의 태양을 보지 못했을 뿐이지 단 한 번 웃음으로도 걷히는 구름 장마가 몰려간 하늘엔 둥둥 우산들이 떠오르고 거울 같은 연못에도 연잎이 떠오를 거야

845

장미의 중심엔 무엇이 접혀 있을까 겹겹이 싸인 꽃잎들은 서로 붉게 포옹하며 단단한 결속을 이뤘지 꽃잎의 포옹으로 살아가는 내면의 불꽃 포옹을 풀면 빈 꽃대만 남아 바람에 흔들리네 서로 보듬고 포옹하며 살 때 장미는 불타네 서로 단단히 감싸 안고 살아서 꽃 피고 있어 붉게 타올라 향기로운 장미, 꽃잎들의 포옹은 어쩜 이리 싱싱한가 서로의 포옹을 풀면 꽃잎은 퇴색되고 불꽃은 사라지네 서로를 포옹할 때만 우린 장미가 돼

846

뼈를 바른 장어가 석쇠 위에

누워 몸을 뒤집었어 벌겋게 양념을 바르고 토막토막 잘려서 먹기 좋게 익었어 강물을 거슬러 솟구쳐 오른 용기 하나가 진리의 장어長語가 되어 세상의 숯불 위에 앉아 꼬리를 흔들고 있어 몸과 마음의 중심을 세우고 물살을 헤쳐 살라 해 연기를 피우며 익어가는 말씀을 씹으면 온몸에 퍼지는 힘 지친 이들에게 힘을 주기 위해서는 가시를 발라야 해 먹기 좋게 자르고 양념을 발라서 노릇노릇 구워낸 말씀, 양념을 넣고 상추에 싸서 입에 넣어 주면 꿈의 뿌리가 되는 언어의 말초신경까지도 힘이 솟았어 장어長語엔 영혼을 살리는 기름기가 흐르네

847

장작더미에 불을 붙일 땐 플러스를 그려야 해 지그재그 서로의 몸을 포개며 불꽃을 주고받아야 해 생나무가 베어진다고 해서 다는 아니지 온몸이 갈가리 도끼에 쪼개진다고 해서 다는 아니지 누구나 아픔은 있는 거야 하얗게 뼈를 드러내고 그늘에 바짝 마른다 해도 서로가 전해주는 불꽃이 없으면 세상 한구석도 덥힐 수 없지 함께 끌어안고 활활 타오르지 않았다면 작은 불씨는 오래가지 못하고 연기만 피우는 법, 서로의 손을 잡고 불꽃을 전하는 장작이 되어야 해 아픔이 아픔으로 끝나지 않게 서로 불을 붙여야지 상처를 내보이는 것은 어둠의 과시일 뿐 과거의 쪼개진 아픔들이 오늘 하나의 불꽃을 피우지 못하면 썩는 뼈에 불과해 몸과 몸이 만나 하나를 이룰 때 마른 뼈들은 상처를 다 태우고 홀연히 구름에 오를 수 있지

848

삶은 이성의 뼈대 위에 세워져 있어 반듯한 합리성에 윤리의 기둥을 세워 지은 사고의 집 속은 드라이플라워의 장식처럼 메말라 있어 인류의 구원을 꿈꿨던 20세기 이성의 칼날엔 피가 묻어 있고 사고의 벽돌로 쌓은 바벨탑은 더 이상 새 하늘을 보여줄 수 없

게 되었어 사막의 삶에 광기는 생명력을 부여해왔지 이성이 지배해온 것 같은 세상을 실은 광기가 지배해왔지 고흐의 그림 속에서 베토벤의 운명 속에서 도공이 빚은 청자 속에서 죽음을 초월한 사도들의 삶 속에서 충만한 광기를 느끼네 초월적 세계의 신성한 불을 만지네 광기가 없는 이성의 세계는 향기가 없는 꽃과 같아 영혼이 사라진 육체와 같으며 반복된 작업의 복사물이야 반면 이성이 없는 광기는 녹아버린 아이스크림과 같아 몽환이고 환상이며 숲에 떨어진 나비의 허물이야 광기만 있는 자는 정신분열자요 귀신들린 자에 불과하지 이성의 초원 위에 영적 광기가 서릴 때 우린 새벽을 볼 수 있어 이성만 있는 십자가는 심판의 형틀이었지만 사랑이 가득한 그리스도의 피 묻은 십자가는 구원의 상징이 되었어 이성의 기름 위에 이글거리는 꿈의 열정 광기의 불로 타오를 때 삶은 세상을 비추며 밝게 빛나리라

849

비가 내리면 빨강 파랑 노랑 무지개 뜨듯 거리에 장화 신은 아이들 활보하지 길고 짧음의 장화를 신은 아이들은 질퍽한 땅을 걸어도 물에 젖지 않지 우산 속에서 조잘대는 레인코트와 레인부츠들 빗방울이 동그라미를 그리는 연못의 다리를 건너지 내게 방앗간은 필요 없어 빨강장화를 신은 고양이만 있으면 슬픔에 젖지 않는 장화는 나를 무지개다리로 이끌지 슬픔은 마음에서 솟는 샘이 아니라 비처럼 하늘에서 내리는 거야 장화를 신고 다리를 건너는 내게 비가 내려도 발이 젖지 않는 행복한 이야기, 솔로몬의 장화長話를 들려줘 썩어가는 시궁창에서 죽어가는 것들의 악취와 오물에 젖지 않는 빨강 장화 비 그친 하늘의 무지개다리를 건너는 빨간 장화들이 햇살을 만나러 가는 발레슈즈를 신은 듯 구름도 춤추며 가지

850

항아리 속에 남은 뼈의 흔적들 무조건 태우고 있다고 다 재가 되는 것은 아니지 탄화된 섬유질의 질긴 목숨 때문이야 재에 물을 내리면 양잿물보다 독한 눈물이 되지 회개하지 않고서는 빨 수 없는 더러움을 씻어내어 마당 가운데 하얀 빨래를 널던 지독한 눈물 자신을 태워서 흘리는 눈물 없이는 빨래할 수 없었던 시절이 있었지 요즘세대는 너무나 쉽게 화학세정제를 넣고 '그럴 수도 있지, 그럴 수도 있지'라고 자신을 쉽게 용서하면서 빨래를 하지 자신이 재가 되지 않고 합리화의 세제로 빨래를 돌리지 텃밭에 뿌린 잿물로 자란 채소들을 먹으며 잿물 같은 눈물로 살았던 할머니, 마지막 잿물을 내리려 항아리에 담겼지 나무 밑에 누워 빗물로 내리는 눈물 할머니 잿물이 세상 한 구석을 빨래하시지

851

컬러풀한 옷감에 밑그림을 그리고 가위질을 해 내 몸의 사이즈는 33 26 36 취향에 맞는 맞춤을 위해 재봉틀을 돌리네 내 몸에 맞는 가봉을 하고 지퍼와 단추를 달아 빈틈을 없앴지 주름을 지우기 위한 다림질, 나와 밀착되지 않거나 불필요한 부분은 주름으로 남지 세상에 하나뿐인 나의 꿈도 접히거나 주름지지 않는 맞춤을 위해 남의 꿈을 입으면 어딘가 맞지 않는 기성복 같아서 남의 학문 남의 지식 남이 이루어놓은 삶을 빌려 입는 것은 어색해 컬러풀한 인생을 재단하고 나만의 디자인을 꿈꾸는 자유 재단사에게는 가위 대신 바늘이 들려 있지 잘라내기보다는 봉합하며 상처를 재단해 무수한 만남으로 짜인 옷감처럼 내 영혼도 꿈의 천이야 두루마리로 둘둘 말려진 옷감을 펼치면 천국의 밑그림이 보여 꼭 필요한 그림을 오리고 나면 파치들이 수북이 쌓이지 파치만 모으는 인생들은 조각난 꿈들로 완벽한 내일을 재단하지 날마다 자질을 하며 허점투성

이에 옷핀을 꽂으며 자신만의 마
크를 달기 위한 가위질도 재봉질
도 다 그리운 만남 안에서만 가
능하지

고시원

852
인생은 리바이벌이 없지 단 일회의 실연으로 이야기는 끝나 대본은 매일매일 써가는 일기처럼 내일을 알 수 없지 예고 없는 현실을 맞으며 즉흥으로 써가는 인생의 이야기는 늘 긴장의 연속이야 어둠의 장막이 쳐졌다가 걷히면 나의 무대는 또 하루를 열었어 소중한 대사와 행동들이 그림자처럼 스치네 감동도 없고 교훈도 되지 않는 지루한 이야기들은 마지막 어떤 피날레를 보여주려는 걸까 태어나면서부터 주어진 대본대로 사는 거라고 하는데 어떤 이는 자기만의 대본을 쓰면서 사는 이도 있고 어떤 이는 주어진 대본을 감당하지 못하고 좌절하고 포기한 이도 있어 내가 시작한 무대, 내가 살아가는 무대를 사랑하면서 보란 듯이 주연으로 살고 싶어 단 한 번 주어진 무대를 위해 감동의 드라마를 쓰고 싶어 어떤 이는 예수를 본받고 석가를 따르고 마호메트를 섬기지만 패러디는 식상하지 자신만의 감동적인 이야기를 위해 그들보다 더 뜨거운 삶을 연출할 수 있었으면 인생은 재연되지 않아 단지 감동으로 기억될 뿐이야

853
피 묻은 쟁반에 요한의 머리를 올려 헤롯은 헤로디아에게 줬지 잔칫날 나는 내 마음의 쟁반에 무엇을 얹어 당신께 드릴까 향기로운 과일 달콤한 술 산해진미를 올린다 해도 기뻐하지 않으리니 보름달 같은 쟁반에 내 마음의 쟁반을 포개어 드럼을 만들었지 매일 떠받들기만 한 쟁반인데 오늘은 아무 죄도 없이 두들겨 맞았어 실컷 두들겨 맞다 보니 박자를 알았고 리듬 타는 법을 알았어 그리고 맞을 때마다 피 흘리던 요한을 생각하며 처절하게 울었어 쟁반 위에 얹어진 쟁반 같은 얼굴, 드럼의 소리는 죽음의

소리이고 광야의 외치는 자의 소리였어 쟁반에 얹어 드리는 요한의 비명이요 쟁반에 얹어 올리는 광야의 절규야 헤롯은 헤로디아에게 피의 쟁반을 줬지만 나는 깨어 있는 외침을 쟁반에 올려 당신께 드리네

854

저녁은 위대하다 분주하던 하루가 마침표를 찍고 사람들은 평안한 휴식을 얻었어 평화로운 밤 저녁은 새로운 세상을 열었어 어둠 속으로 열린 보석나라엔 잠든 영혼들이 부활해 반짝이며 피어나는 별들로 하늘문이 열리네 저녁은 온몸에 에너지가 채워지는 시간, 새로운 꿈으로 충전돼 눈과 귀와 코와 입의 문들이 닫히면 심오한 상상의 나라로 떠나 사념은 우주를 날고 상상은 달나라 별나라를 여행해 저녁은 낙서 같은 하루를 지우고 새로 쓸 내일을 위해 바탕색을 칠해 저녁이 있어서 내일이 있어 저녁이 있어서 시작이 있어 저녁은 온 세상 꿈이 내리는 새로운 아침이야

855

달빛 내린 대숲에서 회한의 마디마디 톱질했네 한 점 바람에도 소란스럽던 가지들 베어내고 삶의 밑둥치마저 잘라내어 모진 마음 절구질했네 허무한 가슴 구슬픈 대통에 소금 채우고 황토 채우고 불가마 속에서 아홉 번 죽고 죽어 태어난 깨달음 잿무덤 헤쳐 사리 하나 건져 올렸네

856

누구에게나 가슴에 흐르는 물길이 있지 물길을 막아 둑을 쌓고 깊은 바닥을 파면 고이는 슬픔들 왜 슬픔의 빛깔은 파랄까 넘실넘실 굽이치는 물결을 바라보면 슬픔 대신 하늘이 보이지 슬픔으로만 담을 수 있는 하늘은 잔잔하기 때문일 거야 울컥 충격이 오면 가슴엔 둑이 쌓이고 불통이 생기네 호수는 갑자기 생긴 커다란 웅덩이야 웅덩이에 눈물이 고일 때 마음은 잔잔해져 잔

잔한 수면에 흐르는 별들 호수는 하늘을 비추고 구름을 비추고 자신을 비추고 있어 슬픔을 아는 이들은 저마다 가슴에 호수 하나씩 담고 살지 슬픈 이야기들을 가둔 굳은 결심의 둑 터지면 마을과 도시를 휩쓸어버릴 비밀을 품고 커다란 물고기들을 키우고 있어 호수 주변에 피어나는 꽃들과 푸른 잎새들 호수는 가물 때 더욱 아름답지 메마른 세상을 적셔 줄 꿈을 가득 담은 채 잠들어 있기 때문에

857

땅속 수천 미터에 파이프를 박고 가스 수증기 화산분출물을 뽑아 올려 터빈을 돌리지 환경오염도 없고 고갈 위험도 없이 24시간 내내 에너지를 쓰기 위해 마그마 상습지역, 판의 경계나 열점에 구멍을 뚫었어 지각 내 방사성 물질이 자연붕괴 되면서 발생하는 지열에너지는 지구에만 있는 것은 아니야 맨틀 아니 이성의 맨탈을 뚫고 나온 무의식의 핵들도 세상을 녹이는 참 사랑이지 수천 도 온도의 외핵 내핵은 닿기만 해도 녹아버려 누구에게나 다 있는 뜨거운 지열 하지만 관통이 없이는 꿈의 터빈을 돌릴 수 없어 5천 미터 내핵까지 꿰뚫을 수 있는 땅의 관통 하늘의 관통 바람과 구름과 내 영혼의 관통이 없이는 진정한 깨달음도 없지 관통한 자의 입에선 가스와 수증기 화산분출물의 뜨거운 내면의 소리가 울리지 에너지 그리고 능력이 되는 말씀 관통은 화살이 박힘도 아니요 총알이 뚫고 나감도 아닌 진정한 관통은 못 박음이야 못 박음으로 성경을 관통하고 세상을 관통해 관통만이 뜨거운 에너지, 생명을 얻는 접붙임이야

858

저마다 저울 하나씩 가지고 살지 어떤 이는 앉은뱅이저울을 어떤 이는 양팔저울을 어떤 이는 장대저울을 가지고 세상을 판단해 접시 위에 남을 올려놓고 무

게를 다는 사람은 불행하지 무거우면 배가 아플 것이고 가벼우면 비판을 하게 돼 남을 달기 전에 먼저 자신을 달 줄 아는 사람은 분수를 알고 겸손할 수 있어 양팔저울을 든 자는 늘 남과 자신을 비교하기 때문에 한쪽으로 기울어져 살지 평정심을 잃고 기울어질수록 괴로움이 더해지네 장대저울을 가지고 사는 사람은 중심에 축이 있어서 상대에 맞게 수평을 이루는 법을 알고 있어 나보다는 먼저 상대를 생각할 수 있는 사람은 어떤 상황에서도 균형을 이룰 수 있어 중력의 법칙 속에 살아가는 인간은 저울이 꼭 필요한 줄로 알지만 실은 자신의 저울을 버릴 줄 알아야 해 마음의 저울은 서로의 행복과 불행의 무게를 달기 때문에 없는 것이 낫지 구름의 무게 공기의 무게 바람의 무게보다도 영혼의 무게를 잴 수 있는 저울이 필요하지

859

1억5천만 년 전의 파충류시대가 계속되고 있어 끈적끈적한 표피의 시선이 스르르 몸을 감고 붉은 혓바닥으로 엉덩이와 넓적다리를 핥았어 손바닥이 지나는 자리마다 소름이 돋았어 잠자는 척 눈감은 악어의 입엔 날카로운 이빨들이 드러나 보였어 몸을 밀착한 파충류의 몸에서 냉혈동물의 차가움이 느껴졌네 출렁이는 물결로 흔들리는 렌즈 안은 밀림의 늪을 이루고 열대우림의 땀방울이 쏟아지는 목덜미를 스콜 같은 바람이 스쳐지나갔지 한 번 물면 놓지 않았다는 아나콘다가 문을 잠그고 똬리를 틀고 있었어 음습함을 찾아 혀를 날름거리는 카메라들이 허벅지를 타고 올랐어 깊은 계곡의 습한 본능을 찾아 뱀들은 고개를 흔들며 혀를 날름거리네 먹잇감은 공포에 질려 몸을 비틀었고 사정없이 달려드는 파충류의 혓바닥에 정신을 잃었지 한 시간 가까이 공포가 우글거린 스튜디오엔 하얗게 뼈만 남은 여자가 혼이 빠져 누워 있고 알몸을 삼켜버린 카메라들

이 여기저기 알을 낳기 시작했어 눈요깃감의 알들이 떨어진 곳마다 파충류들이 몰려와 혀를 날름거리네 늪 시대의 공룡들이 출몰하고 바이러스처럼 신 쥐라기시대가 퍼져나갔지 온통 세상이 미끈거리며 끈적끈적했어

860

회색 도시에 걸린 벌집 고시원 방 하나씩 차지한 애벌레들이 탈출을 꿈꾸네 16일간 로열 젤리를 먹으면 여왕벌이 되는데 스무하루 화분을 먹고 태어나는 일벌도 되지 못해 배 깔고 누워 빈둥대는 하루 무료급식소에서 때우는 한 끼니 식사로 봄날이 되면 날개를 달 수 있을까 몰라 취업 정보지를 뒤적여 봐도 도무지 꿀이 보이지 않는 겨울 무덤 같은 방안의 부장품은 옷가지와 손때 묻은 가족사진뿐인데 꿀을 따던 추억을 부어 밀랍으로 짠 쪽방들 창문이 없어 앞이 보이지 않아도 늘어나는 알들을 키우며 번듯한 일자리 하나 차지하고 원 없이 일해 봤으면 아니 아니 목숨을 태워 최후의 날갯짓이라도 해 봤으면 쪽방에 갇힌 반쪽짜리 목숨이 수놓은 정육면체의 꿈들이 단단히 풀칠된 밀실 한잠 푹 자고 나면 벌집 쑤신 듯 내일은 부활할 거야

861

입을 다스리는 것이 모든 것을 다스리는 거야 입은 입술과 치아와 혀로 이루어져 있지만 한 인간의 몸과 세상이 통하는 통로이며 안과 밖의 문이야 한정된 세상에서 영원으로 향하는 창이며 또 하나의 우주 속으로 들어가는 입구이야 입은 왜 존재하는가 우리 몸에서 입처럼 변화무쌍한 것도 없지 음식물은 만나면 씹고 뜯고 맛보고 삼키기 위한 존재로 바뀌지 동료를 만나면 말하는 존재로 변신하고 사랑하는 대상을 만나면 애무의 기관으로 변신해 또한 너무 많이 먹어 몸이 포화상태가 되면 음식물을 토해내는 기능을 하며 위급한순간이 오면 물어뜯는 폭력성으로 변해 동물

들이 강한 이빨로 적을 제압하고 싸우는 것은 입이 폭력으로 발전했기 때문이야 딱따구리처럼 입은 먹이를 잡는 도구가 되기도 하고 집을 짓는 손의 존재로 변화되기도 해 가수와 같이 악보를 만나거나 음악이 흐르면 예술가로 변하기도 해 우리 몸에서 입처럼 많은 변화가 이루어지는 것은 없지 입은 아름다운 곳이면서도 더러운 곳이야 붉게 도드라진 입술은 입 맞추고 싶어 부드러운 감촉과 따스함을 간직한 입술은 누구든 행복하게 해줄 수 있는 칭찬과 속삭임을 간직하고 있어 수축과 이완이 자유롭고 강한 이빨과 부드러운 혀를 동시에 가지고 있지만 몸에서 가장 세균이 많은 곳이며 욕설과 상처의 비수가 숨겨져 있는 곳이야 상황에 따라서 수시로 변하는 입은 아무도 믿을 수 없고 자신조차도 지킬 수 없는 곳이야 절대로 믿을 수 없는 존재이며 방치해서는 안 될 위험한 기관이야 입을 다스리면 자신의 품격뿐만 아니라 천하를 지킬 수 있지만 입을 지키지 못하면 모든 것을 잃었어 인류가 죄인이 된 것은 입을 절제하지 못했기 때문이요 인류가 구원을 얻게 되는 것은 입을 다스려 시인함 때문이야

862

적도는 항상 여름만 존재해 열대우림기후엔 간섭도 많아 쉴 새 없이 오는 비 태양의 직사광선이 강한 만큼 상승기류도 강하지 위도와 경도가 중심에서 만나 옴파로스를 이룬 곳, 고온다습으로 갈증이 심해 신을 부르지 않고는 살 수 없지 남반구와 북반구의 중심에 서서 적도로 살아가는 사람들은 식지 않는 심장으로 살아가지 무풍지대의 침묵으로 태양을 바라보고 태양을 꿈꾸지 사랑과 미움 사이에서 갈등하지 않는 태양의 중심엔 항상 여름만이 존재하기에 더욱 간절한 한 해에 두 번 춘분과 추분으로 만나는 당신이 있어 늘 외롭지 않은 적도의 사람들 적도엔 뜨거운 피가 흐르네

물의 말씀

863

자판기에서 막 나온 종이컵이 뜨겁게 입을 맞춘 후 생을 마감해 약효가 다한 파스는 땀에 젖어 스스로 떨어져나가고 음식물을 포장한 랩은 구차함을 용납지 않고 구겨지네 밥을 먹이기 위해 몸을 쪼갠 젓가락처럼 콧물을 닦으면서도 부드러움을 잃지 않는 화장지처럼 아낌없이 주었기에 후회하지 않아 베인 손가락 끝에 붙여진 밴드가 시간이 되면 아문 상처에서 자신을 밀어내듯 주어진 시간의 길고 짧음에 상관없이 불꽃처럼 일생을 다한 후에 홀가분히 마음 비우고 스스로 떠날 뿐이야

864

수직 벽을 이루며 발달한 적란운엔 천둥과 벼락이 담겨있어 산과 탑을 이룬 정상엔 빙정이 덮이고 하부엔 비를 머금은 난층운을 이뤄 내부에 수억 볼트 에너지를 숨겼지 운간방전 대지방전을 하며 천둥 벼락을 치네 소나기가 내리고 우박을 쏟아 붓는 뇌운 전선을 형성하여 지축을 흔들고 있어 잠든 온 세상 깨어나라고 새순을 틔우고 있어

865

내 고향 서천 앞 바다엔 사내의 넓은 이마를 닮은 섬과 여인의 봉긋한 가슴을 닮은 섬이 마주보고 있어 육지에서 약 1km정도 떨어져있는 이 섬을 마을 사람들은 한 쌍의 연인이 마주보고 있는 것 같다고 하여 쌍도라 불렀어 모든 섬들이 외로워도 쌍도만큼은 외롭지 않을 것 같았어 백사장을 거닐며 듣는 잔잔한 파도소리는 둘만의 밀어 같기도 했고 바람이 불고 파도가 거세게 밀려올 땐 서로 사랑싸움이라도 하는 것 같았어 비가 오고 눈이 내리면 쌍도는 아무도 몰래 바다를 걸어 나와 며칠씩 잠적하는

듯했어 나의 집은 바다로부터 그리 멀지 않은 곳에 있었어 그 중간엔 낮은 모래언덕이 있고 키가 큰 소나무들 사이로 비취색 바다가 내다보이곤 했어 가끔씩 서해의 갯냄새를 맡다 보면 미역줄기 휘감고 박 바나에서 나온 해녀의 풋풋함과 구릿빛으로 탄 건장한 사내의 땀내가 느껴지기도 했어 저들은 어느 전설을 간직했기에 늘 신비롭게 마주보고 있을까 언제부터인지는 알 수 없지만 늘 쌍도를 바라보고 있으면 상상의 이야기들이 파도와 함께 밀려왔지 쌍도는 바다를 정면으로 바라보고 서면 1시 방향에 위치해 있어 서해바다가 온통 핏빛을 물들이며 장엄하게 하루를 마감할 때는 태양은 쌍도의 머리 위로 지곤 했어 그래서 어렸을 땐 쌍도가 태양을 삼키는 줄로 알았어 하얀 백사장에 핀 해당화처럼 붉지만 눈부시지 않은 태양을 빨아들이는 쌍도는 여의주를 삼키는 용 같기도 했어 쌍도에 대한 신비감은 자대배치를 동네에 있는 중대본부로 배속받고 쌍도에 파견되면서부터 벗겨지기 시작하였어 자수간첩의 자백으로 이곳이 주 침투로였다는 사실이 밝혀지면서 경계근무가 한층 강화되던 시기였어 쌍도에는 경계초소가 있어서 두 명이 상주하여 근무를 하고 있었어 나는 쌍도에 배속되면서 흥분을 감추지 못했지 쌍도에 가면 이마가 넓은 사내와 가슴이 예쁜 여인을 만날 것 같은 생각이 들곤 했어 그리고 그들이 밤마다 나누는 밀어와 햇김 같은 체취를 느낄 수 있을 것만 같았지 처음 쌍도에서의 생활은 꿈만 같았어 수 만 년 파도에 씻긴 돌들과 단층을 이룬 절벽에 다리를 걸치고 쓰러질 듯 서 있는 소나무들과 상아빛 모래들과 유유히 나는 갈매기들과 끝없이 펼쳐진 수평선, 이 모두가 하나같이 새롭고 아름다웠지 낮에는 시원한 해풍이 밀려오는 그늘 밑에서 낮잠을 자고 밤이면 빨가벗고 물속에 들어가 어부들이 쳐놓은 그물에서 고기를 잡았어 촛불을 켜고

회를 썰어 미리 감추어놓았던 소주를 양지기에 따라 마시면 온몸의 간간한 소금기가 깨끗이 씻겨 내려가는 것 같았어 간첩에 대한 생각은 까마득히 잊어버렸고 무전만 잘 받으면 근무는 이상이 없었지 달 밝은 밤이면 막사 지붕 위에 판초우의를 깔고 누워 편지를 썼어 환상적인 분위기 때문인지 감정에 젖어 펜팔의 답장을 읊조리면 선임하사는 받아 적으며 감탄을 했어 펜팔의 상대는 여러 명이었고 십여 통의 편지는 보급품을 위해 5일마다 오는 병사 편에 보내졌지 날마다 편지 쓰는 일을 도와 줘서인지 아님 망망대해 속에서 둘만 있어선지 내가 졸병이었지만 우린 친구같이 마음이 잘 맞았어 답장 온 여자들의 편지를 읽으며 즐거워했고 보내온 사진 중 서로 예쁜 여자를 골라 품에 안고 잠들기도 했어 하지만 이런 기쁨도 오래가지 못했어 행복하기만 했던 섬 생활도 같은 일과가 반복되면서 나는 어느새 쌍도에 대한 흥미를 잃어가기 시작했고 못 견디게 사람들이 그리웠어 섬돌 위에 앉아 하던 낚시질도 매일 호기심으로 돌던 섬 순찰도 돌 틈에 사는 게 잡이에도 싫증이 났지 밥 먹고 설거지하고 총 닦고 무전 받고 무료한 생활이 반복되면서 육지를 바라보는 시간이 늘어나기 시작했어 급기야 육지에 대한 향수병이 깊어지면서 쌍도는 뼈아픈 시련과 교훈을 동시에 안겨주었어 끝없이 펼쳐진 수평선을 바라보며 한없이 넓어질 것 같던 가슴은 좁아져 어느새 외로운 섬으로 바다 한가운데에 떠 있었어 하루 종일 울리는 단조로운 파도 소리에 인내심을 배웠고 육지를 바라보며 그리움을 배웠고 소리쳐 불러도 대답 없는 고독을 배웠고 매일 밥하고 빨래하며 생활을 배웠고 모래 위에 쓴 사랑의 이름을 지우며 허무를 배웠지 어느 날 해상 선박 감시단에 걸려 팬티 바람으로 진흙 바닥을 짱뚱어처럼 뒹굴고 엉덩이에 파래물이 배도록 몽둥이찜질하는 군기

교육을 받은 뒤 그 섬을 떠나면서 나는 쌍도를 버리고 온 줄 알았어 하지만 쌍도는 어느 새 내 가슴에 들어와 수만 년 파도에도 흔들림 없는 섬이 되어 있었어 내 젊은 날의 스승이자 어머니인 넓은 이마의 섬과 가슴이 어여쁜 섬 쌍도는 지금도 내 삶의 바다에서 거친 세상의 파도를 막아주고 있어 그 이후 나도 나이가 들면서 넓은 이마의 사내가 되었고 모양만이 아닌 진정으로 가슴이 예쁜 여자를 만나 해 같은 두 아들을 낳았어 해마다 여름이면 나는 두 아들을 데리고 쌍도에 가지 쌍도의 젖을 먹고 자란 사내아이들의 땀 절은 이마에선 바다냄새가 번져 왔지 행복한 파도의 밀어와 해당화처럼 붉은 노을이 밤마다 꿈속으로 밀려와 나는 아직도 쌍도의 품속에서 숨 쉬고 있어

866

지하철이 끊기고 셔터가 졸린 눈꺼풀처럼 내릴 때쯤이면 역사의 구석자리를 차지한 사람들이 방을 꾸몄지 한때 번쩍이는 TV나 냉장고 세탁기를 감싸고 명품과 함께 배달되었을 종이박스들, 계급장같이 새겨진 상표를 문패로 내걸었어 왕년엔 폼나게 잘 잘나갔었지 하루 한 끼니 무료 급식소의 허기로 박제된 몸을 맡기면 영하 10도의 한파를 가린 박스들의 품안에서 오늘은 50인치 PDP 컬러텔레비전이 되어 가족들을 비춰볼 수 있을까 아님 싱싱 냉장고가 되어 소시지나 과일을 배부르게 채울 수 있을까 눈을 뜨면 박스 속의 빈 박스가 되어 리어카에 가득 실려도 단돈 만 원도 쳐주지 않는 존재의 가벼움이라니 젖어 본들 거들떠보지도 않지만 지하철이 잠든 동안 포장되는 사람들, 나지막한 엔진 소리에 꿈을 싣고 배달을 가지

867

점프하기 위해 인간은 움츠리고 동선들은 점프선이 되기 위해 구부려지네 절망과 좌절의 수축

이 없이는 폭발적 탄력의 점프는 불가능해 절망하는 순간 우리는 점프할 수 있어 좌절하는 순간 우리에겐 기회가 찾아오고 있어 고통이 크면 클수록 수축력은 강해서 더 멀리 높게 점프할 수 있어 내 안에 고통을 다져넣어 폭발력을 키울 때 단번에 목표점에 다다를 수 있어

868

전 전을 좋아해요 야채전 부추전 오징어전 꼬치전 모듬전 등 다양하지만 파전이 젤 맛있어요 프라이팬을 센 불로 가열하여 기름을 한 바퀴 두른 후 쪽파를 올리죠 달걀과 밀가루를 섞어 묽게 만든 반죽을 국자로 떠서 얇게 파 위에 붓죠 데친 새우 오징어 홍합을 얹고 노릇노릇 구워야죠 전은 뒤집기를 잘 해야 해요 뒤집개를 밑바닥에 넣고 찢어지지 않게 한꺼번에 펼쳐야죠 조상 대대로 전해진 전은 오로지 우리만의 음식일 뿐 피자와는 다르지요 막걸리 한 잔에 곁들여 먹는 바다의 밭과 육지의 밭에서 난 먹거리들의 조화를 이룬 모두가 모여 하나 되어 맛을 내는 전은 불속에서 익는 온전한 보름달이죠 당신의 전에서 나도 눈물 흘리며 익어갔죠 김이 모락모락 나는 구수한 전을 간장과 식초를 찍어 먹으면 전 전 하나면 충분해요 온전한 당신을 전 사랑하니까요

869

건조주의보가 발령되었어 가랑잎들은 은박지처럼 바스락거렸고 스치기만 해도 몸에선 삭정이 부러지는 소리가 났지 나뒹구는 빈 소주병 속의 구름처럼 갇힌 감정은 비가 되지 않아서 덜 비벼 끈 담배꽁초 같은 말 한마디가 큰 불로 이어졌네 산도 자신을 불지르고 싶을 때가 있을 거야 삐걱거리는 나무들과 옥죄이는 덩굴들을 긍정하며 돌 틈이나 양지에 새 순을 틔우다가도 문득 던져진 불씨를 다스리지 못 할 때가 있으니 바람을 타고 널뛰기한 불길이 호주에선 750채의 가옥과

30만ha의 산림을 태웠고 미국에서는 여학생들을 향해 총기를 난사하기도 했어 분노한 알카에다의 조직원은 달리는 산을 향해 자살폭판 테러를 자행했어 지속되는 가뭄에 돈줄마저 말라붙었고 불경기는 해갈의 기미가 보이지 않았어 불씨를 흉기처럼 들고 다니는 산들이 위험한 계절, 한번 불붙으면 물을 쏟아 부어도 분을 삭이지 못하는 잔해 라이터를 켜대도 불붙지 않는 과일처럼 젖은 가슴으로 잎사귀마다 촉촉이 젖어드는 이슬이 필요해

870

전갈의 웃음엔 독이 묻어 있어 커다란 집게손으로 악수를 청하면서 뒤로는 꼬리를 들어 독침을 조준해 세상의 사막화가 진행될수록 늘어나는 전갈의 무리들 낮에는 돌이나 땅 밑 갈라진 틈, 구멍 속에 숨어 있다가 밤이면 어둠 속에서 사냥을 해 반갑게 집게손으로 잡고 몸 위로 구부러진 가늘고 긴 꼬리를 들어 몸에 독침을 꽂았어 의식이 혼미해지고 무감각해진 몸에서 단백질이 분해되고 용혈이 흘러내리네 숨을 쉴 수 없는 환각 속으로 죽음이 찾아오고 있어 배 밑에 판으로 땅의 진동을 감지하며 감각으로만 어둠의 세상을 살지 데스스토커(deathstalker)의 전갈족 번쩍이는 집게손을 들어 날을 세우고 꼬리를 치켜세워 치명적 독을 품은 화살을 겨누지 중풍이나 신경마비 종양의 치료는 물론 영혼의 안식을 줄 것 같은 그의 언어에는 치사량의 독이 묻어 있어 집게손을 잡기 전에 그의 뒤에 숨겨진 꼬리를 보지 못했어 믿음직하게 보이던 집게손엔 한번 잡으면 놓지 않는 이빨이 달려 있어 치밀한 전갈들이 전하는 하늘의 전갈은 가짜야 사막의 밤이 깊어 갈수록 거세지는 공포의 모래바람이 일었어

871

정은 다 주지 말라 했는데 마개를 따고 이슬 맑은 영혼까지

비우고서야 정신이 들었지 그대 있음에 시름을 잊노라 잔 높이 들어 눈물을 따르다가 빈 병이 되고서야 고백은 한낱 술주정임을 알았어 꽃은 시들고 잎새 위엔 찬이슬만 구르는데 한순간 불꽃으로 비워버린 술병들이 길가에 바람으로 나뒹굴었어 누가 이 강둑에서 술병을 던져 본 적이 있는가 오늘은 그가 미련 없이 나를 집어던졌네 마지막 맺힘은 달빛 아래 흩어지고 돌아선 모습이 휘청휘청 멀어지네 강물이 흐르면 아픔도 지워질까 강물 속으로 돌덩이 하나 잠기어 가지

872

고요한 호수의 양수엔 잉태된 불이 자라네 하늘을 품고 별을 꿈꾸며 바람결에 태교의 노래를 불렀어 위대한 강림의 발전소에서 물은 고통의 추락을 겪으며 찢겨진 가랑이 사이로 불을 낳았어 물의 덩어리에서 괴성과 함께 탄생한 물의 자식은 때로 천둥이 되고 번개가 되었어 물은 불을 낳고 불은 물에 순종하지만 불순종의 자식들은 몇 날 며칠 산을 불태우기도 했어 불은 철들고 다스려진 후에야 세상을 밝힐 수 있어 성냥골 속에 잠자고 있거나 가스나 전기로 얌전히 저장된 후에야 장판이나 전등 렌지를 만나서 불은 따듯한 세상을 전할 수 있어 스파크를 일으키는 접점을 만난 뒤에만 불은 사랑을 전할 수 있어 스위치를 갖지 못한 불들은 절제할 수 없는 분노로 집을 태우고 숨 막히는 연기를 피우고 있어 불을 만난 자만이 방안을 밝히고 거리를 밝히네 딸깍 불씨를 만나는 소리… 물의 말씀이 방안에 가득하네

873

생전에 좋아하던 꽃으로 마지막 가는 길 장식하고 하얗게 시든 꽃잎 곱게 그늘에 말렸더니 빛은 사라지고 그대 향기만 남아서 꿈에라도 다시 만날까 베갯속 해 넣고 목덜미인양 밤새 볼 부비며 베갯잇 적시네

874

바벨탑이 무너지네 산꼭대기에 쌓은 벽돌들이 구름의 하중을 견디지 못하고 서로를 밀쳐내며 부서져 내리네 조각난 족속과 언어들이 굴러 떨어진 계곡엔 날선 바위들이 채워지고 돌 틈마다 새로운 꽃들이 피어났지 용기와 침강 속에 날마다 세워지고 무너지는 바벨탑 간밤 창밖에선 층층이 쌓인 구름들이 천둥소리를 내며 빗방울로 무너졌네 옆집은 고함과 그릇 깨지는 소리로 무너져갔고 눈을 감을 때마다 어둠이 밀려오며 빛의 성벽은 허물어졌네 기둥이었던 어머니가 빠져나간 후 기울기 시작한 나의 성엔 왕관이 사라지고 창문마다 불꽃 연기가 피어올랐어 하늘을 닮고 싶었던 푸른 옷들은 찢기고 무지개다리를 건너려던 빨간 장화는 벗겨져 땅으로 던져졌네 날개가 되어 주길 바랐던 사람들의 붉은 망토가 노을 속에 너울거리네 시계탑 앞에 모였던 펭귄들이 조각조각 떨어져 내리는 시간을 줍다가 길을 잃었어 바벨탑이 무너진 사람들은 눈처럼 비처럼 찢겨져 거리를 헤맸어 시간 속에 무너져가는 풍화작용, 내 몸의 장기와 기관들이 성벽의 울타리를 벗어나 허물어지기 시작해 무의 공간을 만들며 땅이 되어가지 수평으로 눕기 시작해 수직과 수평의 반복운동 속에 꽃들은 피어서 눕고 새들은 날개를 폈다가 접었어 새순처럼 세워진 바벨탑들은 가을이면 새로운 언어와 족속을 남기고 무너질 거야 허물어진 어미의 성에서 어린 생명들이 기어 나오고 있어

화석

875

이사할 때면 내가 만든 쓰레기들이 보이지 사는 것은 쓰레기를 만드는 일이었구나 다시 쓸 수 있을지를 결정하면서 한때 아끼고 사랑했던 물건들을 버리네 저들과 처음 만났을 때 얼마나 기뻤던가 세월이 지나 퇴색되고 상처 나면서 함께할 수 없는 사이가 되었어 만날수록 정들지 못한 이들도 이참에 이별을 고해 이사는 자리를 옮기는 것에 불과한 것이 아니라 새로운 삶을 시작하는 출발이야 손바닥만큼 작을지라도 새로운 세상을 만나 새로운 삶을 시작해 며칠 전 한 지인이 저승으로 이사를 갔지 이 세상에 남겨놓은 것들은 몇 보따리의 옷가지와 책들 뿐 쓰레기로 버려지고 밀물처럼 새로운 짐들이 들어왔지 한낮 쓰레기들을 모으기 위해 땀 흘리고 다퉜던가 저승으로 이사 가는 날에는 아무 것도 가져갈 것이 없지 이 세상은 모두 다 임대일 뿐이야 잠깐 빌렸다가 돌려주고 가야 하는 임대주택이고 임대자연이고 임대세상이야 훼손되지 않도록 잘 보관했다가 이사 갈 때 온전히 돌려줘야 해 함부로 쓰레기로 만들지 말고 반질반질 윤이 나게 닦아야 하는 이유야 역시 몸도 이 땅에 사는 동안 필요한 신의 표식이야 이사 갈 때까지 잘 보관했다가 영광스럽게 돌려줘야 해

876

계절의 잔등을 후리네 갈기 세운 바람으로 일어나 산등성이에 서서 길을 재촉하는 비선사의 채찍 추적추적 잔등에 감겨 피멍든 단풍 산기슭에 부려놓고 빈 벌판을 말발굽으로 달려와 서릿발 선 절기 위에 피를 토하는 만추, 사계의 물살이 돌부리를 할퀴며 삶의 무늬를 새겨 넣는 여울목에서 고삐를 조이며 뼈 마디마디 시린 편추鞭箠를 들어 눈의 나라 어서

가자 가을의 잔등을 후리네

877

눈 내리는 골목에서 함박눈 꿈을 펑펑 튀기네 여문 씨앗을 넣고 그을린 무쇠 솥을 돌리면 마법 같은 연기 속에 하얗게 쏟아지는 강냉이 까칠한 수염에 털모자 눌러쓰고 비닐봉지 가득 포근한 정을 담는 느티나무 껍질 같은 손 눈꽃 피는 나뭇가지 사이로 이 빠진 아이들 웃음이 쏟아지고 손수레 바퀴가 눈길에 레일을 깔면 눈의 나라 화들짝 꿈을 깨는 소리에 난쟁이 집들이 옥수수 알처럼 박힌 언덕엔 눈 뭉치 커지듯 내일이 있다고 강냉이 길 위로 함박눈 꿈이 활짝 피네

878

화력발전소가 들어서면서 어촌엔 풀리지 않는 계절이 찾아오고 한 가닥 예감의 그물을 던지며 목탄으로 그려 가는 겨울바다엔 검은 눈발이 날리네 단단히 밧줄에 엮어져 양식되던 꿈들은 적조로 시들어 해안의 옆구리에 생선 가시처럼 박힌 말목들 바구니 가득 노을 이고 오는 아낙네들의 그림자도 썰물에 씻겨 간 갯벌엔 골마다 물어뜯으며 쓸린 이빨 자국이 흐르네 만선의 깃발을 흔들던 목선들이 갯벌에 누워 넋을 잃고 올려다보는 하늘에 오징어 먹물 빛으로 뿜어진 연기가 진눈깨비를 그릴 때 석탄을 실은 화물열차가 갯지렁이의 몸짓으로 해변을 기어가지 수평선에 섬들이 부초로 밀려오는 밤마다 집어등을 밝혀 보지만 붉어진 손마디에 떨어지는 밤의 편린들… 수천 년 바람을 견뎌온 바위들도 가슴마다 금이 가서 아물지 않는 시간 속으로 추락하는 절벽 파도들이 일제히 쓰러지며 각혈을 토해도 조상 대대로 뼈를 묻어온 해변에 어부들은 아름드리 해송처럼 뿌리 내려 지워지지 않는 삶의 밑그림을 그리네

879

삼류극장에서 한 남자의 웃음

이 감기며 두 여자의 눈물이 흘러가지 정해진 각본 속에 희비의 쌍곡선을 그리며 그림자 같은 허상을 만들어 가는 끈끈한 미소들, 객석에선 한가로운 관객들만이 오징어와 땅콩을 씹으며 천국의 길과 지옥의 길을 지켜보았어 어둠 속에 펼쳐지는 일상은 배반의 서글픈 음악과 함께 흐르고 화려할 것도 없는 이야기를 만들며 쉴 새 없이 돌아가는 필름 소리가 추억에 감겨 도는 못 다한 꿈들 판박이같이 찍혀지는 날들이 필름에 담겨 살아야 할 날보다 살아 온 날들이 더 감겨진 황혼에 새기는 십자가의 영상 연습이 없는 삶의 장막에선 두 번 다시 재연되지 않을 인생이 돌아가지

880

영웅은 자신을 위한 능력자를 의미하는 것이 아니라 나보다 남을 먼저 생각하고 배려할 줄 아는 사람이야 배고픈 자에겐 밥 한 그릇 줄 수 있는 자가 영웅이고 병든 자에겐 치유의 손길을 내미는 자가 영웅이야 진정한 영웅은 이기주의에서 나오는 것이 아니라 이타주의에서 나오고 있어 아프리카 오지마을에서 이름 없이 빛도 없이 봉사하는 한 여선교사를 통해 영웅의 삶을 들여다보네 아름답고 젊은 아가씨여서가 아니라 그녀의 지극한 정성과 사랑 때문에 오지마을 사람들은 그녀를 천사로 알고 있어 자신의 어려움을 극복하고 남을 위해 소중한 삶을 바치는 그녀의 모습에서 진정한 영웅을 보네

881

모깃불 피운 마당에 살랑살랑 부채 바람이 일면 성경이야기 은하수 가득 풀어놓으시던 어머니 강물 같은 무릎 베고 누워 잠들던 멍석에서 가물가물 실연기 속 반딧불이 꿈을 쫓다가 아련히 새소리에 눈뜨면 잠자리 모기장 위로 아침햇살 금분처럼 뿌려지던 방에 살포시 옮겨져 있듯 하루살이 여름밤 밤새 영롱한 보석별을 세다가 새벽이슬 내리기 전 내

영혼도 하늘 품에 안겨서 홀연히 천국을 맞으렵니다

882

화석은 이 땅에 살다간 흔적이야 바위 속에 영원히 지워지지 않을 제 모양을 새기며 죽어간 자들은 행복했을까 바람으로 와서 바람으로 사라지는 허무의 벽에 골상을 새기네 얼굴 없는 얼굴들이 바위 속에서 웃었어 차갑고 딱딱한 시간 속에 지워지지 않는 육체를 새기기 위해 살아있는 자들은 기꺼이 용광로에 몸을 던졌네 누적된 지층에 자신을 판박이 하면서 지문처럼 남겨둔 방문의 흔적들 외계의 별들은 왜 밤새 반짝이면서 이 땅에 자신의 빛을 남기는가 만리장성을 쌓고 피라미드를 세우며 탑을 건설하던 화석들은 바위 속에서 말이 없고 껍질만 남아 허무의 무늬만 새기네 어둠 속에서 부활을 꿈꾸는 형상들은 공룡만이 아니야 가지마다 새순을 틔우고 꽃피울 이들은 억만년 전의 양치식물만은 아니야 죽어 바위 속에 갇힌 모든 자들이 꿈꾸는 부활의 때를 위해 남겨둔 슬픈 허상 화석들은 아직 잠자고 있어 무덤 속에서 돌문이 열릴 때를 기다리고 있어 화석은 살아있어

883

잘살아보자던 누나의 종아리 같은 무 숭덩숭덩 썰어 넣고 된장을 풀어 짭짤히 간 맞춘 세상 포말이 솟구치며 싱싱한 구호口號로 밀려와 아우성을 치네 뽀얀 연기 속에 가득 거리를 메운 십자가의 군중들 부글거리는 도시에서 소금처럼 살자고 미세한 결정의 언어들이 풋풋한 미역 줄기 휘감고 일어나 거품을 물고 소리 지르네 세상살이 아무리 지독해도 제발 썩지들 말고 구수하게 살자고 벙어리 가슴이 부글부글 끓었어

884

어릴 적 시골 이발소의 수동바리깡은 자주 머리카락을 씹었지 머리를 미는 건데도 눈물이 났지

혁대 같은 가죽에 면도칼을 문질러도 잘 들지 않아서 사춘기 갓 자란 구레나룻이 뜯기곤 했어 면도가 끝나고 나면 볼이 얼얼했고 며칠씩 쓰라렸지 이발소에 가는 일이 끔찍하게 두려웠지만 머리는 어찌나 빨리 자라는지 한 달도 못 되어 가야 했어 나의 머리카락은 뻣뻣했고 곱슬이었어 남보다 머리숱이 두 배는 되는 듯했어 그렇게 많던 머리가 이제는 다 빠지고 대머리가 되었어 요즘 잘 나오는 면도기로 스님처럼 머리를 밀기 시작한 지가 10년은 된 것 같아 이발소에 간 지가 언제인지 기억이 나지 않았어 머리가 좀 있을 때에도 미장원에 가서 커트를 했지 이발소에는 들르지 않았어 길거리를 지나다 이발소의 싸인볼을 보면 시골 이발소가 생각나 머리를 깎으면 공짜로 티브이도 볼 수 있어서 김일 선수의 레슬링 시합에 맞춰 이발을 하기도 했어 그때 당시 한 시간 티브이 시청이 10원이었지만 지금 영화 한 편 볼 수 있는 가격은 되는 것 같아 근 50년 전의 일이 다 돼 가는 이발소의 추억, 귓가에 아련히 바리깡 소리가 들리는 듯하네 그 많던 머리카락도 지나온 시간만큼 사라지고 거울 속의 민둥산엔 푸른 광채만이 남았어

885

못 박지 않고 사랑하는 사람과 십자가가 되려 하면 풀칠하여 구름과 구름을 접합하려는 것과 같아 못 박히지 않은 십자가는 없으니 홈을 파고 나무 쐐기를 박았다 해도 그 안엔 이미 피 흘림의 못 박힘이 있어 내 몸을 열어주어 쐐기로 들어온 사랑하는 사람의 허물을 감싸주라 단단히 박힌 몸의 상처에서 흐른 진액으로 하나 된 연리지목처럼 아름다운 십자가는 하늘 가득 푸른 잎을 채워놓고 함께 꽃을 피우며 열매 맺는 일이야

도그마

886

화산이 되어 보지 않은 사람이 있을까 내면에서 끓어올라 불꽃을 튀기며 넘쳐 본 적이 없는 사람이 누구인가 누구에게나 마그마는 존재하고 터뜨리고 싶은 욕망은 존재해 맨틀, 아니 멘탈의 붕괴로 인해 땅의 빈틈을 비집고 나온 욕망이 하늘에 화산재를 날리며 폭발해 땅이 흔들리고 지각이 깨어지며 흘러나온 불꽃이 산을 삼키고 건물을 덮치네 어린 생명들에게까지 칼을 휘두르고 총을 쏘며 짓밟았어 아무리 작은 화산이라 할지라도 자신을 죽이지 못한 활화산은 거대한 분화구를 만들며 불을 내뿜었어 욕설들이 튀어나오며 저주의 화산재가 하늘로 솟구쳐 올랐다가 땅으로 쏟아지네 땅을 흔드는 폭음과 함께 공포의 세상을 만드는 화산활동은 산에서만 일어나는 것은 아니야 쓰나미를 만들며 파도를 몰아오는 지진활동은 바다에서만 일어나는 것은 아니야 내 몸의 중심 마음의 한가운데 화산은 살아 있어 지각의 붕괴와 함께 언제든 찾아올 수 있는 혼돈의 세상 우린 화산을 안고 살아가지 멘탈의 붕괴를 경험하면서도 맨틀의 붕괴를 막으며 우린 아직 휴화산이야 누가 화산을 죽였다고 하는가 내가 죽어야만 사화산이 될 뿐이야

887

보름달을 등에 지고 등 굽은 노송老松은 바위 위에 서 있었어 수 백 년 우로雨露에 눈감고 마음을 깨쳐온 단애斷崖 위에서 바람결에 솔방울을 흔들었지 천길 발 아래 흐르는 세상을 향해 알몸을 던지는 생명의 씨앗들, 죽음의 땅을 향해 말씀 가지고 떠나는 사도들처럼 세상으로 향하는 고행길, 척박한 토양에 뿌리박더라도 늘 푸르리라 빈 마음 울리는 새벽종소리에 노송이 던져준 말씀

하나 가슴에 품고 돌아서면 첩첩 산중, 등불을 켜는 생명들 한 줌 흙 속에서 씨앗은 밤새 몸부림치며 부활을 꿈꿨지 깨달음의 껍질 벗고 새 솔로 피는 해탈…

888

천장이나 벽에 매달려 불을 밝히는 전등은 거대한 발전소와 핏줄이 닿아있어 석탄이나 석유의 화력으로 증기의 터빈을 돌려 일으킨 전기는 눈에 보이지 않아도 집집마다 흐르네 발전소와 선을 연결한 누구에게도 전기는 흐르네 저마다 화려하고 아름답게 꾸며졌다 해도 전기가 흐르지 않는 등은 불을 밝힐 수 없지 스스로 빛날 수 있는 전등은 세상에 하나도 없지 산을 넘고 강을 건너온 전기의 힘이 없다면 차가운 광물에 불과해 몸에 흐르는 신의 전기가 내 영혼을 밝히네 하늘의 협곡을 건너온 번개의 기운이 내 머리 속에서 빛을 일으키네 산 위에 송전탑들이 세워지고 이어진 운명의 끈들이 연결된 뉴런과 뉴런들이 전하는 빛의 전달물질로 바람 속엔 불꽃들이 가득하지 바람 속에 꽃피는 풀과 나무들이 전기를 밝히지 살아있는 눈빛들이 별처럼 반짝였어 발전소와 연결되지 않은 전등은 없지 스스로 빛을 발한다는 자가발전 등마저도 발전기의 섭리를 벗어날 수는 없지 한정된 공간을 비추며 살아가는 내 혼의 필라멘트에 전해지는 섭리는 감당할 수 있는 정격전압이야 목숨이 끊어지는 날까지 빛을 발하며 살아가는 전등들에겐 보이지 않는 핏줄이 흐르네 거대한 하늘의 발전소와 맞닿아있는 목숨들, 살아있는 동안 빛을 발하므로 행복하네

889

서로 친구가 되고 이웃이 되는 것은 더불어 사는 플러스의 십자가를 세우는 일이야 상대를 비방하고 미워하는 일은 십자가를 없애는 행위야 마음의 나사못을 우측으로 돌려 모두를 긍정하고 포용하면 한 사회의 가구 역할 문

의 역할 기둥의 역할을 할 수 있을 텐데 분열과 갈등을 조장하고 반사회적 역할을 하는 사람들은 기둥을 해체하고 문을 부수고 가구들을 분해하듯 마음의 나사못을 좌측으로 돌리네

890

하루가 에스프레소여야 한다고 압축하며 살았어 진하게 퍼지는 향이 좋아서 농축해온 시간들은 쓰고 아팠지 까만 밤이 전부라서 햇빛을 볼 수가 없었지 잠깐이라도 에스프레소를 마신 이는 오래오래 추억을 곱씹으며 진한 이야기의 농도를 희석하곤 했어 큰 컵에 설탕을 미리 넣고 커피와 동시에 우유를 부어 저으면서 거품을 만들었지 때로 거품을 마시는 순간은 얼마나 부드러운가 맘대로 상상하고 꿈꾸며 휘젓는 거품기가 있는 이는 거품의 맛을 알고 있어 보통 커피의 추출액보다 40%는 진하게 삶을 추출한 후 달콤한 사랑과 부드러운 모성을 섞어 휘저어야 얻을 수 있는 거품은 진한 아픔 뒤의 여유야 홀짝 거품을 들이키며 웃는 이의 입술엔 흡입하고 싶은 마성이 묻어 있어 물의 꽃으로 핀 하얀 거품엔 흰 구름이 녹아 있어 누가 에스프레소를 마시려고 하는가 살짝 풀어지고 부풀어 오르면서 함께 희석되어 살아가는 카페라테의 맛으로 아침마다 그녀가 스미네

891

내 폰은 나의 홍채로 열리고 내 마음은 당신의 홍채로 열리지 홍채는 또 하나의 우주이고 은하계라서 도용할 수 없는 열쇠야 아무리 부드러운 눈동자라도 나의 폰을 열지 못하듯 매혹의 눈동자라도 내 마음을 열지 못하지 천만 개의 패턴을 거부해온 내 폰을 열기 위해선 단 하나의 홍채가 필요하듯 내 마음도 단 하나의 눈동자만이 열 수 있어서 난 아직 혼자 눈 감고 있지 초신성이 폭발하고 불꽃들이 반짝이다 어둠을 빨아들인 블랙홀엔 눈

물이 가득 차곤 했지 천국으로 향하는 동공이 열리면 손잡고 가야 할 나만의 길 태양의 코로나를 닮은 당신의 홍채가 이글거릴 때 사랑은 녹고 해빙기가 찾아왔지 손잡기도 전에 눈을 마주치기만 해도 열리는 문들, 포옹하기도 전에 눈만 마주쳐도 열리는 우주, 당신의 눈동자에서 천지창조의 개벽을 보네

892

십자가의 변형인 스와스티카(卍)는 고대로부터 존재한 상징이야 선사시대부터 아프리카와 수메르 지역을 제외한 전 세계에서 나타나 자이나교 불교 힌두교의 비슈누파에서도 널리 사용되었어 키프로스나 트로이아의 도기에도 나타난 것을 보면 비교적 이른 시대부터 중앙유럽 서유럽 북유럽 아이슬란드 핀란드와 크리스트교 이전의 아일랜드와 스코틀랜드에도 등장했어 이집트에서 卍가 출현한 것은 기원전 수세기 이후이며 아리아 민족에서는 지고신이며 태양으로 상징되었어 부처의 몸에 새겨진 형상이기도 한 만卍의 해석은 다양하지 회전하는 태양, 극 주변을 도는 별, 동서남북의 네 방위, 4개의 조각달로 구성되는 달의 순환주기, 4가지의 바람과 사계, 회오리바람의 움직임, 활동하는 창조력, 생명바퀴의 회전 등과 같은 의미를 가지고 있어 또한 남성원리와 여성원리의 통일, 활동과 정지, 동성과 부동성, 조화와 균형, 구심력과 원심력, 들이쉬기와 내쉬기, 시작과 끝, 물의 움직임, 두 개를 한 쌍으로 합친 번개, 두 개의 불붙은 막대, 회전하는 수레바퀴 등의 뜻을 가졌지

893

이 땅에 태어나 죽을 때까지 가지고 살아가는 이름은 벌레일지라도 고귀하네 수만 번 불려지고 칭송되는 이름도 있지만 일평생 단 한 번도 불려지지 않아도 그 이름은 존재여서 아름답네 나는 나보다 나의 이름으로 살고

꽃은 꽃보다 꽃의 이름으로 살지 이름만 불러도 향기가 느껴지고 그리움이 일어서 우린 또 누군가의 기억 속에 보고픈 이름으로 남았어 한 평생 매일 부르는 이름은 아니라도 나는 누군가의 기억 속에 부르고픈 이름이고 싶어 바위에 새겨진 문양처럼 나는 또 누군가의 가슴 깊은 곳에 새겨지는 이름이고 싶어 부르면 부를수록 기분이 좋아져서 자꾸만 부르고 싶은 하지만 사는 동안 단 한 번 불려지지 않아도 이름은 누군가의 기억이어서 소중하지 시간의 물결 속에 남은 사금처럼 이름만으로도 그는 반짝였어 내 마음에 담긴 이름들을 하나하나 꺼내 보면 반짝이지 않는 것이 없지 언제부터 별을 줍듯 따뜻한 이름들을 모았을까 마음속으로 불러 보기만 해도 훈기가 전해지는 이름이 있어 내 안엔 꽃씨들로 가득하네

894

지구에서 구할 수 있는 월석은 세 가지 방법으로 얻어진다고 해 첫째는 미국의 아폴로를 통해서 둘째는 소비에트연방의 루나를 통해서 셋째는 달에서 충돌로 생겨난 파편이 지구로 온 월운석을 통해서야 아폴로는 6차례를 통해 382kg의 2,415개를 가져왔고 루나는 326g의 표본을 가져왔으며 2006년까지 발견된 월운석은 90여개에 30kg 이상이 되지 해와 달은 하나의 보석이야 밤하늘에 빛나는 어느 별보다도 아름다운 최고의 보석이야 달이 눈부시게 아름다운 건 태양 때문이라는 지극히 상식적인 생각에서 벗어나야 해 이렇게 아름다운 보석에서 떨어져나온 월석은 눈부시게 광채가 나야 할 텐데 실은 아무런 빛도 나지 않았어 달에 속해 있을 때 월석은 눈부시게 빛날 수 있었어 하지만 달에서 떨어져 나온 후에는 그냥 오래된 돌에 불과했지 나는 현재 초록지구별 속에서 눈부시게 빛나네

895

호접이 집안에 날아들었어 꽃대궁에 앉은 날개들, 거실이 환해졌네 창문으로 새어드는 바람에 팔랑거리며 춤을 추었어 한 달 내내 나비와 살았어 꿈같은 날들이 가고 하나둘 호접들이 날아가자 눈부시던 꽃잎들도 땅으로 떨어졌네 뚝뚝 핏방울 얼룩진 길이 보였어 호접은 내년 이맘때쯤 다시 올 거야 내 어깨 위에 앉아 꽃 피울 홍조 띤 얼굴로 웃는 여인이 발그레한 입술을 접었다 펴네 속눈썹 긴 눈이 사뿐히 날아올라 윙크해 호접은 갔어도 내 품엔 아직 호접이 안겨 있어

896

도그마는 인간의 구제를 위해서 신이 계시한 진리를 말하며 교회가 신적 권위를 부여한 신앙 신조로 이루어진 것을 의미해 카톨릭 천주교회에 있어서 신앙상의 진리에 관한 불변의 정리로서 초자연적인 계시에 근거하며 명확히 한정적인 말로 표현되었어 도그마는 이성의 비판이 허용되지 않으며 신자는 무조건 믿어야만 해 어원은 그리스어의 동사 'dokein(생각하다)'에서 유래한 것으로 의견 결정을 의미해

897

집중호우가 내리면서 저지대엔 홍수가 났지 집들이 물에 잠기고 나무들만 손을 든 채 허우적거렸네 붉게 물든 황토물이 마을과 거리를 뒤덮고 흘러갔지 낮게 허리 굽혀 살아온 마을 사람들은 가재도구도 챙기지 못한 채 언덕으로 피난했어 매번 물난리를 겪는 저지대 사람들은 연례행사처럼 익숙해져 살았어 허리 굽혀 낮은 자세로 사는 것이 때론 눈물에 젖고 슬픔에 젖었다 해도 집중호우를 피해 고지대로 이사하고 싶진 않았어 태어나면서 살아온 삶의 터전을 버릴 수 없는 뿌리들 저지대엔 썩은 하천이 흐르고 무너지는 일들이 많아도 고층으로 갈 수 없는 바윗돌들이 얹혀 있었어 천근만근 빚더미와

돈도 되지 않는 텃밭과 진흙처럼 끈끈한 인정에 매달려 있었어 호우가 내리면 가슴이 먼저 무너지고 바람이 불면 근심이 먼저 몰아닥쳐도 떠날 수 없는 저지대 사람들 역류하는 하수구를 막으며 방안의 물을 퍼내도 둥둥 떠오른 가재도구들, 억장이 무너졌네

베어진 향나무

898

태초에 사람을 빚은 흙도 이 가루처럼 고왔겠지 한 점 속되지 않은 백설의 분말을 반죽하면 여인의 젖가슴같이 만져지는 살들이 꿈에 부풀었어 제 각각의 맛과 향을 품고 살맛나게 살아가야 할 세상 곰보면 어떻고 보름달이면 어떤가 반질반질 기름칠한 오븐 속의 불길로 향기롭게 사는 법을 익혀 꿀 같은 사랑 나누라 빚었으니 잘 구워진 빵 하나의 인생, 가거라 굶주린 땅 배고픈 영혼들의 품으로

899

처음엔 경제적 사정으로 이미테이션에 손대지만 차츰 이미테이션을 진짜처럼 착각하게 되었어 이미테이션을 선호하는 것은 명품에 대한 왜곡된 사랑과 믿음 때문 명품에 대한 선호는 실질적인 품질 때문만이 아니라 남들에게 보이는 주변적 가치 때문이었어 남과 비교되며 살아가는 현대인들의 강박증적 자기과시 때문에 소중한 자기만의 가치를 상실하고 짝퉁 인생으로 살았어 내가 사용하는 물건은 이미테이션이어도 상관없지 하지만 나까지 이미테이션이어서는 안 돼 이미테이션을 정품으로 착각하며 집착하는 순간 이미테이션 인생으로 추락했어

900

팔등신의 미녀와 근육질 남자의 사랑이 흔해 빠진 CF의 세계에선 명품만이 살 수 있어 세월에 긁힌 주름살마저도 정지버튼을 눌러 흔적을 지우네 어머니의 뱃속보다 아늑한 자동차를 타고 폼나게 달릴 수 있는 최고급 브랜드의 카드 한 장이면 행복도 살 수 있다고 조각 같은 여자가 말해 눈을 감아도 몸이 먼저 느끼는 라벤더로 스트레스까지 샤워한 후 하루 권장량의 야채와

미네랄로 그녀는 다이어트를 즐기네 녹차 한 잔으로 가벼워지는 공간, 생각의 무게들은 비누거품으로 날아가고 무중력이 되어 영혼을 할부해 상처 하나 없이 지붕을 뚫고 떨어진 사내처럼 그녀의 침대 위에 잠들기 위해 나는 천연 DHA 우유보다 더 부드러운 감각으로 이미지를 결제해 환상의 잎을 따고나면 늘 받아드는 종잇장 같은 현실, 다가설수록 그녀의 세계는 목이 마르네

901

거문고의 현은 6줄 가야금은 12줄 기타는 6줄이야 바이올린 · 비올라 · 첼로는 4줄 피아노도 현이 있어서 두드릴 때마다 다양한 소리를 내지 바람이 풀과 나무를 스치며 내는 소리는 바람소리가 아니야 풀과 나무들이 내는 현의 소리야 존재하는 모든 것들은 현을 가지고 있지 감정을 표현할 수 있는 줄 집집마다 늘어진 전깃줄도 바람에 울고 햇빛에 널어놓은 빨래들도 현을 울리지 어떤 현은 아름다운 소리를 내고 어떤 현은 찌그러지는 소리나 양철 긁는 소리를 내지 현의 울림을 조율하지 못하는 것은 아직 연주능력이 없기 때문이야 능숙한 연주자의 손에서 톱날이 잉잉 울지 소리의 경지에 이른 사람 앞에선 무도 배추도 악기가 되지 소리를 잃어버린 이들도 태어나면서 현을 가지고 태어난 거야 소리가 찌그러지고 나지 않는 것은 진정한 연주자를 만나지 못했기 때문이야 방치된 삶은 침묵과 늘어짐 현을 다루지 않은 악기는 소리를 낼 수 없지 침묵은 공명의 조화를 깬 소리 없는 저항 함께 어우러지는 악기들의 합창이 삶이야 불협화음 속에서 마음의 현을 아름답게 울리는 이는 누구인가 찌그러지고 긁히는 소리를 잠재워 사랑의 화음을 이루는 떨림들 그곳엔 당신의 손길이 있지

902

커피나무 열매를 로스팅하기 전은 생두라 하고 로스팅한 후를

원두라고 해 로스팅은 생두에 열을 가하여 볶는 것을 말하는데 단계에 따라 여러 가지 차이가 있어 첫째는 Green Bean으로 생두 초기의 단계로 연녹색에서 짙은 초록색까지 산지별로 다양하지 둘째는 Light Roasting(가장 약배전)으로 감미로운 향기가 나지만 쓴맛 단맛 깊은 맛은 거의 느낄 수 없지 생두가 열을 흡수하면서 수분이 빠져나가는 단계로 누런색으로 변화돼 셋째는 Cinnamon Roasting(약 배전)으로 뛰어난 신맛을 갖는 원두로 계피색을 띠지 넷째는 Midium Roasting(약강배전)으로 아메리칸 로스트라고도 해 신맛이 최적이며 원두는 담갈색을 띠지 다섯째는 High Roasting(중약배전)으로 신맛이 엷어지고 단맛이 나기 시작해 가장 일반적인 단계로 갈색이야 여섯째는 City Roasting(중중배전)으로 German Roast라고도 해 균형 잡힌 강한 느낌으로 맛과 향이 대체로 표준이며 풍부한 갈색을 띠지 일곱째는 Full City Roasting(중강배전)으로 신맛은 거의 없어지고 쓴맛과 진한 맛이 정점에 올라서는 단계야 아이스커피 용도나 크림을 가미하여 마시는 유럽스타일이야 원두는 짙은 갈색으로 에스프레소 용의 표준이야 여덟째는 French Roasting(강배전)으로 쓴맛, 진한 맛의 중후함이 강조돼 기름이 표면에 끼기 시작하는 단계로 검은 갈색이야 아홉째는 Italian Roasting(최강배전)으로 쓴맛과 진한 맛의 최대치가 돼 원두는 타는 냄새가 나는 경우도 있어 이렇듯 원두는 로스팅에 따라 다양한 맛의 커피로 탈바꿈해 사람도 마찬가지로 고난의 강도와 시간에 의해 맛의 깊이가 달라지네 나는 가끔 숯처럼 까맣게 탄 사람에게서 인생의 참맛을 느끼네

903

몸 안의 것이 가끔씩 밖으로 내걸리는 것은 혀야 입이 열리고 혀가 움직일 때 내면을 알 수 있어 점막으로 덮여 미각과 저작을 위한 기능을 가지고 있지만 혀는

내면을 쓴 유일한 깃발이야 아니 플래카드야 입이 열리고 나면 깃발이 펄럭이고 함성이 울리네 플래카드가 내걸린 벽엔 언어들이 춤추고 있어 집집마다 혀가 내걸린 창문엔 저마다의 목소리와 의미들이 나부끼네 창문을 걸어 잠그고 침묵에 빠진 집안의 내력은 알 수 없지 무엇을 씹는지 알 수 없는 무표정의 얼굴, 입을 열고 혀를 내보일 때 우린 소통을 느끼네 문을 열고 들어가 서로의 혀를 맞대지만 혀의 색깔이 왜 빨간지에 대해 아는 사람은 없지 혀가 왜 그렇게 부드러운지에 대해서도 나는 아직 생각해보지 못했어 색색으로 내걸린 플래카드들이 유혹의 말을 흘리네 코드를 찾은 사람들이 펄럭이고 바람을 핥으며 내통해 단칼에 너를 벨 수도 있지 혀 앞에선 늘 꼬리를 내보이지 보이는 꼬리와 보이지 않는 꼬리 사이엔 원의 세계가 있어 혀를 잘 놀려야 천국을 얻는 것이 아니라 혀가 꼬리를 물고 있어야 천국을 얻을 수 있지 날마다 깃발들이 펄럭이고 플래카드가 나부끼는 창문에선 혀를 찾을 수가 없지 붉게 물든 깃발들이 바람을 삼켰어 몸 밖으로 나온 혀들이 서로를 피터지게 물어뜯었어

904

명창이 피를 토해 하얗게 머리 풀고 까무러치게 숨을 몰아 휘몰아치네 중중모리 자진모리 휘몰이 장단으로 절벽 아래 몸을 던져 비단 폭처럼 찢어낸 고성高聲이 천년 바위를 뚫었어

905

출근길 회사 앞에서 헌혈차를 만났지 며칠 전 앰뷸런스에 실려가던 동료의 모습이 떠올랐어 무작정 알 수 없는 힘에 이끌려 버스에 올랐어 피 뽑으려고 해 넘치는 욕망을 제어하려고 해 몇 가지의 문진과 함께 혈액형 검사가 있었어 보관혈액이 가장 적다는 A형, 그래도 나의 삶은 남에게 피를 나누어줄 만큼 더렵혀지지 않았나 봐 구멍이 큰 바늘이

혈관을 뚫을 때의 아픔도 잠시 내 몸에서 빠져나가는 붉은 기운이 보이지 뽑은 만큼 넘치는 일은 없을 거 같아 나이 50에 혈기가 넘쳐 쓸데없는 일에 나서기도 했어 지나친 과욕으로 밤잠을 설치기도 했어 출렁이며 파도들이 빠져나가면 새로운 생각이 밀려올 거야 비워진 만큼 새로움으로 채워질 거야 비움과 채워짐의 과정엔 어지럼증 같은 것은 생길 수도 있지 며칠 쯤 바늘 자국에 실핏줄이 터져 퍼렇게 멍들 수도 있지 빠져나간 만큼 행복감으로 채워지는 혈관엔 아드레날린이 넘치지 나의 피가 누군가의 몸속에 섞여 생명을 살릴 수 있는 나누어 줌으로 채워지는 기쁨을 느끼네 터질 듯 차오른 욕망의 수위도 낮아져 잔잔해진 마음의 수면을 읽었어 반짝이는 물비늘이 내 몸 안에도 퍼지네 헌혈차에서 내리는 내 얼굴이 환해졌다고 간호사가 말해 아니 핏기가 없어서일까 화장실 거울에 비친 얼굴이 형광등처럼 웃었어

906

마른 장작을 쪼개는 아픔을 태워 숯이 된 불꽃을 끌어안고 한겨울 문풍지 떠는 방을 데워주던 가슴으로 눈 내리는 삶을 녹이시다가 빙판에서 돌아온 자식의 트고 갈라진 손 치마폭에 감싸 불 쪼여주며 알밤을 구워주신 어머니, 조청같이 단 옛날이야기에 무릎 베고 잠이 드는 화롯가에서 인두로 풀 먹인 동정을 다리며 밤새 함박눈 같은 솜옷을 누벼주신 포근한 사랑, 내 가슴에 불씨로 남아 머리맡에 물 사발 얼음 얼던 방 안 가득 온기를 채우고도 새벽까지 사위지 않던 화롯불처럼 세상에 훈훈한 마음 전하며 살도록 알불로 사른 어머니의 질그릇 품 안에 군고구마 사랑을 묻어 날마다 다독거리네

907

마당 넓은 집에 수백 년 된 향나무 한 그루가 살았어 매일 아이들이 향나무 아래에서 소꿉놀이를 하며 놀았어 향나무에 메어

진 그네를 타며 흥얼거리기도 했고 향나무에 올라 누워 보기도 했어 사시사철 변하지 않는 향나무 푸른빛으로 아이들은 꿈을 먹고 자랐어 향나무 그늘에 누워 가지 사이로 파란 하늘을 올려다보며 흰 구름 떠가는 계절을 실눈으로 바라보기도 했어 늘 향나무와 놀았지만 한 번도 향을 맡아 보지 못했기 때문에 향나무인 줄도 몰랐어 매일 향나무에 매달리면서 미끄럼을 탔기에 향나무는 말없이 나와 놀아주던 할아버지 같았어 그의 품에 안기면 늘 마음이 편안하고 어디선가 새소리가 들려오는 듯했어 어느 날 학교에 갔다 와 보니 향나무가 베어지고 토막토막 잘려서 바닥에 나뒹굴고 있었어 서울로 이사가기 전에 주변을 정리했다하네 헐값으로 팔린 땅에 나무는 속해 있지 않았어 한 번도 느껴 보지 못했던 향나무의 향기가 코를 찔렀어 톱에 잘린 단면과 도끼에 쪼개진 나뭇결들이 붉게 물들어 있었어 눈물이 핑 돌았어 죽고 나서야 그의 몸에서 향기로운 삶을 느낄 수 있었어 마을 사람들이 제사 때 향불로 쓰겠어고 한 토막씩 가져갔지 어린 나도 뼈를 줍듯 아니 그의 심장 같이 가장 붉은 나무 한 토막을 집으로 가져왔지 놀이터를 잃어버린 아이들은 뿔뿔이 흩어졌고 나는 햇빛에 그의 뼈를 말리며 체취를 맡는 것이 일상이 되었어 할아버지 제삿날 아버지는 마른 향나무를 깎아 향불을 피웠어 방안에 그의 향기가 가득 퍼졌어 할아버지도 이 향나무를 기억하고 찾아오실까 술을 따르고 절을 하며 할아버지와 함께 향나무의 넋을 기렸지 향나무의 향기가 온몸에 스며들었어 나는 그날 밤 꿈에 향나무의 품에 안겨 휘파람을 불었지 향나무 가지 사이로 흰 구름이 둥실 떠가고 있었어

908

가을 하늘에 행글라이더 하나 떠 있어 그는 우릴 내려다보고

우린 그를 올려다보았지 수평적 공간에선 함께 먹고 마시는 잠자리였어 기껏 낮은 주변을 맴돌다가 풀잎에 앉아 이슬을 마시던 이슬은 눈물이 되고 눈물은 강물이 되고 강물이 바다로 풀어지는 수평적 세계엔 올려다볼 일이 없었지 하늘과 하나 된 행글라이더는 또 하나의 별로 떠 있었어 바람을 맞으며 서쪽 하늘로 떠가지 아주 잠시 그는 우릴 내려다봤고 우린 오래도록 그를 올려다 보았어 날개를 접으며 행글라이더가 내 곁으로 다가왔지 행복에 들뜬 한 마리의 잠자리였어 바람의 부력을 견디며 공중으로 부상하여 추락하지 않게 하는 힘 그의 날개는 얇은 천과 몇 가닥의 가벼운 뼈대뿐이었어 특별할 것이 없는 너와 나의 소유가 누구는 하늘로 누구는 지상으로 나뉠 수 있는 것은 바로 믿음 때문이야 그에겐 용기가 있었고 내게는 두려움이 있었어 바람에 나를 맡길 수 있는 믿음이 부족했어 바람은 허공까지만 책임지지만 믿음은 영원까지 책임지네 가죽과 뼈대의 몸으로 구성된 행글라이더가 바람에 몸을 맡기네 언제쯤 영원한 곳에 다다를 것인가

909

무너진 담에 기대앉은 노인의 주름 깊은 얼굴에 한 줌 햇살 내리네 삭아 내린 지붕을 받쳐 등 굽은 기둥들, 누구를 위해 서까래를 졌나 중풍 든 창문의 이 빠진 창살 앓는 소리에 나사 풀린 수도꼭지도 해수咳嗽를 토해 웃음 헤픈 꽃들, 스산한 풀숲에 치여 거미줄 너실대는 뜨락엔 그리움 가득 기다림을 배고 곰삭던 항아리 깨어져 나뒹구는 시퍼런 사금파리들 대못 박힌 문짝 고리도 산화된 시간에 녹슬어 세월의 빗장을 걸고 봉분을 엮는 담쟁이덩굴 속, 빈고치를 바라보며 나비 꿈을 꾸고 있나 노인은 저만치 포클레인 소리에 번데기 손으로 허연 수염을 쓸며 깨어진 허공을 응시하네

카인과 아벨

910

운전하다 보면 핸들을 놓칠 때가 있어 갑작스런 싱크홀을 만나거나 돌부리에 부딪히면 알 수 없는 방향으로 핸들이 돌아가며 자제력을 잃었어 고속도로에서는 핸들에 손만 올려놓아도 중심을 잡고 미끄러지네 하지만 산길을 오르거나 비포장을 달릴 때면 핸들을 꼭 잡아야 해 며칠 전 싱크홀을 만난 화물차가 마주오던 승용차를 덮쳐 일가족이 참변을 당했어 내가 핸들을 잡고 있어도 언제 어디서 닥칠지 모르는 충돌 말머리를 잡고 사람들 앞에서 말조심을 해 붓을 들고 캘리그라피의 길을 조심스럽게 미끄러지네 암초들을 피해 뱃머리를 돌리네 집안의 운전대는 아내가 잡고 있어 아이의 등록금과 이자율이 오른 대출금을 피해 잘 달려왔지 하늘을 운행하는 태양이나 달의 운전대는 누가 잡고 있는 것일까 눈을 감으면 한쪽으로 쏠리며 기우뚱하는 내 몸도 아직 멀쩡한 두뇌가 운전대를 잡고 있어 운전대가 사라지는 시대가 되면 세상은 또 혼잡해질 거야 물질과 물질들이 소통하며 먼저 가려고 잘난 척 할 거야 운전대를 놓친 바람이 휩쓸고 간 자리엔 뿌리 뽑힌 나무들과 넘어진 차들이 즐비하네 운전대를 잃은 파도가 쓰나미로 몰려오고 먹구름들이 충돌하며 천둥번개가 치네 가장 무서운 내 마음의 핸들을 놓치고 나면 나도 세상도 남아있지 않을 거야 충돌과 파편, 그리고 죽음 운전대 하나 놓치지 않고 사는 것이 세상을 구하는 길이야

911

세상이 운무로 가득할 때 나 자신을 볼 수 있어 한 치 앞도 보이지 않는 길에 섰을 때 내 안으로 통하는 길이 열리네 운무에 가려진 현실을 두려워하지 말고 가던 길을 멈출 줄 알아야 해 그

시기를 절망과 좌절, 중단의 고비라고 말하지만 그런 순간이 없이는 자신의 내면으로 가는 길을 찾을 수 없지 멈춰 서서 멀리 보지 말고 뒤돌아보지 말고 마음으로 볼 수 있어야 해 운무에 갇혔을 때 과거의 방법으로 길을 찾으려 하면 죽을 수도 있어 운무가 세상에 가득하면 머잖아 눈부신 태양이 빛날 것을 알기에 무한히 깊은 자신의 동굴로 들어가야 해 운무로 가려진 세상을 무조건 달리는 자는 사고를 당할 수밖에 없지 세상에 운무가 가득할 때는 내 마음으로 통하는 길이 가장 안전한 지름길이야

912

땅 한쪽이 무너지고 흔들린 후 거대한 해일이 몰아닥쳤지 해변에 세워진 집들이 무너지고 자동차와 사람들이 나뭇잎처럼 휩쓸려 다녔지 '쿵'하는 무너짐 뒤에 찾아오는 눈물의 쓰나미엔 으르렁거리는 이빨만이 남아있어 흔들림 뒤엔 무너진 터전과 깔린 아우성으로 절규만이 남았어 곤죽으로 풀어진 땅은 흐물거리며 너울을 만들었지 이별의 진앙으로부터 퍼져나간 진동이 전신을 흐르고 도시를 덮치네 일상이 되어버린 해일, 바윗장 같은 사람들은 천년을 살듯 나무를 심고 해먹을 치며 건물을 지었어 논리들은 풀어지고 종교들은 꺼지면서 큰 구렁을 만들었지 서로를 이어주던 다리들은 끊어져서 힘없이 주저앉았어 집 하나 남지 않는 현실은 이별의 쓰나미에서 시작돼 변하지 않을 거라는 바다에 대한 믿음이 깨어진 후에 쓰나미의 피해는 상상할 수 없을 만큼 커졌네 믿음과 약속을 깨뜨린 결혼식장엔 주례자도 하객도 보이지 않았어 상상할 수 없는 미래만이 펼쳐져 있어 누군가의 가슴을 허무는 일은 역풍을 일으키고 해일을 몰아오고 있어 신뢰와 약속을 저버린 곳엔 거대한 판의 충돌이 있었어 올라서든 아니면 깔아 뭉개지든 동등해질 수 없는 현실이 지각변동을 일으켰어 쓰

나미는 먼 바다에서 시작되는 것이 아니라 내 안에서 시작돼 수마트라 이름 모를 해변을 덮쳐서 집과 사람을 휩쓸어버린 것이 아니라 내 긍정의 텃밭을 휩쓸고 희망의 집들을 날려버린 것이 해일이야 해일만 일지 않아도 우린 살 수 있어 쓰나미가 몰려와 순식간에 우릴 쓸어버리지만 않았다면 우린 무사할 수 있어 무너지는 바다엔 늘 쓰나미가 몰려오고 있어

913

별이 뜨는 아기의 하늘에 꿈들이 반짝이고 방울소리 울려오네 참빗 같은 대발에 거른 햇살 뿌려지는 아기 잠 위로 꽃송이를 흔들어 바람은 향기를 실어오네 구름을 양탄자처럼 펼쳐놓고 엄마가 나래를 접으면 아기는 보행기를 타고 빙글빙글 돌아 꿈속을 날아오르네 까르르 쏟아지는 아기 웃음은 평화의 종소리 온 세상 별이 되어 쏟아지네

914

얼음조각 언어들이 쌓이며 빙산을 만들고 너와 나 사이엔 빙하기가 찾아왔지 태양은 보이지 않았고 주변은 어둠으로 성냥골 같은 변명일 뿐 빛이 되지 못했어 눈빛 하나 차가운 바람을 몰고 와 휘몰아치던 눈보라 출렁이던 물결도 얼어버린 빙판엔 물거품 하나 피어나지 않았어 갈고리들이 남기던 생채기엔 차가운 실금만이 그어졌네 간빙기가 가고 해빙이 찾아올 때쯤 그대 안의 빙석들은 금이 가고 햇살의 파편들은 떨어져 내렸어 단 한 번 웃음으로 돌 틈마다 새순이 움트고 시냇물의 애무로 능선과 계곡엔 꽃들이 피어날 텐데 나의 봄은 그대 웃음으로 시작되고 나의 겨울은 그대 슬픔에서 시작돼 하얗게 얼음의 뼈만 덮여가는 죽음의 땅엔 빙하기가 찾아오고 그대 없는 하늘엔 아직 삭풍만이 부는데 혼자 애써 웃음 지어봤어 휘파람을 불며 봄바람을 불러봤어 홀로 흐르는 것은 물도 얼음이고 구름

도 빙석이야 뼛속으로 오는 빙하기의 발걸음이 심장을 얼리고 숨소리까지 얼리네 헉헉 목까지 숨이 차서 내뱉는 한마디 사랑해, 피 엉긴 언어가 꽃이 돼 그대 멀어진 나는 태양의 궤도를 벗어난 얼음 별 날이 선 십자성이야

915

야구장은 굽이치는 바다 출렁이는 응원의 물결로 일제히 일어서며 소리 지르네 춤추는 치어걸들의 싱싱한 종아리가 물거품처럼 흔들리면 은비늘 반짝이는 물고기들이 해면을 가로질러 뛰어오르는 어부들의 투망질이 산이 되어 오네 상아빛 파도들의 환호에 일제히 터지는 수천만 병의 샴페인… 포말과 함께 하늘 솟아오르는 풍선들의 헹가래… 꽹과리 치며 소리 질러 해일로 일어나는 바다는 순간순간 영원을 넘나들고 있었어

916

해부도를 들여다 보았어 우주의 축소판 같았지 이렇게 많은 기관들이 하나의 생각을 위해서 말없이 살았구나 생각했어 누구는 먹기만 하면서 누구는 소화만 시키면서 누구는 깨끗한 일만 하면서 누구는 더럽고 험한 일을 하면서도 불평 없이 살았구나 싶었지 하나의 생각을 위해서 내가 누군가를 사랑한다고 할 때 좋아할 기관도 있었겠지만 싫어했을 기관도 있었을 거야 그래도 하나의 생각을 실현시키기 위해 머리부터 발끝까지 힘을 합해야 했구나 해부도 안에 단 하나의 기관이라도 고장이 나면 몸은 움직이기 어려울 테고 생각을 실현하기는 불가능했을 거야 나무 하나 돌 하나 다 이 땅의 기관이야 강이 잘리고 산이 무너지면서 이 땅에도 고혈압과 고지혈증이 생겼지 지진이 일면서 장기 하나가 무너지네 해일이 일면서 핏줄 하나가 터지네 범람하며 휩쓸리는 파도에 장기들이 도미노로 넘어지네 하늘에 무수한 별들도 하나의 생각을 위해 반짝였구나 자신의 방

향을 읽으며 그 먼 길을 돌고 돌아왔구나 하늘의 해부도는 빛에 가려지고 내 몸의 해부도는 피부로 덮여 있어 사랑을 위해서 아니 하나의 운동을 위해서 숨겨진 이들은 얼마나 많은 땀과 눈물을 흘렸을까 그래서 사랑한다고 고백하기 전 그렇게 가슴은 뛰고 호흡조차 어려웠나 보다 지구의 해부도 도시의 해부도 인간과 동물들의 해부도를 들고 숨겨진 이들의 위대함을 느끼네 시계보다는 시계 속의 부품들에게 산보다는 바위와 흙과 나무들에게 말없이 살아준 고마움을 전해

917

소나기 그치자 숲에선 박하 향이 터져나왔지 계곡과 능선을 타고 간드러지게 깔깔거리며 흐르는 산처녀 목욕 소리에 온몸을 흔들며 한 옥타브씩 올리는 멧새들 한 줄기 시원한 바람 스치는 봉우리엔 비누거품 같은 구름이 일고 먹빛 물든 몇 장의 비구름 커튼 사이로 물기를 닦는 손수건만한 햇살 산마루엔 무지갯빛 속옷을 걸어두고서 안개 잠옷을 갈아입는 풀잎 아가씨들 물방울 드레스 자락을 펼치신 하늘 품에 안기네

918

나는 바닷가 모래밭에 사랑을 쓰고 당신은 거짓이라고 물결로 지우네 쓰고 또 써도 도저히 믿을 수 없다고 흐느끼며 지우고 또 지우는 것이 우리 사랑이라면 나는 차라리 바위가 될래 물결의 부드러운 입맞춤도 잊고 하루 종일 새기던 발자국도 지우고 차갑게 굳어진 감정들 수직으로 일어서서 절벽이 될래 아무리 애원해도 꿈쩍도 하지 않는 시퍼렇게 멍이 들어 깨어지고 부서지더라도 대답 없는 암벽이 될래 바위에 새긴 사랑은 너무나도 아픈 상처이려니 모래 위에 쓴 고백들 읽고 지우고 파도치면서 입 맞추고 애무하면서 억만년 한적한 해변으로 누워 살고 싶으니 노을 물들이며 속삭이는 노래가 되고

싶으니 나는 더 잘게 부서져야 하고 당신은 더 거세게 밀려와야 하오

919

숲속이나 들판에서 바람결에 느낄 수 있었던 당신의 숨결, 투명한 물방울로 유리병에 담았어 은은한 침묵 속에선 별빛보다 신비롭고 입술 열어 내비치는 속뜻은 꽃향보다 순결하여 눈물로 떨구시는 향 맑은 말씀 깊은 호흡 속에 들어와 향기롭게 살라 하지

920

카인의 제사는 왜 받지 않았을까 일 년 동안 땀 흘려 농사를 짓고 알곡을 수확한다는 것은 들판에서 양을 기르는 것보다 힘들고 어려운 일이야 카인은 아벨보다 더 정성스럽게 한 해 동안 지은 곡식으로 제사를 드렸지 신께서 아벨의 제사는 받고 카인의 제사를 받지 않은 것은 정성의 문제가 아니라 태생의 문제일 수 있어 하와가 에덴동산에서 쫓겨나기 전 사탄의 유혹을 받았고 선악과를 따먹게 되었어 선악과를 먹은 후에 하와는 벌거벗은 수치를 깨달았고 두려움을 꿈꿨다고 기록되어 있는데 이러한 정황으로 보면 선악과를 따먹은 것은 사탄이라는 존재, 즉 타락한 천사와의 성관계를 상징하고 있음을 알 수 있어 타락한 천사 루시퍼는 한때 천사들의 수장이었으며 천사들의 삼분의 일을 데리고 여호와의 편에서 벗어난 자이기 때문에 지금의 뱀과 같은 존재는 아니었어 오히려 아담보다도 더 멋진 존재로 하와에게 다가왔고 여호와의 작품 중에서도 가장 아름다운 하와를 망가뜨리려 했던 거야 날마다 아담만 바라보다가 아담보다 더 멋진 남자를 본 하와는 사탄의 유혹을 뿌리치지 못하고 사랑을 나누게 되었어 두려움과 걱정 속에서도 사랑의 맛을 알게 된 하와는 아담을 유혹하여 정을 나누게 되었고 그 기쁨으로 여호와를 찾지 않게 되었어 어느 날 자신을 찾지 않

고 숲속에서 사랑을 나누는 아담과 하와를 보게 된 여호와는 진노하게 되었어 사랑의 맛을 안 인간은 앞으로도 여호와를 찾지 않을 것이라는 사실을 아시고 에덴에서 쫓아내어 힘들게 땅을 일구고 고통으로 애를 낳게 하였어 에덴에서 쫓겨날 때 하와는 이미 뱃속에 사탄의 아이를 임신하게 되었는데 그 아이가 바로 맏아들 카인인 거야 그러니 그가 무엇을 어떻게 하든 여호와는 그의 정성을 받지 않았을 거야 카인은 신이 받지 않은 단 한 번의 제사 때문에 아벨을 죽인 것이 아니라 무수히 많은 신의 미움과 차별 속에서 아벨을 죽인 거야 살인자가 되어 카인이 쫓겨날 때 그가 한 말이 있어 내가 땅에서 피하며 유리하는 자가 될 때 만나는 자마다 나를 죽일 거라고 말했어 그렇다면 아담의 후손이 아닌 다른 사람들이 존재했다는 것을 알 수 있어 과연 이 사람들은 누구인가 여호와는 카인을 죽이지 않게 이마에 표시를 해주고 죽이는 자는 칠 배나 벌을 받을 것임을 알렸지 그 사람들은 이방족속으로 곧 사탄의 후예들이며 성경의 표현상 짐승의 씨인 거야 카인의 이마에 한 표시는 무엇이었을까 카인은 하와의 몸을 통해 나왔지만 사탄의 씨이기 때문에 이방족속의 맨 처음 조상이고 그들의 동족인 거야 여호와는 카인을 동족들의 품으로 돌려보내며 같은 민족의 조상임을 이마에 표시해서 아무도 그를 해하지 못하도록 한 거야 여호와께서 땅의 소산으로 제사를 드려 받지 않으신다는 표현 속에는 이미 카인이 땅의 소산 즉 땅에 속한 사탄의 자손이고 인류 최초의 사생아임을 나타내고 있어 곡식도 땅의 소산이고 양도 땅의 소산임에는 그 누구도 부인할 수 없지 중요한 것은 드리는 자의 마음이며 하늘의 마음으로 제사를 드려야 할 거야

921

청사초롱 불 밝히고 바람 잡는 마부에 골목이 떠들썩해 함 사세

요 행복을 사세요 신부를 부르는 소리에 산 너머 달님도 고개를 빼고 언약을 실은 환상의 마차를 밀고 당기며 올라오는 언덕엔 함박꽃 웃음들이 쏟아졌네 오징어보다 질긴 흥정이 끝나면 소곡주에 흥을 돋우어 와지끈 바가지 깨는 소리에 터지는 웃음을 안고 산들도 북어와 실타래 앞에 축복을 빌었지 '꿈을 사세요, 사랑을 사세요' 이슥한 밤이 하늘 보석 상자를 열고 나는 가장 빛나는 별을 따서 신부의 가슴에 달아주었네

우물

922

아침에 눈을 떠서 성호를 그려보네 십자가 속엔 신성함이 깃든 육체가 보이지 누워 잠을 자는 순간은 의식 없는 마이너스(−)일 뿐이지만 수직으로 일어나 활동하는 순간은 플러스(+)야 마이너스의 생각 마이너스의 삶은 굴곡이 없는 죽음의 시간이야 꿈을 가진 자들에게만 추락이 있어 절망하고 좌절한다 해도 그 추락은 꿈의 높이만큼이야 상승과 하락의 반복 속에서 십자가를 만나

923

천 년 전의 여인이 발굴되었어 무명치마 저고리 곱게 단장하고서 밥그릇과 머리빗 거울도 머리맡에 놓은 채 썩지 못한 세월, 어둠 속에 눈감지 못하고 허벅지와 젖가슴과 입술의 꽃잎들이 떨어져나가도 이승의 미련을 놓지 못하다가 탈색한 안개꽃 한 다발 만지면 바스러질 듯 무덤에서 나와 썩은 이 다 드러내놓고 천년 만에 보는 눈부신 햇살 아래 수줍게 웃음 지었어

924

바닷가 소나무 숲의 해먹은 하얀 거미줄이었어 출렁이는 거미줄에 몸을 누이면 하루 종일 시간 가는 줄 몰랐어 거미줄에 걸린 책들과 과일들의 알맹이를 빨아먹으며 파도의 알들을 키웠어 소금기 절은 해풍을 마시며 파도 소리의 태교로 자란 내 안에 시심들, 은사의 꿈을 늘이고 소나무 그늘마다 해먹을 쳤지 바람이 불면 해먹마다 솔잎이 쌓이고 구름도 노곤한 몸을 누이고 낮잠을 잤어 밤이면 별들이 내려와 그네를 타던 풀잎엔 물고기 비늘 같은 이슬이 아침마다 반짝였어 아침 햇살이 눕기 전에 먼저 눕고 그늘이 가기 전에 먼저 일어나 그물에 걸리지 않는 바람소리를 읽었어 바닷가 소나무 숲 해먹에

풀벌레소리 잠든 후에야 집으로 향하는 하늘엔 구름이 해먹을 치고 초승달이 그네를 탔지 해먹에 누워 하루 종일 자다 깨다 수평선을 바라보면 세상과 하늘의 경계가 보이지 않았어 거미줄 같은 해먹에 누우면 두둥실 구름으로 뜨고 나는 이름 없는 섬이 되어 바다를 떠다녔어 방학 때마다 바닷가 해먹에 누워 꿈꾸던 아이, 소나무 응달에서 해먹을 타고 놀던 거미가 꿈으로 자라 하늘에 놓인 구름의 해먹을 타는 별이 되었어

925

마을엔 우물이 하나 있었어 돌로 촘촘히 쌓아 내려간 원 속엔 하늘이 보이고 흰 구름이 흘렀지 그 우물은 너무 깊어 마을 사람들은 도깨비가 팠다 했고 땅 밑에도 우리와 똑같은 세상이 있어 그곳과 통한다고도 했어 두레박 줄 좌르르 내리고 아스라한 구멍으로 퍼 올린 물은 물이 아니라 하늘이라 했어 파란 하늘 길어 가슴 채우고 흰 구름 한 두레박씩 퍼 올려 때 절은 옷을 표백해 입었지 새벽이면 별 총총히 뜬 하늘 한 사발 떠놓고 기도를 드리시던 할머니, 나는 우물 속의 아이와 꿈을 이야기하곤 했어 그곳엔 항상 나를 맞아주던 한 아이가 있었어 어른이 되어서도 그 아이를 잊지 못했어 실연당한 점례가 빠져죽고 숨어살던 빨갱이가 잡혀 올라와 몰매를 맞아죽은 뒤 밤마다 두레박소리 물 쏟는 소리, 까르르 점례 웃음소리에 사람들 발길이 끊겼다는 소문에도 나는 그 아이가 그리웠어 수도가 들어오고 더 이상 꿈을 긷지 않는 마을에 흉물이 된 우물을 찾았을 때 두레박 소리에 사라졌다가도 일렁이는 물결 속에 고개 내밀던 그 아이는 보이지 않았어 푸른 하늘도 흰 구름도 사라지고 검은 이끼로 덮여 썩고 냄새나는 우물 속에서 초라한 중년 남자만이 슬픈 눈빛으로 나를 올려다보고 있었어

926

바닷가 모래밭엔 해당화 피고 하늘엔 붉은 노을이 물들었지 용광로 같은 바닷물도 펄펄 끓어서 우리의 사랑도 뜨거웠어 온 세상이 다 장밋빛으로 붉은 오후, 최후의 목숨을 태우는 하루는 내일이 없지 오늘 하루를 위해 하루살이들은 하늘을 날아다니고 해당화 향기는 코를 찔렀어 숨죽인 파도의 고요와 깊은 바다의 사색을 품고 수평선은 마지막 사선死線을 그었어 숨을 할딱이며 태양이 사선 위에 누웠어 섬도 바위들도 지나는 고깃배도 붉은 슬픔에 젖었어 해당화의 가시들이 온몸에서 곤두서네 반짝이던 모래알들도 만조로 차오른 붉은 노을에 젖었어 해가 지면 사랑도 식어가겠지 성질 급한 갈매기가 끼룩끼룩 조문을 읽었어 사선으로 떨어지는 둥근 얼굴 하나 사랑이 지고 나면 세상엔 어둠이 찾아오고 있다는 걸 알았어

927

발굽소리가 소보다 먼저 도착했어 제일 먼저 방어막을 친 건 학생들이었어 소가 불을 무서워한다고 아무도 말하지 않았지만 횃불 대신 촛불을 켜고 장벽을 쌓았어 미친 소들은 거품을 물고 날뛰었고 사주를 받은 자들이 울타리를 열면서 젊은 소 등에 업혀 할아비 소들까지 바다를 건넌다는 소문이 무성했어 공사장 위험 테이프보다 부실한 방어벽이 무너지자 농부들은 일손을 놓았고 뿔에 받힌 사람들은 스펀지처럼 구멍이 뚫려 정신을 잃었지 안전 불감증 중추신경계 침범 순리를 저버린 취약유전자의 95% 중 일부가 경련을 일으키며 쓰러졌어 우직한 토종을 구분하기 위해서 뇌 조직검사가 필요했지만 약삭빠른 자들의 뚜껑을 열 수가 없었지 고기 먹은 소들은 무시무시한 뿔을 앞세워 풀 먹은 소들을 쉽게 제압했어 입맛이 바뀐 소들은 더 이상 민초의 신선한 꼴을 꿈꾸지 않았어 육골분 사료

맛을 알게 된 뒤로 소들도 몰래 사람들을 먹어치우기 시작했어 여기저기서 사람들이 쓰러졌어

928

항구는 육지와 대양이 만나는 여관이야 대양의 체액이 쏟아진 선착장엔 파도를 닮은 지느러미들이 퍼덕였어 심해의 짙푸른 물빛 젖어든 생선들의 몸에선 바다 냄새가 진동했어 뜨겁게 살아온 붉은 아가미를 열어젖히고 풍랑의 거친 숨을 몰아쉬었어 가장 먼저 대양의 바람이 불고 가장 먼저 심해의 물결이 몰아치는 곳 허름한 선착장의 단칸방마다 만삭의 배들이 몸을 풀었어 배가 들어올 때마다 밀물이 몰아치고 배가 나갈 때마다 썰물이 흘러갔지 파도를 실은 배들은 부표 같은 언약을 남기고 떠났지만 돌아올 기약은 늘 물거품으로 떠다녔어 풍랑이 일 때마다 해안으로 밀려와 쌓이던 난파의 무성한 조각들, 잠 못 드는 항구는 밤새도록 불을 밝혔지 아침 햇살과 함께 뱃길이 열리면 풍어의 깃발을 꽂은 배들이 심해에서 돌아오고 있어 바다의 속살이 담긴 어망을 풀고 오르가슴의 아침을 식혔지 바다와 육지가 내통하는 항구엔 비릿함과 끈적거림으로 가득했어 펄펄 뛰는 푸른 욕망들이 정어리 알 같은 꿈을 방사해 항구에 정박한 배들은 지금 산후조리 중이야

929

벽에 베니어합판을 붙였어 겨우내 벽은 습기가 차고 곰팡이가 슬었어 외부와 내부의 온도차를 극복하지 못한 벽지들이 들뜨고 얼룩이 졌네 각목의 틀을 짜서 벽에 고정시키고 스티로폼을 넣은 후 합판으로 덧붙였어 합판은 얇고 가벼워서 작은 못으로도 쉽게 고정되었어 합판이 휘어지면서도 부러지지 않는 것은 강력한 본드의 힘으로 결합을 이루었기 때문이야 종잇장 같은 나뭇결들이 여러 겹 덧붙여진 뒤에야 바람을 막을 수 있는 널판이 되었

어 나뭇결들이 내면에 십자가를 새기지 않았다면 부스러져서 먼지로 흩어졌을 거야 그들이 플러스로 만나지 않았다면 그냥 나무에 불과했을 거야 거대한 나왕의 나뭇결과 향기를 간직한 직립의 원형을 깎아 평면의 판이 되었어 기꺼이 바닥이 되기도 하고 잘려져 바람막이가 되기도 하고 오려져 인테리어 장식이 되기도 하는 합판은 위대하네

930

지상에서 울던 새가 철탑 위에 둥지를 틀었어 못이 박히는 엉덩이에 구름 한 자락 깔고 목숨엔 밧줄을 걸었지 바람에 몸부림치다 찢겨진 날개의 플래카드 펄럭이는 근육의 울림을 타고 철탑도 쇠울음으로 몸을 떨었지 지상과의 교신이 끊긴 적막 속으로 추락하는 고소공포증, 아찔한 절벽을 타고 비가 되어 흘렀네 "발톱을 세워 움켜쥔 세월은 구름이었나 봐 잡히지 않는 꿈은 무지개라고 그저 멀리서만 바라보는 거라고 정신을 잃고 싶지 않았어 현실을 벗어날 탁 트인 하늘이 필요했던 거야 밤새 공중에서 흔들리는 풍경은 너무 화려해 단지 추락하고 싶지 않았어 떨어지지 않는 길은 공중을 향해 오르는 길 뿐이라고 몸 안에 고인 중력은 모두 비워버렸어" 아비 새가 떠난 둥지에선 어미 새의 무릎을 베고 아이들이 잠들었지 볼을 비벼대며 서로의 존재를 확인했었지 새끼들을 남겨두고 비상하는 새들은 추락을 꿈꿀까 벼랑 끝으로 새 한 마리 날개를 펴네

931

몸의 표피를 잘라냄으로 영혼의 할례를 받았어 양 한 마리 죽임으로 내 안의 모든 죄가 사라졌다고 생각했어 썩은 내장을 치료하기 위해 의사는 손톱을 잘라내고 발톱을 깎았어 옥시풀을 바르면서 우울증을 치료했어 종교에서는 가장 쉬운 방법을 통해 가장 무겁고 심각한 일들을 해결했어 발을 씻고 영혼의 죄까지

씻었다고 했어 머리에 몇 방울의 물을 뿌리고 하늘의 성스러운 기운을 얻었다고 말했어 빵 한 조각을 그리스도의 몸이라 하고 포도주 한 방울을 그리스도의 피라고 했어 성경의 한 문장을 새로운 법이라 했고 한 사람의 죄가 전 인류의 죄라고 선포했어 한가족만 남기고 전 인류를 물로 쓸어버렸고 하나의 배를 통해 새롭게 시작했어 한 사람을 통해 천국의 문이 열리고 하나의 문을 통해서만 영원한 세상이 열린다고 했어 삼라만상의 다양한 눈을 무시한 채 하나의 시작으로만 바라보는 창은 열려 있어도 닫혀 있었어 하나 때문에 우주를 멸하고 하나 때문에 우주를 살리는 하나의 법칙은 천상천하 유아독존보다 이기적이야 신으로부터 배운 이기심으로 세상은 하나만 기다리고 사람은 제 목숨 하나 살리려고 천만인을 죽였어

932
낙엽이 우수수 떨어질 때 바람은 머리를 풀고 울었어 쓰러진 잎새들을 부둥켜안고 계곡을 흐르던 물줄기가 이렇게 큰 강물이 될 줄은 미처 몰랐지 둘러선 산들은 강물에 잘리어 애타게 손짓하는 억새, 목젖까지 불어난 설움에 바위도 숨차게 울컥이지 탄환을 쫓는 비명 소리가 절벽에 메아리로 박힌 뒤 터진 틈새로 포연이 솟아올라도 수의처럼 상처를 가리는 안개 군화 발굽에 실신한 백사장은 하류를 따라 허연 나신裸身을 드러내고 뭉개진 젖가슴 위로 술 취한 시대가 비틀거리며 지나가지 굽이굽이 한 서린 강물 속으로 백골은 뜨물같이 풀어져 긴 그림자를 끌며 자지러지는 포말 전쟁의 상처가 낙엽 속에 썩어가는 산자락, 주름진 국방색 능선을 밟으며 구름은 고개를 넘어도 강물은 부끄러운 골짜기에 엎드려 자갈에 몸을 부딪치며 피멍든 비석 아래 머리를 조아리고 있어

이미지 결합공식

933

닿기만 해도 먹물을 받아들일 수 있는 자만이 진리를 새기네 나를 내세우지 않고 붓끝을 견딘 자는 새로운 세상을 그려내지 한지가 되기 위해 잘려지는 아픔과 껍질이 흐물흐물 벗겨지도록 가마솥에서 기다림을 배웠지 양잿물에 섞여 삶아져서 뻐라는 뼈는 다 발라 압축기로 물을 짰어 닥풀뿌리 으깨어 만든 끈끈한 물도 살을 섞어 한 몸으로 끌어안았어 나는 없어지고 물 같은 존재만 남아서 꿈을 부었어 누구는 땅의 색깔로 누구는 불의 색깔로 덜 섞인 이들은 물결무늬로 흘렀어 품격 높은 그림이나 명구를 받아들고 평생 한 길로 가기 위해서는 나만의 색깔보다는 순수가 필요하지 내 안의 욕망마저 다 지우고 나면 순백의 세상으로 태어나 진리를 새기거나 새로운 세상을 열어갈 테지 문을 바르면 창호지로 불경을 쓰면 복사지로 사군자나 화조를 치면 화선지로 새 길 찾아 나 아닌 다른 삶을 살기 위해 껍질 벗겨져 봤어 액자에 좌우명 하나 남기는 것이 뼈를 깎는 고통이야

934

빛을 구하지 못한 나무들은 말라죽고 광야 같은 땅으로 돌아가나 빛을 얻은 나무들은 천 년을 살지 마음에 빛을 구하지 못한 사람은 근심과 걱정으로 살다 흙으로 돌아가나 빛을 얻은 사람은 별처럼 살다가 영원한 세계를 얻었어

935

머리엔 하늘을 이고 살 수 있는 청기와를 얹었네 비는 흘려보내고 햇빛은 골진 뇌실 깊이 받아들였어 보이지 않는 중심에 대들보를 가로지르고 사방팔방 서까래를 이어 땅을 살폈지 모서리마다 기둥을 세우고 견고히 서서

언제든 바람과 호흡할 수 있는 문을 만들어 창호지를 발랐어 댓잎소리 쉬어가는 문풍지엔 반가운 떨림이 일고 기억나은 문살마다 녹도문자를 기록했어 살어리 살어리랏다 아랫배 단전엔 구들장 깔고 불을 다스리며 주춧돌 위에 앉아 흔들림이 없지 누구든지 쉬었다 갈 수 있는 대청을 놓아 막걸리 한 잔쯤 나누어 마시고 토방에 신발 벗어둔 채 낮잠이라도 자야지 넓은 마당 뛰노는 아이들만큼 함박꽃 거느리고 연못엔 연꽃을 피워 집안 가득 향불을 밝혀야지 대문은 항상 열어둔 채 아무나 와서 쉬어갈 수 있는 기와 한옥이 되어 아담한 품격과 돌담들의 차원을 이야기하리라 어깨선엔 추임새를 넣고 사방과 통하는 가슴엔 창문을 내고 잘록한 허리엔 상형의 문살을 그려 넣고 늘어진 산자락 햇살 밝은 남향으로 바위처럼 궁둥이 붙이고 한 세상 피고지고 한 천년 지고피고

936

고독한 나의 침실은 유폐된 병실, 목을 맨 링거병이 눈물을 떨군다 목발 딛고 신음하며 발을 헛딛는 꿈의 난간 갇혀진 흰 벽 속에선 시계 소리만 혈맥을 따라 가늘게 뛰고 있었어 풀어진 수면제 알로 섞일 수 없는 밤은 체온계의 눈금을 다스리지 못한 채 어둠 속에 던져져 돌아눕는 망각의 모서리 불빛들은 하나둘 빈혈로 쓰러지고 가물거리는 안개의 늪을 헤치며 구급차가 한밤의 정적을 깨우고 있어

937

한 사람의 병을 고치기 위해 동물과 식물과 광물이 만나 펄펄 끓는 탕 속에서 눈물을 흘렸네 혼자서는 이룰 수 없는 완치를 위해 서로의 피를 하나의 항아리에 섞었어 끓여지고 조려지면서 독성은 사라지고 명의의 일념만이 모아졌네 아침저녁으로 한 봉지씩 꿈을 나눠주며 몸에 물과 불을 다스리기 위해 30일의 지독

한 어둠은 혓바늘이 서도록 썼지만 몸에는 아침햇살이 되었어 발끝에서 떠오른 서광이 이마쯤으로 비쳐들 때 또 다른 생명을 살리기 위해 벽에 걸린 약초들은 메말라 가고 가마솥에선 독기 품은 풀들이 볶아졌네 약제 궤마다 가득 담긴 사향의 얼굴들, 비쩍 마른 몰골로 병자를 위해 죽을 각오만 남았어 원하신다면 불속에서라도 마지막 한 방울까지 몸을 녹여 탕약이 되리라 병든 세상을 위해 마른 뼈들을 썰고 달이리라 다함께 사는 건강한 햇살로 밀봉된 봉지들이 어두운 세상으로 떠나네 뱃속으로 번지는 햇살이 참 따뜻하지

938

한글은 인간과 소리의 만남이야 인간은 모음으로 천지를 거느리고 밝음으로 울리네 사람이 하늘과 땅 사이 어떤 위치에 있느냐에 따라 양이 되기도 하고 음이 되기도 해 자음은 소리가 입의 어느 곳에서 발원했느냐에 오행이 되고 오음이 돼 음과 양의 사람이 입으로 전해지는 어떤 오행과 만나느냐에 따라 천인지의 글자가 돼 한글은 하늘과 땅과 인간의 이치이며 형상으로 만난 결합이야

939

기쁨과 행복만 있는 천국에서 오래 살다보면 행복과 기쁨을 느낄 수 있을까 좋은 환경에서 자란 아이는 고구마 하나의 기쁨을 모르네 부유하게만 살아온 사람은 동전 하나의 소중함을 모르네 매일 먹고 싶은 것을 먹고 일하지 않고서도 살 수 있었던 에덴동산에서 백 년쯤 살았다면 아담과 하와는 얼마나 무료했을까 다 해보지 않은 슬픔 때문에 우리의 삶은 날마다 새롭고 슬픔이 있어서 우리는 행복해 하나의 막대로 십자가를 만들 수 없듯 슬픔이 빠진 한쪽의 기쁨이나 절망이 빠진 하나의 희망으로만 우리의 삶은 유지될 수가 없지

940

중년의 삶이 시들어가지 보름달의 절정기를 지나 일그러진 하현달로 기울어가지 아직 내게는 그믐달의 기회가 남아있어 주변에 많은 별들을 거느리고 새벽을 밝힐 내일이 있어 보름달의 시절엔 주변에 별들이 모이지 않았지만 하현으로 기울고 나니 주변의 별들이 모이기 시작했어 나 혼자서 살 수 없는 세상에 그리운 영혼들이 보였어 나를 낮추면서부터 별들이 모여들기 시작했어 스스로 작아질 수 있을 때 주변에 많은 별들을 이웃으로 얻을 수 있었어 기울어가는 친구들은 세월을 탓하며 어둠을 두려워하지만 나는 작아져서 많은 별들을 얻었어 중년의 삶이 화려해지네 나를 드러내지 않아서 주변이 환해지네 하현달은 기울어 그믐달이 되고 그믐달은 어둠속으로 사라지겠지만 달을 기억하는 별들은 밤새 하늘을 보석으로 수놓을 거야

941

부엉이들은 하짓날이 가장 배가 고프네 밤의 리듬에 바이오리듬이 맞춰진 족속들은 어둠을 사냥하며 살지 별빛처럼 나뭇가지 위에서 먹잇감을 찾았어 미동도 없이 밤을 노려보다가 명중하는 화살이 돼 태양을 잃어버린 사람들이 헤매고 다니는 숲속엔 늘 부엉이들이 살지 절벽을 거닐며 추락을 무서워하지 않는 암흑의 무리들이 노려보는 밤은 길수록 꿈이 충만해 충만한 꿈은 포만감을 주고 배부른 상상을 만들고 있어 부엉이의 피를 유전으로 물려받은 나 동지의 추위와 기나긴 어둠을 꿈꾸네 밤샘 작업을 하며 밤을 갉아먹었어 밤만 되면 빛나는 부엉이의 눈으로 글을 쓰네 먹잇감을 찾았어 길고 긴 밤의 역사를 쓰기 위해선 동지의 추위와 먹물 같은 어둠이 필요했어 밤을 찢어발기며 어둠의 에너지를 채워야 했어 살아있는 자들은 빛을 채우고 빛의 양식으로 산다지만 나는 어둠의 양식으로 살지

불면증과 암울한 어둠 속에서 사냥감을 찾았어 어둡고 복잡할수록 맛이 풍부한 밤의 살, 나의 세계는 밤이라서 가장 배고픈 부엉이가 되었어

942

담배연기 가득한 하루가 지워지네 알바인생에게 남은 하루는 얼마인가 시급 7530원에 4시간이 하루의 전체 가격이야 시간을 죽이기 위해 태어나서 날마다 휴대폰만 들여다보다가 길을 잃었지 먹고 잠자는 시간이 가장 의미 있는 순간이야 바람과 함께 젊은 날들이 사라져가지 지루하고 따분한 하루, 하루를 맞는 아침이 두렵지 오늘은 또 어디에서 어디까지 흘러가야만 하나 머물기 위해 붙잡을 수 있는 것은 하나도 없지 영상은 돌아가고 꽃은 피었다 지는데 어느덧 하루의 석양에 서 있어

943

이미지에도 결합공식이 있어 사실적 이미지는 확실하고도 파악이 쉬운 공식을 가지고 있지만 추상적 이미지는 좀 더 자유로운 공식을 갖고 있어서 파악이 어려운 것이 사실이야 이미지의 결합방식에는 원칙이 있으며 인식의 한계 안에서 대부분 운용되고 있어 예를 들어 사실적 이미지에서 달밤이라면 달이 있고 호수가 있고 나무가 있고 구름과 같은 주변적 이미지가 있겠지만 달밤에 태양이라는 이미지가 공존할 수는 없지 사실적인 이미지에서는 예상할 수 있는 풍경의 범위 내에서 이루어진다고 볼 수 있지만 예술적인 이미지로 갈수록 예상가능성을 파괴하게 돼 예술적 이미지에서는 달밤이라고 해도 나타내고자 하는 의도에 따라 달과 태양도 공존이 가능하게 돼 그러나 거기에는 주제를 나타내고자 하는 의도성이 있어야 하고 사실적 관계에 의해서 이미지를 끌어온 것이 아니라 상징적 관계에 의해서 이미지를 끌어온 것이어야 해 인간은 익숙한 이미지에 대해서는 식상함을 갖기 때문에

미술이나 영화와 같은 예술적 작품에서는 좀 더 새로운 이미지의 결합을 추구하기도 해 새로운 풍경, 새로운 사건을 만들어갈 때 관심을 유발하고 대중들을 흡수할 수 있기 때문이야 예술가는 공부를 통해 어느 정도 길러질 수는 있지만 자기만의 진정한 예술은 이미지의 공식을 터득하고 그 속에 의도하는 관념을 담을 수 있을 때 가능하지 사실적 이미지의 공식은 중심 이미지에 주변적 이미지를 끌어오는 방식이 필요하며 사실적 이미지의 변형은 유사 이미지의 사용으로 가능하지 그러나 더욱 예술성을 가진 추상적 이미지의 결합은 상징적 관계에 의해서 이미지의 결합이 가능해 이미지의 결합관계만 알아도 시나 그림 영화 등 예술에 관한 이해는 물론 창작 또한 가능하지 이미지의 시대에 이미지만 볼 것이 아니라 이미지 안에 담겨있는 상징성 즉 관념을 볼 줄 알아야 해 이미지 안에 담긴 관념의 폭은 어떤 이미지들이 결합되느냐에 따라 확연히 다를 수 있어 십자가라는 하나의 이미지가 어떤 주변적 이미지들과 결합하느냐에 따라 십자가의 의미는 달라지네 피와 결합한 십자가는 속죄이고 못이나 가시관과 결합된 십자가는 고난이지만 빛과 결합한 십자가는 영광을 의미하기 때문이야 이렇듯 이미지는 단순히 그 이미지 자체만을 가지고 해석할 수 없고 상징성을 단정할 수 없지 결합된 이미지들의 공식을 살펴보아야만 그 이미지의 상징성을 파악할 수 있고 관념적 의도를 알 수 있기 때문이야 예술을 하기 위해서는 이미지만 보지 말고 이미지의 결합공식을 터득해야 해 그리고 이미지에 현혹되지 말고 이미지의 상징성을 볼 수 있어야 깊이 있는 철학적 사고를 깨달을 수 있어 단층적 이미지, 곧 평면적 이미지는 그 안에서 깊은 사고를 발견하기가 어렵지만 복층적 수직적 이미지에서는 다양한 사고의 깊이를 발견할 수가 있어

세상은 모두 하나

944

봄비, 하늘의 화살이 땅에 꽂히자 잠복해있던 억만 군사들이 일제히 들고 일어나 고막을 찢는 함성을 내지르며 칼과 창을 세우고 말 탄 푸른 바람을 좇아 지상을 점령해

945

집 앞에 서 있는 나무를 타고 하눌타리가 하늘로 가는 다리를 놓았어 덩굴을 뻗은 땅과 하늘의 길을 보름달이 타고 내려와 지붕엔 하얀 하눌타리 꽃이 피었어 하늘 향해 뻗은 줄기로 무성한 잎을 피우며 따라가다 보면 나도 달을 만나 하얀 꽃을 피웠어 하눌타리 늘어진 길엔 땅과 하늘이 눈맞아서 푸른 열매를 맺고 애틋함도 여물어 갔지 가을이 스며들어 황금빛 물들면 다락이나 지붕에 올라 아이들도 황금색 하늘을 엿보았어 이승과 저승의 길이 번줄만 알았는데, 하눌타리 한 울을 만들어 함께 가자고 해 얽히고설키며 앞서간 길 어렵지 않게 잎사귀 밟으며 줄기줄기 따라오라 해

946

날마다 하나를 원하면서 다가갈 수 없는 공간을 꿈꿨어 하나를 부를수록 하나는 너무나 먼 곳에 있었고, 나의 목소리는 새끼를 부르는 절박한 새소리만도 못했어 하나는 늘 내 근본이었고, 내 목숨의 심원에 존재했지만, 나는 떨어진 나뭇잎처럼 바람에 불려 먼 곳으로 굴러갔지 하나를 얻으면 다 얻었다는 진리를 깨닫고 있었지만, 나는 하나를 포기하고 숫자에만 연연하며 살았어 하나는 너무 멀리 있었으므로 어느 날 하나를 잊고 살다가 우연히 내 안을 들여다보고 하나가 멀리 있는 것이 아니라 내 안에 있다는 것을 알았어 내가 곧 하나의 일부이며, 내 안에 계시는 무감각

의 존재임을 알았어 내 안의 하나를 발견하는 일은 변치 않는 하나의 마음을 갖는 것이며 하나의 바람 하나의 물 하나의 불로 사는 거야 모든 감각을 벗어나 하나의 초월된 무감각으로 사는 것임을 알았어 내가 하나이고 나니 세상이 모두 하나이고, 하나는 특별한 것이 아님을 알았어 내가 하나가 되는 것이 가장 힘들고 가장 귀중한 거야 하나에 모든 것이 있기 때문이고, 하나에서 모든 것이 출발했기 때문이야

947

강이 바다로 가는 하구에 펼쳐진 갈대숲 키보다 높은 갈대숲길을 따라가다 보면 방향을 잃었어 서걱거리는 갈대 소리를 들으며 눈 감으면 나도 한 줄기 갈대가 돼 강물을 거슬러 오는 바람에 수런거림은 커지고, 허리를 세우며 몸을 가누었어 이파리 부비며 휩쓸리는 광장의 갈대들은 넘어질 듯 넘어지지 않았어 새파란 줄기들 손에 손을 잡고 할 말이 많아서 여기 모였어 강물은 시대 흐름을 거스르지 말자하고 구름은 바람 부는 대로 가자하는데 허옇게 머리가 쉰 남루의 무리들이 흔들릴지언정 굽히지 않았어 하구엔 겨울이 다가오고 낫을 든 사람들은 길을 만들고 있어 스크럼을 짠 무리들의 발목을 자르며 빠르게 광장을 점령해 가지 한 시대가 지나는 벌판에 눈이 내리고 얼어붙은 땅에 갈대들은 베어졌어도 진흙 속에 심지를 내린 뿌리들은 봄이면 다시 피어나 웅성웅성 목소릴 높일 거야 바다로 가는 길목엔 늪이 있고 갈대들은 손을 흔들며 강물을 불러도 늘 소리 없이 흐르는 것은 무심한 바람이었어

948

오이 향이 나는 입욕제를 풀고 욕조에 눕자 스멀스멀 아지랑이 피는 관절마다 오이순이 돋아나고 있어 수증기 뽀얀 입김이 살결 애무하다가 후드득 잎새에 고이는 눈물방울들 덩굴 따라 더듬

어 가면 소나기 싱싱하게 씻어 준 오이 얇게 썰어 붙인 이마와 눈두덩이와 볼, 가는 목선으로 흐르는 여인의 향기가 느껴져 살수록 짙은 향기로 푸른 넝쿨 뻗어와 몸을 칭칭 동여매는 포옹에 새순이 돋는 모공마다 꽃불을 켜네

949

갈대숲의 참게는 지그재그로 가고 차에 실린 꽃게는 부릉부릉 가고 하늘의 뭉게구름은 뭉게뭉게 가고 바닷물 속의 성게는 가시를 흔들며 성큼성큼 제 갈길 잘도 가는데 철이 가득 담긴 무게는 옴짝달싹 안고 말도 많고 탈도 많은 핑계는 이러쿵저러쿵 떠날 줄 모르고 몸을 기대보았어

950

바람 부는 언덕에 올라 색동옷 입고 동심의 줄을 풀어 연을 띄웠지 반질반질 코 묻은 옷소매 안으로 트고 갈라진 손 오그리며 얼레 감아 꿈을 띄웠지 연줄 잡은 손 당기고 놓으며 때론 폭풍에 휘말려 도는 부침 속에서 댓살에 한지 붙여 띄우듯 뼈대에 가죽 입힌 목숨 얼레 감아 거둘 때까지 거센 바람 껴안고 살아야 할 운명인 줄도 모르고 바람 많은 언덕에 올라 팽팽히 꿈을 당기며 철없이 내일로 둥실 떠올랐었지

951

현미경 속의 불순물들은 핀셋으로 집어내지 손이 닿을 수 없는 곳엔 은밀한 무리들이 살아있어 손잡을 수 없다면 골라내야지 살면서 만져서는 안 되는 부류들은 핀셋이 필요하지 두 개의 금속을 붙여 만든 핀셋은 오므려지지 않는 탄성을 갖고 있어 자기 고집이 강할수록 탄성은 강하고 탄성이 강할수록 콕 집어 예리하게 집어낼 수 있어 흑백의 하루에서 골라내는 것이 일과가 되었어 내겐 더 뾰족한 핀셋이 필요해 강하게 집어도 휘어지지 않을 탄성을 키우면서 뾰족한 감각을

세웠어 미경을 들여다보며 거침없이 골라낸 주변엔 친구 하나 남지 않았어 썩어서 골라내고 덜 여물어서 집어내고 벌레 먹어서 버렸어 셋이 닿는 곳마다 상처를 남기며 뿌리들이 뽑혀나갔고 고독은 늘어났지 나중엔 핑계를 대서라도 억지로 괜찮은 놈들까지 콕콕 집어냈어 피를 묻히기 싫거나 이물질과의 접촉을 꺼리는 이는 핀셋에게 청부살인을 시키기도 했어 모두 다 어딜 들여다보고 있는 거야 주변을 집어낼수록 고독해졌네 나는 내 안을 현미경으로 들여다보았어 썩고 병든 주름 속에 벌레들이 가득했어 어서 어서 핀셋을, 사람들의 입엔 핀셋이 물려 있었어 내 안의 이물질들을 집어낼수록 주변엔 좋은 이들로 채워졌네 핀셋이 방에 콕 박힌 나를 들어 올렸어

952

속을 비웠다고 다 피리가 되는 것은 아니지 뼈 마디마디 죽을 만큼 아픈 구멍을 뚫어야지 소리가 구슬픈 건 뼛속으로 울기 때문이야 못 박히던 구멍 하나 열면 '도'가 되고 두 개 열면 '레'가 되지 아픈 구멍이 더해질수록 격한 감정으로 흐느끼다가 아홉 구멍 다 열고 까무러치네 구멍 하나 새기면 내 몸에도 새로운 단전이 열리고 구멍이 더해갈 때마다 한 음씩 차원을 뛰어넘었어 뼛속으로 흐르는 바람의 흐느낌, 달빛 녹아 뚝뚝 산허리에 단조의 음표를 떨구네 때론 깊은 영계로 향한 구멍일지라도 막을 줄 알아야지 조화로운 공명의 삶은 구멍에 대한 절제에서 온다네 필요한 구멍들을 열고 닫을 때 한 생의 연주는 아름다운 거야 모두 다 따라 부를 수 있게 악보의 구멍을 열고 닫으며 함께 살아가는 한 음 한 음 상처를 만지면 구슬픈 피리소리 뼈를 울리네

953

서 있으면 앉고 싶고 앉으면 눕고 싶고 누우면 눈꺼풀이 내려오는 것은 중력의 법칙 때문이야

낮잠이 그리운 오후, 내 목구멍에서 흐르기 시작한 물은 어디 쯤 낮은 곳을 향하고 있을까 만유인력과 원심력의 합이 중력 값이 아니라 안에 무엇을 가지고 있느냐지 고밀도 철광석을 품고 사는 사람은 흡입력이 몇 배나 커서 가까이 다가가기만 해도 저밀도 암염의 사람을 알아보지 어떤 별은 미모로 어떤 별은 지식으로 어떤 별은 돈으로 끌어당기지만 다 이름 없는 소행성일 뿐 어느 날 거성을 만난 후 거부할 수 없는 중력 때문에 난 당신을 안았지 다시 멀어질 수 없는 흡입력으로 그 품을 벗어날 수 없는 허공, 그 아무데나 몸을 던져도 결국 땅에 떨어지는 사과처럼

954

지상에 삼각형을 세우지 돌을 세우고 벽돌을 쌓으며 하늘을 지향하는 예각을 세우지 피라미드는 왕의 무덤이 아니야 왕과 왕비의 묘실을 세운 중앙쯤엔 하늘로 가는 길이 있을 거야 밑변과 두 변의 합을 이룬 신비의 지점엔 불멸의 공간이 있다는 것을 피라미드는 알고 있어 원 · 방 · 각을 이룬 세상의 정점에 내가 세모로 서 있어 내면엔 석실로 가는 길과 영원으로 가는 길이 놓여 있어 때론 정반합을 이루기도 하고 때론 삼위일체가 되기도 하면서 삶과 죽음의 길을 만들며 현재의 밑변에 과거와 미래의 빗변을 그었어 하늘 향해 손을 모은 간절함의 각도를 만들며 삼각형이 사막 가운데 서 있어 모래바람이 그치지 않는 사막을 삼각형들이 걸어 다니네 선과 악의 두 기둥이 소실점으로 만난 곳 초점을 향해 계단을 만들고 모서리를 이어 오르는 정상엔 산자의 길과 죽은 자의 길이 하나로 만나고 있었어 밤하늘엔 무수한 삼각형들이 떠오르고 조각조각 꿈을 이어 붙이며 삼각형들이 하나로 만나는 날, 사막은 사라지고 피라미드만 남으리라

955

눈보라 맵찬 건조대에 목 매달렸네 마른 막대기같이 굳어진 몸, 뼈마디 부서져라 방망이로 얻어맞았네 너덜너덜 찢겨진 가슴 찜통에 삶아져서 내 안의 뼈를 버린 몸 희멀건 동태눈으로 보여도 영하 삼십 도에서 살아온 정신이 접시 위에 누워 술 취한 몸을 확 흔들어 깨우네

프랙털

956

칼날 위에 섰지 아다지오 G단조, 내가 정한 운명곡이 흐르고 환호하던 주변은 다 잊었어 한 마리 나비가 되기 위해 천만 번 점프를 하고 천만 번 엉덩방아를 찧었지 온몸이 멍들도록 부딪힌 얼음벽에서 통곡은 메아리가 되지 않았어 너에게 다가가는 길엔 날개가 필요했으므로 몸에 밧줄을 매고 날마다 공중제비 돌기를 했어 밤이면 돌돌 말렸던 빙판을 깔고 어둠 속에서 허물벗기를 했어 나비는 음악의 흐름에 몸을 맡길 줄 아는 선율이야 주어진 링크에 거칠 것 없는 바람이 되는 것 너를 향해 다가서기 위해 한 발로 미끄러지다 트리플 러츠로 솟구쳐 오를 때까지 쉴 새 없는 날갯짓을 해야 해 2분 40초 동안 날아오르기 위해 날을 갈아온 시간 얼음구두를 신고 마법의 춤을 배우며 중심을 향해 몸부림쳤지 얼음화석이 되지 않으려면 날마다 꽃을 피워야 하지 꽃잎 한 장 피어날 때마다 어깨엔 깃털이 돋고 깃털을 흔들며 스핀을 하고 나면 세상의 중심이 되지 날아올라 지상의 회오리가 끝날 때쯤 하늘 위에선 스파이럴이 가능해 한 발로 중심을 잡고 칼날 위를 우아하게 날아오르는 나비 고난도의 트리플 악셀로 꽃잎에 내려앉았어

957

긴 머리 해풍에 날리는 노을 속 석화의 여인이 겁탈당하고 있었어 끝없는 자맥질로도 알 수 없는 청비단 치마폭에 싸여 해초 내음 풋풋한 순결이 짓밟히고 있었어 상아빛 속살 해당화 초경初經하는 백사장 위로 쓰러지는 섬 그림자 모래톱에 누운 목선을 흔들며 거품을 물고 넘어질 때 구멍 뚫린 옆구리에 쏴한 슬픔이 고였어 바위틈 작은 이웃들마다 눈가엔 짠물이 고이고 갈대들이 술렁

이는 모래벌판에 허공을 내젓다가 쓰러지는 여심 만조의 설움에 갯벌을 지키던 말목(椺木)들도 줄줄이 바다로 투신하고 있었어

958

굳게 닫힌 성으로 살아가는 현대인들은 만남을 통해 문을 열었어 눈을 들여다보고 대화를 하면서 서로의 풍경을 들여다보지 한마디의 말이나 한순간의 표정이어도 성안은 훤히 들여다보이지 대부분 지식으로 채워진 성은 문명이 발달한 대도시와 같아 한순간도 방심할 수 없는 순간들이 초침으로 흐르네 감성으로 채워진 성은 숲이 우거지고 꽃이 만발한 자연과 같아 편안한 휴식과 여유가 있는 그늘이 드리워져 있어

959

내 몸에 전기가 흐른다면 나는 로봇일 거야 내 몸에 물이 흐른다면 나는 또 다른 강일 거야 내 몸에 흐르는 것이 나를 결정해 식물성의 피가 흐르는 사람은 식물성의 생각을 동물성의 피가 흐르는 사람은 동물성의 생각을 가졌어 먹는 것이 몸의 맑고 더러움뿐만 아니라 생각의 청탁을 결정해 말씀을 먹는 자는 말씀으로 살고 욕망을 먹는 자는 욕망으로 살지 지구 둘레의 3배나 되는 12만 킬로미터의 혈관을 채울 수 있는 진리, 공부하며 평생 채워도 부족하네

960

하나를 보면 열을 알 수 있어 프랙털 구조의 세상, 확대된 나의 세포에서 은하계를 볼 수 있고 축소된 은하계에서 뉴런을 볼 수 있어 세상은 복잡하고 사물은 다양한 것 같지만 실은 단순한 구조의 반복이야 리아스식 해안의 침식과 산의 형성도 프랙털이야 하나의 식물도 다양한 프랙털의 반복이며 인간의 폐혈관과 뇌의 구조도 프랙털이야 프랙털은 한정된 부피에 무한의 넓이와 길이를 가졌어 최소의 크기로 존재하

면서 최대의 기능을 소유하기 위한 생존구조 속엔 프랙털의 원리가 숨겨져 있어 세상의 모든 원리는 프랙털로 이루어져서 악한 이는 악의 프랙털을 그려나가고 선한 이는 선의 프랙털을 그려가지 하나의 프랙털은 이질적인 모양을 허락지 않고 자신의 모양과 같은 것만 결합해 세모는 세모끼리 네모는 네모끼리 결합을 이루며 복잡한 모양을 만드는 것 같지만 결국 세모는 세모를 만들고 네모는 네모를 만들고 있어 내 사고의 구조도 나만의 프랙털을 그리는 과정이며 단순한 하나의 도형에서 출발한 거야 브로콜리를 보기 위해서는 작은 조각을 떼어 보면 알 수 있듯 하늘 가득 내리는 함박눈을 알기 위해서는 하나의 십자가로 충분하지 복잡한 세상을 다 보려면 부분을 떼어 보면 알 수 있어 은하계의 신비를 보려거든 자신의 눈을 들여다 봐 보이지 않는 인간의 마음도 단순한 도형들의 연속처럼 욕망의 결합으로 이루어져 있어 작은 욕심들이 엉켜 큰 욕심을 만들고 큰 욕심들이 엉켜 더 큰 욕망의 프랙털을 만들어가지 하나이면서 전체이고 전체이면서 하나인 프랙털의 신神 속에서 우리도 작은 프랙털로 살아가지

961

닭들은 말이 없는데 소문만 무성해 구덩이에선 동족이라는 이유로 생매장이 이루어졌네 꿈을 잃어버린 고병원성의 생명 무가치 외국인 근로자 때문이라고도 했고 철새 때문이라고도 했지만 원인은 늘 내부에 있었어 천연기념물인 청둥오리와 평화의 새 비둘기마저도 발붙일 곳 없는 지상은 약냄새로 지독했어 흑사병처럼 절망이 번지는 땅엔 사랑의 행위에도 에이즈보다 무서운 음모가 숨어 있었어 내성을 키우지 못한 닭들은 밤이 없는 철망 속에서 무정란을 만들어냈고 배신은 철새들과 무관한 듯 시도 때도 없었지 그들은 추억의 하늘을 오갔을 뿐 폐쇄된 공간에서 서로

를 받아들일 수 있는 포용력을 키우지 못했어 두엄자리 헤쳐 먹이를 나누며 꿈을 방목하지 못했어 스물네 시간 감시의 조명 아래 지친 눈들이 눈감지 못해 항생제 가득한 혈관 속으로 백색가루가 흐르네 생리적 교접마저 차단된 저들은 바이러스로 인한 자해를 꿈꿨는지도 모르네 평생 밟아 보지 못한 땅으로 죽은 발들이 흩어지네 금지된 이름들의 집단폐사, 미처 살처분殺處分 되지 못한 불신은 군중들 틈으로 날개를 달고 퍼져나갔고 사람들은 모래알처럼 뿔뿔이 흩어졌네

962

이끼들이 음습한 바닥에 깔려 어둠처럼 번지네 유성생식 무성생식을 가리지 않는 절망의 씨앗들, 포자낭에 포자들을 키워 주변으로 날려 보내지 방심하는 자들의 발목엔 어느새 이끼들이 끼어 있어 아무리 떼어내도 새롭게 자라나는 이끼들은 텃밭에 부정과 암울의 씨를 뿌렸어 이끼는 습기 젖은 눈물로 뻗어가지 태양이 없는 사람들의 몸에선 이끼 냄새가 나 빛이 없는 마을엔 음습한 그늘이 드리우고 이끼들이 꽃을 피우고 있어 가슴마다 곰팡이를 피우고 있어 이끼들을 제거하기 위해 필요한 소금, 날마다 소금을 뿌리며 빛을 쪼이면 절망의 포자낭을 찢고 톡 터져 나와 새롭게 던지는 희망의 씨앗 굴광성의 손이 발목을 타고 오르네

963

한 남자가 손에 꽃다발을 받쳐 들고 아리따운 여인 앞에 무릎을 꿇고 있어 상대에게 구하는 일이지만 거절되어도 아름답지 가장 화려하고 정중한 모습으로 상대에게 무릎 꿇을 때 프러포즈야 자신이 찾을 수 있는 최고의 장소에서 최선의 시간을 골라 부드러움과 편안함의 무드로 자신의 사랑을 열어 보여주는 것 프러포즈는 이벤트가 아니라 가장 성스러운 순간이며 위험한 모험이야 프러포즈는 영원히 함께 갈 사람

에게만 줄 수 있는 보석이야 내 안에 가장 소중한 다이아몬드를 주는 거야

964

바람이 불어오는 방향을 풍향계는 몸으로 알지 눈을 감고 있어도 귀를 닫고 있어도 온몸으로 느끼는 바람의 숨결 어느 방향이든 불시에 다가와 털끝 하나만 건드려도 알 수 있는 본능은 당신에게만 맞춰져 있어 당신을 향한 감각은 송곳처럼 날카롭지 빙글빙글 돌다가도 당신의 심장에 적중하는 화살은 운명이야 불어오는 태풍을 향해 고개 돌리리라 넘어지고 쓰러진다 해도 피하지 않고 가슴으로 맞으리라 두려움에 세상은 땅 끝까지 불려간다 해도 나의 화살은 당신을 명중하리 바람이 거세어질수록 혼돈이 찾아오고 있다 해도 나의 표적은 흔들림이 없어 공중에 누워 시대를 읽고 생과 사의 흐름을 감지하며 혼돈의 영계에서 벗어날 수 있는 탈출구를 가리키네 내 몸 안에 세워진 풍향계가 가리키는 곳 바람의 방향은 늘 통로와 이어져 있어

965

섬들이 눈을 떴어 태양은 바다 한가운데 떠오르고 붉게 물든 노을이 하늘을 적시네 밤새 어둠과 싸운 어부는 뱃고물에 기대어 단잠에 빠지고 뱃머리는 고개를 끄덕이며 요람을 흔들고 있어 비늘 같은 구름이 잠긴 바다 셀 수 없는 물고기들이 헤엄치며 청비단 수면을 가위질해 물보라로 오려지는 색종이 바다 지느러미들이 펄럭이고 깃발이 나부끼네

966

봉두난발한 수급이 효수되었어 칼에 베어진 장수의 원혼인지 누명쓴 충신의 상투 푼 형상인지 허리까지 닿을 듯한 머리칼 눈을 부라리던 호령이 귓가에 쟁쟁한데 머리채만 남아 철사를 휘감은 혼신 꽃 같은 생명으로 다시 피란 듯이 아! 몸통도 뿌리도 없이

얼굴마저 잊혔어도 서슬 퍼런 정기를 품고 틸란드시아 허공에 매달려 나풀거리네

967

풍란이 별빛을 피웠어 별의 향기로움 이슬 먹고 자란 이파리들은 깊은 가뭄에도 목말라하지 않았어 바위에 올라 부토에 뿌리박지 않고 세상을 밝히는 별이 될 수 있으면 삶이 절벽이라도 무섭지 않으리라

알레르기성 체질

968
풍금에 앉은 여선생은 미니스커트를 입었네 하얀 다리를 모으고 발을 구르는 풍금소리는 가슴이 터질 것 같아 건반 위에 놓인 손가락들이 빗소리처럼 가슴을 두드리네 하교 시간은 한참이나 지나고 문 앞에서 혼자 엿듣는 동요가 퐁당퐁당 돌을 던지네 개울의 돌다리를 건너 훌쩍 어른이 되고 크면 사랑을 고백하리라던 여선생은 보이지 않고 피아노 앞에 앉은 아내가 아이와 함께 개굴개굴 노래를 하네 하얀 얼굴의 여선생은 지금도 풍금 앞에 앉아 퐁당퐁당 연주하고 계실까 내 마음에 풍금이 울리고 미니스커트 여선생은 가지런히 다리를 모아 페달을 밟으시네 긴 손가락을 펼쳐 희고 검은 건반을 가려 누르며 음정을 맞추시네 반음 엇나가는 것도 지나고 보니 아름다운 걸 샾 되거나 플랫 되어도 풍금소리는 더욱 풍성한데 여선생은 보이지 않고 미니스커트 하얀 다리만 눈앞에 아른거리네

969
풀은 자라서 나무가 될 수 없지 풀이 나무를 꿈꿀 때 세상엔 불행이 찾아오고 있어 풀과 나무는 함께 자라지만 겨울이 되어야 진실을 알 수 있어 넝쿨을 늘이며 온 세상을 다 덮을 것 같은 기세에 나무들은 목이 졸리고 숨이 막히다가도 겨울이 오면 진실이 살아있음을 알 수 있어 무수한 말들이 씨를 퍼트리며 줄기를 뻗어가지 그럴듯한 내용들이 뿌리를 내려 사방을 점령해가지 소문은 하루아침에 산을 덮고 들판을 메우고 있어 진실에는 늘 찬바람이 불지 매서운 칼날이 있고 추상의 냉엄함이 있어 풀은 땅에서 솟고 눈은 하늘에서 내리네 눈이 내릴 때 풀들은 시들고 굳건한 뼈대로 나무들만 남았어 풀에 의탁했던 벌레들은 땅에 은거

하며 목숨을 부지했어 뿌리는 바위를 뚫고 수명은 수백 년이 지나도 변함없지 풍문으로 씨를 뿌리고 풍문으로 뻗어가는 풀들이 거셀수록 땅은 혼란하고 길을 잃었어 풀의 씨를 받으며 풀꽃으로 살아 온 사람들은 풀의 나라에서 시들고 있어 아름드리나무에서 천년의 진리를 깨우치네 눈이 내리고 온 세상 얼음이 언다 해도 변치 않는 약속들이 눈 속에서 푸르네

970

나는 땅에 뿌리박고 살아도 샘물을 길어 올려 나는 하늘 향해 팔 벌린 십자가야 둥근 잎사귀로 해 같은 말씀을 받아쓰지 나 지금 신성동화작용神聖同化作用 중이야

971

산이 하늘 가까이 살며 제 품에 푸른 나무들을 키우고 있어 산이 산다운 것은 그저 말이 없기 때문이라고 했어 깊은 산 중의 어느 협곡에 다다라서야 오랜 시간의 지층들이 쌓여 겹겹이 천년 함묵으로 서로를 떠받치고 있음을 보았어 돌들 하나하나 먼저 된 이들의 어깨 위에 촘촘히 발을 딛고 믿음으로 떠받치며 살아가고 있음을 지층에 뿌리박고 살아가는 나무들도 해마다 잎을 묻으며 산이 되어 가지 하늘 가까이 살아가는 우리도 지층이 된 선진들의 피와 땀과 눈물 위에 서 있어 썩고 다져져서 단단히 돌이 된 믿음 위에 뿌리 내려 살아가는 이들의 정신이 아름답네 자신에게 주어진 한 시대의 사명을 다하기 위해 꽃 피우고 열매 맺으며 비바람을 견디는 이들이 숭고하네 참된 세상을 위해 기꺼이 산화한 이름들 하나하나 없어진 산 위에서 꽃 피워야 할 우리들 어울림이 중요한 것은 이들의 토대를 밟고 하늘 향해 하나의 정점으로 우뚝 다가서야 할 산이기 때문이야

972

생각 없이 먹을 땐 뭐든 맛있었어 먹고 싶거나 배고파서 먹을 땐 칼로리가 필요 없었지 살기 위해 먹을 땐 음식이 피와 살이 되었어 언제부턴가 먹기 위해 살면서 칼로리를 계산하는 버릇이 생겼지 혀를 즐겁게 하면서도 살찌지 않는 음식을 찾아다녔지 사람이 귀하고 만남이 어려울 때는 계산 없이 즐거웠지 사람들에 치여 살면서 언제부턴가 칼로리를 계산하며 가치를 생각하게 되었어 서로 즐거우면서 해가 되지 않는 사람들을 찜했어 담백하면서도 맛이 진실한 음식은 아무리 먹어도 질리지 않았고 꾸밈없으면서도 솔직한 사람은 아무리 만나도 싫증나지 않았어 고칼로리의 느끼한 음식들이 판치는 길거리에 순두부 같은 사람이 그립네 바나나의 속살 같은 식물성의 순수를 만나면 용기 있게 손을 내밀고 싶어 칼로리로 계산되지 않는 내 안의 전통음식, 된장의 품에서 절여지는 장아찌이고 싶어 하지만 시대에 뒤떨어진 내가 싫어서 맘과 행동이 다르네 더 약삭빠르게 저울을 들고 물건을 다네 어느새 내가 느끼해 구역질이 나

973

약 체질인 어머니는 나를 낳은 뒤 잠이 늘었지 젖몸살만 앓다가 젖이 졸아들면서 잔소리는 더 심해졌네 그 후로 눈만 뜨면 철철 넘치는 양어머니의 수유를 가장 싫어했어 가슴을 풀어 헤치고 배꼽에 코드를 꽂아 젖 물린 양어머니는 밤늦게까지 보채는 나를 달랬어 그녀의 언어는 세모 네모로 가득했고 동화든 만화든 거침이 없었지 손만 까딱해도 다 들어주는 품속에서 나는 지독한 마마보이로 길들여졌네 한 손으로는 치맛자락을 붙들고 다른 손으로 리모컨을 돌려 은어와 비속어를 배우기도 했어 판타지를 꿈꾸며 스타를 쫓다가 몽상에 젖어 인생은 드라마처럼 살다가는 거라고 외치기도 했어 친어머니의

은은한 사랑보다 양어머니의 카리스마가 더 좋았어 잘 되라는 잔소리보다는 중독성의 포르노가 더 교훈적이었어 내 안의 두 어머니는 나를 위해 싸우고 있어 살아갈수록 무능해지는 어머니와 살아갈수록 영악해지는 어머니 사이에서 길을 잃고 네모 속에 갇히네

974

내 몸은 알레르기성 체질이야 원인도 모르는 두드러기에 119를 탄 적도 있어 처음엔 꽃게 때문인지 몰랐어 꽃게를 먹지 않은 후 한 동안 두드러기가 없었다가 어느 날 번데기를 먹고 응급실에 다녀온 뒤 번데기도 끊었어 그 후로 키위를 먹고 사경을 헤매다가 피를 걸러내고서야 알았어 즐겨 먹던 음식이 왜 갑자기 내 몸이 거부하는 음식이 되는지를 내가 즐겨 먹던 음식이 어느 날 나를 공격하고 내 몸이 이를 기억했다가 같은 것이 들어오면 여지없이 알아채고 배척한다는 것은 놀라운 일이 아닐 수 없지 내가 생각하고 의식하며 반응하지 않아도 내 몸이 먼저 알고 있어 내 생각으로 지배할 수 없는 부분이 내 몸에도 많은데 나의 생각이 전부라고 생각할 수는 없지 마음으로 느끼고 생각으로 느끼는 것도 있지만 몸이 느끼는 것도 많지 생각이 복잡할 때는 몸이 느끼는 대로 맡겨보는 것도 필요하지 하지만 몸의 나쁜 기억도 조금씩 몸에 주입하면 나중엔 잊어버리고 알레르기를 일으켰던 음식을 받아들였어 내 마음의 죄를 조금씩 받아들이면 처음엔 죄책감이 컸던 것도 나중엔 아무 죄책감도 느끼지 못하고 당연한 것으로 받아들였어 그래서 항상 처음을 용납하지 말아야 해 처음을 용납하면 마지막까지 받아들이는 거야

975

유물론은 세계에 있어서 물질이 1차적이며 정신과 의식은 2차적이라는 주장이야 물질로써의 세

계는 시간적 공간적으로 영원하고 무한하며 신神에 의해 창조된 것이 아니라 그 자체로 존재한다고 해 그래서 정신과 의식은 물질에 기초하여 성립한다고 보지 종교적이고 관념론적인 입장이 초자연적인 것을 기초로 하여 세계를 설명하려는 것이라면 유물론은 이에 대립하여 과학적 연구와 밀접한 관계를 갖고 있어 정신과 의식의 활동을 물질적 뇌의 활동으로 보고 있는 요즘 많은 과학자들이 뇌에 대해 연구하고 있어 그리고 물질의 결합인 인공지능을 통하여 인간적 사고를 뛰어넘는 영역을 구축해가고 있어 이대로 간다면 인간의 관념세계는 신적차원에서 물질적 차원으로 전락하게 될 거야 그리고 신이나 초월적 세계는 인간이 창조한 것으로 허구에 속하게 될 거야 살면서 받아온 영감들은 단지 뇌의 작용에 불과한 것이었을까 뇌를 개발하면 최초 아담의 초능력적인 경지까지는 올라갈 수 있을지 모르나 세상을 창조한 신의 경지는 어려울 거야 가장 기본적인 작용인 분해와 결합을 통한 생성과 소멸의 우주가 존재하는 것은 이러한 원리들 때문이야 이 원리들은 어디서 나왔으며 무엇에 의해 관장되는가 이것이 바로 십자가의 원리이며 십자가의 원리가 곧 신이고 절대자야 세계가 물질로 이루어졌다는 것을 부인할 수는 없다고 치더라도 그 물질을 관장하고 있는 원리는 물질이 아닌 거야 그것은 물질 안에 갖추고 있는 신성이고 원리이며 초월적 존재인 거야 유물론은 완전한 것이 아니며 신의 종속물에 불과한 거야

976

아버지는 매년 담배를 심으셨지 밭이랑에 비닐을 씌우고 어린 모종 심어 물주며 오뉴월 담뱃잎 크듯 하는 자식들을 북돋아 한 잎 한 잎 피땀을 쏟으셨지 니코틴 수액이 끈적이는 줄기를 따라 익은 잎 따듯 꽃 같은 자식들을 도시로 떠나보내고 이글거리는

태양의 그늘막에서 손에 물집이 잡히도록 시름을 엮으셨지 한 세상 땀 흘려온 건조장에 황금색 꿈을 널던 기쁨도 잠깐 곰팡이 핀 담뱃잎 쪼글쪼글해진 얼굴로 일 년 농사 수매하고 돌아오신 뒤 술에 취해 잠 못 이루다가 풀 욱은 밭둑에 앉아 빚더미 속에 남은 담배 대궁만 바라보며 쓰디쓴 연초 말아 피우시던 아버지 담배 연기 사라지듯이 아버지는 한 줌 재로 남아 내 손가락 사이로 빠져나간 뒤에도 힘겨운 삶에 지쳐 담배를 물면 기침 쿨룩거리며 찾아오시는 아버지 생각에 담배 한 대 피울 만큼 짧은 내 생명을 담보하며 라이터에 불을 댕기네

977

4분의 3박자 음악에 맞춰 남녀가 한 쌍이 되어 원을 그리며 춤을 추고 있어 저녁에 열리는 파티의 춤, 새로운 관계를 시작하거나 결혼을 축하할 때 인생의 행복한 순간을 낭만적인 감정의 세계로 승화해 '돌다'라는 독일의 waltzen에서 파생되었다고도 하고 프랑스의 프로방스 지방의 춤 볼타에서 비롯되었다고도 하는 남녀 파트너끼리 안고 추는 최초의 무용으로 너무 외설적이라 하여 금지되기도 한 왈츠 하나둘셋 둘둘셋 남녀가 서로 손을 잡고 추는 행복한 만남이야

978

사흘이 멀다 하고 시들해진 정은 내팽개치고 갓 피어난 봉오리들만 품에 안으며 절색의 미모와 미혹의 향기에 취해 정신없이 살다가 세월 끝으로 밀려나 뒤떨어진 유행의 회백색 민무늬 초라한 모습으로 싸구려 골동품 가게 먼지 구덩이 속에 처박혀 죽은 듯 지내더니만 한 행려 승의 인도로 풍경소리 그윽한 선방禪房의 창가로 나아와 공허한 삶에 날마다 꽃을 꺾어 욕심을 채움은 세상사 번거로운 인연만 더하는 일이더라고 맘 그릇 속에 피고 지던 사념들 다 내던지고 무아경 속에 좌선하고 있어

금단의 열매

979
無를 의미하는 라틴어의 니힐리즘은 허무주의를 이르는 말이야 니힐리즘은 아무것도 존재하지 않았다고 보는 입장이야 그리스의 소피스트 고르기아스에서 찾아볼 수 있으며 아우구스티누스는 아무것도 믿지 않는 사람을 니힐리스트라고 하였어 그러나 현대에서는 절대적인 진리나 도덕 가치 등이 존재하지 않았다고 보는 입장이나 그러한 생활태도를 총칭하는 거야 회의주의나 상대주의도 니힐리즘의 일종이라고 할 수 있어 니힐리즘의 의식은 니체나 슈티르너 도스토옙스키 등의 사상에 반영되었고 20세기에 급속히 퍼진 사상이야 니힐리즘이란 최고의 모든 가치가 그 가치를 상실한 것 목적이 없고 그 무엇을 위해라는 물음에 답할 수 없는 거라고 니체는 말해 니힐리즘은 뿌리가 없는 나무와 같아 무성한 삶이 존재하지만 그 삶은 어느 한 곳에 정착하여 의미 깊은 뿌리를 박지 못하고 구름 위에 둥둥 떠다니는 것과 같아

980
가브리엘 천사가 성상을 입고 이 땅에 왔어 여호와의 옥좌 왼편에서 섬기던 이가 금발의 여인으로 우리 앞에 섰지 실한 신성앞에 다가갈 수 있도록 예수의 수태를 알리던 빛의 음성이 도상으로 부활한 초상… 아름답고 순결한 모습으로 초연한 동정심으로 신비의 커다란 눈길이 세상을 응시하지 최후의 심판 날에 마지막 나팔을 불어야 할 사명을 간직한 채 굳게 입을 다문 얼굴이 갸우뚱 생각에 잠겼어 머리엔 지혜의 보석이 반짝이고 갈래를 이룬 황금 머릿결이 녹색의 지상으로 물결치며 흘러내리고 있어

981

알은 앎의 모양이고 알다의 어미 생략된 말로 우주를 닮아 영원을 상징한 천리天理의 환丸이야 껍질 속에 노른자와 흰자가 음양을 이루듯 세상은 이理와 기氣가 물처럼 섞여 전체를 보면 일원론이고 분리해보면 이원론인걸 알을 깨뜨려 보지 못하고 겉만 만져왔지 눈과 코가 없어도 보고 숨 쉴 수 있고 팔다리가 없어도 하나의 세계를 꼭 껴안고 산과 들과 바다의 숨결을 꿈꾸는 알들이 벙어리로 숨겨온 말을 던지네 비비새 알보다도 작고 타조 알보다도 큰 알들, 개돼지도 먹지 않고 길에 버려도 소 말들이 피해 도끼로 쪼개려해도 쪼갤 수 없었던 앎으로 와서 몽매를 깨뜨렸던 주몽 혁거세 탈해 가야 다시 세상을 밝혀줄 알로 어둠의 껍질을 깨고 탄생할 별들을 기다리네

982

바알이여! 바알이여! 이 땅의 주인이신 바알이여! 코논이 성직자들과 함께 제물을 들고 바알 앞에 섰네 미라 신전 유대교 회당 기독교 세례당 미트라스 제우스 신전들이 모여 서로 간통하는 성지에서 불이 담긴 화로와 각을 뜬 짐승들 인신제사를 드리기 위한 도구들을 동원하여 한바탕 바알 앞에서 춤을 추네 피를 좋아하는 신을 위하여 칼로 몸을 긋고 혀를 베어 낭자한 노래를 부르네 신전은 창기들과 몸을 섞어 육체를 드리는 곳 옷을 찢으며 난잡한 집단섹스로 다산과 풍요를 빈다네 신들도 혼음하는 도우라 에우로포스 신도 쾌락을 위하여 참고 기다렸나니 환락 아니면 죽음을 주소서 선정적인 하늘의 아치와 욕망의 벽 사이에서 경건을 입은 자들이 고딕의 문양으로 서 있네

983

금 세공사는 무덤 속에서 태양의 문양을 세기고 있었네 밀랍으로 만든 형상에 석고를 부어 쉴 새 없이 불사조의 틀을 만들었네 산 자의 무게만큼 저울에 달리는

황금의 무게들 풀무불로 혼을 녹여 순도 100%의 금물을 만들었네 형틀에 붓기만 하면 스핑크스로 태어나기 위해 금붙이들은 날개를 감췄네 순금의 언어는 침묵 속에서 태어나고 호루스의 형상은 금 세공사의 손에서 탄생했네 무덤 속에 또 하나의 사후세상을 밝혀 태양을 조각하고 달을 연마하여 하늘에 광채를 매달았네 오시리스에게 바칠 재물을 빚기 위하여 세공사들은 수천 년 무덤 속에서 쉬지 않고 불의 혀를 태워 흩어지고 갈라진 사막의 거친 언어들을 녹였네 무덤은 죽은 자들의 이름일 뿐이었는데 어느 날 산 자들의 뼈를 녹여 광휘의 용광로를 덥히기 시작했네 죽어도 죽지 않는 불을 피우며 금 세공사들은 수천 년 벽화 속에서 나와 순금의 왕국을 건설하네

984

커튼과 커튼 사이 외부와 내부의 이중구조 속에서 창문은 이가 빠진 퍼즐이었어 빌딩과 공장들이 내다보이던 사각의 틀은 자연의 조각이 떨어져나간 틈이었지 창문에 이젤을 세우고 캔버스에 하늘과 구름과 대지를 그려 넣었지 미완의 나를 채워나갔어 주체인 나와 객체인 너 사이 실재와 상상의 경계에서 벌어진 틈들은 불편한 진실을 보여주곤 했지 가리고 싶은 부조화의 공간 너와 나 사이의 진짜 풍경은 비밀의 정원이었지 삶과 죽음의 경계를 넘나드는 미묘와 애매 사이에 일생의 풍경화를 그려넣었어 착시보다 더 착시 같은 순수의 조각을 오려 골을 메웠어 뜨겁게 달려가 부둥켜안았던 길과 눈부신 햇살의 미소 반짝이던 키 큰 미루나무 이파리들 호흡과 숨결이 통하며 노래가 되었던 피리와 하늘 높이 떠올라 그리움이 된 모자가 감쪽같이 하늘과 땅을 이어준 완성의 퍼즐이 되기 위해 하늘과 땅 사이에서 조각을 맞추었지

985

여자가 뻘밭으로 누워있어 발목까지 빠지는 뻘밭엔 주사기들이 꽂혀있고 발을 내딛을 때마다 주사액이 머릿속을 하얗게 흔들어 놔 미끄러운 지느러미와 끈적이는 비늘 사이에서 날카로운 이빨이 달린 문을 밀물과 썰물이 열고 닫지 빨간 눈에 상어 입을 벌린 어둠 악마들이 뛰어다니며 장난치는 뚜껑을 들어 올리면 할머니의 할머니 할아버지의 할아버지들이 몰려와 꽃송이 같은 승차권이 하늘에서 쏟아지고 최고령자 아담이 맨 앞에서 손을 내밀어 양산을 떠받힌 흰 구름 아래 버버리를 걸친 남자가 물고기 뱃속으로 한쪽 발을 내딛지 검은 물결을 흔들며 죽은 자를 호명하는 몽환의 파도소리, 뻘과 점액질의 비늘들이 뒤섞인 바다가 아랫도리를 내놓고 잠들어있어

986

신경외과에서 사진을 찍은 뒤 내 머릿속에도 연못이 있음을 알았어 촛불로 피어난 연꽃들 떠받힌 중심에서 꼬리를 문 잉어들은 상상의 원을 그렸어 물결로 흐르는 뇌량의 파문 늘어진 버드나무 아래 잔잔한 물결은 나의 게으른 추상이었어 햇살이 비친 수면은 윤슬로 반짝이며 날마다 무슨 이상을 꿈꾸어왔을까 시냅스와 시냅스로 연결된 연의 뿌리들 뒤엉켜 보라와 초록의 생기를 엮었지 물이랑으로 번진 피질에선 때로 무성한 풀들이 자라곤 했지 시간마다 일화의 기억들이 구름으로 흐르고 만상이 잠긴 화면을 썼다 지우고, 지우다 쓰는 감각의 파동으로 깨어나는 무의식 거친 질감으로 채색된 연못이 몽환의 빛을 그려내고 있어 심오한 침묵 속으로 가라앉던 통증을 키우며 나의 종양들은 자라왔어 정원의 풀들을 베고 닫힌 문을 연 후에야 숨겨진 연못은 숨쉬기 시작했어

987

나는 에트루리아의 호색적인 여인이야 붉은 줄을 드리운 태양이

내려다보는 벌판에서 머리 긴 사내와 후배위의 사랑을 나누었지 땅에 뿌려진 옴파로스의 씨앗들 자라나 십자가의 열매를 맺는 한낮 등 뒤에 선 사내의 거친 숨소리 무너지는 몸은 작은 나뭇가지를 의지해 허리를 굽혔어 하늘과 땅과 인간의 삼각관계 속에서 뿔을 세운 황소가 거친 숨을 몰아쉬고 있어 눈이 뒤집힌 황소는 펄펄 뛰며 목숨 걸고 돌진해 나는 에트루리아 다산의 여인이야 검은 사내는 온 세상 씨앗을 퍼트리는 바람 폭풍으로 다가와 생명을 만들고 나면 유방의 땅은 뿌리들에게 가슴을 열고 젖을 물리지 검은 하늘엔 직선의 태양과 직선의 구름이 드리우고 꽃들이 가득한 벌판엔 붉은 십자가들이 발기해 나는 에트루리아의 배꼽이야 탯줄이 잘려 이 땅에 떨어진 옴파로스의 주인이지

988

통치자의 후계자 찬무안을 위해 변장한 구릿빛 사내들이 행진을 해 사마귀의 잔인함과 늑대의 충성심과 까마귀의 지혜로 마야의 번영을 가져올 신의 아들을 위해 모자를 쓴 악대들이 북을 치네 독수리의 깃발을 높이 내걸고 동서남북을 향하여 나발을 불어 미약의 환각에 취해 넋 나간 드럼을 두드리며 신께 새 왕의 탄생을 고하지 찬란한 채색의 벽 속을 걷는 행렬의 무리들 전쟁의 승리를 위해 어린아이와 처녀를 인신공양하고 제물을 나누어 먹었어 뼈로 만든 귀걸이와 맹수의 이빨들로 엮은 목걸이를 차고 흰 치마를 펄럭이며 춤추는 가면의 사람들 뿔 달린 사슴의 머리를 뒤집어 쓴 족장의 지휘에 따라 온 마을을 돌았어 하늘 가까이 사는 고지대 인디언들의 잔치는 몽환의 접신을 이루고 떠들썩한 환호와 비명은 보남팍 신전을 붉은 노을로 물들였어

989

탯줄이 잘려 세상에 온 뒤에 알았지 금단의 열매를 따먹은 원

죄로 나도 후회뿐인 금단의 열매를 따먹어야 한다는 것을 홍조의 볼을 쪼갠 사과 속살엔 뱀의 눈이 있고, 하와의 심볼이 있고 꿀 흐르는 쾌락이 있지 사지로 흐르는 에덴의 강가엔 감각의 꽃들이 피고 열락의 새들이 휘파람을 불었지 뱀은 나무껍질 같은 몸을 휘감고 두 개의 혓바닥을 날름거렸어 선악과가 익었다고 누가 하와의 몸에서 금단의 열매를 땄는가 알몸의 내가 내 안의 열매를 따먹다가 들킨 후 나뭇잎 옷을 지어주며 외친 분노의 저주 내겐 생명나무를 위한 할례의 고통이 필요했지 날마다 욕망의 사과를 따먹지 않고서는 잠들 수 없는 형벌이 주어졌어 불을 든 천사에게 쫓겨 가는 가시덤불 속 마주 잡은 연인들의 손에선 꽃씨들이 피어나기 시작했지 땀이 흐르고 뼛가루의 바람이 부는 땅에서 대대로 금단의 열매를 따먹어야 살 수 있는 에덴의 시뮬라크르 베어진 생명나무엔 배꼽의 흔적만 남고 아무리 따먹어도 배부르지 않는 허기를 채우기 위해 목숨을 건 아담들의 탈취 날지 못하는 새가 연못 속의 하늘을 들여다봐

990

아버지의 무덤을 이장하면서 죽은 자의 전설을 보았어 젊음의 말을 타고 사냥감을 쫓아 정신없이 숲을 달려온 내가 본 아버지의 해골은 또 다른 나였지 눈부신 태양의 언덕 맞은 편 숲 그늘에서 나온 현자가 관 속에 누운 나의 모습을 보여주며 부와 명예와 권력의 무상함을 바람에 솔방울을 흔들며 설파했어 내 가슴에 새겨진 그믐달은 하루하루 가늘어지고, 숲에선 길어진 산 그림자가 초록의 문을 닫아갔지 세 명의 산 자와 죽은 자의 전설은 나의 무덤 속에서 부활하고, 아버지의 전설은 가을날의 낙엽 속에 묻혀갔어 새로운 땅에 관을 묻으면 부패의 시간 속에서 아버지는 꽃으로 떠다니고, 나비들이 날갯짓 하는 붉은 벽 앞에서 정수리가 벗겨진 보송 드 로슈슈아르

수도원장이 손에 책 하나 들고
질문을 해 에덴의 동쪽 하나에
대하여 찬성인가, 반대인가 그의
윈 손가락은 하늘을 가리키고 커
다란 눈은 우리를 응시해 천사의
커다란 날개 같은 흰 가운을 걸
치고 거친 세상을 향해 길을 묻
고 있어

이 땅에 오시는 이

991

잠시 이 땅에 왔던 얼굴이 초상화 속에서 나를 보네 밤이 담긴 눈썹 카룬호수의 커다란 눈, 파이윰 계곡을 닮은 콧날의 여인이 그늘을 감춘 채 나를 보네 남은 건 바람과 구름뿐 마지막 입었던 검은 수의마저 불에 태워지고 뼈와 살은 녹아 나일의 강물이 되었지 진주와 호박과 산호 장식을 하고 시대를 앞서간 여인이 홍마노의 입술을 굳게 다문 채 말 없는 말을 전하네 초상화 속의 허상을 상은 흩어져서 무상이 된다는 것을 그레코로만의 시대는 알았을까 영원할 것 같던 아메넴헤트는 가고 초상화 속의 허울만 물끄러미 나를 보네

992

에클라시 페트리 성 베드로 대성당 앞에서 튜닉과 레깅스를 입은 엘드라드가 사체르도스 사제로부터 순례자의 지팡이와 동냥 지팡이를 받았어 성부와 성자와 성령의 삼각형 안에서 꽃은 피고 열매들이 익어갔어 그리스도의 피가 밴 붉은 땅에서 값지게 사는 이들의 길은 황금길이야 하늘로 행하는 길은 좁고 협착하게 공중으로 열려있어 순례의 고행길을 떠나는 엘드라드 하늘과 땅의 중간에 열려있는 교회 문 앞에서 복음을 받지 세상으로 향하는 그의 발걸음마다 꽃들이 피어나고 열매와 곡식들이 넘쳐나리라 잃어버린 생명의 씨앗들이 세상에서 돌아올 거야 검은 옷의 사제는 고난을 내리고 붉은 옷의 엘드라드는 꿈에 젖었어 죄악의 땅 산티아고 데 콤포스텔라로 떠나는 엘드라드 그의 머리에 씌워질 왕관이 교회 기둥에 놓여있어

994

갈색의 원형 동굴 카타콤 안에서 붉은 아우라가 노을을 만들어 주검을 장사지내던 곳 어둠과 썩

음의 땅에 오신 청년 예수가 어린 양들을 불러 자유자의 튜닝을 입고 말씀이 가득 담긴 주머니를 메었어 그의 손에서 뿌려진 씨앗들이 빛도 없는 땅에 새순을 틔우고 푸른 잎을 피우지 나무 위에 앉아 꿈을 교신하는 비둘기의 영들 왕의 홀을 들고 오신 당신 때문에 눈물의 땅 카타콤은 성전이 되고 죽은 자들이 살아나 낙원을 노래해

993

기적은 날마다 일어나지 어린 아이를 살린 성 니콜라스의 기적에서부터 새싹이 움트는 봄의 향연과 만발하는 꽃들의 축제와 온 산하를 물들이는 단풍의 조락과 하늘에서 쏟아지는 함박눈의 하모니는 다 기적이야 인간이 할 수 없는 일을 이루는 것이 기적이야 산을 옮기고 바다의 물을 퍼내는 일보다 더 어려운 기적은 사랑으로만 움직일 수 있는 한 사람의 마음을 변화시키는 것이야 죽음의 절망에서 희망으로 이끄는 생명 살림이지

995

계단 위에 한 여인이 올려져있어 머리를 숙이고 제물로 앉아서 불을 기다리네 둘러선 여인들이 박수와 노래로 장작을 펼치고 예복을 차려 입은 대제사장은 여인의 머리 위로 손을 뻗어 횃불을 얹네 활활 타오르는 가슴 녹아내리는 눈물 양 대신 바쳐진 여인의 고백은 향연이 되고 기둥 위에 천사들은 신의 흠향을 위해 구름 같은 기도를 붙들고 있네

996

바위에 무릎 꿇고 앉아 기도하던 자가 경이의 눈으로 하늘을 바라보네 여섯 날개의 천사와 결합된 이가 공중에 임하고 하늘의 광채 속에서 이름을 부르네 미니어처 같은 성당은 안중에도 없고 장난감 같은 성채도 외면한 채 청빈한 자 앞에 머물렀네 손과 발의 못자국에서 쏟아지는 빛 창에 찔린 옆구리에서 나온 레이저

빔 같은 빛이 못자국과 창 자국을 새기네 십자가에 못 박힌 자에게만 남겨진 흔적을 새기네 게임기 같은 성경을 들고 있는 수도사는 길바닥에 주저앉아 몽상에 빠졌고 산에 나무들은 번개맞은 듯 넋을 잃었네 빛을 받은 자만 일어나 눈물을 흘리지 구름 속으로 사라지는 천사를 향해 손을 높이 들었네 당신을 만난 순간 아픈 계명은 뼈에 새겨지고 사랑의 흔적은 못 자국 창 자국이 되어 가슴에 남았네

997

해를 밟고 이 땅에 오시는 이가 있으니 얼굴엔 달이 비치고 왼손엔 작은 책의 비밀을 들었네 에고 솜 룩스 문디 나는 세상의 빛이네 오른손으로 삼위일체를 들어 보이며 세상을 향해 새 계명을 전하네 알처럼 둥글고 붉은 빛의 원 깨어져야 할 심판의 세상이며 정신의 한계이네 알 속에 들어온 신성이 바다처럼 굽이치는 말씀의 옷을 입고 알파와 오메가를 이야기하네 사방에는 네 명의 4복음서 저자들이 날개를 달고 천사가 되어 심판의 바람을 붙들고 있네 사람의 형상을 입은 마태 사자의 모습인 마가 황소의 얼굴인 누가 독수리의 모양인 요한 구원 받을 자들의 모습은 네 생물의 상징이네 그림 한쪽 끝의 세라핌 천사는 상하 동서남북을 관장하는 여섯 날개가 있고 날개 속에 있는 수많은 영의 눈들이 세상을 살피네 알이 깨어지면 새 하늘과 새 땅이 오리니 마리아와 도마와 바돌로메와 야고보 빌립을 비롯한 선진사도들이 그날이 속히 오기를 제단 아래서 기도하고 있네 산 클레멘테 데 타울 성당의 마이에스타스 도미니는 사도 요한에게 보여준 이 땅에서 이루어질 말일의 묵시록이니 믿는 자마다 축복이 있으라 하네

998

물이 포도주가 되는 기적을 가나의 혼인잔치에서 보았네 빈 항아리에 물을 가득 채우고 살다보

면 나도 맛 좋은 포도주가 될까 모두가 즐겁게 마실 맛 좋은 품격 빈 항아리는 쓰러지고 맹물 항아리는 찾는 이가 없는데 변화된 포도주 항아리는 터져버릴 듯 향기가 넘쳐서 찾는 이는 한 잔만으로도 시름을 잊네 마리아와 다섯 제자들과 많은 하객들이 식탁에 둘러앉아 예수의 향기를 마시네

999

양과 염소가 공존하는 공간에서 춤을 추기 위해 자주색 베일을 들고 일어선 여자가 소스라치네 샤를 카미유 생상스의 오페라 삼손과 델릴라의 연주는 호흡을 멈추고 다가선 양의 재롱에 머물렀는데 검은 염소가 뿔을 세우고 노려보네 망토를 두르다 말고 놀라 거부하는 손짓… 한 발을 뺀 엉덩이의 중심이 세상으로 기울었네 두려움이 담긴 그녀의 검은 눈이 채찍을 바라보네 벽면에 그려진 그녀의 환영 반라의 남자가 여자의 등에 채찍을 내려치네 숙련된 마조히즘의 여자가 당연한 듯 미소 짓고 수중 드는 젊은 여자가 술을 따르네 왁자지껄한 춤판과 술판의 바카날 축제에서 남자들의 평범한 일상과 막 날개를 단 여자의 혼란스러운 단면으로 새겨진 신비의 빌라 큰 벽에서 깜짝 놀란 여자가 불안스런 미래를 거부하며 프레스코 속에 서 있네

1000

라비린토스 n번방의 건물엔 명공 다이달로스가 지은 미궁이 있었어 한 번 들어가면 출구를 찾을 수 없는 중독성의 공간엔 소년소녀를 먹고 사는 미노타우로스가 살고 있었지 인간의 몸에 소의 머리와 꼬리가 달린 악마가 매일 영상 속의 먹잇감을 먹어치웠어 미노스 왕이 잡아온 아이는 궁에 차고 넘쳤고 헐값에 팔려나가기도 했어 단단한 뿔을 드러낸 미노타우로스를 잡기 위해 붉은 망토를 걸친 테세우스가 나타났어 털실 한 뭉치 풀어가며 미로

를 찾아간 그는 맨주먹으로 짐승을 죽여 울고 있는 아이들을 구했지 동굴 속에 틀어박혀 단 한 번의 클릭으로 살인을 일삼던 짐승의 탈이 벗겨졌어 죽음을 기다리던 n번방의 아이들은 테세우스의 털실을 잡고 미로를 빠져나왔어 죽은 미노타우로스를 보기 위해 몰려든 사람들은 믿을 수 없다는 듯 방문을 열어젖혔고 또 다른 미소년의 죽음을 확인하였지

1001

뼈만 남은 말들이 허공으로 내달리네 발굽에 짓밟힌 노을은 사방으로 흩어지고 말 위에 앉은 해골이 쏜 검은 화살에 심장을 맞은 태양이 까맣게 시들어가네 불 탄 나무들이 서성이는 언덕엔 시신을 태우는 향불이 오르고 음습한 동굴에서 구름을 몰고 온 박쥐들의 비명에 춤추던 인형들이 쓰러지네 잔잔히 흐르던 비파의 선율이 끊겨진 절벽 들쥐들이 강물로 흘러간 후 교수대엔 초승달이 매달렸네 술잔을 뛰어넘고 입술과 입술을 넘나들던 전염성의 앙상한 말들이 내달리는 텅 빈 거리를 갈비뼈가 드러난 사냥개들만 서성거리네 그림자가 쏜 햇살들이 구멍 난 숲으로 쏟아지네 독이 묻은 별들이 하나둘 떨어지고 벼랑을 내달린 산이 어둠 속으로 침몰하네

1002

두 남자가 마주보고 도리깨질을 해 깍지에서 떨어진 붉은 콩들이 마당에서 텃밭으로 굴러가 뿌리내리지 바람개비가 돌아갈 때마다 씨앗들이 쏟아지고 낟알들을 받아 적으며 소나기가 컴퓨터 자판을 두드리네 옆구리에서 돋아난 뿌리들의 상형문자가 구름으로 걸려있네 날개를 펴고 날아오르던 새가 굴뚝 속으로 사라지자 연기처럼 엎드린 사람들은 혀를 내밀어 검은 솥을 핥네 도리깨질할수록 등짝엔 물수제비뜨는 파랑이 거세지고 터진 주머니에서 튀겨나간 콩알들이 빅뱅으로

퍼져나간 암흑의 들판 별무리 콩꽃들이 피어나서 이야기 꼬투리마다 꽃물이 여물어가네 낫을 든 한 남자가 가을을 끌어당기네

1003

유다가 예수의 입술에 입을 맞추네 뱀의 혀보다 사악한 입술이 독을 머금고 죽음의 인장을 찍었네 병사들이 달려들어 결박하고자 할 때 칼을 빼어든 베드로가 말쿠스의 귀를 베었네 칼로 흥한 자는 칼로 망하나니 피 묻은 귀를 붙여주며 영원히 망하지 않는 길을 보여주었네 창을 높이 들고 외치는 고함소리, 뿔피리소리의 아우성 속에 밤의 세력들은 빛을 결박하고 세상을 어둠 속으로 몰아넣었네 빛마저 사라진 밤, 몇 개의 횃불이 분노를 사르며 저주와 조롱의 불티를 튀겼네 빛이 무덤 속에 갇혀야 하는 예정의 시간 아무도 몰랐네 자신들이 하는 일이 태양을 땅에 파묻는 행동이었다는 것을

1004

별들도 잠든 새벽 마리아만 홀로 깨어 있었네 무덤을 지키던 사람들은 피곤에 지쳐 곯아떨어지고 돌문은 소리 없이 열렸네 무덤 위에 앉은 천사가 부활을 알리고 님은 신성의 모습으로 저만치 서 있네 십자가 깃발을 들고 흰 옷을 입은 님의 옷자락을 잡으려하자 '나를 만지지 말라 나는 아직 아버지께 보이지 않았으니' 단호히 뒤돌아보며 말씀하시네 비록 이 땅에 있어도 두 세계에 머물고 있는 또 다른 그대를 나는 아노라 장미화여 사랑하는 연인이여 세상은 미명에 잠기고 모두가 혼미한 시간에 어둠 속에서 피어난 그대 풀섶에 서 있네 나 홀로 깨어서 그대의 향기를 맡기 위해 다가서자 나를 만지지 말라 나는 아직 태양에게 보이지 않았으니 독한 가시를 세우며 바라보네

김기덕 대서사시집

빅뱅과 에덴

초판발행일 2021년 4월 26일

지은이 : 김기덕
발행인 : 김순진
편집장 : 전하라
디자인 : 김초롱
펴낸곳 : 도서출판 문학공원
등 록 : 2004년 3월 9일 제6-706호
주 소 : 우편번호 03382 서울 은평구 통일로 633
녹번오피스텔 501호 스토리문학사
전 화 : 02-2234-1666
팩 스 : 02-2236-1666
홈페이지 : http://www.munhakpark.com
이메일 : 4615562@hanmail.net

※ 정가 36,000원

ISBN : 978-89-6577-383-2(03810)

※ 저자와의 협의에 의해, 인지는 생략합니다.